핵심투자론

윤 평 식

Essentials of Investments

www.tamjin.co.kr

충남대학교 제자들에게

머리말

저자는 2014년 투자론의 강의노트를 바탕으로 "투자론: 가치평가중심"을 출간하였다. 이 책은 기대효용의 극대화 이론, 포트폴리오이론, 가격결정모형, 차익거래, 위험중립가치평가, 주식과 채권의 가치평가, 수익률곡선, 듀레이션, 옵션과 선물의 기본 구조와 가치평가 등 투자론의 중요한 주제를 전부 다루고 있으나 다소 어렵다는 의견이 많아 이번에 핵심 이론에 실무 내용을 추가하여 "핵심투자론"으로 출간하게 되었다.

이 책은 기존의 투자론에 실무적인 내용(주식거래, 기술적 분석, 재무제표분석, 금융상품 등)을 추가하여 총 16개의 장에 530쪽의 분량으로 구성되어 있다. 배운 내용의 종합적 이해를 돕기 위하여 충분한 예시를 제공함과 동시에 섹션별로 "주요결과"로 요약하고 각 장의 말미에 "핵심용어 해설", "개념 체크" 등으로 정리하였으며, 각 장별로 충분한 객관식 문제(공인회계사 기출문제 포함)를 모범답안과 함께 제공하여 독자들이 직접 확인할 수 있도록 배려하였다.

1장, 2장, 3장은 투자론 서론에 해당되며, 포트폴리오이론과 기대수익률의 결정은 4장부터 7장까지에 소개되어 있다. 증권분석은 8장부터 11장까지에 그리고 채권가치평가와 수익률곡선 및 투자전략은 12장과 13장에 설명되어 있다. 그리고 14장과 15장에서 옵션을 다루고 선도와 선물 및 스왑은 16장에서 다룬다.

이 책은 그 동안 저자가 저술한 『재무관리(2010)』, 『채권의 가치평가와 투자전략(2019)』, 『파생상품의 원리(2014)』, 『재무관리의 개념원리와 연습(2008)』, 『차익거래(2009)』, 『리스크관리(2010)』, 『금융기관론(2018)』, 『금융시장론(2021)』과 저자가 번역한 『파생상품의 평가와 헷징전략(2014)』 및 『가치평가론(1998)』 등에서 일부 내용을 인용 또는 참고하였다.

이 책의 편집업무를 완벽하게 처리한 이은영씨에게 감사드린다. 그리고 대전의 연구실에서 많은 시간을 보내는 저자를 이해하고 격려해 준 가족들에게 특히 감사한다.

저자는 오류를 수정하기 위하여 많은 노력을 하였으나 남은 오류는 전적으로 저자의 책임임을 밝혀둔다. 다른 책을 참고하였거나 또는 일부 내용을 인용한 경우 출처를 표시하고자 노력하였으나 만약 누락된 부분이 있다면 이는 고의가 아닌 저자의 실수이며 향후 반드시 이를 보완할 것을 약속드린다. 저자는 독자들이 이 책을 "꼼꼼하게" 공부하여 투자론의 어려운 내용을 "명확하게" 이해할 수 있기를 기원한다.

저자는 은퇴를 1년 남긴 시점에서 그동안 나에게 베풀어준 제자들의 사랑에 감사하는 마음으로 본서를 바친다. 제자들의 앞날에 큰 발전이 있기를 기원한다.

E-mail : psyoon@cnu.ac.kr
2021년 2월 28일
충남대학교 연구실에서
윤평식

차 례

제 1 부 투자론 기초

Chapter 1 투자론 서론

Chapter 2 금융시장과 금융상품

제 2 부 포트폴리오이론과 기대수익률 결정

Chapter 4 불확실성과 투자결정

Chapter 5 포트폴리오이론

Chapter 6 기대수익률의 결정

Chapter 7 효율적 자본시장

제 3 부 증권분석

Chapter 8 거시경제분석, 산업분석, 재무제표분석

Chapter 9 주식가치평가: 배당할인모형

Chapter 10 주식가치평가: 기타 모형

Chapter 11 성과평가

제 4 부 채권 투자

Chapter 12 채권가치평가와 수익률곡선

Chapter 13 채권투자전략

제 5 부 파생상품

Chapter 14 옵션 기초

Chapter 15 옵션의 투자전략과 가격결정

Chapter 16 선도·선물·스왑

제 1 부

투자론 기초

Retail sales levels

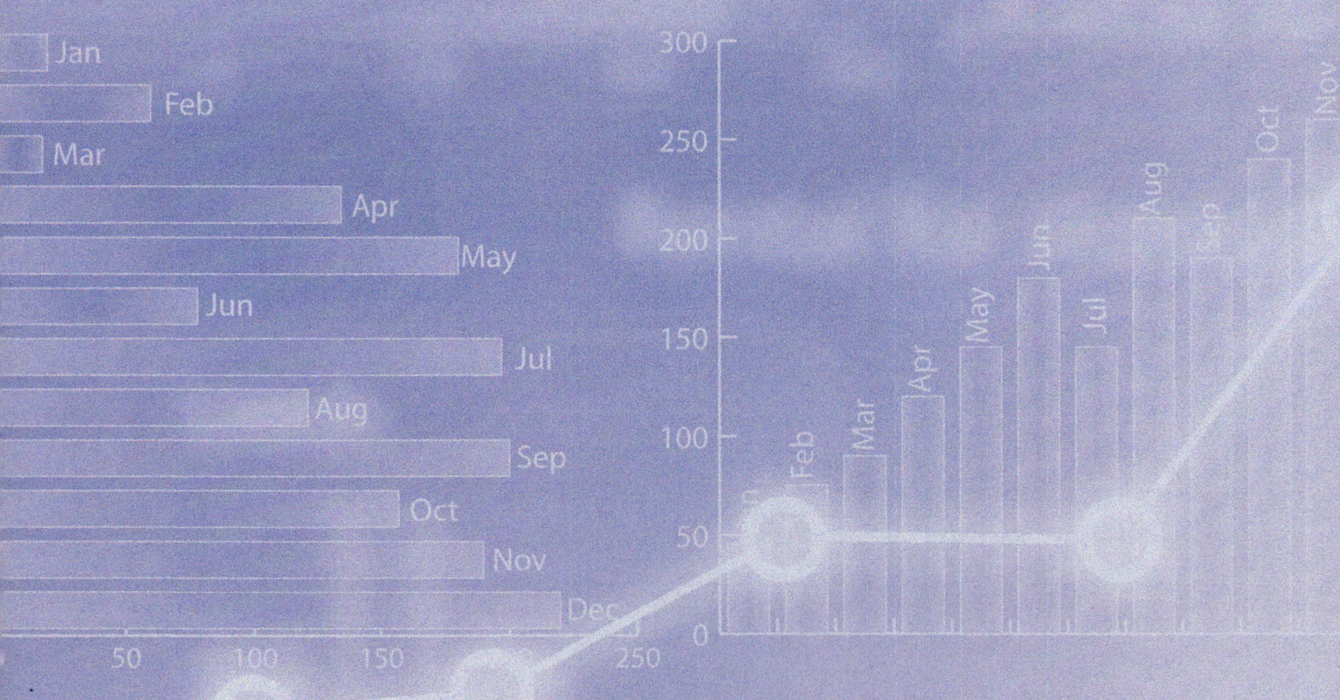
Jan
Feb
Mar
Apr
May
Jun
Jul
Aug
Sep
Oct
Nov
Dec
50
100
150
250
300
250
200
150
100
50
0
Rental for storage
Leeds

투자론 서론

Table of Contents

학습 주안점

투자는 미래의 혜택을 기대하면서 현재 시점에서 돈 등의 재원을 헌납하는 행위로서 투자자는 위험과 시간에 대한 보상을 기대한다. 이 책은 주식, 채권, 파생상품 등과 같은 금융자산의 가치평가를 중심으로 투자론의 주요 주제를 다룬다.

이 장에서는 금융상품의 분류 및 기능, 위험-수익률 상반관계, 효율적 시장가설, 무차익원칙, 금융시장의 최근 변화에 대하여 간략하게 설명하기로 한다.

이 장에서 여러분이 숙지해야 할 내용은 다음과 같다.

1. 금융상품은 어떻게 분류되며 어떤 기능을 수행하는가?
2. 위험-수익률 상반관계란 무엇인가? 여기서 위험이란 어떤 위험을 말하는가?
3. 효율적 시장가설이란 어떤 시장인가?
4. 차익거래란 무엇이며 세 가지 조건은 무엇인가? 무차익원칙이란 무엇을 의미하는가?
5. 금융시장의 최근 변화 네 가지는 무엇인가?

1 투자와 금융상품

투자(investment)는 미래에 혜택을 얻을 것을 기대하면서 현재 시점에서 돈 또는 다른 재원을 헌납(commitment)하는 행위이다. 예를 들어, 미래의 주가상승이 투자의 위험과 시간에 대한 충분한 보상이 될 것으로 기대하면서 주식을 매입하거나 또는 미래에 좋은 직장을 구하는데 도움이 될 것으로 생각하면서 휴식을 포기하며 돈을 들여 학교에서 투자론 수업을 듣는 것도 투자행위이다. 이처럼 투자는 미래의 불확실한 수익을 얻기 위하여 현재의 확실한 가치를 희생하는 것이므로 투자자는 시간과 위험에 대한 보상을 기대한다.

자산에는 주식, 채권, 파생상품과 같은 금융자산(financial asset)과 부동산, 기계, 원유 등과 같은 실물자산(real asset)이 있다. 실물자산은 생산에 직접 투여되는 자산으로 미래에 수익창출능력을 갖는다. 반면에 실물자산이 제공하는 미래현금흐름에 대한 청구권(claim)을 나타내는 자산이 금융자산이다. 이 책은 금융자산(금융상품)에 대한 투자만을 다루기로 한다(실물자산에 대한 투자는 주로 기업재무에서 다룸).

금융상품은 원본손실 가능성을 기준으로 손실 가능성이 있으면 금융투자상품으로 그리고 예금처럼 원본손실 가능성이 없으면 비금융투자상품으로 구분된다. 자본시장법은 금융투자상품을 "이익을 얻거나 손실을 회피할 목적으로 현재 또는 장래 특정 시점에 금전 등을 지급하기로 약정함으로써 취득하게 되는 권리"로서 원본손실 가능성(투자성)을 부담하는 것이라고 정의한다.

금융투자상품은 원본초과손실 가능성을 기준으로 가능성이 없으면 증권으로, 가능성이 있으면 파생상품으로 분류한다(파생상품은 다시 장내파생상품과 장외파생상품으로 구분됨). 그리고 증권은 다시 채무증권, 지분증권, 수익증권, 투자계약증권, 파생결합증권, 증권예탁증권으로 구분된다(자본시장법 제4조).

그림 1-1 금융상품의 분류

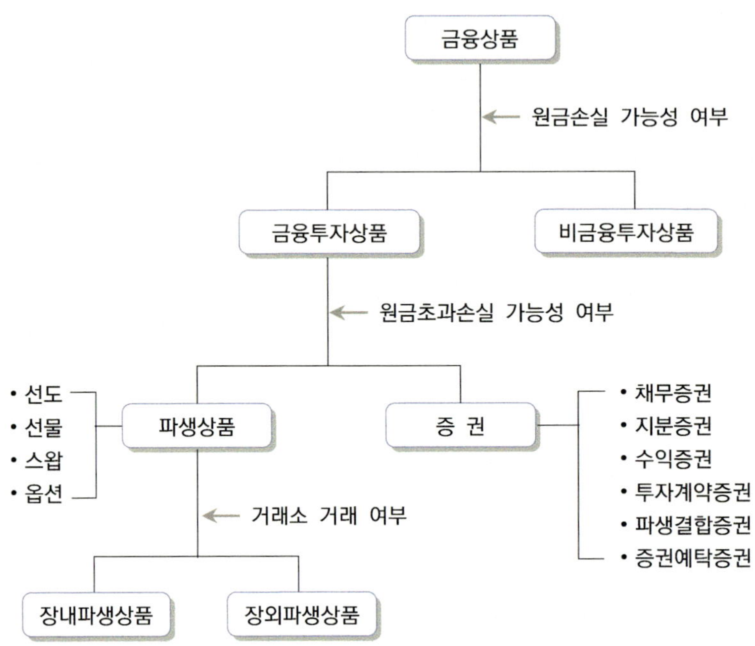

우리가 이 책에서 자세하게 설명하는 금융자산은 크게 고정소득증권, 주식, 파생상품 등의 세 가지 유형으로 구분된다. 고정소득증권(fixed income securities)은 정부, 지방자치단체, 공기업, 기업 등에 의해 발행된 청구권으로 현금흐름이 확정되어 있거나 또는 일정한 공식에 의해 결정되는 채무증권이다. 고정소득증권은 채권, 부동산담보부증권, 자산유동화증권, 기업어음 등을 포함하는 넓은 개념이다. 고정소득증권과 달리 주식(common stock 또는 equity)은 기업의 소유 지분을 표시하는 지분증권으로 주주에게 제공되는 현금흐름은 확정되어 있지 않다. 주주는 배당청구권과 잔여재산청구권을 가지며 주식은 채권보다 더 위험하다. 그리고 파생상품(derivatives)은 가치가 다른 자산(기초자산)의 가치에 의해 결정되는 상품으로 선도(forward), 선물(futures), 옵션(option), 스왑(swap)을 말한다.

이 책을 통하여 독자 여러분은 투자의 이론과 실무에 대한 지식을 쌓을 수 있을 것으로 기대한다. 특히 이 책은 주식, 채권, 파생상품의 가치평가와 리스크관리에 대하여 기초적인 지식을 제공한다. 다양한 금융상품에 대한 간단한 소개는 제2장에 있으며, 제3장부터 7장까지는 포트폴리오이론과 기대수익률의 결정, 8장부터 11장까지는 주식가치평가, 12장과 13장은 채권가치평가, 14장부터 16장까지는 파생상품을 다룬다.

투자를 한다는 것은 투자포트폴리오를 구성하는 것을 의미한다. 투자포트폴리오를 구성하는 문제는 크게 자산배분결정과 증권선택결정을 수반한다. 자산배분결정(asset allocation decision)은 예금, 주식, 채권, 부동산, 파생상품 등의 자산유형간 금액 배분을 결정하는 의사결정이다. 반면에 증권선택결정(security selection decision) 또는 종목선택결정은 특정 자산유형 내에서 특정 증권을 선택하는 의사결정이다. 자산배분결정과 증권선택결정에 앞서 투자자는 먼저 투자목표를 설정하고(즉, 목표수익률을 결정하고) 제약조건이 존재하는지 파악해야 한다. 일반적으로 제약조건은 투자기간, 허용되는 위험의 수준, 유동성 등이다.

투자과정(investment process)은 다음과 같다.

① 목표 설정
② 개별자산 평가
③ 투자포트폴리오구성(자산배분, 증권선택)
④ 포트폴리오의 수정
⑤ 포트폴리오의 성과측정

주요결과 1-1

투자는 미래의 혜택을 기대하며 현재 시점에서 재원을 헌납하는 행위로 투자자는 위험과 시간에 대한 보상을 기대한다. 금융상품은 실물자산이 제공하는 미래 현금흐름에 대한 청구권이고, 금융상품은 비금융투자상품, 증권, 파생상품으로 구분된다.

2 금융자산의 기능

금융자산이 거래되는 시장이 금융시장(financial market)이다. 금융시장은 금융자산을 매개체로 하여 금융기관, 가계, 기업, 정부의 금융 관련 의사결정이 이루어지는 시장을 말한다. 금융자산의 역할과 기능은 다음과 같다.1)

첫째, 금융자산은 투자자의 목적 및 계획에 따른 소비패턴을 만들 수 있도록 도와주는 역할을 수행한다. 즉, 금융자산은 소득이 많은 시기로부터 적은 시기로 구매력을 이전시키는 효율적인 수단을 제공한다. 소득이 많은 시기에 남은 자금을 금융자산에 투자하고 소득이 부족한 시기에 이를 매도하여 필요한 소비를 유지할 수 있다. 금융시장은 소득패턴과 소비패턴의 분리를 가능하게 한다.

둘째, 금융자산은 위험을 할당하고 배분하는 역할을 수행한다. 거의 모든 실물자산에의

1) 이 부분은 Bodie, Kane, Marcus, Essentials of Investments, 5th edition, 7쪽을 참고하였음.

투자는 위험을 수반하기 마련이다. 예를 들어 LG화학이 2차전지 공장을 건설하는 경우 이 공장으로부터의 현금흐름이 얼마가 될지 정확히 알 수 없다. 금융시장과 금융자산은 시장에 있는 여러 유형의 투자자로 하여금 각자의 위험성향에 따라 위험을 부담하게 하는 역할을 수행한다. 예를 들어, LG화학이 자금을 조달하여 공장을 새로 건설하는 경우 위험을 적극적으로 부담하고자 하는 투자자는 LG화학의 주식을 매수할 것이고, 보수적인 투자자는 채권을 매수할 것이다. 이러한 위험의 배분은 투자자 뿐만 아니라 자금을 조달하는 기업에게도 혜택을 제공한다. 왜냐하면 투자자가 자신의 위험성향에 적합한 금융자산을 선택한다는 것은 결국 금융자산이 가장 좋은 가격에 매도된다는 것을 의미하기 때문이며, 이런 과정이 반복되면서 경제 전체가 충분한 실물자산을 확보하여 경제발전에 기여할 수 있게 된다.

셋째, 오늘날 글로벌화, 대규모 생산시스템, 대형 자본적 지출 투자안 등으로 인해 기업이 필요로 하는 자금은 폭발적으로 증가하였으며 이런 대규모 자금을 조달하기에 가장 적합한 형태는 주식회사의 형태로 주식이 상장된 상장법인이다. 주식은 다수의 주주들에게 분산소유되고 주주는 회사경영을 이사회에 맡기고 이사회는 경영진을 선임한다. 이 과정에서 주식은 소유와 경영의 분리를 가능하게 한다.

주요결과 1-2

금융자산은 소득패턴과 소비패턴을 분리시키고, 위험을 할당하고 배분하는, 그리고 소유와 경영을 분리하는 기능을 수행한다.

3 경쟁적 금융시장

금융시장은 대단히 경쟁적(competitive)이다. 금융시장에는 기관투자자, 애널리스트, 개인투자자, 외국인투자자 등 많은 투자자들이 경쟁적으로 활동하므로 어느 한 투자자가 주식가격에 영향을 미치기 어렵다. 경쟁적 금융시장에 "공짜 점심"은 없으며(no free lunch) 이는 위험-수익률 상반관계, 효율적 시장가설, 무차익원칙을 함의(implication)한다.

3.1 위험-수익률 상반관계

오늘의 소비를 포기하고 금융자산에 투자하는 투자자는 수익률이 최소한 물가상승률보다 클 것으로 기대한다. 얼마만큼 커야 하는가는 부담하는 위험에 크기에 의해 결정된다. 투자자는 위험회피형(risk averse)이므로 부담하는 위험에 대한 적절한 보상이 있는 경우에만 기꺼이 위험을 부담한다. 위험과 기대수익률간의 관계는 [그림 1-2]와 같이 선형관계로 모형화된다. 위험-수익률 상반관계(risk-return trade-off)에 의하면 위험이 클수록 기대수익률이 커야 한다. 금융시장이 효율적(efficient)이면 자산에 투자하여 평균적으로 얻게 되는 수익률은 부담하는 위험에 상응하는 기대수익률을 초과할 수 없다.

그림 1-2 위험-수익률 상반관계

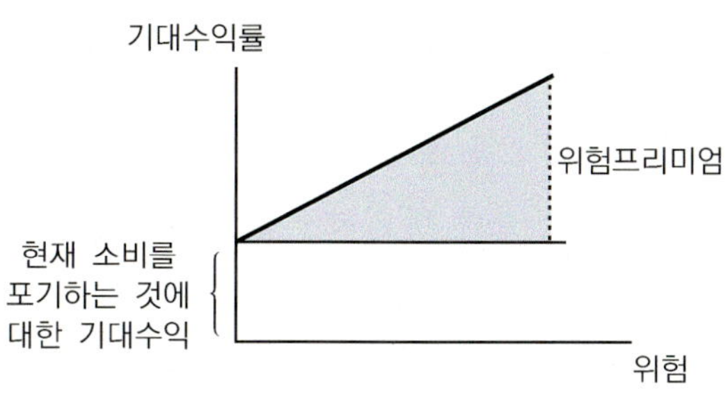

위험자산에 대한 기대수익률(expected return)은 무위험이자율과 위험프리미엄(risk premium)의 합이다. 무위험이자율은 보통 국채 수익률(government bond yield)로 대용되므로 위험자산의 기대수익률을 구하는 문제는 위험프리미엄의 산출 문제로 귀결된다.

$$\text{기대수익률} = \text{무위험이자율} + \text{위험프리미엄} \tag{1.1}$$

여기서 가장 중요한 이슈는 첫째, 위험을 측정하는 것이고, 둘째, 부담하는 위험에 대해 적정한 보상(위험프리미엄)을 결정하는 것이다. 통상 우리가 위험을 변동성(volatility)으로 이해하지만 일부 변동성이 분산투자로 인해 제거될 수 있다면 이렇게 제거되는 일부 변동성은 진정한 위험이 아닐 것이다. 포트폴리오이론에 의하면 위험은 비체계적 위험과 체계적 위험으로 구분되며 기대수익률은 체계적 위험만의 함수로 표현되어야 한다. 이런 내용이 현대 포트폴리오이론의 주요 결과이며 포트폴리오이론은 4장부터 6장까지 다루기로 한다.

3.2 효율적 시장가설

효율적 자본시장(efficient capital market)이란 금융자산의 가치에 영향을 미치는 정보들이 자산의 가치에 빠르고 정확하게 반영되므로 이런 정보를 이용하여 비정상수익률

(abnormal return)을 얻을 수 없는 시장을 의미한다. 여기서 비정상수익률이란 자산의 위험이 반영된 적정 기대수익률을 초과하여 얻는 수익률을 말한다.

금융시장의 효율성 정도는 가격에 반영되는 정보의 유형에 따라 약형 효율성, 준강형 효율성, 강형 효율성으로 구분된다. 대부분의 금융시장은 준강형으로 효율적인 시장으로 간주된다. 준강형 효율성은 자산가격이 모든 공개된 정보(public information)를 반영하는 시장이다.

투자방법은 크게 적극적 투자와 소극적 투자로 구분된다. 적극적 투자(active investment)는 과소/과대평가된 자산을 찾거나 또는 마켓타이밍 전략을 통해 높은 수익률을 얻고자 하는 투자 방법이다. 반면에 소극적 투자(passive investment)는 증권분석(security analysis)을 하지 않고 잘 분산된 포트폴리오를 보유하는 투자 방법이다. 효율적 시장가설을 액면 그대로 받아들이면 주가는 모든 정보를 반영하므로 투자자는 적극적 투자 대신에 소극적 투자를 선택하는 것이 현명하다. 그러나 증권분석이 이루어지지 않는다면 가격은 진실한 가치를 반영하지 않을 것이고 이로 인해 차익거래를 포함하여 좋은 투자기회가 발생할 것이다. 효율적 시장가설에 대한 자세한 설명은 제7장에 있다.

주요결과 1-3

경쟁적 금융시장에서 위험-수익률 상반관계, 효율적 시장가설, 무차익원칙이 성립한다. 위험-수익률 상반관계에 의하면 위험이 클수록 기대수익률도 커야 한다. 여기서 위험은 포트폴리오를 구성해도 제거되지 않는 체계적 위험만을 의미한다. 효율적 시장가설은 정보가 자산가치에 빠르고 정확하게 반영되어 이런 정보를 이용하여 지속적으로 비정상수익률을 얻을 수 없는 시장으로, 소극적 투자를 권장한다.

3.3 무차익원칙

차익거래(arbitrage)는 "상대적으로" 과소평가된 자산을 매입함과 동시에 "상대적으로" 과대평가된 자산을 매도하여 자신의 비용을 들이지 않고 위험을 부담하지 않으면서 확실한 이익을 얻는 거래이다. 차익거래가 성립하려면 다음 세 가지 조건이 모두 충족되어야 한다: ① 순투자금액 없음(no equity investment) 또는 자체조달(self-financing); ② 무위험(zero risk); ③ 확실한 이익(sure profit).

예를 들어, A증권과 B증권의 현금흐름을 이용하여 C증권의 현금흐름을 복제 또는 합성할 수 있다면 A증권과 B증권이 C증권의 복제포트폴리오(replicating portfolio) 또는 합성포트폴리오(synthetic portfolio)이고, C증권의 가격은 복제포트폴리오의 가격과 동일해야 한다. 만약 동일하지 않으면 차익거래가 가능하다(예시 참고). 여기서 복제한다는 것은 미래 현금흐름의 발생시점과 금액을 일치시키는 것을 의미한다.

자본시장에서 차익거래기회는 오래 지속될 수 없으므로 차익거래에 의해 C증권의 가격은 균형가격으로 빠르게 회복될 것이다. 이러한 논리를 무차익원칙(no arbitrage principle) 또는 일물일가의 법칙(law of one price)이라고 한다. 즉, 무차익원칙이 성립하면 증권의 균형가격(이론가격)을 구할 수 있다. 우리의 예시처럼 A증권과 B증권을 이용하여 C증권을 합성 또는 복제할 수 있다면 C증권의 가격은 복제포트폴리오의 가치와 동일해야 한다.

그림 1-3 복제와 무차익원칙

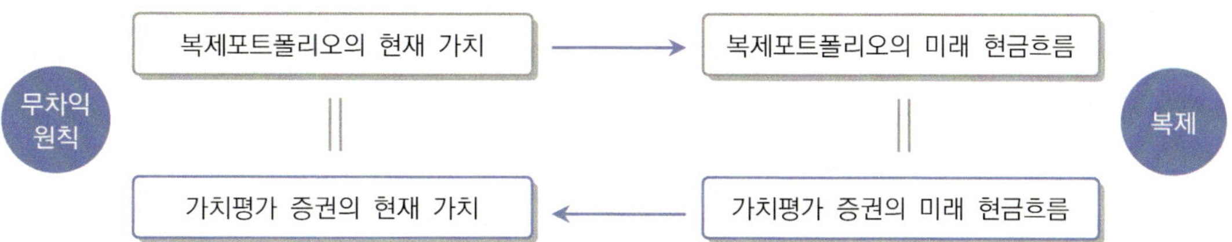

만약 특정 증권과 복제포트폴리오간에 가격괴리가 발생하면 차익거래 기회가 발생한다. 특정 증권과 복제포트폴리오가 동일한 미래 현금흐름을 제공하므로, 상대적으로 과소평가된 자산을 매입하고 상대적으로 과대평가된 자산을 공매도하는 차익거래의 경우 미래의 현금흐름이 정확히 서로 상쇄되므로 차익거래자는 위험을 전혀 부담하지 않으면서 가격괴리만큼의 이익을 현재시점에서 얻을 수 있다.

주요결과 1-4

복제는 미래 현금흐름의 발생시점과 금액을 일치시키는 것이다. 특정 증권의 복제포트폴리오를 구성할 수 있으면 특정 증권의 가치는 복제포트폴리오의 가치와 동일해야 한다.

예시 1-1 복제와 차익거래

1년 후 100원을 제공하는 A증권의 현재가치가 95원이고 2년 후 100원을 제공하는 B증권의 현재가치가 90원이라고 하자. 그러면 1년 후 1,000원, 2년 후 11,000원을 제공하는 C증권의 가치는 얼마인가?

이 경우 우리는 A증권과 B증권을 이용하여 C증권을 복제할 수 있다. C증권의 현금흐름(cash flow: *CF*)은 A증권 10개와 B증권 110개로 복제되므로 이를 식으로 표현하면 다음과 같다.

$$CF_C = 10\,CF_A + 110\,CF_B$$

현금흐름간에 성립하는 식은 가격(*P*)간에도 성립해야 하므로 C증권의 가격은 10,850원이어야 한다.

$$P_C = 10P_A + 110P_B = 10 \times 95 + 110 \times 90 = 10{,}850$$

여기서 A증권 10개와 B증권 110개가 C증권의 복제포트폴리오이다.

만약 C증권의 가격이 10,850원이 아니면 투자자는 차익거래를 통하여 가격오차(시장가격과 이론가격간의 차이) 만큼의 무위험 이익을 실현할 수 있다. 예를 들어, C증권의 가격이 150원 과대평가되어 현재 11,000원에 거래된다고 가정하면 C증권을 소유한 투자자는 다음과 같이 C증권을 매도하고 A증권 10개와 B증권 110개(복제포트폴리오)를 매입한다.[2)]차익거래 결과, 투자자는 C증권을 소유하는 경우의 미래 현금흐름을 수령하게 되면서 현재 시점에서 150원의 현금을 얻게 된다. 결국, 투자자는 전혀 위험을 부담하지 않으면서 150원의 확실한 이익을 얻게 된다.

표 1-1 C증권이 과대평가된 경우 차익거래

거 래	현 재	1년 후	2년 후
C증권 매도	+11,000		
A증권 10개 매입	−950	1,000	
B증권 110개 매입	−9,900		11,000
합 계	+150	1,000	11,000

주요결과 1-5

차익거래는 자기자본을 투자하지 않고 위험을 부담하지 않으면서 이익을 얻는 행위이다. 시장에서 차익거래 기회가 발생하면 차익거래자가 이 기회를 이용하므로 가격조정이 이루어지고 따라서 무차익원칙이 성립하게 된다.

2) 차익거래는 C증권을 보유하지 않는 투자자도 실행할 수 있다. 즉, C증권을 빌려서 매도하는 공매도를 이용하는 것이다. 공매도는 제3장에 설명되어 있다.

4 금융시장의 최근 변화

4.1 파생상품시장의 성장

파생상품은 크게 거래소파생상품과 장외파생상품으로 구분되는데, 거래소파생상품(장내파생상품)에 비하여 장외파생상품은 시장가격이 존재하지 않고, 유동성이 낮으며, 상대방부도리스크에 직접 노출되고, 만기가 상대적으로 길기 때문에 리스크관리가 보다 어렵지만 거래규모는 훨씬 크다.

[그림 1-4]는 1998년부터 2020년 6월말까지 장외파생상품 시장규모를 보여준다. 장외파생상품시장은 2008년까지 폭발적으로 성장하였으며 2008년말 기준으로 잔액이 672조 달러에 이르게 되지만, 글로벌 금융위기 이후 거래규모는 답보상태를 보이다가 2014년 이후 다소 하락하여 2016년말 492조 달러로 최저점을 찍은 후 다소 상승하여 2020년 6월말 기준 607조 달러에 이르고 있다. 2020년 6월말 기준, 기초자산별로는 금리관련 상품의 비중이 81.5%로 가장 높고 그 다음으로 통화(외환)관련 상품 비중이 15.5%이다. 신용파생상품의 잔액은 2008년 68조 달러로 최고점을 찍은 후 비중이 지속적으로 감소하여 2020년 6월말 기준 9조 달러로 하락하였다.

그림 1-4 장외파생상품 시장규모(1998년부터 2020년 상반기까지, 자료 BIS)

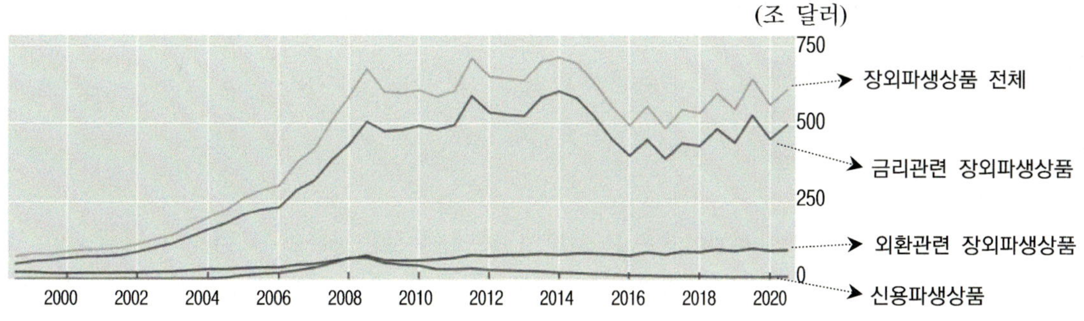

4.2 자산유동화

유동화(또는 증권화)는 유동성이 낮은 자산으로부터의 현금흐름을 기초로 유동성이 좋은 증권을 발행하는 것으로, 발행되는 증권을 자산유동화증권(asset-backed security: ABS)이라고 한다. 유동화기법이 발달하면서 정상적인 대출뿐만 아니라 부실대출까지도 기초자산으로 활용되고 있다. [표 1-2]는 2014년부터 2017년까지 연도별 그리고 자산보유자별 자산유동화증권 발행현황을 보여준다. 2017년 기준으로 유동화증권 총발행액은 57조 6천억원이고, 금융기관, 일반기업, 공공법인의 점유율이 각각 24.2%, 20.7%, 55.1%이다.

▌표 1-2 자산보유자별 자산유동화증권 발행현황(단위: 억원, 자료: 금융감독원)

구 분	2014년	2015년	2016년	2017년
금융기관	187,639 (45.2%)	189,852 (22.9%)	153,000 (25.2%)	139,568 (24.2%)
일반기업 (부동산 PF ABS, SOC ABS 포함)	80,553 (19.4%)	81,988 (9.9%)	100,894 (16.6%)	119,157 (20.7%)
공공법인 (한국주택금융공사, 한국토지주택공사 등)	147,034 (35.4%)	557,958 (67.2%)	353,262 (58.2%)	317,274 (55.1%)
총 계	415,226 (100.0%)	829,798 (100.0%)	607,155 (100.0%)	575,999 (100.0%)

증권화가 활성화되면 간접금융시장이 축소되고 직접금융시장이 커지게 된다. 이처럼 증권화는 다양한 상품의 개발을 촉진하고 간접금융에서 직접금융으로 이동하는 탈중개화(disintermediation) 현상을 가속화시킨다.

유동화기법이 새로운 자금조달 방법 제공, 조달비용의 절감, 리스크의 재분배, 리스크의 전가 등 시장의 효율성을 높이는 긍정적인 역할을 한 것은 사실이지만, 여러 주체간 대리인 문제, 신용평가회사가 유동화증권에 부여한 등급의 부적절성, 시장의 투명성 문제 등 새로운 문제를 야기시켰으며 2008년 글로벌 금융위기를 촉발시킨 원인 중의 하나인 것도 사실이다.

4.3 금융공학의 발달

금융공학(financial engineering)은 1980년대 초에 투자은행들이 고객들의 자금조달 및 리스크관리와 관련된 문제들을 해결하기 위하여 새로운 상품들을 개발하면서 시작되었으며, 파생상품은 금융공학에서 매우 중요한 도구로 활용된다. 금융공학이란 용어는 Bank of America가 1986년 리스크관리팀을 광고하면서 처음 사용한 것으로 알려져 있다. 금융공학은 물리학, 수학 등의 기초과학이 금융 분야에서 응용되어 금융과 관련된 제반 문제를 해결한다는 의미이다.

금융공학은 기존의 금융상품을 요소별로 분해한 다음, 분해된 각 요소들을 재결합하여 혁신적인 금융상품을 개발하거나 기존의 상품을 파생상품으로 복제하는 분야이다. Finnerty

는 금융공학을 “재무적 문제를 해결하기 위하여 혁신적인 금융상품, 프로세스, 및 창조적 해결책을 디자인하고 개발하며 실행하는 것”이라고 정의한다. 그리고 Galitz는 “기존 금융상품의 프로파일을 재구성하여 보다 바람직한 속성을 갖는 금융상품으로 전환하는 것“이라고 정의한다.

1970년대 초반에 블랙, 숄즈, 머튼이 주식옵션의 가치를 평가하는 모형을 발표한 이후 지난 40년 동안 금융공학은 눈부시게 성장하였으며 그 결과 새로운 유형의 파생상품이 계속적으로 시장에 등장하였다. 파생상품이 금융기관과 기업의 리스크 헤지 및 관리에 많은 공헌을 한 것은 사실이지만 구조의 복잡성과 운영 및 관리의 미숙함으로 인해 시장투명성이 감소하고 리스크관리를 더욱 어렵게 만든 부정적인 측면도 있다. 나심 탈레브(Nassim Taleb)는 과거에 경험한 위기보다 더 큰 위기가 올 수 있는 이유로 글로벌화, 레버리지, 그리고 금융상품의 복잡한 구조를 언급하면서, 과거의 경험에 기초하여 발생할 것을 전혀 예측할 수 없는 극단적인 사건을 블랙스완(black swan)으로 부른다.

4.4 4차산업혁명과 금융산업 변화

4차산업혁명(fourth industrial revolution)의 시대에 진입하면서 금융산업의 정보화가 지속적으로 이루어짐에 따라 모바일뱅킹, 빅데이터, 핀테크 기반의 디지털 시대로 도약하고 있어 디지털을 지배하는 기업이 금융을 지배하는 세상으로 전환하고 있다. 최근 4차산업혁명과 관련된 금융시장의 주요 변화는 다음과 같다.

- 인터넷과 소셜네트워크서비스(SNS)를 기반으로 금융의 소비자와 공급자가 직접 거래하는 탈중개화의 확산
- 전자적 채널만을 이용하는 인터넷전문은행의 등장(2017년 카카오뱅크와 K뱅크의 영업 시작)
- 금융에 IT기술을 접목한 새로운 금융서비스인 핀테크(Fintech)의 중요성 부각
- IT기업의 금융산업 진출
- 4차산업혁명과 핀테크의 진전에 따른 비대면 금융거래의 증가
- 암호화폐(cryptocurrency)와 블록체인(block chain)의 등장

주요결과 1-6

금융시장의 최근 변화는 파생상품시장의 성장, 자산유동화의 활성화, 금융공학의 발전, 그리고 4차산업혁명에 의한 금융산업의 변화로 요약된다.

핵심용어 해설

- 금융투자상품: 이익을 얻거나 손실을 회피할 목적으로 현재 또는 장래 특정 시점에 금전 등을 지급하기로 약정함으로써 취득하게 되는 권리로서 원본손실 가능성을 부담하는 상품
- 위험-수익률 상반관계(risk-return trade-off): 투자자가 위험을 부담하면 이에 대한 보상을 기대한다는 논리
- 효율적 시장가설(efficient market hypothesis): 가격이 정보를 충분히 반영한다는 가설로, 약형, 준강형, 강형으로 구분됨
- 차익거래(arbitrage): 위험을 부담하지 않고 자기자본의 투자 없이 이익을 얻는 행위
- 복제포트폴리오(replication portfolio): 특정 증권의 미래 현금흐름과 정확히 동일한 현금흐름을 제공하는 자산의 포트폴리오
- 무차익원칙(no arbitrage principle): 시장가격에 차익거래기회가 없다는 원칙
- 위험프리미엄(risk premium): 위험에 대한 보상
- 자산유동화(securitization): 유동성이 낮은 자산으로 풀을 구성하고 그 풀에서 나오는 현금흐름에 기초하여 새로 증권을 발행하는 것
- 금융공학(financial engineering): 물리학, 수학 등의 기초과학이 금융 분야에서 응용되어 금융과 관련된 제반 문제를 해결한다는 의미
- 4차산업혁명(4th industrial revolution): 디지털 혁명에 기반하여 정보통신기술(ICT)과의 융합을 통해 경제·사회 전반에 나타나는 혁신적인 변화를 의미함
- 핀테크(fintech): 금융(finance)과 정보기술(technology)의 합성어로, 인터넷과 모바일 공간에서 각종 금융 서비스를 제공하는 산업
- 블랙스완(black swan): 과거의 경험에 기초하여 발생할 것을 전혀 예측할 수 없는 극단적인 사건

개념 체크

1. 금융상품은 어떻게 분류되는가? 파생상품과 증권의 차이는 무엇인가?
2. 금융상품의 세 가지 기능은 무엇인가?
3. 위험-수익률 상반관계란 무엇인가? 여기서 위험은 어떻게 정의되는가?
4. 기대수익률의 구성 요소 두 가지는 무엇인가?
5. 위험프리미엄은 무엇인가?
6. 효율적 시장가설은 어떻게 정의되는가?
7. 차익거래란 무엇이며 세 가지 조건은 구체적으로 무엇인가?
8. 복제란 무엇인가?
9. 무차익원칙이 어떻게 증권의 가격을 결정할 수 있는가?

Retail sales levels
Jan
Feb
Mar
Apr
May
Jun
Jul
Aug
Sep
Oct
Nov
Dec
50
100
150
250
300
250
200
150
100
50
0
Feb
Mar
Apr
May
Jun
Jul
Aug
Sep
Oct
Nov
Rental for storage
Leeds

금융시장과 금융상품

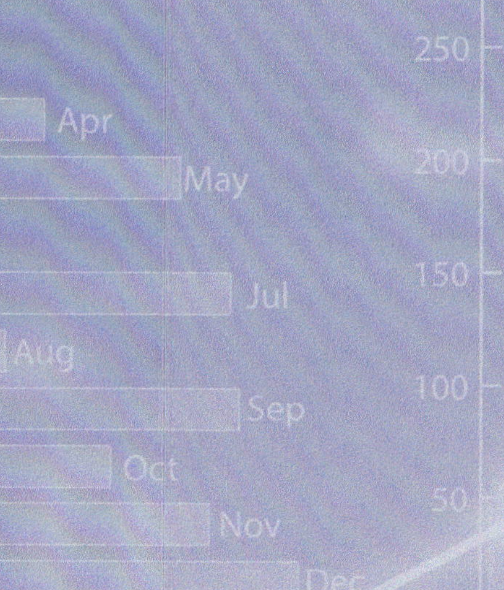

Table of Contents

학습 주안점

금융시장은 자금의 수요자와 공급자 간에 자금의 거래가 이루어지는 시장이다. 금융시장에는 다양한 종류의 금융상품이 거래된다. 주요한 금융상품에는 단기금융상품, 주식, 채권, 선도 및 선물, 스왑, 옵션, 유동화증권, 파생결합증권(ELS, ELW, ELN) 등이 있다. 여기서는 단기금융상품인 양도성예금증서, 기업어음, 환매조건부매매 등을 설명하기로 한다. 그리고 주식, 채권, 파생상품을 간단히 소개한 후, ETF, 뮤추얼펀드, 사모펀드, 자산유동화증권, ELS, ELW, FX마진거래를 공부하기로 한다.

이 장에서 여러분이 숙지해야 할 내용은 다음과 같다.

1. 금융시장은 어떻게 구분되며 어떻게 다른가?
2. 단기금융상품인 양도성예금증서, 기업어음, 환매조건부매매의 기본 구조와 기능을 이해하는가?
3. CD의 가격과 RP의 환매이자율은 어떻게 계산하는가?
4. ETF란 무엇인가? 왜 인기가 있는가?
5. 뮤추얼펀드는 무엇인가? 개방형은 폐쇄형과 어떻게 다른가? 순자산가치는 어떻게 계산되는가? 사모펀드는 무엇인가?
6. 자산유동화증권의 특성과 구조는?
7. ELS, ELW는 각각 어떤 증권인가?
8. FX마진거래는 어떻게 거래되는가?

1 금융시장 개요

금융시장(financial market)은 자금의 수요자와 공급자 간에 자금의 거래가 이루어지는 시장이다. 금융시장은 공급자와 수요자가 직접 거래하는 직접금융시장(direct financial market)과 양자 사이에 금융기관이 위치하여 두 당사자가 금융기관과 거래하는 시장인 간접금융시장(indirect financial market)으로 구분된다.

또한 직접금융시장은 금융상품의 만기를 기준으로 단기금융시장(자금시장 또는 화폐시장)(money market)과 자본시장(capital market)으로 구분된다. 단기금융시장은 만기가 1년 이내인 금융상품이 거래되는 시장이며, 자본시장은 만기가 1년 이상인 금융상품이 거래되는 시장으로 주식시장과 채권시장으로 구분된다.[1] 단기금융시장과 자본시장 이외에 선도, 선물, 옵션, 스왑이 거래되는 파생금융상품시장과 외환시장이 있다.

주식, 채권, 파생상품 등은 제8장 이후에 자세히 설명하므로 여기서는 단기금융상품과 ETF, 뮤추얼펀드, 자산유동화증권, ELS, ELW, FX마진거래에 대해 설명하기로 한다.

금융시장은 금융상품의 신규발행 여부에 따라 발행시장과 유통시장으로 구분된다. 발행시장은 기업과 정부 등의 발행주체가 투자자에게 증권을 최초로 발행하여 자금을 조달하는 시장으로 1차시장(primary market)이라고 한다.[2] 유통시장은 이미 발행된 증권이 매매되는 시장으로 2차시장(secondary market)이라고 한다. 유통시장에서의 거래는 투자자 상호간의 거래이므로 기업의 자금조달과는 직접적으로 연관되어 있지 않다. 그러나 증권의 시장성과 환금성을 높여 투자를 촉진시킬 뿐만 아니라 동시에 발행된 증권의 공정한 가격 형성에 기여함으로써 발행시장에서의 자본조달을 용이하게 한다. 주식은 장내시장(유가증권시장, 코스닥시장, 코넥스시장)과 장외시장(프리보드, 2003년 개설됨)에서 거래되는데 대부분의 거래가 장내시장에서 이루어진다.[3] 반면에 채권의 경우 예전에는 대부분의 거래가 장외시장에서 이루어졌으나 최근 장내거래가 30% 이상으로 증가하였다.

1) 자료: 한국의 금융시장, 한국은행 발간, 2012, 8쪽
2) 주식의 발행은 기업공개, 유상증자, 무상증자, 주식배당 등 여러 형태로 이루어진다.
3) 2020년말 기준, 유가증권시장과 코스닥시장의 시가총액은 각각 1,980.5조원과 385.6조원이다(상장기업수는 2019년말 기준 각각 799개와 1,405개임)

그림 2-1 금융시장의 구조

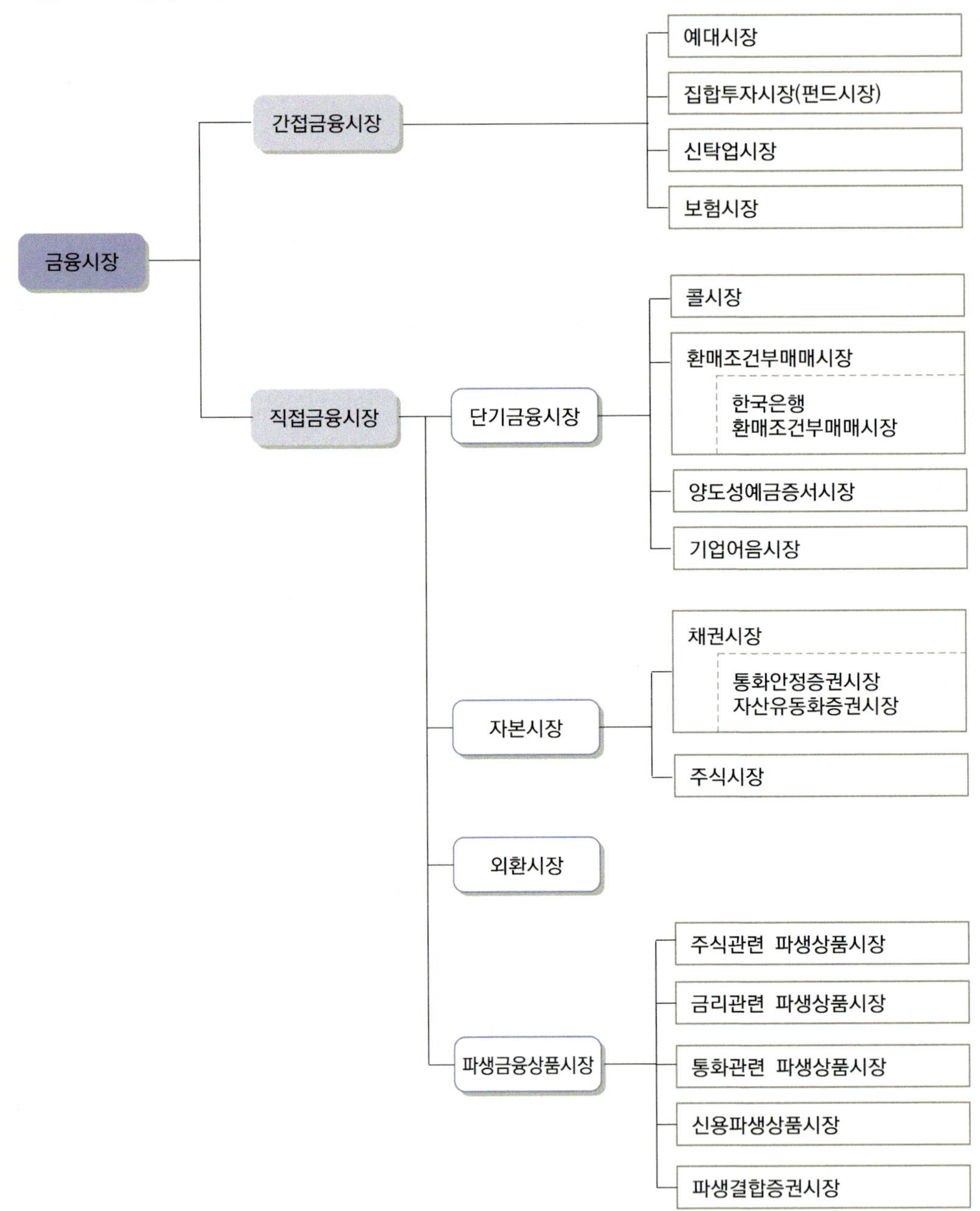

주요결과 2-1

금융시장은 자금의 수요자와 공급자 간에 자금의 거래가 이루어지는 시장이다. 금융시장은 직접금융시장과 간접금융시장, 발행시장과 유통시장, 단기금융시장과 자본시장 등으로 다양하게 구분된다. 주식은 장내거래의 비중이 크고, 채권은 장외거래의 비중이 크다.

2 단기금융상품

2.1 양도성예금증서

양도성예금증서(certificate of deposit, CD)는 은행 정기예금에 양도성을 부여한 것으로 1961년 Citibank가 은행 예금이 기업어음 등의 단기금융상품으로 이탈함에 따라 이에 대한 대응으로 도입하였다. CD의 법적 성격은 예금증서를 교부하고 예금을 받는다는 점에서 일반예금과 같게 분류되지만 권리의 이전과 행사를 위해서는 동 증권의 소지가 필요하다는 점에서 유가증권에 해당된다. 과거에는 무기명으로 발행되어 회계분식 등에 악용되기도 하고 위조, 변조 및 도난 사고 등 각종 사고가 빈번하게 발생하기도 하였다.[4)]

CD의 만기는 최단만기만 30일로 제한하고 있으나 실제 거래에서는 금융기관간 거래의 경우 대부분이 1년 이내이고 대고객 거래의 경우 50%가 1년 이내로 발행된다. CD는 중도해지할 수 없으나 양도가 가능하므로 매수자가 보유 CD를 현금화하고자 하는 경우 매각할 수 있으며(금융기관이 고객으로부터 CD를 매입하고 이를 다른 고객에게 매도함) 현재 예금보호대상이 아니다.

CD는 할인방식으로 발행된다. 즉, 매수자는 CD를 매입할 때 예치기간 동안의 이자를 차감한 금액을 지급하고 만기에 액면금액을 수령하는데 할인이자는 다음과 같이 계산된다 ($\#days$는 CD의 잔존만기 일수임).

$$\text{할인이자} = \text{액면금액} \times \text{할인율} \times \frac{\#days}{365} \tag{2.1}$$

할인방식으로 발행되지만 다른 금융상품과의 비교를 위해 은행은 할인율 대신에 수익률을 고시한다.

예시 2-1 CD의 할인이자, 가격, 수익률의 계산

91일물 액면금액 10,000,000원, 할인율 4%이면 할인이자는 99,726원이다.

$$10{,}000{,}000 \times 0.04 \times \frac{91}{365} = 99{,}726$$

따라서 투자자는 액면금액에서 할인이자를 제외한 9,900,274원을 입금하고 만기일에 10,000,000원을 수령한다.

4) 2006년 6월말부터 금융기관을 대상으로 발행되는 CD의 경우 실물로 교부하지 않고 대부분 등록발행한다.

CD가격 9,900,274원을 계산하는 다른 방법은 수익률을 계산한 후 이를 이용하여 현가를 계산하는 방법이다. 수익률은 91일 기준으로 1.0073%이고 이는 연 4.0403%에 해당된다.

$$\left(\frac{10{,}000{,}000}{9{,}900{,}274}-1\right)\times\frac{365}{91}=4.0403\%$$

수익률을 이용하면 CD의 가격 9,900,274원이 직접 계산된다.

$$\frac{10{,}000{,}000}{\left(1+0.040403\times\frac{91}{365}\right)}=9{,}900{,}274$$

CD 발행은 2007년까지 성장하였으나 2008년 글로벌 금융위기로 증가세가 둔화되고 특히 정부가 2009년 예대율 규제 도입방안 발표 이후 발행 규모가 급격히 감소하였으며 2016년 현재 연말 잔액이 20조원대 수준에서 유지되고 있다.

2.2 기업어음

기업어음(commercial paper: CP)은 신용상태가 양호한 기업이 상거래와 관계없이 운전자금 등 단기자금을 조달하기 위하여 자기 신용을 바탕으로 발행하는 융통어음이다.[5] CP는 발행절차가 간편하고 담보없이 신용으로 발행되므로 신속한 자금조달 수단으로 이용되며 대체로 은행대출보다 조건이 유리하다(이자율이 낮음). 기업어음도 CD처럼 할인발행되며 발행금리는 자율화되어 있다.

CP는 일반기업, 공기업, 카드사, 증권사, 등이 주로 발행하며, 할인 및 매출은 주로 증권회사와 종합금융회사가 담당하고, 자산운용회사의 MMF, 종합금융회사 및 은행신탁의 특정금전신탁이 주요 매입주체이다.

CP는 만기가 1개월 미만이 38.6%, 1~3개월이 24%를 차지하는 등 거의 대부분이 1년 미만으로 발행된다. 우리나라의 CP 신용등급 체계는 A1을 최우량등급으로 하고 그 다음으로 A2, A3, B, C, D의 순서로 구성된다([표 2-1] 참고). B, C, D 세 개의 등급이 투기등급이고, A2, A3, B는 동일 등급 내에서 우열을 가리기 위해 +와 － 부호를 이용하여 세분한다. 2016년 상반기 발행액을 기준으로 최우량 등급인 A1의 발행 비중이 88%를 점유하고 있는데 이는 2012년의 83%와 비교하면 5%포인트 증가한 것이다(회사채의 신용등급에 관한 설명은 제12장을 참고할 것).

5) 이는 상거래와 수반되어 발행되는 상업어음(commercial bill, 진성어음)과 구별된다.

▌표 2-1 기업어음평가 등급체계 및 정의

등 급	정 의
A1	적기상환능력이 최상이며 상환능력의 안정성 또한 최상임
A2	적기상환능력이 우수하나 그 안정성은 A1에 비해 다소 열위임
A3	적기상환능력이 양호하며 그 안정성도 양호하나 A2에 비해 열위임
B	적기상환능력은 적정시되나 단기적 여건변화 따라 그 안정성에 투기적인 요소가 내포되어 있음
C	적기상환능력 및 안정성에 투기적인 요소가 큼
D	상환불능 상태임

자료: 한국신용평가

2.3 환매조건부매매

환매조건부매매(repurchase agreement: RP 또는 repo)는 미래 특정 시점에 특정 가격으로 동일 증권을 다시 매수 및 매도할 것을 약정하고 이루어지는 증권의 매매거래이다. 처음 증권의 매매가 이루어지는 날을 매입일(purchase date), 그리고 환매가 이루어지는 날을 환매일(repurchase date)이라고 한다. 그리고 매입일과 환매일의 가격을 각각 매입가와 환매가라고 한다. 그리고 매입일에 증권을 매도하고 매입가를 수취하는 것을 "RP매도"라고 하며, 반대로 매입가를 지급하고 증권을 매입하는 것을 "RP매수"라고 한다([그림 2-2] 참조).[6]

▌그림 2-2 RP거래의 흐름

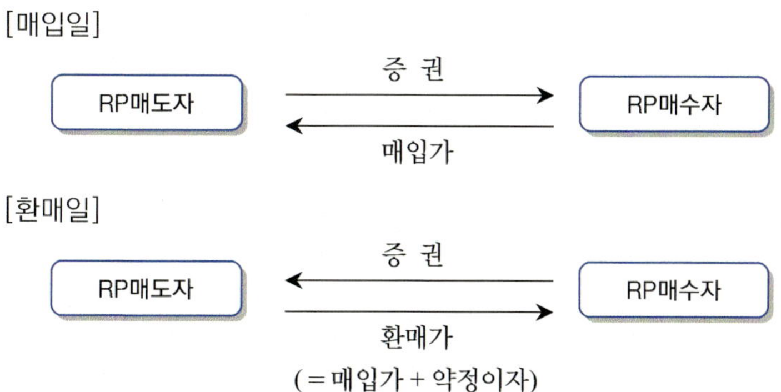

법적으로 RP거래는 약정기간 동안 대상증권의 법적 소유권이 RP매도자에서 RP매수자로 이전되는 증권의 매매거래이다. 그런데 실질적으로 RP거래는 일정 기간 동안 매도자가

6) RP매도자의 입장에서는 "RP거래를 한다"라고 하고, RP매수자의 입장에서는 "역RP(reverse RP)거래를 한다"라고 한다.

매수자에게 증권을 담보로 제공하고 자금을 차입하는 증권담보부대출의 성격을 갖는다.[7)] RP매도자의 경우 매입일에 현금이 유입되고 환매일에 현금이 유출되므로 현금흐름패턴이 (+, −)이다. 반대로 RP매수자의 경우 현금흐름패턴이 (−,+)이다. 이런 측면에서 매도자와 매수자는 각각 자금차입자와 자금제공자이다.

대상 증권의 시장가치와 매입가의 차이가 헤어컷(haircut)인데 이는 보전비율 또는 증거금율로 불린다. 헤어컷은 약정기간 동안의 매매채권의 가격변동위험을 담보하기 위해 매수자가 매도자에게 요구하는 비율인데, 이는 개시증거금(initial margin)의 기능을 수행한다.[8)]

매도자가 지금 채권을 매입가($P_{매입}$)로 매도하고 차후에 약간 높은 가격인 환매가($P_{환매}$)로 매입하게 되는데, 환매가가 당연히 매입가보다 크다($\#days$는 약정일수임).

$$P_{환매} = P_{매입} \times \left[1 + r_{repo} \times \frac{\#days}{365}\right] \tag{2.2}$$

이 가격차이가 자금제공자인 매수자의 이자소득이며(즉, 환매가 = 매입가 + 약정이자), 이때 적용되는 이자율을 환매이자율(repo rate)이라고 한다. 환매이자율은 매입가와 환매가로부터 다음과 같이 산출된다.

$$r_{repo} = \left[\frac{P_{환매}}{P_{매입}} - 1\right] \times \frac{365}{\#days} \tag{2.3}$$

예시 2-2 환매이자율과 헤어컷의 계산

증권사가 약정일수 5일을 기준으로 국고채를 이용하여 RP계약을 체결하고자 한다. 국고채의 가격은 100억원이고 매입가는 95억원 환매가는 95억 260만원이다. 헤어컷과 환매이자율과 각각 얼마인가?

$$\frac{95}{100} - 1 = -0.05 \rightarrow \text{haircut} = 5\%$$

$$r_{repo} = \left[\frac{P_{환매}}{P_{매입}} - 1\right] \times \frac{365}{\#days} = \left[\frac{95.026}{95} - 1\right] \times \frac{365}{5} = 0.019979 \approx 0.02$$

7) 콜(call)과 CD의 시장규모가 감소한 반면, 국내 RP시장은 비은행 금융기관의 단기자금 조달 및 운용을 무담보 콜거래에서 RP거래로 유도하고자 하는 정부의 단기자금시장 구조개편 정책에 힘입어 빠르게 성장하고 있다.

8) 개시증거금에 대한 설명은 제16장을 참고할 것.

주요결과 2-2

단기금융시장의 주요 상품은 양도성예금증서(CD), 기업어음(CP), 환매조건부매매(RP) 등이다. CD와 CP는 할인발행되고, RP는 이자가 만기일에 지급된다. 정부의 정책으로 CD의 거래량은 감소한 반면 RP거래는 빠르게 증가하고 있다. RP는 법적으로 증권의 매매거래이지만 실질적으로 증권담보부대출의 성격을 갖는다.

3 자본시장과 파생상품시장

자본시장(capital market)은 만기가 1년 이상의 상품이 거래되는 시장으로 기업, 정부, 지방자치단체, 공공기관 등이 필요한 장기 자금을 조달하기 위해 발행하는 주식, 국채, 회사채 등이 거래되는 시장이다. 자본시장은 크게 다음 세 가지 기능을 수행한다. 첫째, 가계 등에서 발생하는 여유자금을 자금을 필요로 하는 기업과 공공기관 등에 공급한다. 둘째, 자금의 효율적 배분에 기여한다. 셋째, 다양한 투자수단을 제공한다.

금융시장은 지난 30년간 비약적으로 발전하였으며 2016년 6월말 기준 단기금융시장과 자본시장을 합산한 금융시장 규모는 [표 2-2]에 의하면 1990년말의 158조원에서 2016년 6월말의 3,393조원으로 21배 성장하였다(기간말 잔액 기준). 동 기간 동안 단기금융시장은 8.9배, 자본시장은 26.3배 성장하였으며 특히 채권시장이 44배로 획기적으로 성장하였다. 그 결과, 자본시장의 규모는 1990년에 단기금융시장의 2.6배였으나, 2016년 6월말에는 7.6배로 크게 성장하였다.

표 2-2 금융시장의 규모

단위: 조원, 배

	1990년(A)	2000년	2010년	2016.6.(B)	B/A
단기금융시장	44.3	138.8	264.8	395.9	8.9
자본시장	114.0	638.8	2,352.7	2,997.3	26.3
채 권	35.0	423.6	1,112.9	1,539.0	44.0
주 식	79.0	215.2	1,239.9	1,458.3	18.5
합 계	158.3	777.6	2,617.5	3,393.2	21.4

3.1 주 식

주식(株式)은 주식회사가 투자자인 주주로부터 자본을 제공받고 발행한 증서로 주식회사의 자본을 이루는 단위이다. 주식회사는 주주의 출자로 자본이 구성되고 자본은 주식으로 균등하게 분할되며 주주가 회사 채무에 관해 직접적인 책임을 지지 않는 형태를 말한다. 주식에는 보통주(common stock), 우선주(preferred stock) 등이 있다. 보통주의 소유자인 주주(stockholder, shareholder)는 주식회사의 구성원으로 주식회사에 대하여 법률상 주주로서의 권리를 갖는다. 보통주 주주는 잔여재산분배청구권, 이익분배청구권, 신주인수권, 의결권, 공익권 등을 가지며, 원칙적으로 출자한 자본에 대해서만 책임을 지는 유한책임(limited liability)을 갖는다.[9)]

주식은 자본구성의 기본단위이므로 주식을 보유하면 주주의 지위를 얻는다. 우리나라에서 주식은 액면주식과 무액면주식이 모두 인정되고 있으나 액면주식인 경우 1주의 금액은 100원 이상으로 균일해야 한다(상법 329조3항&4항). 무액면주식 제도는 2012년 4월부터 시행되어 기업이 액면 또는 무액면주식 중 어느 하나를 선택할 수 있는 법적 여건이 마련되었지만 2016년말 기준 무액면주식을 선택하는 국내 기업은 단 한곳도 없다(2016년말 기준 무액면주식인 기업은 유가증권시장에 1개 코스닥시장에 12개가 있으나 모두 외국계 기업임).

기업이 설립시에는 사기업의 형태를 갖지만 기업이 성장하면서 대규모 자본을 필요로 하게 된다. 기업은 1인 또는 소수 대주주 중심의 소유구조에서 일반 투자자로부터의 납입을 받아 다수의 소액주주를 포함하는 소유구조로 변경하는데 이를 기업공개(initial public offering: IPO)라고 하고 최초로 공모하는 주식을 최초공모주라고 하며 이런 기업을 공개기업(public firm)이라고 한다. 주식은 거래소시장과 장외시장에서 거래되는데 거래소시장은 다시 유가증권시장, 코스닥시장, 코넥스시장으로 구분된다. 주식이 거래소시장에서 거래되기 위해서는 주식이 상장(listing)되어야 한다.

우리가 통상 시가총액(market capitalization)이라고 하면 보통주와 우선주 시장가치의 합을 의미한다. 2018년 5월 기준으로 전세계에서 시가총액 1위 기업은 약 870조원인 애플이고, 국내 시가총액 1위 기업은 약 330조원인 삼성전자이다. 주식의 가치평가모형은 9장과 10장에서 설명하기로 한다.

---

9) 공익권은 주주의 공동이익을 위하여 회사의 경영에 참여하는 권리로서, 주주총회 참석, 위법 상황에 대한 유지청구권, 주주총회의 소집청구권, 회사 장부의 열람권 등이 있다. 유지청구권은 이사 또는 회사의 위법행위로 손해가 발생할 염려가 있을 때 감사 또는 소수주주권자 및 주주가 사전에 이들 행위의 유지(留止)(금지)를 청구하는 권리이다. 주주의 공익권 남용을 방지하기 위하여 공익권을 행사하는데 필요한 주식수를 제한하기도 한다.

3.2 채 권

채권(bond, 債券)은 발행자(또는 차입자, 채무자)가 투자자(채권자)에게 원금과 일정 기간 동안의 이자를 정해진 일자에 상환하기로 약속한 증서이다. 다시 말해서, 채권은 발행자가 자금을 조달하기 위한 목적으로 발행하는 일종의 차용증서로 채권보유자에게 정해진 일자(이자지급일과 상환일)에 정해진 금액(이자와 원금)을 지급할 것을 약속하는 증서이다. 채권은 비교적 장기로 거액의 자금을 조달하기 위하여 정부와 기업에 의해 발행된다. 그리고 기업이 발행한 채권을 회사채 또는 사채(corporate bond, 社債)라고 한다.

채권의 발행시 상환하기로 예정된 날인 만기일(maturity date)과 원금 및 이자금액이 확정된다.[10] 원금(principal)은 액면가(face value 또는 par value)로도 불리며 발행자가 만기일에 상환하는 금액으로서 이자계산의 기준이 되는 금액이다.[11] 발행자가 원금에 대하여 지급하는 이자를 액면이자(coupon)라고 하며 연간 액면이자를 원금으로 나누면 액면이자율 또는 표면금리(coupon rate)가 계산된다.[12] 액면이자율은 발행과 동시에 확정되며 만기일까지 그대로 유지된다.

채권의 발행시 액면이자율, 액면가, 만기일, 모든 이자지급일이 확정되므로 채권의 미래 현금흐름이 사전적으로 확정된다는 점에서 다른 증권과 차이가 있다. 이처럼 현금흐름이 사전에 확정되었다는 점에서(금액이 확정되거나 결정공식이 확정됨) 채권을 고정수익증권(fixed income security)으로도 부른다. 채권의 가치평가, 특수한 채권의 유형, 수익률곡선 및 투자전략은 제12장과 13장에서 설명하기로 한다.

3.3 파생상품

파생상품(derivatives)은 그 가치가 기초자산(주식, 채권, 통화 등)의 가치에 의해 결정되는 금융상품이다. 파생상품은 계약의 형태에 따라 선도, 선물, 스왑, 옵션 등으로 구분된다. 파생상품은 거래소에서 거래되는 장내상품과 장외상품으로 구분된다(파생상품에 대한 자세한 설명은 14 ~ 16장을 참고할 것).

- 선도(forward) 및 선물(futures): 미래 특정 시점에 미리 정한 가격(선도가격 또는

---

10) 이 책에서 만기는 현재 시점부터 채권의 만기일까지 남은 기간을 의미한다. 따라서 발행 후 시간이 지남에 따라 만기는 짧아진다. 실무에서는 잔존만기라는 용어를 선호한다.

11) 채권을 발행하는 것은 자금을 차입하는 것과 동등하다. 자금을 차입하는 경우 원금은 현재 차입한 금액인 반면 채권을 발행하는 경우 원금은 만기일에 상환하는 금액이다.

12) 실무에서는 액면이자율 대신에 표면이율, 표면금리, 발행이율이라는 표현을 사용한다.

선물가격)으로 기초자산을 사거나 팔기로 약정한 계약으로, 장외시장에서 거래되면 선도계약으로 거래소에서 거래되면 선물계약으로 불림

- 스왑(swap): 미래의 미리 정한 여러 특정일에 현금흐름을 교환하는 계약으로 금리스왑, 통화스왑, 외환스왑, 신용부도스왑 등이 있음(장외상품)
- 옵션(option): 미래 특정 시점에 미리 정한 가격(행사가격)으로 기초자산을 매입할 수 있는 권리인 콜옵션(call option)과 매도할 수 있는 권리인 풋옵션(put option)이 있음(장내상품인 표준옵션과 장외상품인 이색옵션이 있음)

주요결과 2-3

자본시장은 만기가 1년 이상인 상품(주식, 채권)이 거래되는 시장으로, 다양한 자금조달 및 투자 수단을 제공한다. 그리고 파생상품시장에서는 선도, 선물, 스왑, 옵션이 거래된다.

4 기타 금융상품

4.1 ETF

ETF는 Exchange Traded Fund의 약자로 “상장지수집합투자기구”(또는 간략하게 “상장지수펀드”)로 번역된다.[13][14] ETF는 코스피와 같은 특정 지수와 수익률이 연동되도록 설계된 펀드로서 거래소에 상장되어 주식처럼 거래(유통)되는 펀드이다. 예를 들어 코스피지수를 추종하는 ETF의 경우 ETF 1주만 사더라도 코스피 전종목을 사는 것과 동일한 분산효과를 얻을 수 있다.

주식의 성격을 갖는 ETF는 개별주식의 장점인 매매편의성과 인덱스펀드의 장점인 분산투자 효과를 얻을 수 있을 뿐만 아니라 거래비용이 저렴하고 투명성이 높은 장점을 갖는다. 이런 장점이 부각되면서 전세계에서 규모가 급격히 성장하고 있으며 최근 금융위기 이후 시장의 변동성이 커지면서 더욱 관심을 받고 있다.

우리나라에서는 2002년 10월에 4개 ETF 상품이 처음으로 상장되었다. [표 2-3]에 의하면 순자산총액은 2002년의 3,400억원에서 2019년의 51조 7,122억원으로 그동안 약 150배 성장하였다. 처음에는 시장지수를 추적하는 상품이 주류였으나, 2006년 섹터 ETF, 2007년

---

13) ETF에 관한 설명은 증권 · 파생상품시장 지표 해설, 한국거래소, 306-307쪽에서 인용함.
14) ETF의 효시는 1993년 미국 AMEX거래소에 상장된 SPDR S&P500으로 S&P500지수를 추종하도록 설계되었다.

스타일 ETF가 등장하면서 상품 다양성이 확대되었으며, 이후 해외 ETF와 삼성그룹 ETF와 같은 맞춤형 ETF가 상장되어 2019년 12월 기준 450개 종목이 상장되어 거래되고 있다.

표 2-3 ETF시장 순자산총액과 상장종목수 추이

단위: 억원

구 분	2002년	2006년	2010년	2012년	2016년	2017년	2018년	2019년
순자산총액	3,444	15,609	60,578	147,177	251,018	356,109	410,066	517,122
상장종목수	4	12	64	135	256	325	413	450

순자산총액 1위 종목은 KODEX 200으로 순자산총액은 9.3조원이고 ETF시장 전체 순자산총액의 18%를 점유한다. 순자산총액 상위종목 5개는 [표 2-4]와 같다.

표 2-4 순자산총액 상위종목 5개 ETF

단위: 억원

순위	종목명	순자산총액	시장비중
1	KODEX 200	93,311	18.0%
2	TIGER 200	51,852	10.0%
3	KODEX 레버리지	22,488	4.4%
4	KODEX MSCI Korea TR	18,300	3.5%
5	KBSTAR 200	17,162	3.3%

KODEX 200은 삼성자산운용이 관리하며 2002년 10월에 상장된 ETF로 코스피200지수를 추종하는 상품이다. 운용자산은 2019년말 기준으로 93,311억원이고 운용보수는 0.15%이다. 분배금은 1, 4, 7, 10월 마지막 영업일에 지급한다.[15] 투자자는 분배금에 대해서는 배당소득세 15.4%를 납부해야 한다.

ETF의 기준가격은 순자산가치(net asset value: NAV)로 시장가격과는 동일하지 않다. 순자산가치(net asset value: NAV)는 자기자본(즉, 자산가치에서 부채가치를 차감한 값)의 가치를 발행주식수로 나눈 값으로 기준가격이라고도 한다.

$$NAV = \frac{\text{자산가치} - \text{부채가치}}{\text{발행주식수}} \tag{2.4}$$

예를 들어 운용중인 자산의 가치가 400억원이고 매니저 봉급, 자문수수료, 그리고 제반 경비

15) ETF에 포함된 주식이 배당금을 지급하면 운용사를 이를 모아 두었다가 펀드 운용에 들어가는 비용을 제외하고 남은 금액을 분배금으로 지급한다.

로 10억원의 채무가 있다면 발행주식수가 100만주인 경우 순자산가치는 주당 39,000원이다.

유동성공급자(LP)는 실시간으로 순자산가치와 시장가격간의 차이인 괴리율을 일정 수준 이하로 맞춰야 한다. 한국거래소는 홈페이지에 ETF의 괴리율에 대한 정보를 제공한다.

$$\text{괴리율} = \frac{\text{시장가격} - \text{순자산가치}}{\text{순자산가치} } \tag{2.5}$$

유동성공급자(LP: liquidity provider) 제도는 유동성이 일정수준에 미달하는 매매거래 비활발종목에 대하여 유동성공급자가 지속적으로 매도 · 매수호가를 제시함으로써 안정적인 가격형성을 유도하기 위한 제도이다. 유동성공급자는 상장법인과 계약을 체결하여 유동성 공급의무를 부담하며, 매도호가와 매수호가간 가격격차가 큰 경우 이를 축소시키는 방향으로 일정 수량 이상의 호가를 제시해야 한다.

상장종목 450개는 국내형 335개와 해외형 115개로 구성된다. 450개 종목의 상품 유형별 라인업 현황은 [표 2-5]와 같다. 'ETF 인버스'는 추종지수가 상승(하락)하면 반대로 가치가 하락(상승)하는 ETF이다. 'ETF 레버리지'는 파생상품과 차입을 통해 추종지수의 변동폭과 비교하여 몇 배의 손익이 발생하도록 설계된 ETF이다(레버리지는 2X, 3X로 표시되는데 이는 각각 2배와 3배의 레버리지를 의미함).

표 2-5 상품 유형별 라인업 현황(총 450개 종목)

국내형(335종목)				해외형(115종목)			
주식	시장대표	코스피200, KRX300 등	53	주식	시장대표	선진국, 신흥국 등	40
	업종/전략	바이오, 고배당 등	174		업종/전략	바이오, 헬스케어 등	22
레버리지/인버스		코스피200 등	62	레버리지/인버스		주요국 대표지수 등	23
채 권		국채, 단기채 등	26	채 권		국채, 선진하이일드	7
통 화		미국달러선물 등	3	원자재		금, 원유, 구리 등	13
혼합자산		주식채권혼합 등	8	혼합자산		주식혼합채권 등	6
액티브		채권 액티브	8	액티브		채권 액티브	1
부동산		부동산 인프라	1	부동산		미국, 싱가포르 리츠 등	3

주요결과 2-4

ETF(상장지수펀드)는 분산투자의 효과를 얻으면서 주식처럼 자유스럽게 매매할 수 있는 펀드로, 국내에는 2002년에 도입되었다. 유동성공급자는 순자산가치와 시장가격간의 차이인 괴리율을 관리해야 한다.

4.2 뮤추얼펀드

투자신탁(investment trust)은 불특정 다수의 투자자로부터 자금을 모아 투자자를 대신하여 증권에 분산투자하고 그 운용수익을 투자자에게 분배하는 집단적 간접적 투자제도이다. 투자신탁에는 계약형과 회사형이 있다. 투자자는 계약형 투자신탁의 권리증서인 수익증권에 투자하거나 회사형 투자신탁인 뮤추얼펀드가 발행하는 주식에 투자할 수 있다.

뮤추얼펀드(mutual fund)는 법인의 자격을 갖춘 주식회사로서 투자자가 주주가 되는 방식으로 서류상 회사(paper company)이다. 투자자금의 운영 방법에 따라 폐쇄형과 개방형으로 구분된다. 개방형(open-end type)은 펀드지분을 계속 판매하고 환매하는 구조를 갖고 있어, 투자자가 환매를 요구하면 순자산가치에 의해 상환이 이루어지므로 투자자는 자유롭게 자신의 투자금을 회수할 수 있으며 주식수도 수시로 변하게 된다. 반면에 폐쇄형(close-end type)의 경우 펀드지분을 계속적으로 발행하지 않고 환매하지도 않는다. 즉 투자자가 뮤추얼펀드에 직접 상환을 청구할 수 없으므로 만기에 투자금을 회수하거나 유통시장에서 증권을 매도하여 투자금을 회수해야 한다.[16] 폐쇄형 펀드의 주식은 거래소에서 거래되며 시장가격은 순자산가치와 다를 수 있다. 통상 우리나라에서 뮤추얼펀드는 개방형 펀드를 의미한다. 뮤추얼펀드는 투자자로부터 모은 자금을 자본금으로 하여 주식을 발행하고 유가증권에 투자하여 운영한다.

펀드는 운용대상에 따라 증권펀드, 부동산펀드 또는 리츠(REITs), 선박펀드, 단기금융상품펀드, 혼합자산펀드 등으로 구분한다. 그리고 유가증권 편입비율에 따라 주식형(60% 이상 주식 투자), 채권형(60% 이상 채권 투자), 주식혼합형(주식투자비율이 50% 이상 60% 미만), 채권혼합형(채권투자비율이 50% 미만) 등으로 구분된다. 또한 펀드는 테마를 기준으로 기업지배구조펀드, 친환경펀드, ESG펀드 등으로 구분된다. 여기서 ESG는 환경(environment), 사회(social), 지배구조(governance)의 약자로 기업의 비재무적 성과 및 지속가능성을 평가하는 기준이다.

주요결과 2-5

뮤추얼펀드는 일반 투자자로부터 자금을 조달하고 이를 유가증권에 투자하여 그 운용수익을 투자자에게 분배하는 집합투자기구의 한 유형이다. 우리나라에서 뮤추얼펀드는 개방형 펀드이다.

16) 추가로 설정할 수 없는 유형을 단위형, 추가로 지분을 매각할 수 있는 유형을 추가형이라고 한다.

4.3 사모펀드

소수의 투자자들로부터 자금을 모아 주식이나 채권 등에 운용하는 펀드를 사모펀드(private equity fund: PEF)라고 한다.[17] 투자신탁업법에서는 100인 이하의 투자자, 증권투자회사법(뮤추얼펀드)에서는 50인 이하의 투자자를 대상으로 모집하는 펀드를 말한다. 사모펀드는 소수의 장기투자자들로부터 사모방식으로 자금을 끌어 모아 기업 및 금융기관을 인수하고 구조조정한 뒤 이를 매각하거나 재상장시켜 투자자금을 회수하는 전략을 취한다. 불특정 다수의 투자자를 대상으로 하는 공모펀드에 비하여 사모펀드는 소수의 고액 투자자들을 대상으로 한정 판매하며, 공모펀드가 펀드규모의 10% 이상을 한 주식에 투자할 수 없고 주식 외 채권 등 유가증권에도 한 종목에 10%이상 투자할 수 없지만, 사모펀드는 이러한 제한이 없는 관계로 재벌들 간의 계열지원이나 내부자금 이동의 수단으로 악용되기도 한다.

사모펀드에는 두 가지 유형이 있다. 즉, 저평가된 기업에 투자하고 기업가치가 상승하면 기업공개와 주식매각 등을 통하여 투자금을 회수하여 이익을 챙기는 경영참여 형태의 사모펀드와 주식, 채권, 부동산, 파생상품 등에 투자하여 이익을 얻는 전문투자 형태의 사모펀드(헤지펀드)로 구분된다.

[그림 2-3]은 2013년부터 2019년까지 사모펀드의 시장규모 추이를 경영참여형과 전문투자형으로 구분하여 보여준다.[18] 사모펀드는 2011년 한국형 헤지펀드 제도가 도입된 이후 꾸준히 성장하였다. 2011년 시장규모는 140조원이었으나 2019년에는 478조원으로 성장하였다. 특히 2015년과 2018년 두 차례에 걸쳐 시행된 사모펀드 활성화 정책으로 진입문턱이 낮아지면서 급성장하였다. 사모펀드 전문운용사를 인가제에서 등록제로 완화하고 자본금요건도 기존의 60억원에서 20억원으로 하향 조정하였으며 개인투자자의 최소 투자금액도 기존 5억원에서 1억원으로 조정하였다. 사모펀드의 수는 2013년 전문투자형 7,734개와 경영참여형 237개에서 2019년 전문투자형 11,734개와 경영참여형 721개로 성장하였다.

---

17) 국내에서 사모펀드는 private equity fund(PEF)로 번역되는데 이는 오역이다. private equity는 사적으로 자금을 조달한다는 의미가 아니라 공개된 기업이 아닌 사기업의 주식을 의미한다. 외국에서 private equity fund는 사기업의 주식에 투자하거나 또는 공기업의 사기업화를 목적으로 하는 펀드를 의미한다.

18) 비즈니스워치뉴스, 2020.07.09., 최이래, 사모펀드의 세계

그림 2-3 사모펀드 시장규모 추이(2013-2019년)

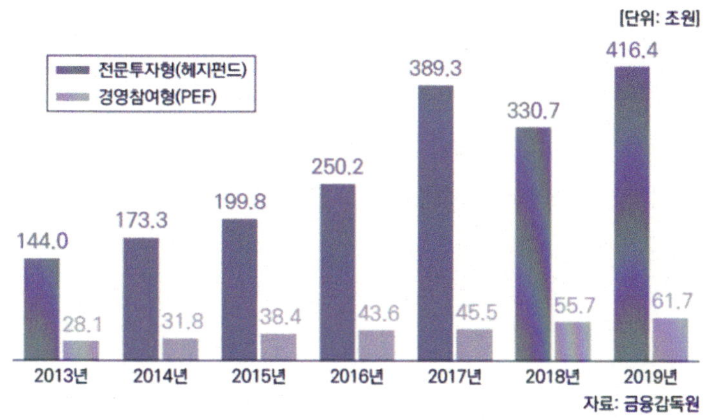

헤지펀드(hedge fund)는 사기도 하고 팔기도 하면서 위험을 회피하는 펀드라는 의미로, '고위험 고수익' 원칙에 따라 선물 · 옵션 등 파생금융상품의 거래를 통해 자금을 투기적으로 운용하는 투자신탁을 말한다. 헤지펀드는 소수의 거액 투자자들에 의해 투기적으로 운용된다는 점에서 안정적인 자산증식을 원하는 대다수 소액투자자들이 포트폴리오 수단으로 활용하는 뮤추얼펀드(mutual fund)와는 다르며, 헤지펀드는 사모펀드의 일종이다.

헤지펀드는 1949년 미국에서 처음 만들어진 후 1980년대 후반 세계적으로 금융자유화가 확산되면서 급속히 성장했다. 대표적인 헤지펀드로는 조지소로스의 퀀텀펀드, 줄리안로버트슨의 타이거펀드, 이외에 오메가펀드, 오딧세이펀드 등이 있다.

헤지펀드가 주로 사용하는 전략은 글로벌매크로전략, 롱쇼트전략, 공매도전략, 전환사채차익거래, 채권차익거래, 합병차익거래 등이다. 이들 전략을 간단히 소개하면 다음과 같다.

- 글로벌매크로(global macro)전략: 세계 각국의 경제상황이나 환율 또는 금리 등을 분석한 뒤 수익기회가 포착되면 레버리지를 이용하여 투자하는 전략
- 롱쇼트(long short)전략: 두 개 이상의 투자대상에 매입과 매도 포지션을 동시에 취해 손실위험을 최소화하는 전략
- 공매도(short sales)전략: 과대평가된 주식을 공매도한 뒤 가격이 하락하면 싼 값에 매입하여 차익을 얻는 전략
- 전환사채차익거래(convertible bond arbitrage): 과소평가된 전환사채를 매입함과 동시에 주식을 공매도하는 차익거래
- 채권차익거래(fixed income arbitrage): 과소평가된 채권을 매입하고 과대평가된 채권을 공매도하는 차익거래

- 합병차익거래(merger arbitrage): 피인수기업의 주식을 매입함과 동시에 인수기업의 주식을 공매도하는 차익거래

주요결과 2-6

사모펀드는 소수의 투자자로부터 자금을 모아 운용하는 펀드로 공모펀드에 비해 규제가 약하다. 국내에서는 경영참여형과 전문투자형으로 구분된다. 전문투자형은 헤지펀드로 불리며 다양한 투자전략을 구사하는 고위험 펀드이다.

4.4 자산유동화증권

자산유동화증권(asset backed security: ABS)은 유동성이 낮은 자산으로 풀을 구성하고 그 풀에서 나오는 현금흐름에 기초하여 새로 발행된 증권이다. 유동성이 낮은 자산이 유동성이 높은 자산으로 전환되므로 이를 자산유동화(securitization)라고 한다.

자산보유자(originator)는 자산유동화를 위한 특수목적기구(special purpose company: SPC)를 설립하고 그 회사에 자산의 법적 소유권을 양도하고 유동화전문회사는 그 자산을 담보로 ABS를 발행한다. 진정한 매매(true sale)의 절차를 거쳐 기초자산이 양도되므로 ABS의 소유자는 기초자산의 가치하락으로 인해 원리금이 상환되지 않더라도 자산보유자에게 변제를 요구할 수 없으며 유동화전문회사는 자산보유자의 파산으로부터 절연된다(bankruptcy remote). 자산유동화증권의 발행 구조는 [그림 2-4]와 같다.

그림 2-4 자산유동화증권의 발행구조

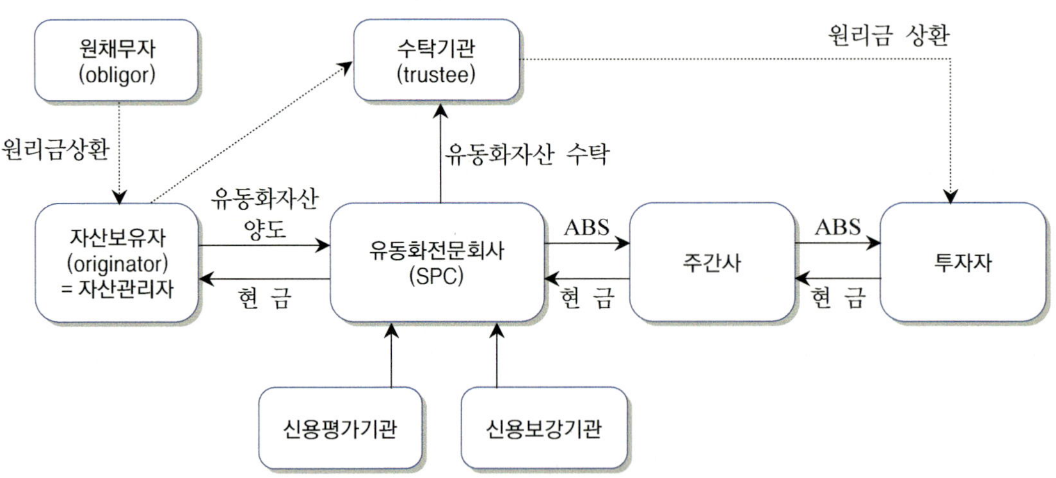

참고: 실선은 현금흐름과 증권의 이동을, 점선은 원리금 상환의 흐름을 나타냄

일반적으로 유동화에 적합한 자산은 유동성이 낮고, 개별자산의 크기가 작고, 현금흐름의 예측이 가능하고, 자산의 양도가 가능한 자산이다. 그동안 유동화된 자산은 자동차할부금융, 대출채권, 신용카드미수금, 기업대출, 부실대출 등이다.[19)]

유동화전문회사는 여러 클래스의 ABS를 발행한다. 만기, 수익률, 상환우선순위 등이 상이한 클래스를 트랜치(tranche)라고 한다.[20)] 예를 들어, [그림 2-5]와 같이 선순위트랜치(senior tranche), 메자닌트랜치(mezzanine tranche), 자기자본트랜치(equity tranche)가 발행된다. 여기서 후순위트랜치(subordinated tranche)는 메자닌트랜치와 자기자본트랜치로 구성된다.

그림 2-5 ABS의 트랜치 구조

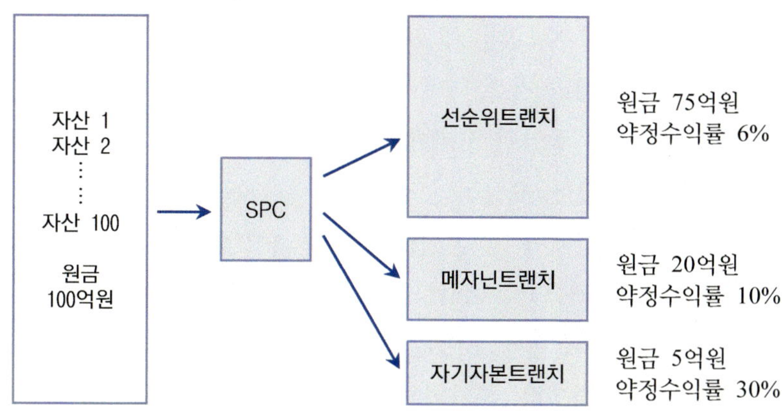

선순위-후순위 구조(senior-subordination structure)는 선순위가 후순위보다 먼저 변제받게 함으로써 선순위트랜치의 원리금 보장을 보다 확실하게 하는 구조이다. 선순위트랜치는 AAA등급으로 발행되고, 기초자산 풀로부터 발생하는 손실을 가장 먼저 부담하는 트랜치는 자기자본트랜치이다. 이처럼 수익률과 위험의 구조가 상이한 여러 트랜치의 ABS를 발행함으로써 다양한 고객의 수요를 충족시킨다.

주요결과 2-7

자산유동화증권은 유동성이 낮은 자산풀로부터 발생하는 현금흐름을 담보로 발행된 증권이다. 자산유동화증권은 여러 트랜치로 발행되며 선순위-후순위 구조를 이용하여 선순위트랜치의 원리금 보장을 보다 확실하게 한다.

---

19) 기초자산이 은행 대출인 경우의 ABS를 CLO(collateralized loan obligation), 채권인 경우 CBO(collateralized bond obligation), 신용카드미수금의 경우 CARD(certificate of amortizing revolving debts), 자동차할부금융이면 auto-loan ABS로 불린다. 그리고 CLO와 CBO를 총칭하여 CDO(collateralized debt obligation)로 부른다.

20) tranche는 slice를 의미하는 불어이다.

4.5 ELS

주가연계증권(equity-linked security: ELS)은 기초자산으로 설정된 주식 또는 주가지수의 가격변동에 의하여 가치가 결정되는 증권이다. 투자자가 ELS에 투자하여 얻는 이익은 기초자산의 움직임에 따라 사전에 약정된 수익률로 계산된다. 주가연계증권은 자본시장법상 파생결합증권으로 분류된다. 국내 파생결합증권 중에서 가장 규모가 큰 ELS는 주가지수를 이용한 스텝다운(step-down)형 구조이다.

일반적인 스텝다운형 구조는 주가지수에 연계되며, 주가지수가 크게 하락하지 않으면 조기상환되면서 연 4 ~ 6%의 수익률을 제공하지만 주가지수가 크게 하락하여 녹인(knock-in) 상태가 되면 원금손실이 발생할 수 있는 구조이다. 국내에서 판매되는 ELS의 3/4 이상은 해외 대형 투자은행에 의해 설계된 것을 국내 증권회사가 사서 들여온 것으로 알려져 있다.

국내 ELS 시장은 주식시장이 좋았던 시기에는 활황기를 맞았지만 반대로 주식시장 침체기에는 여러 문제점을 노출하였다. 즉, 녹인으로 인해 투자자의 원금손실이 발생하였으며 ELS 발행사들도 헤지운용 과정에서 큰 손실을 입었다. [그림 2-6]은 2014년부터 2018년 1월까지의 ELS 연간 발행금액과 연말 미상환잔액을 보여준다. 발행금액은 2017년 65.1조원으로 최대치를 기록하였으며 반면에 2016년에는 글로벌 주식시장의 급락으로 발행액이 전년 대비 절반 수준으로 감소하였다. 주가가 하락하면 조기상환이 지연되면서 미상환잔액은 증가한다.[21]

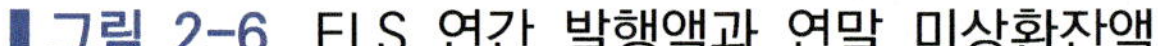
그림 2-6 ELS 연간 발행액과 연말 미상환잔액

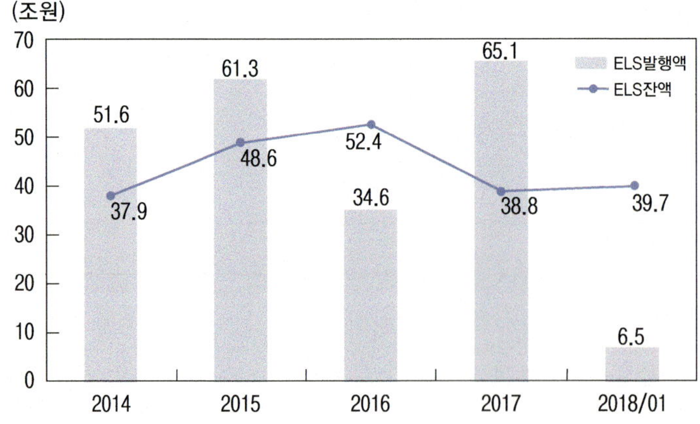

21) 장근혁, 2018, 국내 ELS 시장의 안정성 제고를 위한 과제, 자본시장포커스, 자본시장연구원.

최근에 발행되는 ELS는 예전과 비교하여 기초자산의 수가 증가하고 이용되는 주가지수도 다변화되었다. 2015년과 비교하여 2017년의 경우 기초자산이 2개인 경우가 크게 감소하고 기초자산이 3개 또는 4개인 경우가 크게 증가하였다. 대부분의 ELS는 관찰하는 기초지수 여러 개 중에서 수익률이 제일 낮은(손실률이 제일 큰) 지수를 대상으로 구조가 결정되므로 관찰하는 기초지수의 개수가 많을수록 투자자 입장에서는 더 위험한 구조가 된다.

ELS와 유사한 증권으로 ELB(equity-linked bond), DLS(derivative-linked security), DLB(derivative-linked bond)가 있다. 네 가지 증권은 주가지수(또는 주가) 연계 여부와 원금보장 여부에 따라 [표 2-6]과 같이 구분된다. DLS와 DLB의 경우 기초자산은 이자율, 통화, 실물자산에 기초한 파생상품이다. ELB와 DLB는 발행 증권사가 파산하지 않는 한 원금을 보장받는다.

표 2-6 ELS, ELB, DLS. DLB간 차이

		기초자산	
		주가지수 또는 주가	이자율, 통화, 실물자산 등에 기초한 파생상품
원금보장 여부	보 장	ELB	DLB
	비보장	ELS	DLS

주요결과 2-8

ELS(주가연계증권)는 기초자산의 가격변동에 의해 가치가 결정되는 증권으로, 파생결합증권으로 분류된다. 가장 규모가 큰 유형은 주가지수를 이용한 스텝다운 구조이다. 최근 기초자산의 수가 증가하고 이용되는 주가지수도 다변화되고 있다.

4.6 주식워런트증권

주식워런트증권(equity linked warrant: ELW)은 경제학적인 측면에서 옵션과 동일한 상품이다. 주식워런트증권은 약정 수량의 특정 주식 또는 주가지수를 미리 정한 가격으로 매입하거나 매도할 수 있는 권리가 부여된 증권으로, 매입할 수 있는 권리는 콜워런트(call warrant)로, 매도할 수 있는 권리는 풋워런트(put warrant)로 불린다.[22] 주식워런트증권은 만기일에만 권리행사가 가능한 유로피언 형이며, 발행자와 ELW 소유자간 결제는 현금결

22) 워런트(warrant)는 채권과 함께 발행되기도 하는데 이런 채권을 신주인수권부사채(bond with warrant: BW)라고 한다. 여기서 워런트는 주식을 매입할 수 있는 권리인 신주인수권을 의미한다. BW의 신주인수권이 행사되면 채권발행기업은 신주를 발행하여 투자자에게 지급한다. BW가 공모로 발행되는 경우 신주인수권은 상장되어 거래되는데 이를 신주인수권증권이라고 한다.

제 방식을 따른다. LP는 ELW의 활발한 거래를 위해 매입가격과 매도가격을 제시할 의무를 가지며, 통상 ELW의 발행자이기도 한다.

2005년 12월에 처음 거래된 주식워런트증권은 2010년 일평균 거래대금이 1.6조원을 초과할 정도로 성장하였다. 폭발적으로 성장하던 주식워런트증권시장은 2012년에 시행된 규제 이후 크게 위축되었다. [그림 2-7]은 2005년부터 2019년까지의 연도별 시가총액과 일평균거래대금을 보여준다(2011년부터 2016까지의 자료는 찾지 못함).

그림 2-7 ELW 연도별 시가총액과 일평균거래대금

단위: 억원

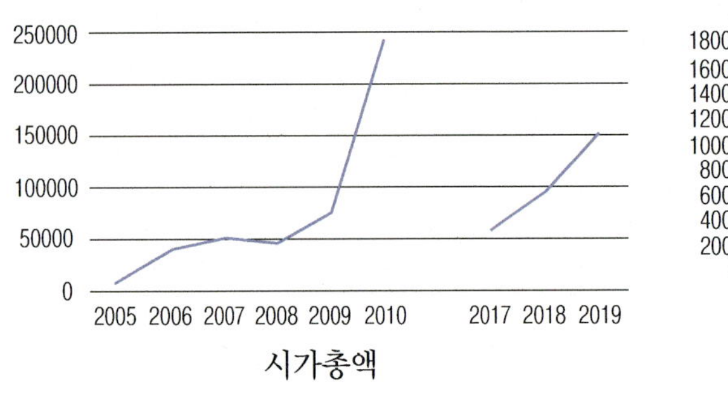

시가총액

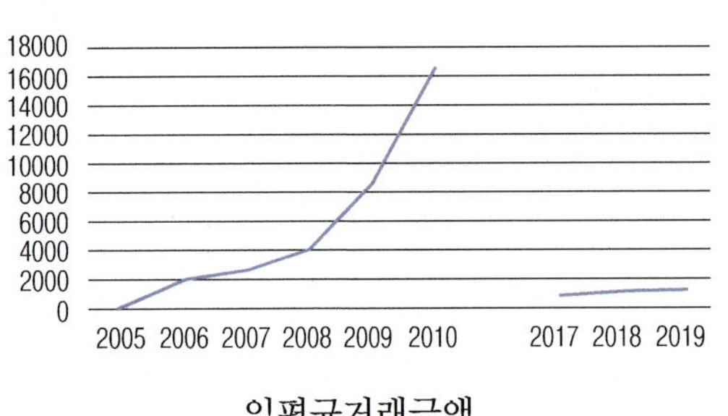

일평균거래금액

주식워런트증권은 경제학적인 측면에서 주식옵션과 동일한 상품이지만 다음과 같은 점에서 차이가 있다. 첫째, 우리나라에서 주식워런트증권은 유가증권(파생결합증권)으로 분류되지만 주식옵션은 장내파생상품으로 분류된다. 둘째, 주식워런트증권은 금융회사(증권회사)가 발행하는데 반하여 주식옵션은 불특정 다수에 의해 발행된다. 셋째, 주식옵션의 경우 한국거래소가 결제를 보증하지만 주식워런트증권의 경우 투자자가 만기시 발행자의 신용위험을 부담하게 된다(상장된 주식워런트증권의 거래에 대한 결제는 거래소가 보증함). 넷째, 주식옵션의 경우 발행금액에 제한이 없는 반면, 주식워런트증권의 경우 발행총액이 미리 정해진다.

주요결과 2-9

ELW(주식워런트증권)는 일정 수량의 주식을 미리 정한 가격으로 매수하거나 매도할 수 있는 권리가 부여된 증권으로 콜워런트와 풋워런트가 있다. 경제적 측면에서 개별주식옵션과 동일하지만 워런트는 금융회사가 발행하고 신용리스크에 노출되고 발행금액이 제한된다는 점에서 상이하다.

4.7 FX마진거래

FX마진거래(FX margin trade)는 외국통화의 매수 및 매도를 통하여 환차익을 추구하는 거래이다(외환(foreign exchange)을 FX 또는 FOREX라고 함). FX마진거래는 이종통화간 현물환 거래로, 현물이 오고 가지 않는 차액결제 방식을 이용한다. FX마진거래는 거래단위 당 5,000달러를 증거금으로 납부하므로 증거금률은 고정되지 않는다(달러화 대비 기준통화의 가치에 따라 증거금률은 변동함). 만약 100,000달러에 대하여 5,000달러를 증거금으로 납부하면 증거금률은 5%이고 레버리지는 20배이다.[23] 레버리지로 인해 환율이 유리하게(불리하게) 3% 변하면 투자자의 실제 수익률은 20배인 60%(−60%)가 된다. FX마진거래의 거래단위는 100,000 단위이다.

FX마진거래에서 개인 투자자가 국내 증권회사 또는 선물회사를 통해 주문을 넣으면, 해당 주문은 해외파생상품시장회원을 통해 은행으로 넘어가고, 은행은 국제은행간 시장에서 타 은행과 거래하게 된다. 개인투자자들은 HTS(Home Trading System)을 통해 24시간 거래를 할 수 있다.

FX마진거래는 달러, 유로, 엔 등 8개국 통화에 대해 "기준통화/상대통화"를 한 쌍으로 묶어 거래한다. FX마진거래 매수는 기준통화를 매수하고 상대통화를 매도하는 것이다. FX마진거래 매도는 기준통화를 매도하고 상대통화를 매수하는 것이다.

FX마진거래는 대박의 꿈을 좇는 투기자들에 의해 폭발적으로 성장하였다. [그림 2-8]은 2006년 3분기부터 2010년 1분기까지 분기별 FX마진거래량 추이를 보여준다. 2009년 7월에 실시된 금감원 조사에 의하면 그해 1~5월 FX마진거래 금액의 99%가 개인투자자의 거래라고 한다.

그림 2-8 분기별 FX마진거래량 추이

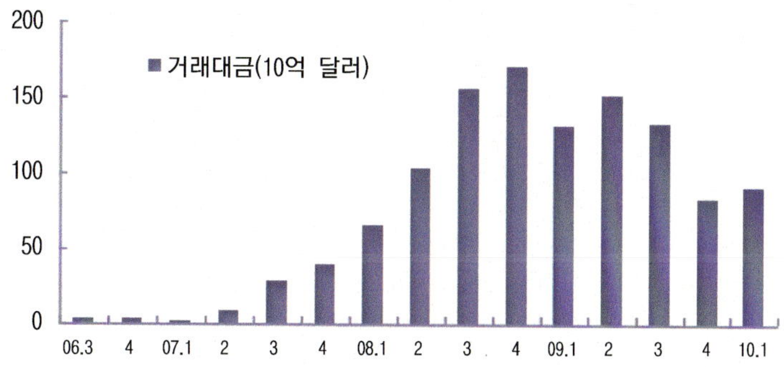

---

23) 이런 이유로 FX마진거래의 증거금률을 통상 5%라고 한다.

그러나 2009년 9월부터 개시증거금이 5%에서 10%로 유지증거금이 3%에서 5%로 상향 조정됨에 따라 거래규모는 급감하였으며 2015년 거래규모는 전성기의 10분 1 수준으로 감소하였다.

예시 2-3 FX마진거래(EUR/USD)

2020년 10월 12일 월요일에 투자자는 향후 달러화 대비 유로화의 가치가 하락할 것으로 예상하고 100,000 EUR/USD를 매도한다. 매도환율이 1.08955이면 투자자는 100,000유로를 108,955달러에 매도한다. 이 경우 필요한 개시증거금은 5,000달러이고 유지증거금은 3,000달러이다(국내의 경우 증거금은 고정된 달러금액으로 부과됨). 오후에 환율이 하락하자 투자자는 이익 실현을 위해 100,000 EUR/USD를 매수하고 기존 포지션을 청산한다. 매수환율이 1.07925이면 투자자는 100,000유로를 107,925달러에 매수한다. 결국 거래로부터 얻은 이익은 108,955 − 107,925 = 1,030달러이다.

증거금률은 5,000/108,955 = 4.589%이므로 레버리지는 1/0.04589 = 21.791배이다. 투자자의 수익률은 1,030/5,000 = 20.6%인데, 이는 환율 하락률 0.9453%에 레버리지 21.791를 곱한 금액과 동일하다. 투자자가 예상한대로 환율이 하락하면 투자자는 이익을 실현하지만, 반대로 환율이 상승하면 투자자는 손실을 입게 된다.

주요결과 2-10

FX마진거래는 외국통화의 매수 및 매도를 통하여 환차익을 추구하는 거래로서, "기준통화/상대통화"를 한쌍으로 묶어 거래하는 이종통화간 거래이다. 대략 20배의 레버리지가 작동하는 고위험 거래로 차액결제방식으로 결제된다.

핵심용어 해설

- 단기금융시장(money market): 만기가 1년 이내인 상품이 거래되는 금융시장으로 자금시장으로도 불림
- 자본시장(capital market): 만기가 1년 이상인 상품이 거래되는 시장
- 양도성예금증서(certificate of deposit: CD): 은행 정기예금에 양도성을 부여한 것
- 기업어음(commercial paper: CP): 신용상태가 양호한 기업이 단기자금을 조달하기 위하여 자기 신용을 바탕으로 발행하는 융통어음
- 환매조건부매매(repurchase agreement): 일정 기간이 경과한 후 정해진 가격으로 환매할 것을 조건으로 증권을 매매하는 것으로 RP거래 또는 repo라고 함
- 상장지수펀드(exchange traded fund: ETF): 투자자에게 포트폴리오에 투자할 수 있는 기회를 제공하는 일종의 펀드로 주식처럼 자유스럽게 거래됨
- 뮤추얼펀드(mutual fund): 불특정 다수의 투자자로부터 자금을 모아 투자하는 주식회사
- 사모펀드(private equity fund): 소수의 투자자로부터 자금을 모아 운용하는 펀드로 경영참여형과 전문투자형(헤지펀드)으로 구분됨
- 자산유동화증권(asset backed security): 유동성이 낮은 자산으로 풀을 구성하고 그 풀에서 나오는 현금흐름에 기초하여 새로 발행된 증권
- 선순위-후순위 구조(senior-subordination structure): 선순위가 후순위보다 먼저 변제받게 함으로써 선순위의 원리금 보장을 보다 확실하게 하는 구조
- 주가연계증권(equity-linked security: ELS): 기초자산으로 설정된 주식 또는 주가지수의 가격변동에 의하여 가치가 결정되는 파생결합증권
- 주식워런트증권(equity linked warrant: ELW): 기초자산을 미리 정한 가격으로 매입 또는 매도할 수 있는 권리가 부여된 파생결합증권으로 콜워런트와 풋워런트가 있음
- FX마진거래(FX margin trade): 이종통화간 현물환 거래를 통해 환차익을 추구하는 거래로서 차액결제됨

개념 체크

1. 단기금융시장은 자본시장과 어떻게 구분되는가?

2. 발행시장은 유통시장과 어떤 점에서 상이한가?

3. 단기금융시장의 주요 상품은 무엇인가?

4. CD의 가격은 어떻게 계산되는가? 할인율과 수익률간의 차이는?

5. RP의 기본구조는? 매입가, 환매가, 헤어컷은 각각 무엇인가? 환매가와 매입가로부터 환매이자율을 계산할 수 있는가?

6. ETF는 무엇이며 어떤 점에서 투자자에게 어필하는가?

7. 뮤추얼펀드는 무엇인가? 개방형과 폐쇄형의 의미는 무엇인가? 순자산가치는 어떻게 계산하는가?

8. 유동화란 무엇인가? 어떤 자산이 유동화에 적합한가? ABS 발행 구조를 이해하는가? 선순위-후순위 구조는 왜 필요한가?

9. 주가연계증권(ELS)은 무엇인가? 최근 어떤 변화가 있는가?

10. 주식워런트증권(ELW)이란 무엇인가? 누가 발행하는가? 개별주식옵션과의 차이점은 무엇인가?

11. FX마진거래는 어떻게 거래되는가? 높은 레버리지를 갖는 이유는 무엇인가?

연 습 문 제

01 다음 중 단기금융시장에서 거래되는 상품이 아닌 것은?

① 콜 ② 환매조건부매매 ③ 통화안정증권
④ 주식 ⑤ 양도성예금증서

02 원금이 1억원이고 만기가 91일인 양도성예금증서의 가격은 원금의 몇 퍼센트인가? 수익률은 3.5%이다.

① 99.146% ② 99.135% ③ 99.139%
④ 99.151% ⑤ 정답 없음

03 다음 중 가장 먼저 손실을 부담하는 트랜치는?

① 선순위트랜치 ② 후순위트랜치 ③ 자기자본트랜치
④ 메자닌트랜치 ⑤ 정답 없음

04 투자자가 원금이 100만원이고 만기가 181일인 CD를 은행에서 매입하는 경우 할인율이 2.5%이면 매입가격은 얼마인가?

① 9,875,832원 ② 9,877,545원 ③ 9,878,298원
④ 9,876,027원 ⑤ 정답 없음

05 RP의 매입가가 100억원이고 환매이자율이 연 1.5%이다. RP의 만기가 91일이면 환매가는 얼마인가?

① 100.15억원 ② 100.37억원 ③ 100.34억원
④ 100.42억원 ⑤ 정답 없음

06 ETF, 뮤추얼펀드에 대한 설명으로 옳은 것은?

① 우리나라에서 뮤추얼펀드는 폐쇄형 펀드이다.

② 헤지펀드는 공모 펀드이다.

③ ETF는 특정 지수와 수익률이 연동되도록 설계된 펀드로서 거래소에 상장되어 주식처럼 거래되는 펀드이다.

④ ETF가 투자자에게 지급하는 분배금에 대한 세금이 없다.

⑤ 정답 없음

07 주식옵션과 ELW에 대한 설명으로 옳은 것은?

① 모두 장내파생상품으로 분류된다.

② ELW 투자자는 신용위험을 부담하지 않는다.

③ 주식옵션처럼 ELW도 발행총액이 제한되지 않는다.

④ ELW는 금융회사가 발행하는데 반하여 주식옵션은 불특정 다수에 의해 발행된다.

⑤ 정답 없음

08 단기금융상품에 대한 설명으로 옳은 것은?

① 양도성예금증서는 예금보호대상이다.

② 환매조건부매매에서 환매가격은 매입가격보다 작다.

③ CD와 CP는 만기일에 이자를 지급한다.

④ RP거래는 법적으로 증권의 매매거래이지만 실질적으로는 증권담보부대출의 성격을 갖는다.

⑤ 정답 없음

09 투자자가 향후 달러화 대비 유로화의 가치가 상승할 것으로 예상하고 100,000 EUR/USD를 매수한다고 하자(매수환율은 1.085). 개시증거금은 5,000달러이고 유지증거금은 3,000달러이다. 투자자는 환율이 1.09로 상승하자 EUR/USD를 매도하고 기존 포지션을 청산한다. 투자자의 수익률은 얼마인가?

① 10.5% ② 0.5% ③ 5%

④ 16.7% ⑤ 정답 없음

연습문제 해설

01 ④

주식은 자본시장에서 거래되는 상품이다.

02 ②

$$P_0 = \frac{100{,}000{,}000}{\left(1 + 0.035 \times \frac{91}{365}\right)} = 99{,}134{,}946$$

03 ③

가장 먼저 손실을 부담하는 트랜치는 자기자본트랜치이다.

04 ④

$$10{,}000{,}000 - 10{,}000{,}000 \times 0.025 \times \frac{181}{365} = 9{,}876{,}027\text{원}$$

05 ②

$$P_{\text{환매}} = 100 \times \left(1 + 0.015 \times \frac{91}{365}\right) = 100.37$$

06 ③

우리나라에서 뮤추얼펀드는 개방형 펀드이고 헤지펀드는 사모펀드이다. 투자자는 분배금에 대하여 배당소득세를 납부해야 한다.

07 ④

주식옵션은 장내파생상품으로 분류되지만 ELW는 유가증권으로 분류된다. ELW는 금융회사가 발행되며, 발행총액이 제한되며, 투자자는 발행자의 신용위험에 노출된다.

08 ④

CD는 예금보호대상이 아니고 할인발행된다. RP에서 환매가격은 매입가격보다 크다.

09 ⑤

$$\frac{(1.09 - 1.085) \times 100{,}000}{5{,}000} = 10\%$$

Chapter 3 주식시장과 주식거래

Table of Contents

학습 주안점

기업은 주식시장에서 필요한 자금을 조달하고 개인투자자는 주식의 매매를 통하여 자본이득을 얻는다. 2020년말 기준으로 우리나라의 주식시장은 시가총액이 2,366.1조원에 이를 만큼 크게 성장하였고(유가증권시장 1980.5조원, 코스닥시장 385.6조원), 거래소시장에 2,355개 기업이 상장되어 있다(2019년 기준, 코넥스시장 포함).

이 장에서는 주식시장의 구성, 가격안정화제도, 주가지수의 유형 및 계산방법, 주식의 거래제도, 그리고 공매도에 대하여 설명하기로 한다.

구체적으로 여러분이 이 장에서 숙지해야 할 내용은 다음과 같다.

1. 우리나라 주식시장은 어떻게 구성되어 있는가?
2. 기업공개와 유상증자는 무엇인가? 기본적인 절차를 이해하는가?
3. 주식시장 전체와 개별주식의 가격안정화제도에는 각각 어떤 제도가 있는가?
4. 주가지수를 계산하는 주가평균식과 시가총액식 계산 방법을 이해하는가? 각 방법의 장점과 단점은 무엇인가?
5. 호가란 무엇이며 호가의 유형에는 어떤 유형이 있는가?
6. 단일가매매와 동시호가란 무엇이며 언제 이용하는가?
7. 신용융자거래와 미수거래는 각각 무엇인가?
8. 공매도란 무엇이며 어떤 문제점이 있는가? 그리고 제약조건은 무엇인가? 업틱룰이란 무엇인가?

1 주식시장

주식은 거래소시장과 장외시장에서 거래되는데 거래소시장은 다시 유가증권시장, 코스닥시장, 코넥스시장으로 구분된다. 정부의 자본시장 육성정책과 기업공개정책에 힘입어 우리나라 증권시장은 짧은 기간 동안에 많은 발전을 하였다. 1992년 외국인이 우리나라 상장회사의 주식에 직접 투자할 수 있도록 증권시장이 개방되었으며, 1996년 주가지수 선물시장과 코스닥시장, 1997년 주가지수 옵션시장 등 금융파생상품시장, 2013년 코넥스시장을 잇달아 개설하였고 1997년 9월부터 전 종목을 전산 시스템으로 매매하고 있다.

우리나라 대표증권시장인 유가증권시장(KOSPI Market)은 1956년 개장 이래 삼성전자, 현대자동차, POSCO, LG전자 등 세계적인 기업들이 상장되어 있으며, 대형 우량기업들의 꾸준한 성장세를 바탕으로 2020년말 기준 시가총액 1,980.5조원 규모의 시장을 유지하고 있다.[1] 2019년말 기준 799개 기업이 상장되어 있다.

코스닥시장은 IT(Information technology), BT(Bio technology), CT(Culture technology) 기업과 벤처기업의 자금조달을 목적으로 1996년 7월 개설된 첨단 벤처기업 중심 시장이다. 중소기술주 중심 시장의 특성을 고려한 것으로써 코스피시장에 비하여 진입요건이 상대적으로 완화되었고, 상장심사시 기업의 미래 성장 잠재력을 고려하고, 질적 심사 항목이 축소되었으며 기술성장기업(벤처기업)의 특성을 고려한 특례상장요건을 갖추고 있다. 2020년말 기준 시가총액은 385.6조원이다.

코넥스(KONEX, Korea New Exchange)는 자본시장을 통한 초기 중소 · 벤처기업의 성장지원 및 모험자본 선순환 체계 구축을 위해 2013년 개설된 초기 · 중소기업전용 신시장이다. 코스닥시장의 경우 투자자 보호를 위한 계속적인 상장요건 강화로 인해 성숙단계의 중소기업 대상 시장으로 변모하여 초기 중소기업은 진입이 곤란한 시장이 되었으며, 설립부터 코스닥시장 상장까지 소요되는 기간이 2004년에는 평균 9.3년이었던 것에 비해, 2011년도에는 평균 13.3년으로 크게 늘어나게 된다. 이러한 이유로 초기 중소기업에 최적화된 증권시장의 필요성이 제기되었으며, 초기 중소기업 특성을 반영한 시장제도를 마련하기 위해서는 기존 증권시장을 활용하기 보다는 제로베이스에서 설계하는 것이 용이하다는 판단하에 코넥스시장을 개설하게 되었다.

[표 3-1]은 2001년부터 2019년까지 유가증권시장, 코스닥시장, 코넥스시장의 연도별 상장기업수를 보여준다. 상장기업수가 2001년의 1,410개에서 2019년의 2,355개로 증가하였다.

---

1) 유가증권시장, 코스닥시장, 코넥스시장에 대한 설명은 한국거래소의 홈페이지에서 인용하였음.

표 3-1 시장별 연도별 상장기업수

연 도	유가증권시장	코스닥시장	코넥스시장	소 계
2001	689	721		1,410
2002	683	843		1,526
2003	684	879		1,563
2004	683	890		1,573
2005	702	918		1,620
2006	731	963		1,694
2007	746	1,023		1,769
2008	765	1,038		1,803
2009	770	1,028		1,798
2010	777	1,029		1,806
2011	791	1,031		1,822
2012	784	1,005		1,789
2013	777	1,009	45	1,831
2014	773	1,061	71	1,905
2015	770	1,152	108	2,030
2016	779	1,209	141	2,129
2016	774	1,267	154	2,195
2018	788	1,323	153	2,264
2019	799	1,405	151	2,355

주요결과 3-1

한국거래소 주식시장은 유가증권시장, 코스닥시장, 코넥스시장으로 구분된다. 유가증권시장은 1956년에 개설된 대표 증권시장이고, 코스닥시장은 1996년 벤처기업의 자금조달을 목적으로 개설되었고, 코넥스시장은 초기 벤처기업의 모험자본 조달을 목적으로 2013년 개설되었다.

2 주식발행

기업이 필요한 자금을 조달하기 위하여 주식과 채권 등을 투자자에게 처음 발행하는 시장을 발행시장(primary market)이라고 한다. 그리고 발행된 증권이 투자자간에 거래되는 시장을 유통시장이라고 한다. 발행시장에서의 주식은 주로 기업공개(initial public offering:

IPO) 및 최초상장에 의해 발행되는 최초공모주와 유상증자(seasoned equity offering: SEO)로 발행되는 신주 등 두 가지 형태로 발행된다.

2.1 기업공개와 최초공모주

증권이 발행될 때 인수회사(underwriter)가 중요한 역할을 담당하는데 국내에서는 증권회사가 인수회사의 역할을 담당한다. 여기서 인수(underwriting)는 유가증권 발행시 인수업무를 영위하는 회사가 매출할 목적으로 당해 유가증권의 전부 또는 일부를 취득하거나 또는 매출을 주선하면서 인수주선 수수료(underwriting commission)를 취득하는 업무를 말한다. 최초공모주 발행 시 인수회사는 공모가격 결정, 증권 판매 등의 주요한 기능을 담당한다. 인수방법에는 총액인수, 잔액인수, 인수주선 등 세 가지가 있다.

총액인수(firm commitment underwriting)는 인수기관이 매출할 목적으로 공모주식 전부를 자기명의로 인수함으로써 이로부터 발생하는 모든 위험을 부담하고(즉, 많은 자금을 필요로 하며 매출까지 발생하는 모든 가격변동위험에 노출됨) 발행과 관련된 사무도 담당하는 방법으로 가장 많이 활용되는 방법이다(발행인의 미발행 위험은 없음). 잔액인수(stand-by underwriting)는 인수기관이 발행인으로부터 위탁받은 증권의 발행사무를 담당하고 모집기간 중에 소화시키지 못한 증권에 대하여 인수기관이 인수하는 방법이다. 인수주선(best efforts basis)은 주식 취득의 의무 없이 단순히 발행사무만을 담당하는 방법으로 미인수분은 발행인에게 반환된다.

상장 첫날의 시초가는 장 거래전 동시호가에 의해 공모가의 －10%～+200% 범위 내에서 결정되고 이후 ±30% 상 · 하한가 적용을 받았으나, 소수의 거래기회 독점이나 균형가격 발견 지연을 방지하기 위해 2023.6.26.부터 공모주의 상장 당일 가격 변동폭이 공모가 기준 60%～400%로 확대되었다. 예를 들어 공모가 10,000원이면 상장일 종가는 예전에 6,300～26,000원 범위에서 결정되었으나 새 규정이 적용되면 6,000～40,000원 범위에서 결정된다.

일반적으로 최초공모주를 상장하는 첫날 시장에서 형성되는 주가가 공모가격보다 훨씬 높게 마감되는 현상이 나타나는데, 이를 최초공모주의 저가발행(underpricing)현상이라고 한다. 크기의 차이는 있으나 최초공모주의 저가발행현상은 거의 모든 국가에서 관찰되고 있다. [그림 3-1]은 국가별 최모공모주 상장일의 평균 수익률을 보여준다.[2)]

---

2) Bodie, Kane, Marcus, Essentials of Investments, 5th edition, p. 64 Figure 3.3(원 자료는 J. Ritter(2001)).

그림 3-1 국가별 최초공모주 상장일 평균 수익률

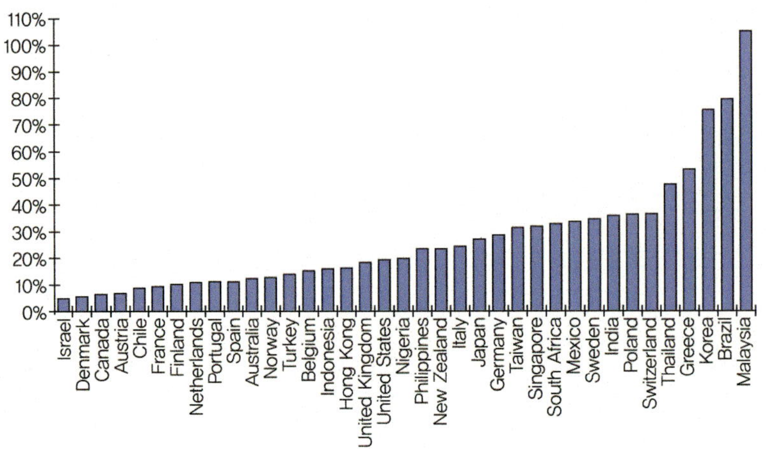

주요결과 3-2

기업공개시 최초공모주는 증권회사의 인수업무를 통해 주로 총액인수 방법으로 발행된다. 상장일의 종가는 공모가 기준 −37% ~ +260% 범위내에서 결정되며, 최초공모주의 저가발행 현상은 모든 국가에서 관찰되는 공통된 현상이다.

2.2 유상증자

유상증자(有償增資)(seasoned equity offering: SEO)는 신주를 발행하고 현금을 납입 받음으로써 회사의 납입자본금을 증가시키는 것을 말한다. 유상증자는 신주인수권 배정방법에 따라 주주배정방식(right offerings), 일반공모방식(public offerings), 제3자배정방식(private placements) 등으로 구분된다.

미국과 캐나다 및 일본의 경우 일반공모방식이 가장 많이 이용된다. 반면에 주주배정방식은 아시아와 유럽의 국가에서 활발히 이용된다. 우리나라의 경우 최근 제3자배정방식이 가장 많이 이용된다. Kim, Ko, and Wang(2019)에 의하면 2000년부터 2013년까지 이루어진 유상증자 연구표본 3,184건의 경우 주주배정방식이 895건(28.1%), 일반공모방식이 461건(14.5%), 그리고 제3자배정방식이 1,828건(57.4%)이다. 금액 기준으로는 각각 22.1%, 15.8%, 62.1%이다.

주주배정방식은 기존주주와 우리사주조합(employee stock option plan: ESOP)에게 신주인수권을 부여하여 신주를 배정하고 실권주(失權株)가 발생하면 이사회의 결의에 따라 그

처리방침을 결정하는 것을 말한다. 실권주를 처리하는 방법으로는 미발행, 일반공모, 제3자배정 등이 있다.

일반공모방식은 주주에게 신주인수권을 주지 않고 일반투자자를 대상으로 청약을 받는 것을 말하며, 제3자배정방식은 대체로 사모(private placement) 방식으로 주주 대신 관계회사나 채권은행 등 특정의 제3자에게 신주인수권을 주는 방식이다. 일반공모방식과 제3자배정방식은 주주의 이해관계에 중대한 영향을 미치므로 이런 방식으로 발행할 수 있다는 것이 정관에 명백히 나타나 있지 않으면 주주총회의 특별결의가 필요하다. 증권거래법에서 발행대상자가 50인 이상인 경우를 공모발행(public offering)으로 간주한다,

어떤 방식을 선택하든 최종발행가격은 기준가격에 할인율을 적용하여 계산된다. 적용되는 최대 할인율은 일반공모의 경우 30%이고, 제3자배정의 경우 10%이다. 그리고 주주배정방식의 경우 할인율의 제약이 없으나 실권주를 일반공모하면 40%, 제3자배정하면 30%가 적용된다. 주주배정방식에서 할인율 제한을 두지 않는 이유는 어떤 할인율을 적용하든 기존주주가 그 할인된 가격으로 신주를 매입할 수 있는 권리를 부여받기 때문에 주주 부(wealth)가 할인율의 크기에 의해 영향을 받지 않기 때문이다. 윤평식의 연구에 의하면 실제 적용되는 할인율의 평균은 일반공모의 경우 21%, 주주배정방식의 경우 26%, 제3자배정방식의 경우 7%이다.

주요결과 3-3

유상증자는 기업이 자금을 조달하기 위해 신주를 발행하는 것이다. 유상증자 방식은 주주배정방식, 일반공모방식, 제3자배정방식으로 구분된다. 전통적으로 기업이 주주배정방식을 선호하였으나, 최근 사모발행인 제3자배정방식이 가장 활발히 이용되고 있다.

3 가격안정화제도

3.1 서킷브레이커와 사이드카

주식시장의 가격안정화제도에는 서킷브레이커와 사이드카가 있다. 서킷브레이커(circuit breaker)는 주가지수선물가격 또는 주가지수가 급등락하는 경우 투자자가 합리적인 판단을 할 수 있는 시간을 제공하기 위하여 일정 시간 동안 거래를 중단시키는 제도이다.[3] 서킷브

3) 서킷브레이커는 전기장치에 과전류가 흘러 화재의 위험이 발생할 때 전기회로를 자동으로 끊어주는 부품의 이름이다.

레이커는 1987년의 블랙먼데이 이후 뉴욕증권거래소에서 최초로 도입되었으며 우리나라에서는 유가증권시장의 경우 1998년에 코스닥시장의 경우 2001년에 도입되었다.[4] 주식시장에서 서킷브레이커가 발동되는 경우 선물시장과 옵션시장이 모두 중단된다. 코스피지수가 직전거래일의 종가보다 8%/15%/20% 이상 하락한 경우 1단계/2단계/3단계 매매거래 중단의 발동을 예고할 수 있으며, 이 상태가 1분간 지속되는 경우 유가증권시장 및 유가증권시장과 관련된 선물 · 옵션의 매매거래를 20분간 중단하게 된다(3단계의 경우 당일 매매거래가 종료됨). 코스닥시장 종합주가지수의 경우에도 동일한 수준의 매매거래중단제도(서킷브레이커)가 적용된다.[5]

또한 사이드카(side car)는 선물가격이 급변하는 경우(즉, 주가지수선물가격이 전일 종가대비 5% 이상 변동하여 1분 이상 지속하는 경우) 선물가격 급변으로 주가가 급변하는 것을 최소화하기 위하여 현물시장 프로그램 매매호가의 효력을 일시적으로 정지하는 제도이다.[6] 사이드카는 프로그램매매를 규제하는 가장 대표적인 방법으로 시장상황이 급변하는 경우 프로그램매매의 호가효력을 일시적으로 제한하여 프로그램매매가 주식시장에 미치는 영향을 완화하고자 하는 제도이다.[7]

3.2 변동성완화장치

서킷브레이커와 사이드카가 시장 전체를 대상으로 하는 가격안정화 제도라고 하면 개별종목에 적용되는 제도가 매매거래정지제도와 변동성완화장치이다. 매매거래정지제도는 거래소가 투자자 보호와 시장관리상 필요하다고 인정하는 경우 특정종목의 매매거래를 일시적으로 정지하는 제도이다.[8] 변동성완화장치 제도는 가격제한폭만 운영하는 상황에서 장중에 개별종목의 주가가 가격제한폭으로 변동할 때까지 순간적인 가격급변을 완화할 수 있는 장치가 미흡해 피해를 볼 수 있는 선의의 투자자를 보호하기 위한 조치이다.

종목별 변동성완화장치(volatility interruption: VI)는 대부분의 해외거래소가 채택하고 있는 개별종목에 대한 가격안정화 장치로서, 주문실수, 수급 불균형 등에 의한 일시적 주가

4) 블랙먼데이(Black Monday)는 1987년 10월 19일 월요일에 하루 동안 주가가 22% 폭락한 날을 말한다.
5) 2020년 3월 13일 코로나19의 전세계 확산에 따른 우려로 주가가 급락하면서 사상 처음으로 코스피시장과 코스닥시장에서 동시에 서킷브레이커가 발동되었다.
6) 사이드카는 오토바이의 보조 탑승장치로서, 급격한 불균형 상황에서 안정과 균형을 유지하여 원활한 거래로 복귀하도록 유도하는 보조적 기능을 수행한다는 의미로 사용된다(Daum 백과사전).
7) 한국거래소는 프로그램매매를 “모든 지수차익거래와, 동일인이 코스피200 지수에 포함된 15개 종목 이상의 주식을 한 번에 거래하는 비차익거래”로 정의한다.
8) 거래소는 어음 또는 수표의 부도발생, 은행과의 거래정지, 금지 · 영업활동의 전부 또는 일부정지 등 상장법인의 존폐와 관련된 풍문 등의 사유로 주가 및 거래량이 급변하거나 급변이 예상되는 종목에 대해서 매매거래를 정지할 수 있다.

급변시 단기간의 냉각기간(2분의 단일가매매)을 부여하여 시장참가자로 하여금 주가급변 상황에 대해 주의를 환기시킴으로써 가격급변을 완화하기 위한 제도이다.[9] 적용대상은 유가증권시장의 경우 주권, DR(depository receipt: 주식예탁증권), ETF, ETN, 수익증권이고, 코스닥시장의 경우 주권과 DR이다.

VI에는 동적VI와 정적VI가 있다. 동적VI는 특정 호가에 의한 순간적인 수급 불균형이나 주문착오 등으로 야기되는 일시적 변동성 완화를 위한 제도이고, 정적VI는 특정 단일호가 또는 여러 호가로 야기되는 누적적이고, 보다 장기간의 가격변동 완화를 위한 제도이다.

시장가격이 발동가격율의 범위를 벗어나면 변동성완화장치가 발동된다. 참조가격은 호가 제출직전 체결가격(동적VI) 또는 단일가격(정적VI)이고, 발동가격은 '참조가격±(참조가격×발동가격율)'로 계산된다. VI를 발동시키는 발동가격율은 [표 3-2]와 같다.[10]

표 3-2 개별주식의 발동가격율

구 분	동적VI			정적VI
	접속매매시간 (09:00 ~ 15:20)	종가단일가 매매시간 (15:20 ~ 15:30)	시간외단일가 매매시간 (16:00 ~ 18:00)	정규시장 모든세션
코스피200 구성종목	3%	2%	3%	10%
코스피 일반종목, 코스닥	6%	4%	6%	

이외에도 거래소는 단기적으로 이상급등·과열 현상이 지속되는 종목의 과도한 추종매매 및 불공정거래를 예방하고 효율적 균형가격 발견을 도모하기 위해 단기과열 완화장치 제도를 도입하여 2012년 11월부터 시행하고 있다.

주요결과 3-4

시장안정화제도에는 서킷브레이커와 사이드카가 있다. 그리고 개별종목의 가격안정화제도에는 매매거래정지제도와 변동성완화장치가 있다. 서킷브레이커는 가격이 급등락하는 경우 일정시간 거래를 정지시키는 제도이고, 사이드카는 프로그램매매호가의 효력을 일시적으로 정지시키는 제도이고, 변동성완화장치는 일정시간 단일가매매를 시행하는 제도이다.

9) 변동성완화장차에 대한 설명은 한국거래소 홈페이지에서 인용 또는 참조하였다.

10) 한국거래소에 의하면 2015년부터 2019년까지 연도별 발동횟수는 각각 230, 269, 189, 284, 183회이다. 2020년의 경우 1~11월에 동적VI는 784회, 정적VI는 646회, 동시발생은 241회 발동되었다(총 1,681회).

4 주가지수

주가지수는 지수 산출 방식에 따라 크게 주가평균식과 시가총액식으로 구분되며 이렇게 계산된 지수를 가격가중평균지수와 시장가치가중지수로 부른다.

4.1 주가평균식

가격가중평균지수(price-weighted average index)는 지수에 포함된 모든 주식의 가격을 합산한 후 이를 주식 종목의 수로 나눈 값으로 계산되며 이 방식은 주가평균식이라고 한다. 예를 들어, 미국의 다우존스산업평균지수(Dow Jones Industrial Average(DJIA) 또는 Dow 30)와 일본의 닛케이(Nikkei) 225가 주가평균식으로 계산된다. DJIA의 경우처럼 30개 주식으로 구성되면 30개 가격을 합산하고 이를 제수(divisor) $d = 30$으로 나눈다. DJIA는 1896년 5월 26일에 처음 계산되었다.

$$DJIA = \frac{\sum price}{d} \tag{3.1}$$

이 경우 지수의 변화율(percentage change)은 30개 종목의 주식을 각각 1주씩 보유한 포트폴리오의 수익률을 의미한다. 왜냐하면 30개 가격 평균의 변화율은 30개 가격 합의 변화율과 동일하기 때문이다.

지수를 구성하는 기업이 바뀌거나 또는 주식분할이 발생하는 경우 지수의 연속성을 유지하기 위하여 사건의 전과 후 다음 조건이 성립하도록 제수가 변경되어야 한다.

$$DJIA = \frac{\sum price_{before}}{d_{before}} = \frac{\sum price_{after}}{d_{after}} \tag{3.2}$$

예를 들어, A주식의 가격이 100원이고 B주식의 가격이 1,000원이다. B주식이 10대1 주식분할을 실시하면 $\frac{100 + 1{,}000}{2} = 550 = \frac{100 + 100}{d_{after}}$에 의해 제수는 $d_{after} = 0.36364$로 조정되어야 한다. DJIA의 제수는 2013년 9월 27일 현재 0.15571590501117이다.

이 방법은 계산하기가 편리하다는 장점이 있지만 가격이 높은 주식이 미치는 영향이 크며 주식시장 전체의 동향을 잘 나타내지 못하는 단점이 있다.

4.2 시가총액식

시장가치가중지수(market-value-weighted index)는 평가시점(t)의 시가총액을 기준시점(0)의 시가총액으로 나눈 값으로 계산되며 이 방식은 시가총액식으로 불린다. 시가총액(market capitalization)은 상장주식수($shares$)에 주가($price$)를 곱한 값이다. 식 (3.3)은 기준시점의 시가총액을 100으로 설정함을 가정한 것이다.

$$\frac{\sum shares_t \times price_t}{\sum shares_0 \times price_0} \times 100 \qquad (3.3)$$

우리나라의 KOSPI, 미국의 S&P500과 NYSE종합, 일본의 TOPIX, 영국의 FTSE100, 프랑스의 CAC30, 독일의 DAX, 홍콩의 HangSeng 등이 시가총액식으로 계산된 지수이다. 시가총액식은 시가총액의 변화를 통하여 시장 전체의 움직임을 파악하고자 하는 지표로 현재 주요 국가들의 주가지수는 대부분 시가총액식으로 계산되고 있다.

시가총액식으로 지수를 계산하는 경우 상장주식수(number of shares outstanding)를 이용한다.[11] 그런데 상장주식수 중에는 매매가 거의 불가능한 지분이 상당 부분이 존재하므로 이런 주식을 제외하고 실제로 매매가 가능한 유동주식수(number of free float shares)만을 기준으로 지수를 계산하기도 한다.[12] 이를 "유동주식수 시가총액식"이라고 하며 한국거래소의 KRX100과 코스피200 지수를 비롯해 최근에 발표된 지수는 대부분 이 방식으로 산출된다. 또한 시가총액식은 배당금을 고려하지 않으므로 지수를 이용하여 장기투자수익률을 계산하는 경우 배당수익률이 누락되는데 이를 보완하기 위하여 거래소는 배당금을 포함한 총수익률지수(total return index)를 발표하기도 한다.

우리나라의 대표적인 주가지수는 한국종합주가지수 또는 코스피지수(Korea Composite Stock Price Index: KOSPI)이다. 코스피지수는 1980년 1월 4일의 기준지수를 100으로 하여 평가시점의 주가변동을 시가총액식으로 산출한다(최초발표시점은 1983년 1월 4일임). 코스피지수는 유가증권시장에 상장된 모든 보통주를 대상으로 하며 신규상장종목은 상장 다음날부터 지수에 반영된다.

주가지수선물과 주가지수옵션의 거래대상인 코스피200 지수는 유가증권시장에 상장된 종목 중에서 시장대표성, 산업대표성, 유동성 등을 감안하여 선정된 200개 종목을 대상으

---

11) 상장주식수는 자기주식 또는 금고주(treasury shares)을 포함하지 않는 것이 국제적 관행이지만 우리나라의 경우 자기주식이 포함되어 산출된다.

12) 제외되는 비유동주식은 최대주주 및 특수관계인 보유분, 우리사주조합 보유분, 정부 보유분(5% 이상 보유한 경우), 일부 보호예수주식 등 유통이 제한된다고 인정되는 주식 등이 해당된다(김우찬 et al.(2019) 한국증권학회지 제49권 2호).

로 유동주식수 시가총액식으로 계산된다. 그리고 코스닥종합주가지수(KOSDAQ지수)는 코스닥 시장에 상장된 모든 기업의 주가에 상장주식수를 가중한 시가총액식으로 산출된다. 1996년 7월 1일을 기준일로 하여 100포인트로 출발하였으나 2004년 1월 26일부터 100포인트를 1,000포인트로 상향 조정하여 발표하였고 이전 자료에도 모두 소급 · 적용하였다.

코스피지수는 2019년말 2,197.67포인트인데 이는 1980년 1월초 100포인트의 약22배이고 연간 수익률로는 평균 8.25%이다. 코스피지수가 가장 많이 상승한 구간은 140.65포인트(1985.11.05.)에서 1077.77포인트(1989.4.1.)로 666% 상승한(연 평균 81%) 구간이고, 두 번째로 많이 상승한 구간은 515.24포인트(2003.3.17.)에서 2064.85포인트(2007.10.31.)로 301% 상승한(연 평균 37%) 구간이다. 코스피지수는 기간 동안 세 번 크게 하락하였다. 즉, 전 고점 기준으로, 1998년의 외환위기시 75%, 2008년의 글로벌 금융위기시 54%, 2020년의 코로나19 발생을 전후하여 44% 하락하였다. 일별로 코스피지수의 최고 수익률은 2008년 10월 30일의 11.95%이고 최저 수익률은 2001년 9월 12일의 －12.02%이다.

▌그림 3-2 코스피지수

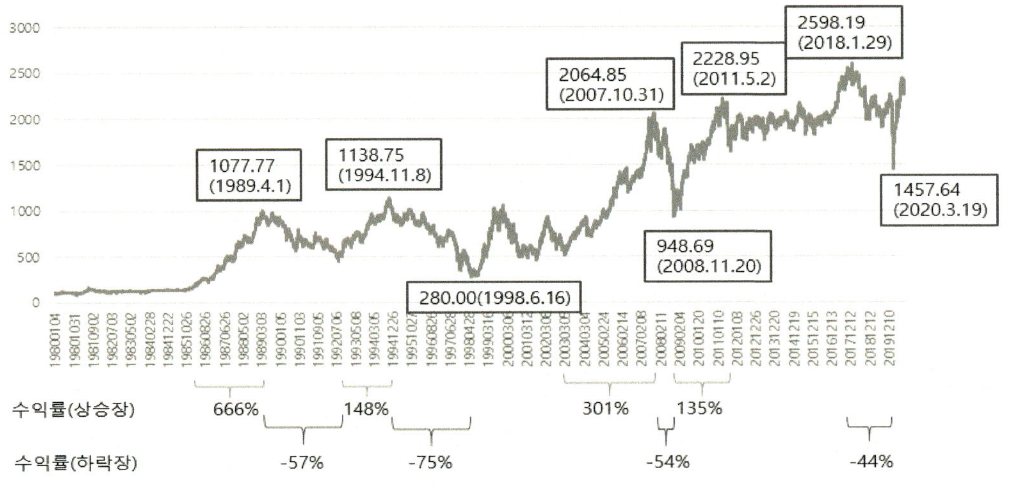

반면에 코스닥지수는 2019년말 669.83포인트인데 이는 기준시점(1996.07.01.)의 1,000포인트에 비해 2/3 수준으로 아직 출발시점의 주가를 회복하지 못하고 있다. 닷컴버블이 최고조에 달했던 2000년 3월 10일 코스닥지수는 최고점인 2,834.4포인트까지 상승하였으나 대략 9개월 후에 525포인트까지 81% 하락하였고, 2008년 10월 27일 최저점인 261.19로 하락하여 고점 대비 91% 하락하였다.[13)]

13) 연도별로 분석하면, 코스닥지수는 2000년에 가장 많이 하락하였다. 즉, 코스닥지수는 1999년말 2,561.4포인트에서 2000년말 525.8포인트로 79.5% 하락하였다.

▌그림 3-3 코스닥지수

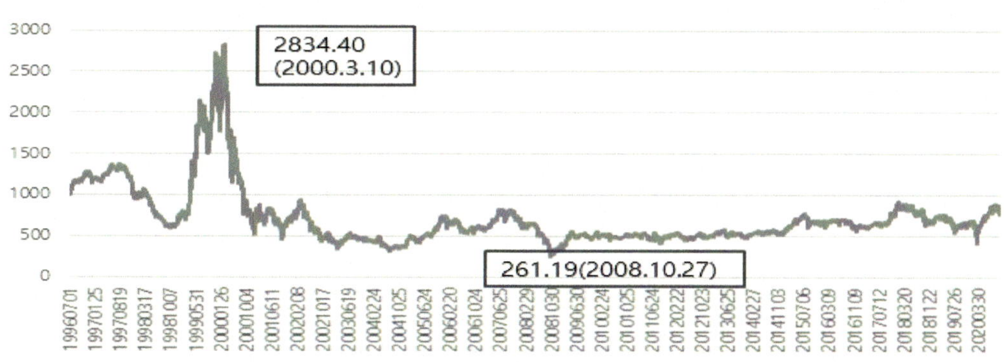

각국의 주요 주가지수는 [표 3-3]과 같다.

▌표 3-3 각국의 주요 주가지수

국 가	지 수	구성 내용
미 국	DJIA	다우존스가 선정한 30개 주식(가격평균방식)
	S&P500	S&P가 선정한 시가총액 상위 500개 주식 (공업 400개, 운수 20개, 공공 40개, 금융 40개)
	Nasdaq Composite	나스닥에 상장된 모든 주식
	Russell 2000	중소형주 2,000개 주식
영 국	FTSE 100	런던 증권거래소 시가총액 상위 100개 주식
중 국	상하이종합지수(SSEC)	상해증권거래소 모든 주식
	홍콩항생지수(HSI)	홍콩증권거래소 상위 50개 주식
독 일	DAX30	프랑크푸르트 증권거래소 상위 30개 주식
프랑스	CAC40	파리증권거래소 상장 40개 우량주식
범유럽지수	Euro Stoxx50	유로존에서 가장 크고 유동적인 주식 50개
일 본	Nikkei 225	도쿄증권거래소 1부 소속 225개 주식 (가격평균방식)

주요결과 3-5

주가지수는 산출방식에 따라 주가평균식과 시가총액식으로 구분된다. 시장 전체의 움직임을 파악하고자 하면 시가총액식이 적절하다.

예시 3-1 주가지수 계산

예를 들어 다음과 같이 주식시장이 세 주식으로 구성되어 있다고 가정하자.

주 식	기준일 가격	평가일 가격	상장주식수	기준일 시가총액
A	500,000	548,000	1,000	500,000,000
B	30,000	33,600	2,000	60,000,000
C	250,180	237,700	10,000	2,501,800,000
합 계	780,180	819,300		3,061,800,000

세 주식의 수익률은 각각 9.6%, 12.0%, −5.0%이다. 기준일과 평가일의 주가평균식 지수는 각각 260,060포인트와 273,100포인트이다. 주가평균식 지수의 수익률은 5.01%이다. 반면에 기준일의 지수를 1,000포인트로 설정하면 시가총액식으로 계산한 평가일의 지수는 977.27포인트이고 수익률은 −2.27%이다. 기준일의 시가총액은 3,061,800,000원이고 평가일의 시가총액은 2,992,200,000원이다.

$$\frac{\sum shares_t \times price_t}{\sum shares_0 \times price_0} \times 1{,}000 = \frac{2{,}992{,}200{,}000}{3{,}061{,}800{,}000} \times 1{,}000 = 977.27$$

5 주식거래

5.1 거래 제도 개관

투자자가 거래소시장에서 매매거래를 하려면 먼저 투자매매업 및 투자중개업 인가를 받은 증권회사(또는 금융투자회사)에 매매거래계좌를 개설해야 하며, 동 계좌를 개설한 증권회사를 통하여 주문을 제출하여야 한다.

회원으로부터 거래소에 제출된 주문은 거래소가 업무규정에서 정한 원칙에 따라 매매체결되며, 거래소는 체결결과를 회원에게 통보하고 회원은 이를 다시 고객에게 통지하게 된다. 투자자는 매매체결분에 대하여 매매체결일부터 기산하여 3일째 되는 날(T+2) 회원이 정한 시간까지 매매거래를 위탁한 증권회사에 매수대금 또는 매도증권을 납부하여야 하며, 증권회사는 이를 거래소와 결제함으로써 매매거래가 완료된다.

한국거래소의 매매거래시간과 호가접수시간은 [표 3-4]와 같다. 우리나라, 미국, 캐나다,

유럽의 증시에서는 점심시간 없이 거래되지만, 일본, 중국, 홍콩, 싱가포르의 증시에서는 점심시간 휴장이 있다. 예를 들어, 중국증시의 매매시간은 오전 9시반부터 11시반까지와 오후 1시부터 3시까지이다.

표 3-4 한국거래소의 매매거래시간과 호가접수시간

구 분		매매거래시간	호가접수시간
정규시장		09:00 ~ 15:30(6시간30분)	08:30 ~ 15:30(7시간)
시간외 시장	장 개시전 (전일종가거래)	08:00 ~ 09:00(1시간)	08:00 ~ 09:00(1시간)
	장 종료후 (당일종가거래 & 단일가매매)	15:40 ~ 18:00(2시간20분)	15:30 ~ 18:00(2시간30분)

주 1) 장 종료후 매매는 시간외 매매 15:40 ~ 16:00(종가 적용)와 시간외 단일가매매(16:00 ~ 18:00, 10분 단위 매매)로 구분.

호가는 거래소의 회원인 증권회사가 자기명의로 시장에 매도 또는 매수의 의사표시를 하는 것을 말한다. 즉, 회원은 고객(투자자)의 주문을 위탁받아 동 주문을 거래소에 호가하여야 한다.

매일 시가와 종가는 동시호가로 결정된다. 동시호가제도는 불공정거래를 방지하기 위한 조치로 정해진 시간 동안 매매주문을 받고 시간이 종료되면 주문을 일괄적으로 처리하는 제도이다. 동시호가 접수시간은 시가의 경우 08:30 ~ 09:00이고 종가의 경우 15:20 ~ 15:30이다.

호가가격단위는 가격대별로 호가할 수 있는 최소단위를 말하며, 거래소는 거래를 표준화하고 매매체결을 원활히 하기 위하여 적정 호가가격단위를 설정하는데 이는 [표 3-5]와 같다.

표 3-5 한국거래소 호가가격단위

구 분	내 용	
	단 위	최소 스프레드 비율
1,000원 미만	1원	0.1% 이상
1,000원 이상 5,000원 미만	5원	0.1% ~ 0.5%
5,000원 이상 10,000원 미만	10원	0.2% ~ 0.1%
10,000원 이상 50,000원 미만	50원	0.5% ~ 0.1%
50,000원 이상 100,000원 미만	100원	0.2% ~ 0.1%
100,000원 이상 500,000원 미만	500원	0.5% ~ 0.1%
500,000원 이상	1,000원	0.2% 이하

한국거래소는 상장증권의 공정한 가격형성을 도모하고 급격한 시세변동에 따른 투자자의 피해방지 등 공정한 거래질서 확립을 위해 하루 동안 가격이 변동할 수 있는 폭인 가격제한폭 제도를 운영한다. 현재 적용되는 가격제한폭은 2015년 6월에 변경된 기준가격 대비 상하 30%이다.[14] 단, 정리매매종목, 주식워런트증권(ELW), 신주인수권증서, 신주인수권증권의 경우에는 가격제한폭이 적용되지 않는다. 많은 국가에서 주식에 대해 가격제한폭 제도를 적용하지만 미국, 영국, 독일, 일본의 경우 가격제한폭이 없다.

기준가격은 증권시장에서 주식, ETF, 수익증권의 가격제한폭을 정하는데 기준이 되는 가격이다. 우리 시장에서는 일반적으로는 전일종가를 기준가격으로 정하기 때문에 당일의 가격제한폭은 전일종가를 기준으로 상하 30%가 적용된다.[15]

5.2 호가의 유형

호가의 유형에는 지정가호가, 시장가호가, 조건부지정가호가, 최유리지정호가, 최우선지정호가 등이 있다. 이 중에서 시장에서 가장 많이 이용되는 호가유형(주문유형)은 지정가호가(지정가주문)과 시장가호가(시장가주문)이다.

■ **지정가호가**(limit order)

종목, 수량, 가격을 투자자가 지정하는 가장 일반적인 호가 형태로서 투자자가 지정한 가격 또는 그 가격보다 유리한 가격으로 매매거래를 하고자 하는 호가이다. 즉, 지정된 가격은 매매거래가 가능한 가격의 한도를 의미하므로 매수호가의 경우 지정된 가격이나 그보다 낮은 가격, 매도호가의 경우 지정한 가격이나 그보다 높은 가격이면 체결이 가능하다. 가격이 부합되는 상대주문이 없으면 상대주문이 유입될 때까지 기다려야 하므로 매매체결이 되지 않을 수도 있는 단점이 있다.

■ **시장가호가**(market order)

종목과 수량은 지정하되 가격은 지정하지 않는 호가 유형으로, 현 시점에서 가장 유리한 가격조건 또는 시장에서 형성되는 가격으로 즉시 매매거래를 하고자 하는 호가이다. 즉 일반적인 경우 시장가호가는 지정가호가에 우선하여 매매체결되고 주문수량 전량이 해소될

---

14) 유가증권시장의 경우 1995년 4월 정액제에서 정률제로 변경되어 가격제한폭이 6%로 적용되었다. 이후 8%(1996.11.24.), 12%(1998.03.02.), 15%(1998.12.07.), 30%(2015.06.15.)로 조정되었다.

15) 유상증자(3자배정 및 일반공모 방식은 제외), 무상증자, 주식배당, 주식분할 및 액면병합 등이 이루어지는 경우 해당 사건 발생 전후의 변화된 주식가치를 기준가격에 반영해야 한다. 따라서 동 사건 발생시 거래소는 일정한 산식을 통해 산출된 적정 이론가격으로 기준가격을 조정한다.

때까지 가장 우선하는 상대주문부터 순차적으로 체결이 이루어진다.
이외에도 조건부지정가호가, 최유리지정호가, 최우선지정호가 등이 있다.

■ **조건부지정가호가**

호가 제출시에는 지정가호가와 동일하나 종가 결정을 위한 단일가매매시까지 체결이 이루어지지 않을 경우 당해 단일가매매 시작시점에서 시장가호가로 전환되는 호가

■ **최유리지정호가**

상대방 최우선호가로 즉시 체결이 가능하도록 하기 위해 주문접수 시점의 상대방 최우선호가 가격으로 지정되는 주문형태로서, 매도의 경우 가장 높은 매수주문의 가격, 매수의 경우 가장 낮은 매도주문의 가격으로 지정한 것으로 보아 매매체결에 참여하는 호가

■ **최우선지정호가**

매도의 경우 가장 낮은 매도호가의 가격으로 매수의 경우 가장 높은 매수호가의 가격으로 하는 호가

5.3 매매체결방법

매매체결방법은 단일가매매 체결방법, 접속매매 체결방법, 시간외종가매매 체결방법, 시간외단일가매매 체결방법으로 구분된다.

① 단일가 매매시 체결방법

단일가 매매의 경우 일정시간 동안 접수된 호가간에 거래가 가장 많이 이루어질 수 있는 하나의 가격으로 가격시간 우선원칙에 따라 매매체결된다. 매매가격은 접수된 호가 중에서 가장 높은 매수호가와 가장 낮은 매도호가간에 순차적으로 체결하여 거래가 가장 많이 이루어질 수 있는 하나의 가격으로 결정된다. 이 방법은 다음과 같은 경우에 적용된다.

- 일반종목의 시가 결정(장개시 단일가매매)
- 일반종목의 종가 결정(장마감 단일가매매)
- 신규상장종목 및 재상장종목의 시초가 결정(상장일 단일가매매)
- 시장의 임시정지 및 일시중단(서킷브레이크) 후 매매 재개시
- 장중 종목별 매매거래 정지 후 매매 재개시

② 접속매매시 체결방법

접속매매의 경우 가격우선과 시간우선의 원칙을 적용하여 가능한 상대주문이 있는 경우 즉시 매매체결된다. 즉, 매매가격은 가격우선과 시간우선의 원칙에 따라 매도호가와 매수호가의 경합에 의하여 가장 낮은 매도호가와 가장 높은 매수호가가 합치되는 경우 선행호가의 가격으로 체결된다. 이 방법은 장개시 단말기매매 직후부터 장종료 단일가매매를 위한 호가접수 직전까지의 모든 매매거래에 적용된다.

그리고 시간외종가 매매시에는 시간외매매시간 동안 접수된 호가간에 당일종가로 시간우선원칙만 적용하여 상대호가가 있는 경우 호가접수 즉시 매매가 체결된다. 그리고 시간외단일가 매매시에는 시간외단일가 매매시간 개시시점부터 10분 단위로 호가를 접수하여 매매체결된다(10분 단위의 단일가매매로 총12회 매매체결되며 가격제한폭은 당일 종가 대비 10%임).

주요결과 3-6

주식매매시 매매일(T)에 이틀을 가산한 날이 결제일(T + 2)이다. 매일 시가와 종가는 동시호가로 결정되고 매매거래시간은 09:00 ~ 15:30이다. 현재 가격제한폭은 상하 30%이다. 지정가호가가 가장 일반적인 호가 방식이다.

5.4 신용거래

증권회사에 보증금을 맡기고 돈을 빌려 주식을 매입하는 것을 신용융자거래(margin trading)라고 한다(신용거래는 주식을 증권회사로부터 빌리는 대주거래를 포함함). 40%의 현금만으로 거래가 가능하고 운용기간은 보통 30일부터 180일까지이다(이자율은 대략 6 ~ 8%). 담보금액이 신용금액 대비 140%(신용융자담보비율)를 유지해야 하는데 이를 유지하지 못하면 반대매매가 발생한다. 예를 들어, 400만원을 소유한 투자자가 500만원을 빌려 900만원을 투자한 경우 500만원의 140%인 700만원 상당의 주식 또는 담보를 가지고 있어야 한다. 매입하는 시점에서 담보비율은 900/500 = 180%이다. 만일 주가가 22.2% 이상 하락하여 주식가치가 700만원 이하로 하락하면 투자자는 추가 담보를 납부하라는 요청을 받게 된다. 만약 추가담보를 제공하지 못하면 증권회사는 반대매매를 하여 대여금을 회수한다. 최근 코로나 사태로 주가가 폭락하자 정부는 증권회사의 신용융자담보비율을 면제하여 반대매매를 막겠다는 대책을 공매도 금지와 함께 발표했다.

신용공여잔고는 금융투자협회 종합통계포탈(freesis.kofia.co.kr)에서 확인할 수 있다. 신용공여잔고는 개인이 신용으로 매수한 신용거래융자금액과 공매도를 위해 주식을 빌린 신용거래대주금액을 포함한다. [그림 3-3]은 2020년 상반기의 신용거래융자와 신용거래대주 추이를 보여준다.[16] 코로나19로 주가가 급락한 후, 신용거래융자금액은 급격히 늘어난 반면에, 정부의 공매도 금지 조치로 인해 신용거래대주금액은 거의 제로 수준으로 하락하였다.

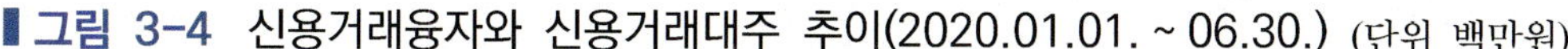

그림 3-4 신용거래융자와 신용거래대주 추이(2020.01.01. ~ 06.30.) (단위 백만원)

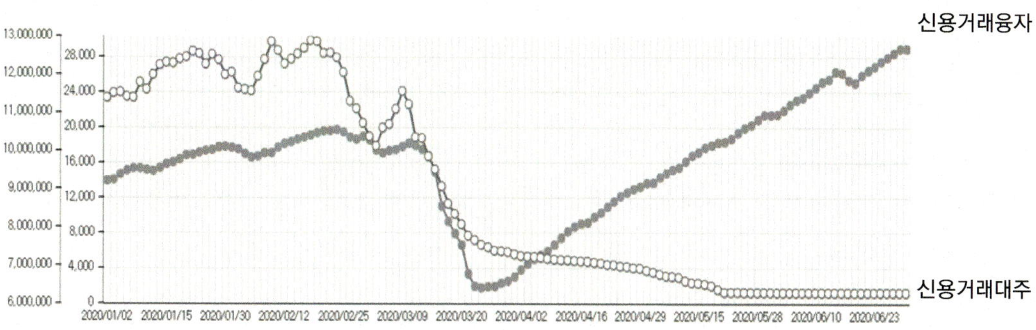

미수거래는 일종의 초단기 외상거래로서, 빌린 날을 포함하여 최대 3일만 빌릴 수 있는데 이유는 주식 매수시 D+2일에 결제가 체결되기 때문이다. 만일 D+2일까지 결제대금을 납입하지 못하면 증권회사는 반대매매로 거래를 마감하여 미수금을 회수한다. 증거금률이 40%이면 미수거래시 40%를 내고 나머지 60%가 미수금이 되므로 가지고 있는 현금의 최대 1/0.4=2.5배까지 투자할 수 있다.

5.5 증권거래세와 양도소득세

증권거래세(securities transaction tax)는 주식을 매도할 때 매도가를 기준으로 손익과 무관하게 부과되는 세금으로 최근 지속적으로 하락하였다. 2025년 기준 증권거래세는 0.15%가 적용된다(유가증권시장의 경우 증권거래세 0%와 농어촌특별세 0.15%, 코스닥시장의 경우 증권거래세 0.15%와 농특세 0%). 중국은 0.05%의 거래세를 부과하지만, 미국, 독일, 일본 등은 거래세가 없다.

2025년 1월부터 시행 예정인 금융투자소득세(연간 5,000만원 이상의 금융투자소득에 부과 예정)가 투자심리 위축 우려 등으로 폐지됨에 따라 주식 등에 대한 현행 양도소득세 체

---

16) 그림에서 Y축 왼쪽의 눈금은 신용거래융자금액이고 오른쪽 눈금은 신용거래대주금액이다(단위는 백만원).

계가 일부 수정을 거쳐 그대로 유지된다. 소득세법시행령 제157조(주권상장법인대주주의 범위 등)에 의해 전년도말 기준, 지분율 1%(코스닥의 경우 2%) 또는 50억원 이상 소유한 대주주의 양도차익에 대해서만 양도소득세가 부과된다. 즉, 적용세율은 양도차익이 3억원 이하이면 20%, 3억원 초과하면 25%가 부과된다(지방소득세를 포함하면 각각 22%와 27.5%).

일반투자자가 국내 주식에 투자하면 양도소득세가 없지만 외국 주식에 투자하면 연간 250만원 기본공제에 20%의 양도소득세가 발생한다(지방소득세를 포함하면 22%). 주식의 양도소득은 이중과세를 방지하고자 거주지 국가에 과세권을 부여한다. 즉, 한국투자자가 미국 주식투자에서 이익을 얻으면 세금은 한국 정부에 납부한다.

주요결과 3-7

증권회사로부터 차입하여 주식을 매수하는 것을 신용융자거래라고 한다. 이 경우 신용융자담보비율을 일정 수준 이상으로 유지해야 한다. 미수거래는 최대 3일간 차입할 수 있는 초단기 외상거래이다. 현재, 증권거래세는 0.15%이고 국내주식의 양도소득에 대해서는 비과세이다.

6 공매도

자산을 매입하면 현재 시점에서 자산가격을 지불하고 미래에 자산을 매도하여 현금이 유입되므로 현금흐름의 패턴이 (− , +)이고, 매입 후 가격이 상승하면 이익이 발생한다. 반대로 공매도(short selling, short sales)는 자산을 빌려서 지금 매도하고 차후에 시장에서 동일 자산을 매입하여(short covering: 재매수) 원소유자에게 상환하는 것이다. 자산을 공매도하면 현재 시점에서 현금이 유입되고 미래에 자산을 상환하기 위하여 자산을 매입해야 하므로 현금흐름의 패턴이 (+, −)이고, 공매도 후 가격이 하락하면 이익이 발생한다.

대체로 매입포지션(또는 매수포지션)은 기준가격의 상승으로부터 이익을 얻는 포지션이고, 공매도 포지션은 기준가격의 하락으로부터 이익을 얻는 포지션이다. 주식 매입포지션과 공매도 포지션의 이익패턴은 [그림 3-5]와 같다. 공매도 포지션의 경우 손실이 무제한으로 발생할 수 있으므로 매입포지션보다 더 위험하다고 얘기할 수 있다. 공매도자가 주가가 상승할 때 손실을 줄이고자 주식을 매입하여 공매도포지션을 마감하는 것을 숏 스퀴즈(short squeeze)라고 하는데 이로 인해 주가가 더 많이 상승할 수 있다.

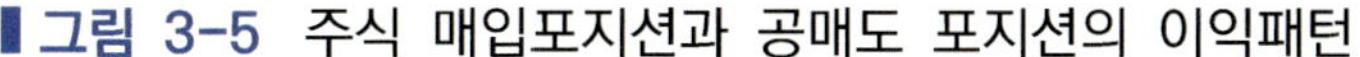

그림 3-5 주식 매입포지션과 공매도 포지션의 이익패턴

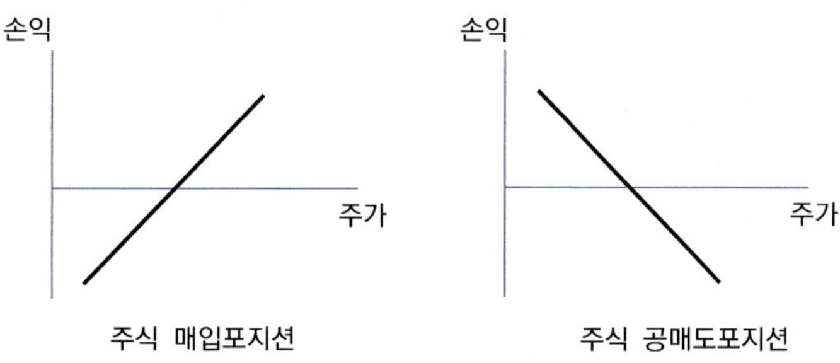

주식 매입포지션 주식 공매도포지션

$t=0$에서 주가가 10,000원이고 $t=1$에서 배당 1,000원이 지급되었으며 주가가 12,000원이라고 하자. $t=0$에서 매입포지션을 취했던 투자자가 $t=1$에서 배당 수령 후 매도하면 현금흐름은 (−10,000, 13,000)이고, 이익은 (12,000+1,000) − 10,000=3,000원이다. 반면에 $t=0$에서 공매도 포지션을 취했던 투자자가 $t=1$에서 공매도 포지션을 청산하면 현금흐름은 (10,000, −13,000)이고, 이익은 10,000 − (12,000+1,000)= −3,000원이다. 공매도 기간 동안 주식이 현금배당을 실시하면 공매도자는 이를 원소유자에게 돌려줘야 한다. 주식 공매도 포지션의 이익은 다음과 같이 계산된다.

$$\text{공매도 포지션의 이익} = \text{기초주가} - (\text{기말주가} + \text{배당}) \tag{3.4}$$

공매도포지션의 현금흐름패턴과 이익은 매수포지션의 그것과 정반대이다. 이상의 내용을 표로 정리하면 다음과 같다.

표 3-6 매입과 공매도의 현금흐름

구 분	시 점	거 래	현금흐름
매 입	0	주식 매수	−10,000
	1	배당금 수령, 주식 매도	+1,000+12,000
		이익=기말가격(매도가격)+배당금 − 기초가격(매입가격)=+3,000원	
공매도	0	주식을 빌려와 매도	+10,000
	1	배당금을 원소유자에게 상환함. 또한 주식을 시장에서 매입하여 원소유자에게 상환함	−1,000 − 12,000
		이익=기초가격(매도가격) − 기말가격(매입가격) − 배당금= −3,000원	

현재 우리나라에서 허용되는 공매도는 차입공매도이므로 공매도가 이루어지기 전에 증권의 차입이 선행되는데 이를 대차거래 또는 대주거래라고 한다. 대차거래의 차입자는 차입한 주식으로 시장에서 매도하는 공매도 뿐만 아니라 매매거래의 결제, 차익거래, 헤지거

래 등 다양한 투자전략 목적으로 활용 가능하므로 대차거래 잔고가 추후 발생할 공매도 예정수량을 의미하지는 않는다.

외국투자자와 기관투자자의 경우 한국예탁결제원의 주식대차시스템에서 언제든 다른 기관의 주식을 빌릴 수 있는 반면에, 개인투자자는 신용결제위험으로 대차시장 참여가 제한된다. 개인투자자의 경우 한국증권금융과 증권회사의 대주서비스라는 복잡한 과정을 거쳐야 하고, 수량 및 종목이 제한되며 상대적으로 신용도가 낮아 높은 수수료를 부담하는 등 제약조건이 많다. 이런 이유로, 2019년도 기준으로 공매도 거래대금 비율(코스피시장과 코스닥시장 포함)이 외국인의 경우 62.8%, 기관투자자의 경우 36.1%, 그리고 개인투자자의 경우 1.1%이다.

공매도 거래는 가격발견기능을 강화하여 시장의 효율성을 제고하고 유동성을 공급하고 위험관리 수단으로 이용되는 등의 순기능을 수행하지만 미공개정보 등을 통한 불공정거래의 수단으로 활용될 수 있는 여지가 있어 대부분의 국가에서 공매도에 대한 규제를 시행하고 있다.

공매도에는 대체로 수수료가 수반되고 거래량과 기간의 제한, 업틱룰 등의 규제가 따른다. 업틱룰(uptick rule)은 시장가격 밑으로 호가를 낼 수 없도록 하는 규정으로, 공매도시 직전가격 이하로는 호가를 할 수 없도록 규제된다. 단, 가격이 상승하는 경우(직전가격이 그 직전가격보다 높은 경우) 예외적으로 직전가격으로 호가가 가능하다. 다음은 호가가 가능한 경우와 불가능한 경우를 보여준다.

직전가 50,000 →	49,900 →	49,900 →	49,950 →	49,950
	불가	불가	가능	가능

공매도가 주가하락을 야기한다는 부정적 인식으로 인해 2008년 글로벌 금융위기 당시 우리나라를 포함하여 여러 국가에서 공매도에 대한 규제를 강화하였다. 우리나라에서는 비금융주의 경우 2008.10.1.~2009.5.31., 2011.8.10.~2011.11.9. 기간 동안, 금융주의 경우 2008.10.1.~2013.11.14.의 기간 동안 공매도를 금지하였다. 최근 코로나19 위기로 국가적 비상상황이 되자 2020.3.16.부터 2021.5.2.까지 공매도가 금지되었으며, 5.3.부터 코스피200과 코스닥150종목에 한해 공매도가 재개되었으나 2023.11.6.부터 금융시장의 안정과 공정한 가격 형성을 이유로 다시 공매도가 전면 금지되었다.

주요결과 3-8

공매도는 자산을 빌려서 지금 매도하고 차후에 시장에서 매입하여 원소유자에게 반환하는 행위로 현금흐름 패턴은 (+,-)이고 자산가격이 하락하면 이익을 얻는다. 차입공매도만 허용되므로 대차거래 또는 대주거래를 통해 증권을 먼저 차입해야 하며, 공매도시 업틱룰이 적용된다.

핵심용어 해설

- 기업공개(initial public offering): 사기업이 일반 대중에게 회사의 주식을 매출하거나 모집하여 지분을 분산시키는 것을 말하며, 공개 후 최초공모주식은 거래소에 상장되어 거래됨
- 유상증자(seasoned equity offering): 신주를 발행하고 현금을 납입받아 회사의 납입자본금을 증가시키는 행위
- 서킷브레이커(circuit breaker): 주가지수 또는 주가지수선물가격이 급등락하는 경우 투자자가 합리적 판단을 할 수 있는 시간을 제공하기 위해 일정시간 동안 거래를 중단시키는 제도
- 사이드카(side car): 선물가격이 급변하는 경우 주식시장에 미치는 영향을 최소화하기 위하여 현물시장 프로그램매매의 호가를 일시적으로 정지하는 제도
- 변동성완화장치(volatility interuption): 일시적 주가급변시 단기간의 냉각시간을 부여하여 가격급변을 완화하는 제도
- 주가지수(stock index): 주식시장 전체 또는 부분적 가치를 측정하는 수단
- 호가: 증권회사가 자기 명의로 시장에서 매도 · 매수 의사표시를 하는 행위 또는 매도 · 매수의 가격
- 동시호가제도: 불공정거래를 방지하기 위하여 정해진 시간 동안 매매주문을 받고 시간이 종료되면 주문을 일괄적으로 처리하는 제도
- 신용융자거래와 미수거래: 신용융자거래는 증권회사에 보증금을 맡기고 돈을 빌려 주식을 매입하는 행위이고, 미수거래는 최대 3일간 사용할 수 있는 초단기 외상거래임
- 공매도(short sale): 자산을 소유하고 있지 않은 투자자가 자산을 빌려서 매도하고 차후에 시장에서 매입하여 원소유자에게 돌려주는 행위
- 업틱룰(uptick rule): 시장가격 밑으로 호가를 낼 수 없도록 제한하는 제도
- 지정가호가(limit order): 투자자가 지정한 가격 또는 그 가격보다 유리한 가격으로 매매거래를 하고자 하는 호가
- 시장가호가(market order): 현 시점에서 가장 유리한 가격조건 또는 시장에서 형성되는 가격으로 즉시 매매거래를 하고자 하는 호가

개념 체크

1. 거래소시장은 어떻게 구분되는가? 각 시장은 특성은 무엇인가?
2. 기업공개와 최초공모주란 무엇인가?
3. 최초공모주의 상장일 종가 범위는 얼마인가?
4. 최초공모주의 저가발행 현상이란 무엇인가?
5. 유상증자란 무엇인가? 유상증자의 세 가지 방법을 설명할 수 있는가?
6. 서킷브레이커란 어떤 제도인가? 어떤 효과를 기대하는가?
7. 사이드카란 무엇이며 기대하는 효과는 무엇인가?
8. 변동성완화장치란 무엇인가? 동적 변동성완화장치와 정적 변동성완화장치는 어떻게 상이한가?
9. 주가지수의 두 가지 계산방법을 이해하는가?
10. 한국거래소의 매매거래시간은?
11. 호가란 무엇인가? 호가의 유형에는 어떤 유형이 있는가?
12. 매일 시가와 종가를 동시호가로 결정하는 이유는 무엇인가?
13. 가격제한폭은 얼마인가?
14. 신용융자거래는 무엇인가? 신용융자담보비율 140%은 어떤 의미인가?
15. 미수거래란 무엇인가?
16. 국내의 증권거래세는 얼마인가? 개인투자자의 양도소득세는 어떻게 계산되는가?
17. 공매도란 무엇인가? 공매도의 현금흐름 패턴은? 공매도의 이익을 계산할 수 있는가?
18. 대차거래와 대주거래는 어떻게 상이한가? 우리나라에서 개인투자자가 공매도포지션을 취하기 어려운 이유는 무엇인가?
19. 업틱룰은 무엇인가?
20. 공매도의 순기능과 역기능은 무엇인가?

연 습 문 제

01 다음 두 주식을 이용하여 주가지수를 산정한다고 하자.

충남주식: 기준시점 가격 2,500, 평가시점 가격 3,000, 주식수 2,000만주
충북주식: 기준시점 가격 10,000, 평가시점 가격 9,000, 주식수 100만주

주가평균식으로 주가지수를 산정하면 지수의 수익률은 얼마인가?

① －3.5% ② －4.2% ③ －5%
④ －4% ⑤ 정답 없음

02 문제 1번의 자료를 이용하여 시가총액식으로 주가지수를 산정하면 지수의 수익률은 얼마인가?

① 13% ② 15% ③ －4%
④ 10% ⑤ 정답 없음

03 문제 1번의 자료에서 기준시점 이후에 충북주식이 2:1 주식분할을 하여 주가가 분할 전 10,000원에서 분할 후 4,500원으로 하락하는 경우 주가평균식으로 주가지수를 계산하면 제수(divisor)는 2에서 얼마로 변해야 하는가?

① 1.2 ② 3.0 ③ 1.5
④ 1.0 ⑤ 정답 없음

04 유상증자의 방식 중 최근 우리나라 기업이 가장 많이 이용하는 방법은?

① 일반공모방식 ② 주주배정방식 ③ 제3자배정방식
④ 주주우선방식 ⑤ 정답 없음

05 최초공모주의 공모가격이 20,000원인 경우 상장일 종가의 상한가는 얼마인가?

① 26,000원 ② 40,000원 ③ 52,000원
④ 60,000원 ⑤ 정답 없음

06 유가증권시장에서 제1단계 서킷브레이커가 발동되려면 코스피지수가 전일 대비 몇 퍼센트 이상 하락하여야 하는가?

① 5% ② 10% ③ 15%
④ 20% ⑤ 정답 없음

07 다음 중 주가평균식으로 계산되는 지수는?

① S&P500 ② DAX30 ③ 홍콩항생지수
④ Nikkei225 ⑤ 정답 없음

08 우리나라 주식시장 정규시장 매매거래시간은?

① 09:00 ~ 15:00 ② 09:00 ~ 16:00 ③ 09:00 ~ 15:30
④ 09:30 ~ 15:30 ⑤ 정답 없음

09 500만원을 보유한 투자자가 증권회사로부터 1,000만원을 빌려 투자하는 경우 140% 신용융자담보비율을 유지하려면 얼마의 담보(주식 또는 현금)가 필요한가?

① 2,100만원 ② 1,400만원 ③ 700만원
④ 1,500만원 ⑤ 정답 없음

10 국내 개인투자자가 국내주식과 해외주식에 투자하는 경우 1년 기준으로 각각 얼마까지의 양도소득에 대하여 비과세가 적용되는가?

① 제한 없음, 250만원 ② 5,000만원, 250만원
③ 제한 없음, 제한 없음 ④ 3,000만원, 250만원
⑤ 정답 없음

11 현재 주식의 가격은 10,000원이고 1년 후 1,000원의 배당을 지급하고 주가는 10,500원으로 예상된다. 현재 시점에서 주식을 공매도하고 1년 후 공매도 포지션을 마감하면 이익은 얼마인가? 여기서 "–"는 손실을 의미한다.

① −1,500원 ② −500원 ③ 500원
④ 1,500원 ⑤ 정답 없음

12 공매도 포지션에 대한 설명으로 옳은 것은?

① 현금흐름의 패턴이 (−,+)이다.
② 공매도 기간 동안에 배당이 지급되면 공매도자는 이를 원소유자에게 돌려주지 않아도 무방하다.
③ 공매도한 자산의 가격이 하락하면 공매도자는 이익을 얻는다.
④ 공매도 포지션의 위험이 매입포지션의 위험보다 작다.
⑤ 정답 없음

연 습 문 제 해 설

01 ④

기준일의 지수가 $\frac{2,500+10,000}{2}=6,250$이고 평가일의 지수가 $\frac{3,000+9,000}{2}=6,000$이므로 수익률은 $\frac{6,000}{6,250} = -1 = -4\%$이다.

02 ②

기준시점의 시가총액이 600억원이고 평가시점의 시가총액이 690억원이므로 수익률은 15%이다.

03 ⑤

식 (3.2)에 의해 $\frac{3,000+9,000}{2}=\frac{3,000+4,500}{d}$가 성립해야 하므로 $d=1.25$이다.

분할전 지수는 $\frac{2,500+10,000}{2}=6,250$이고 분할후 지수는 $\frac{3,000+4,500}{1.25}=6,000$이고 수익률은 -4%이다. 이 계산은 문제1에서의 계산과 동일하다.

04 ③

제3자배정방식이 건수 기준으로나 금액 기준으로나 가장 많이 활용되는 방식이다.

05 ⑤

공모가격 20,000원에 400%를 적용하면 상한가는 80,000원이다.

06 ⑤

07 ④

08 ③

09 ②

차입한 1,000만원의 140%인 1,400만원의 담보가 필요하다.

10 ①

개인투자자의 경우 현재 국내주식투자에서 발생하는 양도소득에 대한 세금이 없다(그러나 2023년부터 5,000만원까지만 비과세임). 그러나 외국주식투자에서 발생하는 양도소득은 250만원까지만 비과세이다.

11 ①

공매도 포지션의 이익이 10,000 − (10,500 + 1,000) = −1,500원이다.

12 ③

현금흐름 패턴이 (+, −)이고 공매도기간 동안에 지급된 배당은 원소유자에게 반환해야 하고, 공매도 포지션은 위험은 매입 포지션의 위험보다 작지 않다(공매도 포지션에서의 손실이 무제한이므로 오히려 위험이 더 크다고 주장할 수 있음).

제 2 부

포트폴리오이론과 기대수익률 결정

Retail sales levels

Jan
Feb
Mar
Apr
May
Jun
Jul
Aug
Sep
Oct
Nov
Dec
50
100
150
250
300
250
200
150
100
50
0
Feb
Mar
Apr
May
Jun
Jul
Aug
Sep
Oct
Nov

Rental for storage
Leeds

불확실성과 투자결정

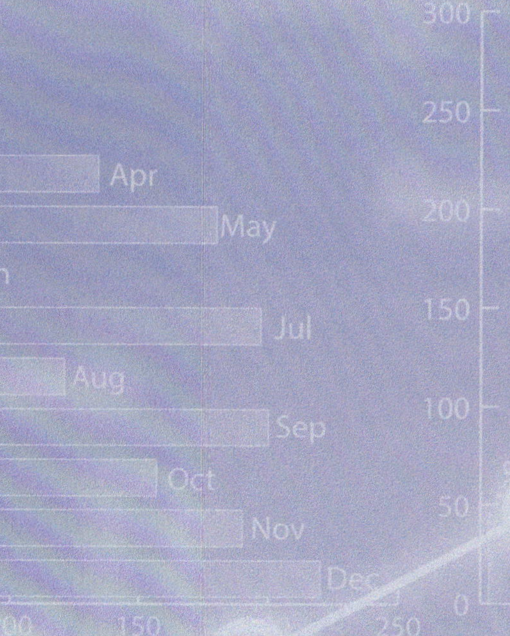

Table of Contents

학습 주안점

불확실성 하에서 위험에 직면한 투자자의 합리적인 의사결정의 기준이 기대효용의 극대화이다. 본 장에서는 효용함수, 무차별곡선, 지배원리 등을 적용하여 기대효용을 극대화하는 의사결정 방법에 대해 살펴보기로 한다. 이 장과 다음 장에서 설명하는 마코위츠의 "평균-분산 분석"은 정규분포 가정 하에서 기대효용을 극대화하는 모형이다.

이 장에서 여러분이 숙지해야 할 내용은 다음과 같다.

1. 위험회피형 투자자란 무엇이며 효용함수는 어떤 모양을 갖는가?
2. 기대효용 극대화이론이 어떻게 평균-분산 모형으로 전환되는가?
3. 기대수익률과 분산을 계산할 수 있는가?
4. 위험을 부담한 투자자가 실제로 위험에 대한 보상을 받았는가?
5. 지배원리란 무엇인가? 이를 어떻게 적용할 수 있는가?
6. 무차별곡선은 무엇인가? 무차별곡선이 필요한 이유는 무엇인가? 그리고 무차별곡선의 속성을 이해하는가?

1 기대효용의 극대화 이론

1.1 기대효용

미래의 수익이 확실하다면 투자자는 당연히 수익을 극대화하고자 할 것이다. 그러나 미래 수익이 불확실한 경우 기대수익을 극대화하는 것이 반드시 합리적인 의사결정이 되지는 않는다. 예를 들어 다음 두 투자를 고려해 보자. A투자는 100원을 투자하여 1년 후 무위험 현금흐름 120원을 확실히 수령한다. B투자는 100원을 투자하여 10%의 확률로 400원을 수령하거나 90%의 확률로 100원을 수령한다. B투자의 연말 기대부(expected wealth)는 0.1 × 400 + 0.9 × 100 = 130원으로 A투자보다 10원을 더 기대할 수 있지만 이를 얻기 위해서는 미래현금흐름의 불확실성 또는 위험을 부담해야 한다.

투자자가 두 투자 중에서 어떤 투자를 채택하는가는 투자자의 위험회피정도에 따라 다르게 된다. 어떤 투자자는 무위험투자인 A투자를 선호하는 반면에 또 다른 투자자는 B투자의 추가기대현금흐름 10원이 위험에 대한 충분한 보상이라고 판단하여 B투자를 선호할 수 있다. 결론적으로 불확실성(uncertainty) 또는 위험(risk)이 존재하는 경우(미래에 가능한 결과가 2개 이상인 경우)의 투자결정은 투자자의 위험에 대한 태도에 의해 결정된다. 여기서 위험은 미래 현금흐름의 변동(variability)을 의미하고 이는 확률분포의 분산 또는 표준편차에 의해 측정된다.

위험에 직면한 투자자들의 합리적 의사결정의 기준으로 제시된 것이 "기대효용(expected utility)의 극대화"이다. 기대효용의 극대화 이론은 기대수익과 표준편차에 의해 특성이 파악된 여러 투자 중에서 하나를 선택하는 의사결정의 기준이다. 여기서 효용(utility)은 투자자의 만족도 또는 행복 정도를 측정하는 수치이다.

기대효용 $E[U(W)]$은 투자로부터 얻게 되는 미래 효용 확률분포의 평균으로 다음과 같이 계산된다.

$$E[U(W)] = p_1 \cdot U(W_1) + p_2 \cdot U(W_2) + \dots + p_k \cdot U(W_k) \tag{4.1}$$

여기서 k는 상황의 수, W는 부(wealth), U는 효용, p_k는 k상황의 발생확률을 각각 의미한다.

주요결과 4-1

불확실성이 존재하면 합리적인 의사결정의 기준은 기대효용의 극대화이다.

1.2 위험에 대한 태도

위험을 반영하는 의사결정을 하려면 먼저 투자자의 위험에 대한 태도(risk attitude)를 규명해야 한다. 투자자는 위험에 대한 태도에 따라 위험회피형, 위험선호형, 위험중립형 등의 세 가지 유형으로 구분된다.

위험회피형(risk averse) 투자자는 위험을 싫어하는 합리적인 투자자로서 위험을 부담하는 대가로 보상을 기대한다. 위험회피형 투자자는 "공정한 게임(fair game)"에 참여하지 않는다. 위험회피형 투자자의 효용함수는 부가 증가함에 따라 효용이 체감적으로 증가하는(increase at a decreasing rate) 형태를 갖는다.

공정한 게임은 게임의 기대이익이 0인 게임이다. 예를 들어, 10%의 확률로 100원을 수령하거나 또는 90%의 확률로 아무 것도 받지 못하는 게임에 10원을 투자해야 한다면 위험회피형 투자자는 이 게임에 참여할 것인가? 게임의 기대이익은 $(0.1 \times 100 + 0.9 \times 0) - 10 = 0$원이므로 이 게임은 공정한 게임이다. 위험회피형 투자자는 기대현금흐름이 $0.1 \times 100 + 0.9 \times 0 = 10$인 불확실한 투자보다 확실한 금액 10원을 선호하므로 위험회피형 투자자는 기대이익이 0인 이 게임에 참여하지 않는다. 즉, 위험회피형 투자자가 공정한 게임에 참여하도록 유도하기 위해서는 위험에 대한 보상을 해야 한다.

반면에 위험선호형(risk lover) 투자자는 위험을 추구하는 투자자로서 위험을 부담하는 즐거움이 효용을 증가시키므로 공정한 게임에 기꺼이 참여한다. 즉, 위험선호형 투자자는 확실한 10원보다 불확실한 10원으로부터 더 큰 효용을 얻는다. 그리고 위험중립형(risk neutral) 투자자는 위험을 고려하지 않고 오직 기대수익에 의해 의사결정을 한다. 이 투자자는 확실한 10원을 수령하는 것과 게임에 참여하여 불확실한 10원을 얻는 것을 동일하게 간주한다.

예시 4-1 위험의 측정과 위험프리미엄

위험은 미래에 2개 이상의 결과가 가능한 상황을 의미한다. 100만원을 1년 투자하여 70%의 확률로 150만원을 얻고 30%의 확률로 70만원을 얻는다고 가정하자. 투자이익의 기댓값과 표준편차는 각각 26만원과 37만원이다.

$$E(\text{이익}) = (0.7 \times 150 + 0.3 \times 70) - 100 = 26$$

$$\sigma = \sqrt{0.7 \times (50 - 26)^2 + 0.3 \times (-30 - 26)^2} = 37$$

그리고 100만원을 무위험자산에 투자하면 4% 수익률을 얻어 1년 후 104만원이 된다고 하자(기대이익은 4만원). 투자자는 다음과 같은 두 투자대안을 갖는 셈이다. 위험투자의 위험에 대한 보상인 위험프리미엄은 26 − 4 = 22만원이다. 과연 22만원이 투자자가 부담하는 위험에 대한 적절한 보상인가? 이 문제가 앞으로 우리가 논의할 주요한 주제이다.

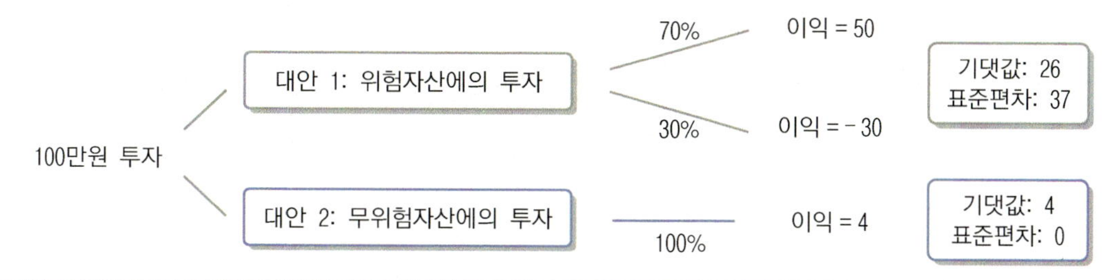

주요결과 4-2

위험회피형 투자자는 위험을 싫어하는 투자자로 공정한 게임(기대이익이 0인 게임)에 참여하지 않으며 부담하는 위험에 대한 보상을 요구한다.

1.3 위험회피형 투자자의 효용함수

투자자들의 위험에 대한 태도는 효용함수(utility function)에 의해 정의된다. 효용함수가 위험회피적인 투자자의 행태를 묘사하기 위해서는 다음과 같은 두 가지 조건이 충족되는 "오목형" 효용함수(concave utility function)이어야 한다.[1)]

- 첫 번째 조건 : $U'(W) = \dfrac{dU}{dW} > 0$; "불포화성(non-satiation)" 조건
  → 부가 증가함에 따라 효용도 증가함
- 두 번째 조건 : $U''(W) = \dfrac{d^2U}{dW^2} < 0$; "한계효용체감(decreasing marginal utility)"의 조건 → 부가 증가하면 효용은 체감적으로(at a decreasing rate) 증가함

위험회피형 투자자의 효용함수가 오목한 형태가 됨을 쉽게 설명하기 위하여 다음과 같은 공정한 게임을 고려해 보자.

1) 두 조건을 충족시키는 함수에는 로그함수, 지수함수, 멱함수, 2차함수 등이 있다. 로그함수: $U(W) = \ln W$, 지수함수: $U(W) = -e^{-cW}$ (단, $c > 0$), 멱함수: $U(W) = \dfrac{W^{1-a}}{1-a}$ (단, $a > 0$, $a \neq 1$), 2차함수: $U(W) = a + bW - cW^2$.

공정한 게임: 50%의 확률로 50원을 제공하고 50%의 확률로 150원을
제공하는 게임에 100원을 부담하고 참여함.

게임의 기대이익은 $(0.5 \times 50 + 0.5 \times 150) - 100 = 0$이므로 이 게임은 공정한 게임이다. [그림 4-1]에서 게임의 기대효용은 $0.5 \times U(W=50) + 0.5 \times U(W=150)$으로 그래프에서 B점에 해당된다. 그러나 확실한 100원의 효용은 A점에 해당된다. 위험회피형 투자자는 공정한 게임에 참여하지 않으므로, 불확실한 100원(B점)이 확실한 100원(A점)보다 낮은 효용을 갖기 위해서는 효용함수가 오목해야 한다.

그림 4-1 오목한 효용함수에서의 의사결정

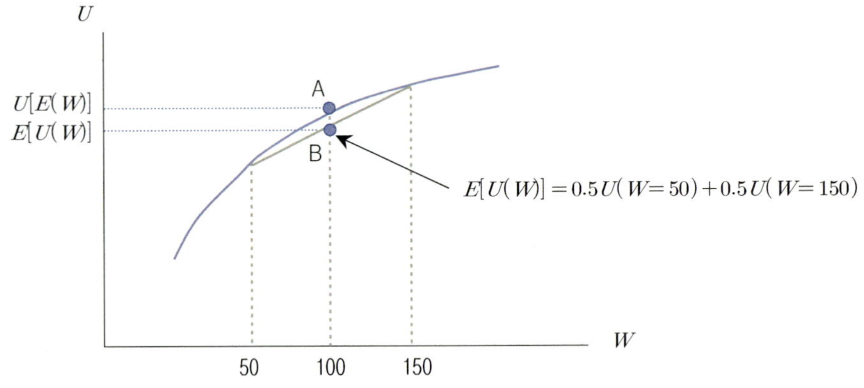

> **주요결과 4-3**
>
> 위험회피형 투자자는 오목한 효용함수를 가지므로 효용이 체감적으로 증가하며 불확실한 금액의 효용이 확실한 동일 금액의 효용보다 작다.

2 평균 - 분산 모형

2.1 평균 - 분산 모형의 필요성

기대효용을 구하기 위해서는 투자자의 효용함수와 투자의 현금흐름(또는 수익률) 확률분포를 규정해야 한다. 효용을 특정 함수로 구체적으로 표현하는 것이 계산상으로 어려울 뿐만 아니라 논리적으로 이론을 전개하는데 번거롭기 때문에 구체적인 효용함수의 형태와 무관하게 수익률분포의 특성만을 이용하여 의사결정을 하고자 하는 모형이 “평균-분산 모형

(mean-variance model)"이다.

기대효용이론에서 수익률의 분포가 정규분포라고 가정하면 기대효용 $E[U(W)]$은 부(W) 또는 수익률(r)의 기댓값과 분산의 함수로 표현된다. 예를 들어, 기대효용을 다음과 같이 수익률의 기댓값 $E(r)$과 분산 σ^2의 함수로 표현한다(A는 위험회피지수임).

$$U = E(r) - 0.005A\sigma^2 \tag{4.2}$$

따라서 수익률분포의 통계치인 평균과 분산을 이용하여 기대효용을 계산하고 그리고 기대효용의 크기를 비교함으로써 최적포트폴리오를 구성할 수 있는 평균-분산 모형이 자연스럽게 유도된다. 다시 말해서 수익률의 분포가 정규분포이면 투자자는 평균과 분산만을 이용하여 자산을 선택함으로써 기대효용을 극대화할 수 있다. 이처럼 정규분포를 가정하면 기대효용의 극대화 의사결정은 평균과 분산을 이용한 효용의 극대화 의사결정으로 전환된다. 그러나 정규분포가 아니면 평균-분산 모형은 성립하지 않을 수 있다.

예시 4-2 정규분포

정규분포(normal distribution)는 종(bell) 모양을 갖는 대칭분포(symmetrical distribution)이다. 정규분포는 평균과 표준편차만으로 분포를 규정(characterization)할 수 있다는 점에서 사용하기가 편리하다. 즉, 평균은 분포의 위치(location)를 그리고 표준편차는 분포의 퍼진 정도(dispersion)를 말해준다.

주주의 유한책임(limited liability)으로 수익률이 −100%보다 작을 수 없으나 상향 수익률은 100%보다 클 수 있으므로 수익률의 실제분포는 정확히 정규분포가 아니다. 그러나 실제 분포가 정규분포가 아니더라도 표본의 크기가 커지면 중심극한정리(central limit theorem)에 의해 정규분포에 가까워지므로 정규분포 가정은 크게 문제되지 않는다.

그림 4-2 정규분포와 발생확률

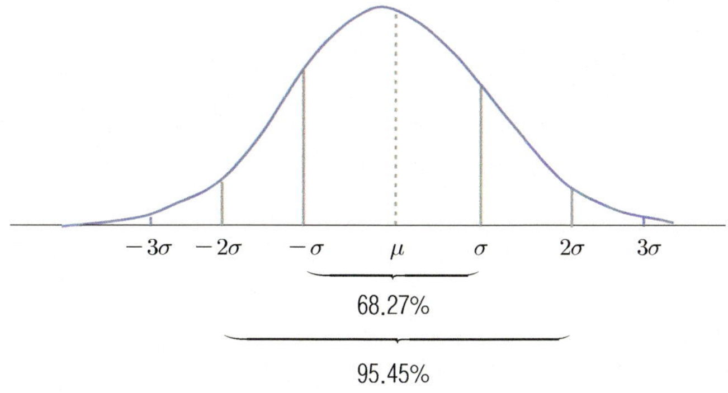

[그림 4-2]의 정규분포에 의하면, 평균을 중심으로 ±1표준편차 이내에 68.27%의 관찰치가 포함되고 ±2표준편차 이내에 95.45%의 관찰치가 포함된다. 우리나라 지수수익률이 정규분포(평균 15%, 표준편차 40%)를 따른다고 가정하면, 시장에 1년 투자했을 때 수익률이 −25%와 55% 범위에 속할 확률이 68.27%이고, 수익률이 −65%와 95% 범위에 속할 확률이 95.45%라고 말할 수 있다.

물론 실제 수익률의 분포는 정규분포가 아니다. 2000년 1월 4일부터 2003년 12월 30일까지 978개 코스피(KOSPI)지수 일별수익률의 경우, 수익률 절댓값이 1표준편차(SD)보다 큰 경우는 26.69%로 정규분포 가정에서의 발생확률 31.73%보다 작다. 이는 수익률 절댓값이 1표준편차 이내인 경우가 73.31%로 정규분포에서의 68.27%보다 크므로, 코스피 수익률의 분포가 정규분포보다 중앙이 뾰족한 분포라는 것을 알 수 있다. 그리고 수익률 절댓값이 2표준편차, 3표준편차, 4표준편차보다 큰 확률이 각각 5.62%, 1.12%, 0.20%로 정규분포에서의 발생확률인 4.55%, 0.27%, 0.01%보다 크므로 분포의 꼬리가 두터움을 확인할 수 있다. 즉, 코스피 일별수익률은 정규분포보다 중앙이 뾰족하고 꼬리가 두터운 렙토커틱 분포(leptokurtic distribution)를 따른다.

그림 4-3 정규분포와 렙토커틱분포

	일 수	실제 발생확률	정규분포에서의 발생확률
< 1σ	717	73.31%	68.27%
> 1σ	261	26.69%	31.73%
> 2σ	55	5.62%	4.55%
> 3σ	11	1.12%	0.27%
> 4σ	2	0.20%	0.01%

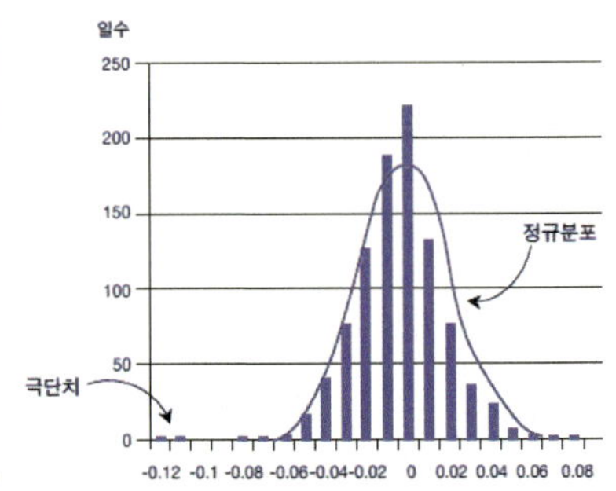

주요결과 4-4

기대효용을 극대화하는 의사결정은 정규분포 가정 하에서 평균과 분산을 이용한 효용의 극대화 의사결정으로 전환된다. 따라서 평균-분산 모형은 정규분포 가정 하에서만 옳은 의사결정을 한다.

2.2 평균과 분산의 측정

자산의 t기의 수익률 r_t은 다음과 같이 측정된다.

$$r_t = \frac{(P_t - P_{t-1}) + C_t}{P_{t-1}} \tag{4.3}$$

여기서 P_{t-1}은 전기의 자산가격이고 P_t는 당기의 자산가격이다. 그리고 C_t는 t기에 자산이 제공하는 현금흐름(배당, 이자 등)이다.

기대수익률은 미래의 가능한 수익률을 각각의 수익률이 발생할 확률로 가중 평균하여 계산한다. 여기서 k는 상황을 의미하고 총 m개의 상황이 존재한다고 가정한다.

$$E(r) = \sum_{k=1}^{m} p_k \cdot r_k \tag{4.4}$$

개별자산의 위험의 크기는 수익률 확률분포의 분산에 의해 결정된다. 수익률 확률분포의 분산(variance)과 표준편차(standard deviation)는 각각 다음과 같이 측정된다.

$$\sigma^2 = \sum_{k=1}^{m} p_k \cdot [r_k - E(r)]^2 = E(r_k^2) - [E(r)]^2 \tag{4.5}$$

$$\sigma = \sqrt{\sigma^2}$$

분산 또는 표준편차는 각 수익률이 평균으로부터 얼마나 넓게 퍼져있는가를 측정하는 통계치로, 평균과의 거리를 제곱하므로 이익과 손실을 동일하게 취급한다.

예시 4-3 기대수익률과 표준편차의 계산

상 황	확 률(p_k)	수익률(r_k)
호 황	30%	27%
보 통	40%	13%
불 황	30%	−5%

$$E(r) = 0.3 \times 27 + 0.4 \times 13 + 0.3 \times (-5) = 11.8\%$$

$$\sigma = 0.3 \times (27 - 11.8)^2 + 0.4 \times (13 - 11.8)^2 + 0.3 \times (-5 - 11.8)^2 = 154.56\%^2$$ [2)]

또는

$$\sigma = 0.3 \times 27^2 + 0.4 \times 13^2 + 0.3 \times (-5)^2 - 11.8^2 = 154.56\%^2$$

$$\sigma = \sqrt{154.56\%^2} = 12.43\%$$

2) 수익률을 소수로 전환하여 계산하는 경우 분산은 0.015456이다.

$$0.3 \times (0.27 - 0.118)^2 + 0.4 \times (0.13 - 0.118)^2 + 0.3 \times (-0.05 - 0.118)^2 = 0.015456$$

2.3 위험 - 수익률의 상반관계

제1장에서 위험자산의 기대수익률은 무위험이자율과 위험프리미엄의 합이며 위험프리미엄은 위험에 대한 보상이라고 설명하였다. 위험자산에 투자한 투자자가 실제로 위험에 대한 보상을 받았는지 역사적 자료를 살펴보자. [표 4-1]의 두 번째 열에는 미국의 주식, 회사채, 국채의 연간수익률 그리고 물가상승률의 평균이 계산되어 있다(표에 제시된 모든 수익률은 물가상승률이 차감되지 않은 명목수익률임).3) 여기서 단기국채가 무위험자산(risk free asset)의 대용물이다.4)

표 4-1 증권유형별 평균 연간수익률과 표준편차(미국, 1926~2000년)

증권유형	평균연간수익률	표준편차	위험프리미엄	분 포
주 식 (소형주)	17.3%	33.4%	13.4%	
주 식 (대형주) (S&P 500)	13.0%	20.2%	9.1%	
장기회사채	6.0%	8.7%	2.1%	
장기국채	5.7%	9.4%	1.8%	
단기국채	3.9%	3.2%	0.0%	
물가상승률	3.2%	4.4%		

먼저, 주식, 회사채, 그리고 장기국채 등의 위험자산은 무위험자산인 단기국채보다 높은 수익률을 얻은 것으로 분석된다. 표의 네 번째 열에 각 증권의 수익률에서 무위험자산의 수익률을 차감한 위험프리미엄(risk premium)이 계산되어 있다. 장기채권은 약 2%대의 위험프리미엄을, 그리고 주식은 9 ~ 13%대의 높은 위험프리미엄을 획득하였다. 즉, 위험자산

3) 소형주는 뉴욕증권거래소에 상장된 주식 중에서 시가총액에서 하위 20%에 해당되는 주식이고, 대형주는 S&P 500 지수로 대용한다. 장기회사채는 20년 만기 투자적격 회사채이고, 장기국채는 20년 만기 재무성 발행 T-bond이고, 단기국채는 3개월 만기 재무성 발행 T-bill이다. 그리고 물가상승률은 CPI(consumer price index)의 연간변화율이다.

4) 과거 연간수익률을 r_t라고 하면 평균 $\bar{r}$과 표준편차는 다음과 같이 계산된다(과거 수익률의 수는 N개임): $\bar{r} = \frac{1}{N}\sum_{t=1}^{N} r_t$, $\sigma^2 = \sum_{t=1}^{N}\frac{(r_t - \bar{r})^2}{N-1}$, $\sigma = \sqrt{\sigma^2}$.

에 투자한 투자자는 위험을 부담한 대가로 이에 상응하는 위험프리미엄을 얻은 것으로 나타났다.

그렇다면 투자의 위험은 어떻게 측정할 것인가? 표의 마지막 열에 제시된 증권유형별 수익률분포로부터 알 수 있듯이, 투자의 위험은 가능한 결과의 퍼진 정도(dispersion)로 측정될 수 있다. 예를 들어, 3개월 만기 단기국채의 경우처럼 3개월 후에 정부로부터 약정된 금액을 수령하지 못할 확률이 거의 없으면 이런 자산은 무위험자산으로 간주된다. 반면에 주식과 같이 가능한 수익률이 매우 넓은 범위를 갖게 되면(즉, 미래에 얻게 되는 수익률의 불확실성이 커지면) 이런 자산은 위험이 큰 자산으로 간주된다. 이처럼 자산의 위험은 가능한 수익률의 변동폭으로 이해되는데, 이는 분산 또는 표준편차에 의해 측정된다.

수익률의 표준편차 또는 변동성(volatility)이 [표 4-1]의 세 번째 열에 계산되어 있다. 단기국채가 가장 낮은 3.2%의 변동성을 갖고, 주식(소형주)이 가장 높은 33.4%의 변동성을 갖는다. 표의 세 번째와 네 번째 열로부터 우리는 수익률의 변동성이 대체로 위험프리미엄에 비례함을 알 수 있다. 다시 말해서, 위험이 클수록(즉, 수익률의 변동성을 측정하는 표준편차가 클수록 또는 분포가 퍼질수록) 위험프리미엄도 커진다.

주요결과 4-5

자산의 위험은 수익률의 변동폭을 의미하며 분산 또는 표준편차로 측정된다. 과거 수익률자료를 분석하면 위험이 클수록 위험프리미엄도 증가하는 관계, 즉 위험-수익률 상반관계가 대체로 성립한다.

2.4 지배원리에 의한 의사결정

2.4.1 지배원리

평균-분산 모형에서 투자자는 평균(기대수익률)과 분산으로부터 계산된 기대효용을 기준으로 의사결정을 한다. 예를 들어, 다음과 같은 2차 함수 형태의 효용함수를 가정하자(여기서 A는 투자자의 위험회피도 정도를 나타내는 지수임). 이 효용함수는 효용이 기대수익률과 정(+)의 관계를 그리고 분산과 부(−)의 관계를 갖는다는 사실을 반영한다. 즉, 다른 조건이 일정할 때 기대수익률이 증가하면 효용도 증가하고, 분산이 증가하면 효용은 감소한다.

$$U = E(r) - 0.005A\sigma^2$$

위험회피형 투자자는 위험이 동일하면 높은 기대수익률을 선호하고 또는 기대수익률이 동일하면 작은 위험을 선호하게 되는데 이를 "지배원리(dominance principle)"라고 한다. [그림 4-4]는 지배원리를 시각적으로 잘 보여준다.

A패널에서 두 수익률 분포의 표준편차는 동일하다. 그런데 B분포의 기대수익률이 A분포의 기대수익률보다 크므로 위험회피형 투자자는 B자산을 선호한다. B패널에서 두 수익률 분포의 기댓값은 동일하다. 그런데 C분포의 표준편차가 D분포의 표준편차보다 작으므로 위험회피형 투자자는 C자산을 선호한다.

▮그림 4-4 재배원리와 의사결정

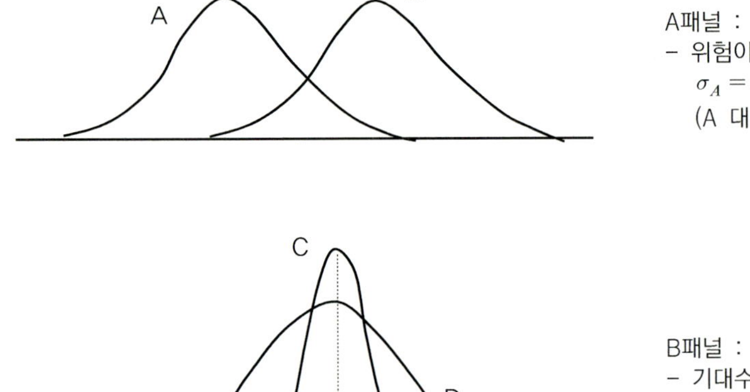

A패널 :
- 위험이 동일하면 높은 기대수익률 선택
  $\sigma_A = \sigma_B$, $E(r_A) < E(r_B)$
  (A 대신에 B를 선택함)

B패널 :
- 기대수익률이 동일하면 작은 위험 선택
  $E(r_C) = E(r_D)$, $\sigma_C < \sigma_D$
  (D 대신에 C를 선택함)

[그림 4-4]의 원리를 기대수익률-표준편차의 그래프에 나타내면 [그림 4-5]와 같다. 그래프에서 수직선을 그린 후 수직선에 두 개의 자산이 위치하면 위에 위치한 B는 아래에 위치한 A를 지배한다. 그리고 수평선을 그린 후 수평선에 두 개의 자산이 위치하면 왼쪽에 위치한 C는 오른쪽에 위치한 D를 지배한다.

▮그림 4-5 지배원리의 적용 원리

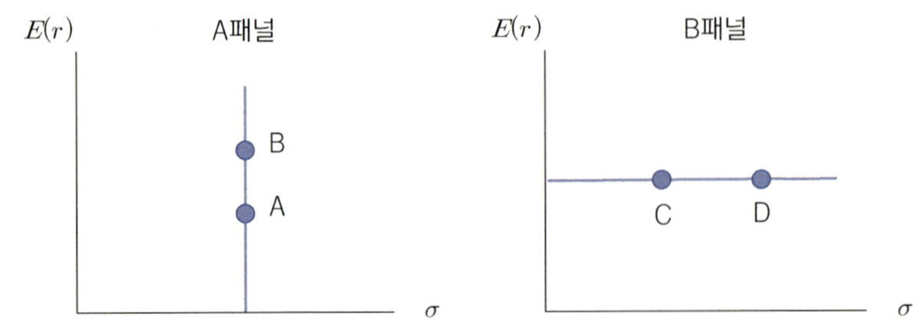

2.4.2 지배원리에 의한 개별주식의 선택

A자산이 B자산을 지배한다는 것은 기대수익률-표준편차 그래프에서 A자산이 B자산에 비하여 북서쪽에 위치함을 의미한다. 이 논리를 그래프에서 적용해 보자. [그림 4-6]는 특정 자산 P의 기대수익률과 표준편차를 기준으로 I, II, III, IV 등의 네 영역을 보여 준다. 특정 자산 P를 기준으로 II 영역에 속한 모든 자산(I과 II의 경계, III과 II의 경계에 위치한 자산 포함)은 자산 P를 지배하고, 자산 P는 IV 영역에 속한 모든 자산(I과 IV의 경계, III과 IV의 경계에 위치한 자산 포함)을 지배한다.

그림 4-6 P를 기준으로 적용한 지배원리

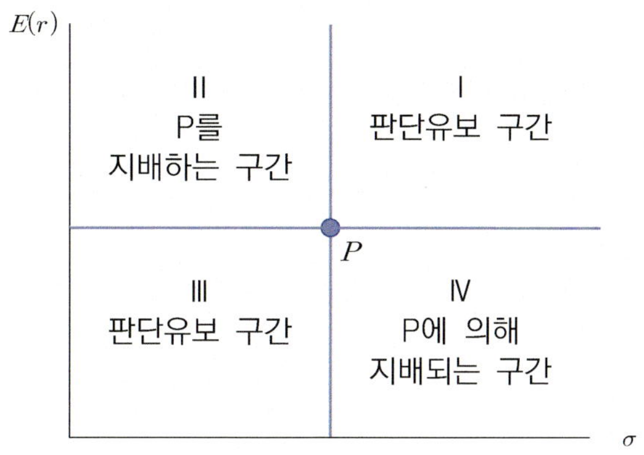

지배원리는 북서방향(north-west direction) ↖에 위치하는 자산 간에 순위(ranking)를 정할 수 있지만, 북동방향(north-east direction) ↗에 위치하는 자산간의 선택에 대해서는 결론을 내리지 못한다. 왜냐하면 북동방향에 위치하면 부담하는 위험이 커지면서 기대수익률도 증가하기 때문에 개인의 투자회피 정도에 따라 의사결정이 달라질 수 있다. 이 개념이 위험-수익률 상반관계(risk-return trade-off)이다. 지배원리는 투자자가 단순히 위험회피형이라는 사실만을 가정할 뿐 투자자 개인의 투자회피 정도를 고려하지는 않는다.

주요결과 4-6

지배원리는 위험이 동일하면 높은 기대수익률을 선호하고 기대수익률이 동일하면 작은 위험을 선호하는 원리이다. 지배원리는 투자자의 위험회피 정도에 의해 영향을 받지 않는다. 지배원리를 적용하면 기대수익률-표준편차 그래프에서 북서방향에 위치하는 자산 간에는 순위를 정할 수 있다. 그러나 지배원리를 적용하여 북동방향에 위치하는 자산 간에는 순위를 결정할 수 없으므로 추가적으로 무차별곡선을 적용해야 한다.

예시 4-4 지배원리의 적용

A, B, C, D, E의 기대수익률과 표준편차가 다음과 같다고 하자. 지배원리를 적용하여 순위를 정하라.

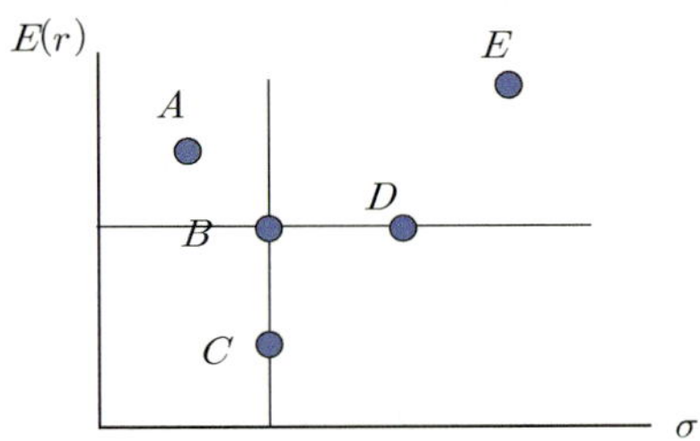

지배원리는 평균과 분산(표준편차)에 기초하여 투자자들의 선호체계를 결정하는 투자의 선택기준이다. 그림에서 A는 B를, B는 C를, B는 D를 지배한다. 또한 A는 C와 D를 지배한다. 그러나 C, D, E간에 지배관계는 성립하지 않는다.

2.5 무차별곡선에 의한 의사결정

위험회피형 투자자가 위험을 부담하는 것에 대하여 구체적으로 투자자에게 어느 정도의 추가 수익률을 제공해야 하는가를 판단할 수 있어야만 [그림 4-6]의 I과 III 영역에 속한 자산간에 우열을 가릴 수 있다. 이를 설명하기 위하여 구체적으로 $U = E(r) - 0.005 \cdot 4 \cdot \sigma^2$의 효용함수를 가정해 보자($A$는 위험회피지수(risk averse index)로 위험회피형 투자자의 경우 $A > 0$임). 이 효용함수는 기대수익률이 증가하면 효용이 커지고 위험이 증가하면 효용이 작아지는 속성을 반영한다.

$E(r_A) = 10\%$, $\sigma_A = 20\%$의 A자산과 $E(r_B) = 20\%$, $\sigma_B = 30\%$의 B자산, $E(r_C) = 30\%$, $\sigma_C = 37.417\%$의 C자산 효용은 다음과 같이 동일하다($A = 4$ 가정).[5)]

$$U_A = 10 - 0.005 \cdot 4 \cdot 20^2 = 2$$
$$U_B = 20 - 0.005 \cdot 4 \cdot 30^2 = 2$$
$$U_C = 30 - 0.005 \cdot 4 \cdot 37.417^2 = 2$$

5) 효용함수를 $U = E(r) - 0.005 \cdot 4 \cdot \sigma^2$로 정의하면 기대수익률과 표준편차는 소수가 아니라 퍼센트로 대입되어야 한다. 만약 소수로 대입하고자 하면 효용함수는 $U = E(r) - 0.5 \cdot 4 \cdot \sigma^2$로 정의되어야 한다. 즉,

$$U_A = 0.1 - 0.5 \cdot 4 \cdot 0.2^2 = 0.02, \quad U_B = 0.2 - 0.5 \cdot 4 \cdot 0.3^2 = 0.02$$

세 자산이 동일한 효용을 제공하므로 세 자산을 연결한 선, 즉 효용이 동일한 기대수익률-표준편차의 조합을 연결한 곡선을 "무차별곡선(indifference curve)"이라고 한다([그림 4-7] 참조). 기대효용을 기준으로 자산의 우열을 가리는 투자자는 동일한 무차별곡선에 위치하는 모든 자산에 대하여 차별하지 않는다.

▌그림 4-7 무차별곡선

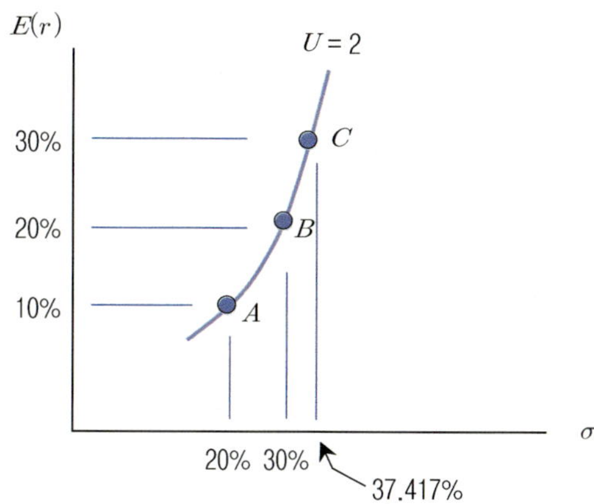

무차별곡선은 다음과 같은 특성을 갖는다.

① 무차별곡선은 서로 교차하지 않는다. 무차별곡선이 [그림 4-8]의 A패널처럼 교차하면 투자자가 A, B, C를 모두 무차별함을 의미하는데 이는 A가 C를 지배한다는 논리에 위배된다.

▌그림 4-8 무차별곡선의 교차 불가와 효용 증가

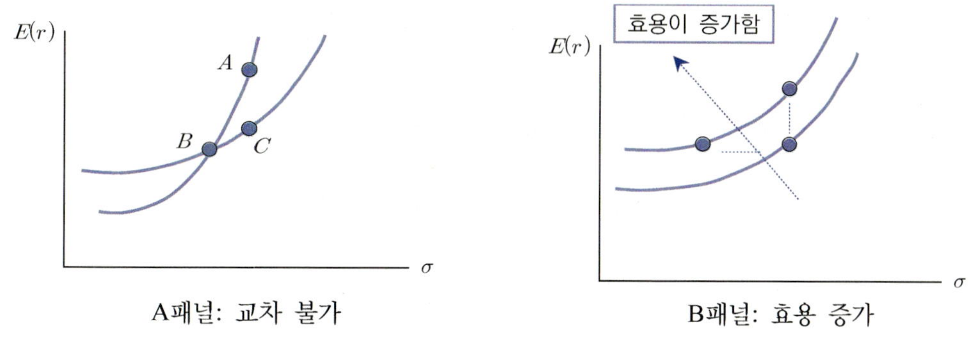

② 위험회피형 투자자의 무차별곡선은 [그림 4-8]의 B패널처럼 북서방향(north-west direction)으로 갈수록 효용이 증가한다. 이유는 북서방향으로 갈수록 기대수익률이 동일할 때 위험이 작거나 또는 위험이 동일할 때 기대수익률이 크기 때문이다.

③ 위험회피형 투자자의 경우 무차별곡선은 볼록한(convex) 모양을 갖는다. 왜냐하면 위험회피형 투자자의 효용함수가 오목하므로 동일한 효용을 갖기 위해 위험이 한 단위 증가할 때마다 투자자가 요구하는 기대수익률의 크기는 증가하기 때문이다 ([그림 4-9] 참조).[6)]

▌그림 4-9 무차별곡선의 볼록성

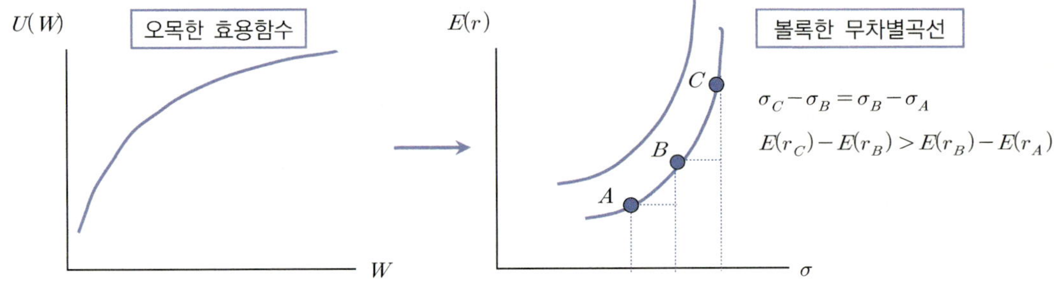

④ 투자자의 위험회피 정도를 나타내는 위험회피지수 A가 커지면 투자자는 더 위험회피적이 되며 [그림 4-10]이 보여주듯이 무차별곡선의 기울기는 더 가파르게 된다. 즉, $U = E(r) - 0.005 \cdot A \cdot \sigma^2$에서 A가 커지면 $0.005A\sigma^2$가 커지므로 동일한 효용을 유지하기 위해 $E(r)$이 더 많이 증가해야 한다. 위험회피형 투자자의 경우 A는 반드시 0보다 커야 한다.

▌그림 4-10 위험회피지수와 무차별곡선의 기울기

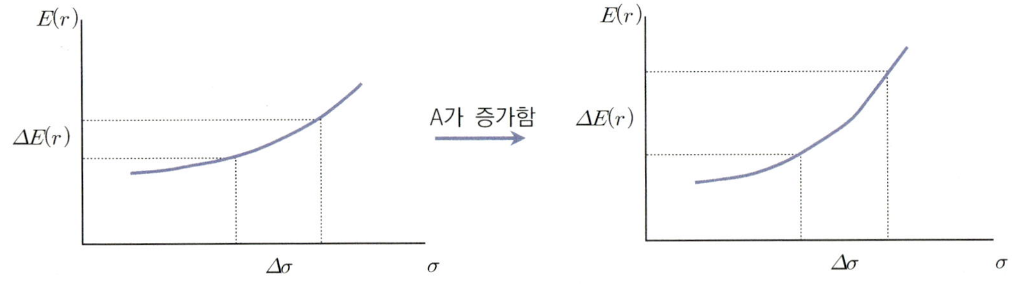

[그림 4-10]에서 오른쪽의 무차별곡선은 왼쪽의 무차별곡선보다 더 가파른 기울기를 가지므로 더 위험회피적인 투자자를 의미한다. 위험이 $\Delta\sigma$만큼 커질 때 더 위험회피적인 투자자는 덜 위험회피적인 투자자보다 많은 보상(높은 기대수익률)을 기

---

6) 예를 들어 효용함수 $2 = E(r) - 0.005 \cdot 4 \cdot \sigma^2$의 경우 $E(r) = 2 + 0.02 \cdot \sigma^2$이므로 표준편차가 20%이면 기대수익률이 10%이다. 표준편차가 30%와 40%이면 기대수익률은 각각 20%와 34%이다. 즉, 표준편차가 10%포인트씩 동일하게 증가하여도 기대수익률의 증가폭(10%포인트와 14%포인트)은 동일하지 않다.

대한다.

⑤ [그림 4-11]에서 확인할 수 있듯이, 북서방향에 위치한 자산의 경우 A의 크기는 지배원리에 의한 우선순위 또는 선호도에 영향을 미치지 않는다. 즉, 위험회피도와 무관하게 X는 Y를 항상 지배한다.

▌그림 4-11 북서방향에 위치한 자산의 경우 무차별곡선과 우선순위

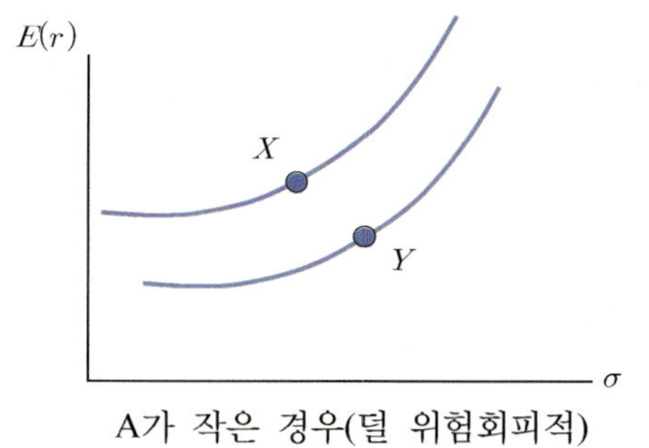

A가 작은 경우(덜 위험회피적)

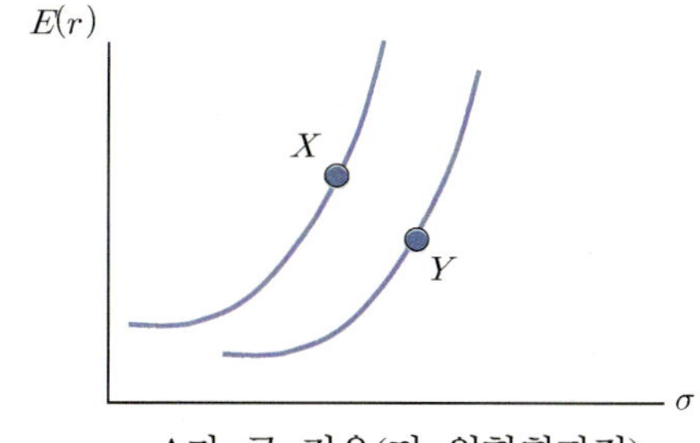

A가 큰 경우(더 위험회피적)

그러나 [그림 4-12]처럼 두 자산이 북동방향에 위치하면 A의 크기는 우선순위에 영향을 미친다.

▌그림 4-12 북동방향에 위치한 자산의 경우 무차별곡선과 우선순위

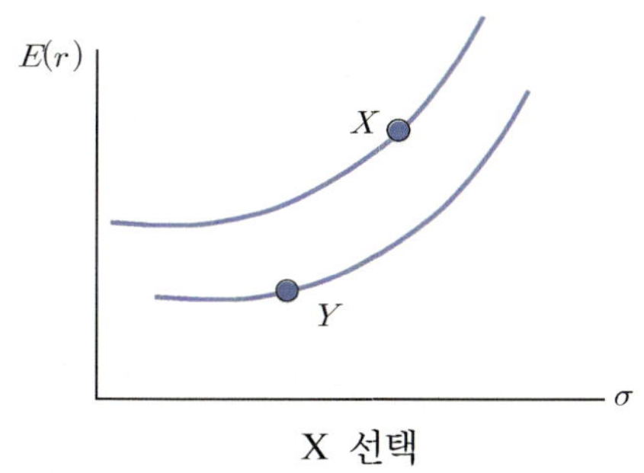

X 선택

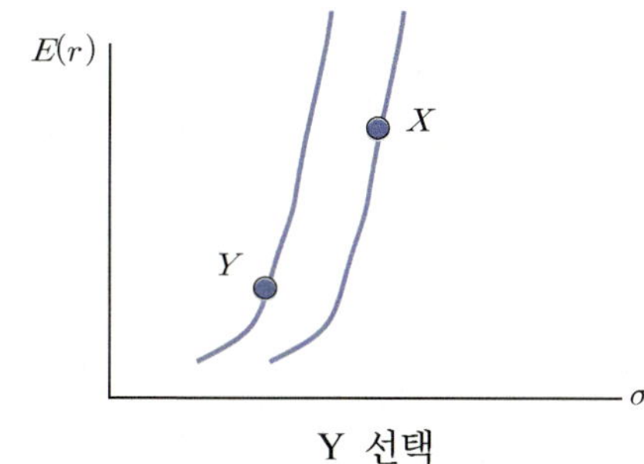

Y 선택

주요결과 4-7

효용이 동일한 기대수익률과 표준편차의 조합을 연결하면 무차별곡선을 구할 수 있고, 위험회피형 투자자는 볼록한 무차별곡선을 갖는다. 투자자가 더 위험회피적일수록 무차별곡선의 기울기는 더 가파르게 된다. 투자자의 위험회피 정도는 무차별곡선의 기울기에 영향을 미치므로 투자자 간에 자산순위가 다를 수 있다.

예시 4-5 효용함수를 이용한 의사결정

투자의 기대수익률과 표준편차가 다음과 같다. 투자자의 효용함수는 $U = E(r) - 0.005A\sigma^2$이다($A = 4$).

투 자	기대수익률	표준편차
A	12%	24%
B	15%	23%
C	21%	16%
D	24%	21%

(1) 효용함수를 이용하여 각 투자의 순위를 결정하라.

(2) $A = 2$의 경우 (1)의 순위를 다시 결정하라.

(3) (1)과 (2)의 상황을 그래프에 그려라.

(1) 효용함수에 의한 각 투자의 효용이 다음과 같이 계산되므로 순위는 C, D, B, A의 순서이다.

$$U_A = 12 - 0.005 \times 4 \times 24^2 = 0.5$$

$$U_B = 15 - 0.005 \times 4 \times 23^2 = 4.4$$

$$U_C = 21 - 0.005 \times 4 \times 16^2 = 15.9$$

$$U_D = 24 - 0.005 \times 4 \times 21^2 = 15.2$$

(2) $A = 2$인 경우 효용이 각각 6.24, 9.71, 18.44, 19.59로 계산되므로 순위는 D, C, B, A이다. C와 D가 북동방향에 놓이므로 무차별곡선의 기울기에 따라 순위가 바뀔 수 있다. 그러나 C, B, A와 D, B, A는 북서방향에 놓이므로 무차별곡선의 기울기에 의해 순위가 영향을 받지 않는다.

(3) 각 상황의 그림은 다음과 같다.

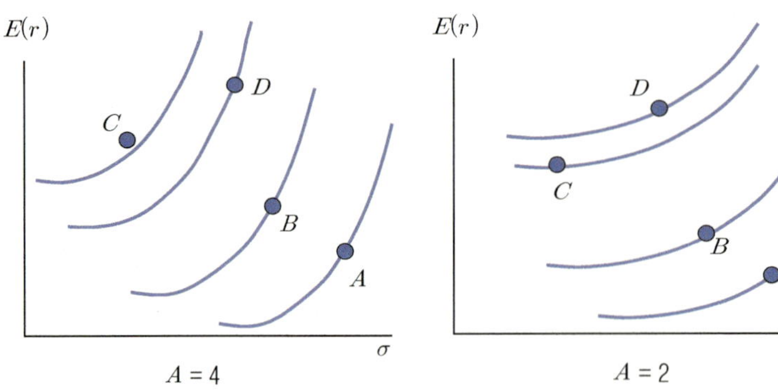

핵심용어 해설

- 효용(utility): 투자자의 만족도를 나타내며 효용을 이용하여 투자자의 선호도를 표시할 수 있음.
- 위험회피형 투자자(risk averse investor): 공정한 게임에 참여하지 않으며 부담하는 위험에 대해 보상을 요구하는 투자자
- 공정한 게임(fair game): 게임의 기대이익이 0인 게임
- 한계효용체감(decreasing marginal utility)의 법칙: 부가 증가하면 효용이 체감적으로 증가한다는 법칙
- 평균 - 분산 모형(mean-variance model): 정규분포 가정 하에서 평균과 분산을 이용하여 기대효용을 극대화하는 모형
- 지배원리(dominance principle): 위험이 동일하면 높은 기대수익률을 선호하고 기대수익률이 동일하면 작은 위험을 선호하는 원리
- 무차별곡선(indifference curve): 효용이 동일한 기대수익률과 표준편차의 조합을 연결한 선

개념 체크

1. 기대효용이란 무엇이며 어떻게 계산되는가? 왜 기대효용을 극대화해야 하는가?
2. 위험회피형 투자자의 속성은? 그리고 효용함수의 모양은?
3. 위험회피형 투자자의 효용함수는 왜 오목한가? 한계효용체감의 의미는?
4. 공정한 게임이란? 공정한 게임에 참여하지 않는다는 것과 오목한 효용함수는 어떻게 연결되어 있는가?
5. 정규분포는 어떤 특성을 갖는가? 렙토커틱분포는 정규분포와 어떻게 다른가?
6. 지배원리란 무엇인가? 지배원리를 그래프에서 적용할 수 있는가?
7. 지배원리를 적용하여 기대수익률과 표준편차의 그래프에서 북서방향에 위치하는 자산 간에는 순위가 가능하지만 북동방향에 위치하는 자산 간에는 순위를 결정할 수 없는 이유는?
8. 무차별곡선이 필요한 이유는 무엇인가?
9. 무차별곡선은 왜 교차할 수 없는가?
10. 위험회피형 투자자의 무차별곡선은 왜 볼록한가?
11. 투자자가 더 위험회피적이 되면 무차별곡선은 어떻게 영향을 받는가?
12. 무차별곡선이 북서방향으로 갈수록 효용이 증가하는 이유는 무엇인가?
13. $U = E(r) - 0.005 \cdot 4 \cdot \sigma^2$의 효용함수가 의미하는 것은?
14. 지배원리에 의해 결정된 순위가 투자자의 위험회피정도에 의해 영향을 받는가?
15. 평균-분산 모형이 항상 옳은 결정을 하는가?
16. 위험에 대한 태도와 위험회피지수간에 어떤 관계가 성립하는가?

연 습 문 제

01 다음 중 공정한 게임에 해당되지 않는 것은?

① 50%의 확률로 50원을 제공하고 50%의 확률로 150원을 제공하는 게임에 100원을 부담하고 참여함

② 20%의 확률로 100원을 제공하고 80%의 확률로 50원을 제공하는 게임에 60원을 부담하고 참여함

③ 10%의 확률로 100원을 제공하고 90%의 확률로 0원을 제공하는 게임에 10원을 부담하고 참여함

④ 90%의 확률로 50원을 제공하고 10%의 확률로 0원을 제공하는 게임에 40원을 부담하고 참여함

⑤ 50%의 확률로 500원을 제공하고 50%의 확률로 100원을 제공하는 게임에 300원을 부담하고 참여함

02 위험회피형 투자자의 효용함수는? x축은 부, y축은 효용을 의미한다.

①

②
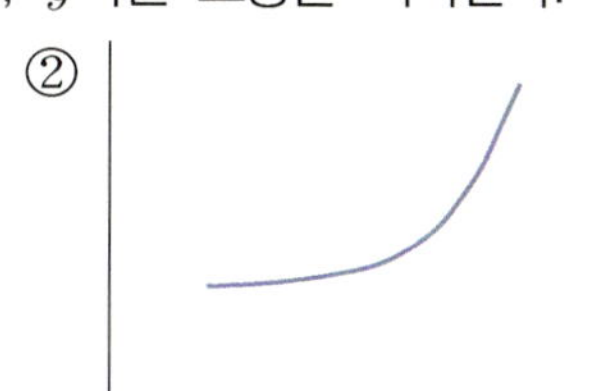

③
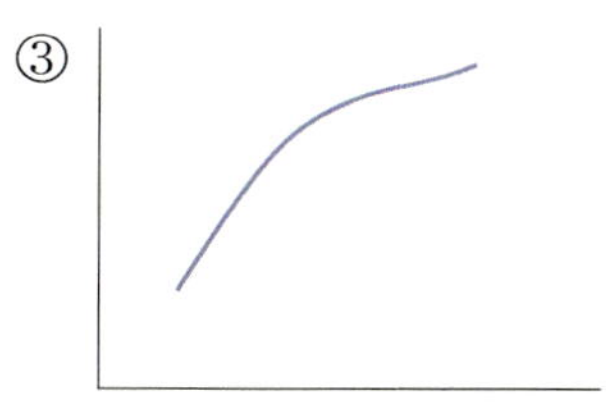

④
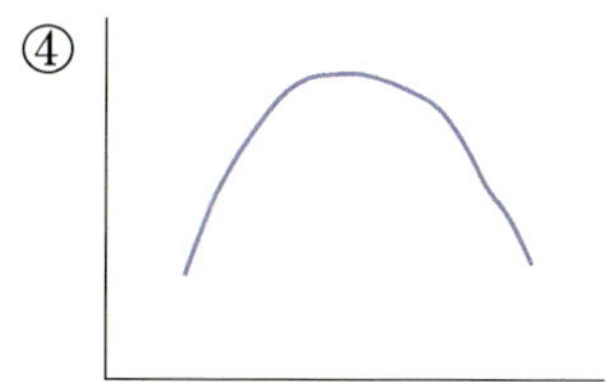

⑤ 정답 없음

03 위험회피형 투자자의 무차별곡선은? x축은 표준편차, y축은 기대수익률을 의미한다.

①

②
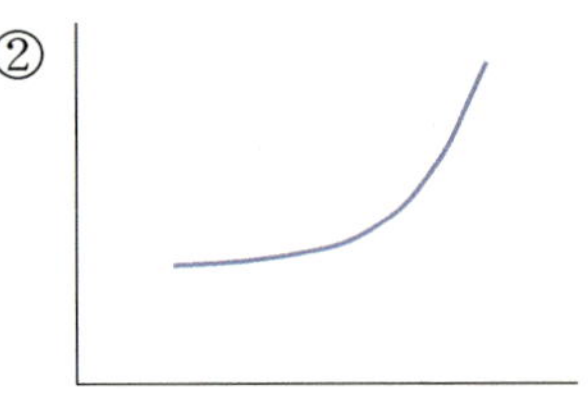

③
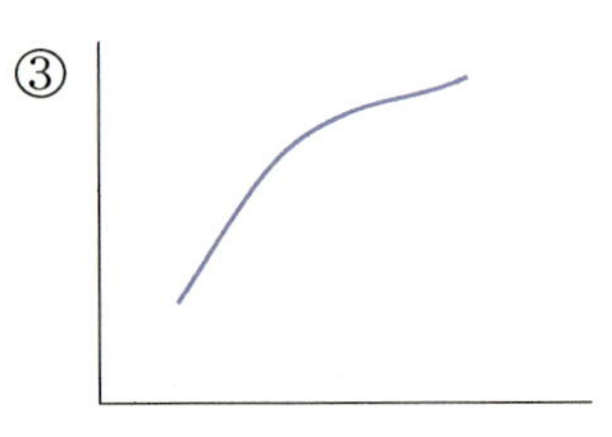

④
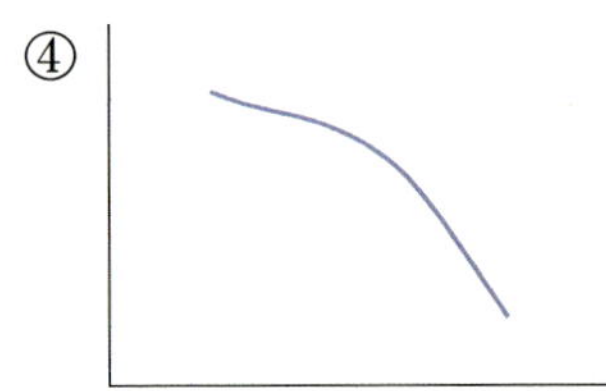

⑤ 정답 없음

04 렙토커틱분포의 특성은?

① 정규분포보다 중앙이 뾰족하고 꼬리가 얇다.
② 정규분포보다 중앙이 둔하고 꼬리가 얇다.
③ 정규분포보다 중앙이 뾰족하고 꼬리가 두텁다.
④ 정규분포보다 허리와 꼬리가 두텁다.
⑤ 정답 없음

05 지배원리를 적용하여 E자산과의 상대적인 순위를 정할 수 없는 자산은?

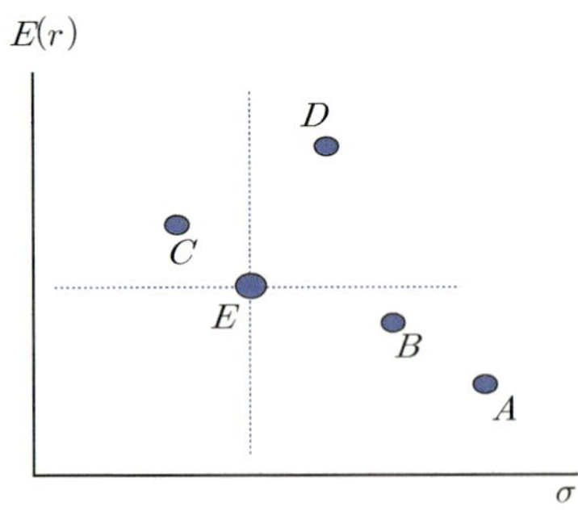

① A
② B
③ C
④ D
⑤ 정답 없음

06 무차별곡선에 대한 다음의 설명 중 가장 적절하지 않은 것은?

① 무차별곡선은 서로 교차하지 않는다.
② 무차별곡선의 기울기가 더 가파를수록 투자자는 덜 위험회피적이다.
③ 위험회피형 투자자의 무차별곡선은 볼록하다.
④ 무차별곡선은 북서방향으로 갈수록 효용이 증가한다.
⑤ 효용함수가 $U = E(r) - 0.005A\sigma^2$로 주어진 경우 위험회피형 투자자의 A는 0보다 크다.

07 효용함수가 $U = E(r) - 0.005A\sigma^2$로 주어진 경우 주식의 수익률이 8%이고 표준편차가 20%이면 주식의 효용은 얼마인가? 단, 위험회피지수는 2이다.

① 6 ② 4 ③ 7.8
④ 10 ⑤ 0.08

08 수익률이 평균이 10%이고 표준편차가 25%인 정규분포를 따르는 경우 수익률이 -40%보다 작을 확률은 얼마로 추정되는가? 소수 두 자리로 답할 것.

① 4.55% ② 2.50% ③ 2.28%
④ 5.00% ⑤ 2.15%

※ 다음의 자료를 이용하여 9번과 10번 질문에 답하라.

상 황	확률(p_k)	수익률(r_k)
호 황	20%	20%
보 통	45%	10%
불 황	n/a	– 10%

09 기대수익률은 얼마인가?

① 5.0% ② 4.5% ③ 6.2%
④ 7.3% ⑤ 정답 없음

10 표준편차는 얼마인가?

① $\sigma < 11.00\%$ ② $11.00 \leq \sigma < 12.00\%$
③ $12.00 \leq \sigma < 12.50\%$ ④ $12.50 \leq \sigma < 13.00\%$
⑤ $\sigma \geq 13.00\%$

연습문제 해설

01 ④

공정한 게임은 기대이익이 0인 게임이다.

02 ③

위험회피형 투자자의 효용함수는 오목하다.

03 ②

위험회피형 투자자의 무차별곡선은 ②번과 같이 볼록하다.

04 ③

렙토커틱분포는 정규분포보다 중앙이 뾰족하고 꼬리가 두텁다.

05 ④

A, B, C, E는 모두 북서방향에 위치하므로 지배원리를 적용하여 순위를 결정할 수 있다.

06 ②

무차별곡선의 기울기가 더 급할수록 동일한 위험에 대하여 많은 보상을 요구하므로 투자자는 더 위험회피적이다.

07 ②

$U = 8 - 0.005 \times 2 \times 20^2 = 4$

08. ③

평균을 중심으로 2표준편차 안에 들어갈 확률이 95.45%이고, 표준편차 2배수 아래인 −40%보다 작을 확률은 (100 − 95.45) / 2 = 2.275%이다.

09 ①

$E(r) = 0.2 \times 20 + 0.45 \times 10 + 0.35 \times (-10) = 5\%$(불황의 확률은 35%임)

10 ②

$\sigma = \sqrt{0.2 \times (20-5)^2 + 0.45 \times (10-5)^2 + 0.35 \times (-10-5)^2} = 11.62\%$(분산은 $135\%^2$임)

포트폴리오이론

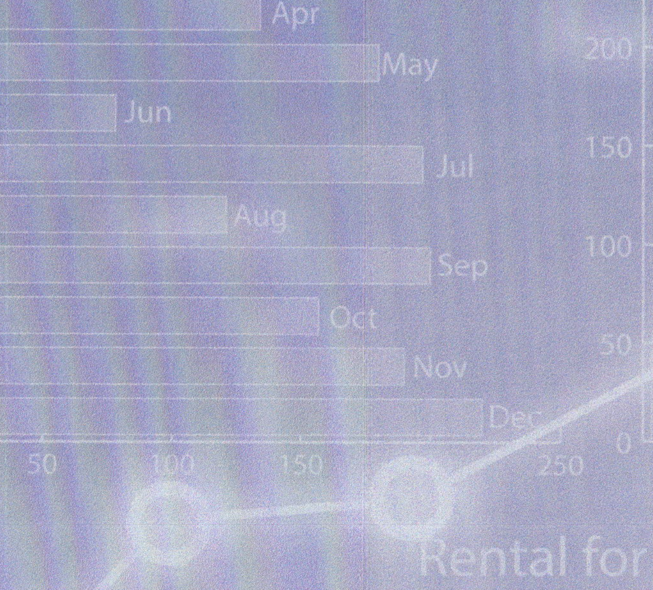

Table of Contents

학습 주안점

어떤 자산에 투자할 것인가의 문제를 다루는 현대포트폴리오이론(modern portfolio theory)은 1952년에 발표된 마코위츠(Markowitz)에 의해 본격적으로 제기된 이후 계속 발전되어왔다. 마코위츠는 투자자가 동일한 위험에 대하여 기대수익률이 가장 큰 포트폴리오를 선택해야 한다고 주장하였다. 마코위츠는 자신의 이론을 평균－분산 분석(mean-variance analysis)으로 명명하였다. 제4장이 개별 주식을 대상으로 하는 반면에, 이 장은 포트폴리오를 대상으로 한다.

평균－분산 분석은 개별 자산의 위험이 포트폴리오의 위험에 어떻게 공헌하는지에 초점을 맞춘다. 포트폴리오이론은 위험과 기대수익률간의 관계를 설명하는 자본자산가격결정모형(CAPM)의 기초가 되며 CAPM을 공부하면 우리는 자산의 적정 기대수익률이 어떻게 결정되는지 이해하게 된다.

이 장에서 여러분이 숙지해야 할 내용은 다음과 같다.

1. 공분산과 상관계수의 의미를 이해하고 계산할 수 있는가? 포트폴리오의 기대수익률과 표준편차는 어떻게 계산되는가?
2. 상관계수가 포트폴리오위험에 미치는 영향은 무엇인가? 공매도 포지션의 허용이 투자기회선에 미치는 영향은 무엇인가?
3. 최소분산포트폴리오는 무엇이며 어떻게 구성되며 어떤 역할을 하는가?
4. 분산효과란 무엇인가? 상관계수와 분산효과는 어떤 관계를 갖는가?
5. 체계적 위험과 비체계적 위험이란 무엇인가? 왜 체계적 위험만이 중요한가?
6. 효율적 포트폴리오와 최적 포트폴리오란 무엇인가?
7. 자본배분선과 변동보상률의 개념을 이해하는가?

이 장에서 포트폴리오 구성 후 설명하는 순서는 다음과 같다.

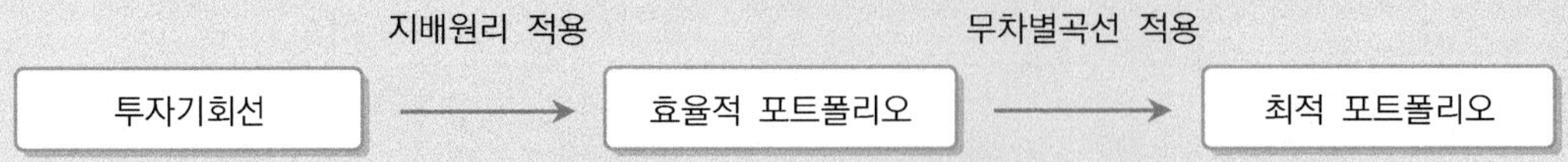

1 상관계수와 포트폴리오위험

1.1 공분산과 상관계수의 측정

제4장에서 개별주식간 선택의 문제를 다루었다. 이 장에서는 포트폴리오를 구성할 수 있는 경우 포트폴리오간 선택의 문제를 다루기로 한다. 포트폴리오(portfolio)는 2개 이상의 자산으로 구성된 조합이다. 포트폴리오의 위험은 자산간의 연관성에 의해 영향을 많이 받게 되므로 이를 먼저 측정해야 하는데 이는 공분산과 상관계수에 의해 측정된다.

공분산(covariance)은 다음과 같이 계산되므로 두 주식의 수익률이 같은 방향으로 움직이는지 아니면 반대 방향으로 움직이는지에 대한 정보, 즉 "방향성(direction)"에 대한 정보를 제공한다.

$$\sigma_{AB} = cov(r_A, r_B) = \sum_{k=1}^{m} p_k \cdot [r_{Ak} - E(r_A)] \cdot [r_{Bk} - E(r_B)] \tag{5.1}$$

여기서 k는 상황(state)을 의미하고(상황의 수는 m개임) p_k는 k의 상황이 발생할 확률이다.

$[r_{Ak} - E(r_A)]$와 $[r_{Bk} - E(r_B)]$이 동일한 부호를 가지면(즉, 동시에 양(+)이거나 동시에 음(−)이면) $\sigma_{AB} > 0$이므로, 양(+)의 공분산은 두 주식이 동일한 방향으로 움직이는 경향이 있음을 의미한다. 반대로 음(−)의 공분산은 두 주식이 반대 방향으로 움직이는 경향이 강하다는 것을 의미한다.

상관계수(correlation coefficient)는 공분산을 각각의 표준편차의 곱으로 나누어 표준화한(standardized) 것으로, 방향성뿐만 아니라 "연관성(relationship)의 강도(strength)"에 대한 정보까지도 제공한다. 표준화된 상관계수는 $-1 \le \rho \le +1$의 범위를 가지며 공분산과 동일한 부호를 공유한다.

$$\rho_{AB} = \frac{\sigma_{AB}}{\sigma_A \cdot \sigma_B} \tag{5.2}$$

이 식으로부터 공분산은 상관계수와 두 주식의 표준편차로부터 다음과 같이 계산된다.

$$\sigma_{AB} = \rho_{AB} \times \sigma_A \times \sigma_B \tag{5.3}$$

주요결과 5-1

공분산은 두 주식간 방향성에 대한 정보를 제공한다. 공분산을 각 수익률 표준편차의 곱으로 나누어 표준화하면 상관계수가 계산된다. 상관계수는 $-1 \leq \rho \leq +1$의 범위를 갖고 방향성뿐만 아니라 연관성의 강도에 대한 정보도 제공한다.

예시 5-1 공분산과 상관계수의 계산

	발생확률	A주식	B주식
호 황	50%	20%	40%
불 황	50%	10%	−10%
기대수익률		15%	15%
분 산		$25\%^2$	$625\%^2$
표준편차		5%	25%

두 주식의 기대수익률은 15%로 동일하고 두 주식의 표준편차는 각각 5%와 25%이다. 두 주식간의 공분산은 다음과 같이 $125\%^2$이고 상관계수는 1이다.[1)]

$$\sigma_{AB} = 0.5 \times (20 - 15)(40 - 15) + 0.5 \times (10 - 15)(-10 - 15) = 125$$

$$\rho_{AB} = \frac{125}{5 \times 25} = 1$$

[그림 5-1]은 상관계수가 1, 0.5, 0, −0.5, −1인 경우 두 수익률이 어떻게 연관되어 있는지 시각적으로 보여 준다(그림에서 x축은 A주식의 수익률이고 y축은 B주식의 수익률임). 상관계수가 1이면 [그림 5-1]의 (a)처럼 모든 점은 정확히 일직선에 위치하는데 이 경우 두 수익률이 "완전 정(+)의 관계(perfect positive correlation)"를 갖는다고 한다. 상관계수가 1에서 0으로 접근함에 따라 점은 직선으로부터 멀어진다((b) 참조). 그리고 상관계수가 0이 되면 (c)의 경우처럼 점이 무작위로 퍼져있는 상태가 되며 이 경우 두 수익률이 "독립적(independent)"이라고 한다. 그리고 상관계수가 0에서 −1로 접근함에 따라 점은 직선을 중심으로 다시 모이며((d) 참조), 방향이 상관계수가 양인 경우와 반대이다. 상관계수가 −1이 되면 (e)의 경우처럼 모든 점은 마이너스의 기울기를 갖는 일직선에 정확히 위치하는데 이 경우 두 수익률이 "완전 부(−)의 관계(perfect negative correlation)"를 갖는다고 한다.

---

1) 공분산 계산시 %를 그대로 사용했기 때문에 공분산의 단위가 $\%^2$이다. $\%^2$을 제거하고 소수로 표시하려면 100으로 2번 나누어야 한다. 즉, $125\%^2 = 0.0125$이다.

그림 5-1 상관계수별 수익률 연관성

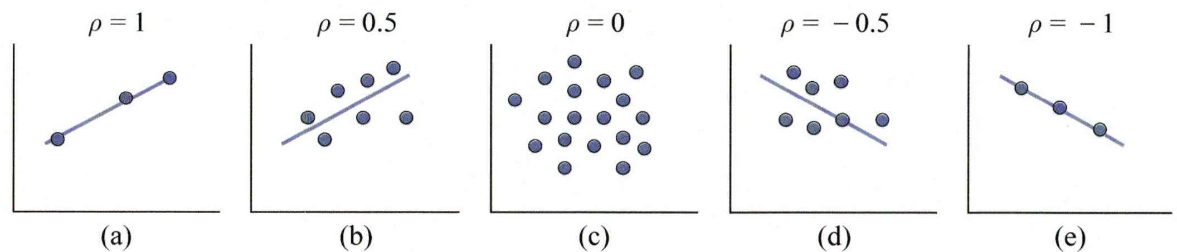

예시 5-2 공분산의 이해

어떤 주식이 시장과 음의 공분산을 갖는가?

	시 장	A주식	B주식	C주식	D주식
호 황	20%	40%	15%	7%	31%
불 황	10%	− 10%	26%	7%	13%

시장의 경우 호황일 때 수익률이 높고 불황일 때 수익률이 낮다. 이처럼 호황일 때 수익률이 높고 불황일 때 수익률이 낮은 주식이 A주식과 D주식이므로 두 주식은 시장과 양(+)의 공분산을 갖는다. C주식은 수익률이 확정되어 식 (5.1)에서 기대수익률과의 차이인 $[r_k - E(r)]$가 항상 영(0)이므로 시장과 영(0)의 공분산을 갖는다. 이는 위험자산과 무위험자산간의 공분산이 0임을 의미한다. 그리고 B주식은 시장과 반대 방향으로 움직이므로 시장과 음(−)의 공분산을 갖는다.

1.2 포트폴리오위험의 측정

포트폴리오의 기대수익률은 개별주식 A와 B의 기대수익률에 각각의 투자비율(w)을 기준으로 가중 평균한 값이다. 하첨자 P는 포트폴리오를 의미한다. 기대수익률은 두 주식간 상관성에 의해 영향을 받지 않는다.

$$E(r_P) = w_A \cdot E(r_A) + w_B \cdot E(r_B) \tag{5.4}$$

단 $w_A + w_B = 1$이다.

포트폴리오의 분산은 개별주식의 분산과 공분산으로부터 다음과 같이 계산된다. 기대수익률과 달리 포트폴리오의 분산은 두 주식간 상관성에 의해 영향을 받는다.

$$\sigma_P^2 = w_A^2 \cdot \sigma_A^2 + w_B^2 \cdot \sigma_B^2 + 2w_A \cdot w_B \cdot \sigma_{AB}$$
$$= w_A^2 \cdot \sigma_A^2 + w_B^2 \cdot \sigma_B^2 + 2 \cdot w_A \cdot w_B \cdot (\rho_{AB}\sigma_A\sigma_B) \quad (5.5)$$

예시 5-3 포트폴리오 기대수익률과 표준편차 계산

삼성전자와 현대자동차의 상황별 수익률이 다음과 같다. 참고로 확률의 합은 항상 100%이어야 한다.

상 황	확 률	삼성전자 수익률(r_A)	현대자동차 수익률(r_B)
호 황	20%	30%	45%
보 통	50%	10%	27%
불 황	30%	−7%	−30%

(1) 삼성전자와 현대자동차 주식의 기대수익률과 표준편차를 각각 계산하라.
(2) 두 주식 수익률간의 공분산과 상관계수는 각각 얼마인가?
(3) 삼성전자에 40%를 투자하고 현대자동차에 60%를 투자한 포트폴리오의 기대수익률과 표준편차를 각각 계산하라.

(1) 두 주식의 기대수익률은 각각 8.9%와 13.5%이고 표준편차는 각각 12.86%와 29.28%이다. 계산시 상황의 발생 확률은 항상 소수로 전환되어야 한다.

$E(r_A) = 0.2 \times 30\% + 0.5 \times 10\% + 0.3 \times (-7\%) = 8.9\%$

$E(r_B) = 0.2 \times 45\% + 0.5 \times 27\% + 0.3 \times (-30\%) = 13.5\%$

$\sigma_A = \sqrt{0.2 \times (30-8.9)^2 + 0.5 \times (10-8.9)^2 + 0.3 \times (-7-8.9)^2} = 12.86\%$

$\sigma_B = \sqrt{0.2 \times (45-13.5)^2 + 0.5 \times (27-13.5)^2 + 0.3 \times (-30-13.5)^2} = 29.28\%$

(2) 공분산은 $347.85\%^2$이고 상관계수는 0.92이다.

$\sigma_{AB} = 0.2 \times (30 - 8.9)(45 - 13.5) + 0.5 \times (10 - 8.9)(27 - 13.5) + 0.3 \times$
$(-7 - 8.9)(-30 - 13.5) = 347.85$

$$\rho_{AB} = \frac{347.85}{(12.86 \times 29.28)} = 0.92$$

삼성전자 수익률을 x축으로 현대자동차 수익률을 y축으로 하여 세 상황을 그래프에 표시하면 세 점이 일직선에 정확히 위치하지는 않으나 직선에 매우 가깝게 위치하는 것을 확인할 수 있다. 만약 세 점이 정확히 일직선에 위치하면 상관계수는 1이다.

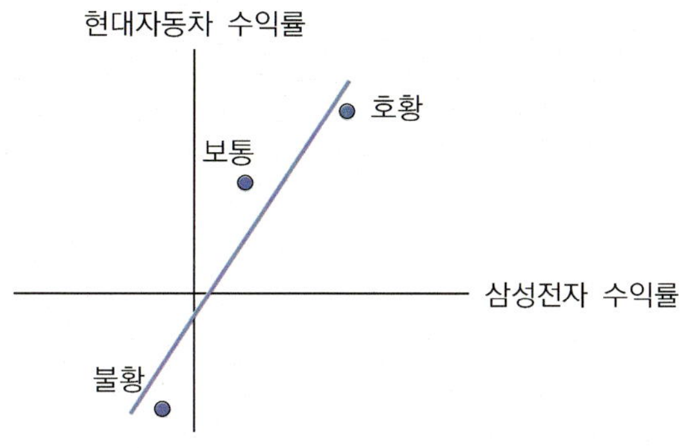

(3) 포트폴리오의 기대수익률은 11.66%이고 표준편차는 22.41%이다.

$$E(r_P) = 0.4 \times 8.9 + 0.6 \times 13.5 = 11.66\%$$

$$\sigma_P = \sqrt{(0.4)^2(12.86)^2 + (0.6)^2(29.28)^2 + 2(0.4)(0.6)(347.85)} = 22.41\%$$

2 체계적 위험과 비체계적 위험

2.1 분산효과

n개 종목의 주식으로 구성된 포트폴리오의 분산은 다음과 같이 계산된다(n개 종목의 주식에 동일가중으로 투자하여 $w_i = \dfrac{1}{n}$이라고 가정함).

$$\sigma_P^2 = \sum_{i=1}^{n}\left(\frac{1}{n}\right)^2\sigma_i^2 + \sum_{i=1}^{n}\sum_{\substack{j=1 \\ i\neq j}}^{n}\left(\frac{1}{n}\right)^2\sigma_{ij} \tag{5.6}$$

여기서 첫 번째 항은 n개 분산(variance)의 합이고 두 번째 항은 $n^2 - n = n(n-1)$개 공분산(covariance)의 합이다. 그런데 평균 분산과 평균 공분산이 각각 $\overline{\sigma_i^2} = \dfrac{1}{n} \cdot \sum_{i=1}^{n}\sigma_i^2$과 $\overline{\sigma_{ij}} = \dfrac{\sum\sum\sigma_{ij}}{n(n-1)}$이므로 다음 식이 성립한다.

$$\sigma_P^2 = \frac{1}{n} \cdot \overline{\sigma_i^2} + \frac{n-1}{n} \cdot \overline{\sigma_{ij}} = \left(\frac{\overline{\sigma_i^2} - \overline{\sigma_{ij}}}{n} \right) + \overline{\sigma_{ij}} \tag{5.7}$$

n이 커짐에 따라 $\left(\frac{\overline{\sigma_i^2} - \overline{\sigma_{ij}}}{n} \right)$이 0에 접근하므로 포트폴리오의 분산은 $n \rightarrow \infty$함에 따라 결국 평균 공분산 $\overline{\sigma_{ij}}$에 수렴한다. 이를 위험감소효과 또는 분산효과(diversification effect)라고 한다.

$$\sigma_P^2 \rightarrow \overline{\sigma_{ij}} \tag{5.8}$$

[그림 5-2]는 주식 종목 수에 따라 포트폴리오의 분산이 어떻게 변하는지를 보여준다.[2)] 종목 수가 늘어남에 따라 분산은 처음에는 빠르게 감소하지만 점점 감소 속도가 떨어져 결국은 평균 공분산에 수렴하게 된다. 이 그림은 두 가지 중요한 사실을 알려준다. 첫째, 최대한의 분산효과를 거의 대부분 달성하는데 아주 많은 종목의 주식이 필요한 것은 아니고 대략 15 ~ 20개 정도면 충분하다. 둘째, 아무리 많은 종목의 주식으로 대규모 포트폴리오를 구성하더라도 포트폴리오의 위험이 완전히 제거되지 않는다.

▌그림 5-2 주식 종목 수와 포트폴리오의 분산효과

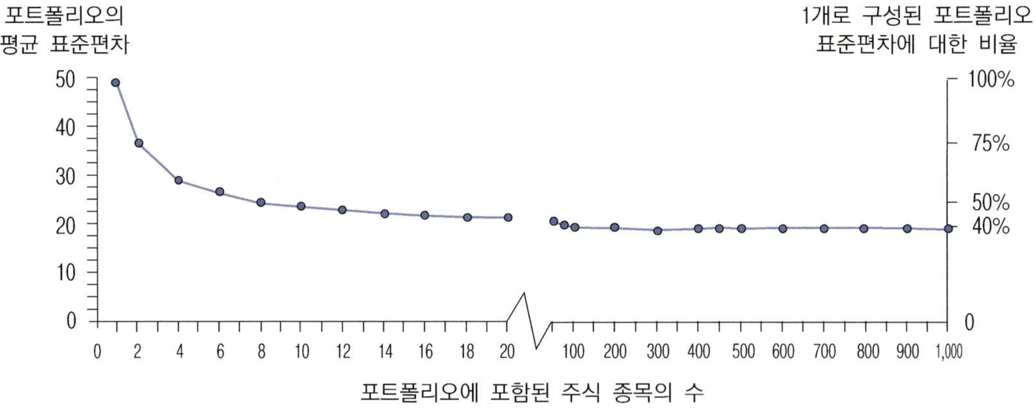

주요결과 5-2

분산효과는 위험감소효과이다. 대략 15 ~ 20개 종목의 주식이면 분산효과의 대부분을 달성할 수 있다. 그러나 아무리 대형으로 포트폴리오를 구성하더라도 포트폴리오의 위험이 완전히 제거되지 않고 평균 공분산에 수렴한다.

---

2) 자료: Bodie, Kane, Marcus, Essentials of Investment, 5th edition, Figure 6.2(p. 171).

2.2 체계적 위험과 비체계적 위험

앞에서 n이 커짐에 따라 $\frac{\overline{\sigma_i^2} - \overline{\sigma_{ij}}}{n}$은 0에 접근하여 σ_P^2가 $\overline{\sigma_{ij}}$에 수렴한다고 설명하였다. 이는 여러 종목의 주식에 분산투자하면 σ_P^2의 일부인 $\frac{\overline{\sigma_i^2} - \overline{\sigma_{ij}}}{n}$가 제거되기도 하지만 일부인 $\overline{\sigma_{ij}}$는 여전히 남는다는 것을 의미하기도 한다.

▌그림 5-3 체계적 위험과 비체계적 위험

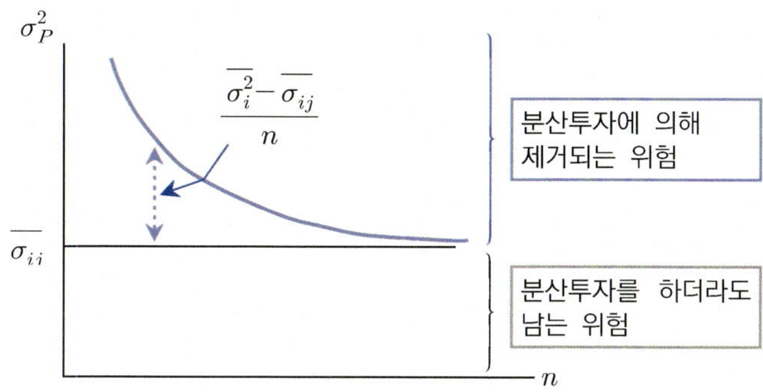

분산투자를 해도 제거할 수 없는 위험(즉, $\overline{\sigma_{ij}}$에 해당되는 부분)을 "시장위험(market risk)", "체계적 위험(systematic risk)", "분산불가능위험(non-diversifiable risk)"이라고 한다. 체계적 위험은 "인플레이션, 이자율, GDP성장률과 같은 거시경제변수의 예기치 않은 변화로 인해 발생하는 위험"으로 거의 모든 주식에 영향을 미친다.

반면에 분산투자에 의해 제거되는 위험(즉, $\frac{\overline{\sigma_i^2} - \overline{\sigma_{ij}}}{n}$에 해당되는 부분)을 "특수위험(unique risk)", "기업고유위험(firm-specific risk)", "비체계적 위험(non-systematic risk)", "분산가능위험(diversifiable risk)"이라고 한다. 비체계적 위험은 "기업의 특수한 상황 변화로 인해 발생하는 위험"으로 개별주식 또는 소수의 주식에만 영향을 미친다.

주요결과 5-3

체계적 위험은 거시경제변수의 예기치 않은 변화로 인해 발생하는 위험으로 모든 주식에 공통적으로 작용하는 위험요인이다. 반면에, 비체계적 위험은 개별 기업에만 영향을 미치는 기업의 고유위험으로 분산투자에 의해 쉽게 제거되는 위험요인이다.

그리고 시장위험과 특수위험의 합을 총위험(total risk)이라고 한다. 총위험은 표준편차 또는 분산에 의해 측정된다.

$$\text{총위험} = \text{체계적 위험} + \text{비체계적 위험}$$

$$\sigma_P^2 = \overline{\sigma_{ij}} + \frac{\overline{\sigma_i^2} - \overline{\sigma_{ij}}}{n} \tag{5.9}$$

가장 적절한 위험의 척도는 무엇인가? 개별주식의 경우 특수위험이 상당히 존재하므로 개별자산의 진정한 위험은 총위험의 크기에 의해서가 아니라 체계적 위험의 크기에 의해 측정되어야 한다.

반면에, 잘 분산된 포트폴리오(well-diversified portfolio)의 경우 특수위험은 거의 대부분 제거되고 체계적 위험만이 존재하므로 총위험이 체계적 위험과 거의 차이가 없다. 이는 잘 분산된 포트폴리오의 진정한 위험을 측정하는데 포트폴리오의 표준편차(즉, 총위험)를 이용할 수 있음을 의미한다(물론 체계적 위험을 이용해도 무방함).

주요결과 5-4

잘 분산된 포트폴리오의 경우 총위험이 비체계적 위험을 거의 포함하고 있지 않으므로 총위험이 체계적 위험과 거의 차이가 없다. 따라서 이 경우 총위험을 이용하여 기대수익률을 결정해도 무방하다.

앞에서 우리는 기대수익률이 위험의 함수라고 설명하였다. 즉, 위험이 크면 기대수익률도 커야 한다는 것이다. 여기서 위험은 분산투자로 제거가 불가능한 시장위험만을 의미한다. 포트폴리오를 구성하면 특수위험은 쉽게 제거되므로 특수위험을 부담한 것에 대한 보상은 필요하지 않다. 즉, 시장은 시장위험을 부담하는 것에 대해서만 보상한다. 제6장에서 자세히 설명하겠지만 j주식 또는 j포트폴리오의 시장위험은 시장 전체(market을 의미하는 m으로 표기함)와의 공분산 $cov(r_j, r_m)$ 또는 베타(beta) $\beta = \frac{cov(r_j, r_m)}{\sigma_m^2}$로 추정된다.

이상의 내용은 다음과 같이 요약된다.

"위험은 측정될 수 있다. 일부 위험은 크고 위험해 보이지만 포트폴리오를 구성할 때 쉽게 제거된다면 이런 위험은 결코 중요하지 않다. 그러나 시장위험은 제거되지 않으므로 자산의 기대수익률은 분산투자를 하더라도 제거가 불가능한 시장위험만의 크기에 의해 결정되어야 한다. 따라서 개별자산의 진정한 위험은 총위험의 크기가 아니라 시장위험만의 크기로 평가되어야 한다. 그리고 위험에 대한 보상인 위험프리미엄은 시장위험의 함수이다."

주요결과 5-5

개별 주식의 경우 총위험이 체계적 위험과 비체계적 위험의 합이므로 개별 자산의 진정한 위험은 총위험이 아니라 체계적 위험에 의해 측정되어야 하며, 개별 자산의 기대수익률은 체계적 위험의 함수이어야 한다. 비체계적 위험은 쉽게 제거되므로 시장에서 이 위험에 대한 보상을 하지 않으므로 비체계적 위험은 기대수익률에 영향을 미치지 않는다.

예시 5-4 포트폴리오의 분산효과

모든 주식들의 기대수익률과 표준편차가 각각 12%와 30%로 동일하다고 가정하자. 또한 모든 주식간의 상관계수는 0.2로 일정하다. 포트폴리오의 위험은 얼마까지 하락할 수 있는가? 표준편차로 답하라.

포트폴리오의 분산은 평균 공분산에 수렴하므로 포트폴리오의 표준편차는 13.42%에 수렴한다.

$$\sigma_P^2 = \overline{\sigma_{ij}} = (0.2)(0.3)^2 = 0.018 \longrightarrow \sigma_P = 0.1342$$

3 상관계수와 투자기회선

3.1 상관계수별 투자기회선

두 주식(A, B)으로 구성된 포트폴리오의 위험이 상관계수에 의해 어떻게 영향을 받는지를 알아보기 위하여 상관계수가 +1, 0, −1인 세 가지 경우를 살펴보기로 하자. 한편, 포트폴리오의 기대수익률은 상관계수와 무관하게 항상 $E(r_P) = w_A \cdot E(r_A) + w_B \cdot E(r_B)$이다. $\sigma_B > \sigma_A$이며, 일단 w_A, w_B가 모두 양수라고 가정하며(이는 두 자산을 모두 매입한다는 의미임) $w_A + w_B = 1$은 항상 성립해야 한다.

(1) $\rho = +1$: 완전 정(+)의 관계

상관계수가 1이면 $\sigma_{AB} = \sigma_A \sigma_B$로 표현되므로

$$\sigma_P^2 = w_A^2 \cdot \sigma_A^2 + w_B^2 \cdot \sigma_B^2 + 2 \cdot w_A \cdot w_B \cdot (\sigma_A \sigma_B)$$

$\sigma_P^2 = (w_A\sigma_A + w_B\sigma_B)^2$이 되어 σ_P는 다음과 같이 단순하게 표현된다.

$$\sigma_P = w_A \cdot \sigma_A + w_B \cdot \sigma_B \tag{5.10}$$

그리고 σ_P가 취할 수 있는 범위는 σ_A과 σ_B 사이이다.

$$\sigma_A \leq \sigma_P \leq \sigma_B$$

이 경우 두 주식으로 구성된 여러 포트폴리오의 기대수익률과 표준편차를 구한 후(식 (5.4)와 식 (5.5) 이용) 이들을 연결하면 [그림 5-4]에서 두 주식을 연결하는 직선 AB가 그려진다. 이 직선을 상관계수가 1인 경우의 투자기회선(investment opportunity line)이라고 한다.

상관계수가 1이면 위험감소효과가 전혀 발생하지 않는다. 예를 들어 A의 위험이 $\sigma_A =$ 20%이고 B의 위험이 $\sigma_B = 30\%$인 경우 두 주식에 동일 비율로 투자한 포트폴리오의 위험은 $\sigma_P = \dfrac{20+30}{2} = 25\%$이다.

▌그림 5-4 상관계수가 1인 경우의 투자기회선

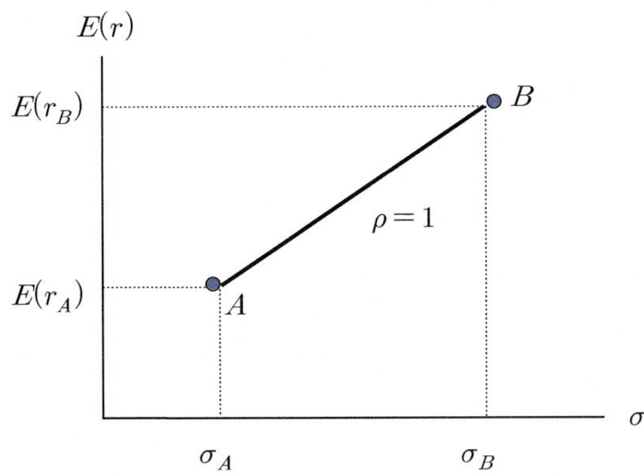

상관계수가 1보다 작아지면 투자기회선은 곡선으로 변하며, 0에 접근함에 따라 [그림 5-5]에서와 같이 점점 y축에 접근하며 곡선은 더 오목해진다.

▌그림 5-5 상관계수가 1로부터 0으로 접근할 때 투자기회선의 이동

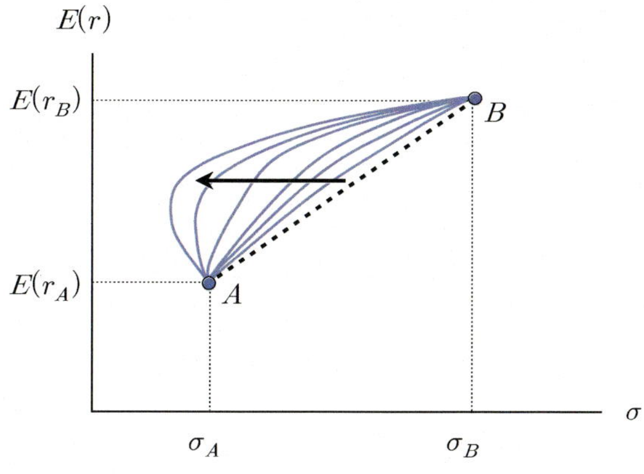

(2) $\rho=0$: 독립적인 관계

상관계수가 0이면 σ_{AB}도 0이므로

$$\sigma_P^2 = w_A^2 \cdot \sigma_A^2 + w_B^2 \cdot \sigma_B^2$$

σ_P는 다음과 같이 표현되며 이는 위험감소효과가 전혀 발생하지 않는 $\rho=1$인 경우의 값보다 작다.

$$\sigma_P = \sqrt{w_A^2 \cdot \sigma_A^2 + w_B^2 \cdot \sigma_B^2} < (w_A \cdot \sigma_A + w_B \cdot \sigma_B) \tag{5.11}$$

σ_P의 하한선과 상한선은 각각 다음과 같다.

$$\sigma_P\text{의 하한선 : } 0 < \sigma_P \le \sigma_A$$

$$\sigma_P\text{의 상한선 : } \sigma_P \le \sigma_B$$

$0 < \sigma_P \le \sigma_A$는 하한선이 σ_A보다 작을 수는 있지만 결코 0과 같을 수 없음을 의미한다. 예를 들어, $\sigma_A = 20\%$, $\sigma_B = 30\%$, $\rho = 0$이면 $\sigma_P = \sqrt{0.8^2 \times 20^2 + 0.2^2 \times 30^2} = 17.1\%$($w_A = 80\%$, $w_B = 20\%$ 가정)이고 이는 σ_A보다 작다.

독립적인 경우 두 주식으로 구성된 포트폴리오는 [그림 5-6]에서 곡선 AEB에 위치한다. 곡선 AEB는 [그림 5-4]의 위험감소가 전혀 발생하지 않는 직선 AB보다 왼쪽에 있으므로 그 차이만큼의 위험감소효과가 발생한다. 그리고 E는 A보다 y축에 가깝게 위치한다.

▌그림 5-6 상관계수가 0인 경우의 투자기회선

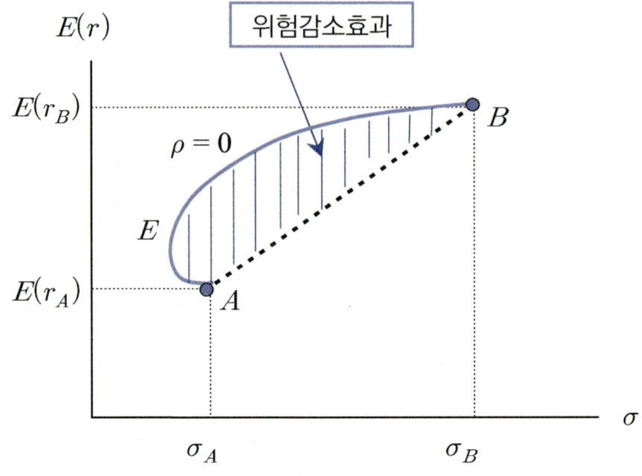

(3) $\rho = -1$: 완전 부(-)의 관계

상관계수가 -1이면 $\sigma_{AB} = -\sigma_A\sigma_B$로 표현되므로

$$\sigma_P^2 = w_A^2 \cdot \sigma_A^2 + w_B^2 \cdot \sigma_B^2 + 2 \cdot w_A \cdot w_B \cdot (-1\sigma_A\sigma_B)$$

σ_P는 다음과 같이 두 값 차이의 절댓값으로 계산된다(표준편차가 0보다 작을 수 없으므로 절댓값을 취함).

$$\sigma_P = |w_A \cdot \sigma_A - w_B \cdot \sigma_B| \quad (5.12)$$

σ_P가 취할 수 있는 범위는 0과 σ_B 사이이다.

$$0 \leq \sigma_P \leq \sigma_B$$

즉, $\rho = -1$이면 포트폴리오의 표준편차를 0으로 만드는 것이 가능하다. $\sigma_A = 20\%$, $\sigma_B = 30\%$, $\rho = -1$, $w_A = 60\%$, $w_B = 40\%$이면 $\sigma_P = 0$이고 이는 [그림 5-7]의 C점에 해당된다. C포트폴리오 표준편차가 0이므로 이는 무위험포트폴리오이다.

완전 부(−)의 관계를 가지면 포트폴리오는 두 직선 AC와 CB에 위치한다([그림 5-7] 참조). $\sigma_A = 20\%$와 $\sigma_B = 30\%$의 경우 A의 투자비중이 60% 이하이면 CB에 위치하고 60% 이상이면 AC에 위치한다.

▌그림 5-7 상관계수가 -1인 경우의 투자기회선

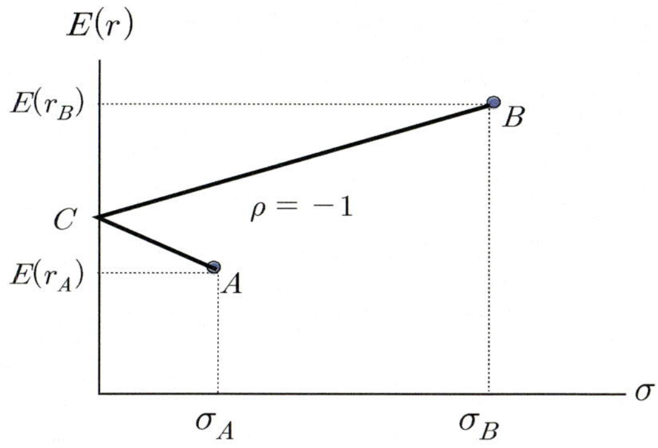

상관계수가 +1 또는 −1의 경우 포트폴리오의 기대수익률은 포트폴리오 표준편차의 1차 선형함수로 표현된다(즉, 투자기회선은 직선임). 그리고 포트폴리오의 위험의 척도인 분산 또는 표준편차는 두 자산간의 상관성에 의해 크게 영향을 받는다. 즉, w_A, w_B를 고정시킨 상태에서 상관계수가 −1에 접근함에 따라 포트폴리오의 위험은 작아진다([그림 5-8] 참조). 예를 들어, 동일가중으로 구성된 포트폴리오의 경우($w_A = w_B = 0.5$) 상관계수가 1이면 포트폴리오는 X에 위치하고 상관계수가 0이면 Y에 위치하고 상관계수가 −1이면 Z에 위치한다.

▌그림 5-8 동일가중으로 구성된 포트폴리오의 수익률과 위험

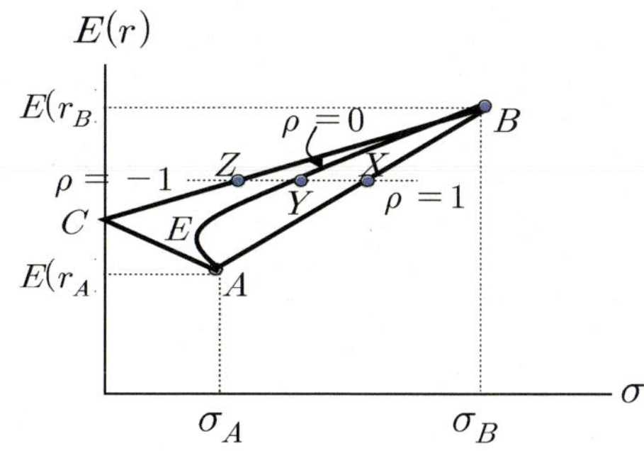

주요결과 5-6

포트폴리오의 표준편차는 상관계수에 의해 영향을 받는다. 상관계수가 1인 경우 분산효과가 전혀 발생하지 않는다. 상관계수가 -1에 접근함에 따라 분산효과는 계속 커지며 상관계수가 -1인 경우 분산효과가 극대화되어 무위험포트폴리오를 구성하는 것도 가능하다.

예시 5-5 포트폴리오의 기대수익률과 표준편차의 계산

A주식의 기대수익률은 12%이고 표준편차는 20%이다. B주식의 기대수익률은 18%이고 표준편차는 30%이다. 두 주식간의 상관계수가 1, 0.5, 0, −0.5, −1인 경우를 가정하고 동일가중으로 구성한 포트폴리오의 기대수익률과 표준편차를 각각 계산하라.

상관계수별 포트폴리오의 기대수익률과 표준편차는 다음과 같다.

상관계수	1	0.5	0	−0.5	−1
$E(r_P)$	15%	15%	15%	15%	15%
σ_P	25.00%	21.79%	18.03%	13.23%	5.00%

포트폴리오의 기대수익률은 상관계수와 무관하게 15%로 일정하다. 그러나 포트폴리오의 표준편차는 상관계수가 −1에 접근함에 따라 감소한다.

3.2 공매도 포지션과 투자기회선

만일 공매도 포지션(short position)을 취하면 가중치(즉, w_A, w_B)는 0보다 작은 값을 갖는다(그러나 $w_A + w_B = 1$은 여전히 성립함). 공매도가 가능하면 포트폴리오를 구성하여 얻을 수 있는 기대수익률과 표준편차의 조합이 훨씬 많아진다. [그림 5-9]에서 실선으로 표시된 선은 공매도가 허용되지 않는 경우에 구성 가능한 포트폴리오의 위치(즉, 투자기회선)를 보여주고, 점선으로 표시된 선은 공매도 포지션이 허용된 경우 추가적으로 가능한 포트폴리오의 위치를 보여준다.

A주식을 공매도하여 조달한 자금을 원래의 보유자금에 합하여 모두 B주식에 투자하면 투자기회선은 B주식에서 위쪽으로 연장된다.[3)] 반대로 B주식을 공매도하고 A주식을 매입하면 투자기회선은 A주식 아래쪽으로 연장된다. 상관계수가 1인 경우 B를 공매도하고 A를 매입하면 투자기회선은 연장되어 y축과 만나게 되어 무위험 포트폴리오를 구성할 수 있다.[4)]

3) 제3장에서 설명했듯이, 공매도 포지션을 취하면 현금흐름패턴이 (+, −)이므로 자금을 차입한 셈이다.

4) 상관계수가 +1인 경우 두 주식이 완벽하게 같이 움직이는 경향이 있지만 한 자산에 공매도 포지션을 취하면 결국 반대방향으로 움직이는 셈이 되므로 분산효과가 극대화되어 표준편차를 0으로 만드는 것도 가능하다.

그림 5-9 공매도 포지션 허용이 투자기회선에 미치는 영향

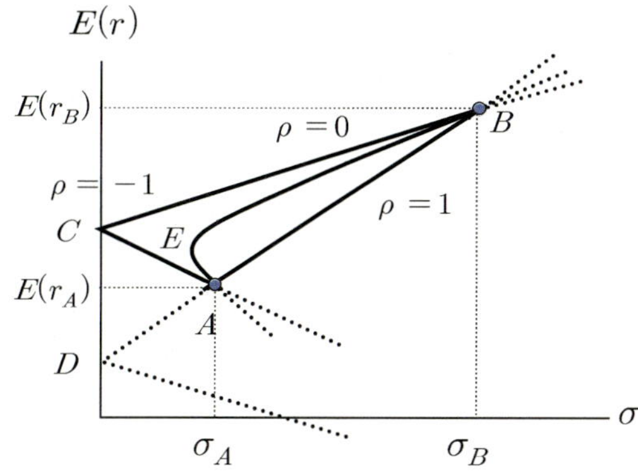

주요결과 5-7

공매도 포지션이 허용되면 투자기회선이 연장되어 투자자는 더 많은 투자기회를 갖게 된다.

예시 5-6 공매도 포지션이 허용되는 경우의 기대수익률과 표준편차 계산

[예시 5-5]의 자료를 이용하자(상관계수는 1로 가정함). 100만원을 보유하고 있는 영희가 A주식을 공매도하여 50만원을 조달하고 총 150만원을 B주식에 투자한다. 영희의 기대수익률과 표준편차를 각각 구하라.

영희의 경우 $w_B = 1.5$, $w_A = -0.5$이므로 기대수익률은 21%이고 표준편차는 35%이다. w의 합이 항상 1이고, 공매도 포지션의 경우 w가 마이너스가 됨에 주의하자.

$$E(r_P) = (1.5)(18) + (-0.5)(12) = 21\%$$

$$\sigma_P = (1.5)(30) + (-0.5)(20) = 35\%$$

기대수익률 21%가 옳게 계산됐는지 확인해 보자. 150만원을 18%로 B주식에 투자하면 1년 후 $150 \times 1.18 = 177$만원이 된다. A주식 50만원을 공매도하였는데 기대수익률이 12%이므로 1년 후 공매도 포지션을 청산하는데 소요되는 금액은 $50 \times 1.12 = 56$만원이다. 따라서 영희의 수익률은 $\frac{177 - 56}{100} - 1 = 21\%$이다. 반대로 영희가 B주식을 공매도하고 A주식을 매입하면 영희포트폴리오는 A주식 아래에 위치하게 된다.

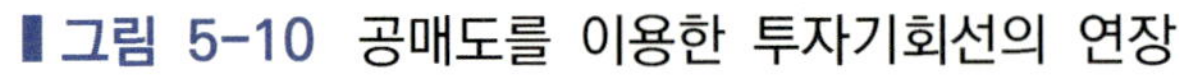

그림 5-10 공매도를 이용한 투자기회선의 연장

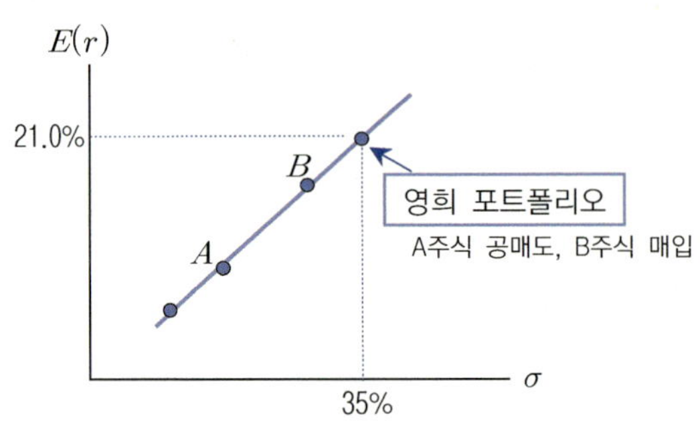

3.3 최소분산포트폴리오

"최소분산포트폴리오(minimum variance portfolio: MVP)"는 투자기회선에 위치한 포트폴리오 중에서 분산이 가장 작은 포트폴리오를 말한다. 최소분산포트폴리오는 4절에서 설명하는 효율적 투자기회선을 구하는데 기준이 되는 필수적인 요소이다. MVP를 구하는 w_A^*는 다음과 같이 계산된다.[5)]

$$w_A^* = \frac{\sigma_B^2 - \sigma_{AB}}{\sigma_A^2 + \sigma_B^2 - 2\sigma_{AB}} \tag{5.13}$$

즉, 최소분산포트폴리오는 A주식에 $\frac{\sigma_B^2 - \sigma_{AB}}{\sigma_A^2 + \sigma_B^2 - 2\sigma_{AB}}$만큼 투자하고 B주식에 $1 - \frac{\sigma_B^2 - \sigma_{AB}}{\sigma_A^2 + \sigma_B^2 - 2\sigma_{AB}}$만큼 투자하면 구성된다. ($w_A^*$를 구하는 식에서 분자의 첫 번째 항이 σ_A^2이 아니라 σ_B^2임에 주의하자.) 이 경우 w_A^*는 0보다 작을 수 있으며 $w_A^* < 0$는 A주식을 공매도 함을 의미한다.

$\rho = 0$이면 MVP를 구하는 w_A^*는 다음과 같고,

$$w_A^* = \frac{\sigma_B^2}{\sigma_A^2 + \sigma_B^2} \tag{5.14}$$

---

5) MVP를 구하는 w_A^*는 $\frac{d\sigma_P^2}{dw_A} = 0$이 되는 w_A의 값이다.

$$\sigma_P^2 = w_A^2 \cdot \sigma_A^2 + (1 - w_A)^2 \cdot \sigma_B^2 + 2w_A \cdot (1 - w_A) \cdot \sigma_{AB}$$

$$\frac{d\sigma_P^2}{dw_A} = 2w_A\sigma_A^2 - 2(1 - w_A)\sigma_B^2 + 2\sigma_{AB} - 4w_A\sigma_{AB} = 0$$

$\rho = -1$이면 MVP를 구하는 w_A^*는 다음과 같이 간결하게 표현된다(w_A^*를 구할 때 분자에서 σ_B를 사용함에 주의할 것).

$$w_A^* = \frac{\sigma_B}{\sigma_A + \sigma_B} \tag{5.15}$$

상관계수가 1, 0, −1의 세 경우 중에서 $\rho = 1$인 경우에만 공매도가 허용되는 지의 여부에 따라 최소분산포트폴리오의 위치가 바뀐다. 공매도가 허용되는 경우와 허용되지 않는 경우 상관계수별로 MVP의 위치는 [표 5-1]과 같이 정리된다(위치는 [그림 5-9] 참조).

표 5-1 상관계수별 최소분산포트폴리오의 위치

상관계수	공매도가 허용되는 경우	공매도가 허용되지 않는 경우
$\rho = 1$	D	A
$\rho = 0$	E	E
$\rho = -1$	C	C

주요결과 5-8

최소분산포트폴리오는 분산이 가장 작은 포트폴리오로서 효율적 투자기회선을 구하는데 기준이 되는 포트폴리오이다.

예시 5-7 최소분산포트폴리오의 계산

A주식의 기대수익률은 12%이고 표준편차는 20%이다. B주식의 기대수익률은 18%이고 표준편차는 30%이다. 상관계수가 0.3인 경우 최소분산포트폴리오를 구성하기 위한 A주식의 비율은 76.6%이다.

$$w_A^* = \frac{\sigma_B^2 - \sigma_{AB}}{\sigma_A^2 + \sigma_B^2 - 2\sigma_{AB}} = \frac{30^2 - (0.3 \times 20 \times 30)}{20^2 + 30^2 - 2(0.3 \times 20 \times 30)} = 0.766$$

만약 상관계수가 −1이면 A주식의 비율은 $\frac{\sigma_B}{\sigma_A + \sigma_B} = \frac{30}{20 + 30} = 60\%$이다.

 효율적 포트폴리오

개별주식으로 구성된 수 없이 많은 포트폴리오 중에서 지배원리(dominance principle)에 의해 선택된(즉, 지배당하지 않는) 포트폴리오를 "효율적 포트폴리오(efficient portfolio)"라고 하고 이런 효율적 포트폴리오의 집합을 "효율적 투자기회선(efficient frontier)"이라고 한다. 효율적 포트폴리오는 최소분산포트폴리오를 포함하여 투자기회선에서 북동방향에 위치하는 포트폴리오이다.

효율적 투자기회선 또는 효율적 포트폴리오를 구하는 것을 다음 네 가지로 경우로 구분하여 설명하기로 한다. 여기서 위험자산을 주식으로 무위험자산을 예금으로 간주하면 이해하기가 쉽다. 네 경우 중에서 두 번째와 네 번째 경우가 특히 중요하다.

① 경우1: 두 개의 위험자산이 존재하는 경우
② 경우2: 1개의 위험자산과 무위험자산이 존재하는 경우
③ 경우3: n개의 위험자산이 존재하는 경우(주식시장에만 투자하는 경우)
④ 경우4: n개의 위험자산과 무위험자산이 존재하는 경우

4.1 경우 I: 2개의 위험자산으로 구성된 경우

A와 B 두 주식에 투자하는 경우의 투자기회선(investment opportunity line)은 [그림 5-11]에서 A와 B를 연결한 곡선으로 나타난다. (두 주식간에 대체로 양의 상관성을 가지므로 상관계수를 0으로 가정한 투자기회선을 이용하여 설명하기로 한다.) 투자기회선 위에 임의의 수직선을 그은 후 그 수직선에 2개의 포트폴리오가 위치하면 위에 있는 포트폴리오를 선택한다. 이런 과정을 반복하면 투자기회선에서 최소분산포트폴리오를 포함하여 위쪽을 선택하게 되는데, 이때 선택된 투자기회선인 MVP-B를 효율적 투자기회선이라고 한다(MVP 포함).

효율적 투자기회선은 제4장에서 설명한 지배원리에 의해 선택된 포트폴리오의 집합으로서 주어진 위험 수준에서 기대수익률이 가장 큰 포트폴리오의 집합이다. 효율적 투자기회선은 오목한(concave) 곡선의 형태를 갖는다. 그리고 효율적 포트폴리오는 효율적 투자기회선에 위치하는 모든 포트폴리오를 의미한다.

그림 5-11 상관계수가 0인 경우의 효율적 투자기회선

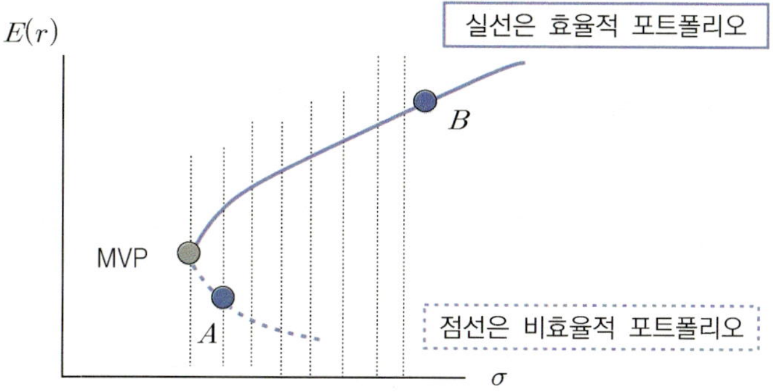

주요결과 5-9

효율적 포트폴리오는 지배원리에 의해 선택된 포트폴리오로서 위험 대비 기대수익률이 가장 큰 포트폴리오이다. 효율적 포트폴리오는 최소분산포트폴리오를 기준으로 북동방향에 위치하는 포트폴리오이다.

4.2 경우 II: 1개의 위험자산과 무위험자산으로 구성된 경우

위험자산 C에 y의 비율로 그리고 무위험자산 F(수익률은 r_f)에 $(1-y)$의 비율로 투자한 포트폴리오를 P라고 하면 P포트폴리오의 기대수익률과 표준편차는 다음과 같다.

$$E(r_P) = y \cdot E(r_C) + (1-y) \cdot r_f = r_f + [E(r_C) - r_f] \cdot y \tag{5.16}$$

$$\sigma_P = y \cdot \sigma_C \tag{5.17}$$

포트폴리오의 표준편차가 위험자산 C의 표준편차에 투자비율을 곱한 값으로 간단히 계산되는 이유는 무위험자산의 분산이 0이고 위험자산과 무위험자산간의 공분산이 0이기 때문이다([예시 5-2] 참조).[6] 따라서 포트폴리오의 기대수익률은 표준편차와 다음과 같은 선형 관계를 갖는다(식 (5.17)을 식 (5.16)에 대입하면 이 식이 유도됨).

$$E(r_P) = r_f + \left[\frac{E(r_C) - r_f}{\sigma_C}\right] \cdot \sigma_P \tag{5.18}$$

여기서 기울기 $\left[\frac{E(r_C) - r_f}{\sigma_C}\right]$를 변동보상률(reward-to-variability ratio: RVAR)이라고 한

6) $\sigma_F = 0$, $\sigma_{FC} = 0$이므로 $\sigma_P = \sqrt{y^2\sigma_C^2 + (1-y)^2\sigma_F^2 + 2y(1-y)\sigma_{FC}} = y \times \sigma_C$이다.

다. 그리고 이 선을 자본배분선(capital allocation line: CAL)이라고 한다.[7)] 자본배분선은 투자자가 보유한 자본을 위험자산과 무위험자산에 나누어 투자할 때 얻을 수 있는 수익률과 위험간의 관계를 보여준다.

무위험자산이 포함되는 경우의 효율적 투자기회선([그림 5-12]에서 북동방향인 투자기회선 전체가 효율적임)은 위험자산만으로 구성된 경우의 효율적 투자기회선([그림 5-11])과 완전히 상이하다(상관계수가 +1 또는 −1인 극단적인 경우를 제외하고 비교함). 이처럼 무위험자산의 도입은 포트폴리오간의 선택에 매우 중대한 영향을 미치게 된다.

소유자금의 일부를 무위험자산에 투자하고(즉, 은행에 예금한 것을 의미하며 이는 타인에게 대출한 셈임) 남은 금액을 C에 투자하여(즉 $0 < y < 1$) 구성된 포트폴리오를 대출포트폴리오(lending portfolio)라고 한다. 반대로 무위험이자율로 차입한 후(또는 무위험자산의 공매도를 의미하며 이 경우 투자비율이 음수가 됨) 자기자금과 함께 모두 C에 투자하면(즉 $y > 1$) 자본배분선은 C위로 연장되는데 이때 구성한 포트폴리오를 차입포트폴리오(borrowing portfolio)라고 한다. [그림 5-12]에서 대출포트폴리오는 r_f와 C를 연결하는 선에서 사이에 위치하고 차입포트폴리오는 연장된 자본배분선에서 C보다 위에 위치한다.

그림 5-12 CAL과 대출포트폴리오 및 차입포트폴리오

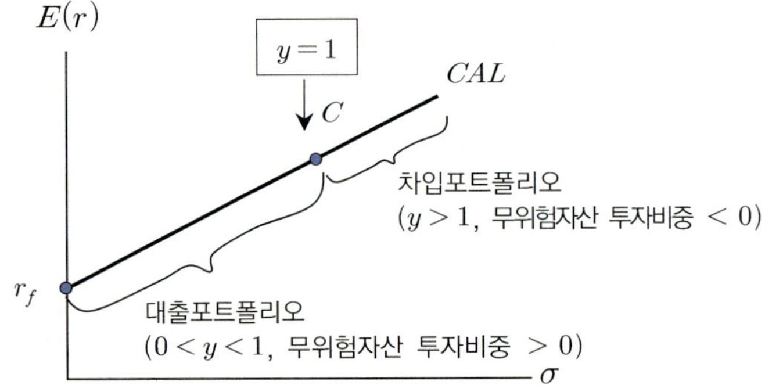

주요결과 5-10

위험자산과 무위험자산이 결합되면 포트폴리오의 기대수익률은 표준편차의 선형함수로 표현되는데 이를 자본배분선이라고 하고 기울기를 변동보상률(위험프리미엄을 표준편차로 나눈 비율)이라고 한다. 포트폴리오의 표준편차는 위험자산의 투자비율에 위험자산의 표준편차를 곱한 값이다. 무위험자산에 매입포지션을 취하면 대출포트폴리오가 구성되고 무위험자산에 공매도 포지션을 취하면 차입포트폴리오가 구성된다.

7) 자본배분선은 절편(intercept)이 r_f이고 기울기가 변동보상률인 직선이다.

예시 5-8 위험자산과 무위험자산간의 자본배분

주식포트폴리오 C의 기대수익률이 15%이고 표준편차는 22%이다. 그리고 무위험이자율은 7%이다.

(1) 자본배분선을 구하라. 변동보상률은 얼마인가?

(2) 영희는 현재 3,000만원을 보유하고 있으며 1,200만원을 차입하여 총 4,200만원을 투자할 예정이다. 영희가 구성한 차입포트폴리오의 기대수익률과 표준편차를 구하라.

(3) 철수는 현재 3,000만원을 보유하고 있는데 이를 무위험자산과 C에 균등하게 투자하고자 한다. 철수가 구성한 대출포트폴리오의 기대수익률과 표준편차를 구하라.

(4) 영희의 차입포트폴리오와 철수의 대출포트폴리오를 기준으로 변동보상률을 구하라.

(1) 자본배분선은 $E(r_P) = 7\% + \frac{15 - 7}{22} \cdot \sigma_P = 7\% + 0.36 \cdot \sigma_P$로 표시된다. 여기서 변동보상률은 0.36이다.

(2) 1,200만원을 차입하여 자기자본 3,000만원과 함께 위험자산에 투자하므로 위험자산과 무위험자산에의 투자비율은 각각 1.4와 -0.4이다.

$$y = \frac{4,200}{3,000} = 1.4, \ (1 - y) = -0.4$$

따라서 영희가 구성한 차입포트폴리오 P의 기대수익률과 표준편차는 다음과 같다.

$$E(r_P) = 1.4 \cdot 15 + (-0.4) \cdot 7 = 18.2\%$$

$$\sigma_P = y \cdot \sigma_C = 30.8\%$$

(3) 철수는 $y = 0.5$, $(1 - y) = 0.5$로 투자하므로 철수가 구성한 대출포트폴리오 P의 기대수익률과 표준편차가 모두 11%로 계산된다.

$$E(r_P) = 0.5 \cdot 15 + 0.5 \cdot 7 = 11.0\%$$

$$\sigma_P = y \cdot \sigma_C = 11.0\%$$

영희와 철수의 포트폴리오는 자본배분선에서 다음과 같이 위치한다.

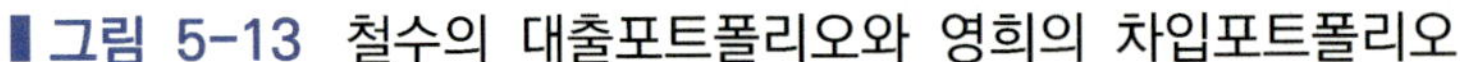

그림 5-13 철수의 대출포트폴리오와 영희의 차입포트폴리오

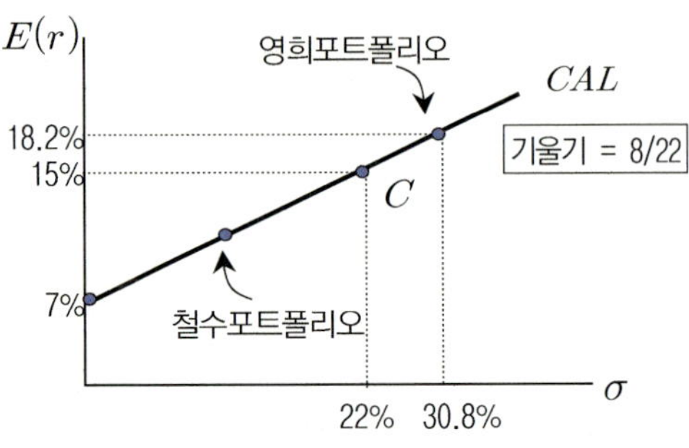

(4) 영희 차입포트폴리오의 변동보상률은 $\frac{18.2-7}{30.8}=0.36$이고 철수 대출포트폴리오의 변동보상률도 $\frac{11-7}{11}=0.36$이다. 모두 일직선에 놓이므로 어떤 점을 이용하여 RVAR를 구하든 동일한 값이 계산된다.

4.3 경우 III: n개 위험자산으로 구성된 경우

n개 위험자산의 경우는 2개 자산으로 구성된 첫 번째 경우를 일반화시킨 경우로 결과는 근본적으로 변함이 없다. 이는 투자자가 주식시장에만 투자할 수 있는 경우를 의미한다. 먼저 1단계로 기대수익률이 일정한 경우 분산이 가장 작은 포트폴리오를 선택한다(이는 [그림 5-14]의 A패널의 수평선에서 가장 왼쪽에 위치한 점을 의미함).

$$\text{1단계 : } \min \sigma_P^2 = \sum_i \sum_j w_i w_j \sigma_{ij}$$

$$\text{제약조건: 1) } \sum_i w_i E(r_i) = E(r_P^*);\ \text{2) } \sum_i w_i = 1 \qquad (5.19)$$

그리고 2단계로 분산이 일정한 경우 기대수익률이 가장 큰 포트폴리오를 선택한다(이는 B패널의 수직선에서 가장 위쪽에 위치한 점을 의미함).

$$\text{2단계 : } \max\ E(r_P) = \sum_i w_i E(r_i)$$

$$\text{제약조건 1) } \sum_i \sum_j w_i w_j \sigma_{ij} = \sigma_P^{2*};\ \text{2) } \sum_i w_i = 1 \qquad (5.20)$$

n개 위험자산으로 포트폴리오를 구성하는 경우 효율적 투자기회선의 모양은 결국 2개 위험자산으로 구성된 첫 번째 경우와 동일해 진다([그림 5-14]의 C패널 참조).

▌그림 5-14 n개 위험자산으로 구성된 경우 효율적 투자기회선

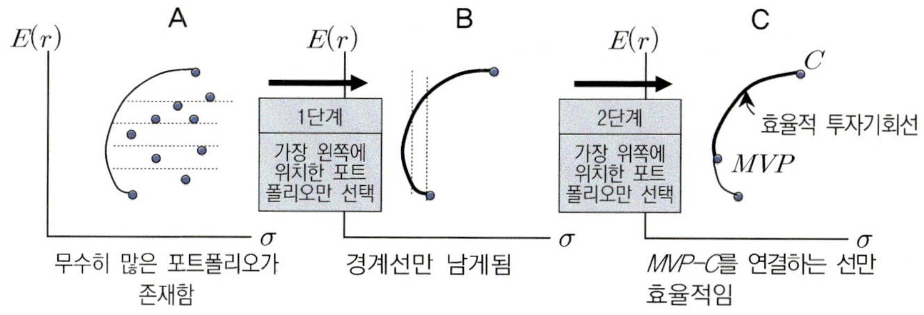

4.4 경우 IV: n개 위험자산과 무위험자산으로 구성된 경우

이는 두 번째 경우와 세 번째 경우를 결합한 경우로 투자자가 주식시장과 무위험자산에 투자할 수 있는 경우이다(여기서 무위험자산은 예금 또는 정부국채를 의미함).[8] 먼저 n개 위험자산의 효율적인 투자기회선은 C와 MVP를 연결하는 곡선이다. 무위험자산에의 투자가 가능해지면 투자자는 C-MVP 곡선에서 임의의 포트폴리오를 선택하고 이를 r_f와 연결함으로써 무수히 많은 직선을 그릴 수 있다([그림 5-15] 참조). 앞에서 설명했듯이 위험자산과 무위험자산이 존재하는 경우 투자기회선은 두 자산을 연결하는 직선이다. 그런데 C-MVP 곡선에 접하는 r_f-T' 직선이 다른 모든 직선들 위에 위치하므로(즉, r_f-T' 직선은 다른 직선보다 위험이 동일할 때 기대수익률이 항상 커 다른 모든 직선들을 지배하므로) 결국 효율적 투자기회선은 r_f-T-T'을 연결하는 직선이 된다(결국 두 번째 경우의 CAL과 같아짐).[9]

8) 두 번째 경우는 4.2의 경우(1개의 위험자산과 무위험자산)이고 세 번째 경우는 4.3(n개 위험자산)의 경우이다.

9) r_f-T-T'을 연결하는 직선의 식은 $E(r_P) = r_f + \left[\frac{E(r_T) - r_f}{\sigma_T}\right]\sigma_P$로 식 (5.18)과 동일하다(단지 임의의 위험자산 C 대신에 접점포트폴리오 T를 이용함).

그림 5-15 n개 위험자산과 무위험자산이 존재하는 경우의 효율적 투자기회선

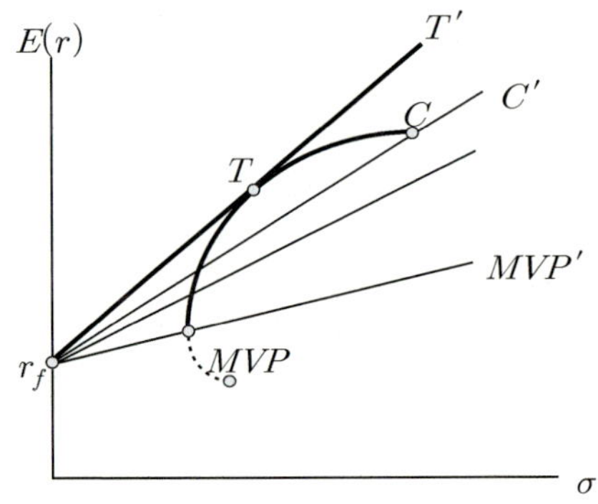

무위험자산이 추가로 고려되면 최초의 효율적 투자기회선 MVP-C에서 오직 T포트폴리오만이 계속 효율적이다. 이 포트폴리오를 접점포트폴리오(tangent portfolio)라고 한다.

주요결과 5-11

위험자산 포트폴리오에 무위험자산이 추가로 고려되면 최초의 효율적 투자기회선에서 오직 접점포트폴리오만이 효율적이며, 효율적 투자기회선은 무위험자산과 접점포트폴리오를 연결하는 직선이다.

예시 5-9 효율적 CAL

두 주식의 기대수익률과 표준편차가 다음과 같다. 그리고 무위험자산의 수익률은 5%이다.

	기대수익률	표준편차
X주식	10%	25%
Y주식	20%	40%

무위험자산과 X주식을 연결하는 자본배분선 CAL_X은 $E(r_P) = 5\% + \frac{10-5}{25}\sigma_P = 5\% + 0.2\sigma_P$이고, 무위험자산과 Y주식을 연결하는 자본배분선 CAL_Y은 $E(r_P) = 5\% + \frac{20-5}{40} = 5\% + 0.375\sigma_P$이다. 따라서 CAL_Y는 CAL_X를 지배한다.

5 최적 포트폴리오

효율적 포트폴리오 중에서 최종적으로 선택되는 "최적 포트폴리오(optimal portfolio)"는 투자자의 기대효용을 극대화하는 효율적 포트폴리오로서 투자자의 위험회피 정도에 의해 결정된다.

효율적 포트폴리오는 북동(north-east) 방향의 곡선에 위치하므로(즉, 위험이 증가하면 수익률도 증가함) 지배원리에 의해 우열을 가릴 수 없다. 따라서 투자자의 기대효용을 극대화하는 최적 포트폴리오를 선택하기 위해서는 위험회피형 투자자의 무차별곡선을 도입해야 한다.

위험자산의 수와 무관하게 무위험자산이 존재하면 효율적 투자기회선이 직선이라고 앞에서 설명하였다. 이 경우에도 최적 포트폴리오는 볼록한 무차별곡선과 직선의 효율적 투자기회선이 접하는 점에 위치한 포트폴리오이다. 최적 포트폴리오를 구하는 위험자산 투자비율 y의 값은 다음과 같다.[10) 11)]

$$y^* = \frac{E(r_T) - r_f}{0.01 A \sigma_T^2} \tag{5.21}$$

예를 들어, 접점포트폴리오 T의 기대수익률이 15%이고 표준편차는 22%이다. 그리고 무위험이자율은 7%이며 투자자의 효용함수는 $U = E(r) - 0.005 \cdot A \cdot \sigma^2$으로 가정하자. $A = 4$이면 $y^* = \frac{15 - 7}{0.01 \cdot 4 \cdot 22^2} = 0.41$이고 이는 [그림 5-16]에서 X포트폴리오에 해당된다. 최적 포트폴리오 X는 접점포트폴리오에 41%, 무위험자산에 59%를 투자한 포트폴리오이므로 기대수익률은 10.28%이고 표준편차는 9.02%이다.

$$E(r_P) = 0.41 \times 15\% + 0.59 \times 7\% = 10.28\%$$

$$\sigma_P = 0.41 \times 22\% = 9.02\%$$

---

10) 이 공식에서 $E(r_T)$, r_f, σ_T는 모두 %로 대입되어야 한다.

11) 최적 포트폴리오는 $\frac{dU}{dy} = 0$이 되는 y의 값이다.

$$U = E(r_P) - 0.005 A \sigma_P^2 = r_f + [E(r_T) - r_f] y - 0.005 A y^2 \sigma_T^2$$

$$\frac{dU}{dy} = E(r_T) - r_f - 0.01 A \sigma_T^2 \times y = 0$$

주요결과 5-12

최적 포트폴리오는 투자자의 기대효용을 극대화하는 효율적 포트폴리오로서 투자자의 위험회피 정도에 의해 결정된다. 이는 무차별곡선이 효율적 투자기회선에 접하는 점이다.

예시 5-10 최적 포트폴리오의 선택

본문의 예시에서 $A = 2$를 가정하고 최적 포트폴리오를 구하라. $A = 2$을 갖는 덜 위험회피적인 투자자의 경우 $y^* = 0.83$이다. 이 투자자는 위험자산에의 투자 비중을 늘려 Y포트폴리오를 최적 포트폴리오로 선택한다. 최적 포트폴리오의 기대수익률은 13.64%이고 표준편차는 18.26%이다. A가 작을수록 투자자가 덜 위험회피적이 되므로 위험자산에의 투자 비중을 늘리게 됨에 따라 최적 포트폴리오는 CAL에서 위로 이동한다.

그림 5-16 위험회피형 투자자의 최적 포트폴리오 선택

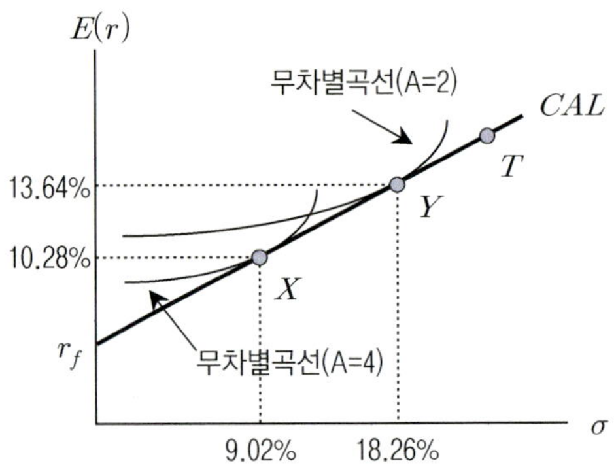

핵심용어 해설

- 공분산(covariance): 두 위험자산의 수익률이 같이 움직이는 정도를 측정하는 측정치
- 상관계수(correlation coefficient): 공분산을 표준화하여 −1과 +1 사이의 값을 갖도록 한 수치로 공분산을 각 표준편차의 곱으로 나누어 구함
- 투자기회선(investment opportunity line): $E(r)$-σ의 그래프에서 기대수익률과 표준편차의 가능한 모든 조합을 연결한 선
- 분산효과(diversification effect): 여러 종목의 주식에 분산투자함으로써 얻게 되는 위험감소효과
- 최소분산포트폴리오(minimum variance portfolio: MVP): 분산이 가장 작은 포트폴리오
- 체계적 위험(systematic risk): 모든 기업에 공통적인 위험요인으로 시장위험 또는 분산불가능위험으로 불림
- 비체계적 위험(non-systematic risk): 분산투자에 의해 쉽게 제거될 수 있는 기업의 고유위험요인으로 특수위험, 분산가능위험, 기업고유위험 등으로 불림
- 효율적 포트폴리오(efficient portfolio): 위험 대비 기대수익률이 가장 큰 포트폴리오로 지배원리에 의해 선택된 포트폴리오
- 효율적 투자기회선(efficient frontier): $E(r)$-σ의 그래프에서 효율적 포트폴리오를 모두 포함하는 선
- 자본배분선(capital allocation line): 투자자가 보유자본을 위험자산과 무위험자산에 배분할 때 가능한 수익률과 위험간의 관계
- 변동보상률(reward-to-variability ratio): 포트폴리오의 초과수익률(또는 위험프리미엄)을 표준편차로 나눈 비율
- 대출포트폴리오(lending portfolio): 투자금액의 일부를 무위험자산에 투자하여(즉, 대출하여) 구성한 포트폴리오
- 차입포트폴리오(borrowing portfolio): 무위험자산에 공매도 포지션을 취하여(즉, 차입하여) 구성한 포트폴리오
- 접점포트폴리오(tangent portfolio): n개 위험자산으로 구성된 효율적 포트폴리오 중에서 무위험자산이 도입되더라도 계속 효율적인 유일한 포트폴리오.
- 최적 포트폴리오(optimal portfolio): 투자자의 효용함수를 극대화하는 포트폴리오로 투자자의 위험회피 정도를 반영하여 무위험자산과 접점포트폴리오의 적절한 결합으로 구성됨

개념 체크

1. "공분산이 방향성에 대한 정보를 제공하는데 반하여 상관계수는 방향성뿐만 아니라 연관성의 강도에 대한 정보까지 제공한다"는 말의 의미는 무엇인가?

2. 공분산으로부터 상관계수를 어떻게 계산하는가?

3. 상관계수와 분산효과간의 관계는?

4. 포트폴리오를 구성해도 분산효과가 발생하지 않는 경우는?

5. 상관계수가 0이면 포트폴리오 표준편차의 상한선과 하한선은?

6. 포트폴리오의 기대수익률이 상관계수에 의해 영향을 받는가?

7. 공매도 포지션이 허용되면 투자기회선은 어떻게 영향을 받는가?

8. 최소분산포트폴리오는 무엇이며 그래프에서 어떻게 확인할 수 있는가? 식을 적용하여 구할 수 있는가?

9. "포트폴리오의 분산이 공분산에 수렴한다"는 것은 무엇을 의미하는가?

10. 포트폴리오 분산효과의 대부분을 달성하는데 필요한 주식은 대략 몇 종목인가? 대형 포트폴리오의 분산은 어떤 값에 수렴하는가?

11. 체계적 위험과 비체계적 위험은 각각 어떻게 정의되며 어떻게 상이한가?

12. "잘 분산된 포트폴리오의 총위험이 체계적 위험과 같다"는 말의 의미는?

13. "포트폴리오를 구성하면 비체계적 위험은 제거되므로 시장에서 보상을 하지 않는다"는 말의 의미는?

14. 효율적 포트폴리오는 무엇이며 상관계수가 0인 경우 그래프에서 어떻게 구할 수 있는가?

15. 위험자산과 무위험자산을 결합하면 기대수익률과 표준편차는 어떻게 구하는가? 자본배분선 식은?

16. 변동보상률은 무엇인가? 어떤 의미를 갖는가?

17. 대출포트폴리오와 차입포트폴리오를 어떻게 구성할 수 있는가?

18. n개 주식의 경우 효율적 투자기회선은 어떤 모양을 갖는가? 여기에 무위험자산이 추가되면 효율적 투자기회선의 모양은 어떻게 바뀌는가?

19. 효율적 포트폴리오에서 최적 포트폴리오를 선택하는 방법은?

20. 무위험자산이 존재하면 최적 포트폴리오를 구하는 식은? 더 위험회피적이 될수록 최적 포트폴리오가 효율적 투자기회선을 따라 아래로 이동하는 이유는?

연 습 문 제

01 A주식의 기대수익률과 표준편차가 각각 15%와 40%이고 B주식의 기대수익률과 표준편차가 각각 10%와 25%이다. 상관계수가 0.3이면 A주식에 40%와 B주식에 60%를 투자한 포트폴리오의 표준편차는 정수로 얼마인가?

① 25% ② 21% ③ 18%
④ 28% ⑤ 30%

02 1번 문제에서 포트폴리오의 표준편차가 9%이면 두 주식간 상관계수는 얼마인가?

① －0.75 ② －0.83 ③ －0.59
④ －0.40 ⑤ 0

03 1번 문제에서 두 주식간 상관계수가 -1이면 최소분산포트폴리오를 구성하기 위한 A주식에의 투자비율은 얼마인가?

① 6% ② 15% ③ 62%
④ 48% ⑤ 38%

04 상관계수가 ________에 접근함에 따라 분산효과가 커진다. 밑줄에 가장 적절한 것은?

① 0 ② 1 ③ 0.5
④ －0.2 ⑤ －1

05 투자의사결정의 순서를 가장 적절하게 기술하고 있는 것은?

① 투자기회선 → 효율적 포트폴리오 → MVP → 최적 포트폴리오
② MVP → 효율적 포트폴리오 → 투자기회선 → 최적 포트폴리오
③ 투자기회선 → MVP → 효율적 포트폴리오 → 최적 포트폴리오
④ 최적 포트폴리오 → 투자기회선 → MVP → 효율적 포트폴리오
⑤ 정답 없음

06. 주식포트폴리오의 기대수익률이 14%이고 표준편차가 35%이다. 효용함수가 $U=E(r)-0.005 \cdot A \cdot \sigma^2$로 정의되는 투자자의 최적 포트폴리오를 구성하기 위해 무위험자산에 투자하는 비중을 구하라. 무위험이자율은 6%이고 $A=3$이다.

① 65% ② 25% ③ 78%
④ 75% ⑤ 22%

07 모든 주식들의 표준편차가 40%로 동일하며 모든 주식간의 상관계수도 0.35로 동일하다. 이런 주식들을 동일가중으로 구성한 포트폴리오의 표준편차는 얼마까지 하락할 수 있는가?

① 20% ② 24% ③ 15%
④ 26% ⑤ 22%

08 효율적 포트폴리오에 대한 설명으로 가장 적절하지 않은 것은?

① 효율적 포트폴리오는 지배원리에 의해 선택된 포트폴리오이다.
② 상관계수가 0인 위험자산의 경우 효율적 투자기회선은 곡선이다.
③ 최소분산포트폴리오는 효율적 포트폴리오이다.
④ 효율적 포트폴리오는 투자자의 위험회피도에 의해 영향을 받는다.
⑤ 위험자산과 무위험자산만이 존재하면 효율적 투자기회선은 직선이다.

09 모든 주식들의 표준편차가 30%로 동일하며 모든 주식간의 상관계수도 0.4로 동일하다. 만일 시장이 스트레스를 받아 상관계수가 갑자기 20% 상승하면 잘 분산된 포트폴리오의 표준편차는 몇 퍼센트 상승하는가?

① 20% ② 10% ③ 15%
④ 5.8% ⑤ 9.5%

10 포트폴리오 상황에서 중요한 것은 개별자산의 ______이 아니라 ______이다. 가장 적절한 것은?

① 특수위험, 분산가능위험
② 비체계적 위험, 시장위험
③ 시장위험, 체계적 위험
④ 분산불가능위험, 기업고유위험
⑤ 분산가능위험, 비체계적 위험

공인회계사 기출문제

11 포트폴리오의 분산효과에 대한 설명으로 가장 적절한 것은? CPA

① 분산투자를 하면 포트폴리오의 기대수익률이 감소한다.

② 포트폴리오에 포함되는 주식의 종류가 많을수록 총위험은 감소한다.

③ 양의 상관성을 갖는 주식의 경우 분산효과가 없다.

④ 완전한 분산투자는 모든 위험을 제거한다.

⑤ 15개 내지 20개 종류의 주식을 구입하기 전에는 분산효과가 발생하지 않는다.

12 두개의 자산으로 포트폴리오를 구성하고자 한다. 각 자산의 수익률의 표준편차와 구성비율은 다음과 같다. 단, $\sigma_1 < \sigma_2$, $w_1 + w_2 = 1$, $w_i \geq 0$이다. CPA

	표준편차	구성비율
자산 I	σ_1	w_1
자산 II	σ_2	w_2

아래에서 옳은 기술만을 모두 모은 것은?

a. 상관계수가 -1일 경우 무위험포트폴리오를 만들기 위한 구성비율은 $w_1 = \dfrac{\sigma_1}{\sigma_1 + \sigma_2}$, $w_2 = \dfrac{\sigma_2}{\sigma_1 + \sigma_2}$이다.

b. 만약 $\sigma_1 = 0$이고, $w_1 = w_2 = 0.5$이면 포트폴리오의 표준편차는 $0.5\sigma_2$이다.

c. 상관계수가 양수이면 포트폴리오의 표준편차는 항상 σ_1보다 크거나 같다.

① a ② b ③ a, b

④ b, c ⑤ a, b, c

13 두 개의 자산만으로 포트폴리오를 구성하려고 한다. 자산의 기대수익률과 표준편차는 다음과 같다. CPA

	기대수익률	표준편차
자산 I	13%	10%
자산 II	20%	15%

다음 설명 중 적절한 항목만을 모두 고르면? (단, 공매도는 가능하지 않다고 가정한다.)

(가) 상관계수가 −1일 경우 무위험포트폴리오를 만들기 위한 두 자산 I, II의 구성비율은 각각 0.4와 0.6이다.
(나) 상관계수가 0.2일 경우 포트폴리오의 표준편차를 10%보다 작게 만드는 두 자산의 구성비율이 존재한다.
(다) 상관계수가 0.8일 경우 포트폴리오의 표준편차는 결코 10%보다 작을 수 없다.
(라) 두 자산으로 구성된 포트폴리오 A와 B가 모두 효율적(efficient) 포트폴리오이면 두 포트폴리오 A와 B의 구성비를 선형 결합한 새로운 포트폴리오도 효율적이다.

① (나), (라) ② (다), (라) ③ (나), (다)
④ (나), (다), (라) ⑤ (가), (나), (라)

14 투자자 갑과 투자자 을이 자본시장선(CML)상에 있는 포트폴리오 중에서 자신의 기대효용을 극대화하기 위해 선택한 최적포트폴리오의 기대수익률과 표준편차는 다음과 같다. 단, 시장포트폴리오의 기대수익률은 18%이며, 무위험이자율은 6%이다. CPA

투자자	기대수익률	표준편차
갑	21%	15%
을	15%	9%

위험회피(risk aversion) 성향이 갑보다는 높지만 을보다 낮은 투자자가 투자원금 1,000만원을 보유하고 있다면 자신의 기대효용을 극대화하기 위한 다음 포트폴리오 중 가장 적절한 것은?

① 300만원을 무위험자산에 투자하고 나머지 금액을 시장포트폴리오에 투자한다.
② 500만원을 무위험자산에 투자하고 나머지 금액을 시장포트폴리오에 투자한다.
③ 670만원을 무위험자산에 투자하고 나머지 금액을 시장포트폴리오에 투자한다.
④ 80만원을 무위험이자율로 차입해서 원금과 함께 총액인 1,080만원을 모두 시장포트폴리오에 투자한다.
⑤ 500만원을 무위험이자율로 차입해서 원금과 함께 총액인 1,500만원을 모두 시장포트폴리오에 투자한다.

연습문제 해설

01 ①

$$\sqrt{0.4^2 \times 0.4^2 + 0.6^2 \times 0.25^2 + 2 \times 0.4 \times 0.6 \times (0.3 \times 0.4 \times 0.25)} = 0.25$$

02 ②

$0.4^2 \times 0.4^2 + 0.6^2 \times 0.25^2 + 2 \times 0.4 \times 0.6 \times (\rho \times 0.4 \times 0.25) = 0.09^2$로부터 상관계수는 -0.83이다.

$$\rho = \frac{0.09^2 - (0.4^2 \times 0.4^2 + 0.6^2 \times 0.25^2)}{2 \times 0.4 \times 0.6 \times 0.4 \times 0.25} = -0.83$$

03 ⑤

$$w_A = \frac{0.25}{0.4 + 0.25} = 0.38$$

04 ⑤

상관계수가 -1에 접근함에 따라 분산효과가 커진다. 상관계수가 0에 접근하는 경우에는 -1에서부터 접근하면 분산효과가 감소하므로 정답으로 적절하지 않다.

05 ③

먼저 투자기회선을 구한 후 MVP를 이용하여 효율적 포트폴리오를 구하고 무차별곡선을 이용하여 최적 포트폴리오를 구한다.

06 ③

$y^* = \dfrac{14 - 6}{0.01 \times 3 \times 35^2} = 0.2177$이므로 최적 포트폴리오는 주식포트폴리오에 21.77%를 투자하고 무위험자산에 78.23%를 투자한다.

07 ②

포트폴리오의 표준편차는 $\sqrt{0.35 \times 0.4^2} = 0.2366$에 수렴한다.

08 ④

효율적 포트폴리오는 지배원리에 의해 선택된 포트폴리오이므로 투자자의 위험회피정도에 의해 영향을 받지 않는다.

09 ⑤

포트폴리오의 표준편차는 $\sqrt{0.4 \times 0.3^2} = 18.97\%$에서 $\sqrt{(0.4 \times 1.2) \times 0.3^2} = 20.78\%$로 상승한다. 따라서 상승률은 $\frac{0.2078}{0.1897} - 1 = 9.5\%$이다.

10 ②

중요한 것은 체계적 위험, 시장위험, 분산불가능위험이고 중요하지 않은 것은 비체계적 위험, 고유위험, 특수위험, 분산가능위험이다.

11 ②

주식의 종목수가 늘어남에 따라 총위험이 감소한다. 양의 상관성을 갖는 경우에도 분산효과가 발생한다. 그리고 분산효과가 있더라도 기대수익률이 감소하지 않는다. 아무리 많은 종목으로 분산투자를 하더라도 체계적 위험은 제거되지 않으므로 모든 위험이 제거되지는 않는다.

12 ②

$\rho = -1$인 경우 무위험포트폴리오를 구성하기 위한 $w_1 = \frac{\sigma_2}{\sigma_1 + \sigma_2}$이다. 상관계수가 양수인 경우 포트폴리오의 표준편차는 σ_1보다 작을 수 있다.

13 ④

(가) 구성비율은 각각 60%와 40%이다. (나) 최소분산포트폴리오는 73.6%와 26.4%로 구성되는데 이 경우 표준편차는 9.03%이다. (다) 공매도가 허용되지 않으므로 최소분산포트폴리오는 자산 I 자체이다. (라) 효율적 포트폴리오를 선형결합하면 항상 효율적 포트폴리오가 구성된다.

14 ④

먼저 갑과 을의 최적포트폴리오의 기대수익률로부터 시장포트폴리오의 투자비율을 계산한다. 즉, $w \times 18 + (1 - w) \times 6 = 21\%$로부터 $w = 1.25$이므로 갑은 250만원을 차입하여 시장포트폴리오에 1,250만원을 투자한다. 같은 방법으로 을의 경우 $w \times$

$18 + (1 - w) \times 6 = 15\%$로부터 $w = 0.75$이므로 250만원을 무위험자산에 투자하고 750만원을 시장포트폴리오에 투자한다. 위험회피 성향이 두 투자안 사이인 경우 시장포트폴리오의 투자금액이 750만원과 1,250만원 사이이어야 한다.

기대수익률의 결정

Table of Contents

학습 주안점

자산의 기대수익률을 결정하는 이론인 자본자산가격결정모형(CAPM)을 설명하기로 한다. CAPM은 실무에서 폭넓게 활용되고 있는 모형으로 재무이론의 여러 분야에서 광범위하게 활용된다. 이 장에서 CAPM과 관련하여 숙지해야 할 구체적인 내용은 다음과 같다.

1. CAPM은 어떤 가정에 기초하는가?
2. 자본시장선, 증권시장선, 변동보상률, 위험보상률, 베타, 접점포트폴리오, 시장포트폴리오, 위험의 시장가격이란 각각 무엇을 의미하는가? CML과 SML의 차이는 무엇인가?
3. 균형에서 시장포트폴리오가 가장 큰 변동보상률을 갖고 모든 개별주식과 포트폴리오가 동일한 위험보상률을 갖는다는 의미는 무엇인가?
4. 토빈의 분리이론이란 무엇이며 의미하는 바는?
5. 증권시장선의 특성과 의미를 이해하는가?
6. 균형에 있지 않으면 어떤 차익거래가 가능한가?
7. 위험자산의 기대수익률이 무위험이자율보다 작을 수 있는 이유는 무엇인가?

CAPM이 재무이론에서 차지하는 비중은 매우 크다. 포트폴리오이론과 CAPM에 공헌한 마코위츠(1990년), 토빈(1981년), 샤프(1990년)가 노벨상을 수상하였다는 점만으로도 중요성을 짐작할 수 있다.

1 자본시장선

1.1 기본 가정

자본자산가격결정모형(Capital Asset Pricing Model: CAPM)은 위험과 기대수익률간의 균형관계를 보여주는 1기간 균형이론으로서 다음과 같은 가정에 기초한다.

- 완전자본시장(perfect capital market)
  - 세금이 없음
  - 거래마찰요인이 없음(즉, 거래비용이 없으며 공매도 제한 등의 제약조건이 없음)
  - 개인과 기업은 모두 무위험이자율로 무제한 차입과 대출이 가능함
  - 모든 자산은 무한한 수의 다른 자산으로 분할이 가능함
  - 투자자는 가격순응자(price taker)임
  - 파산비용(bankruptcy cost), 대리인비용(agency cost), 정보비대칭(information asymmetry) 등이 존재하지 않음
- 모든 투자자는 마코위츠의 포트폴리오모형을 이용하는(즉, 평균-분산 모형에서 기대효용을 극대화하는) 합리적 투자자임
- 모든 투자자는 동질적 예측(homogeneous expectation)을 함

포트폴리오이론은 완전자본시장과 평균-분산 모형을 가정한다. 그런데 포트폴리오이론이 균형이론인 CAPM으로 발전하기 위해서 필요한 가정이 동질적 예측 가정이다. 이 가정은 투자자들이 모든 개별자산과 포트폴리오의 평균, 분산, 공분산에 대하여 동일한 결론에 도달하게 된다는 가정이다.

주요결과 6-1

자본자산가격결정모형은 위험과 기대수익률간의 관계를 보여주는 균형이론으로 완전자본시장, 평균-분산 모형, 그리고 동질적 예측을 가정한다.

1.2 자본시장선

제5장에서 위험자산과 무위험자산이 함께 존재하면 효율적인 투자기회선은 r_f와 접점포트폴리오(tangent portfolio) T을 연결하는 직선이라고 설명하였다. 위험자산만이 존재하는

경우의 효율적 투자기회선은 $MVP-T-C$를 연결하는 곡선이다. 그런데 무위험자산이 함께 존재하게 되면 효율적 투자기회선은 접점포트폴리오 T와 무위험자산(r_f)을 연결하는 직선이 된다.

그림 6-1 자본시장선

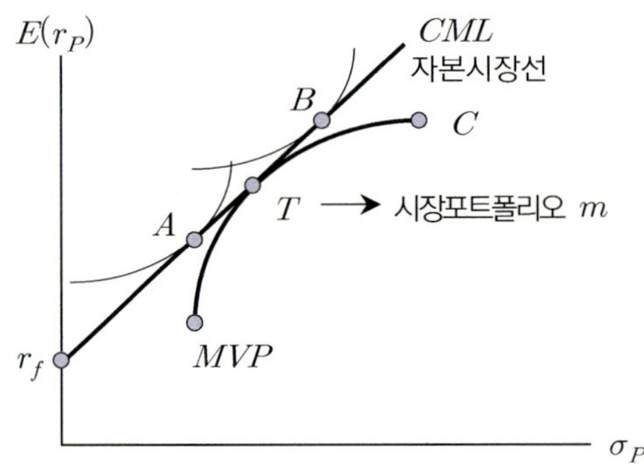

투자자는 자신의 투자성향에 따라 무위험자산과 접점포트폴리오간의 자산배분비율을 변화시키면서 효율적 투자기회선을 오르내릴 수 있다. 보수적인 투자자는 일부 자산을 무위험자산에 배분함으로써 접점포트폴리오 아래에 위치하는 점(예를 들어, 자신의 무차별곡선이 CML에 접하는 A포트폴리오)을 최적 포트폴리오로 선택할 것이다. 반면에 공격적인 투자자는 무위험이자율로 차입함으로써 접점포트폴리오 위에 위치하는 점(예를 들어, 자신의 무차별곡선이 CML에 접하는 B포트폴리오)을 최적 포트폴리오로 선택할 것이다.

위험에 대한 태도에 따라 최적 포트폴리오의 선택은 다르지만 A와 B는 모두 무위험자산과 접점포트폴리오로 구성되므로 투자자는 결국 무위험자산과 접점포트폴리오에만 투자하는 셈이다. 따라서 접점포트폴리오는 모든 위험자산을 시장가치 비율로 포함해야 한다. 만약 어떤 자산이 접점포트폴리오에 시장가치 비율로 포함되지 않으면 그 자산에 대한 초과수요 또는 초과공급이 발생하여 시장은 균형상태에 이를 수가 없기 때문이다.[1)]

이처럼 모든 위험자산을 시장가치 비율로 포함하는 접점포트폴리오를 시장포트폴리오(market portfolio)라고 하고 이를 m으로 표시하기로 한다. 그리고 r_f와 m을 연결하는 직선을 "자본시장선(capital market line: CML)"이라고 한다.[2)]

1) 만약 투자자가 무위험자산과 접점포트폴리오에만 투자하고 또한 어떤 자산이 접점포트폴리오에 포함되지 않으면 어느 누구도 그 자산을 소유하지 않음을 의미하므로 그 자산의 시장에서의 가치가 0이 되어 결국 시장에서 사라지게 된다.

2) 즉, CML(자본시장선)은 위험자산이 시장포트폴리오(m)인 특수한 경우의 CAL(자본배분선)이다.

$$E(r_P) = r_f + \frac{E(r_m) - r_f}{\sigma_m} \cdot \sigma_P \tag{6.1}$$

여기서 기울기 $\frac{E(r_m) - r_f}{\sigma_m}$는 변동보상률(reward to variability ratio)로 불린다.

r_f와 m을 연결하는 자본시장선만이 효율적이므로(즉, 자본시장선이 가장 위에 위치하므로) 시장포트폴리오가 가장 높은 변동보상률(즉, 부담하는 표준편차에 대하여 가장 높은 위험프리미엄)을 가져야 한다. 어떤 자산도 자본시장선 위에 존재할 수 없으므로 비효율적 포트폴리오와 개별자산은 모두 CML 아래에 위치하게 된다(즉 효율적 포트폴리오는 모두 CML에 위치함).

시장포트폴리오에 포함된 개별주식 j의 비율은 다음과 같다.

$$w_j = \frac{\text{주식 } j\text{의 시장가치}}{\text{주식 전체의 시장가치}} \tag{6.2}$$

주요결과 6-2

무위험자산과 시장포트폴리오를 연결하는 직선을 자본시장선이라고 한다. 자본시장선은 효율적 포트폴리오의 기대수익률과 표준편차(총위험)간의 선형관계를 보여 준다. 효율적 포트폴리오는 자본시장선에 위치하고 비효율적 포트폴리오는 자본시장선 아래에 위치한다. 즉, 효율적 포트폴리오가 비효율적 포트폴리오보다 높은 변동보상률을 갖는다.

시장포트폴리오는 이론적으로 모든 위험자산(예를 들어, 주식, 채권, 부동산, 보험 등)을 포함하는 포트폴리오이지만 실제적으로 이런 포트폴리오를 구성할 수 없으므로 현실적으로는 시장지수(market index)로 대용된다.

위험자산과 무위험자산이 함께 존재하는 경우 투자자의 최적 포트폴리오의 선택은 2단계로 구성된다.

① 첫 번째 단계: 위험자산으로 구성된 여러 포트폴리오 중에서 m포트폴리오만이 유일한 효율적 포트폴리오이므로 모든 투자자는 m포트폴리오를 선택한다(이 결정은 투자자의 위험에 대한 태도와 무관함).

② 두 번째 단계: 투자자는 자신의 위험에 대한 태도에 따라 무위험자산과 m포트폴리오간의 자산배분을 최적화한다. 즉, 투자자의 무차별곡선과 효율적 투자기회선(r_f와 m을 연결하는 직선)이 접하는 점이 투자자의 기대효용을 극대화하는 최적 포트폴리오(optimal portfolio)이다.

이처럼 두 단계로 분리된 의사결정과정을 토빈의 분리이론(Tobin's separation theorem)이라고 한다.

주요결과 6-3

투자자가 최적 포트폴리오를 구성하는 의사결정은 ① 개인의 위험에 대한 태도와 무관하게 시장포트폴리오를 선택하는 결정과 ② 위험에 대한 태도에 따라 시장포트폴리오와 무위험자산간의 최적 배분을 하는 결정 등 두 단계로 분리된다. 이를 토빈의 분리이론이라고 한다.

2 체계적 위험과 베타

2.1 베타의 추정

n개 주식으로 구성된 포트폴리오에서 j번째 주식의 위험공헌도인 $w_j \cdot cov(r_j, r_m)$를 시장포트폴리오의 전체 위험 σ_m^2에서 차지하는 상대적인 비율로 전환하면 다음과 같다.[3] 즉, 위험공헌비율은 w_j와 $cov(r_j, r_m)/\sigma_m^2$의 곱으로 표현된다.

$$\frac{w_j \cdot cov(r_j, r_m)}{\sigma_m^2} \tag{6.3}$$

여기서 $\left(\frac{cov(r_j, r_m)}{\sigma_m^2}\right)$은 j주식의 체계적 위험을 측정하는 지표로서 베타(beta: β)라고 부른다.

$$\beta_j = \frac{cov(r_j, r_m)}{\sigma_m^2} = \frac{\rho_{jm}\sigma_j}{\sigma_m} \tag{6.4}$$

모든 투자자들이 동질적 예측을 한다고 가정하면 투자자들은 모든 위험자산을 포함하는 시장포트폴리오만을 보유하게 되므로 시장포트폴리오의 위험에 개별자산이 공헌하는 비율인 베타로 위험을 정의할 수 있다.[4]

체계적 위험이 거시경제변수의 예기치 않은 변화로 인해 발생하는 개별자산 가격의 변화

3) 보다 자세한 설명과 도출과정은 부록을 참고할 것.

4) 개별자산의 위험공헌비율은 엄격히 말하면 $w_j\beta_j$이지만 w_j가 개별자산이 시장포트폴리오에서 차지하는 비율이므로 β_j로 개별자산의 위험을 측정할 수 있다.

를 의미하므로 체계적 위험을 의미하는 베타는 시장변화에 대한 개별자산 변화의 민감도로 측정되어야 하며 이 민감도는 개별자산 수익률(r_{jt})을 시장지수 수익률(r_{mt})에 대하여 회귀 분석하여 구한다.5)

$$r_{jt} = \alpha_j + \beta_j \cdot r_{mt} + \epsilon_{jt} \tag{6.5}$$

최소자승법(method of least squares)을 이용한 회귀분석에서 두 수익률간의 공분산인 $cov(r_j, r_m)$을 독립변수인 시장지수 수익률의 분산인 σ_m^2으로 나누면 회귀선의 기울기가 계산된다. 회귀선의 기울기는 $\widehat{\beta_j} = \dfrac{cov(r_j, r_m)}{\sigma_m^2}$로 추정되는데 이는 앞에서 베타라고 정의한 값과 동일하다(^는 추정값을 의미함).

▌그림 6-2 회귀선과 베타

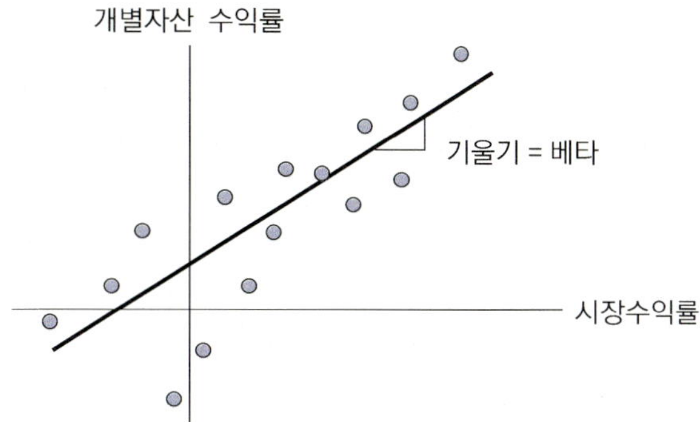

주요결과 6-4

주식 j가 시장포트폴리오의 전체 위험에 공헌하는 정도는 $w_j \times cov(r_j, r_m)$이고 이를 전체에 대한 비율로 전환하면 $\dfrac{w_j \times cov(r_j, r_m)}{\sigma_m^2}$이다. 여기서 $\dfrac{cov(r_j, r_m)}{\sigma_m^2}$을 체계적 위험의 척도인 베타라고 한다. 베타는 회귀식 $r_{jt} = \alpha_j + \beta_j \cdot r_{mt} + \epsilon_{jt}$의 기울기로 추정된다.

우리나라 주요 기업의 베타는 다음과 같다(DAUM금융에서 인용, 2020.12.30).6)

5) 회귀분석(regression analysis)은 2개 이상의 변수간의 관계를 수학적 함수 형태로 표현하고 이를 이용하여 독립변수로부터 종속변수를 예측하는 통계적 기법이다. 식 (6.5)에서 r_{mt}가 독립변수이고 r_{jt}가 종속변수이다. 기울기 β는 $\sum \epsilon_{jt}$를 최소화하는 최소자승법(least square method)으로 구한다.

6) DAUM금융은 최근 1년간 일별수익률 자료를 이용하여 베타를 계산한다.

표 6-1 우리나라 주요기업의 베타

기 업	베 타	기 업	베 타
삼성전자	0.94	LG전자	0.93
현대자동차	1.58	대한항공	1.57
한국조선해양	1.17	현대건설	1.46
셀트리온	0.97	녹십자	0.72
KB금융	0.98	미래에셋대우	1.59
LG화학	1.49	삼성SDI	1.37
NAVER	0.41	카카오	0.55
한미약품	1.12	유한양행	0.64
포스코	1.28	신세계	0.97

베타 추정시 주의할 점은 베타값이 데이터의 유형(일별 수익률 또는 주별 수익률)과 추정기간(연도별)에 따라 다소 큰 차이가 발생한다는 점이다([예시 6-1] 참고). 그리고 과거 수익률자료로부터 추정한 베타는 과거베타(historical beta)인데 우리가 기대수익률 추정에 사용할 베타는 미래베타이다. 따라서 1년 이상의 수익률 자료를 이용하여 과거베타를 추정한 후 다음과 같이 조정할 것을 권장한다(조정방법은 Blume(1975)의 기법임).

$$\text{미래베타} = 0.343 + 0.677 \times \text{과거베타} \tag{6.6}$$

예를 들어 과거베타가 0.50이면 미래베타는 0.68로 추정되고 과거베타가 2.0이면 미래베타는 1.70으로 추정된다. Blume의 방법은 과거베타가 높으면 낮추고 낮으면 높이는 효과가 있으며 결국 베타를 1에 가깝게 조정하는 효과가 있다.

예시 6-1 삼성전자 주식의 베타 추정

삼성전자 보통주의 2020년 일별 수익률 자료를 이용하여 베타를 추정해 보자. B열에는 주가로부터 계산된 수익률(%)이, C열에는 코스피지수로부터 계산된 수익률(%)이 계산되어 있다. 베타를 구하는 방법은 "=slope(y값의 범위, x값의 범위)" 함수를 이용하는 것이다. 추정된 베타는 1.01이다. 삼성전자 수익률의 분산은 4.41%^{2}이고 이는 체계적 위험 3.25%^{2}과 비체계적 위험 1.16%^{2}으로 분해된다. 체계적 위험 비율(74%)과 비체계적 위험 비율(26%)을 구하는 방법은 다음 섹션에 설명되어 있다.

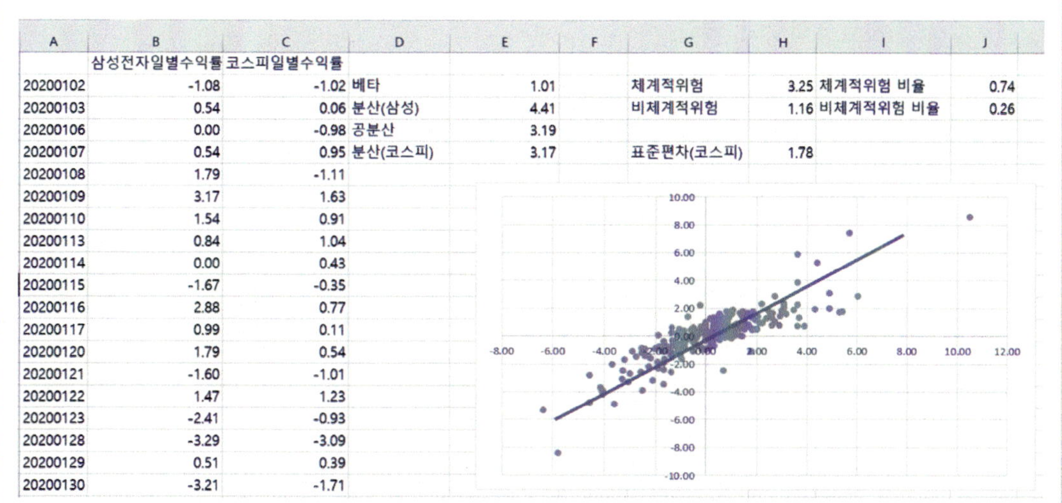

A	B	C	D	E	F	G	H	I	J
	삼성전자일별수익률	코스피일별수익률							
20200102	-1.08	-1.02	베타	1.01		체계적위험	3.25	체계적위험 비율	0.74
20200103	0.54	0.06	분산(삼성)	4.41		비체계적위험	1.16	비체계적위험 비율	0.26
20200106	0.00	-0.98	공분산	3.19					
20200107	0.54	0.95	분산(코스피)	3.17		표준편차(코스피)	1.78		
20200108	1.79	-1.11							
20200109	3.17	1.63							
20200110	1.54	0.91							
20200113	0.84	1.04							
20200114	0.00	0.43							
20200115	-1.67	-0.35							
20200116	2.88	0.77							
20200117	0.99	0.11							
20200120	1.79	0.54							
20200121	-1.60	-1.01							
20200122	1.47	1.23							
20200123	-2.41	-0.93							
20200128	-3.29	-3.09							
20200129	0.51	0.39							
20200130	-3.21	-1.71							

참고로, 주별과 일별 수익률자료를 이용하여 계산한 삼성전자의 연도별 베타는 다음과 같다.

연 도	2016년	2017년	2018년	2019년	2020년
주별수익률 이용	1.13	1.74	1.38	1.59	0.94
일별수익률 이용	1.36	1.72	1.28	1.46	1.01

시장포트폴리오의 베타가 $\beta_m = \dfrac{cov(r_m, r_m)}{\sigma_m^2} = 1$이므로 베타가 1보다 큰가 아니면 작은가를 기준으로 주식을 공격적 주식과 방어적 주식으로 구분한다. 공격적 주식(aggressive stock)은 시장의 움직임보다 체계적으로 더 크게 움직이는 주식으로서 베타가 1보다 큰 주식이다. 반면에, 방어적 주식(defensive stock)은 시장의 움직임보다 체계적으로 더 작게 움직이는 주식으로서 베타가 1보다 작은 주식이다.

시장위험은 분산투자에 의해 감소되지 않으므로 포트폴리오 베타는 개별자산의 베타를 가중 평균하여 구한다. 이를 "베타의 가산원리(additivity principle)"라고 한다.

$$\beta_P = \sum_{j=1}^{n} w_j \beta_j \tag{6.7}$$

예시 6-2 포트폴리오의 베타

현대자동차에 현재 100억원이 투자되어 있으며 또 다른 주식에 40억원을 투자하여 포트폴리오의 위험을 시장포트폴리오의 위험과 같게 만들고자 한다. 새로 투자할 주식의 베타는 얼마이어야 하는가? 현대자동차의 베타는 1.1이다.

구성하는 포트폴리오가 시장과 동일한 수준의 위험을 갖게 만들려면 포트폴리오의 베타가 1이어야 한다. 주식의 투자비중이 각각 $\frac{100}{140} = 0.7143$과 $\frac{40}{140} = 0.2857$이므로 다음 식을 만족시키는 베타는 0.75이다.

$$0.7143 \times 1.1 + 0.2857 \times \beta = 1.0$$

2.2 위험의 분해

위의 식 (6.5)는 시장모형(market model)으로 불리는 식으로 주식의 수익률(r_j)이 시장포트폴리오 수익률(r_m)과 시장수익률에 대한 민감도인 베타(β_j), 그리고 기업의 특수한 상황에 의한 부분(ϵ_j)으로 구성된다고 가정한다. 즉, 시장모형은 주식의 수익률을 시장이라는 공통요인에 의해 설명하고자 하는 수익률생성모형(return generating model)이다.[7)]

수익률이 시장모형에 의해 생성된다고 가정하면 개별주식의 분산은 다음과 같이 계산된다(여기서 V는 분산임).

$$\sigma_j^2 = V(r_j) = V(\alpha_j + \beta_j r_m + \epsilon_j) = \beta_j^2 \sigma_m^2 + \sigma_{\epsilon_j}^2 \tag{6.8}$$

개별주식의 분산은 개별주식의 베타, 시장포트폴리오의 분산, 오차항의 분산에 의해 측정된다.

따라서 시장모형을 이용하면 총위험을 체계적 위험과 비체계적 위험으로 분해할 수 있다. 즉 식 (6.8)에서 $\beta_j^2 \sigma_m^2$는 체계적 위험을 의미하고 $\sigma_{\epsilon_j}^2$는 비체계적 위험을 의미한다.

시장모형이 성립하는 경우 총위험 중에서 체계적 위험이 차지하는 비율은 상관계수의 제곱 ρ_{jm}^2이다.

$$\frac{\text{체계적 위험}}{\text{총위험}} = \frac{\beta_j^2 \sigma_m^2}{\sigma_j^2} = \frac{\left(\frac{\rho_{jm}\sigma_j}{\sigma_m}\right)^2 \sigma_m^2}{\sigma_j^2} = \rho_{jm}^2 \tag{6.9}$$

---

7) CAPM은 사전적으로(ex ante) 자산 또는 포트폴리오의 기대수익률이 얼마이어야 하는가를 계산하는 모형이다. 반면에 시장모형은 사후적으로(ex post) 포트폴리오의 수익률 행태(behavior)를 설명하는 모형이다.

예시 6-3 시장모형에 의한 총위험의 분해

개별 주식 수익률의 분산이 79.01%^{2}이고 시장수익률의 분산이 67.41%^{2}이다. 그리고 개별주식과 시장간의 공분산이 64.31%^{2}이다. 비체계적 위험이 총위험의 몇 퍼센트인가?

먼저 베타가 $\beta_j = \frac{0.006431}{0.006741} = 0.954$이므로 체계적 위험과 비체계적 위험은 다음과 같이 계산된다.

$$\text{체계적 위험 : } \beta_j^2 \sigma_m^2 = 0.954^2 \times 0.006741 = 0.006135$$

$$\text{비체계적 위험 : } 0.007901 - 0.006135 = 0.001766$$

따라서 비체계적 위험은 총위험의 $\frac{0.001766}{0.007901} = 22\%$를 차지한다. 또는 $\rho_{jm} = \frac{0.006431}{\sqrt{0.006741} \times \sqrt{0.007901}} = 0.8812$이고 체계적 위험이 차지하는 비율이 $0.8812^2 = 0.78$이므로 비체계적 위험이 차지하는 비율은 22%이다.

3 CAPM

3.1 증권시장선의 도출

자본시장선(CML)을 이용하면 우리는 효율적 포트폴리오의 기대수익률을 계산할 수 있다. 자본시장선에서 기대수익률은 총위험을 의미하는 표준편차의 함수로 표현된다. 이는 효율적 포트폴리오의 경우 비체계적 위험이 완전히 제거되고 오직 체계적 위험만이 존재하므로 기대수익률을 총위험의 함수로 표현할 수 있음을 의미한다.

그러나 자본시장선 아래에 위치하는 비효율적 포트폴리오 또는 개별자산의 경우에는 총위험이 비체계적 위험을 포함하고 있으므로 자본시장선을 이용하여 기대수익률을 계산할 수 없다. 위험에 대한 보상인 위험프리미엄은 체계적 위험만의 함수로 표현되어야 하는데 이를 "체계적 위험 원칙(systematic risk principle)"이라고 한다. 이 원칙에 의해 기대수익률과 체계적 위험 간에 균형관계가 성립하는데 이 관계가 증권시장선(security market line: SML)이다.

개별자산 j가 시장포트폴리오에 포함되면서 전체 위험에 공헌하는 정도는 $w_j cov(r_j, r_m)$

이고 이 위험을 부담하는 대가로 획득한 위험프리미엄은 $w_j[E(r_j)-r_f]$이다.[8] 따라서 개별 자산 j의 체계적 위험에 대한 위험프리미엄의 비율은 다음과 같다.

$$\frac{[E(r_j)-r_f]}{cov(r_j,r_m)} \tag{6.10}$$

이는 시장포트폴리오의 위험 대비 위험프리미엄을 의미하는 위험의 시장가격(market price of risk)과 동일해야 한다.[9]

$$\frac{[E(r_j)-r_f]}{cov(r_j,r_m)} = \frac{[E(r_m)-r_f]}{\sigma_m^2} \tag{6.11}$$

여기서 시장포트폴리오는 효율적 포트폴리오이므로 적절한 위험측정치로서 분산을 사용해도 무방하다.

이를 $E(r_j)$에 대하여 정리하면 다음과 같은 증권시장선이 도출된다.

$$E(r_j) = r_f+[E(r_m)-r_f]\cdot\frac{cov(r_j,r_m)}{\sigma_m^2} = r_f+[E(r_m)-r_f]\cdot\beta_j \tag{6.12}$$

▌그림 6-3 증권시장선

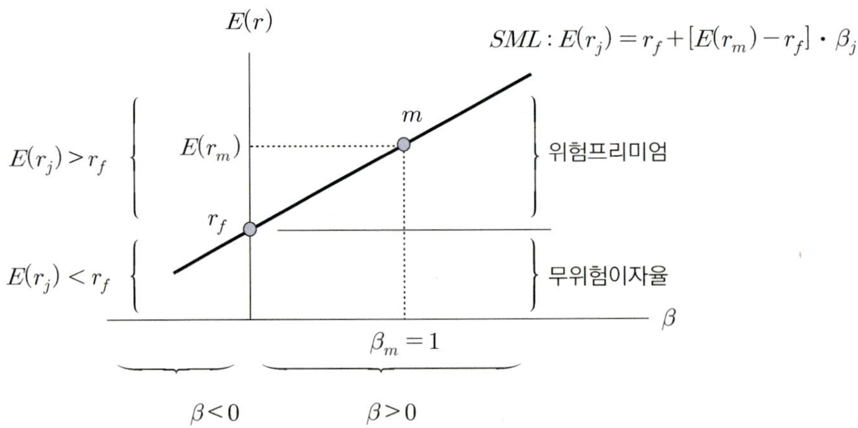

8) 시장전체의 위험프리미엄은 $E(r_m)-r_f$이며 다음과 같이 개별자산 위험프리미엄의 합으로 표현된다.

$$E(r_m)-r_f=\sum w_jE(r_j)-\sum w_jr_f=\sum_{j=1}^{n}w_j[E(r_j)-r_f]$$

9) 만일 좌변이 우변보다 크면 시장포트폴리오에서 자산 j의 구성 비율을 높이고 반대로 좌변이 우변보다 작으면 시장포트폴리오에서 자산 j의 구성 비율을 낮춘다. 두 경우에 초과수요 또는 초과공급이 있게 되므로 균형관계가 아니다.

주요결과 6-5

증권시장선은 기대수익률과 베타(시장위험)간의 선형관계이다. 모든 개별자산과 포트폴리오는 증권시장선에 위치하므로 이를 이용하여 모든 자산의 기대수익률을 구할 수 있다.

예시 6-4 증권시장선의 이용

A주식과 시장포트폴리오간의 공분산이 $46\%^2$(또는 0.0046)이고 시장포트폴리오의 분산이 $59\%^2$이다. 시장포트폴리오의 기대수익률 $E(r_m)$은 12%로 예상되고 무위험이자율은 4%이다. A주식의 베타와 기대수익률을 각각 구하라.

A주식의 베타는 $\beta = \frac{46}{59} = 0.78$이고, SML에 의해 기대수익률은 10.24%이다.

$$E(r) = 0.04 + (0.12 - 0.04) \times 0.78 = 0.1024$$

3.2 증권시장선의 의미

SML(증권시장선)은 자본자산가격결정모형(Capital Asset Pricing Model)의 가장 중요한 결과이다. 이 이론은 마코위츠의 포트폴리오이론(1952년)과 토빈의 분리이론에 근거하여 샤프(Sharpe), 린트너(Lintner), 트레이너(Treyner)가 개발한 모형이다. 마코위츠(1990년), 토빈(1981년), 샤프(1990년)는 포트폴리오이론과 CAPM에 대한 공로로 노벨상을 수상하였다.

SML은 시장위험과 기대수익률간의 균형관계를 나타내는 식이므로 이를 이용하여 위험자산의 기대수익률(expected return) 또는 요구수익률(required rate of return)을 추정할 수 있다. SML의 특성과 의미를 정리하면 다음과 같다.

① 기대수익률은 무위험이자율과 위험프리미엄의 합이다. 위험프리미엄은 $[E(r_m) - r_f] \cdot \beta_j$로 측정된다. 무위험이자율은 화폐의 순수한 시간적 가치(pure time value of money)를 의미한다.

② 위험프리미엄은 $[E(r_m) - r_f]$와 β_j의 곱으로 계산되므로 위험프리미엄은 베타에 선형적으로 비례한다.

$$\text{위험프리미엄} = \text{시장위험프리미엄} \times \text{베타} \tag{6.13}$$

$[E(r_m) - r_f]$은 시장위험프리미엄(market risk premium)으로 불리며 베타위험 1단

위를 부담하는 것에 대한 시장에서의 보상을 의미한다. 그리고 베타는 체계적 위험의 크기를 의미한다. 만약 베타가 x% 변하면 위험프리미엄도 x% 변해야 한다.

예시 6-5 베타의 변화가 주가에 미치는 영향

무위험이자율이 6%이다. 이 기업은 600원의 일정한 배당금을 영원히 지급할 것으로 예상되며 현재 주가는 5,000원이다. 만일 베타가 30% 증가하면 주가는 얼마나 변하는가?

동일한 배당금을 영원히 지급하는 경우 주가는 배당금을 기대수익률로 할인하여 구한다. 따라서 기대수익률은 배당금을 주가로 나눈 값이다. 즉, 현재 주식의 기대수익률이 $\frac{600}{5,000}=$ 12%이므로 현재 주식의 위험프리미엄은 12 − 6 = 6%이다. 베타가 30% 증가하면 위험프리미엄도 30% 증가하므로 새로운 기대수익률은 6% + 1.3 × 6% = 13.8%로 증가한다. 따라서 주가는 5,000원에서 $\frac{600}{0.138}$ = 4,348원으로 13.04% 하락한다.

③ 베타는 0보다 작을 수 있다. 베타는 $\left(\frac{cov(r_j, r_m)}{\sigma_m^2}\right)$로 측정되는데 공분산이 0보다 작을 수 있으므로 베타도 0보다 작을 수 있다.

④ 베타가 음수인 위험자산의 기대수익률은 무위험이자율보다 작으므로 위험프리미엄이 음(−)이 된다. 마이너스 베타 자산은 시장이 침체되었을 때 상대적으로 높은 수익률을 제공하므로 위험을 감소시키고자 하는 투자자에게 매력적인 투자대상이 된다. 보험은 대표적인 마이너스 베타 자산이다.

주요결과 6-6

기대수익률은 무위험이자율과 위험프리미엄의 합이고, 위험프리미엄은 베타와 시장위험프리미엄의 곱이다. 베타는 0보다 작을 수(즉, 위험프리미엄이 0보다 작을 수) 있다.

예시 6-6 마이너스 베타 자산의 기대수익률

무위험이자율이 5%이고 시장위험프리미엄이 7%이다. 베타가 −0.1인 자산의 기대수익률은 5% + (−0.1)(7%) = 4.3%로 무위험이자율 5%보다 작고 위험프리미엄은 −0.7%이다.

⑤ 시장위험프리미엄은 항상 0보다 크다. 사후적(ex post)으로 시장의 수익률이 무위험이자율보다 작을 수 있지만(즉 $r_m < r_f$), 사전적(ex ante)으로 시장포트폴리오의 기대수익률은 항상 무위험이자율보다 커야 한다: $E(r_m) > r_f$.

예시 6-7 시장위험프리미엄의 크기

미국의 경우 1926년부터 2000년까지의 주식의 기하평균 수익률(geometric average return)이 11%이고 산술평균수익률(arithmetic average return)이 13%이다.[10] 그리고 장기국채의 경우 기하평균 수익률이 5.3%이고 산술평균 수익률이 5.7%이다. 실무자들은 무위험이자율의 대용치로 단기국채 대신에 장기국채의 수익률을 이용하는 경향이 있다(이유는 단기국채수익률이 너무 낮다고 생각하기 때문임). 따라서 시장위험프리미엄은 기하평균을 이용하면 11 − 5.3 = 5.7%이고, 산술평균을 이용하면 13 − 5.7 = 7.3%이다. 실무자들은 대체로 6 ~ 8%의 시장위험프리미엄을 사용한다. 우리나라에서도 유사한 크기의 시장위험프리미엄을 이용한다.

⑥ 위험프리미엄은 체계적 위험만의 함수이어야 한다. 위험프리미엄은 개별자산의 비체계적 위험의 크기에 의해 영향을 받지 않아야 한다.

⑦ 총위험(표준편차)가 크다고 해서 기대수익률이 높은 것은 아니다. 표준편차가 크면 위험이 크다고 인식하여 높은 기대수익률을 요구한다고 생각할 수 있으나 이는 잘못된 인식이다. 여러 번 설명했듯이 표준편차는 총위험의 크기이며 이는 기대수익률과 직접적인 연관성을 갖지 않는다(단, CML에 위치하는 효율적 포트폴리오는 제외됨).

주요결과 6-7

표준편차가 크다고 해서 기대수익률이 큰 것은 아니다. 기대수익률은 시장위험인 베타의 크기에 의해 결정된다.

---

10) 예를 들어, 지난 3년 동안의 수익률이 각각 20%, 10%, −6%이면 산술평균 수익률은 $\frac{20+10+(-6)}{3}=8\%$이고 기하평균 수익률은 $(1.2\times1.1\times0.94)^{1/3}-1=7.46\%$이다. 기하평균 수익률은 항상 산술평균수익률보다 클 수 없다. 산술평균과 기하평균에 대한 자세한 설명은 11장을 참조할 것.

예시 6-8 체계적 위험과 기대수익률

A주식의 표준편차는 30%이고 베타는 0.8이다. 반면에 B주식의 표준편차는 15%이고 베타는 1.5이다. 두 주식을 총위험, 체계적 위험, 비체계적 위험 측면에서 비교하라. 그리고 어떤 주식의 기대수익률이 작다고 생각하는가?

첫째, A주식의 총위험이 B주식의 총위험보다 크다. 둘째, A주식의 체계적 위험이 B주식의 체계적 위험보다 작다. 셋째, A주식이 B주식과 비교하여 총위험이 크지만 체계적 위험이 작으므로 당연히 비체계적위험이 커야 한다. 넷째, 위험프리미엄은 체계적 위험의 함수이므로 A주식의 위험프리미엄이 B주식의 위험프리미엄보다 작다. 다섯째, A주식의 기대수익률이 B주식의 기대수익률보다 작다.

⑧ SML의 절편은 무위험이자율이고 기울기는 시장위험프리미엄이다.

⑨ SML에 위치하는 모든 자산은 동일한 "위험보상률(reward-to-risk ratio)"을 갖는다. 그리고 위험보상률은 시장위험프리미엄과 동일하다($\beta_m = 1$). [그림 6-4]에서 A와 B가 SML에 위치하면 다음 관계가 성립해야 한다. 그림에서 A, B, m이 모두 동일한 선에 위치하므로 당연히 기울기가 같아야 한다.

$$\frac{E(r_A)-r_f}{\beta_A} = \frac{E(r_B)-r_f}{\beta_B} = \frac{E(r_m)-r_f}{\beta_m} = E(r_m) - r_f \tag{6.14}$$

예시 6-9 SML에 위치하기 위한 조건

A주식의 베타가 0.5이고 기대수익률이 12%이다. B주식의 베타가 1.5이고 기대수익률이 28%이다. 두 주식이 모두 SML에 위치한다고 가정하자.

(1) 무위험이자율은 얼마인가?

두 주식이 동일한 위험보상률을 가져야 하므로 다음 식으로부터 무위험이자율 4%가 계산된다.

$$\frac{12 - r_f}{0.5} = \frac{28 - r_f}{1.5} \rightarrow r_f = 4\%$$

(2) 시장포트폴리오의 기대수익률은 얼마인가?[11)]

위험보상률 $\frac{12\% - 4\%}{0.5} = 16\%$가 시장위험프리미엄이므로 시장포트폴리오의 기대수익률은 20%이어야 한다.

11) $12\% = r_f + 0.5[E(r_m) - r_f]$과 $28\% = r_f + 1.5[E(r_m) - r_f]$로부터 $r_f = 4\%$, $E(r_m) = 20\%$를 구할 수 있다.

⑩ 균형에서 모든 자산은 동일한 위험보상률을 가져야 한다. 즉, 모든 자산은 SML에 위치해야 한다.

주요결과 6-8

균형에서 모든 자산은 증권시장선에 위치해야 하고 이는 모든 자산이 동일한 위험보상률을 갖는다는 것을 의미한다.

⑪ 포트폴리오의 베타가 개별자산의 베타를 가중평균해서 구하므로 시장포트폴리오(m)와 무위험자산(F)을 이용하면 어떤 크기의 베타를 갖는 포트폴리오도 구성할 수 있다($\beta_m = 1$, $\beta_F = 0$). [그림 6-4]에서 A는 일정 금액을 시장포트폴리오에 투자하고 남은 금액을 무위험자산에 투자함으로써(즉, 대출함으로써) 구성되는데 이런 포트폴리오를 대출포트폴리오(lending portfolio)라고 한다. 무위험 자산과 시장포트폴리오를 모두 매입하면 투자자는 F와 m를 연결하는 직선 사이에 위치한다. 반면에, B는 일정 자금을 차입하고 그 금액에 자기자본을 합하여 시장포트폴리오에 투자함으로써 구성할 수 있는데 이를 차입포트폴리오(borrowing portfolio)라고 한다(여기서 설명하는 차입포트폴리오 및 대출포트폴리오는 제5장에서 설명한 그것과 동일함). 즉, F를 공매도하고 m을 매입하면 r_f-m 직선은 위로 계속 연장되는데 이때 투자자는 m보다 위에 위치한다. 대출포트폴리오의 베타는 1보다 작고 차입포트폴리오의 베타는 1보다 크다.

그림 6-4 차입포트폴리오와 대출포트폴리오

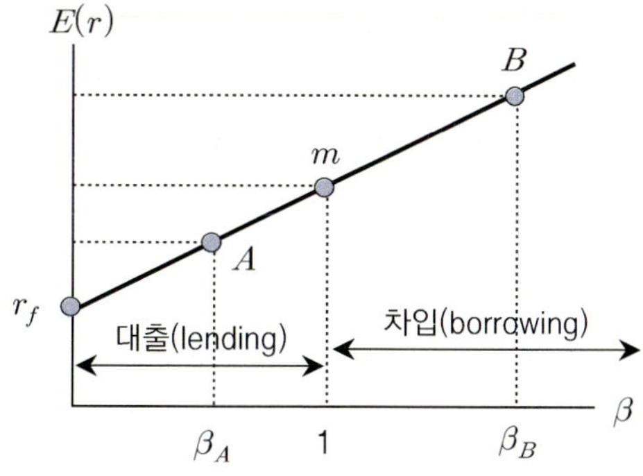

주요결과 6-9

시장포트폴리오와 무위험자산을 이용하면 어떤 크기의 베타를 갖는 포트폴리오도 구성할 수 있다. 포트폴리오의 베타는 개별 베타를 가중평균한 값이다.

⑫ [그림 6-5]에서 SML 위에 위치하는 자산(즉, 시장포트폴리오보다 큰 위험보상률을 갖는 자산)은 과소평가된(undervalued) 자산이다.[12] 반면에 SML 아래에 위치하는 자산(즉, 시장포트폴리오보다 작은 위험보상률을 갖는 자산)은 과대평가된(overvalued) 자산이다.

그림 6-5 과소평가된 포트폴리오와 과대평가된 포트폴리오

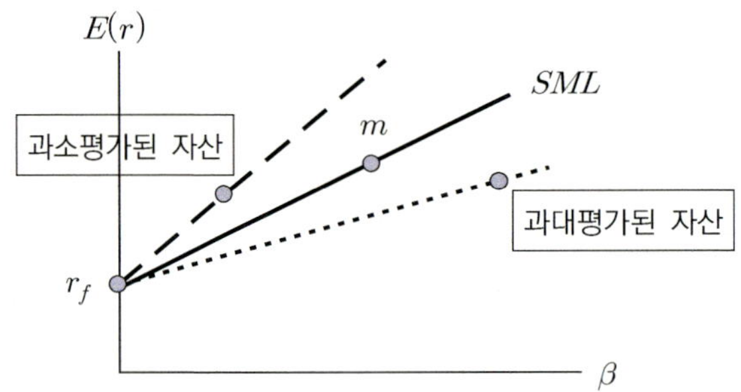

예시 6-10 시장포트폴리오와 무위험자산을 이용한 새 포트폴리오의 구성

무위험이자율이 4%이고, 시장포트폴리오(m)의 기대수익률이 12%이고 표준편차는 25%이다. 투자자는 100만원을 보유하고 있다.

(1) 투자자는 40만원을 무위험자산에 투자하고 남은 60만원을 시장포트폴리오에 투자하여 베타가 $0.4 \times 0 + 0.6 \times 1 = 0.6$이고 기대수익률이 $0.4 \times 4 + 0.6 \times 12 = 8.8\%$이고 표준편차가 $0.6 \times 25\% = 15\%$인 A포트폴리오를 구성할 수 있다(식 (5.17)에 의해 표준편차 계산).

(2) 투자자는 150만원을 4%로 차입하여 250만원을 시장포트폴리오에 투자함으로써 베타가 $(-1.5) \times 0 + 2.5 \times 1 = 2.5$이고 기대수익률이 $(-1.5) \times 4 + 2.5 \times 12 = 24\%$이고 표준편차가 $2.5 \times 25\% = 62.5\%$인 B포트폴리오를 구성할 수 있다.

A포트폴리오와 B포트폴리오 및 시장포트폴리오를 그래프에 그리면 [그림 6-6]과 같다. (a)에서 x축은 표준편차이고 (b)에서 x축은 베타이므로 각각의 직선은 CML과 SML이다.

$$\text{변동보상률: } \frac{8.8-4}{15} = \frac{12-4}{25} = \frac{24-4}{62.5} = 0.32 \quad \rightarrow \quad \text{CML: } E(r) = 4\% + 0.32\sigma$$

$$\text{위험보상률: } \frac{8.8-4}{0.6} = \frac{12-4}{1.0} = \frac{24-4}{2.5} = 8 \quad \rightarrow \quad \text{SML: } E(r) = 4\% + 8\% \times \beta$$

12) 가격과 수익률은 부(−)의 관계를 가지므로 기대수익률-베타의 그래프에서 SML 위에 위치하는 자산이 과소평가된 자산이다.

▌그림 6-6 CML과 SML에서의 A포트폴리오와 B포트폴리오의 위치

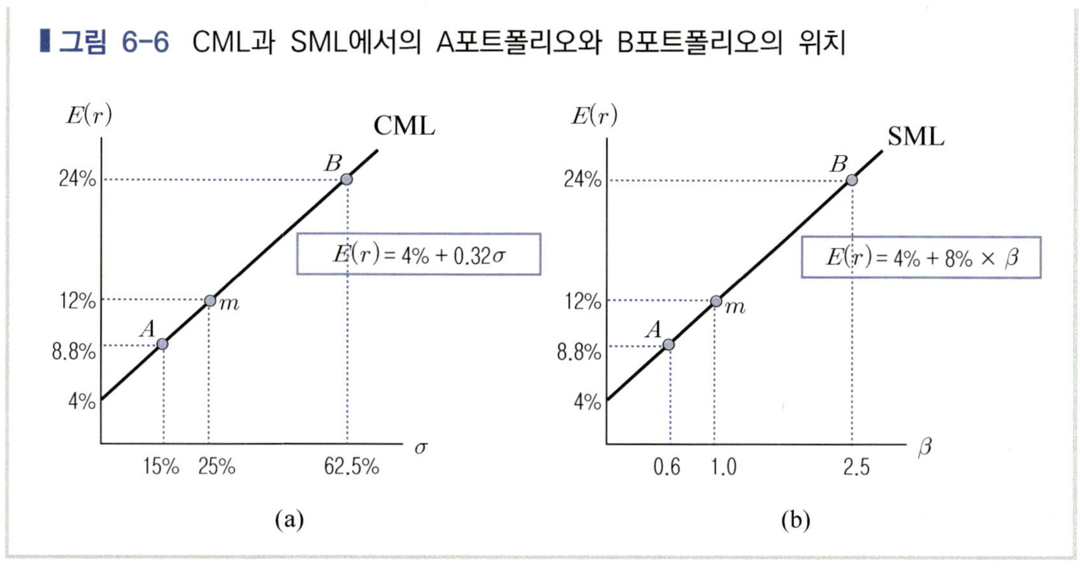

3.3 증권시장선과 차익거래기회

만일 개별자산 또는 포트폴리오의 위험보상률이 상이하다면 어떤 일이 발생할까?[13] 예를 들어 C자산의 현재 시장가격에 기초한 미래 예상수익률(즉, 기대수익률)이 SML이 예측하는 균형수익률보다 작다고 가정하자([그림 6-7]에서 C는 SML 아래에 위치해 있음). 이는 C자산의 위험보상률이 균형상태에서의 위험보상률보다 작음을 의미한다. C자산이 낮은 기대수익률을 제공한다는 것은 상대적으로 가격이 높다는 것을 의미한다(즉 C자산은 과대평가된(overvalued) 자산임). 따라서 투자자들은 과대평가된 C자산을 매도할 것이다. C자산은 초과공급으로 인해 가격은 하락하고 기대수익률은 상승하여 결국 SML선의 C^*로 복귀하게 된다.

13) 지금까지 우리는 시장이 균형에 있으므로(즉 모든 증권의 시장가격이 균형가격과 동일하므로) 기대수익률이 균형수익률과 동일하다고 가정하였다. 그런데 섹션 3.3에서처럼 시장이 균형에 있지 않은 상태를 가정하면 시장가격에 반영되어 있는 기대수익률과 SML에 의해 계산되는 균형수익률이 다르게 된다.

▮그림 6-7 과소평가된 자산과 과대평가된 자산의 균형으로의 복귀

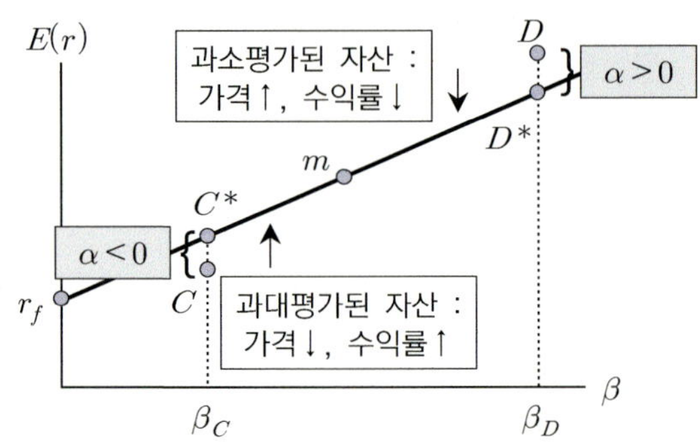

반대로 *D*자산처럼 SML 위에 위치하는 자산을 고려해 보자. 이는 *D*자산의 위험보상률이 균형상태에서의 위험보상률보다 큼을 의미한다. 즉 *D*자산은 과소평가된(undervalued) 자산이다. 따라서 투자자들은 과소평가된 *D*자산을 매입할 것이다. *D*자산은 초과수요로 인해 가격은 상승하고 기대수익률은 하락하여 결국 SML선의 D^*로 복귀하게 된다. 이 상황이 [그림 6-7]에 묘사되어 있다. 차익거래로 인해 균형에서 기대수익률은 균형수익률 또는 적정수익률과 동일해야 한다.

알파(α)는 현재의 시장가격에 기초한 기대수익률에서 SML의 균형수익률을 차감한 값으로 정의된다.

$$\alpha = \text{기대수익률} - \text{균형수익률} \tag{6.15}$$

알파가 0보다 크면 과소평가된 자산이고 알파가 0보다 작으면 과대평가된 자산이다. 이와 같이 위험보상률이 상이하면 차익거래(arbitrage)가 발생하여 결국 균형상태에서 모든 자산은 동일한 위험보상률을 갖게 되고 알파는 0이 된다.

이상의 설명으로부터 과소평가된 자산은 다음과 같은 속성을 갖는다.

① 알파가 0보다 크다.
② 위험보상률이 시장위험프리미엄보다 크다.
③ SML 위에 위치한다.
④ 현재 가격에 내재된 기대수익률이 균형수익률보다 크다(즉, 현재가격이 균형가격보다 작다).

주요결과 6-10

과소평가된 자산은 증권시장선 위에 위치하거나 알파가 양수이거나 기대수익률이 균형수익률보다 크거나 위험보상률이 시장위험프리미엄보다 큰 자산이다.

예시 6-11 과소평가된 주식과 과대평가된 주식

A주식의 베타는 1.2이고 B주식의 베타는 0.5이다. 시장포트폴리오의 기대수익률은 14%이고 무위험이자율은 5%이다.

(1) SML을 이용하여 두 주식의 균형수익률을 구하라.

(2) A주식은 매년 1,000원의 주당배당금을 영구히 지급할 예정이며 현재 5,500원에 거래되고 있다. 그리고 B주식은 매년 700원의 주당배당금을 영구히 지급할 예정이며 현재 8,000원에 거래되고 있다. 두 주식은 SML에 의해 정확히 평가되었는가?

(3) 위험보상률을 이용하여 두 주식의 과대/과소평가 여부를 확인하라.

(1) 베타가 각각 1.2와 0.5인 두 주식의 균형수익률은 SML에 의해 각각 15.8%와 9.5%이다.

$$E(r_A) = 5\% + (14\% - 5\%) \times 1.2 = 15.8\%$$

$$E(r_B) = 5\% + (14\% - 5\%) \times 0.5 = 9.5\%$$

(2) A주식의 가격에 내재된 기대수익률은 $\frac{1,000}{5,500} = 18.18\%$로 이는 SML에 의한 균형수익률 15.8%보다 높고 알파는 2.38%이다. A주식은 현재 과소평가되어 있으므로 A주식의 가격은 $\frac{1,000}{0.158} = 6,329$원으로 상승할 것이다(수익률은 15.8%로 하락함).

B주식의 가격에 내재된 기대수익률은 $\frac{700}{8,000} = 8.75\%$로 이는 SML에 의한 균형수익률 9.5%보다 낮고 알파는 -0.75%이다. B주식은 현재 과대평가되어 있으므로 B주식의 가격은 $\frac{700}{0.095} = 7,368$원으로 하락할 것이다(수익률은 9.5%로 상승함).

그림 6-8 과소평가된 A자산과 과대평가된 B자산

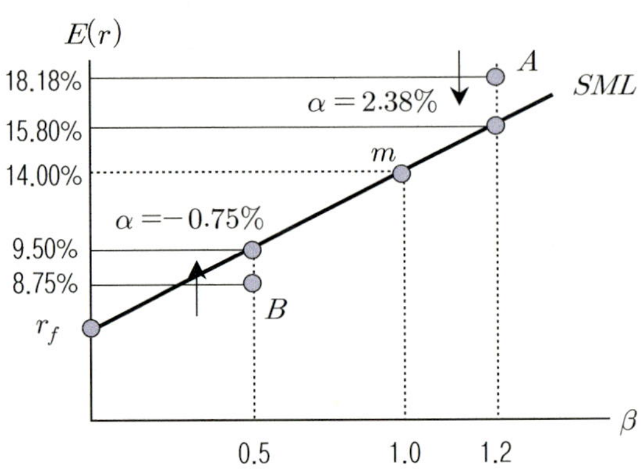

(3) 시장포트폴리오의 위험보상률은 14 − 5 = 9%이다. A주식의 위험보상률이 $\frac{18.18 - 5}{1.2}$ = 10.98%이고 B주식의 위험보상률이 $\frac{8.75 - 5}{0.5}$ = 7.5%이다. 따라서 A주식은 과소평가되었고 B주식은 과대평가되었다.

3.4 증권시장선과 자본시장선 *

증권시장선이 자본시장선으로부터 도출되므로 두 선은 서로 밀접한 관계를 갖지만 다음과 같은 점에서 차이가 있다. 자본시장선은 효율적 포트폴리오의 위험과 기대수익률의 선형 관계를 보여준다. 여기서 위험은 총위험을 측정하는 표준편차인데 효율적 포트폴리오는 비체계적 위험을 포함하고 있지 않으므로(즉 총위험이 사실상 체계적 위험만을 포함하므로) 표준편차를 사용해도 무방하다. 여기서 효율적 포트폴리오는 무위험자산과 시장포트폴리오로 구성된 포트폴리오이다.

반면에 증권시장선은 개별자산과 모든 포트폴리오(효율적 또는 비효율적)의 위험과 기대수익률의 선형관계를 보여준다. 여기서 위험은 체계적 위험을 의미하는 베타에 의해 측정된다.

표 6-2 CML과 SML의 비교

	자본시장선	증권시장선
적용 대상	효율적 포트폴리오	모든 개별자산과 포트폴리오
위 험	총위험(표준편차)	체계적 위험(베타)

*가 표시된 부분은 내용이 약간 어렵거나 또는 시간상 제약으로 생략해도 별 문제가 되지 않는 부분을 의미한다.

효율적 포트폴리오의 기대수익률은 자본시장선을 이용하든 증권시장선을 이용하든 동일한 값이 계산된다. 반면에 비효율적 포트폴리오와 개별자산의 기대수익률은 반드시 증권시장선으로 추정되어야 한다. CML과 SML의 식을 직접 비교해 보자.

$$CML:\ E(r_P)=r_f+\frac{E(r_m)-r_f}{\sigma_m}\cdot\sigma_P$$

$$SML:\ E(r_P)=r_f+[E(r_m)-r_f]\cdot\beta_P$$

β_P가 다음과 같이 표현되므로

$$\beta_P=\frac{cov(r_P,r_m)}{\sigma_m^2}=\frac{\rho_{Pm}\cdot\sigma_P\cdot\sigma_m}{\sigma_m^2}=\frac{\rho_{Pm}\cdot\sigma_P}{\sigma_m} \tag{6.16}$$

$\rho_{Pm}=1$이면(즉, P와 m이 완전 정(+)의 관계를 가지면) CML과 SML은 동일한 식이 된다. 효율적 포트폴리오는 무위험자산과 시장포트폴리오의 선형결합으로 구성되므로 $\rho_{Pm}=1$이다. 결국 자본시장선은 증권시장선의 특수한 경우로 이해된다.

[그림 6-9]에서 A, B, C의 총위험은 상이하지만 기대수익률은 동일하다. A는 효율적 포트폴리오로서 CML에 위치한다. 그러나 세 포트폴리오는 동일한 베타를 가지므로 SML에서 D점으로 동일하게 표시된다. 마찬가지로 E는 m과 동일한 베타를 가지므로 기대수익률이 동일하지만 총위험이 크므로 CML에 위치하지 못한다. 총위험의 크기에 관계없이 베타가 같으면 항상 기대수익률은 동일해야 한다(또는 반대로 기대수익률이 동일하면 베타도 같아야 한다).

▌그림 6-9 CML과 SML의 비교

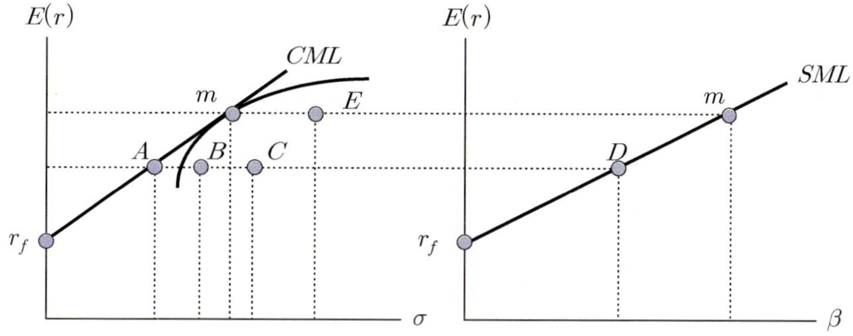

주요결과 6-11

증권시장선은 모든 자산의 기대수익률과 체계적 위험간의 관계이고, 자본시장선은 효율적 포트폴리오의 기대수익률과 총위험간의 관계이다. 자본시장선(CML)은 증권시장선(SML)의 특수한 경우이다.

핵심용어 해설

- 자본시장선(capital market line: CML): 무위험자산과 시장포트폴리오를 연결하는 자본배분선
- 시장포트폴리오(market portfolio): 모든 위험자산을 시장가치 기준의 비율대로 포함하는 포트폴리오
- 토빈의 분리이론(Tobin's Separation Theorem): 포트폴리오이론에서 최적 포트폴리오를 찾는 과정이 두 가지 의사결정으로 분리되어 있다는 이론임. ① 먼저 위험회피도와 무관하게 시장포트폴리오를 찾는 결정과 ② 위험회피도를 고려하여 시장포트폴리오와 무위험자산간의 배분을 결정하는 문제
- 베타(beta): 체계적 위험의 척도로 시장 전체의 움직임에 대한 개별증권의 움직임으로 측정
- 베타의 가산원리(beta additivity principle): 포트폴리오의 베타가 개별 베타의 가중평균으로 계산된다는 원리
- 증권시장선(security market line: SML): CAPM에서 베타와 기대수익률 간의 관계를 나타내는 직선
- 위험보상률(reward-to-risk ratio): 시장위험(베타)에 대한 위험프리미엄으로 균형에서 모두 동일해야 하며 이는 시장위험프리미엄과 동일함
- 체계적 위험 원칙(systematic risk principle): 위험에 대한 보상인 위험프리미엄이 체계적 위험만에 의해 결정되어야 한다는 원칙
- 위험의 시장가격(market price of risk): 시장포트폴리오 기준으로 위험을 부담하는 것에 대한 위험프리미엄 비율
- 시장위험프리미엄(market risk premium): 증권시장선의 기울기로 시장위험 1단위를 부담하는 것에 대한 위험프리미엄

개념 체크

1. CAPM은 어떤 가정에 기초하는가?
2. 자본시장선이란? 식으로 표현할 수 있는가?
3. "무위험자산과 시장포트폴리오를 연결하는 자본시장선만이 효율적이다"라는 말의 의미는? 시장포트폴리오란 무엇인가?
4. "시장포트폴리오가 가장 높은 변동보상률을 갖는다"라는 말의 의미는?
5. 토빈의 분리이론에서 무엇과 무엇이 분리되었는가?
6. j번째 주식이 시장포트폴리오의 전체 위험에 공헌하는 정도는 어떻게 측정되는가?
7. 베타의 식은? 베타는 무엇을 측정하는가? 어떻게 추정할 수 있는가?
8. 베타의 가산원리는?
9. 증권시장선은 체계적 위험 원칙과 어떻게 연관되어 있는가?
10. 위험프리미엄, 위험의 시장가격, 시장위험프리미엄, 마이너스 베타 자산, 위험보상률, 알파는 각각 무엇을 의미하는가?
11. 증권시장선과 자본시장선의 차이는? 두 선은 어떻게 연관되어 있는가? 그리고 변동보상률과 위험보상률의 차이는?
12. 과소평가된 자산을 구별하는 방법은?
13. "균형에서 모든 자산이 동일한 위험보상률을 갖는다"라는 말의 의미는?
14. "효율적 포트폴리오가 가장 큰 변동보상률을 갖지만 모든 자산이 동일한 위험보상률을 갖는다." 이 주장이 맞는가?
15. "표준편차가 클수록 기대수익률이 크다." 이 주장에 동의하는가?
16. "시장위험프리미엄은 항상 0보다 커야 한다." 동의하는가?
17. "베타가 클수록 기대수익률이 커야 한다." 동의하는가?
18. "개별자산의 진정한 위험은 분산이 아니라 공분산이다"라는 말의 의미는 무엇인가?
19. "위험자산의 기대수익률은 항상 무위험이자율보다 커야 한다." 이 주장에 동의하는가?
20. 개별자산의 위험프리미엄은 어떻게 계산하는가? 위험프리미엄은 시장위험프리미엄과 어떻게 다른가?
21. 시장모형 가정 하에서 총위험은 어떻게 체계적 위험과 비체계적 위험으로 분해되는가?

연 습 문 제

01 시장지수의 기대수익률이 15%이고 무위험이자율이 4%이다. 만일 영남기업 주식의 베타가 1.3이면 기대수익률은 얼마인가?

① 18.3% ② 19.5% ③ 14.3%
④ 17.6% ⑤ 정답 없음

02 무위험이자율의 대용치인 단기국채수익률이 3%이고 시장위험프리미엄이 6%이다. 충남기업 주식과 시장포트폴리오간의 상관계수는 0.5이며, 충남기업 주식과 시장포트폴리오의 분산은 각각 0.09과 0.0169이다. 충남기업의 기대수익률은 얼마인가? 베타는 소수 두 자리로 구할 것.

① 9.6% ② 9.0% ③ 9.9%
④ 10.2% ⑤ 정답 없음

03 영희가 운영하는 포트폴리오의 현재 가치는 40억원이고 이는 베타가 0.8인 A주식 20억원과 베타가 1.5인 B주식 20억원으로 구성되어 있다. 영희가 A주식 10억원을 매도하고 베타가 0.6인 C주식을 매입하면 영희포트폴리오의 베타는 얼마가 되는가?

① 1.0 ② 1.1 ③ 1.2
④ 0.9 ⑤ 정답 없음

04 충북기업은 매년 500원의 배당금을 영구히 지급할 것으로 예상되며 현재 주가는 6,250원이다. 만일 베타가 10% 증가하면 주가는 얼마로 변하는가? 무위험이자율은 2%이다.

① 5,968원 ② 5,625원 ③ 5,682원
④ 5,814원 ⑤ 정답 없음

05 무위험이자율이 3%이고 시장포트폴리오의 기대수익률이 10%이고 표준편차는 18%이다. 200만원을 보유하는 투자자가 80만원을 차입하여 280만원을 시장포트폴리오에 투자한다면 투자자 포트폴리오의 베타와 표준편차는 각각 얼마인가?

① 1.0, 18% ② 1.2, 25% ③ 1.4, 24%
④ 1.4, 25.2% ⑤ 정답 없음

06 CAPM에 대한 설명으로 틀린 것은?

① 시장위험프리미엄(market risk premium)은 항상 0보다 커야 한다.
② 시장포트폴리오와 무위험자산간의 상관계수는 정확히 0이다.
③ SML에 위치한다고 해서 반드시 CML에 위치하는 것은 아니다.
④ 위험자산의 기대수익률은 무위험자산의 수익률보다 항상 커야 한다.
⑤ 개별자산의 진정한 위험은 총위험의 크기가 아니라 체계적위험의 크기만으로 평가되어야 한다.

07 균형에서 시장포트폴리오에 대한 설명 중 가장 적절한 것은?

① 시장포트폴리오는 가장 큰 변동보상률을 갖지만 다른 비효율적 포트폴리오와 동일한 위험보상률을 갖는다.
② 시장포트폴리오는 다른 어떤 비효율적 포트폴리오보다 큰 변동보상률과 큰 위험보상률을 갖는다.
③ 시장포트폴리오는 다른 비효율적 포트폴리오와 동일한 변동보상률과 위험보상률을 갖는다.
④ 시장포트폴리오는 다른 어떤 비효율적 포트폴리오보다 큰 변동보상률과 작은 위험보상률을 갖는다.
⑤ 시장포트폴리오는 가장 큰 위험보상률을 갖지만 다른 비효율적 포트폴리오와 동일한 변동보상률을 갖는다.

08 충남주식의 시장가격이 5,000원이고 기대수익률(r)이 12%이다. 만일 충남주식의 베타가 현재의 80% 수준으로 감소하면 주가는 몇 퍼센트 상승하는가? 이 주식은 안정성장률(g) 3%로 영원히 성장한다고 가정한다. 무위험이자율은 6%이다. 안정성장모형에 의하면 주가는 $\frac{D_1}{r-g}$이다(D_1은 1년후 배당금).

① 17% ② 15.8% ③ 20%
④ 17.5% ⑤ 15.4%

09 시장포트폴리오의 전체 위험에서 주식 j가 차지하는 위험공헌비율의 식으로 가장 적절한 식은?

① β_j ② $\dfrac{cov(r_j, r_m)}{\sigma_m^2}$ ③ $\dfrac{w_j \rho_{jm} \sigma_j}{\sigma_m}$

④ $\dfrac{cov(r_j, r_m)}{w_j \sigma_m^2}$ ⑤ $\dfrac{w_j^2 \times cov(r_j, r_m)}{\sigma_m^2}$

10 시장이 균형 상태에 있으면 모든 주식의 어떤 값이 일정한가?

① $\dfrac{E(r_j) - r_f}{\sigma_j}$ ② $\dfrac{\beta_j}{\sigma_j}$ ③ $\dfrac{E(r_j) - r_f}{cov(r_j, r_m)}$

④ $\dfrac{E(r_j)}{cov(r_j, r_m)}$ ⑤ $\dfrac{E(r_j)}{\beta_j}$

공인회계사 기출문제

11 자본시장선(CML)과 증권시장선(SML)의 관계에 대한 설명으로 가장 적절하지 않은 것은? CPA

① 동일한 베타를 갖는 자산은 증권시장선에서 동일한 위치에 놓이게 된다.
② CML과 SML은 기대수익률과 총위험간의 선형관계를 설명한다는 점에서 공통점을 갖는다.
③ 비체계적 위험을 갖는 포트폴리오는 CML에 위치하지 않는다.
④ 어떤 자산과 시장포트폴리오간의 상관계수가 1이면 CML과 SML은 동일한 식이 된다.
⑤ SML에 있는 자산이라고 하여 모두 CML에 위치하지는 않는다.

12 무위험이자율은 3%, 시장포트폴리오의 기대수익률은 13%이다. 아래 두 자산 가격의 균형/저평가/고평가 여부에 대하여 가장 적절한 것은? CPA

자 산	β계수	기대수익률
A	0.5	9%
B	1.5	17%

① 두 자산의 가격은 모두 균형상태이다.
② 두 자산의 가격은 모두 저평가되어 있다.
③ 두 자산의 가격은 모두 고평가되어 있다.
④ 자산 A는 저평가되어 있고 자산 B는 고평가되어 있다.
⑤ 자산 A는 고평가되어 있고 자산 B는 저평가되어 있다.

13 다음의 위험(risk)에 대한 설명 중 가장 적절한 것은? CPA

① 총위험이 큰 주식의 기대수익률이 총위험이 작은 주식의 기대수익률보다 항상 크다.
② 증권시장선보다 위쪽에 위치하는 주식의 기대수익률은 과대평가되어 있으므로 매각하는 것이 바람직하다.
③ 시장포트폴리오의 베타는 항상 1로서 비체계적 위험은 모두 제거되어 있다.
④ 상관계수가 1인 두 주식으로 포트폴리오를 구성하는 경우에도 미미하지만 분산투자의 효과를 볼 수 있다.
⑤ 베타로 추정된 주식의 위험과 표준편차로 추정한 주식의 위험 사이에는 일정한 관계가 있다.

14 자본시장선(CML)과 증권시장선(SML)에 대한 설명으로 가장 적절하지 않은 것은? CPA

① 균형상태에서 모든 증권이 CML에 위치하는 것은 아니다.
② 균형상태에서 모든 증권이 SML에 위치한다.
③ 자본시장선과 증권시장선은 모든 증권에 적용된다. 차이점은 증권시장선의 경우 위험이 베타로 측정되고 자본시장선의 경우 위험이 표준편차로 측정된다는 점이다.
④ 자본시장선과 증권시장선은 증권의 위험과 기대수익률간의 관계를 나타내는 선이다.
⑤ 자본시장선의 기울기는 효율적 포트폴리오의 위험에 대한 보상이다.

15 다음 중 CAPM(자본자산가격결정모형)이 성립하는 시장에서 존재할 수 없는 경우는? CPA

① A주식: 기대수익률 = 8%, 표준편차 = 20%
B주식: 기대수익률 = 20%, 표준편차 = 18%
② A주식: 기대수익률 = 18%, 베타 = 1.0
B주식: 기대수익률 = 22%, 베타 = 1.5
③ A주식: 기대수익률 = 13%, 표준편차 = 20%
B주식: 기대수익률 = 20%, 표준편차 = 40%
④ A주식: 기대수익률 = 14.6%, 베타 = 1.2
시장포트폴리오: 기대수익률 = 13%, 무위험이자율 = 5%
⑤ A주식: 기대수익률 = 20%, 표준편차 = 30%
시장포트폴리오: 기대수익률 = 12%, 표준편차 = 16%
무위험이자율 = 4%

16 자본자산가격결정모형(CAPM)에 대한 다음의 설명 중 가장 올바른 것은? CPA

① 증권시장선(SML)에서 다른 조건은 동일하고 시장포트폴리오의 기대수익률이 커진다면 β가 1보다 매우 큰 주식의 균형수익률은 상승하지만, β가 0보다 크지만 1보다 매우 작은 주식의 균형수익률은 하락한다.
② 자본시장선(CML)에서 무위험자산과 시장포트폴리오에 대한 투자가중치는 객관적이지만, 시장포트폴리오에 대한 투자비율은 주관적이다.
③ 증권시장선(SML)의 기울기는 β값에 상관없이 항상 일정한 값을 가진다.
④ 자본시장선(CML)상에 있는 포트폴리오는 효율적이므로 베타는 0이다.
⑤ 자본시장선(CML)상에 있는 포트폴리오와 시장포트폴리오의 상관계수는 0이다.

17 (주)대한은 투자자금 1,000,000원으로 베타가 1.5인 위험자산포트폴리오를 구성하려고 한다. (주)대한의 투자정보는 다음 표와 같다. 무위험자산수익률은 5.0%이다. 자산C의 기대수익률과 가장 가까운 것은? CPA

투자자산	베 타	기대수익률(%)	투자금액(원)
자산 A	1.0	13.0	280,000
자산 B	2.0	21.0	240,000
자산 C	?	?	?
포트폴리오	1.5	?	1,000,000

① 16.90% ② 17.33% ③ 17.54%
④ 17.76% ⑤ 18.03%

18 다음은 내년도 경기상황에 따른 시장포트폴리오의 수익률과 주식 A와 B의 수익률 예상치이다. 경기상황은 호황과 불황만 존재하며 호황과 불황이 될 확률은 동일하다. 증권시장선(SML)을 이용하여 주식 A의 베타(β_A)와 주식 B의 베타(β_B)를 비교할 때, β_A는 β_B의 몇 배인가? (단, CAPM이 성립하고 무위험자산수익률은 5%이다.) CPA

경기상황	수익률		
	시장포트폴리오	주식 A	주식 B
호 황	12.5%	20.0%	27.5%
불 황	7.5%	10.0%	12.5%

① $\frac{1}{2}$배 ② $\frac{2}{3}$배 ③ $\frac{3}{4}$배
④ $\frac{4}{3}$배 ⑤ $\frac{3}{2}$배

19 증권시장선(SML)과 자본시장선(CML)에 대한 다음의 설명 중 옳은 항목만을 모두 모은 것은? CPA

a. SML은 초과이익이 발생한다는 가격결정모형으로부터 도출된다.
b. 인플레이션율이 상승하는 경우 SML의 절편이 상승한다.
c. 개별증권의 수익률과 시장수익률간의 상관계수가 1인 경우 SML은 CML과 일치하게 된다.
d. CML을 이용하여 비효율적 개별자산의 균형수익률을 구할 수 있다.
e. 수동적(passive) 투자포트폴리오를 구성하기 위해서는 CML을 이용할 수 있다.

① a, d ② b, e ③ a, b, c
④ a, c, e ⑤ b, c, e

20 CAPM이 성립한다는 가정 하에서 다음 중 가장 적절하지 않은 것은? (단, r_f는 무위험이자율이고 m은 시장포트폴리오이며 시장은 균형에 있다고 가정한다.) CPA

① 모든 주식의 $\frac{E(r_j)-r_f}{cov(r_j, r_m)}$이 일정하다.

② 시장포트폴리오는 어떤 비효율적 포트폴리오보다 큰 변동보상률(reward to variability ratio)을 갖는다.

③ 개별 주식 j가 시장포트폴리오의 위험에 공헌하는 정도를 상대적인 비율로 전환하면 $\frac{w_j cov(r_j, r_m)}{\sigma_m^2}$이다(여기서 w_j는 j주식이 시장포트폴리오에서 차지하는 비중임).

④ 1년 후부터 매년 300원의 일정한 배당금을 영원히 지급할 것으로 예상되는 주식의 체계적 위험이 2배가 되면 주가는 40% 하락한다. (단, 위험이 증가하기 전 주식의 가격은 3,000원이고 무위험이자율은 4%이다.)

⑤ 무위험이자율보다 낮은 기대수익률을 제공하는 위험자산이 존재한다.

21 시장모형이 성립한다는 가정 하에서 포트폴리오의 총위험에 대한 체계적 위험의 비율을 구하라. 베타가 1.3인 A주식에 70%를 투자하고 베타가 0.7인 B주식에 30%를 투자한 포트폴리오의 수익률 표준편차가 0.4이다. 그리고 시장포트폴리오 수익률의 표준편차는 0.2이다. CPA

① 15% ② 43% ③ 31%

④ 21% ⑤ 29%

연습문제 해설

01 ①

기대수익률은 $4\% + 1.3 \times (15\% - 4\%) = 18.3\%$이다.

02 ③

베타가 $\dfrac{0.5 \times \sqrt{0.09} \times \sqrt{0.0169}}{0.0169} = 1.15$이므로 기대수익률은 $3\% + 1.15 \times 6\% = 9.9\%$이다.

03 ②

영희포트폴리오는 A주식 10억원, B주식 20억원, C주식 10억원으로 구성되며 각각의 베타는 0.8, 1.5, 0.6이므로 포트폴리오의 베타는 1.1이다.

$$\left(\frac{10}{40}\right) \times 0.8 + \left(\frac{20}{40}\right) \times 1.5 + \left(\frac{10}{40}\right) \times 0.6 = 1.10$$

04 ④

현재의 기대수익률이 $\dfrac{500}{6,250} = 8\%$이고 이는 무위험이자율 2%와 위험프리미엄 6%로 구성된다. 베타가 10% 증가하면 위험프리미엄도 10% 증가하므로 새로운 기대수익률은 $2\% + 6\% \times 1.1 = 8.6\%$가 되어 주가는 $\dfrac{500}{0.086} = 5,814$원으로 하락한다.

05 ④

80만원은 200만원의 40%이므로 차입과 시장포트폴리오투자의 가중치는 각각 −0.4와 1.4이다. 베타는 $(-0.4) \times 0 + 1.4 \times 1 = 1.4$이고 표준편차는 $1.4 \times 18\% = 25.2\%$이다.

06 ④

베타가 0보다 작은 위험자산의 기대수익률은 무위험자산의 수익률보다 작게 된다.

07 ①

시장포트폴리오는 비효율적 포트폴리오보다 큰 변동보상률 $\frac{E(r_j)-r_f}{\sigma_j}$을 갖는다. 그러나 체계적 위험에 대한 보상인 위험보상률 $\frac{E(r_j)-r_f}{\beta_j}$은 효율적이든 비효율적이든 균형에서 동일해야 한다.

08 ⑤

안정성장모형에 의해 $5{,}000=\frac{D_1}{0.12-0.03}$로부터 1년 후 배당금 $D_1=450$원이 계산된다. 베타가 80% 수준으로 하락하면 위험프리미엄도 80% 수준으로 하락하므로 새로운 요구수익률은 $6\%+0.8\times6\%=10.8\%$이다. 따라서 주가는 현재의 5,000원에서 $\frac{450}{0.108-0.03}=5{,}769$원으로 15.4% 상승한다.

09 ③

공헌비율: $\frac{w_j\times cov(r_j,r_m)}{\sigma_m^2}=\frac{w_j\rho_{jm}\sigma_j}{\sigma_m}$.

10 ③

시장포트폴리오가 균형이면 체계적 위험에 대한 위험프리미엄의 비율이 일정해야 한다. 즉, $\frac{E(r_j)-r_f}{cov(r_j,r_m)}$ 또는 $\frac{E(r_j)-r_f}{\beta_j}$이 일정하다.

11 ②

SML은 체계적 위험과 기대수익률간의 선형관계를 나타낸다. 시장포트폴리오와 1의 상관계수를 갖는 효율적 포트폴리오의 경우 CML과 SML은 동일한 식이 된다.

12 ④

SML식이 $0.03+(0.13-0.03)\times\beta$이므로 베타가 0.5이면 균형수익률이 8%이고 베타가 1.5이면 균형수익률이 18%이다. A자산은 SML 위에 위치하므로 과소평가 되었고 B자산은 SML 아래에 위치하므로 과대평가되었다.

13 ③

① 총위험이 크다고 해서 기대수익률이 반드시 큰 것은 아니다. ② SML 위에 위치하는 자산은 과소평가된 자산이므로 매입해야 한다. ④ 상관계수가 1인 경우

분산효과가 전혀 발생하지 않는다. ⑤ 베타와 표준편차 간에 일정한 관계가 성립하지 않는다.

14 ③

자본시장선은 효율적 포트폴리오에만 적용되고 증권시장선은 모든 증권에 적용된다. 효율적 포트폴리오만이 자본시장선에 위치하고 비효율적 포트폴리오는 자본시장선 아래에 위치한다. 모든 증권은 증권시장선에 위치한다. 자본시장선과 증권시장선은 위험과 기대수익률간의 관계를 나타내는 식이므로 ④번은 적절한 설명이다.

15 ⑤

시장포트폴리오가 가장 큰 변동보상률을 가져야 한다. ⑤에서 시장포트폴리오의 변동보상률이 $\frac{0.12 - 0.04}{0.16} = 0.5$이고 A주식의 변동보상률이 $\frac{0.2 - 0.04}{0.3} = 0.53$이므로 CAPM이 성립하는 상황에서 존재할 수 없다.

16 ③

① $E(r_m)$이 커지면 β의 크기와 무관하게 균형수익률이 상승한다. ② 무위험자산과 시장포트폴리오에 대한 투자가중치는 투자자 개인의 성향에 의해 주관적으로 결정된다. 시장포트폴리오는 모든 자산이 시장가치 비율로 포함되므로 이 비율은 객관적이다. ③ 증권시장선의 기울기는 $E(r_m) - r_f$로 일정하다. ④ 무위험자산의 베타가 0이다. ⑤ 자본시장선에 위치하는 포트폴리오와 시장포트폴리오 간의 상관계수는 1이다.

17 ②

각 자산의 투자비중은 각각 28%, 24%, 48%이므로 C자산의 베타는 1.542이고

$$0.28 \times 1 + 0.24 \times 2 + 0.48 \times \beta_C = 1.5 \rightarrow \beta_C = 1.542$$

기대수익률은 $5\% + 1.542 \times (13\% - 5\%) = 17.34\%$이다.

18 ②

베타는 공분산을 시장수익률의 분산으로 나눈 값이므로 베타 간의 비례는 공분산 간의 비례와 동일하다. 따라서 A의 베타는 B베타의 2/3배이다.

$cov(r_A, r_m) = 0.5(0.125 - 0.1)(0.2 - 0.15) + 0.5(0.075 - 0.1)(0.1 - 0.15) = 0.00125$

$cov(r_B, r_m) = 0.5(0.125 - 0.1)(0.275 - 0.2) + 0.5(0.075 - 0.1)(0.125 - 0.2) =$ 0.001875

19 ⑤

SML은 초과이익이 발생하지 않음을 가정한다. 인플레이션율이 상승하면 무위험이자율이 상승하므로 SML은 상향 평행이동한다. 상관계수가 1이면 $\beta_P = \frac{\sigma_P}{\sigma_m}$이므로 CML과 SML은 동일한 식이 된다. CML을 이용하면 오직 효율적인 자산의 균형수익률을 구할 수 있다. CML을 이용하면 어떤 성격의 투자포트폴리오도 구성이 가능하다.

20 ④

$\frac{300}{3,000} = 10\%$이고 무위험이자율이 4%이므로 위험프리미엄이 6%이다. 체계적 위험이 2배가 되면 위험프리미엄이 12%가 되어 기대수익률이 16%가 된다. 따라서 주가는 $\frac{300}{0.16} = 1,875$원으로 37.5% 하락한다.

21 ③

포트폴리오의 베타가 $\beta_P = 0.7 \times 1.3 + 0.3 \times 0.7 = 1.12$이므로 체계적 위험은 $\beta_P^2 \sigma_m^2 = 1.12^2 \times 0.2^2 = 0.050176$이다. 따라서 체계적 위험의 비율은 $\frac{0.050176}{0.4^2} = 0.3136$이다.

부록 6A

시장포트폴리오가 n개의 주식으로 구성되어 있으며 각 주식의 비율을 w_j라고 가정하자. 시장포트폴리오 수익률의 분산인 σ_m^2는 $n \times n$개의 셀(cell)로 구성된 분산-공분산 행렬(variance-covariance matrix)에서 모든 셀의 합으로 표현된다. [그림 6A-1]에서 대각선에 표시된 값은 분산이고 이외의 값은 공분산이다.

그림 6A-1 분산-공분산 행렬

비중	w_1	w_2	…	w_j	…	w_n	합 계
w_1	$cov(r_1,r_1)$	$cov(r_1,r_2)$		$cov(r_1,r_j)$		$cov(r_1,r_n)$	$w_1cov(r_1,r_m)$
w_2							$w_2cov(r_2,r_m)$
…							
w_j	$cov(r_j,r_1)$	$cov(r_j,r_2)$		$cov(r_j,r_j)$		$cov(r_j,r_n)$	$w_jcov(r_j,r_m)$
…							
w_n	$cov(r_n,r_1)$	$cov(r_n,r_2)$		$cov(r_n,r_j)$		$cov(r_n,r_n)$	$w_ncov(r_n,r_m)$

j번째 주식이 시장포트폴리오의 전체 위험인 σ_m^2에서 차지하는 크기를 계산해 보자. 이 크기는 분산-공분산행렬에서 j번째 행(row)에 속한 n개 셀의 합이다. n개 셀의 합은 다음과 같이 $w_j \cdot cov(r_j,r_m)$으로 계산된다(각 줄의 합은 마지막 열(column)에 계산되어 있음).[14)]

$$w_jw_1cov(r_j,r_1)+w_jw_2cov(r_j,r_2)+..+w_jw_jcov(r_j,r_j)+..+w_jw_ncov(r_j,r_n)$$
$$=w_j \cdot cov\left(r_j, \sum_{i=1}^{n}w_ir_i\right)=w_j \cdot cov(r_j,r_m) \quad (6A.1)$$

이 값은 j번째 주식이 시장포트폴리오의 전체 위험에 공헌하는 정도로서 j번째 주식의 체계적 위험에 해당된다. 그리고 표의 마지막 열에 계산된 개별자산의 위험공헌도를 합산하면 전체 위험인 σ_m^2이 계산된다.

$$w_1cov(r_1,r_m)+w_2cov(r_2,r_m)+...+w_ncov(r_n,r_m)=cov\left(\sum_{i=1}^{n}w_ir_i,r_m\right)$$
$$=cov(r_m,r_m)=\sigma_m^2 \quad (6A.2)$$

14) 이 계산은 $cov(aX,bY)=ab \times cov(X,Y)$의 속성을 이용한다(여기서 X와 Y는 변수이고, a와 b는 상수임). 그리고 $r_m=\sum_{j=1}^{n}w_jr_j$이다.

효율적 자본시장

Table of Contents

학습 주안점

코스닥지수는 2000년에 2,834.4포인트까지 상승하였으나 불과 9개월 후에 525.80포인트까지 하락하고 결국 261.19포인트까지 하락하였다. 미국의 경우도 유사하다. 즉, 나스닥지수가 1996년부터 1999년까지 연 30% 이상으로 상승하였으나 2000년과 2001년과 각각 40%와 30% 하락하였다. 같은 기간 동안에 인터넷주식의 가격은 평균 1,000% 상승하였다. 우리나라와 미국을 비롯한 여러 국가에서 경험한 기술주의 버블이 왜 발생했는가에 대해서는 의견이 분분하다.

기술주의 버블이 암시하듯이 자본시장이 항상 효율적으로 운영되는 것만은 아니다. 효율성을 기각하는 여러 실증증거가 있지만 우리는 효율적 시장가설을 대체로 수긍한다. 효율적 시장가설을 믿는 이유는 이 가설이 사실이기 때문이 아니라 이 가설이 경영자로 하여금 올바른 질문과 결정을 할 수 있도록 유도하기 때문이다.

이 장에서는 자본시장의 효율성, 행동재무론 해석, 기술적 분석에 대하여 설명하기로 한다. 여러분이 숙지해야 할 주요 내용은 다음과 같다.

1. 효율적 자본시장이란 어떤 시장을 의미하는가?
2. 세 가지 형태의 효율성이란 각각 무엇인가? 각각의 효율성은 어떤 정보를 반영하는가?
3. 자본시장이 효율적이기 위해 필요한 세 가지 조건이란 무엇인가?
4. 사건연구란 무엇인가? 비정상수익률을 측정하는 방법에는 어떤 방법들이 있는가?
5. 비효율성의 실증증거인 순이익 공시효과 지연현상, 규모효과, PER효과 등을 설명할 수 있는가?
6. 행동재무란 무엇이며 주로 언급되는 심리적 요인들은 무엇인가?
7. 다우이론이란 무엇인가?
8. 캔들스틱차트는 어떤 모양인가?
9. TRIN과 RSI를 계산할 수 있는가? 어떻게 이용하는가?

1 효율적 시장가설

1.1 효율적 시장가설의 정의

금융자산의 가치가 항상 균형 상태에 있는 것은 아니다. 그러나 만일 어떤 자산의 가격이 균형수준에서 이탈하여 많은 이익을 얻을 수 있는 기회(즉, 순현가가 0보다 큰 투자기회)가 발생한다면, 이를 인식한 투자자는 순식간에 그 자산에 매입 또는 매도포지션을 취함으로써 이익을 얻을 것이다.[1] 결국 이로 인해 자산의 가격은 다시 균형 상태로 회복될 것이다. 즉, 순현가가 0보다 큰 좋은 투자기회는 곧장 사라지게 되므로, 우리는 항상 순현가가 0인 것처럼 금융자산의 가치를 평가하는 것이다.

금융자산의 순현가가 0이라는 가정은 효율적 자본시장을 전제로 한 가정이다. "효율적 자본시장(efficient capital market)"이란 "금융자산의 가치에 영향을 미치는 정보들이 자산의 가치에 빠르고 정확하게 반영되므로 이런 정보를 이용하여 비정상수익률(abnormal return)을 얻을 수 없는 시장"을 의미한다. 여기서 비정상수익률이란 자산의 위험이 반영된 적정 기대수익률을 초과하여 얻는 수익률을 말한다.[2]

"효율적 시장가설(efficient market hypothesis: EMH)"은 완벽한 시장의 행태를 설명하는 이론으로 다음과 같은 시장을 효율적이라고 한다.

① 시장이 균형(equilibrium) 상태에 있다. 즉 현재의 시장가격이 내재가치(intrinsic value)와 동일한 공정가격(fair price)이므로 기대수익률과 균형수익률이 동일하다(즉, 비정상수익률이 0임).

② 금융자산의 가격은 가격에 영향을 미치는 모든 정보를 완전히 반영하며 새로운 정보가 시장에 전달되면 가격은 빠르고 정확하게 반응한다.

③ 금융자산의 가격은 모든 정보를 반영하여 균형에 있으므로 과소평가된 또는 과대평가된 자산을 찾는 것은 무의미하다.

---

1) 순현가(net present value)는 현금유입의 현재가치에서 현금유출의 현재가치(즉 투자금액)을 차감한 값이다. 순현가가 0보다 크다는 것은 투자의 위험에 적절한 수익률 이상을 얻는 것을 의미한다.

2) 비정상수익률(abnormal return)을 초과수익률(excess return)이라고도 하지만, 이 책에서 초과수익률은 특정 자산의 수익률에서 무위험이자율을 차감하고 남은 값인 위험프리미엄을 뜻하는 의미로만 사용하기로 한다.

주요결과 7-1

효율적 자본시장은 금융자산의 가치에 영향을 미치는 정보들이 자산의 가치에 빠르고 정확하게 반영되므로 이런 정보를 이용하여 비정상수익률을 얻을 수 없는 시장이다. 시장이 효율적이면 시장가격이 내재가치와 동일하여 기대수익률이 균형수익률과 일치한다.

1.2 세 가지 형태의 효율성

자본시장의 효율성 정도는 가격에 반영되는 정보의 유형에 따라 세 가지로 구분된다. 세 가지 유형의 효율성은 1970년 유진 파마(Eugene Fama)에 의해 정립되었다. 효율적 시장가설에 대한 이론을 확립하고 실증검증에 대한 공로를 인정받아 유진 파마는 2013년 노벨경제학상을 수상하였다.

① **약형 효율성**(weak-form efficiency)

금융자산의 가격이 "과거 가격자료"를 충분히 반영하고 있으므로 투자자가 이 자료를 이용하여 일관성있게(consistently) 초과수익률을 얻을 수 없는 경우이다. 약형 효율성은 가장 낮은 수준의 효율성이다.

시장이 약형으로 효율적이면 주가는 랜덤워크(random walk)를 따르며, 기술적 분석(technical analysis)은 가치가 없다. 기술적 분석은 과거의 주가패턴을 분석하여 미래의 주가를 예측하는 분석이다. 시장이 약형으로 효율적이면 주가가 과거의 모든 정보를 반영하고 있으므로 과거의 가격패턴을 찾는 챠트분석(chart analysis)을 이용하여 지속적으로 비정상수익률을 얻기는 어려울 것이다.

② **준강형 효율성**(semistrong-form efficiency)

금융자산의 가격이 "모든 공개정보(all public information)"를 충분히 반영하고 있으므로 투자자가 이런 공개정보를 이용하여 일관성있게 비정상수익률을 얻을 수 없는 경우이다. 준강형 효율성을 검증하는 기본적인 방법은 사건연구를 통해 정보가 즉각적이고 정확하게 주가에 반영되는지 분석하는 것이다. 시장이 준강형으로 효율적이면 약형으로도 효율적이다.

시장이 준강형으로 효율적이면 기본적 분석은 가치가 없다. 기본적 분석(fundamental analysis)은 특정 증권의 내재가치가 가치에 영향을 미치는 변수(기업의 미래 순이익과 배당, 위험정도, 이자율의 움직임 등)에 의해 결정되며 만약 시장가치가 내재가치보다 작으면 이 주식은 과소평가된 주식이며 투자자가 이 주식을 매입함으로써 결국 주가가 내재가치와 같아지게 된다는 논리에 기초한다. 그러나 준강형 효율성을 믿는 지지자들은 주가가 모든 공개정보를 이미 반영하고 있으므로 이런 정보를 분석하여 과소평가된 주식을 찾는 것은 무의미하다고 주장한다. 그러나 모든 투자자가 기본석 분석이 가치가 없다고 믿고 어떤 분석도 하지 않는다면 주가가 이런 정보를 충분히 반영하지 못할 수 있다는 점이 아이러니하다. 따라서 효율적 시장가설은 개별적인 기본적 분석이 지속적인 비정상수익률을 창출하지 못한다는 것이지 증권분석 자체의 기본적 논리를 부정하는 것은 아니다.

③ **강형 효율성**(strong-form efficiency)

금융자산의 가격이 "모든 정보(all information)"를 충분히 반영하고 있으므로 투자자가 어떤 정보를 이용하더라도 일관성있게 비정상수익률을 얻을 수 없는 경우이며 가장 높은 수준의 효율성이다. 시장이 강형으로 효율적이면 약형과 준강형으로도 효율적이다.

가격에 반영되는 정보의 유형과 효율성의 정도는 [그림 7-1]과 같이 연결된다.

그림 7-1 효율성의 형태와 정보의 유형

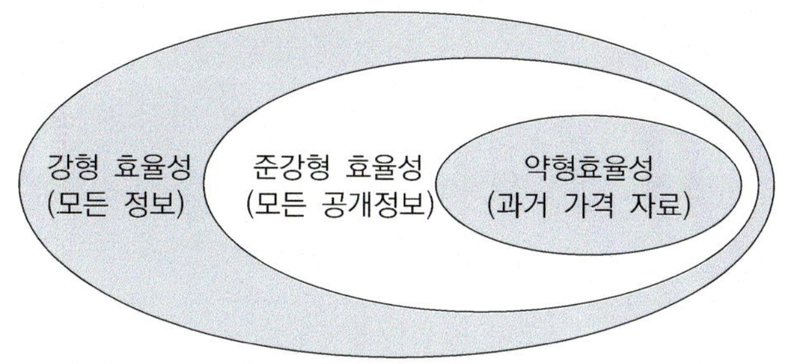

예시 7-1 세 가지 형태의 비효율성

다음 각각의 경우가 시장의 비효율성을 나타내는지 평가하라. 만약 비효율성을 의미한다면 약형인지, 강형인지, 준강형인지 구별하라.

① 경영자는 자사주를 매입하여 평균 투자자보다 높은 수익률을 얻는다.

② 합병공시 전 피합병기업의 주가가 상승하는 경향이 있다.

③ 특정 기간에 주가가 많이 상승한 주식은 이후 일정 기간 동안 주가가 계속 상승한다는 증거가 발견되었다.

④ 위험이 큰 주식의 수익률은 위험이 작은 주식의 수익률보다 평균적으로 높다.

① 강형 비효율성, ② 준강형 비효율성, ③ 약형 비효율성, ④ 비효율성을 의미하지 않음.

자본시장은 일반적으로 준강형으로 효율적인 것으로 간주된다. 즉, 가격은 모든 공개정보를 반영하므로 이를 이용하여 일관성있게 비정상수익률을 실현하는 것은 불가능하지만 사적정보(private information)를 이용하면 비정상수익률을 얻는 것이 가능하다. 시장이 준강형으로 효율적이면 당연히 약형으로도 효율적이다.

효율적 시장에서의 주가반응은 [그림 7-2]에서와 같이 "신속하고 정확하게" 이루어져야 한다.

그림 7-2 효율적 주가 반응

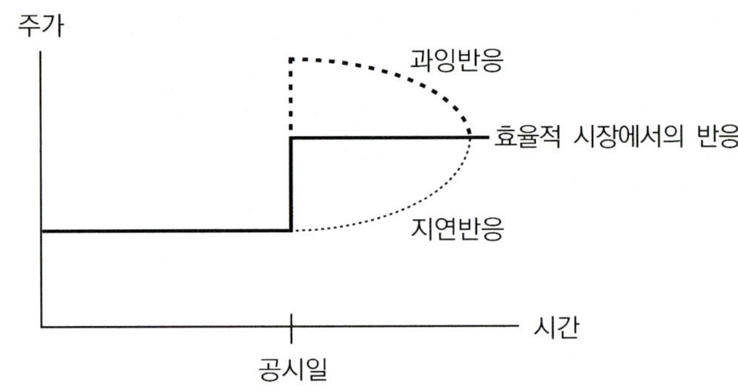

과잉반응의 경우 투자자는 공시일에 주식을 공매도하여 비정상수익률을 얻을 수 있다. 반면에 지연반응의 경우 투자자는 공시일에 주식을 매입하여 비정상수익률을 얻을 수 있다.

주요결과 7-2

시장의 효율성은 과거 가격자료를 반영하는 약형 효율성, 공개정보를 반영하는 준강형 효율성, 그리고 모든 정보를 반영하는 강형 효율성으로 구분된다. 자본시장은 일반적으로 준강형으로 효율적인 것으로 간주되며, 준강형으로 효율적이면 약형으로도 효율적이다.

1.3 효율적 자본시장의 근거 *

쉴레이퍼(Andrei Shleifer, 2000년)는 자본시장이 효율적이 되려면 ① 합리성(rationality) ② 합리성으로부터 독립적 이탈(independent deviation from rationality) ③ 차익거래(arbitrage) 등의 세 가지 조건 중 적어도 한 가지 조건이 필요하다고 주장하였다.

① 합리성

모든 투자자가 합리적으로 행동하면 정보의 가치가 정확하고 신속하게 평가되어 가격에 반영될 것이므로 자본시장은 효율적이게 된다.

② 합리성으로부터의 독립적 이탈

모든 투자자가 합리적이지 않더라도 투자자들이 합리적 행동으로부터 상호 독립적으로 이탈한다면 주가는 마치 모든 투자자가 합리적으로 행동하듯이 반응할 것이다. 예를 들어, 비합리적으로 비관적인 견해가 비합리적으로 낙관적인 견해에 의해 상쇄된다면 자본시장은 효율적일 수 있다.

③ 차익거래

비합리적인 비관론자(낙관론자)들의 견해가 우세하여 현재 주가가 과소(과대) 평가될 때 합리적인 차익거래자들이 차익거래를 통하여 주가를 균형으로 이끌 수 있다면 자본시장은 효율적이게 된다.

그러나 현실적으로 세 가지 조건은 모두 성립하지 않는다. 먼저 모든 투자자가 합리적일 수 없다. 둘째, 투자자들이 합리성으로부터 독립적으로 이탈하지 않는다. 즉, 투자자들의 비합리적 사고가 상호 연관되어 있으므로 비합리성이 상쇄되지 않는다. 비합리적 사고가 서로 연관되어 있다는 것의 대표적인 예가 버블(bubble)이 형성되는 것이다. 또한 차익거래를 통해 주가를 균형으로 유도하려면 차익거래자의 포지션이 비합리적인 투자자의 포지션보다 훨씬 커야 한다. 또한 가격이 균형으로 가기 전에, 매입포지션을 취한 주식에 관한 나쁜 뉴스가 전달되거나 공매도 포지션을 취한 주식에 관한 좋은 뉴스가 전달되면 차익거래자는 큰 손실을 입을 수 있다. 이는 차익거래자의 포지션이 대단히 위험함을 의미하며 자본조달에 제약이 있는 상황에서 차익거래자는 가격이 균형으로 가기 전에 파산할 수 있다.[3) 4)]

1.4 사건연구와 비정상수익률 계산

자본시장의 준강형 효율성을 검증하는 방법이 사건연구(event study)이다. 사건연구는 특정 정보가 시장에 공시되는 공시일(announcement date)을 전후하여 비정상적인 가격변화를 검증하는 방법이다. 측정된 비정상적인 가격변화가 특정 정보의 효과를 의미하게 된다. 여기서 비정상적인 가격변화는 비정상수익률(abnormal return: AR)로 측정되는데 이는 실제 수익률에서 기대수익률을 차감하여 구한다.

---

3) 케인즈(John Keynes)는 “Markets can stay irrational longer than you can stay solvent"라는 유명한 표현을 남겼다.

4) 여기서 말하는 차익거래는 우리가 1장에서 정의한 차익거래와는 상이하다. 1장에서 우리가 정의한 차익거래는 좁은 의미의 순수차익거래이고, 여기서 말하는 차익거래는 넓은 의미로 위험이 수반되는 차익거래이다.

$$\text{비정상수익률} = \text{실제 수익률} - \text{기대수익률} \tag{7.1}$$

그리고 누적비정상수익률(cumulative abnormal return: CAR)은 사건기간(event period) T 일 동안의 비정상수익률을 누적하여 구한다.

$$CAR_T = \sum_{t=1}^{T} AR_t \tag{7.2}$$

기대수익률은 평균조정수익률모형, 시장조정수익률모형, 위험조정수익률모형 등에 의해 추정된다. 위험조정수익률모형이 가장 많이 사용된다.

그리고 특정 사건이 시장에 중요한 정보를 전달하는지를 판단하기 통계적 유의성(statistical significance)을 검증한다. 만약 특정 사건이 중요한 정보를 전달하지 않으면 공시일의 비정상수익률은 0과 유의적으로 상이하지 않을 것이다(즉, 비정상수익률이 0과 동일함을 기각하지 못함).

① **평균조정수익률모형**(mean-adjusted return model)

평균조정수익률모형에서 기대수익률은 과거 일정기간 동안의 평균 수익률로 정의된다. 따라서 비정상수익률은 다음과 같이 추정된다.

$$AR_{jt} = r_{jt} - \overline{r_j} \tag{7.3}$$

여기서 r_{jt}는 j주식의 t일의 수익률이고 $\overline{r_j}$는 j주식의 평균 수익률이다.

② **시장조정수익률모형**(market-adjusted return model)

시장조정수익률모형에서 기대수익률은 시장수익률로 정의된다. 따라서 비정상수익률은 다음과 같이 추정된다.

$$AR_{jt} = r_{jt} - r_{mt} \tag{7.4}$$

여기서 r_{mt}는 시장포트폴리오(m)의 t일의 수익률이다. 시장포트폴리오(market portfolio) 수익률의 대용치로 주가지수 수익률이 이용된다. 이 모형은 시장모형(market model)에서 $\alpha = 0$, $\beta = 1$인 특수한 경우이다.

③ **위험조정수익률모형**(risk-adjusted return model)

이 모형에서 기대수익률은 시장모형으로 추정되고, 시장모형의 모수는 비사건기간의 수익률 자료로부터 추정된다.[5] 위험조정수익률모형에서 비정상수익률은 다음과 같이 표현된다.

---

5) 비사건기간(nonevent period)은 사건의 영향이 미치지 않는 기간으로 보통 사건일 전의 일정기간이 이용된다(예를 들어, 공시일 기준 −100일부터 −10일까지).

$$AR_{jt} = r_{jt} - (\widehat{\alpha_j} + \widehat{\beta_j} \cdot r_{mt}) \tag{7.5}$$

여기서 $\widehat{\alpha_j}$, $\widehat{\beta_j}$는 비사건기간 동안의 수익률 자료로부터 추정된 시장모형 식 $r_{jt} = \alpha_j + \beta_j \cdot r_{mt} + \epsilon_{jt}$의 회귀계수이다. 시장모형은 주식의 수익률($r_j$)이 시장수익률($r_m$)과 시장수익률에 대한 민감도인 베타($\beta_j$), 그리고 기업의 특수한 상황에 의한 부분(ϵ_j)으로 구성된다고 가정한다.

[표 7-1]과 [그림 7-3]은 유상증자와 자사주매입의 공시일을 기준으로 －5일부터 +5일까지의 11일 동안 일별 비정상수익률과 누적비정상수익률(cumulative abnormal returns: CAR)을 보여준다(시장조정수익률모형 이용). 유상증자 표본은 2002년부터 2012년까지의 기간 동안 공시된 주주배정방식과 일반공모방식의 유상증자 1667건이고, 자사주매입 표본은 동일 기간 동안 공시된 자기주식 취득 1,487건이다.[6] 공시일의 비정상수익률이 유상증자의 경우 －4.95%이고 자사주매입의 경우 2.65%이다. 자사주매입의 경우 공시일 이후 약간의 상승 추세가 보이지만 비교적 효율적인 주가반응을 관찰할 수 있다. 이상의 실증 결과(empirical results)는 유상증자 공시효과가 부정적이고 자사주매입의 공시효과가 긍정적임을 보여준다.

표 7-1 공시일 전후 초과수익률

	유상증자(n = 1,667)			자사주매입(n = 1,487)		
	AR평균	유의성	AR중앙값	AR평균	유의성	AR중앙값
－5	0.0022		－0.0046	－0.0024	***	－0.0031
－4	0.0011		－0.0050	－0.0024	***	－0.0022
－3	－0.0008		－0.0051	－0.0037	***	－0.0033
－2	－0.0018		－0.0059	－0.0040	***	－0.0046
－1	－0.0057	***	－0.0086	－0.0010		－0.0014
0	－0.0495	***	－0.0530	0.0265	***	0.0216
1	－0.0118	***	－0.0118	0.0042	***	0.0001
2	0.0005		－0.0037	0.0019	***	－0.0004
3	－0.0013		－0.0057	0.0028	***	0.0005
4	－0.0035	**	－0.0066	0.0027	***	0.0007
5	－0.0007		－0.0054	0.0023	***	0.0004

**(***)은 5%(1%) 신뢰수준에서 통계적으로 유의함을 의미함.

6) 공시가 장후시간에 이루어진 경우 익일을 공시일로 변경한다. 이 결과는 윤평식, 최수미, 임병권의 "경영자가 나쁜 뉴스를 장후에 공시하는 것이 유리한가"(재무관리연구, 2017년)의 <표 5>에서 인용한다.

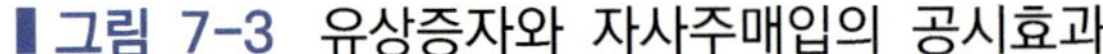

그림 7-3 유상증자와 자사주매입의 공시효과

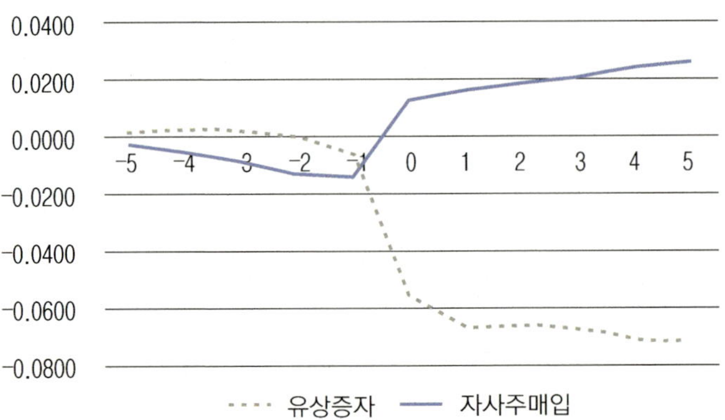

주요결과 7-3

준강형 효율성을 검증하는 방법이 사건연구이다. 이 연구는 특정 정보가 시장에 공시되는 시점을 기준으로 비정상수익률을 측정하여 정보가 빠르고 정확하게 가격에 반영되는지 확인하는 방법이다. 여기서 비정상수익률은 실제 수익률에서 모형으로 추정한 기대수익률을 차감한 값이다.

2 비효율성의 실증증거

시장의 효율성을 주장하는 사람들은 효율성을 기각할 수 있는 실증증거(empirical evidence)를 논리적으로 설명되지 않는 "이상현상(anomalies)"이라고 한다. 많은 유형의 이상현상이 발견되었지만 여기서는 순이익 공시효과의 지연현상, 규모효과, PER과 PBR효과 등 세 가지를 소개하기로 한다.

2.1 순이익 공시효과 지연현상

기업이 순이익을 공시하면 자본시장은 실제 순이익과 기대 순이익을 비교하여, 두 값의 차이인 기대외 순이익(earnings surprise)이 0보다 크면 긍정적으로 반응하고 반대의 경우에 부정적으로 반응할 것이다. 그리고 시장이 효율적이면 주가의 변화는 기대외 순이익의 정보효과를 빠르고 정확하게 반영하여 이루어져야 한다. 순이익의 공시효과가 주가에 즉각적으로 반영되지 못하는 실증증거는 여러 연구에 의해 보고되고 있다.

포스터-올슨-쉐블린(Foster, Olsen, Shevlin)은 기대외 순이익의 크기에 따라 10개의 포트폴리오를 구성하고 공시일 전후의 비정상수익률을 분석하였는데 결과는 [그림 7-4]와 같다.[7)]

▮그림 7-4 기대외 순이익 공시효과의 지연현상

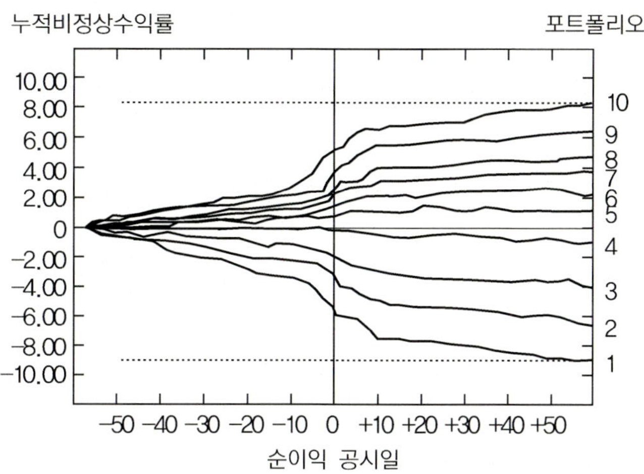

기대외 순이익과 비정상수익률간에 뚜렷한 양(+)의 상관성이 존재하며 순이익의 정보효과가 공시일을 전후하여 즉각적으로 반영되지 않고 있는 비효율성을 확인할 수 있다. 예를 들어, 포트폴리오1을 공매도하고 포트폴리오10을 매입하는 전략을 구사하면 60거래일 동안에 대략적으로 8% - (-9%) = 17%의 누적비정상수익률을 실현할 수 있다.

2.2 규모효과

소기업효과(small-firm effect)는 1981년 반즈(Banz)에 의해 발견된 것으로 소기업 포트폴리오의 수익률이 대기업 포트폴리오의 수익률보다 일관성있게 높다는 것을 의미한다. [그림 7-5]는 시가총액의 크기에 의해 구성된 10개 포트폴리오의 1926~2000년(미국) 기간 동안의 연평균수익률을 보여준다.[8)] 소기업포트폴리오의 수익률이 위험에 대한 조정 여부와 관계없이 대기업포트폴리오의 수익률보다 일관성있게 크다는 것을 확인할 수 있다.

---

7) 월스트리트에서 활약하는 애널리스트의 예측치를 기대 순이익으로 이용하였다. George Foster, Chris Olsen, and Terry Shevlin, Earnings Releases, Anomalies, and the Bahavior of Security Returns, *Accounting Review* 59, 1984.

8) 자료 출처: Stocks, Bonds, Bills, and Inflation 2000 Yearbook, Ibbotson Associates, 2000.

그림 7-5 규모효과

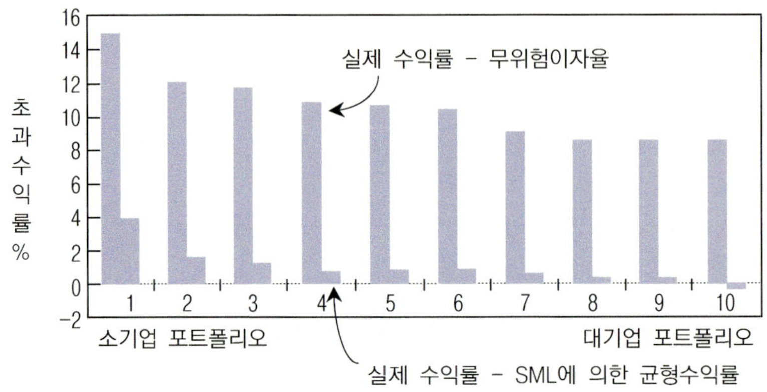

그리고 1983년 카임(Keim)은 소기업효과의 대부분이 1월에 발생한다는 것을 발견하고 "소기업 1월효과(small-firm-in-January effect)"를 주장하였다. 1월효과(January effect)는 1월의 수익률이 다른 월의 수익률에 비해 매우 높은 현상을 말한다.[9] 1월효과는 기업의 규모와 높은 상관성을 가지며 소기업 주식의 1월 수익률이 특히 높은 것으로 확인되었다.

2.3 PER효과와 PBR효과

PER효과는 1977년 바수(Basu)에 의해 처음으로 제기된 것으로 PER이 낮은 주식의 수익률이 PER이 높은 주식의 수익률보다 높은 현상을 말한다. 유사한 효과로 PBR효과가 있다. 이는 80년대 후반 레인가눔(Reinganum), 파마와 프렌치(Fama, French)에 의해 제기된 것으로 PBR이 낮은 주식의 수익률이 PBR이 높은 주식의 수익률보다 높은 현상을 말한다.

[그림 7-6]은 파마와 프렌치의 연구결과이다.[10] 1963년부터 1990년까지의 연구기간 동안 PBR이 가장 높은 포트폴리오의 월평균수익률은 0.72%인데 반하여 PBR이 가장 낮은 포트폴리오의 월평균수익률은 1.65%로 나타났다.[11]

---

9) 미국시장의 1월효과에 대한 가장 유력한 설명은 투자자들이 세금을 줄이기 위하여 연중 가격이 많이 하락한 주식을 연말에 매도하여 자본손실을 실현하고(자본손실은 세금을 줄임) 새해에 주식을 다시 매입함으로써 연초에 주가가 많이 상승한다는 설명이다. 이와 일관성있게, Ritter(1988)는 개인투자자의 매입/매도 비율이 12월에는 평균보다 낮지만 1월에는 평균보다 높다는 사실을 보고한다.

10) Eugene Fama and Kenneth French, The Cross Section of Expected Stock Returns, *Journal of Finance* 47, 1992.

11) 일반적으로 성장주(growth stock)는 PBR과 PER이 높은 주식이고 가치주(value stock)는 PBR과 PER이 낮은 주식이다.

▌그림 7-6 PBR효과

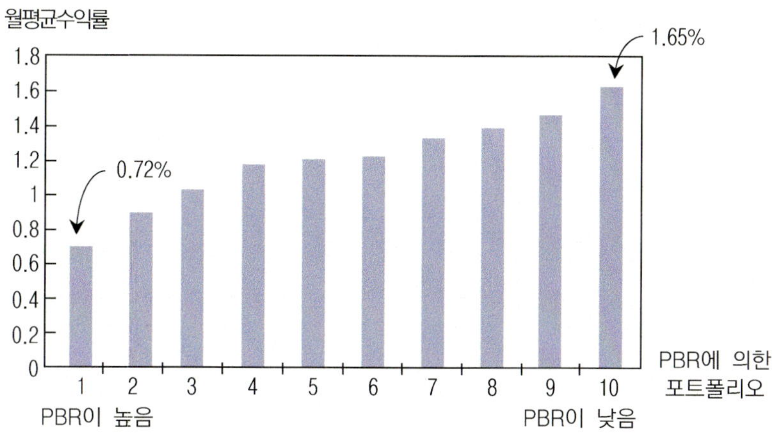

주요결과 7-4

자본시장은 준강형으로 효율적인 것으로 간주된다. 물론 준강형으로 효율적이지 않다는 여러 실증증거(순이익 공시효과 지연현상, 규모효과, PER효과 등)가 보고되었지만 올바른 의사결정을 하기 위해 우리는 시장이 준강형으로 효율적이라고 간주한다.

3 행동재무론 입장

전통적 재무이론이 합리적 투자자를 가정하고 인간의 속성을 무시한 반면에 행동재무(behavioral finance)는 인간의 여러 속성들(이기심, 편향, 환상, 낙관 등)에 초점을 맞춘다. 행동재무론자는 전통적 재무이론으로 설명할 수 없는 이상현상을 이해하기 위해 인간의 속성을 고려한다. 앞에 제시된 여러 이상현상들은 전통적 재무이론이 설명하지 못하는 현상이지만 심리학자들은 이런 이상현상 및 불합리한 의사결정과 일관성있는 심리적 요인을 제시한다.12)

행동재무는 투자자의 의사결정이 합리적이든 비합리적이든 그들이 왜 그런 결정을 하는지에 대해 설명하고자 한다. 즉, 인간은 의사결정과정에서 여러 유형의 인지편의(cognitive bias)를 보이는데 행동재무는 이런 편의를 이용하여 이상현상을 설명한다. 인지편의에는 자기과신(overconfidence), 과잉낙관(excessive optimism), 후회회피(regret avoidance), 심적회계(mental accounting), 프레이밍효과(framing effect), 대표성 편의(representative bias),

12) 네 가지 행동재무론적 설명은 Bodie, Kane, Marcus, Essentials of Investments, 5th edition, pp. 280-281에서 인용함.

보수주의(conservatism) 등이 있다.[13] 이런 행동재무론적 요인의 상당 부분은 카네만(Daniel Kahneman)와 트버스키(Amos Tversky)가 발견한 것으로 이들은 2002년에 업적을 인정받아 노벨경제학상을 수상하였다.

① **과잉낙관**(excessive optimism)**과 추정오차**(forecasting errors)

카네만과 트버스키의 실험(experiements)에 의하면 인간은 미래를 예측할 때 사전에 믿었던 것보다 최근의 경험에 더 많은 가중치를 줌에 따라 지나치게 극단적인 추정을 하게 된다는 것이다. PER이 높은 기업의 수익률이 낮은 현상은 다음과 같이 설명이 가능하다. 특정 기업의 순이익이 증가할 것으로 예상되면 객관적인 자료보다 지나치게 많이 증가할 것으로 예측하여 PER이 많이 상승하지만 투자자가 차후에 이런 실수를 수정함에 따라 수익률이 낮아진다는 설명이다(DeBondt and Thaler, 1990).

② **자기과신**(overconfidence)

인간은 자신의 능력은 과대평가하면서 자신의 믿음과 추정의 부정확성은 과소평가하는 경향이 있다. 예를 들어, 서베이 결과에 의하면 스웨덴 택시기사의 90%가 자신이 평균 이상이라고 생각한다는 것이다. 효율적 시장가설의 함의와는 반대로, 인덱스투자와 같은 소극적 투자(passive investment)에 비하여 적극적 투자(active investment)의 비중이 훨씬 높은데 이런 현상도 투자자의 자기과신에 기초한다. Barber and Okdean(2000, 2001)에 의하면, 남성(특히 싱글)이 여성보다 주식거래를 훨씬 빈번하게 하는데 이는 남성의 자기과신과 일관성있는 현상이다. 그들에 의하면 회전율 상위 20%의 수익률이 하위 20%의 수익률보다 7%포인트 낮다고 한다.

③ **후회회피**(regret avoidance)

심리학자들의 실험에 의하면 인간은 의사결정의 결과가 부정적이면 의사결정이 비습관적 경우에 더 많이 후회하고 자책한다고 한다. 예를 들어, 투자자가 블루칩 주식을 잘못 선택하여 손해를 보게 되면 불운(bad luck)이라고 간주하지만, 보다 생소한 스타트업 기업에 투자하여 손해를 보게 되면 의사결정을 잘못했다고 자책하게 된다. DeBondt and Thaler는 규모효과와 PBR효과가 이 요인에 의해 설명이 가능하다고 주장한다.

④ **프레이밍**(framing)

프레이밍은 어떤 문제나 상황이 제시되는 방법 또는 표현되는 틀에 따라 문제나 상황을

13) 권순영, 김문철, 손성규, 최관, 한봉희, 회계정보 유용성, 2010, pp85-87.

판단하는 방향이 영향을 받게 되는 현상이다. 예를 들어, 인간은 가능한 손실이 제시되는 내기(bet)를 거절하더라도 가능한 이익이 제시되면 내기에 참여할 수 있다는 것이다. 또 다른 예로, 인간은 어떤 투자계정에서는 많은 위험을 부담하기도 하지만 자녀학비를 조달하기 위해 만든 투자계정은 매우 보수적으로 운영한다는 것이다. Statman(1997)은 고배당주를 지나치게 선호하는 것(배당수입은 편하게 소비하면서 주식 몇 주를 매도하는 것은 꺼려함)과 주가가 많이 하락한 주식을 지나치게 오래 보유하는 것(손실실현 회피)은 프레이밍으로 설명이 가능하다고 한다.

쉐프린(Hersh Shefrin)은 기업의 재무의사결정에 영향을 미치는 심리적 요인들을 다음과 같이 요약한다.[14)]

표 7-2 재무의사결정에 영향을 미치는 심리적 요인들

심리적 현상	잘못된 재무의사결정 예시	기업에 미치는 효과
편의(bias)		
과잉낙관 (excessive optimism)	경기침체기에 비용절감을 연기	이익감소
자기과신 (overconfidence)	여유자금이 있을 때 열등한 M&A 추진	위험의 과소평가로 기업가치 하락
확신편의 (confirmation bias)	기존 관점에 반대되는 정보 무시	환경변화에의 적응이 지연되어 이익 감소
통제력 환상 (illusion of control)	자신의 통제력을 과대평가	필요 이상으로 높은 비용을 부담하면서 투자안을 실행
휴리스틱(heuristic)		
대표성 (representativeness)	편향된 예측에 기초하여 나쁜 투자안 선택	NPV가 극대화되지 않으므로 기업가치 하락
이용가능성 (availability)	편향된 예측에 기초하여 나쁜 투자안 선택	우선순위와 위험을 잘못 판단함으로써 기업가치 하락
집착 (anchoring)	특정 수치에 집착하여 수치 수정이 불충분	편향된 성장예측으로 기업가치 하락
감정 (affect)	공식적 가치평가 분석 대신에 직관에 의존	NPV가 마이너스인 투자안 채택으로 기업가치 하락
프레이밍효과(framing effect)		
손실회피 (loss aversion)	같은 크기의 이득보다 같은 크기의 손실을 더 크게 봄	부채이용의 회피로 세금효과 상실
확실한 손실회피 (aversion to sure loss)	투자실패를 감추기 위해 우량한 투자를 처분하여 이익 실현	NPV가 마이너스인 투자안 채택으로 기업가치 하락

14) Shefrin의 Behavioral Corporate Finance: Decisions that Create Vaule를 번역한 "행태과학으로 본 재무관리"(조담, 청람) 4쪽에서 부분 수정하여 인용함.

주요결과 7-5

행동재무는 인간이 보이는 여러 인지편의를 고려하여 이상현상 및 불합리한 의사결정 과정을 설명한다. 인지편의에는 자기과신, 과잉낙관, 후회회피, 심적 회계, 프레이밍효과, 대표성 편의, 보수주의 등이 있다.

4 기술적 분석

기술적 분석(technical analysis)은 주가에 내재된 패턴을 발견하고 이를 이용하여 미래 주가를 예측함으로써 높은 비정상 수익을 얻고자 하는 분석이다. 기술적 분석가는 펀더멘탈(fundamental, 기초여건)이 주가에 미치는 영향 자체를 부정하지는 않는다. 그들은 주가가 결국 내재가치에 수렴하지만 펀더멘탈의 변화가 주가에 영향을 미치기 전에 이를 식별할 수 있다고 생각한다.

기술적 분석가는 때로는 차티스트(chartist)로 불리는데 이유는 그들이 주가와 거래량의 차트를 분석하여 발견한 패턴을 이용하여 미래 주가를 예측할 수 있다고 믿기 때문이다. 여기서는 그들이 이용하는 중요한 챠트패턴 몇 가지를 소개하기로 한다.

4.1 다우이론

다우이론(Dow theory)은 월스트리트저널의 설립자이며 차트분석의 아버지로 불리는 찰스다우(Charles Dow)가 정립한 이론이다. 그는 월스트리트저널에 그의 추세분석 이론을 기고하였으며 1929년 미국 주식시장의 붕괴를 예측하면서 유명해졌다. 그는 주가에 영향을 미치는 추세에 다음과 같은 세 가지 유형이 있다고 주장한다.

- 주추세 또는 제1추세(primary trend): 수개월에서 수년 동안 지속되는 장기적 주가 움직임
- 중간추세 또는 제2추세(secondary or intermediate trend): 주추세에서 이탈한 단기적 주가 움직임으로, 주가가 조정(correction)을 받은 후 주추세로 돌아감.
- 소추세 또는 제3추세(tertiary or minor trend): 중요하지 않은 일별 변동

[그림 7-7]은 2019년 8월부터 11월까지의 코스피지수 변화를 중심으로 세 가지 추세를 보여준다. 주추세는 상향이며 중간추세는 단기적 주가하락이다.

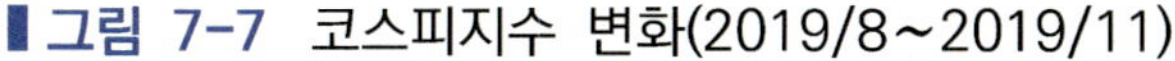

그림 7-7 코스피지수 변화(2019/8~2019/11)

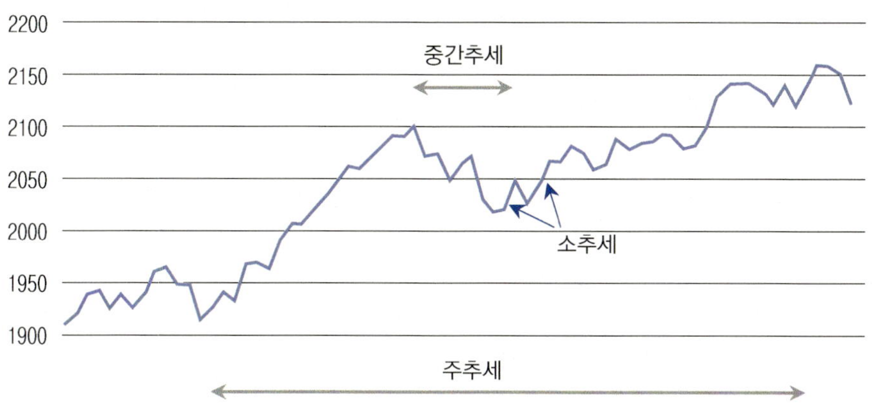

[그림 7-8]은 2017년 3월부터 2018년 1월까지의 코스피지수 움직임을 선차트(line chart)로 보여준다. 이 기간은 전형적인 주가상승추세를 보여준다. 각 고점은 전 고점보다 높고(D는 B보다 높고 F는 D보다 높음) 각 저점은 전 저점보다 높다(C는 A보다 높고 E는 C보다 높음). 지지선(support level)은 주가가 그 가격 아래로 내려갈 가능성이 낮은 가격수준으로, 그 가격에서 매수세가 매도세를 압도할 것으로 예상된다. 반면에 저항선(resistance level)은 주가가 그 가격 위로 올라가기 어려운 가격수준으로, 그 가격에서 매도세가 매수세를 압도할 것으로 예상된다. 그리고 각 고점과 각 저점을 연결하면 그 선을 각각 상한(upper)과 하한(lower) 추세채널(trend channel)이라고 한다.

그림 7-8 전형적인 주가상승 추세(코스피지수, 2017년 3월부터 2018년 1월까지)

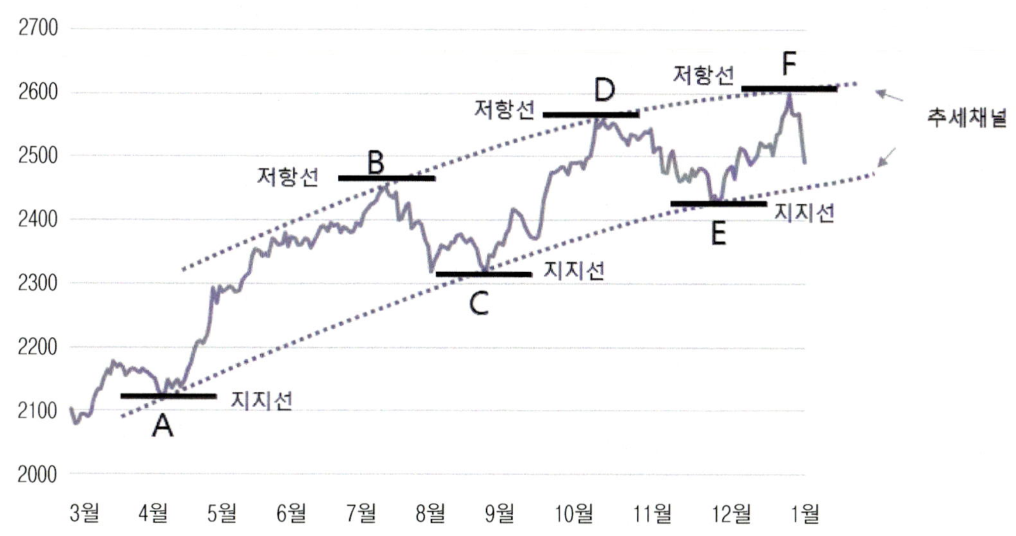

4.2 캔들스틱차트

선차트와 함께 시장에서 많이 사용하는 차트가 캔들스틱차트 또는 캔들차트이다. 캔들스틱차트(candlestick chart)는 주가의 하루 움직임을 봉 모양으로 표현한 차트로, 봉 모양이 양초(candle)를 닮았기 때문에 붙여진 이름이다(봉차트로도 불림). 캔들스틱은 시가와 종가, 장중최고가와 최저가를 함께 보여준다. 시가(beginning price)에 비해 종가(ending price)가 상승하면 양봉이라고 하고(적색 혹은 백색으로 표시), 반대로 시가에 비해 종가가 하락하면 음봉이라고 한다(청색 또는 흑색으로 표시). 여러 개의 캔들스틱이 모이면 양봉과 음봉의 개수와 길이를 기준으로 추세를 판단한다.

▍그림 7-9 캔들스틱차트의 양봉과 음봉

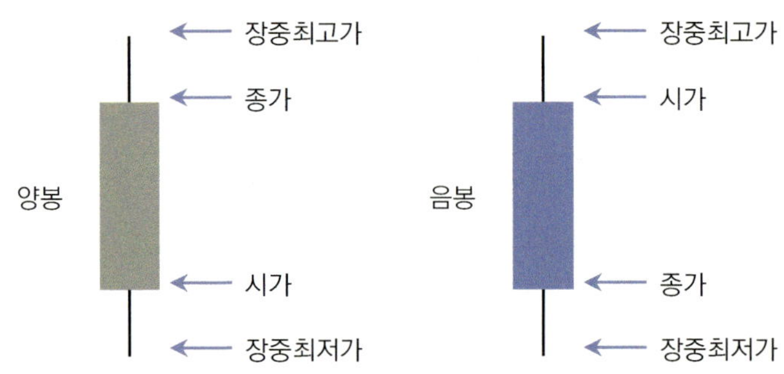

[그림 7-10]은 2020/12/30일 현재 NAVER금융에서 복사한 삼성전자의 1년간 봉차트(주봉)이다. 봉차트 바로 아래로 보이는 4개의 선은 위로부터 각각 5일, 20일, 60일, 120일 이동평균선이다. 이동평균선은 명시된 거래일 동안의 과거 가격을 산술평균한 값으로 주가흐름을 분석하고 예측하는데 이용된다. 통상, 5일과 20일의 이동평균선은 단기적 움직임을, 60일과 120일의 이동평균선은 분기와 반기의 주가 움직임을, 그리고 240일의 이동평균선은 장기적 주가흐름을 예측하는데 이용된다.

이동평균선의 교차는 중요한 정보를 제공하기도 한다. 예를 들어, 단기 이동평균선이 장기 이동평균선을 아래에서 위로 돌파하면 이를 골든크로스(golden cross)라고 하는데 이는 앞으로 주가가 상승할 것을 의미하므로 매수타이밍으로 인식된다. 반대로 위에서 아래로 돌파하면 이를 데드크로스(dead cross)라고 하는데 이는 앞으로 주가가 하락할 것을 의미한다. NAVER금융-국내증시-조건검색 탭에서 "골든크로스"를 검색할 수 있는데 이는 20일 이동평균선이 60일 이동평균선을 돌파하는 경우를 의미한다.

그림 7-10 삼성전자의 이동평균선(2020.12.30. 기준, NAVER금융)

4.3 기술적 지표

분석가들이 이용하는 기술적 지표에는 트린(TRIN), 상대강도지수(RSI), 이동평균선, 신뢰지수(confidence index), 풋-콜 비율(put-call ratio), 스토캐스틱(Stochastic), 볼린저밴드(Bollinger band) 등이 있다. 여기서는 트린(TRIN)과 상대강도지수(RSI)를 자세히 설명하기로 한다.

4.3.1 TRIN통계

트린통계(TRIN statistic)는 1967년 Richard Arms가 개발한 주식시장의 선행 지표로 단기거래지수(short-term trading index)로도 불리는데 다음과 같이 정의된다(TRIN은 trading index의 약자임). 이는 하락종목의 평균 거래량을 상승종목의 평균 거래량으로 나눈 값이다. 이 통계는 시장 참가자들의 시장에 대한 견해(market sentiment)(낙관적 또는 비관적)를 반영한다.

$$\text{TRIN} = \frac{\text{하락종목거래량} / \text{하락종목수}}{\text{상승종목거래량} / \text{상승종목수}} \tag{7.6}$$

기술적 분석가는 거래량 증감이 주가변화를 보다 확실하게 확증하는 역할을 한다고 생각한다. 따라서 분석가는 주가상승에 거래량 증가가 동반되면 단순히 주가가 상승하는 경우보다 강세장이 확실해지고 반대로 주가하락에 거래량 증가가 동반되면 단순히 주가가 하락하는 경우보다 약세장이 확실해진다는 것이다.

트린의 기준값은 1이다. 트린이 1을 초과하면 하락종목의 평균 거래량이 상승종목의 평균 거래량을 초과하므로 약세장으로 간주되고, 반대로 1보다 낮으면 강세장으로 간주된다. 트린이 3.0보다 높으면 이는 과매도(oversold) 상태로 주가가 내재가치보다 낮게 거래되는 상태이므로 곧 상승국면으로 전환될 수 있음을 암시한다. 반대로 트린이 0.5보다 낮으면 이는 과매수(overbought) 상태로 주가가 내재가치보다 높게 거래되는 상태이므로 곧 하락국면으로 전환될 수 있음을 암시한다.

4.3.2 상대강도지수

RSI(Relative Strength Index)는 1978년 미국의 웰레스 와일더(Welles Wilder)가 개발한 지수로 가격의 상승압력과 하락압력간의 상대적 강도를 측정하는 지표이다. RSI는 일정기간 동안의 상대강도를 측정하는데 통상 14일 기준으로 계산된다. RSI의 계산식은 다음과 같다.[15)]

$$RS = \frac{\sum_{j=1}^{14} Up_j}{\sum_{j=1}^{14} Down_j} \tag{7.7}$$

$$RSI = 100 - \frac{100}{1 + RS} \tag{7.8}$$

여기서 Up은 주가상승금액이고 $Down$은 주가하락금액이다.

예를 들어 코스피지수의 2017년 3월 22일 기준 지난 14일 동안의 주가상승분(9일)이 112.33포인트이고 주가하락분(5일)이 46.68포인트이다. 상대강도는 112.33/46.68 = 2.4064이고 상대강도지수는 $100 - \frac{100}{1 + 2.4064} = 70.64$이다. 이는 다음과 같이 계산할 수도 있다.

$$RSI = 100 \times \frac{\sum Up}{\sum Up + \sum Down} = 100 \times \frac{112.33}{112.33 + 46.68} = 70.64$$

RSI는 항상 0과 100 사이의 값을 갖는다. RSI가 100의 값을 가지면 14일 동안 주가가 매일 상승했다는 의미이고, 0의 값을 가지면 14일 동안 주가가 매일 하락했다는 의미이다. 일반적으로 RSI 70을 초과하면 과매수(overbought) 상태로 간주하여 매도신호로 해석하고, 반대로 30 아래로 하락하면 과매도(oversold) 상태로 간주하여 매수신호로 해석한다.

---

15) RSI의 원래 계산식에서는 합계 대신 평균을 이용한다. 우리는 산술평균을 이용하므로 평균 대신에 합계를 이용하여 식을 전개한다. 통상 RSI의 계산에는 산술평균 대신에 다른 평균계산방법이 주로 이용된다.

[그림 7-11]은 2020년 2월 21일부터 7월31일까지의 코스피지수와 RSI의 추이를 보여준다. 3월 중순에 30 이하로 하락하고 6월 초순에 70을 초과하는 모습을 확인할 수 있다.

그림 7-11 RSI 추이(코스피지수, 20200221~20200731)

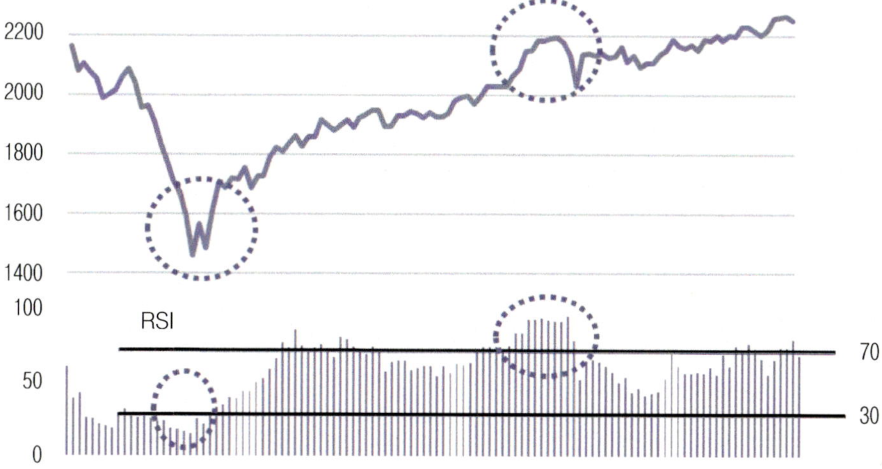

> **주요결과 7-6**
>
> 기술적 분석은 주가에 내재된 패턴을 이용하여 미래 주가를 예측하고자 하는 분석이다. 기술적 분석의 핵심은 다우가 정립한 차트분석이다. 분석가는 TRIN, RSI, 신뢰지수, 풋-콜비율 등 여러 기술적 지표를 함께 이용한다.

핵심용어 해설

- 효율적 시장가설(efficient market hypothesis): 가격이 정보를 충분히 반영한다는 가설로, 약형, 준강형, 강형으로 구분됨
- 사건연구(event study): 특정 사건이 주가에 미치는 영향을 측정하기 위하여 고안된 방법론
- 이상현상(anomaly): 효율적 시장가설에 반하는 수익률 패턴
- 소기업효과(small firm effect): 소기업 주식이 대기업 주식보다 수익률이 일관성있게 높다는 효과
- PER효과(PER effect): PER이 낮은 주식의 수익률이 PER이 높은 주식의 수익률보다 높은 현상
- 기술적 분석(technical analysis): 과거의 주가변화 패턴을 분석하여 과소평가된 또는 과대평가된 주식을 찾고자 하는 분석
- 기본적 분석(fundamental analysis): 주식가치에 영향을 미치는 요인을 분석하여 내재가치를 추정하는 분석
- 행동재무(behavior finance): 투자자 행동에 영향을 미치는 심리적 요인을 분석하는 금융이론
- 다우이론(Dow theory): 찰스다우가 정립한 차트분석 이론
- 캔들스틱차트(candle stick chart): 주가의 하루 움직임을 봉 모양으로 표현한 차트
- 골든크로스(golden cross): 단기 이동평균선이 장기 이동평균선을 아래에서 위로 돌파하는 것으로 매수타이밍으로 인식됨
- 데드크로스(dead cross): 단기 이동평균선이 장기 이동평균선을 위에서 아래로 돌파하는 것으로 매도타이밍으로 인식됨
- TRIN: 단기거래지수로도 불리며, 하락종목의 평균 거래량을 상승종목의 평균 거래량으로 나눈 값임
- RSI: 상대강도지수로도 불리며, 가격의 상승압력과 하락압력간의 상대적 강도를 측정하는 지표임

개념 체크

1. 금융자산의 가치를 평가할 때 실물자산의 가치를 평가할 때와는 달리 순현가가 항상 0인 것처럼 가정하는 이유는 무엇인가?
2. 효율적 시장이란 어떤 시장을 의미하는가?
3. 시장이 약형으로 효율적이면 가격이 어떤 정보를 반영하며 어떤 분석이 의미가 없는가?
4. 준강형으로 효율적인 시장은 어떤 시장인가? 준강형으로 효율적이지만 약형으로 효율적이지 않는 시장이 가능한가?
5. 강형으로 효율적이면 가격은 어떤 정보를 반영하는가?
6. 효율적인 주가 반응은 어떤 반응을 의미하는가?
7. 쉴레이퍼가 효율적 자본시장의 전제 조건으로 제시한 세 가지 조건은 무엇인가?
8. 사건연구는 어떤 연구인가? 연구과정을 설명하라. 비정상수익률을 측정하는 방법 세 가지를 자세히 설명하라.
9. 이상현상으로 간주되는 순이익 공시효과 지연현상, 규모효과, PER효과 등을 설명하라.
10. 행동재무란 무엇인가? 행동재무에서 말하는 인지편의란 무엇인가?
11. 다우이론이란 무엇인가? 세 가지 추세는 무엇인가?
12. 골든크로스와 데드크로스는 각각 무엇인가?
13. TRIN은 어떻게 계산되며 어떻게 활용할 수 있는가?
14. RSI는 어떻게 계산되며 어떻게 활용할 수 있는가?

연 습 문 제

01 준강형으로 효율적인 시장에 대한 설명으로 가장 적절하지 않은 것은?

① 주가에 대한 반응으로 경영자의 의사결정이 주가에 긍정적인지 아니면 부정적인지 판단할 수 있다.

② 과거 주가패턴에 대한 정보는 이미 현재 주가에 반영되어 있다.

③ 정보가 시장에 전달되면 정보는 정확하고 그리고 즉각적으로 주가에 반영되어야 한다.

④ 약형으로 효율적일 수도 있고 비효율적일 수도 있다.

⑤ 준강형의 효율성은 강형 효율성을 보장하지 않는다.

02 자사주매입을 공시한 삼성, 현대, SK의 공시일 전후의 수익률자료가 다음과 같다. 시장조정수익률모형으로 공시일의 비정상수익률을 계산하라.

공시일 전후	삼성		현대		SK	
	r_m	r_j	r_m	r_j	r_m	r_j
−4	−0.2	−0.4	−0.9	−1.1	0.3	0.1
−3	0.0	0.2	−1.0	−1.1	0.3	0.5
−2	0.5	0.7	0.4	0.2	1.5	1.5
−1	−0.5	−0.3	0.6	0.8	0.1	−0.3
0	−2.2	1.1	−0.9	−0.1	−2.2	−0.3
1	−0.9	−0.7	1.1	1.2	0.5	0.5
2	−1.0	−1.1	0.5	0.5	−0.3	−0.2
3	0.8	0.6	−0.3	−0.2	0.3	0.1
4	0.2	0.1	0.3	0.2	0.0	−0.1

(r_j은 기업의 수익률이고 r_m은 시장지수의 수익률임)

① 1.6% ② 1.8% ③ 0.4%

④ 2.0% ⑤ 정답 없음

03 코스피지수의 지난 14일 동안의 주가상승분(7일)이 65포인트이고 주가하락분(7일)이 145포인트이다. RSI는 정수로 얼마인가?

① 31 ② 25 ③ 43
④ 68 ⑤ 정답 없음

04 상승종목 453개, 하락종목 554개이다. 상승종목의 총거래량은 2억 3천만주이고 하락종목의 총거래량은 1억 8천만주이다. TRIN은 얼마인가?

① 1.56 ② 0.64 ③ 0.58
④ 0.73 ⑤ 정답 없음

05 다음 캔들스틱에 의하면 시가와 종가를 비교하면 주가변화는 얼마인가? -는 주가하락을 의미함.

① +5,000원 ② －5,000원 ③ －15,000원
④ +7,000원 ⑤ 정답 없음

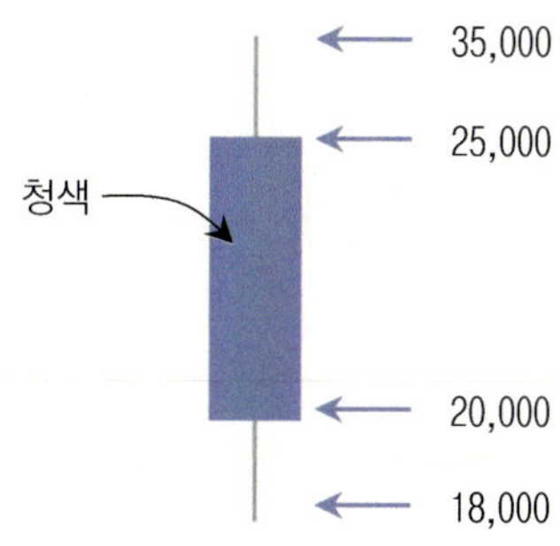

공인회계사 기출문제

06 효율적 시장가설에 관한 다음의 설명 중 가장 옳지 않은 것은? CPA

① 시장의 준강형 효율성 가설을 검증하는 한 방법으로 사건연구(event study)를 활용할 수 있다.

② 미국 증권시장의 일일 주가 수익률을 분석해 보면 소형주의 수익률은 전날 대형주 수익률을 추종하나, 대형주의 수익률은 전날 소형주 수익률을 추종하

지 않는 것으로 나타난다. 이는 시장이 약형으로 효율적이지 않다는 증거로 볼 수 있다.

③ 시장이 강형으로 효율적이라면 베타계수가 작은 주식에 투자한 경우 베타계수가 큰 주식에 투자했을 때보다 더 높은 수익률을 올릴 수 없다.

④ 미국 주식을 가치주와 성장주로 나누어 그 수익률을 분석해 보면 양 그룹간에 확연한 차이가 발견된다. 이는 시장이 준강형으로 효율적이지 않다는 증거로 볼 수 있다.

⑤ 기업의 인수·합병 발표 직후 피인수·합병 기업의 주가가 상승하는 것으로 나타난다. 이는 시장이 강형으로 효율적이지 않다는 증거로 볼 수 있다.

07 최소한 준강형(semi-strong form)의 효율적 시장이 성립할 때 다음 중 가장 적절하지 않은 주장은? CPA

① 내부정보가 없는 상태에서 증권에 투자해 몇 년 사이 1000%의 수익을 올린 투자자가 있을 수 있다.

② 최근 몇 년간 경영상의 어려움을 겪어 적자누적으로 주당 장부가치가 액면가를 밑도는데도 불구하고 주가는 액면가보다 높게 형성될 수 있다,

③ 펀드매니저가 증권분석을 통해 구성한 포트폴리오가 침팬지가 무작위로 구성한 포트폴리오보다 위험 대비 수익률이 더 높을 것으로 예상된다.

④ A 회사는 환경단체와의 재판에서 패소해 추가로 부담해야 할 비용이 확정되었으므로 A 회사의 주식은 당분간 매입하지 말아야 한다.

⑤ 은행장이 그 동안 불법대출을 주선하여 은행에 막대한 손실을 입혀왔다는 사실이 일주일전 밝혀져 해당 은행의 주가가 급락했다. 그리고 오늘 아침 그 은행장이 사표를 제출했다는 사실이 알려지면서 해당 은행의 주가는 상승했다.

연습문제 해설

01 ④

준강형으로 효율적이면 자동적으로 약형으로 효율적이다.

02 ④

공시일 전후 각 기업의 비정상수익률, 평균비정상수익률, 그리고 누적평균비정상수익률(CAR)이 다음과 같다. 공시일의 비정상수익률은 2.0%이다.

공시일 전후	비정상수익률: $r_j - r_m$			평균 비정상수익률	누적평균 비정상수익률
	삼성	현대	SK		
−4	−0.2	−0.2	−0.2	−0.2	−0.2
−3	0.2	−0.1	0.2	0.1	−0.1
−2	0.2	−0.2	0.0	0.0	−0.1
−1	0.2	0.2	−0.4	0.0	−0.1
0	3.3	0.8	1.9	2.0	1.9
1	0.2	0.1	0.0	0.1	2.0
2	−0.1	0.0	0.1	0.0	2.0
3	−0.2	0.1	−0.2	−0.1	1.9
4	−0.1	−0.1	−0.1	−0.1	1.8

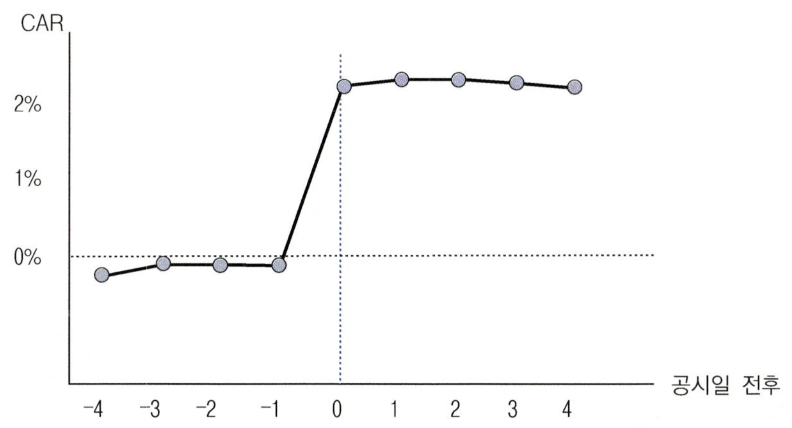

03 ①

상대강도는 65/145 = 0.4483이고 상대강도지수는 $100 - \frac{100}{1 + 0.4483} = 30.95$이다.

04 ②

$$\frac{180{,}000{,}000/554}{230{,}000{,}000/453} = 0.64$$

05 ②

청색이므로 주가하락을 의미하고 하락폭은 5,000원이다.

06 ③

베타가 큰 주식의 수익률이 베타가 작은 주식의 수익률보다 평균적으로 크다. 이는 시장의 효율성과 무관하다.

07 ④

재판에서 패소하여 부담할 비용이 확정되면 이는 주가에 즉각적으로 반영된다. 그러나 A회사 주식을 당분간 매입하지 말아야 한다는 것은 패소와 관련하여 추가 하락을 기대하는 것이므로 이는 효율적 시장과 일치하지 않는 견해이다.

제3부

증권분석

Retail sales levels
Jan
Feb
Mar
Apr
May
Jun
Jul
Aug
Sep
Oct
Nov
Dec
50
100
150
250
300
250
200
150
100
50
0
Feb
Mar
Apr
May
Jun
Jul
Aug
Sep
Oct
Nov
Rental for storage
Leeds

거시경제분석, 산업분석, 재무제표분석

Table of Contents

학습 주안점

투자자는 현재의 경제 전체의 상황을 분석하고 기업이 속한 산업을 분석하며 또한 기업의 과거와 현재의 경영성과 및 재무상태에 기초하여 기업의 미래 성과를 예측하기 위하여 거시경제분석, 산업분석, 재무제표분석 등을 실시한다.

이 장에서 여러분이 숙지해야 할 내용은 다음과 같다.

1. 거시경제분석이란 무엇이며 주로 활용하는 거시경제지표는 무엇인가? 경기는 어떤 사이클을 따르는가?
2. 산업분석이란 무엇이며 산업수명주기는 어떤 사이클을 따르는가? 산업환경을 분석하는 다섯 가지 요인은 무엇인가?
3. 대차대조표, 손익계산서, 현금흐름표의 기본 구조를 이해하며 상호 어떻게 연관되어 있는가?
4. 주요 재부비율은 어떻게 계산되는가?

1 거시경제분석

거시경제분석(macroeconomic analysis)은 경제 전체의 총체적인 상태를 거시경제지표 등을 이용하여 분석하는 것을 말한다. 여기서 이용되는 정보는 국민소득, 실업률, 물가상승률, 환율, 국제수지, 정부부채, 이자율 등의 거시경제지표 뿐만 아니라 정부의 재정정책과 통화정책, 국민정서(sentiment)도 포함된다.

정부는 가용 가능한 모든 수단을 동원하여 좋은 경기상황을 유지하려고 하지만 경기는 호황기와 불황기를 반복하게 된다. 투자자들의 마켓타이밍과 종목선택은 미래 경기전망에 의해 크게 영향을 받는다.

한 국가의 경제는 반복적으로 팽창(expansion)과 수축(contraction) 과정을 거치며, 경기가 팽창하면 경제는 성장하는 호경기에 진입하고 반대로 수축되면 경제는 쇠퇴하는 불경기에 진입한다. [그림 8-1]은 경기사이클의 전형적인 패턴을 보여준다. 총체적 경제활동은 가장 근사하게 측정하는 개념으로 실질국민소득인 GDP(gross domestic product)로 측정하며, 사이클은 정점(peak), 수축기, 침체기, 저점(trough), 회복기, 확장기, 정점(peak)을 순환한다.

경기사이클(business cycle)이 반복되지만 팽창과 수축의 지속기간과 정도는 일정하지 않다. 경기사이클의 주기는 짧게는 2년, 길게는 10 ~ 12년으로 다양하다. 대체로 경기수축은 급격하게 진행되고 경기회복은 완만하게 진행되는데 이를 경기변동의 비대칭성이라고 한다. 또한 대부분의 국가가 경기팽창과 수축을 같은 시기에 또는 일정한 시차를 두고 경험하게 되는데 이를 경기변동의 국제동조성이라고 한다.

경기사이클은 크게 추세요인, 순환요인, 계절요인, 불규칙요인 등 네 가지 요인에 의해 영향을 받는다. 추세요인은 경제성장에 영향을 미치는 장기적 요인이고, 순환요인은 경기의 상승과 하락을 반복하는 단기적 요인이다. 계절요인은 1년을 주기로 발생하는 일시적이고 소규모의 요인이고 불규칙요인은 천재지변, 기후변화, 전쟁 등 우발적인 대규모 요인이다.

일부 산업은 경기사이클에 평균 이상으로 민감하게 반응하는데 이런 산업을 경기순응적 산업(cyclical industry)이라고 한다. 반대로 경기사이클에 평균 이하로 둔감하게 반응하는 산업을 경기방어적 산업(defensive industry)이라고 한다. 자동차와 가전제품은 경기에 매우 민감하게 반응하는 상품이고, 식료품과 의약품은 사이클의 영향을 별로 받지 않는 상품이다. 우리가 체계적 위험의 측정치로 사용하는 베타는 경기사이클을 반영하는데 대체로 경기순응적 산업에 속한 기업은 높은 베타를 갖는 경향이 있다.

그림 8-1 경기사이클

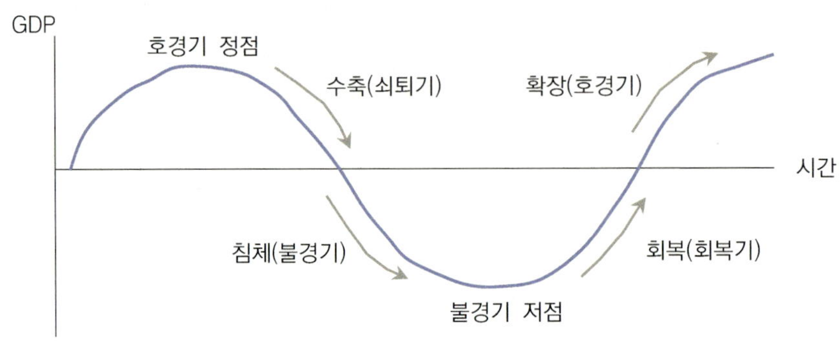

거시경기지표(macro economic indicator)는 국가 경제의 전반을 판단하는 기준으로 국민소득, 물가상승률, 실업률, 환율, 국제수지, 통화증가량, 주가지수, 이자율 등 국가 차원의 경제상황을 판단할 수 있는 기준을 말한다. 거시경제지표는 선행지표(leading indicator), 동행지표(concurrent indicator), 후행지표(lagging indicator)로 구분된다.

선행지표는 국가 경제 전반의 변화에 앞서 증가하거나 하락하는 지표로서 대표적인 선행지표에는 수익률곡선(또는 이자율), 통화증가량, 주가지수 등이 있다. 수익률곡선의 기울기는 미래 경기에 대한 중요한 정보를 제공한다. 미국 연방은행은 3개월 만기 수익률이 10년 만기 수익률을 초과하면 1년 이내에 경기침체가 발생함을 발견함으로써 수익률곡선의 기울기가 경기침체를 예측하는 중요한 도구임을 입증하였다(제12장 참고). 또한 주가도 미래 수익성에 대한 중요한 정보를 제공하는 미래지향적 지표이다. 반면에 후행지표는 국가 경제 전반의 변화가 일어난 후에 변하는 지표로서 실업률, 부도율, 매출액 대비 재고자산 비율 등이 있다. 그리고 동행지표에는 산업생산, 민간소비, 주택투자 등이 있다.

주요결과 8-1

거시경제분석은 거시경제지표를 이용하여 경제 전체의 상태를 분석하는 것이다. 경제가 팽창과 수축의 경기사이클 패턴을 보이므로 마켓타이밍과 종목선택은 경기전망에 의해 영향을 받게 된다.

2 산업분석

경제 전체가 침체기에 있을 때 특정 산업의 성과가 좋기가 어렵듯이, 특정 산업이 힘들 때 그 산업에 속한 한 기업만이 우수한 성과를 내기 어렵다. 그러나 국가간 성과가 차이가 나듯이, 산업간 차이가 날 수 있다. 이런 관점에서 산업분석도 거시경제분석만큼 중요하다.

2.1 산업 구분

유가증권시장의 산업분류는 한국표준산업분류를 따르며 대분류 20개, 중분류 63개, 소분류 179개로 구성된다. 상장기업에 대한 산업분류는 매출액비율에 따라 결정된다.[1] 유가증권시장 업종 분류는 [표 8-1]과 같다(中은 중분류를 의미함). 한편, 코스닥시장은 IT벤처시장의 특성을 감안하여 한국표준산업분류와 코스닥IT산업분류를 혼합하여 분류한다.[2]

표 8-1 유가증권시장 업종분류

업종분류		한국표준산업분류
대분류	중분류	
농림업		01. 농업 및 임업
어 업		02. 어업
광 업		03. 광업
제조업	음식료품	中15. 음식료품 제조업
	섬유의복	中17. 섬유제품 제조업(봉제의복 제외) 中18. 봉제의복 및 모피제품 제조업
	종이목재	中20. 목재 및 나무제품 제조업(가구 제외) 中21. 펄프, 종이 및 종이제품 제조업
	화 학	中23. 코크스, 석유정제품 및 핵연료 제조업 中24. 화합물 및 화학제품 제조업(의약품 제조업 제외) 中25. 고무 및 플라스틱제품 제조업
	의약품	中24. 화합물 및 화학제품 제조업(의약품 제조업에 한함)
	비금속	中26. 비금속광물제품 제조업

1) 한국거래소는 매 결산기마다 상장기업의 매출액 변동상황을 고려하여 정기적으로 업종을 조정한다. 주요 제품 매출액비율 순위가 최근 2사업연도 계속하여 변동이 있고 향후 기존 업종으로의 성장이 기대될 수 없는 경우에는 업종을 변경한다. 또한 합병, 기업분할 또는 영업 양수도 등으로 사업내용이 변경되거나 지주회사의 전환으로 기업의 업태가 바뀌는 경우에도 업종이 변경된다.

2) 알기쉬운 증권 · 파생상품시장 지표 해설, 한국거래소, 2010년, 125쪽

업종분류		한국표준산업분류
대분류	중분류	
제조업	철강금속	中27. 제1차 금속산업
	기 계	中28. 조립금속제품 제조업(기계 및 가구 제외) 中29. 기타 기계 및 장비 제조업
	전기전자	中30. 컴퓨터 및 사무용기기 제조업 中31. 기타 전기기계 및 전기변환장치 제조업 中32. 전자부품, 영상, 음향 및 통신장비 제조업
	의료정밀	中33. 의료, 정밀, 광학기기 및 시계 제조업
	운송장비	中34. 자동차 및 트레일러 제조업 中35. 기타 운송장비 제조업
	기타제조업	中16. 담배 제조업 中19. 가죽 가방 및 신발 제조업 中22. 출판, 인쇄 및 기록매체복제업 中36. 가구 및 기타제품 제조업 中37. 재생용 가공원료 제조업
유통업		07. 도매 및 소매업
전기가스업		05. 전기, 가스 및 수도사업
건설업		06. 건설업
운수창고		09. 운수업
통신업		10. 통신업
금융업	은 행	11. 금융업 및 보험업
	증 권	
	보 험	
	기타금융	
서비스업		08. 숙박 및 음식업점 12. 부동산 및 임대업 13. 사업서비스업 14. 공공행정, 국방 및 사회보장 행정 15. 교육서비스업 16. 보건 및 사회복지사업 17. 오락, 문화 및 운동관련 서비스업 18. 기타 공공, 수리 및 개인서비스업 19. 가사서비스업 20. 국제 및 외국기관

2.2 산업별 라이프사이클과 환경분석

분석가와 투자자들은 산업수명주기를 활용하여 특정 기업의 장점과 단점을 분석하고자 한다. 왜냐하면 기업의 미래 전망은 기업이 속한 산업이 어떤 사이클에 있느냐에 의해 영향을 받기 때문이다.

산업별 라이프사이클 또는 산업수명주기(industry life cycle)는 [그림 8-2]와 같이 스타트업단계, 성장단계, 통합단계, 성숙단계, 쇠퇴단계로 구성된다. 스타트업단계(start-up stage)는 새상품의 특성 및 성능에 익숙하지 않아 소비자로부터의 수요가 제한적이고 유통경로도 아직 정착되지 않아 수익성은 마이너스이다. 스타트업단계에서 기업의 매출은 매우 작고 초기에 필요한 대규모 자본적 지출로 인해 현금흐름도 마이너스이다.

제품이 많은 소비자의 관심을 끌게 됨에 따라 성장단계(growth stage)로 진입하고 매출이 급격히 증가한다. 시장규모가 커지고 제품가격은 하락하고 이는 다시 수요를 증가시키게 된다. 성장단계에서 매출은 계속 증가하고 기업은 양의 현금흐름을 얻고, 이익이 발생하면서 커지기 시작한다.

그림 8-2 산업수명주기

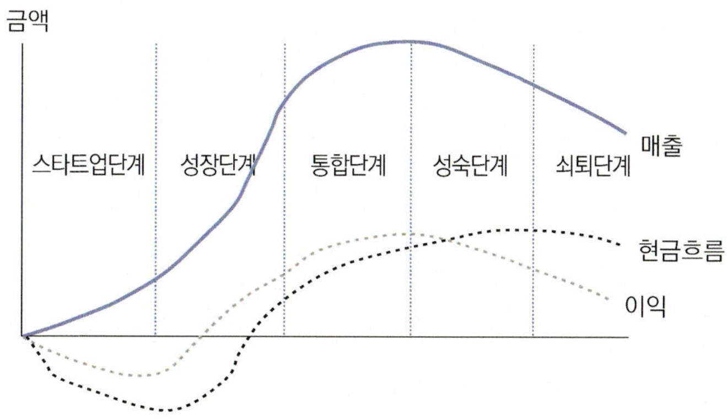

통합단계(shakeout stage, consolidation stage)에서는 일부 기업이 경쟁에서 살아남지 못하고 소멸되거나 흡수합병된다. 이 단계에서 매출, 현금흐름, 이익은 증가하지만 성장하는 속도가 둔화된다. 성숙단계(maturity stage)로 진입하면 대부분의 기업은 완전히 자리를 잡은 상태가 되며 수익성을 지키기 위하여 상호간 경쟁을 피하고 산업으로의 진입자를 막기 위한 전략을 선택한다. 성숙단계에서 기업의 매출, 현금흐름, 이익은 최고점에 도달하고 대부분의 소비자들은 제품을 상시적으로 사용하는 상태에 도달한다. 산업주기의 마지막 단계는 쇠퇴단계(decline stage)이다. 쇠퇴단계에서 기업은 제품수를 줄이거나 경쟁기업을 인수하는 생존전략을 수립하거나 또는 다른 산업으로의 전환을 시도한다.

산업별로 라이프사이클이 상이하므로 산업별 영업성과와 수익률에서도 차이가 난다. [그림 8-3]은 유가증권시장 기업을 대상으로 2019년의 자료를 이용하여 대표 산업별 평균자기자본순이익률(ROE)과 주식의 평균수익률을 보여준다(막대는 ROE, 선은 수익률임). 산업별로 영업성과와 수익률에서 큰 차이가 있으며, 또한 2019년 국내 자료의 경우 ROE와 수익률간의 부의 관계가 있음을 확인할 수 있다.3)

그림 8-3 2019년도 유가증권시장 산업별 평균 ROE와 수익률

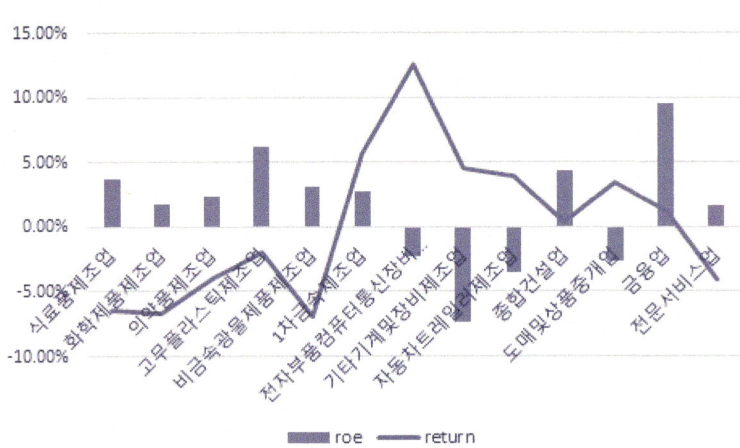

산업의 성숙도에 따라 기업은 상이한 경쟁 환경에 놓이게 된다. 마이클 포터(Porter) 교수는 다섯 가지 경쟁요인을 분석하였는데, 5가지 요인은 다음과 같다.

- 진입 위협(threat of entry)
- 기존 경쟁자간의 경쟁(rivalry between existing compitotors)
- 대체품의 위협(pressure from subsitute products)
- 구매자의 교섭력(bargaining power of buyers)
- 공급자의 교섭력(bargaining power of suppliers)

즉, 기업은 산업환경을 위의 다섯 가지 요인을 중심으로 분석한 후 자신에게 적합한 전략(예를 들어, 비용우위전략, 차별화전략, 집중전략 등)을 수립하여 경쟁적 우위를 확보할 수 있다.

---

3) ROE는 FnGuide에서 계산한 값이고 수익률은 2018년 종가와 2019년 종가로부터 구하였다.

주요결과 8-2

투자자는 분석하는 기업이 속한 산업의 수명주기, 진입장벽, 경쟁구도, 대체재의 위협, 교섭력 등을 분석함으로써 기업의 경쟁환경을 파악할 수 있고 이는 기업의 미래 성과를 예측하는데 유용한 자료가 된다.

3 재무제표분석

3.1 재무상태표

재무상태표(balance sheet(B/S), 대차대조표)는 특정 시점에서의 기업의 재무상태를 나타내는 보고서이다. 재무상태표의 구성 항목은 크게 자본의 운용상황을 보여주는 차변(debit) 항목과 자본의 조달상황을 보여주는 대변(credit) 항목으로 나눌 수 있다. 즉, 재무상태표는 특정 시점 기준일에서의 모든 자산(asset), 부채(liability), 자본(equity)의 항목을 표시한 재무보고서이다. 자산은 미래에 이익을 제공할 투자이고, 부채는 자산이 제공하는 이익에 대해 주주 이외의 주체가 청구하는 금액이고 자본은 주주에게 귀속되는 금액이다. 다시 말해서, 재무상태표는 기업의 투자와 투자로부터 발생하는 이익에 대한 청구권을 보여주는 보고서이다.

자산은 유동자산과 비유동자산으로, 부채는 유동부채와 비유동부채로 구분된다. 회계원칙에 의해 자산은 부채와 자본의 합과 항상 일치해야 한다: 자산 = 부채 + 자본. 따라서 자본 또는 자기자본은 자산에서 부채를 차감한 금액이다.

$$\text{자기자본} = \text{자산} - \text{부채} \tag{8.1}$$

재무상태표의 구조는 [그림 8-4]와 같다.

그림 8-4 재무상태표의 구조

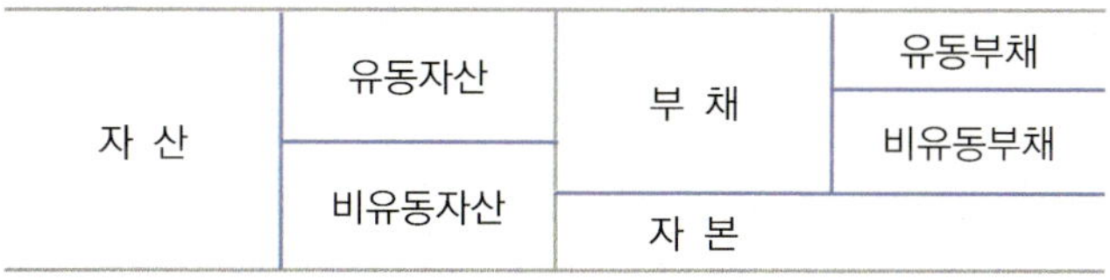

<table>
<tr><td rowspan="4">자 산</td><td rowspan="2">유동자산</td><td rowspan="3">부 채</td><td>유동부채</td></tr>
<tr><td rowspan="2">비유동부채</td></tr>
<tr><td rowspan="2">비유동자산</td></tr>
<tr><td colspan="2">자 본</td></tr>
</table>

재무상태표에서의 자산은 크게 유동자산과 비유동자산으로 구분된다. 유동자산(current asset)은 기준일로부터 통상 1년 이내에 현금화될 수 있는 자산을 말한다. 유동자산은 현금및현금성자산, 단기금융상품(금융자산), 매출채권, 재고자산, 기타유동자산(미수금, 선급금 등) 등으로 분류된다. 비유동자산(non-current asset)은 과거에는 고정자산(fixed asset)으로 불렸으며 현금화하는데 1년 이상이 소요되는 자산이다. 비유동자산은 유형자산, 무형자산, 비금융유동자산, 관계기업 및 공동기업투자, 기타비유동자산으로 구분된다. 유형자산(tangible asset)은 토지, 건물, 기계, 구축물 등을 포함하고, 무형자산(intangible asset)은 영업권, 개발비, 산업재산권 등을 포함한다.

재무상태표의 부채는 자산과 마찬가지로 유동부채와 비유동부채로 구분된다. 유동부채(current liability)는 1년 이내에 상환해야 하는 채무를 말한다. 유동부채에는 매입채무, 단기차입금, 미지급금, 기타유동부채 등이 있다. 비유동부채는 과거에 고정부채(fixed liability)로 불렸는데, 1년 이후에 상환하는 채무로서 사채, 장기차입금, 장기미지급금, 이연법인세부채, 기타비유동부채를 포함한다.

자본은 지배기업 소유자 지분(자본금, 자본잉여금, 이익잉여금, 기타자본항목)과 비지배지분으로 구분된다.[4] 자본금은 보통주와 우선주의 액면금액이고, 자본잉여금은 주식발행초과금과 감자차익 등이 포함된다. 이익잉여금은 이익준비금, 임의적립금과 기타법정적립금을 포함한다. 기타자본항목은 자본조정(주식할인발행차금과 자기주식(treasury stock) 등)과 기타포괄손익누계액(매도가능증권평가손익, 해외사업환산손익, 현금흐름위험회피파생상품손익 등)을 포함한다.

[표 8-2]는 삼성전자의 2019년말 기준 연결재무상태표이다. 우리나라 기업 대부분의 회계연도가 1월 1일부터 12월 31일까지이므로 재무상태표는 12월 31일 기준이다. 우리나라 기업의 재무제표(재무상태표, 손익계산서, 현금흐름표 등)는 금융감독원의 전자공시시스템(dart.fss.or.kr)에서 다운로드 받을 수 있다.

자본총계는 353조원이고 이는 유동자산 181조원(51.45%)과 비유동자산 171조원(48.55%)로 구성된다.[5] 부채총계는 90조원으로 자산총계의 25.44%에 해당되는데 이는 유동부채 64조원과 비유동부채 26조원으로 구성되며 각각의 비율은 18.09%와 7.35%이다. 자본총계는 263조원으로 부채총계의 2.9배에 그리고 자산총계의 74.56%에 해당된다. 자본중에서 지배기업 소유자지분은 255조원이고 비지배지분은 8조원이다. 자본금 898십억원은

---

4) 재무제표 대상기업이 연결대상 종속기업을 가지는 경우 지배기업과 종속기업을 하나의 기업으로 가정하고 작성하는 것이 연결재무제표이다. 이 경우 종속기업의 지배기업 이외 지분을 비지배지분으로 표기한다.

5) 재무상태표에서 괄호안의 수치는 마이너스값을 의미한다.

우선주자본금 119십억원과 보통주자본금 778십억원으로 구성된다.

표 8-2 삼성전자의 연결재무상태표(2019년말 기준)

단위: 십억원

차 변	금 액	대 변	금 액
유동자산	**181,385**	**유동부채**	**63,783**
현금및현금성자산	26,886	매입채무	8,718
단기금융상품	76,252	단기차입금	14,393
매출채권	35,131	미지급금	12,003
재고자산	26,766	**비유동부채**	**25,901**
기타 유동자산	16,350	사채	975
		장기차입금	2,197
비유동자산	**171,179**	장기미지급금	2,184
기타비유동금융자산	9,970	이연법인세부채	17,054
관계기업 및 공동기업 투자	7,592	**부채총계**	**89,684**
유형자산	119,825	자본금	898
무형자산	20,764	주식발행초과금	4,404
기타 비유동자산	13,089	이익잉여금	254,583
		기타	(4,969)
		비지배지분	7,965
		자본총계	**262,880**
자산총계	**352,564**	**부채와 자본 총계**	**352,564**

주요결과 8-3

재무상태표는 특정 시점에서의 기업의 재무상태를 나타내는 보고서로서 자본의 운용과 조달 상황을 보여준다. 주주에게 귀속되는 자기자본은 자산에서 부채를 차감한 값이다.

3.2 손익계산서

손익계산서(income statement, I/S)는 일정기간 동안의 경영성과를 요약한 보고서이다. 즉, 경영활동의 결과를 나타내는 수익(revenue)과 비용(cost)을 대응시키고 그 차이를 이익의 형태로 보고하는 회계자료이다. [표 8-3]은 삼성전자의 2019년 연결손익계산서이다.

삼성전자의 2019년 매출액은 230조원이고 매출원가 147조원을 차감하면 매출총이익은 83조원이다. 매출원가(costs of goods sold)는 재료비, 노무비, 경비, 감가상각비 등으로 구성된다. 매출총이익 83조원에서 판매비와관리비 55조원을 차감하면 영업이익 28조원이 산출되는데 영업이익은 매출액의 12.05%이다. 여기서 판매비와관리비(selling and administrative expenses)는 급여 및 복리후생비, 광고선전비, 운반비, 감가상각비 등으로 구성된다. 영업이익(earnings before interest and taxes(EBIT), 또는 net operating income(NOI))은 영업활동의 결과 얻은 이익을 말한다.

영업이익에서 영업외 활동 결과를 반영하면 법인세차감전순이익(earnings before taxes: EBT) 30조원이 계산되는데 이는 매출액의 13.21%에 해당된다. 영업외 활동은 기타수익, 기타비용, 지분법이익, 금융수익, 금융비용으로 구성된다. 여기서 지분법이익은 연결대상 종속회사의 이익에 지배기업의 지분율을 곱하여 구한 금액이다.

삼성전자가 2019년 이익에 대하여 납부한 법인세비용은 8.7조원으로 매출액의 3.77%에 해당된다. 2019년 당기순이익(net income: NI)은 21.7조원이며 이는 지배기업 소유자 지분 21.5조원과 비지배지분 0.2조원으로 구성된다. 최종적으로 지배주주 주당순이익(earnings per share)은 3,166원이다.

표 8-3 삼성전자의 2019년 연결손익계산서

단위: 십억원

구 분	항 목	금 액	비 율
영업활동	수익(매출)	230,401	100.00%
	매출원가	147,240	63.91%
	매출총이익	83,161	36.09%
	판매비와관리비	55,393	24.04%
	영업이익	27,769	12.05%
영업외 활동	기타 수익	1,779	0.77%
	기타 비용	1,415	0.61%
	지분법이익	413	0.18%
	금융수익	10,162	4.41%
	금융비용	8,275	3.59%
	법인세차감전순이익	30,432	13.21%
기타 활동	법인세비용	8,693	3.77%
	당기순이익	21,739	9.44%
	지배기업 소유자에게 귀속되는 당기순이익	21,505	8.90%
	비지배지분에 귀속되는 당기순이익	234	0.10%
	지배주주 주당순이익(원)	3,166	

주요결과 8-4

손익계산서는 일정기간 동안의 경영성과를 요약한 보고서로서, 수익과 비용을 대응시키고 그 차이를 이익의 형태로 보고하는 회계자료이다. 매출에서 영업비용을 차감하면 영업이익이 계산되고, 영업이익에 영업외활동 결과와 법인세를 반영하면 순이익이 계산된다.

3.3 현금흐름표

현금흐름표(statement of cash flows)는 기업의 일정기간 동안의 현금유입과 현금유출의 내용을 표시하여 현금의 변동 사항을 요약한 보고서이다. 현금흐름표는 재무상태의 변동 내역을 보다 상세히 설명하는 보고서로서 재무상태표와 손익계산서를 기초로 작성된다. 현금흐름표를 작성하는 목적은 기업의 정상적인 영업과 성장에 필요한 자금이 원활하게 공급되고 순환되는지를 파악하여 궁극적으로 영업활동으로부터 발생한 현금창출능력을 평가하는데 있다.

현금흐름표는 기초와 기말의 재무상태표로부터 자산증가분, 부채증가분, 자본증가분을 산출함과 동시에 손익계산서 당기순이익의 배분(배당금과 이익잉여금)을 반영하여 작성된다. [그림 8-5]는 현금흐름표가 재무상태표 및 손익계산서와 어떻게 연결되어 있는지를 보여준다.

그림 8-5 현금흐름표의 위치

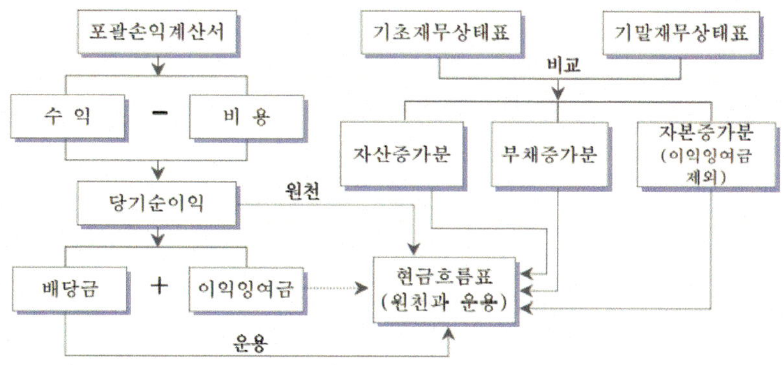

[표 8-4]는 삼성전자의 2019년 현금흐름표를 상세항목을 제외하고 대략적으로 보여준다. 현금흐름표는 영업활동 현금흐름, 투자활동 현금흐름, 재무활동 현금흐름으로 구성된다. 각 현금흐름이 반영하는 항목은 다음과 같다.

- 영업활동 현금흐름: 당기순이익, 영업활동으로 인한 자산과 부채의 변동
- 투자활동 현금흐름: 투자자산과 유형자산의 취득 및 처분
- 재무활동 현금흐름: 차입금의 증감, 자본금과 자본잉여금 증감, 자기주식의 취득 및 처분, 배당금 지급 등

표 8-4 삼성전자의 2019년 현금흐름표

단위: 십억원

구 분	금 액
I. 영업활동 현금흐름	45,383
II. 투자활동 현금흐름	(39,948)
III. 재무활동 현금흐름	(9,485)
현금 및 현금성자산의 증감	(3,455)
기초의 현금및현금성자산	30,341
기말의 현금및현금성자산	26,886

삼성전자의 2019년의 현금흐름은 3.5조원의 유출로 산출된다. 영업활동의 결과 현금흐름이 45.4조원 증가하지만 투자활동 및 재무활동의 결과 현금흐름이 각각 39.9조원과 9.5조원이 감소하여 순증감은 3.5조원 감소로 계산된다. 3.5조원의 현금감소로 인해 기초의 현금성자산 30.3조원이 기말 기준으로 26.9조원으로 감소한다.

주요결과 8-5

현금흐름표는 기업의 일정기간 동안의 현금유입과 현금유출의 내용을 표시하여 현금의 변동사항을 요약한 보고서로서, 영업활동, 투자활동, 재무활동의 현금흐름으로 구성된다

3.4 재무비율 분석

3.4.1 ROE분석

ROE(return on equity)는 자기자본순이익률로 당기순이익을 자기자본으로 나누거나 주당순이익을 주당 장부가격으로 나누어 구한다. 가장 대표적인 수익성 비율(profitability ratio)로 주주가 투자한 자본에 대한 수익성을 나타내는 지표로서 주주의 투자수익률을 의미한다. 삼성전자의 2019년과 2018년의 자기자본순이익률은 다음과 같이 8.3%와 17.9%로 크게 차이가 난다.

$$ROE_{2019} = \frac{21,739}{262,880} = 8.3\%,\ ROE_{2018} = \frac{44,345}{247,753} = 17.9\%$$

우리가 계산하는 ROE는 과거의 수익성을 나타내므로 이를 미래 수익성의 추정치로 단순히 사용하는 것은 적절하지 않다. 물론 과거의 성과가 미래의 성과에 대하여 중요한 정보를 제공하기는 하지만 주가에 영향을 미치는 변수는 미래의 순이익과 배당금임을 명심하자.

ROE는 다음과 같이 분해된다. ROE를 분해하면 수익성이 하락하는 경우의 원인을 분석하기 용이하다.

$$ROE = \frac{NI}{equity} = \frac{NI}{sales} \times \frac{sales}{assets} \times \frac{assets}{equity} \tag{8.2}$$

$$= \text{매출액순이익률} \times \text{총자산회전율} \times (1 + \text{부채비율})$$

이를 2019년과 2018년의 ROE에 적용하면 다음과 같다. 2019년의 ROE는 2018년 ROE의 절반 이하인데 이유는 총자산회전율과 부채비율은 변화가 없지만 매출액순이익률이 절반으로 하락했기 때문이다.

$$ROE_{2019} = \frac{21,739}{230,401} \times \frac{230,401}{352,564} \times \frac{352,564}{262,880} = 9.44\% \times 0.65 \times (1 + 0.34) = 8.3\%$$

$$ROE_{2018} = \frac{44,345}{243,771} \times \frac{243,771}{339,357} \times \frac{339,357}{247,753} = 18.19\% \times 0.72 \times (1 + 0.37) = 17.9\%$$

ROE는 다음과 같은 방법으로 분해되기도 한다.

$$ROE = \frac{NI}{EBT} \times \frac{EBT}{EBIT} \times \frac{EBIT}{sales} \times \frac{sales}{assets} \times \frac{assets}{equity} \tag{8.3}$$

3.4.2 비율분석

(1) 활동성비율

활동성비율(activity ratio)은 기업이 보유하고 있는 자원을 얼마나 효율적으로 활용하고 있는가를 나타내는 비율이다. 활동성비율은 매출액을 주요 자산으로 나누어 구하는데 주로 이용하는 비율의 계산식과 삼성전자 비율값은 다음과 같다.

$$\text{총자산회전율} = \frac{\text{매출액}}{\text{총자산}} = \frac{230,401}{352,564} = 0.65 \tag{8.4}$$

$$\text{재고자산회전율} = \frac{\text{매출액}}{\text{재고자산}} = \frac{230{,}401}{26{,}766} = 8.61 \tag{8.5}$$

$$\text{매출채권회전율} = \frac{\text{매출액}}{\text{매출채권}} = \frac{230{,}401}{35{,}131} = 6.56 \tag{8.6}$$

총자산회전율은 총자산이 매출액 기준으로 몇 회전하는가를 나타내는 비율로 기업이 투자한 총자본의 활용도를 보여준다. 재고자산회전율과 매출채권회전율은 각각 재고자산과 매출채권의 회전속도를 측정하는 비율로 이 비율이 높을수록 재고자산과 매출채권의 관리가 잘 되고 있음을 의미한다.

(2) 유동성비율

유동성비율(liquidity ratio)은 기업의 단기 채무에 대한 변제능력을 측정하는 비율이다. 일반적으로 채무 변제능력은 유동자산의 크기에 의해 결정된다. 대표적인 유동성비율인 유동비율(current ratio)의 계산식과 삼성전자 비율값은 다음과 같다.

$$\text{유동비율} = \frac{\text{유동자산}}{\text{유동부채}} = \frac{181{,}385}{63{,}783} = 2.84 \tag{8.7}$$

(3) 레버리지비율

레버리지비율(leverage ratio)은 기업의 타인자본 의존 정도를 측정하는 비율이다. 대표적인 레버리지비율로 부채비율과 이자보상비율이 있다. 두 비율의 계산식과 삼성전자 비율값은 다음과 같다.

$$\text{부채비율} = \frac{\text{부채}}{\text{자기자본}} = \frac{89{,}684}{262{,}880} = 0.34 \tag{8.8}$$

$$\text{이자보상비율} = \frac{\text{영업이익}}{\text{이자비용}} = \frac{27{,}769}{8{,}275} = 3.36 \tag{8.9}$$

(4) 수익성비율

수익성비율(profitability ratio)은 일정기간 동안의 경영성과를 측정하는 비율이다. 대표적인 수익성비율에는 자기자본순이익률, 총자산영업이익률, 매출액순이익률이 있다. 자기자본순이익률 계산에 지배기업주주 귀속 순이익을 이용하기로 한다.

$$\text{자기자본순이익률} = \frac{\text{순이익}}{\text{자기자본}} = \frac{21{,}505}{262{,}880} = 8.18\% \tag{8.10}$$

$$총자산영업이익률 = \frac{영업이익}{총자산} = \frac{27,769}{352,564} = 7.88\% \tag{8.11}$$

$$매출액순이익률 = \frac{순이익}{매출액} = \frac{21,505}{230,401} = 9.33\% \tag{8.12}$$

(5) **시장가치비율**

시장가치비율(market value ratio)은 시장가치인 주가를 이용하는 비율이다. 대표적인 시장가치비율에는 PER(price-earnings ratio)과 PBR(price-to-book-value ratio)이 있다. 주가순이익비율(PER)은 주가를 주당순이익을 나눈 값이고, 주가순자산비율(PBR)은 주가를 주식의 장부가치(순자산)로 나눈 값이다(주가는 2020년말, 순이익과 장부가치는 2019년말 기준임).

$$PER = \frac{price}{earnings} = \frac{81,000}{3,166} = 25.58 \tag{8.13}$$

$$PBR = \frac{price}{book\ value} = \frac{81,000}{37,518} = 2.16 \tag{8.14}$$

3.4.3 비율분석의 한계

비율분석은 공시된 재무제표상의 자료를 이용하여 기업의 재무상태와 경영성과를 분석한다는 점에서 의의를 갖는다. 그러나 비율분석은 다음과 같은 한계점을 가지고 있다.

첫째, 투자자는 기업의 미래성과와 미래가치에 관심을 가지는 반면에 비율분석의 대상은 과거자료이다.

둘째, 기업의 회계처리 방법이 상이하므로 수치의 단순한 비교만으로 판단하기 어려운 경우가 자주 발생한다. 특히 재고자산 평가(LIFO(last-in, first-out) vs FIFO(first-in, first-out))과 감가상각비(정액법 vs 정률법, 자산의 실질수명 vs 회계수명 등)의 경우 차이가 클 수 있다.

셋째, 비율분석의 평가기준이 객관적이지 못하다. 비율분석의 비교기준으로 산업평균비율, 경쟁기업의 비율, 분석하는 기업의 과거평균비율, 정책상의 목표비율 등이 이용된다.

넷째, 기업은 재무제표의 수치를 가능한 유리하게 보이고자 하므로 기업간 순이익의 질(earnings quality)에서 상당한 차이가 있다. 순이익의 질에 영향을 미치는 요인은 부실채무충당금(allowance for bad debt), 종업원스톡옵션 회계처리, 매출

인식시점, 부외(off-balance-sheet) 자산과 부채 항목 등이다.[6)]

주요결과 8-6

투자자는 기업의 과거와 현재의 경영성과 및 재무상태에 기초하여 미래 성과를 예측하기 위하여 활동성비율, 유동성비율, 레버리지비율, 수익성비율, 시장가치비율 등을 분석한다. 그리고 투자자는 비율분석의 한계점도 유념해야 한다.

3.5 경제적 부가가치 분석

자기자본순이익률이 기업의 수익성을 측정하는 대표적인 지표이기는 하지만 자기자본의 기회비용이 반영되지 않았다는 점에서 한계를 갖는다. 경영성과 평가 측정치로 가장 유명한 개념이 Stern Stewart and Co.가 1989년에 개발한 "EVA(economic value added : 경제적 부가가치)"이다. EVA는 기업의 영업활동 결과 창출된 부가가치라는 의미로 투하자본수익률(return on invested capital (ROIC): r_{IC})에서 가중평균자본비용(r_{WACC})을 차감하고 그 차이에 투하자본(invested capital)을 곱하여 구한 값이다. 투하자본에 r_{IC}를 곱한 값을 NOPLAT(net operating profit less adjusted taxes)이라고 하는데 대략적으로 영업이익에서 법인세를 차감한 금액이다. 식 (8.15)에 의해 계산된 EVA는 1년 기준으로 창출된 경제적 부가가치이다.

$$\begin{aligned} EVA &= \text{투하자본} \times (r_{IC} - r_{WACC}) \\ &= \text{투하자본} \cdot r_{IC} - \text{투하자본} \cdot r_{WACC} \\ &= NOPLAT - \text{투하자본의 기회비용} \\ &= EBIT(1-T) - \text{투하자본} \cdot r_{WACC} \end{aligned} \tag{8.15}$$

EVA모형에서 EVA는 투하자본(또는 영업투하자본)의 사용 대가를 초과하는 이익으로 정의되고 EVA는 투하자본, 투하자본수익률, 가중평균자본비용에 의해 결정된다. 반면에

6) 이익의 질은 보수주의 원칙과 이익조정에 의해 영향을 받는다. 보수주의 원칙(conservatism principle)은 자산 인식시 취득원가와 공정가액을 비교하여 낮은 금액으로 인식하고, 수익비용 인식시 좋은 소식은 늦게 나쁜 소식은 즉시 인식하는 것을 말한다. 보수주의 원칙을 적용하면 당기의 이익이 덜 인식되기 때문에 장기적으로 당기순이익이 과소평가된다(백복현 외 2, 재무제표분석과 기업가치평가, 박영사, 304쪽). 이익조정(earnings management)은 "기업의 경제적 성과에 대하여 투자자나 채권자를 오도하거나 회계수치에 의해 결정되는 계약관계에 영향을 주기 위하여 경영자가 재무보고나 회계처리과정에 개입하여 공시되는 재무정보를 변경시키는 것"으로 정의된다(Healy and Walen). 이익조정은 회계규정의 범위 내에서 행해진다. 이익조정은 ① 투자 및 재무결정을 조정하여 실제로 자원의 흐름에 영향을 주면서 이익을 조정하는 방법과 ② 회계처리방법을 변경하여 순이익을 조정하는 방법을 통해 이루어진다(권수영 외 4, 회계정보의 유용성, 신영사, 369-370쪽).

제10장에서 설명하는 초과이익모형(residual income model)에서 초과이익은 자기자본의 사용 대가를 초과하는 이익으로 정의되고 초과이익은 자기자본, 자기자본비용, 자기자본순이익률에 의해 결정된다.[7)]

투하자본은 대략적으로 총자산에서 비영업자산과 비이자발생부채(non-interest bearing liabilities)를 차감하여 구한다. 총자산, 영업자산, 투하자산, 비이자발생부채(또는 영업부채) 간의 관계는 [그림 8-6]과 같다.

$$\text{투하자본} = \text{총자산} - \text{비영업자산} - \text{비이자발생부채} \tag{8.16}$$

▌그림 8-6 투하자본의 계산

영업자산		영업부채	부채
	투하자본 영업유동자산 비유동자산 기타 영업관련 자산	이자발생부채	
비영업자산	적정수준 이상의 금융자산 관계회사 출자금과 대여금 건설중인 자산	자기자본	

EVA는 자본조달방법에 따라 순이익이 달리 계산됨으로써 경영성과에 대한 평가가 왜곡되는 것을 방지하기 위해 개발된 경영성과 지표이다. 앞에서 이미 설명했듯이, 회계이익을 계산할 때 타인자본을 사용한 대가로 지불한 이자는 비용으로 공제되지만 자기자본에 대한 기회비용은 비용으로 인식되지 않아, 회계이익으로는 기업의 경영성과를 정확히 평가할 수 없다. 예를 들면 동일한 경영성과가 실현되어도 자기자본을 많이 사용하는 기업의 순이익이 자기자본을 적게 사용하는 기업의 순이익 보다 커지게 된다. 또한 손익계산서 상의 회계이익이 0보다 크다고 해서 기업가치가 창출된 것은 아니다. 왜냐하면 회계이익은 부채비용만을 고려하고 자기자본비용을 고려하지 않기 때문이다. EVA는 이런 단점을 보완하기 위하여 제안된 개념으로, 투하된 모든 자본의 기회비용을 창출된 세후 영업현금흐름에서 차감함으로써 기업의 실질적인 경영성과를 측정하고자 개발된 개념이다.

7) 이런 의미에서 여기서의 초과이익을 "주주초과이익"으로 그리고 EVA를 "영업초과이익"으로 부를 수 있다.

주요결과 8-7

EVA는 기업의 영업활동 결과 창출된 부가가치라는 의미로 투하자본수익률에서 가중평균자본비용을 차감하고 그 차이에 투하자본을 곱하여 구한 값이다. EVA는 자기자본의 기회비용을 반영한 경영성과 평가지표이다.

예시 8-1 EVA 계산

혜화기업의 총자산이 100억원, 투자자산, 건설 중인 자산 등의 비영업자산이 11억원, 매입채무 등의 비이자발생부채가 9억원이다. 그리고 혜화기업의 영업이익이 12.6억원, 법인세가 3억원이고 가중평균자본비용은 9%이다. 혜화기업의 경제적 부가가치는 얼마인가?

$$\begin{aligned}\text{투하자본} &= \text{총자산} - \text{비영업자산} - \text{비이자발생부채}\\ &= 100\text{억원} - 11\text{억원} - 9\text{억원} = 80\text{억원}\end{aligned}$$

$$\begin{aligned}\text{투하자본수익률} &= \frac{NOPLAT}{\text{투하자본}} = \frac{\text{영업이익} - \text{법인세}}{\text{투하자본}}\\ &= \frac{12.6\text{억원} - 3\text{억원}}{80\text{억원}} = 12\%\end{aligned}$$

따라서 경제적 부가가치는 $80 \times (0.12 - 0.09) = 2.4$억원이다.

핵심용어 해설

- 거시경제분석(macroeconomic analysis): 거시경제지표를 이용한 경제 전체 상태의 분석
- 산업수명주기(industry life cycle): 산업의 성장 사이클로 스타트업단계, 성장단계, 통합단계, 성숙단계, 쇠퇴단계로 구성됨
- 재무상태표(balance sheet): 특정 시점에서의 재무상태를 보여주는 보고서로서 자본의 운용상황을 보여주는 차변 항목과 자본의 조달상황을 보여주는 대변 항목으로 구성됨
- 손익계산서(income statement): 일정 기간 동안의 경영성과를 이익의 형태로 보고하는 보고서
- 현금흐름표(statement of cash flows): 일정기간 동안의 현금유입과 현금유출의 내용을 보여주는 보고서로서, 영업활동, 투자활동, 재무활동의 현금흐름으로 구성됨
- 경제적 부가가치(Economic Value Added: EVA): 기업의 영업활동 결과 창출된 부가가치로 투하자본수익률에서 가중평균자본비용을 차감하고 그 차이에 투하자본을 곱하여 구함
- 투하자본(invested capital): 총자산에서 비영업자산과 비이자발생부채를 차감한 값

개념 체크

1. 거시경제분석이란 무엇이며 어떤 거시경제지표를 활용하는가?

2. 경기사이클은 어떤 과정을 반복하는가?

3. 산업수명주기는 어떤 사이클을 따르는가?

4. 마이클 포터 교수의 산업환경을 분석하는 다섯 가지 요인은 무엇인가?

5. 재무상태표는 무엇인가? 어떤 항목으로 구성되어 있는가?

6. 손익계산서는 무엇인가? 손익계산서의 기본 구조를 이해하는가?

7. 매출액에서 영업이익을 계산할 수 있는가? 그리고 영업이익에서 당기순이익을 계산할 수 있는가?

8. 현금흐름표는 무엇인가? 현금흐름표는 재무상태표 및 손익계산서와 어떻게 연결되어 있는가? 현금흐름은 어떻게 구성되는가?

9. 지배기업 소유자 지분과 비지배지분은 각각 무엇인가?

10. ROE는 무엇인가? 어떻게 계산되는가? 그리고 어떻게 분해되는가?

11. 활동성비율에는 어떤 비율이 있는가? 주요 비율을 정의하라.

12. 유동성비율에는 어떤 비율이 있는가? 주요 비율을 정의하라.

13. 레버리지비율에는 어떤 비율이 있는가? 주요 비율을 정의하라.

14. 수익성비율에는 어떤 비율이 있는가? 주요 비율을 정의하라.

15. 시장가치비율에는 어떤 비율이 있는가? 주요 비율을 정의하라.

16. EVA는 어떤 개념인가? 왜 필요한가? 기존의 성과측정 모형에 비하여 장점은 무엇인가? 이 모형은 초과이익모형과 어떤 점에서 상이한가?

연습문제

01 다음 중 재무상태표 항목만으로 계산할 수 있는 비율은?

① 자기자본순이익률 ② 부채비율
③ 총자산회전율 ④ 이자보상비율
⑤ 정답 없음

02 다음 중 손익계산서 항목만으로 계산할 수 있는 비율은?

① 유동비율 ② 재고자산회전율
③ PER ④ 매출액순이익률
⑤ 정답 없음

03 ROE를 매출액순이익률, 총자산회전율, __________의 곱으로 분해된다. 밑줄에 가장 적절한 것은?

① 부채비율 ② 이자보상비율
③ (1 + 부채비율) ④ 자기자본 / 총자산
⑤ 정답 없음

04 다음 중 비율이 틀린 것은?

① 매출채권회전율 = 매출액 / 매출채권
② 유동비율 = 유동자산 / 유동부채
③ PBR = 주가 / 주식의 장부가치
④ 총자산영업이익률 = 영업이익 / 총자산
⑤ 이자보상비율 = 순이익 / 이자비용

05 재무상태표에 대한 설명으로 적절한 것은?

① 재무상태표는 일정 기간 동안의 기업의 재무상태를 나타내는 보고서이다.

② 유동자산과 비유동자산을 구분하는 기간은 6개월이다.

③ 매입채무는 비유동부채에 속한다.

④ 무형자산은 비유동자산에 속한다.

⑤ 정답 없음

06 다음의 재무상태료 자료(단위 억원)를 이용하여 구한 투하자본수익률로 가장 가까운 것은? 여기서 투자자산은 관계회사 출자금과 대여금을 의미한다. 영업이익 80억원, 법인세 20억원, 가중평균자본비용 10%, 발행주식수 500만주이다.

현 금	60	매 입 채 무	100
재 고 자 산	70	단기차입금	60
매 출 채 권	70	장기차입금	60
투 자 자 산	50	자본금	200
기 계	130	잉여금	110
비 품	70		
건설중인자산	50		
개발비	30		
총자산	530	총자본	530

① 16% ② 17% ③ 18%

④ 19% ⑤ 20%

공인회계사 기출문제

07 기초 자본구조는 부채 1,200억원, 자기자본 800억원으로 구성되어 있다. 기말 결산을 해보니 영업이익은 244억원이고 이자비용은 84억원이다. 주주의 기대수익률이 15%이고 법인세율이 25%일 때 경제적 부가가치는 얼마인가? 단 장부가치와 시장가치는 동일하다. CPA

① $EVA \leq -20$ ② $-20 \leq EVA \leq 40$

③ $40 \leq EVA \leq 100$ ④ $40 \leq EVA \leq 100$

⑤ $EVA > 160$

연습문제 해설

01 ②

부채비율은 부채와 자기자본으로 계산되므로 재무상태표 항목만으로 계산이 가능하다.

02 ④

매출액순이익률은 매출액과 순이익으로 계산되므로 손익계산서 항목만으로 계산이 가능하다.

03 ③

$ROE = \frac{NI}{equity} = \frac{NI}{sales} \times \frac{sales}{assets} \times \frac{assets}{equity}$ 이므로 $\frac{assets}{equity}$ 는 (1 + 부채비율)이다.

04 ⑤

이자보상비율은 영업이익을 이자비용으로 나누어 구한다.

05 ④

비유동자산은 유형자산, 무형자산, 비금융유동자산 등으로 구성된다.

06 ③

총자산 530억원 중에서 비영업자산이 100억원(투자자산 50억원과 건설중인자산 50억원의 합)이므로 영업자산은 430억원이다. 그리고 비이자발생부채가 100억원이므로 투하자본은 430억원에서 100억원을 차감한 330억원이다. 세후 영업이익이 80억원에서 20억원을 차감한 60억원이므로 투하자본수익률은 $\frac{60}{330} = 18.18\%$이다.

07 ②

투하자본이 2,000억원이고 가중평균자본비용이 9.15%이므로 EVA는 0이다.

$$EVA = 244 \times (1 - 0.25) - 0.0915 \times 2{,}000 = 0$$

$$r_{WACC} = \frac{1{,}200}{2{,}000} \times \frac{84}{1{,}200} \times (1 - 0.25) + \frac{800}{2{,}000} \times 0.15 = 0.0915$$

(참고: 비영업자산과 영업부채에 대한 자료가 없으므로 투하자본이 총자산과 같다고 가정함)

Retail sales levels
Jan
Feb
Mar
Apr
May
Jun
Jul
Aug
Sep
Oct
Nov
Dec
50
100
150
250
300
250
200
150
100
50
0
Feb
Mar
Apr
May
Jun
Jul
Aug
Oct
Nov
Rental for storage
Leeds

주식가치평가: 배당할인모형

Table of Contents

학습 주안점

2020년말 현대자동차와 SK이노베이션 주식이 각각 192,000원과 190,000원에 거래되고 있다. 두 주식에 대한 자료는 다음과 같다(주당순이익 자료는 2019년).

현대차: EPS = 10,761원, PER = 17.70, ROE = 4.3%

SK이노베이션: EPS = －381원, PER = 계산불가, ROE = －0.2%

현대자동차의 실적이 SK이노베이션의 실적보다 월등히 우수함에도 불구하고 가격이 동일한 이유는 무엇인가?

이 장에서는 주식의 가치가 어떻게 평가되는지의 문제를 다루기로 한다. 주식의 가치는 주주가 얻게 될 미래현금흐름의 현재가치이다. 이 장에서는 주식의 가치평가모형인 배당할인모형을 자세히 공부하기로 한다. 또한 성장기회의 순현재가치의 개념도 소개하기로 한다. 그리고 FCFE모형, 상대가치평가모형(PER, PBR, PSR, EV/EBITDA), 초과이익모형 등은 10장에서 설명하기로 한다.

이 장에서 여러분이 숙지해야 할 내용은 다음과 같다.

1. 주식가치평가모형은 어떻게 구분되는가?
2. 무성장모형, 안정성장모형, 고속성장모형의 기본가정과 가치평가공식을 이해하는가?
3. 성장률은 어떻게 추정하며 성장률이 가치에 미치는 영향은 무엇인가?
4. 성장기회의 순현가란 무엇이며 어떻게 계산되는가?
5. 기업이 성장하면 무조건 가치가 창출되는가? 아니면 어떤 조건 하에서 가치가 창출되는가?

1 주식가치평가모형 개론

주식의 이론적 가치인 내재가치(intrinsic value)를 평가하는 모형은 [그림 9-1]과 같이 절대가치평가모형, 상대가치평가모형, 옵션가격결정모형, 회계모형으로 구분된다. 절대가치평가모형(absolute valuation model)은 현금흐름을 할인하는 방식으로 가치를 결정하므로 현금흐름할인모형(cash flow discount model)으로도 불린다. 절대가치평가모형은 현금흐름의 패턴에 따라 무성장모형, 안정성장모형, 고속성장모형, H모형, 3단계모형 등으로 구분된다. 그리고 할인대상이 배당금, 주주잉여현금흐름, 기업잉여현금흐름이면 각각 배당할인모형, 주주잉여현금흐름할인모형, 기업잉여현금흐름할인모형으로 불린다.

반면에 상대가치평가모형(relative valuation model)은 PER, PBR, PSR, EV/EBITDA 등과 같이 배수(multiplier)를 이용하여 벤치마크를 기준으로 상대적으로 가치를 평가하는 모형이다.

절대가치평가모형과 상대가치평가모형 이외에 옵션가격결정모형(option pricing model)과 회계모형(accounting model)을 이용하여 주식의 가치를 평가할 수도 있다. 회계모형은 회계학에서 주로 사용하는 모형으로 EVA모형과 초과이익모형이 여기에 속한다.

그림 9-1 주식가치평가모형의 유형

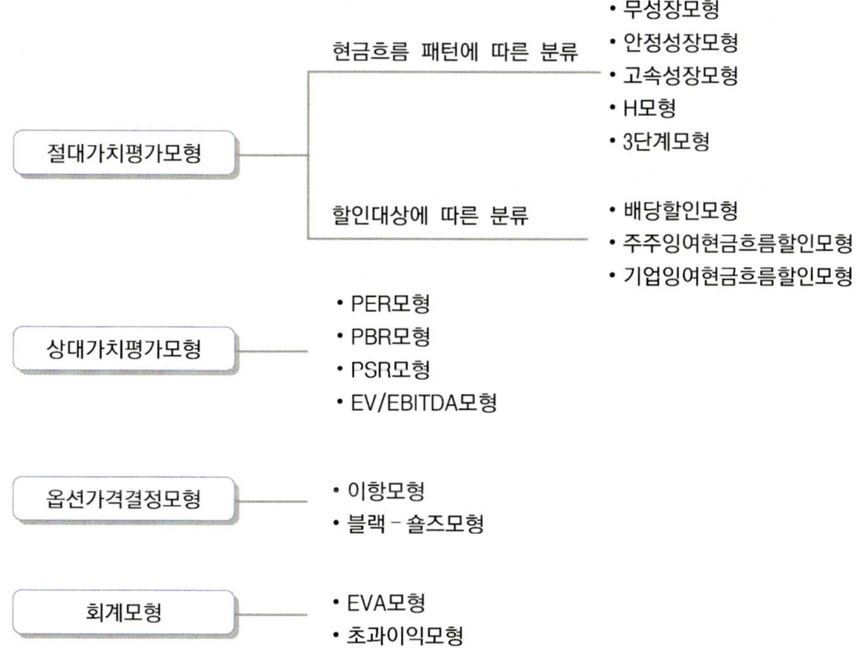

주요결과 9-1

주식의 내재가치는 절대가치평가모형, 상대가치평가모형, 옵션가격결정모형, 회계모형 등으로 계산된다.

2 배당할인모형

재무 분야에서 주식가치평가모형의 가장 기본으로 이해되는 배당할인모형을 먼저 설명하기로 한다. 그리고 주주잉여현금흐름할인모형, 상대가치평가모형, 회계모형은 10장에서 따로 설명하기로 한다.

2.1 배당할인모형 일반식

주식에 투자하는 투자자는 현금배당(cash dividend)과 자본이득(capital gains)을 기대하므로 투자자들이 요구하는 수익률(또는 기대수익률) r은 현재 가격 및 미래의 현금흐름과 다음의 관계를 갖는다(배당은 1년 후 지급된다고 가정함). 즉 기대수익률은 기대 배당수익률(dividend yield)과 기대 자본이득률(capital gains yield)의 합이다.

$$r = \frac{D_1 + (P_1 - P_0)}{P_0} = \frac{D_1}{P_0} + \frac{P_1 - P_0}{P_0} \tag{9.1}$$

$$= \text{기대 배당수익률} + \text{기대 자본이득률}$$

여기서 P_0는 현재의 주가, P_1은 1년 후의 주가, D_1은 1년후 예상되는 배당금이다. 따라서 현재 주가는 다음과 같이 표현된다.

$$P_0 = \frac{D_1 + P_1}{1 + r} \tag{9.2}$$

예시 9-1 1기간 배당할인모형의 이용

삼성전자 주식이 현재 75,000원에 거래되고 있다. 투자자들은 1년 후에 3,000원의 배당금을 기대한다. 또한 투자자들은 1년 후에 이 주식이 84,000원에 거래될 것으로 기대한다. 이 경우 주주들이 기대하는 수익률은 16%이다.

$$r = \frac{3{,}000 + (84{,}000 - 75{,}000)}{75{,}000} = 16\%$$

16%의 기대수익률은 4%의 기대 배당수익률과 12%의 기대 자본이득률의 합이다.

$$r = \frac{3{,}000}{75{,}000} + \frac{9{,}000}{75{,}000} = 4\% + 12\% = 16\%$$

앞에서 현재 주가 P_0는 P_1, D_1을 기대수익률 r로 1년간 할인한 가치로 평가되었다. 현재의 주가인 P_0를 추정하는데 미래의 주가인 P_1을 이용하므로 P_0을 배당금만의 함수로 표현하기 위하여 P_1을 제거해야 한다. 1년 후 주가 P_1은 P_2, D_2를 기대수익률 r로 1년간 할인한 가치로 계산될 수 있으므로, 이를 통합하면 현재 주가는 다음과 같이 D_1, D_2, P_2, r의 함수로 표현된다.

$$P_0 = \frac{D_1 + P_1}{1 + r} = \frac{D_1}{1 + r} + \frac{D_2 + P_2}{(1 + r)^2} \tag{9.3}$$

이 과정을 H년 반복하면(즉, 주식을 H년 보유한다고 가정하면) 다음 식이 성립한다.

$$P_0 = \frac{D_1}{1 + r} + \frac{D_2}{(1 + r)^2} + ... + \frac{D_H + P_H}{(1 + r)^H} \tag{9.4}$$

즉, 주식의 가치는 투자기간(investment horizon)동안 기대되는 모든 주당배당금의 현재가치(PV : present value)에 투자기간 말 기대주가(terminal stock price)의 현재가치를 가산한 값이다.

그런데 식 (9.4)에서 P_H는 H년 지난 이후에 지급될 것으로 기대되는 주당배당금에 의해 결정되므로 결국 주식의 가치는 "무한한 수의 미래 주당배당금의 현재가치의 합"으로 표현될 수 있다. 또는 H년이 무한대에 접근함에 따라 P_H의 현재가치는 0에 접근함으로 주가를 미래 주당배당금만의 현재가치의 합으로 표현할 수 있다. 일반화된 배당할인모형(dividend discount model)은 다음과 같다.[1)]

$$\text{주식의 가치} = \text{PV(미래 주당배당금)}$$

$$P_0 = \frac{D_1}{1+r} + \frac{D_2}{(1+r)^2} + ... + \frac{D_\infty}{(1+r)^\infty} \tag{9.5}$$

기업이 영구히 존재한다고 가정하면(즉, 계속기업(going-concern)을 가정하면) 주식은 무한한 수의 미래배당금을 제공하게 된다.[2)] 만일 무한한 수의 미래배당금이 특정한 패턴을 따르지 않으면 우리는 수학적으로 무한한 수의 미래배당금의 현재가치를 계산할 수 없다. 따라서 현재가치를 계산하기 위하여 미래배당금에 일정한 패턴을 부여해야 한다.

일반적으로 주로 사용하는 가정은 다음과 같다.

① 무성장모형 : 미래배당금이 일정하다고 가정하는 경우
② 안정성장모형 : 미래배당금이 일정한 안정성장률로 영구히 성장한다고 가정하는 경우
③ 고속성장모형(또는 2기간 모형) : 미래배당금이 얼마의 기간 동안 빠르게 성장하지만 (또는 불규칙적으로 성장하지만) 일정기간이 지나면 안정성장률로 영구히 성장한다고 가정하는 경우
④ H모형: 현재의 높은 성장률이 H년 동안 점진적으로 하락하고 그 이후 안정성장률로 영구히 성장한다고 가정하는 경우
⑤ 3단계모형: 일정기간 동안 현재의 높은 성장률을 유지하지만 그 후 점진적으로 하락하여 안정성장기간으로 진입한다고 가정하는 경우

다섯 가지 모형의 차이를 정확히 확인하기 위하여 적용되는 성장률을 시간에 대하여 그리면 [그림 9-2]와 같다. 고속성장모형과 H모형은 일정 기간이 지난 후 안정성장모형으로 수렴하는데 수렴하는 과정이 상이하다. 즉 고속성장모형은 성장률이 “순식간에” 하락한다고 가정하고 H모형은 “점진적으로” 하락한다고 가정한다. 따라서 H모형은 기업이 천천히 경쟁우위를 상실하여 성장률이 점진적으로 하락하는 경우에 적합한 모형인 반면, 고속성장모형은 진입장벽제거 또는 특허권의 만료로 성장률이 특정 시점을 기준으로 급격하게 하락하는 경우에 적합한 모형이다. 3단계모형은 고속성장모형과 H모형이 결합된 형태이다.

---

1) 주식은 현금흐름이 확정되어 있지 않고 만기가 없다는 점에서 채권보다 가치평가가 어렵다.

2) 그렇다고 기업이 파산하지 않는다는 것을 가정하는 것은 아니다. 기업의 파산위험은 현금흐름에 반영하지 않고 할인율에 반영하기로 한다.

그림 9-2 다섯 가지 가치평가모형의 성장률에 대한 가정

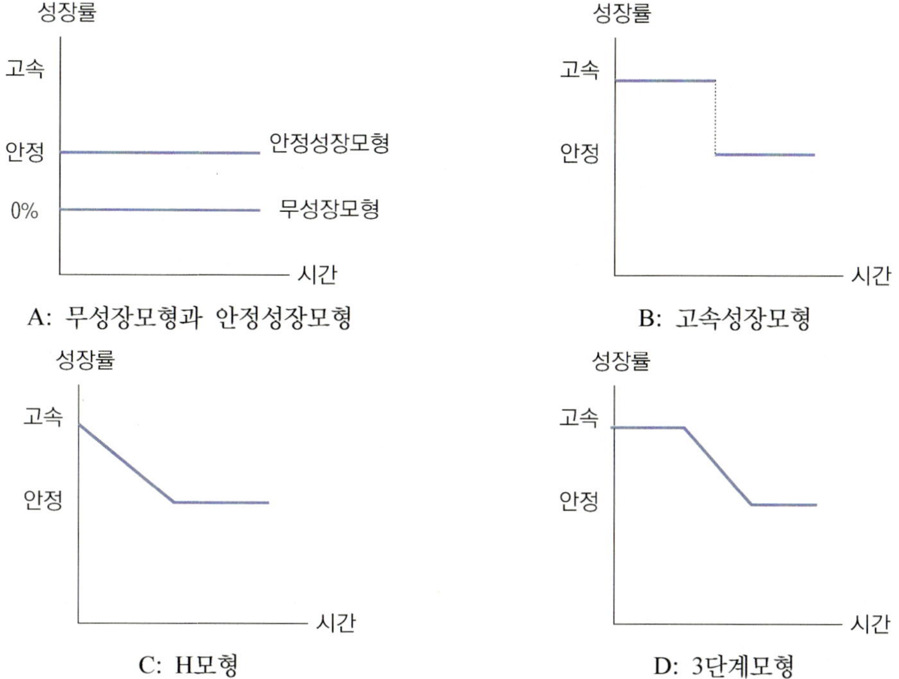

주요결과 9-2

주식의 내재가치는 미래에 예상되는 배당금의 현재가치이다. 무한한 배당금의 현가를 계산하기 위해 무성장, 안정성장, 고속성장 등의 가정이 필요하다.

2.2 무성장모형

미래배당금에 대한 가장 간단한 가정은 "배당금이 일정하다"고 가정하는 것이다. 만일 기업이 성장기회가 고갈되어 순이익 전부를 주주에게 배당으로 지급한다면 이런 기업은 신규투자를 하지 않기 때문에 성장할 수 없다.

무성장기업(no-growth firm)은 현재 비교적 후한 배당을 지급하지만 미래에 더 많은 배당을 지급할 여력이 없는 기업이다. 미래배당금이 D_1으로 일정한 경우 현금흐름이 영구연금(perpetuity)의 형태가 되므로 무성장기업의 주가는 일정한 배당금을 기대수익률로 나누어 구한다.[3] 여기서 r은 주주의 기대수익률(요구수익률)로 자기자본비용(cost of equity)으

3) 미래 배당금이 일정하므로 식에서 배당금의 하첨자를 생략하여 D로 표현하는 것이 더 적절할 수 있다. 그러나 다른 모형과의 비교를 위해 D_1으로 표현하기로 한다.

로도 불린다.

$$P_0 = \frac{D_1}{r} \tag{9.6}$$

순이익 전체가 배당으로 지급되므로(즉 $EPS_1 = D_1$) 무성장기업의 주가는 다음과 같이 주당순이익으로 표현되기도 한다.

$$P_0 = \frac{D_1}{r} = \frac{EPS_1}{r} \tag{9.7}$$

주주 입장에서 영업활동으로부터 조달된 현금흐름은 순이익에 감가상각비를 가산한 금액이다. 무성장기업은 순이익 전부를 주주에게 배당으로 지급하여 신규투자를 할 수는 없으나, 매년 발생하는 감가상각비를 이용하여 기존 자산을 유지할 수 있다(순이익 계산시 감가상각비는 비용으로 차감되지만 현금비용이 아니므로 실제로 그 만큼의 현금을 보유하고 있는 셈임).

주요결과 9-3

무성장모형은 기업이 순이익 전체를 배당으로 지급한다고 가정하며 주가는 주당순이익을 주주의 기대수익률로 나누어 구한다.

2.3 안정성장모형

안정성장모형(constant dividend growth model)에서는 "기업의 미래배당금이 일정한 속도로 영원히 성장한다"고 가정한다. 즉 순이익이 일정한 성장률 g%로 성장하고 또한 순이익의 일정한 비율(b) 만큼이 재투자된다면 미래 배당금도 g%로 성장하게 된다고 가정한다. 안정성장모형에서의 미래 현금흐름은 [그림 9-3]과 같다.

그림 9-3 안정성장모형에서의 미래 현금흐름

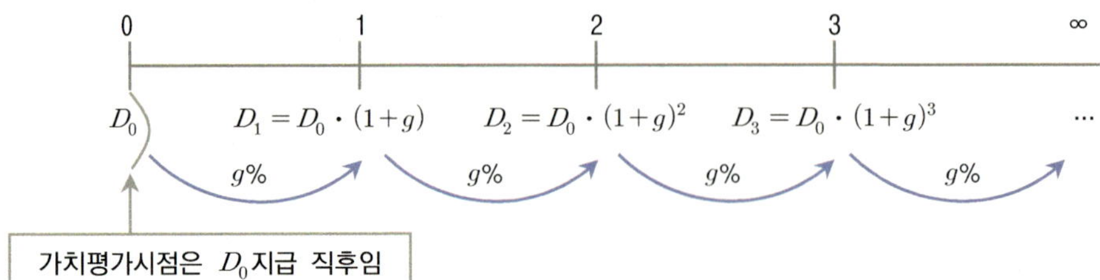

가치평가 시점은 D_0가 지급된 직후이며, 편의상 다음 배당금인 D_1는 평가시점부터 정확히 1년 후 지급된다고 가정한다.

주가는 미래배당금의 현재가치이므로 성장률을 이용하여 다음과 같이 표현된다.

$$P_0 = \frac{D_0(1+g)}{1+r} + \frac{D_0(1+g)^2}{(1+r)^2} + \ldots. \tag{9.8}$$

식 (9.8)의 양변에 $\frac{1+g}{1+r}$을 곱한 후, 그 식을 식 (9.8)에서 차감하고 정리하면 "골든모형(Gordon's model)"이라고 불리는 다음의 식이 유도된다. 여기서 b는 유보율(retention ratio)이고 $(1-b)$는 배당성향(dividend payout ratio)이므로 $EPS_0(1-b)$는 D_0에 해당된다.[4)]

$$P_0 = \frac{D_1}{r-g} = \frac{EPS_0(1+g)(1-b)}{r-g} \tag{9.9}$$

$$(\text{단, } r > g)$$

이 식은 요구수익률이 성장률보다 큰 경우에만(즉 $r > g$) 적용이 가능하다(이 식은 성장률이 마이너스이거나 0인 경우에도 사용이 가능함). 따라서 빠르게 성장하는 기업의 경우 대체로 $g > r$이므로 골든모형을 적용할 수 없다.

식 (9.9)에서 P_0 계산시 분자에 D_1을 사용하는 것은 D_1부터 시작하는 미래 배당금의 현가를 계산한다는 의미이다. 만약 분자에 D_2를 사용하면 D_2부터 시작하는 미래 배당금의 현가를 계산하는 것이므로 P_1이 계산된다.

골든모형에 적용할 성장률은 통상 자기자본순이익률(return on equity: ROE)(또는 재투자수익률)과 유보율 b의 곱으로 추정되는데 이렇게 추정된 성장률을 "지속가능성장률(sustainable growth rate)"이라고 한다.

$$g = ROE \cdot b \tag{9.10}$$

기업의 성장은 투자의 양(quantity)과 질(quality)에 의해 결정되는데 유보율은 투자의 양을 의미하고 자기자본순이익률은 투자의 질인 재투자의 수익률을 의미한다. 골든모형에서 주당순이익, 미래주가, 주당배당금 등은 모두 g%로 안정적으로 "영구히" 성장한다고 가정한다. 주식투자의 수익률은 배당수익률과 자본이득률의 합이므로, 골든모형에서 g%가 자본이득률과 동일함을 확인할 수 있다.

---

4) 배당성향은 주당배당금을 주당순이익으로 나눈 비율이다.

$$r = \frac{D_1}{P_0} + g = \text{배당수익률} + \text{배당금 성장률} \quad (9.11)$$

주요결과 9-4

지속가능성장률은 순이익과 배당금의 성장률로, 유보율에 자기자본순이익률을 곱하여 구한다.

예시 9-2 안정성장모형의 적용

하남기업은 성장기회가 없는 경우 매년 1,000원씩의 주당순이익을 영원히 실현할 것으로 기대된다. 그런데 최근 정부가 특정 산업의 진입장벽을 제거함에 따라 하남기업은 새로운 성장 동력을 갖게 되었다. 하남기업은 매년 순이익의 60%를 배당으로 지급하고 40%를 재투자할 예정이며 투자에서 10%의 수익률을 얻을 수 있을 것으로 기대한다. 주식의 적정 할인율은 6%이다.

성장기회가 없는 경우의 주가는 $\frac{1,000}{0.06} = 16,667$원이다. 투자기회가 존재하면 성장률이 $0.4 \times 10\% = 4\%$이므로 주가는 $P_0 = \frac{600}{0.06 - 0.04} = 30,000$원이다(1년 후 배당금은 순이익 1,000원의 60%인 600원임). 예시에서 배당금은 600원, 624원, 648.96원으로 연간 4%로 성장하고, 주가도 30,000원, 31,200원, 32,448원으로 역시 4%로 성장한다.

$$P_0 = \frac{600}{0.06 - 0.04} = 30,000, \quad P_1 = \frac{624}{0.06 - 0.04} = 31,200,$$

$$P_2 = \frac{648.96}{0.06 - 0.04} = 32,448$$

골든모형은 다음과 같은 단점을 갖는다.

① 요구수익률이 성장률보다 커야 한다(즉 $r > g$).

② 기업의 성장사이클을 잘 반영하지 못한다.

③ g가 r에 접근하면 P_0는 무한대에 접근한다. 따라서 추정된 g가 r에 너무 가까우면 골든모형을 사용할 수 없다.

④ 배당을 안정적으로 지급하고 있는 기업 또는 현재는 배당을 지급하지 않으나 조만간 지급할 예정인 기업에만 적용이 가능하다.

골든모형으로 계산된 가격은 주주의 기대수익률과 성장률의 변화에 대단히 민감하게 반응한다. 예를 들어 $D_1 = 2{,}000$, $r = 0.15$, $g = 0.05$이면 주가는 20,000원이다. [표 9-1]은 성장률과 기대수익률이 변함에 따라 주가가 어떻게 변하는지 보여 준다(성장률이 기대수익률보다 높은 경우 주가는 계산할 수 없음). 경제성장률이 낮은 국가에서(예를 들어, 2%) 기업의 배당금이 매우 높은 성장률(예를 들어, 14%)로 영구히 성장한다고 가정하는 것은 현실성이 결여된 가정이다. 또한 성장률이 기대수익률을 초과하지 않더라도 매우 가까워지면 주가가 지나치게 크게 계산됨을 알 수 있다.

▌표 9-1 골든모형 주가에 대한 민감도 분석

	g = 2%	g = 5%	g = 8%	g = 11%	g = 14%
$r = 9\%$	28,571	50,000	200,000	–	–
$r = 12\%$	20,000	28,571	50,000	200,000	–
$r = 15\%$	15,385	20,000	28,571	50,000	200,000
$r = 18\%$	12,500	15,385	20,000	28,571	50,000
$r = 21\%$	10,526	12,500	15,385	20,000	28,571

주요결과 9-5

골든모형은 순이익, 주가, 배당금 등이 모두 일정한 성장률로 성장한다고 가정하며 주가는 $D_1/(r-g)$로 계산한다.

예시 9-3 안정성장모형의 적용

다우기업의 금년도 당기순이익은 30억원이다. 다우기업의 평균 ROE는 16%이고 평균 유보율은 40%이다. 다우기업은 현재의 유보율과 ROE를 유지할 것으로 예상된다. 발행주식수는 100만주이고 주주의 요구수익률은 12%이다. 가치평가시점은 당해 회계연도말이다.

(1) 골든모형으로 적정 주가를 계산하라.

(2) 4년 후 주가는 얼마로 예상되는가?

(3) 만약 다우기업 주식이 현재 30,000원에 거래되고 있다면 가격에 내재된 성장률은 얼마인가?

(1) 성장률은 ROE와 유보율의 곱이므로 $g = 16\% \times 0.4 = 6.4\%$이다. 그리고 금년도 주당순이익이 $\frac{3{,}000{,}000{,}000}{1{,}000{,}000} = 3{,}000$원이므로 1년 후 기대배당금은 1,915원이다.

$$D_1 = EPS_0 \times (1+g) \times (1-b) = 3{,}000 \times 1.064 \times 0.6 = 1{,}915$$

따라서 적정 주가는 $P_0 = \dfrac{1{,}915}{0.12 - 0.064} = 34{,}196$원이다.

(2) 현재 주가 34,196원이 6.4%로 4년 성장하므로 4년 후 주가는 43,827원이다.

$$P_4 = P_0(1+g)^4 = 34{,}196(1.064)^4 = 43{,}827$$

또는 4년 후 시점 기준에서 미래배당금의 현재가치를 계산한다. 즉, D_5를 골든모형의 분자에 대입하면 P_4가 동일하게 계산된다.

$$D_5 = 1{,}915(1.064)^4 = 2{,}454.3 \rightarrow P_4 = \frac{2{,}454.3}{0.12 - 0.064} = 43{,}827$$

(3) 성장률은 다음의 식을 만족시키는 $g = 5.66\%$이다(분자에도 $1+g$가 있음에 주의하자).

$$\frac{3{,}000(1-0.4)(1+g)}{0.12 - g} = 30{,}000 \rightarrow g = 0.0566$$

2.4 고속성장모형 *

고속성장모형(super-normal growth model)은 배당금이 H년 동안 고속으로 성장하거나 또는 H년 동안 불규칙적으로 성장하지만 이후부터는 안정적으로 성장할 것으로 예상되는 기업에 적용된다(안정성장률: g_2).

$$P_0 = \left[\frac{D_1}{1+r} + \frac{D_2}{(1+r)^2} + \cdots + \frac{D_H}{(1+r)^H}\right] \longleftarrow \boxed{\text{고속성장기간 배당금의 현재가치}}$$

$$+ \frac{D_{H+1}}{r-g_2} \cdot \frac{1}{(1+r)^H} \longleftarrow \boxed{\text{안정성장기간 배당금의 현재가치}} \qquad (9.12)$$

고속성장률을 g_1이라고 표시하면 고속성장기업의 주가는 다음과 같이 표현된다.[5)]

$$P_0 = \sum_{t=1}^{H} \frac{D_0(1+g_1)^t}{(1+r)^t} + \frac{D_{H+1}}{(r-g_2)(1+r)^H} \qquad (9.13)$$

처음 H년 동안에는 배당금의 현가를 일일이 계산하지만 안정성장기간 동안에는 골든모형

5) 식 (9.13)에서 첫 번째 항은 다음과 같이 계산된다.

$$\sum_{t=1}^{H} \frac{D_0(1+g_1)^t}{(1+r)^t} = \frac{D_0 \times (1+g_1) \times \left(1 - \frac{(1+g_1)^H}{(1+r)^H}\right)}{r - g_1}$$

을 적용하여 현가를 계산한다. 여기서 D_{H+1}은 안정성장률 g_2로 성장하는 첫 번째 배당금이고 현가 계산시 H년 할인함에 주의하자.

예시 9-4 고속성장모형

슈퍼기업은 얼마 전 2,000원의 주당배당금을 지급하였다. 배당금은 향후 4년 동안 20%로 증가하고 그 이후부터는 10%로 증가할 예정이다. 요구수익률은 15%이다. 적정 주가는 얼마인가?

그림 9-4 고속성장모형의 현금흐름 예시

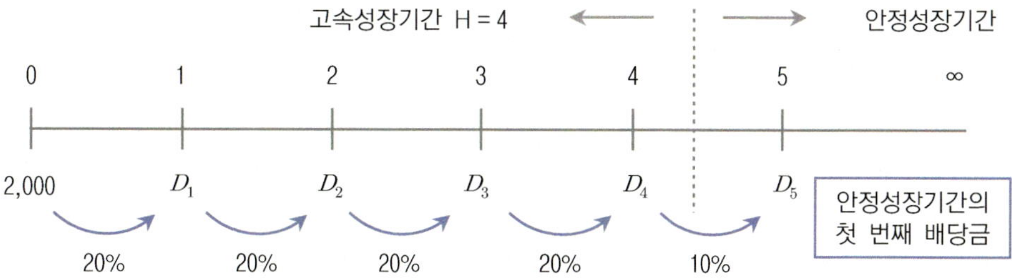

배당금이 4년 동안 20%로 성장하므로 $H=4$이다. 먼저 고속성장기간 배당금의 현가는 8,908.20원이다.

$$\frac{2,000(1.2)}{1.15}+\frac{2,000(1.2)^2}{1.15^2}+\frac{2,000(1.2)^3}{1.15^3}+\frac{2,000(1.2)^4}{1.15^4}=8,908.20$$

그리고 안정성장기간 배당금의 현가는 52,165.85원이다(여기서 $2,000(1.2)^4(1.1)$은 $D_{H+1}=D_5$이다).

$$\frac{2,000(1.2)^4(1.1)}{0.15-0.1}\cdot\frac{1}{1.15^4}=52,165.85$$

따라서 주가는 $8,908.20+52,165.85=61,074.05$원이다.

2.5 기타 모형

무성장모형, 안정성장모형, 고속성장모형 이외에 H모형과 3단계모형이 있다. 앞에서 설명했듯이, 고속성장모형은 특허권의 만료와 진입장벽제거와 같은 성장률의 급격한 하락이 예상되는 경우에 적절한 반면, H모형은 기업이 경쟁우위(competitive advantage)를 점진적으로 상실하는 보다 일반적인 경우에 적합한 모형이다. H모형(H model)에서 성장률은 초기의 고속성장률이 일정기간 동안 선형적으로 감소하고 H년 후 안정성장기간으로 진입하여 안정성장률에 수렴한다고 가정한다(예를 들어 고속성장률이 22%이고 H년이 4년이고 안정성장률이 6%이면 성장률은 4년 동안 매년 4%씩 하락함). 고속성장률을 g_1으로 그리고 안정성장률을 g_2로 표시하면 주가는 다음과 같이 계산된다.[6)]

$$P_0 = \frac{D_0(1+g_2)}{r-g_2} + \frac{D_0 \times \frac{H}{2} \times (g_1 - g_2)}{r-g_2} \tag{9.14}$$

3단계모형은 고속성장모형과 H모형을 결합한 형태로 자주 사용되는 모형이 아니고 식이 복잡하므로 여기서는 생략하기로 한다.

3 성장기회의 순현가

기업은 투자의 순현재가치 또는 순현가(NPV)가 0보다 큰 좋은 투자안을 시행함으로써 가치를 창출할 수 있으며 이는 주가에 긍정적으로 반영된다. 여기서 순현가가 양수인 좋은 투자안은 투자의 수익률인 ROE가 요구수익률인 r보다 높은 투자안이다. 이는 기업이 요구수익률보다 낮은 수익률로 재투자하면 기업의 가치가 하락한다는 것을 의미한다.

성장기업의 주가는 무성장기업의 주가에 성장기회의 순현가(NPVGO: net present value of growth opportunity)를 가산한 금액으로 표현된다. 따라서 안정성장모형에 기초한 NPVGO는 안정성장 주가(식 (9.9) 이용)에서 무성장 주가를 차감한 금액으로 정의된다(여기서 $EPS_1(1-b)$는 D_1임).[7)]

$$NPVGO = \frac{D_1}{r-g} - \frac{EPS_1}{r} = \frac{EPS_1 \times (1-b)}{r-g} - \frac{EPS_1}{r} \tag{9.15}$$

6) 첫 번째 항은 전기간 동안 안정성장률로 성장한다고 가정하는 경우의 가치이고 두 번째 항은 안정성장률로 수렴하기 전 기간 동안의 고속성장가치이다.

7) 무성장기업이 성장기업이 되면 당연히 자기자본 위험의 크기가 변하므로 할인율이 변하지만 여기서는 동일하다고 가정한다.

예시 9-5 성장기회의 순현가

[예시 9-2]에서 성장기회가 없는 경우의 주가가 16,667원이고 성장하는 경우의 주가가 30,000원으로 추정되었다. 즉, 배당할인모형에 의한 성장기회의 순현가는 13,333원이다.

$$NPVGO = \frac{EPS_1(1-b)}{r-g} - \frac{EPS_1}{r} = \frac{1,000(1-0.4)}{0.06-0.04} - \frac{1,000}{0.06} = 13,333$$

예시 9-6 투자와 NPVGO

충남기업의 자기자본의 장부가치는 50억원이고 부채는 20억원이다(부채의 차입이자율은 무위험이자율로 가정함). 이 기업은 매년 동일한 영업이익 15억원씩을 영원히 얻을 것으로 기대된다. 무위험이자율은 10%이고 충남기업 주식의 적정 할인율은 14%이다. 충남기업의 발행주식수는 400,000주이고 법인세율은 30%이다. 충남기업은 현재 새로운 투자기회를 포착하였는데 이를 위해서 순이익의 60%를 매년 유보하여야 하며 현재의 ROE를 얻을 것으로 기대된다.

(1) 투자기회가 없다고 가정하는 경우의 주가는 얼마인가?

투자기회가 없는 경우 주당순이익이 2,275원으로 예상되므로 무성장 주가는 16,250원이다.

$$EPS = \frac{(15\text{억원} - 20\text{억원} \times 0.1)(1-0.3)}{400,000} = 2,275\text{원}$$

$$P_0 = \frac{2,275}{0.14} = 16,250\text{원}$$

참고로 순이익은 영업이익에서 이자비용과 법인세를 차감한 값이므로 다음과 같이 구한다.

$$\text{순이익} = (\text{영업이익} - \text{부채} \times \text{차입이자율})(1 - \text{법인세율})$$

(2) 투자기회가 존재하는 경우의 주가는 얼마인가? 성장기회의 순현가는 얼마인가? 첫 번째 투자가 1년 후에 이루어진다고 가정하자(EPS_1은 2,275원임).

자기자본순이익률은 순이익을 자기자본의 장부가치로 나누어 구하므로 18.2%로 추정되고 성장률은 10.92%로 추정된다.

$$ROE = \frac{(15 - 20 \times 0.1)(1-0.3)}{50} = 0.182$$

$$g = 0.182 \cdot 0.6 = 0.1092$$

따라서 안정성장주가는 29,545원이고 NPVGO는 13,295원이다.

$$P_0 = \frac{2,275(1 - 0.6)}{0.14 - 0.1092} = 29,545\text{원}$$

$$NPVGO = 29,545 - 16,250 = 13,295\text{원}$$

좋은 투자만이 가치를 창출한다. 이는 나쁜 투자가 오히려 기업가치를 파괴할 수 있음을 의미한다. 기업이 투자하여 성장한다고 무조건 가치가 창출되는 것은 아니다. 즉, 투자의 수익률이 요구수익률보다 높은 "좋은 투자"를 시행하는 경우(즉 $ROE > r$인 경우)에는 주가가 상승하지만, 투자의 수익률이 요구수익률보다 낮은 "나쁜 투자"를 시행하는 경우에는 주가가 하락한다.[8)]

예시 9-7 재투자수익률이 주가에 미치는 영향

영동기업은 매년 3,000원의 주당순이익을 영구히 얻을 것으로 기대된다. 최근 투자기회를 포착한 영동기업은 매년 순이익의 40%를 배당으로 지급하고 투자의 수익률은 20%로 예상된다(첫 번째 투자는 1년 후 시행함). 주주의 요구수익률은 15%이다.

투자기회가 없는 경우의 주가는 $\frac{3,000}{0.15} = 20,000$원이다. 20%의 투자수익률이 예상되는 경우 성장률이 $0.6 \times 0.2 = 12\%$이므로 주가는 $\frac{3,000 \times 0.4}{0.15 - 0.12} = 40,000$원이다. 이 경우 성장기회의 순현가는 20,000원이다. 만일 기업의 재투자수익률이 15%로 예상되면 성장률이 $0.6 \times 0.15 = 9\%$이므로 주가는 $\frac{3,000 \times 0.4}{0.15 - 0.09} = 20,000$원으로 성장기회가 없는 경우의 주가와 동일하다. 이유는 재투자수익률이 주주의 요구수익률과 동일하므로 투자가 가치를 창출하지 못하기 때문이다. 이번에는 가정을 바꾸어 재투자수익률이 10%라고 하자. 성장률이 $0.6 \times 0.1 = 6\%$이고 주가는 $\frac{3,000 \times 0.4}{0.15 - 0.06} = 13,333$원으로 하락한다. 재투자수익률이 주주의 요구수익률보다 작으므로 투자는 오히려 기업가치를 파괴한다.

---

8) $NPVGO = \frac{D_1}{r-g} - \frac{EPS_1}{r} = \frac{EPS_1(1-b)}{r-g} - \frac{EPS_1}{r}$의 식을 정리하면 $NPVGO = \frac{EPS_1 \times b \times (ROE - r)}{r(r-g)}$이 유도된다. $r - g > 0$이므로 NPVGO가 0보다 크기 위한 조건은 $ROE > r$이다.

▌그림 9-5 재투자수익률이 주가에 미치는 영향

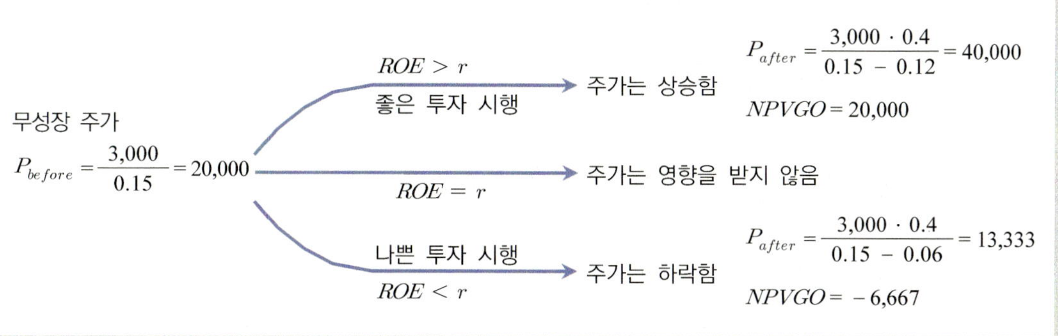

주요결과 9-6

성장기회의 순현가는 성장기회가 갖는 가치로 성장주가에서 무성장주가를 차감한 값이다. 성장기회의 순현가가 0보다 크기 위해서는 자기자본순이익률이 요구수익률보다 커야 한다.

4 입력변수의 추정

4.1 성장률 추정

앞에서 소개했듯이, 배당금 성장률을 추정하는 가장 보편적인 방법은 자기자본순이익률과 유보율을 곱으로 지속가능성장률을 추정하고 이를 배당금 성장률로 대용하는 방법이다. 이외에도 과거 성장률을 이용하는 방법과 애널리스트 예측치를 이용하는 방법이 있다.

먼저 과거 성장률을 추정하는 방법을 소개하기로 한다. 과거 5년 동안의 주당순이익이 다음과 같다고 하면 연도별 성장률은 $\frac{EPS_{t+1} - EPS_t}{EPS_t}$로 계산된다.

연 도	EPS	성장률
2008	660	
2009	910	37.88%
2010	1,300	42.86%
2011	800	−38.46%
2012	1,200	50.00%

산술평균 성장률은 23.07%이고

$$\frac{0.3788 + 0.4286 - 0.3846 + 0.5}{4} = 0.2307$$

기하평균 성장률은 16.12%이다. 기하평균 성장률은 개별 성장률을 이용해서도 계산이 가능하지만 보다 간단한 방법은 처음과 마지막의 자료만을 가지고 계산하는 것이다.

$$[1.3788 \times 1.4286 \times (1 - 0.3846) \times 1.5]^{\frac{1}{4}} - 1 = 0.1612$$

또는

$$\left(\frac{1,200}{660}\right)^{\frac{1}{4}} - 1 = 0.1612$$

산술평균은 항상 기하평균보다 작지 않으며, 그 차이는 개별 값들의 변동성이 클수록 커진다.[9] 산술평균은 과거 성장률을 단순히 평균한 값이고, 기하평균은 복리효과를 고려하여 평균한 것이다. 기하평균이 과거 일정 기간 동안의 실제 성장률을 정확히 추정하지만, 미래 성장률의 대용치로는 동일 가중치로 평균한 산술평균이 이론적으로 보다 적절한 것으로 간주된다. 그러나 실무자들은 산술평균이 너무 크다는 이유로 그리고 기하평균이 과거의 실제 성장률이라는 이유로 기하평균을 선호한다.

순이익이 마이너스의 값을 가지면 과거의 평균 성장률을 미래 성장률의 대용치로 이용하는 방법은 왜곡될 수 있다. 예를 들어, $EPS_t = -100$이고 $EPS_{t+1} = 400$이면 공식에 의해 계산된 성장률은 -500%인데 이 경우 성장률이 0보다 큰 값을 가져야 하므로 우리가 계산한 값이 틀림을 알 수 있다. 아노트(Arnott)가 제안한 식은 다음과 같다.[10]

$$\frac{EPS_{t+1} - EPS_t}{\max[EPS_{t+1}, EPS_t]} \tag{9.16}$$

이 식에 의해 계산된 성장률은 $\frac{500}{400} = 125\%$이다.

과거 성장률이 미래 성장률의 예측치로서 갖는 가치는 다음의 여러 요인에 의해 결정된다. 첫째, 과거 성장률의 유용성은 성장률의 변동성(예를 들어, 개별 성장률의 표준편차)과 반비례한다. 둘째 성장률이 %로 측정되므로 기업규모를 감안하여 반영해야 한다(즉, 기업규모가 커짐에 따라 높은 성장률을 계속 유지하기가 더 어려워짐). 셋째, 과거 성장률은

9) 산술평균과 기하평균과의 정확한 관계는 11장 각주 2를 참고할 것.

10) 다른 대안은 모든 주당순이익에 대하여 $EPS_t = a + b \times t$의 선형모형으로 추정한 b를 평균 EPS로 나누어 구한 값을 순이익 성장률로 사용하는 방법이다.

추정시점이 경기사이클의 어디인가에 의해 크게 영향을 받는다. 넷째, 과거 성장률은 사업구성, 자본구조 등과 같은 기업의 기본성격이 변하면 미래를 예측하는데 믿을만한 기준이 되지 못한다. 다섯째, 과거 성장률의 유용성은 순이익의 질(quality)에 의해서도 영향을 받는다.

예시 9-8 삼성전자의 성장률 추정

다음은 2002년부터 2009년까지의 삼성전자 주식의 연도별 주당순이익 자료이다. 기하평균 성장률과 산술평균 성장률을 계산하라.

연 도	주당순이익	연도별 성장률
2002	42,005	
2003	36,356	−0.1345
2004	67,899	0.8676
2005	49,970	−0.2641
2006	52,816	0.0570
2007	49,532	−0.0622
2008	37,684	−0.2392
2009	65,499	0.7381

산술평균 성장률은 13.75%이고 기하평균 성장률은 6.55%이다.

이외에도 애널리스트(analyst)의 예측치를 이용할 수도 있다. 여러 이익 예측치 중에서 과거 자료를 이용하여 추정한 예측치보다 애널리스트 예측치가 정확하며, 애널리스트 예측치보다 경영자의 이익 예측치가 정확하다는 결과가 일반적이다.

예시 9-9 현대자동차 2020년과 2021년 컨센서스(2020.12.31. DAUM금융에서 인용함)

컨센서스는 최근 3개월 증권사 애널리스트 예측치 평균값이며, A는 실제, E는 추정치를 의미한다(단위: 억원, 원).

연 도	매출액	영업이익	당기순이익	EPS	PER	PBR	ROE
2019(A)	1,057,464	36,055	29,800	10,761	11.2	0.5	4.3%
2020(E)	1,041,414	28,794	18,123	6,544	29.3	0.7	2.6%
2021(E)	1,154,902	67,595	52,877	19,093	10.1	0.7	7.2%

예시 9-10 삼성전자 EPS 예측치

다음은 케이프투자증권이 2020년 12월 15일에 발표한 애널리스트 리포트의 일부이다.

결산기(12월)	단위	2018A	2019A	2020E	2021E	2022E
매출액	(십억원)	243,771	230,401	238,490	253,295	281,667
영업이익	(십억원)	58,887	27,769	36,859	46,447	57,205
영업이익률	(%)	24.2	12.1	15.5	18.3	20.3
지배주주순이익	(십억원)	43,891	21,505	29,035	35,711	43,876
EPS	(원)	6,024	3,166	4,274	5,257	6,459
증감률	(%)	11.1	−47.4	35.0	23.0	22.9
PER	(배)	6.4	17.6	17.2	14.0	11.4
PBR	(배)	1.1	1.5	1.8	1.7	1.5
ROE	(%)	19.2	8.5	10.6	12.2	13.6
EV/EBITDA	(배)	2.1	5.0	6.0	4.8	3.8
순차입금	(십억원)	−86,273	−90,368	−105,609	−129,348	−155,015
부채비율	(%)	37.0	34.1	32.2	30.8	30.1

	신규추정		기존추정		Gap	
	2020E	2021E	2020E	2021E	2020E	2021E
매출액	238,490	253,295	239,269	257,377	−0.3%	−1.6%
영업이익	36,859	46,447	37,203	46,303	−0.9%	0.3%
영업이익률	15.5	18.3	15.5	18.0		
세전이익	39,734	49,881	40,082	49,746	−0.9%	0.3%
세전이익률	16.7	19.7	16.8	19.3		
순이익	29,007	36,072	29,261	35,973	−0.9%	0.3%
순이익률	12.2	14.2	12.2	14.0		
EPS(원)	4,274	5,257	4,312	5,243	−0.9%	0.3%

4.2 자기자본비용 추정

자기자본비용(cost of equity)은 주주가 제공하는 자본을 위험투자에 사용한 대가로 기업이 주주에게 지급해야 하는 수익률이다. 즉 자기자본비용은 주주가 부담하는 위험에 대한 보상으로 요구하는 요구수익률 또는 기대수익률이다. 자기자본비용을 측정하는 방법에는 배당할인모형을 이용하는 방법과 CAPM을 이용하는 방법 등이 있다.

(1) 배당할인모형(DDM)

안정성장모형으로부터 자기자본비용 r을 구하는 식은 다음과 같다.[11)]

$$r = \frac{D_1}{P_0} + g \tag{9.17}$$

(2) CAPM의 SML을 이용하는 방법

자본자산가격결정모형(CAPM)의 증권시장선(SML)을 이용하여 다음과 같이 자기자본비용을 추정할 수 있다. 자기자본비용은 무위험이자율 r_f, 베타 β, 그리고 시장위험프리미엄 $[E(r_m) - r_f]$에 의해 결정된다.

$$r = r_f + [E(r_m) - r_f] \cdot \beta \tag{9.18}$$

상장법인의 경우 과거 수익률을 이용하여 베타를 추정하는 것이 용이하므로 SML이 가장 광범위하게 사용된다. 상장기업의 베타를 추정하는 방법은 6장에 소개되어 있다. 그리고 무위험이자율의 대용치로는 이론적으로 단기국채수익률을 사용하여야 하지만 실무자들은 이보다 높은 장기국채수익률을 선호한다.[12)]

11) Graham과 Harvey의 2001년도 연구에 의하면 기업의 약 15%만이 배당할인모형으로 자기자본비용을 추정한다고 한다.

12) 베타, 무위험이자율, 시장위험프리미엄의 추정에 대한 보다 자세한 설명은 김권중, 재무제표분석과 가치평가, 4판 358-373쪽을 참조할 것.

핵심용어 해설

- 절대가치평가모형(absolute valuation model): 내재가치를 현금흐름의 현재가치로 평가하는 모형
- 상대가치평가모형(relative valuation model): 내재가치를 비교기업의 배수를 기준으로 평가하는 모형
- 배당할인모형(dividend discount model): 미래 현금 배당금의 현재가치로 주가를 산출하는 모형
- 자본이득률(capital gains yield): 주가의 성장률로, 자본이득을 주가로 나누어 구함
- 배당수익률(dividend yield): 주당배당금을 주가로 나눈 비율
- 지속가능성장률(sustainable growth rate): 일정한 제약 조건 하에서 추정한 순이익성장률
- 성장기회의 순현가(NPV of growth opportunities): 성장기회가 갖는 가치로 성장주가에서 무성장주가를 차감한 값
- 배당성향(dividend payout ratio): 주당배당금을 주당순이익으로 나눈 비율

개념 체크

1. 현재의 순이익, 배당금, 자기자본순이익률 등의 지표가 매우 저조함에도 불구하고 주가가 상대적으로 높은 이유는 무엇인가?
2. 주식가치평가는 채권가치평가와 어떻게 상이한가?
3. 주식가치평가모형은 어떻게 구분 되는가?
4. 주식의 가치를 평가할 때 무한한 수의 배당금이 예상된다고 가정하는데 이는 기업이 파산하지 않는다고 가정하는 것인가?
5. 미래 배당금에 일정한 패턴을 부여하는 이유는 무엇인가?
6. 무성장모형에서 순이익 전부를 배당으로 지급하는 것이 가능한가?
7. "주주입장에서의 현금흐름이 순이익에 감가상각비를 가산한 금액이다." 이를 자세하게 설명하라.
8. 안정성장모형의 단점을 기술하라. 언제 골든모형을 사용할 수 없는가?
9. 골든모형에서 D_1, r, g는 각각 무엇을 의미하는가?
10. 안정성장모형의 기본 가정은 무엇인가? 골든모형에서 배당금, 순이익, 주가가 모두 동일한 성장률로 성장하는가?
11. 성장기회의 순현가란 무엇인가?
12. 성장기회의 순현가가 0보다 크기 위한 조건은 무엇인가? "자기자본순이익률이 자기자본비용보다 작으면 가치가 파괴된다"는 주장을 자세히 설명하라.
13. 산술평균 성장률과 기하평균 성장률을 계산할 수 있는가? 각각은 어떤 경우에 사용하는 것이 적절한가?

연 습 문 제

01 현대자동차의 주가가 현재 190,500원이다. 1년 후 2,000원의 배당금이 지급될 것으로 예상되며 주가는 210,000원으로 예상된다. 주주의 기대수익률은 얼마인가?

① 11.3% ② 10.3% ③ 10%
④ 12.4% ⑤ 정답 없음

02 충남기업은 1년 후 3,000원의 배당금을 지급할 것으로 예상된다. 자기자본순이익률 10%와 배당성향 20%를 계속 유지할 것으로 예상된다. 주주의 요구수익률이 16%이면 주가는 얼마인가?

① 42,000원 ② 35,000원 ③ 21,429원
④ 37,500원 ⑤ 정답 없음

03 2번 문제에서 4년 후 주가는 얼마로 예상되는가?

① 45,000원 ② 60,394원 ③ 51,018원
④ 55,032원 ⑤ 정답 없음

04 충남실업은 300원의 배당금을 오늘 지급했으며 주식의 요구수익률은 12%이다. 만일 이 주식이 현재 20,000원에 거래되고 있다면 이 가격을 정당화할 수 있는 배당금성장률은 얼마인가?

① 10.50% ② 10.00% ③ 9.25%
④ 10.60% ⑤ 10.34%

05 영남실업은 1년 후에 2,000원의 주당순이익을 예상하며 주주의 요구수익률은 15%이다. 영남실업은 순이익의 60%를 유보하고 재투자수익률이 20%라고 가정하면 성장기회의 순현재가치는 얼마인가?

① 53,334원 ② 12,533원 ③ 13,334원
④ 15,000원 ⑤ 0보다 작다

06 5번 문제에서 성장기회의 순현재가치가 0보다 크기 위해서는 자기자본순이익률이 얼마 이상 이어야 하는가?

① 15% ② 20% ③ 10%
④ 18% ⑤ 정답 없음

07 슈퍼실업은 현재 고속으로 성장하고 있는 기업이다. 1년 후에 예상되는 배당금은 1,150원이다. 이 배당금은 4년 동안 매년 20%로 증가하고, 이후는 10%로 영구적으로 증가할 예정이다. 만일 요구수익률이 15%이면 슈퍼실업 주식의 적정 가격은 얼마인가?

① 31,537원 ② 26,281원 ③ 30,000원
④ 28,327원 ⑤ 34,560원

08 충남실업의 지난 4년 동안의 매출액성장률이 각각 5%, 3%, -2%, 20%이다. 산술평균성장률과 기하평균성장률을 계산하고 차이를 계산하라. 차이는 기하평균성장률에서 산술평균성장률을 차감하여 구한다.

① 0.1% ② 0.2% ③ 0.3%
④ 0.4% ⑤ 정답 없음

09 충남기업의 자기자본의 장부가치는 150억원이고 부채는 60억원이다(부채의 차입이자율은 무위험이자율로 가정함). 이 기업은 매년 동일한 영업이익 30억원씩을 영원히 얻을 것으로 기대된다. 무위험이자율은 5%이고 충남기업 주식의 적정 할인율은 10%이다. 충남기업의 발행주식수는 1,000,000주이고 법인세율은 20%이다. 주당순이익은 얼마인가?

① 2,050원 ② 2,160원 ③ 2,500원
④ 2,350원 ⑤ 정답 없음

10 9번 문제에서 충남기업이 새로운 투자기회를 포착하고 이를 위해 순이익의 40%를 매년 유보하며 현재의 자기자본순이익률을 유지할 것으로 예상한다. 배당금의 성장률 g는 얼마로 추정되는가?

① $g < 0$
② $0 \le g < 0.05$
③ $0.05 \le g < 0.06$
④ $0.06 \le g < 0.07$
⑤ $0.07 \le g$

공인회계사 기출문제

11 안정성장모형(constant growth dividend model)에 관한 설명으로 가장 적절한 것은? CPA

① 이 모형이 적용되기 위해서는 주식의 요구수익률이 배당의 성장률보다 같거나 낮아야 한다.
② 다른 모든 조건이 동일한 경우 기본적으로 배당상승에 대한 기대와 주식가치의 변동은 관계가 없다.
③ 이 모형에 의해 주식가치를 평가하는 경우 할인율로 무위험이자율을 이용한다.
④ 다른 모든 조건이 동일한 경우 배당금성장률의 상승은 주식가치를 상승시킨다.
⑤ 이 모형에서 주식의 위험은 기대배당에 반영되어 있다.

12 1차연도 말에 기대되는 주당순이익은 2,000원이다. 이 기업의 내부유보율은 40%이고 내부유보된 자금은 재투자수익률 20%로 재투자된다. 이러한 내부유보율과 재투자수익률은 지속으로 일정하게 유지된다고 가정한다. 자기자본비용이 14%인 경우 이론적 주가는 얼마인가? CPA

① 13,333원
② 16,333원
③ 20,000원
④ 21,600원
⑤ 33,333원

13 (주)한국의 발행주식수는 100,000주이고 배당성향이 30%이며 자기자본이익률이 10%이다. (주)한국의 주식 베타값은 1.2이고 올해 초 주당배당금으로 2,000원을 지불하였다. 또한 무위험이자율이 5%이고 시장포트폴리오의 기대수익률이 15%이라고 한다. 이러한 현상이 지속된다고 가정할 때, (주)한국의 2년말 시점의 주가는 약 얼마가 되는가? CPA

① 20,000원 ② 21,400원 ③ 22,898원
④ 24,500원 ⑤ 26,216원

14 한국기업은 1년 후부터 매년 20,000원씩의 주당순이익을 예상하며 주당순이익 전부를 배당으로 지급하고 있다. 한국기업은 매년 순이익의 40%를 투자할 것으로 고려하고 있으며 이 때 자기자본순이익률이 13%가 될 것으로 예상한다. 한국기업이 순이익 전부를 배당으로 지급하는 대신에 40%를 투자한다면 주가가 얼마나 변화하겠는가? 한국기업 주식의 적정 수익률은 13%이다. ΔP는 가격변화이다. CPA

① $\Delta P \le -2{,}000$원 ② $-2{,}000$원 $< \Delta P <$ 0원
③ $\Delta P =$ 0원 ④ 0원 $< \Delta P <$ 2,000원
⑤ $\Delta P \ge$ 2,000원

15 (주)고구려의 자기자본비용은 14%이며 방금 배당을 지급하였다. 이 주식의 배당은 앞으로 계속 8%의 성장률을 보일 것으로 예측되고 있으며, (주)고구려의 현재 주가는 50,000원이다. 다음 중 옳은 것은? CPA

① 배당수익률이 8%이다.
② 배당수익률이 7%이다.
③ 방금 지급된 주당 배당금은 3,000원이다.
④ 1년 후 예상되는 주가는 54,000원이다.
⑤ 1년 후 예상되는 주가는 57,000원이다.

16 현재(t = 0) 주당 배당금 2,000원을 지급한 A기업의 배당 후 현재 주가는 30,000원이며, 향후 매년말 배당금은 매년 5%의 성장률로 증가할 것으로 예상된다. 또한 매년말 700원을 영구적으로 지급하는 채권은 현재 10,000원에 거래되고 있다. A기업 주식 4주와 채권 4주로 구성된 포트폴리오의 기대수익률은? CPA

① 8.75% ② 9.25% ③ 10.75%
④ 11.25% ⑤ 12.75%

17 다음에 주어진 자료에 근거하여 A, B 두 기업의 현재 주당 주식가치를 평가했을 때, 두 기업의 주당 주식가치의 차이와 가장 가까운 것은? (단, 배당금은 연 1회 연말에 지급한다.) CPA

> 기업 A: 내년($t = 1$)에 주당 2,500원의 배당금을 지급하고 이후 2년간($t = 2 \sim 3$)은 배당금이 매년 25%로 고성장하지만, 4년째($t = 4$)부터는 5%로 일정하게 영구히 성장할 것으로 예상된다. 주주의 요구수익률은 고성장기간 동안 연 15%, 이후 일정성장기간 동안 연 10%이다.
>
> 기업 B: 올해 주당순이익은 3,200원이며, 순이익의 80%를 배당금으로 지급하였다. 순이익과 배당금은 각각 매년 5%씩 성장할 것으로 예상되고, 주식의 베타(β)는 1.20이다. 무위험자산수익률은 2.5%, 시장위험프리미엄은 6.0%이다.

① 3,477원 ② 3,854원 ③ 4,114원
④ 4,390원 ⑤ 4,677원

연 습 문 제 해 설

01 ①

$190{,}500 = \dfrac{2{,}000 + 210{,}000}{1 + r}$의 관계가 성립하므로 기대수익률은 11.3%이다.

02 ④

성장률이 $0.1 \times (1 - 0.2) = 0.08(8\%)$이므로 주가는 $\dfrac{3{,}000}{0.16 - 0.08} = 37{,}500$원이다.

03 ③

$37{,}500 \times 1.08^4 = 51{,}018$원이다.

별해 $D_5 = 3{,}000 \times 1.08^4 = 4{,}081.47$원이므로 $P_4 = \dfrac{4{,}081.47}{0.16 - 0.08} = 51{,}018$원이다.

04 ⑤

$\dfrac{300(1 + g)}{0.12 - g} = 20{,}000$원으로부터 성장률은 10.34%이다.

05 ③

성장률은 유보율과 재투자수익률의 곱인 12%이다. 골든모형에 의한 성장주가는 $\dfrac{2{,}000 \times 0.4}{0.15 - 0.12} = 26{,}667$원이고 무성장주가는 $\dfrac{2{,}000}{0.15} = 13{,}333$원이다. 따라서 성장기회의 순현재가치는 성장주가에서 무성장주가를 차감한 13,334원이다.

06 ①

자기자본순이익률이 주주의 요구수익률보다 커야 하므로 15% 이상이어야 한다.

07 ①

$H = 5$. $P_0 = \dfrac{1{,}150}{1.15} + \dfrac{1{,}150(1.2)}{1.15^2} + \dfrac{1{,}150(1.2)^2}{1.15^3} + \dfrac{1{,}150(1.2)^3}{1.15^4} + \dfrac{1{,}150(1.2)^4}{1.15^5}$

$$+\frac{1,150(1.2)^4\ (1.1)}{0.15-0.1}\cdot\frac{1}{1.15^5}=31,537\text{원}$$

08 ⑤

산술평균은 6.5%이고, 기하평균은 6.2%이다. 따라서 차이는 −0.3%이다.

$$\frac{5+3-2+20}{4}=6.5,\ (1.05\times1.03\times0.98\times1.2)^{\frac{1}{4}}-1=6.2$$

09 ②

$$EPS=\frac{(30\text{억원}-60\text{억원}\times0.05)(1-0.2)}{1,000,000}=2,160\text{원}$$

10 ③

$ROE=\frac{(30\text{억원}-60\text{억원}\times0.05)(1-0.2)}{150\text{억원}}=14.4\%$이므로 성장률은 $0.144\times0.4=0.0576$이다.

11 ④

안정성장모형에서 성장률이 증가하면 주식가치도 커진다.

12 ③

성장률은 $0.4\times0.2=0.08$이므로 주가는 $\frac{2,000\times(1-0.4)}{0.14-0.08}=20,000$원이다.

13 ④

$r=0.05+(0.15-0.05)\times1.2=0.17$

$g=(1-0.3)\times0.1=0.07$

$$P_2=\frac{D_3}{r-g}=\frac{2,000(1.07)^3}{0.17-0.07}=24,501\text{원}$$

14 ③

자기자본순이익률이 주식의 적정 수익률과 동일하므로 투자가 기업가치를 증가시키지 않는다. 주당순이익의 전부를 배당으로 지급하는 경우의 주가는 $\frac{20,000}{0.13}=$

153,846원이고 40%를 재투자하는 경우의 주가도 $\frac{20,000 \times (1 - 0.4)}{0.13 - 0.052} = 153,846$이다($g = 0.13 \times 0.4 = 0.052$).

15 ④

$50,000 = \frac{D_0 \times 1.08}{0.14 - 0.08}$로부터 $D_0 = 2,777.78$원이다. $D_1 = 2,777.78 \times 1.08 = 3,000$원이고 배당수익률은 $\frac{3,000}{50,000} = 6\%$이고 1년 후 예상 주가는 $P_1 = \frac{D_2}{r-g} = \frac{3,000 \times 1.08}{0.14 - 0.08} = 54,000$원이다.

16 ③

$30,000 = \frac{2,000 \times 1.05}{r - 0.05}$로부터 주식의 기대수익률이 12%이고 $10,000 = \frac{700}{r}$로부터 채권의 수익률이 7%이다. 주식 4주와 채권 4개를 보유한 포트폴리오의 가치가 16만원이고 주식과 채권의 투자비율이 각각 75%와 25%이므로 포트폴리오의 기대수익률은 10.75%이다: $0.75 \times 12\% + 0.25 \times 7\% = 10.75\%$.

17 ②

A기업의 주가가 61,042.16원이고 B기업의 주가가 57,191.49원이므로 차이는 3,851원이다.

$$P_A = \frac{2,500}{1.15} + \frac{2,500 \times 1.25}{1.15^2} + \frac{2,500 \times 1.25^2}{1.15^3} + \frac{2,500 \times 1.25^2 \times 1.05}{(0.1 - 0.05)} \times \frac{1}{1.15^3}$$

$$= 61,042.16$$

$$P_B = \frac{3,200 \times 0.8 \times 1.05}{(0.025 + 1.2 \times 0.06) - 0.05} = 57,191.49$$

Retail sales levels

Jan
Feb
Mar
Apr
May
Jun
Jul
Aug
Sep
Oct
Nov
Dec
50
100
150
250
300
250
200
150
100
50
0
Rental for storage
Leeds

주식가치평가: 기타 모형

Table of Contents

학습 주안점

미국 주요 증권거래소에 상장된 주식 중에서 정기적으로 배당을 지급하는 주식의 비율은 현재 20%에도 미치지 못하는 것으로 추정된다. 그렇다면 배당을 지급하지 않는 80% 기업의 경우 주식가치를 어떤 모형으로 평가해야 하는가?

제9장의 배당할인모형에 이어 이 장에서는 배당할인모형을 대체할 수 있는 여러 대안들에 대하여 공부하기로 한다. 즉 제10장에서는 FCFE모형, 상대가치평가모형(PER, PBR, PSR, EV/EBITDA), 초과이익모형 등을 설명하기로 한다.

이 장에서 여러분이 숙지해야 할 내용은 다음과 같다.

1. 배당을 지급하지 않는 기업의 경우 어떤 현금흐름을 할인할 것인가? FCFE를 추정하는 방법을 이해하는가?
2. 가치평가배수인 PER, PBR, PSR, EV/EBITDA는 어떻게 계산되며 어떻게 이용되는가?
3. 상대가치평가법은 절대가치평가법과 어떤 점에서 상이한가?
4. 초과이익모형은 어떻게 계산되며 이 모형의 특성은 무엇인가?

주주잉여현금흐름할인모형

전통적으로 주식의 가치는 미래에 예상되는 배당금의 현재가치로 추정된다. 그러나 최근 들어 기업들은 정기적으로 현금배당을 실시하는 대신에 자사주매입(stock repurchase) 또는 특별배당(special dividend)을 통하여 주주에게 현금을 배분하려는 경향을 보이고 있다. 예를 들어, 미국의 경우 뉴욕증권거래소(NYSE), 아메리칸증권거래소(AMEX), 나스닥(Nasdaq)에 상장된 주식 중에서 정기적으로 배당을 지급하는 주식의 비율은 70년대 후반의 70%에서 점진적으로 하락하여 1999년에는 단 21%에 지나지 않는다. 이는 배당할인모형의 실무적인 가치가 많이 하락하고 있음을 의미한다.

배당할인모형은 배당을 안정적으로 지급하는 기업에 적합하다. 또는 현재는 성장기회가 많아 배당을 지급하지 않으나 가까운 시일 내에 배당을 지급할 것으로 예상되는 주식의 가치평가에도 배당할인모형을 적용할 수 있다. 그러나 지금까지 전혀 배당을 지급하지 않았으며 가까운 시일 내에도 배당을 지급할 것 같지 않은 주식의 가치평가는 어떻게 할 것인가? 또한 배당지급능력은 매우 크지만 오직 일부만을 배당으로 지급하는 기업의 경우 주식의 가치를 어떻게 평가할 것인가? 여기에는 여러 가지 대안이 있는데 그 중의 하나는 현금배당금 대신에 주주잉여현금흐름을 할인하는 방법이다.

주주잉여현금흐름(free cash flow to equity : FCFE)은 주주에게 귀속되는 현금흐름으로서 당기순이익에서 순투자금액을 차감하고 추가부채조달금액을 가산한 후의 잔여현금흐름이다. FCFE는 직접적으로 기업의 "배당지급능력(dividend-paying capacity)"을 측정한다. 여기서 순투자금액은 자본적 지출(capital expenditure)에서 감가상각비를 차감하고 추가운전자본을 가산한 금액이다. 추가부채조달금액은 신규발행부채에서 상환부채를 차감한 금액이다. 여기서 FCFE는 전체 또는 주당 기준으로 측정된다.

$$\begin{aligned} \text{FCFE} &= \text{당기순이익} - \text{순투자금액} + \text{추가부채조달금액} \\ &= \text{당기순이익} - (\text{자본적 지출} - \text{감가상각비} + \text{추가운전자본}) \\ &\quad + (\text{신규발행부채} - \text{상환부채}) \\ &= NI - (CapEx - dep + \Delta NWC) + (B_{new} - B_{paid}) \\ &= NI + dep - CapEx - \Delta NWC + \Delta B \end{aligned} \tag{10.1}$$

여기서 NI는 당기순이익(net income), $CapEx$는 자본적 지출, dep는 감가상각비, ΔNWC는 추가운전자본, B_{new}는 신규발행부채, B_{paid}는 상환부채, 그리고 ΔB는 추가부채조달금액이다.

기업은 성장하기 위하여 현금흐름 중 일부를 재투자하여야 하므로 성장을 창출하기 위한 비용을 고려해야 한다(예를 들어 어떤 기업이 높은 성장률을 유지하나 자본적 지출이 거의 없다면 이는 모순된 논리임). 고속성장단계에 있는 기업은 대체로 자본적 지출이 감가상각비를 초과한다. 많은 분석가들은 안정성장단계에 있는 기업의 경우 자본적 지출(또는 자본적 지출과 추가운전자본의 합)과 감가상각비가 거의 균형을 이룬다고 가정한다.[1)]

추가운전자본은 유동자산과 유동부채의 차이인 순운전자본(net working capital)의 증감을 의미한다. 운전자본에 묶여 있는 자금은 다른 용도로 사용할 수 없으므로 운전자본의 변화는 현금흐름에 영향을 미친다. 즉 순운전자본의 증가는 현금유출을, 그리고 순운전자본의 감소는 현금유입을 가져온다. 추가운전자본은 대체로 기업이 속한 업종에 따라 다르다. 일반적으로 소매업은 서비스업에 비하여 더 많은 자산과 신용거래가 필요하므로 매출액에 대한 운전자본의 비율이 더 높다.

자본시장은 기업의 당기순이익을 매우 중요한 수익성의 척도로 사용하지만 가치평가모형에서는 순이익이 아니라 현금흐름에 초점을 맞춘다. 주주잉여현금흐름은 다음 이유로 순이익과 상이하다. 첫째, 현금흐름을 구하려면 먼저 순이익에 비현금비용(예를 들어, 감가상각비)을 가산해야 한다. 둘째, 주주잉여현금흐름은 자본적 지출과 추가운전자본을 공제한 후의 잔여현금흐름이다. 따라서 고속성장기업의 경우 당기순이익은 양(+)의 값을 갖더라도 주주잉여현금흐름은 음(−)의 값을 가질 수 있다.

일단 FCFE가 추정되면 9장에서 설명한 모형에서 배당금(D) 대신에 주당 FCFE를 이용하여 주식의 내재가치를 평가한다. 예를 들어 주당 FCFE가 $g\%$로 영구히 성장한다고 가정하면 적정 주가는 다음과 같다(r은 자기자본비용임).

$$P_0 = \frac{FCFE_1}{r-g} \tag{10.2}$$

주요결과 10-1

배당할인모형이 적절하지 않은 경우 대안은 주주잉여현금흐름을 자기자본비용으로 할인하는 것이다. 주주잉여현금흐름은 주주귀속현금흐름으로 당기순이익에서 순투자금액을 차감하고 추가부채조달금액을 가산하여 구하며 기업의 배당지급능력을 나타낸다.

---

1) 분석가들은 무성장기업과 안정성장기업의 경우 대체로 자본적 지출 및 추가 운전자본의 합이 감가상각비와 거의 균형을 이룬다고 가정한다.

예시 10-1 FCFE를 이용하여 추정한 내재가치와 실제 시장가격 비교

2000년부터 2013년까지의 삼성전자의 주당배당금, 주당순이익, 자기자본비용(베타는 1.1, 시장위험프리미엄 8%, 무위험이자율은 1년 만기 통안증권 수익률 가정) 자료가 다음과 같다.

연 도	주당배당금	주당순이익	무위험이자율(%)	자기자본비용(%)	연도말 시장가격
2000	2,500	35,006	7.82	16.62	158,000
2001	1,500	17,461	5.45	14.25	279,000
2002	5,000	42,005	5.20	14.00	314,000
2003	5,000	36,356	4.66	13.46	451,000
2004	5,000	67,899	3.90	12.70	450,500
2005	5,000	49,970	3.97	12.77	659,000
2006	5,000	52,816	4.67	13.47	613,000
2007	7,500	49,532	5.21	14.01	556,000
2008	5,000	37,684	5.33	14.13	451,000
2009	7,500	65,499	2.98	11.78	799,000
2010	5,000	88,799	3.03	11.83	949,000
2011	5,000	66,995	3.55	12.35	1,058,000
2012	7,500	115,576	3.14	11.94	1,522,000
2013	13,800	118,946	2.66	11.46	1,372,000

이 자료를 바탕으로 골든모형으로 내재가치를 계산하고 이를 실제 시장가격과 비교한 결과가 [그림 10-1]과 같다. 안정성장률은 일률적으로 4%이고 FCFE는 주당순이익과 동일하다고 가정한다. 배당금으로 추정한 내재가치가 너무 작게 계산되지만 FCFE로 추정한 내재가치는 시장가격과 차이가 크지 않음을 확인할 수 있다.

그림 10-1 삼성전자의 배당금과 FCFE를 이용하여 추정한 내재가치와 실제 시장가격 비교

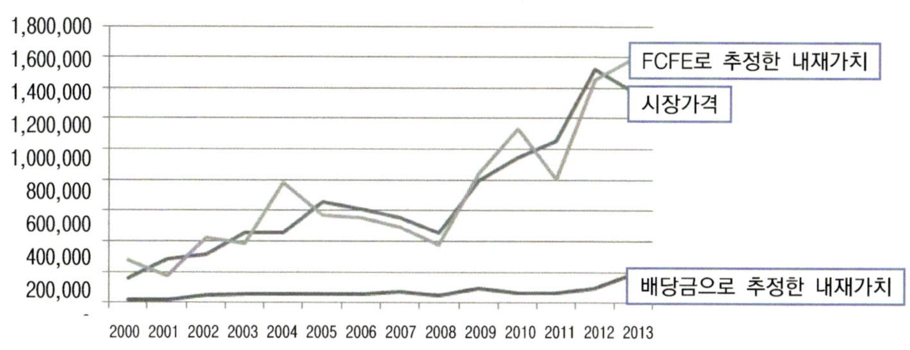

2 상대가치평가모형

상대가치평가모형은 PER, PBR, PSR과 같은 가치평가배수(valuation multiplier)를 이용하여 내재가치 또는 균형가치를 산정하는 방법이다. 이 방법은 절대가치평가모형에서 필요한 변수를 자의적으로 추정해야 하는 문제점을 배제할 수 있다는 장점을 갖지만, 기업간의 차이를 반영하기가 어렵다는 단점을 갖는다.

주요결과 10-2

상대가치평가모형은 변수를 주관적으로 추정해야 하는 문제점을 피할 수 있지만 기업간의 차이를 통제하기가 어려운 모형이다.

2.1 PER모형

PER(price to earnings ratio)는 주가를 순이익으로 나눈 비율로 주가순이익비율(또는 주가수익비율)로 불린다. 골든모형의 양변을 EPS_0로 나누면 PER가 도출된다.

$$PER = \frac{P_0}{EPS_0} = \frac{(1-b)\cdot(1+g)}{r-g} \tag{10.3}$$

PER는 배당성향인 $(1-b)$, 성장률 g와 정(+)의 관계를 갖고 할인율과 부(−)의 관계를 갖는다. PER가 할인율과 부의 관계를 가지므로 PER는 베타 및 무위험이자율과 부의 관계를 갖는다. 만약 EPS_1을 이용하면 PER는 다음과 같이 간결하게 표현되는데 이를 선행 PER(forward PER)라고 한다.[2)]

$$PER = \frac{1-b}{r-g} \tag{10.4}$$

제9장에서 성장주가를 무성장주가와 성장기회 순현가의 합으로 표현하므로 $P_0 = \frac{EPS_1}{r} + NPVGO$이다. 이 식의 양변을 EPS_1로 나누면 PER를 NPVGO의 함수로 표현할 수 있다.

---

2) 이에 반해 EPS_0를 이용하여 계산된 PER를 Trailing PER라고 한다.

$$PER = \frac{P_0}{EPS_1} = \frac{1}{r} + \frac{NPVGO}{EPS_1} \tag{10.5}$$

주당순이익이 일정하면, PER는 성장기회 NPVGO와 할인율 r에 의해 결정된다. 즉 다른 모든 조건이 동일할 때 성장기회가 많을수록 또는 할인율이 작을수록 PER는 증가한다. NPVGO와 PER가 양(+)의 관계가 가지므로 성장기회가 많은 기업이 높은 PER에 거래된다.

우리나라 상장기업 전체의 2003년 1월부터 2014년 3월까지의 평균 PER는 약 13.5이다([그림 10-2] 참조). 미국의 경우 1900년부터 2005년까지의 평균 PER는 약 16이며(기하평균의 경우는 14임) 1999년 12월 44까지 상승하기도 하였으나 대부분의 경우 10과 20 사이였다.[3)]

그림 10-2 한국거래소 상장기업 전체의 PER 변화(2003/01 ~ 2014/03)

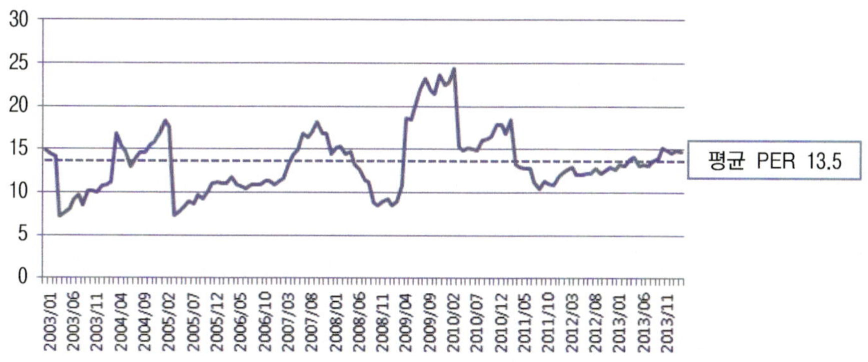

PER가 배당성향, 성장률, 무위험이자율, 위험수준 등에 의하여 영향을 받으므로 당연히 국가별 PER는 상이하다. [그림 10-3]은 주요 국가의 2019년 4월 기준 PER를 보여준다. 우리나라의 PER는 14.0이고 미국의 PER(S&P500 기준)는 22.7이다.

3) 연간 PER는 산출기관별로 계산대상과 계산방법이 다름으로 인해 다소 차이가 난다는 점에 유의하자.

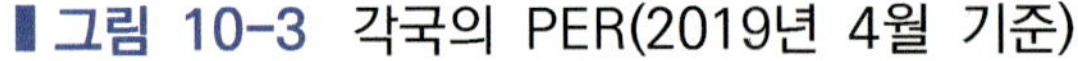

그림 10-3 각국의 PER(2019년 4월 기준)

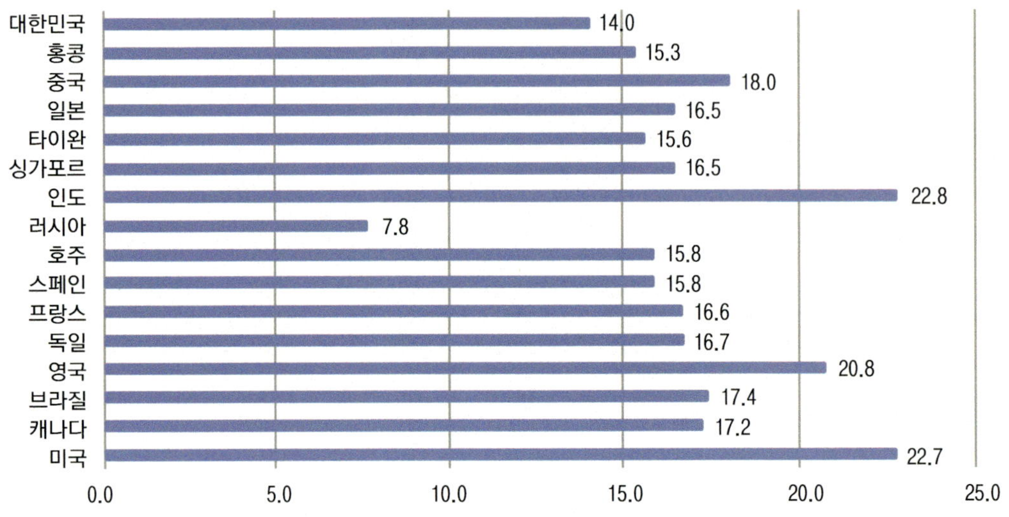

[표 10-1]은 2020년말 기준 우리나라와 미국 주요기업의 PER이다. 테슬러의 PER는 무려 1,376.57이고 한국의 대표기업 삼성전자의 PER는 최근의 주가 상승 덕분에 24.73으로 상승하였다.

표 10-1 우리나라와 미국 주요기업의 PER(2020년말 기준)

한국기업	PER	미국기업	PER
삼성전자	24.73	애플	40.83
현대차	17.70	마이크로소프트	35.76
한국조선해양	46.15	구글	33.55
셀트리온	166.27	아마존	96.23
KB금융	5.48	페이스북	32.24
LG화학	203.09	테슬러	1,376.57
NAVER	80.00	JP모간	16.36
한미약품	80.78	프록터앤드갬블	26.34

실무자 또는 분석가들은 PER의 역수, 즉 순이익을 가격으로 나눈 비율인 EPR(earnings-price ratio)을 이익수익률(earnings yield)이라고 부른다. PER가 16이면 이익수익률은 6.25%이다. 이익수익률이 %로 측정되므로, 분석가들은 개별 주식 또는 시장 전체(주가지수로 대용)의 이익수익률을 다른 자산의 수익률(예를 들어 채권의 만기수익률)과 비교하여 개별 주식 또는 시장 전체의 투자의 적정성 및 과소평가/과대평가 여부를 판단하기도 한다.

예를 들어, A기업의 주당순이익이 1,000원이고 주가가 10,000원이며(PER가 10이고 EPR은 10%임) 채권의 만기수익률이 6%라고 하자. 투자자는 주식의 이익수익률과 채권의 만기수익률을 비교하고 두 수익률의 차이인 4%가 위험을 추가로 부담하는 것에 대한 충분한 대가인지를 판단하면 된다.

분석가들은 PER를 기대성장률로 나눈 비율인 PEG비율(price-earnings to growth ratio)을 계산하여 과소평가 또는 과대평가된 주식을 찾는데 이용하기도 한다.

$$PEG = \frac{PER}{g} \tag{10.6}$$

대체로 성장률이 높은 기업은 PER도 높게 되지만 고성장 기업의 높은 PER는 과대평가의 증거로 종종 해석되기도 한다. 따라서 PER를 성장률로 나눈 PEG비율이 성장률이 다른 기업들을 비교하는데 보다 적절한 지표가 될 수 있다.

일반적으로 PEG가 1보다 작은 주식(즉, PER가 기대성장률보다 작은 주식)은 과소평가된 주식으로 간주된다.[4] PEG비율은 계산하는 방법에 대한 이론적인 근거를 가지고 있지 않지만, PEG비율을 이용하면 기업간 성장률의 차이를 통제할 수 있으므로 빠르게 성장하는 기술주(technology stock)의 가치를 평가하는데 광범위하게 이용된다.

주요결과 10-3

가장 많이 사용되는 배수는 가격을 주당순이익으로 나눈 PER이다. PER는 배당성향 및 성장률과 정의 관계를 갖고 할인율과 부의 관계를 갖는다. PER의 역수인 이익수익률과 PER를 성장률로 나눈 PEG비율도 함께 자주 이용된다.

예시 10-2 주식시장 전체의 버블 여부 판단

PER는 주식시장 전체의 버블 여부를 판단하는데 가장 많이 이용되는 지표이다. [그림 10-4]는 한국거래소가 모건스탠리캐피털인터내셔널(MSCI) 지수에 편입된 각국의 지난 10년 평균 PER와 2021년 선행PER를 비교한 그림이다.[5] 우리나라의 선행PER는 미국(23.7), 일본(23.6), 중국(16,4), 독일(16.3)에 비하여 낮은 수준이다. 물론 모든 국가의 선행PER가 지난 10년의 평균보다는 20 ~ 60% 높다는 점에서 다소 버블이 형성되어 있다는 설명도 가능하다.

4) PEG비율은 피터 린치(Peter Lynch)에 의해 인기를 얻게 되었다. 그는 시장에서 적정하게 평가된 주식의 PER는 성장률과 비슷하게 된다고(즉, PEG비율이 1이라고) 주장하였다. PEG 계산시 g는 %로 대입한다.

5) 서울신문, 2021.1.15. '코스피3000' 거품론 나오자 … 거래소 "세계 증시 대비 저평가"

그림 10-4 각국의 PER 비교

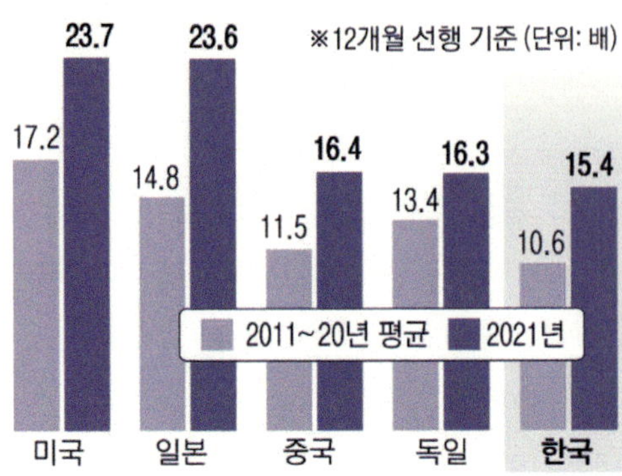

PER와 함께 많이 이용되는 지표가 버핏비율(Buffett ratio)이다. 버핏비율은 GDP 대비 시가총액의 비율이다. [그림 10-5]는 우리나라의 1994년부터 2019년까지의 연말 기준 버핏비율의 추세를 보여준다(증권회사 보고서에서 인용). 최소값은 1997년의 14.7%이고, 2017년에 102.9%를 기록하여 처음으로 100%를 넘었으며 2020년말 123%로 상승하였다(이는 2020년말 코스피와 코스닥시장 시가총액 2,366.1조원과 2019년 GDP 1919조원에 의해 계산됨). 2020년의 123%는 역사적 평균인 67.5%보다 훨씬 높을 뿐만 아니라 지난 25년간의 추세(historical trend)를 반영해도 상당히 높은 수준임을 알 수 있다.

그림 10-5 우리나라의 버핏비율 추세(1994 ~ 2020년)

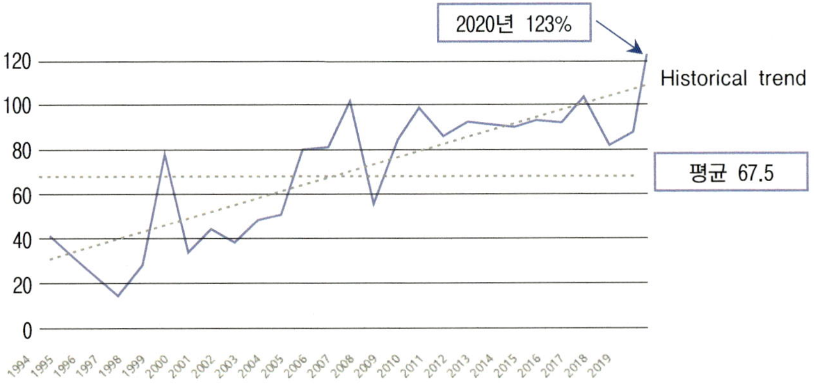

2.2 PBR모형

PBR(price to book value ratio)은 주식의 시장가치를 주식의 장부가치(BV_0)로 나눈 비율로서 주가순자산비율로 불린다.[6] EPS가 음수가 되어 PER를 계산할 수 없는 경우에도 PBR을 이용할 수 있다는 점이 장점이다. 안정성장모형을 이용한 PBR은 다음과 같이 추정된다.

$$PBR = \frac{P_0}{BV_0} = \frac{ROE \cdot (1-b) \cdot (1+g)}{r-g} = ROE \cdot PER \tag{10.7}$$

여기서 $ROE = \dfrac{EPS_0}{BV_0}$로 정의된다.

만약 $ROE = \dfrac{EPS_1}{BV_0}$로 정의하면 선행PBR(forward PBR)은 다음과 같이 보다 간결하게 표현된다.[7]

$$PBR = \frac{ROE - g}{r-g} \tag{10.8}$$

이 식은 PBR이 1보다 큰 기업(즉, 시장가치가 장부가치보다 큰 기업)은 자기자본순이익률이 요구수익률보다 높다는 것을 의미하는데 이는 기업이 좋은 투자만을 시행하고 있음을 의미한다. PBR이 1보다 크기 위한 조건은 $NPVGO$가 0보다 크기 위한 조건인 "$ROE > r$"와 동일하다.

주요결과 10-4

PBR은 주가를 장부가치로 나눈 주가순자산비율로 자기자본순이익률이 주주의 요구수익률보다 크면 PBR이 1보다 크게 되며, PBR은 PER와 ROE의 곱이다.

[그림 10-6]은 2019년 4월 기준으로 각국의 PBR을 보여준다. 미국 S&P500의 PBR은 3.3으로 가장 높고, 우리나라의 PBR은 1.2이다.

---

6) 자기자본의 시장가치(시가총액)를 자기자본의 장부가치로 나누어 구할 수도 있다.

7) 전개 과정에서 $g = ROE \cdot b$의 관계를 이용해야 한다.

$$PBR = \frac{\dfrac{EPS_1(1-b)}{r-g}}{\dfrac{EPS_1}{ROE}} = \frac{ROE(1-b)}{r-g} = \frac{ROE-g}{r-g}$$

그림 10-6 각국의 PBR(2019년 4월 기준)

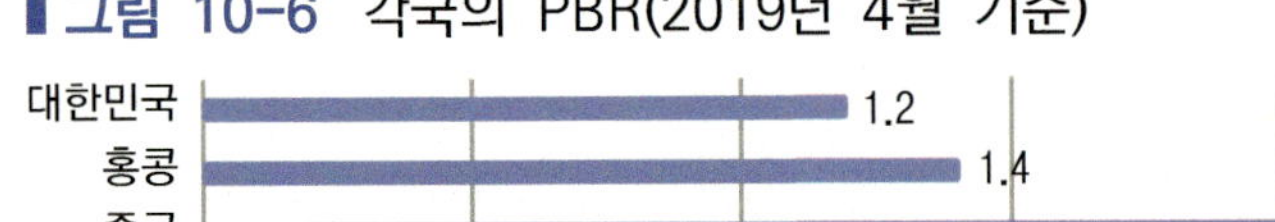

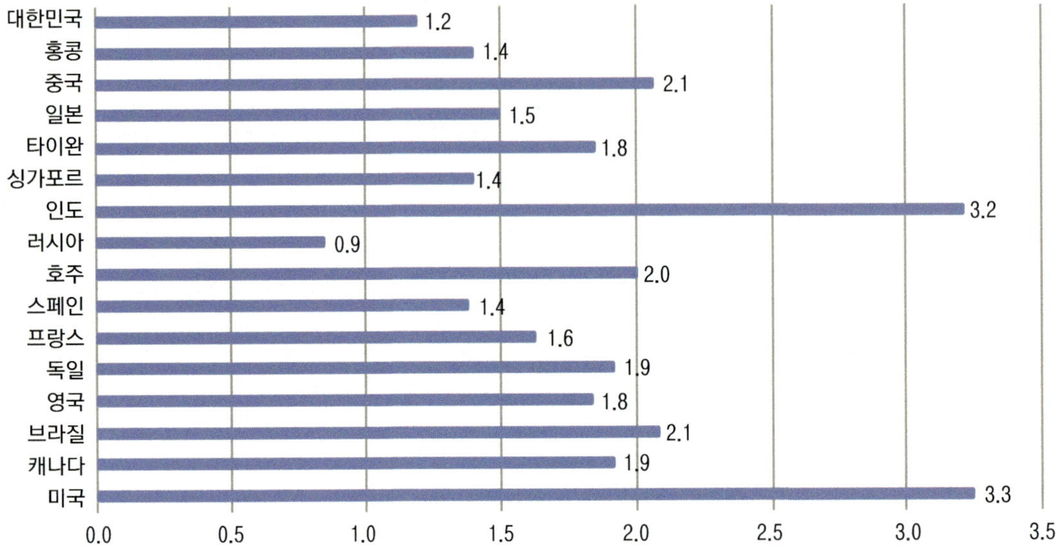

우리나라 주요기업의 2020년 12월말 기준 PBR은 [표 10-2]와 같다. 현대자동차, 한국조선해양, 현대건설, 그리고 금융회사(KB금융, 미래에셋대우)의 PBR은 1보다 작다. NAVER, 카카오, 한미약품의 PBR이 비교적 높으며 셀트리온의 PBR은 17.58로 매우 높다.

표 10-2 우리나라 주요기업의 PBR(DAUM금융, 2020년말 기준)

기 업	PBR	기 업	PBR
삼성전자	2.09	LG전자	1.65
현대자동차	0.71	대한항공	1.17
한국조선해양	0.65	현대건설	0.61
셀트리온	17.58	녹십자	4.22
KB금융	0.44	미래에셋대우	0.71
LG화학	3.66	삼성SDI	3.26
NAVER	7.09	카카오	6.03
한미약품	5.78	유한양행	2.94

예시 10-3 PBR의 이용

(1) PBR과 ROE간의 관계를 이용한 투자전략을 구상해보라.

PBR의 경우 EPS_1을 이용하면 $PBR=\dfrac{ROE-g}{r-g}$의 관계가 성립하므로 PBR은 ROE

와 정(+)의 관계를 갖는다. 즉, ROE가 높으면 PBR도 높아야 한다. 먼저 모든 상장기업의 연도말 기준으로 ROE와 PBR을 계산한다. ROE가 상위 20%에 속하면서 PBR이 하위 20%에 소속된 주식은 과소평가된 주식으로 평가된다(여기서 20% 구분은 임의로 정한 값임). 반대로 ROE가 하위 20%에 속하면서 PBR이 상위 20%에 소속된 주식은 과대평가된 주식으로 평가된다.

미국기업을 대상으로 유사한 분석을 1982 ~ 1991년 자료에 적용한 결과, 과소평가된 포트폴리오의 평균 수익률은 25.6%인데 반하여 과대평가된 포트폴리오의 평균 수익률은 10.61%로 산정되었다. 동일 기간 동안의 S&P 500 지수수익률은 평균 17.49%였다.

(2) PBR의 대용치(proxy)로 사용될 수 있는 토빈의 q비율을 설명하라.

토빈의 q비율은 시장가치를 기업이 소유하고 있는 자산의 대체원가(replacement costs)로 나눈 비율이다. 인플레이션으로 인해 자산의 가격이 상승하거나 또는 기술혁신으로 인해 자산의 가격이 감소하는 경우 q비율을 이용하여 과소평가된 주식을 찾을 수 있다. 또한 최근의 연구에 의하면, 토빈의 q비율이 낮으면 이는 과소평가된 또는 경영이 방만한 기업을 의미하므로 다른 기업에 의해 인수될 가능성이 높은 것으로 밝혀졌다.

2.3 가치주와 성장주

가치주 투자와 성장주 투자는 주식투자 스타일의 가장 기본적인 두 가지 접근방법이다. 가치주(value stock) 투자는 시장에서 과소평가된 주식을 찾아내 투자하는 방식이고, 성장주(growth stock) 투자는 고성장하는 주식에 투자하는 방식이다. 가치주 투자는 대체로 시장과 경기 상황과 무관하게 기업의 내재가치(intrinsic value)에 집중해 투자하는 방식으로, 시장가격과 내재가치 사이의 괴리를 추구한다. 두 방식은 상호 보완적이므로 두 방식을 혼합하여 사용하면 투자자는 포트폴리오를 다양화할 수 있다.

성장주는 최근에 높은 성장률을 달성하였으며 이 높은 성장률이 당분간 지속될 것으로 예상되는 주식이다. 성장주는 시장 전체보다 높은 PER 또는 PBR, 높은 성장률과 ROE, 큰 변동성(volatility), 비교적 낮은 배당성향을 갖는다. 반면에 가치주는 시장 전체 또는 동일 산업의 경쟁기업과 비교하여 낮은 PER 또는 PBR, 낮은 변동성, 높은 배당수익률, 많은 현금과 부동산을 갖는다.

가치주 투자와 성장주 투자 중 어떤 방식이 더 높은 수익률을 얻었는가에 대해서는 연구 결과가 혼재되어 단정적으로 얘기하기는 어렵지만 대체로 가치주 투자가 성장주 투자보다 높은 수익률을 제공하는 것으로 알려져 있다. 성장주 투자는 이자율이 하락하거나 또는 성과가 향상되는 상황에서 투자성과가 우수하다. 반면에, 가치주 투자는 경기가 회복하기 시작하는 시점에서 높은 성과를 제공하지만 주가가 급등하는 상황에서는 이 흐름에 빨리 편승하지 못하는 것으로 알려져 있다(예를 들어, 코로나19 팬더믹 상황에서 2020년 3월말부터 주가가 급등할 때 성장주의 수익률이 가치주의 성장률을 크게 앞섬). [그림 10-7]은 미국의 1990년부터 2019년까지의 가치주 투자와 성장주 투자의 연도별 수익률을 비교한 것이다(자료: 메릴린치 홈페이지). 닷컴버블이 붕괴된 이후 2000년부터 2013년까지 가치주는 시장지수보다 좋은 성적을 꾸준히 냈지만 이후 저성장 · 저금리의 시기에 접어들자 가치주가 다시 침체하고 성장주가 강세를 보였다.[8)]

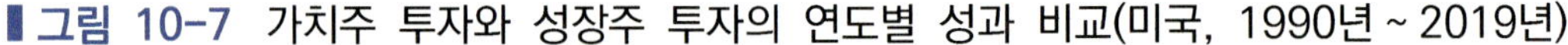

그림 10-7 가치주 투자와 성장주 투자의 연도별 성과 비교(미국, 1990년 ~ 2019년)

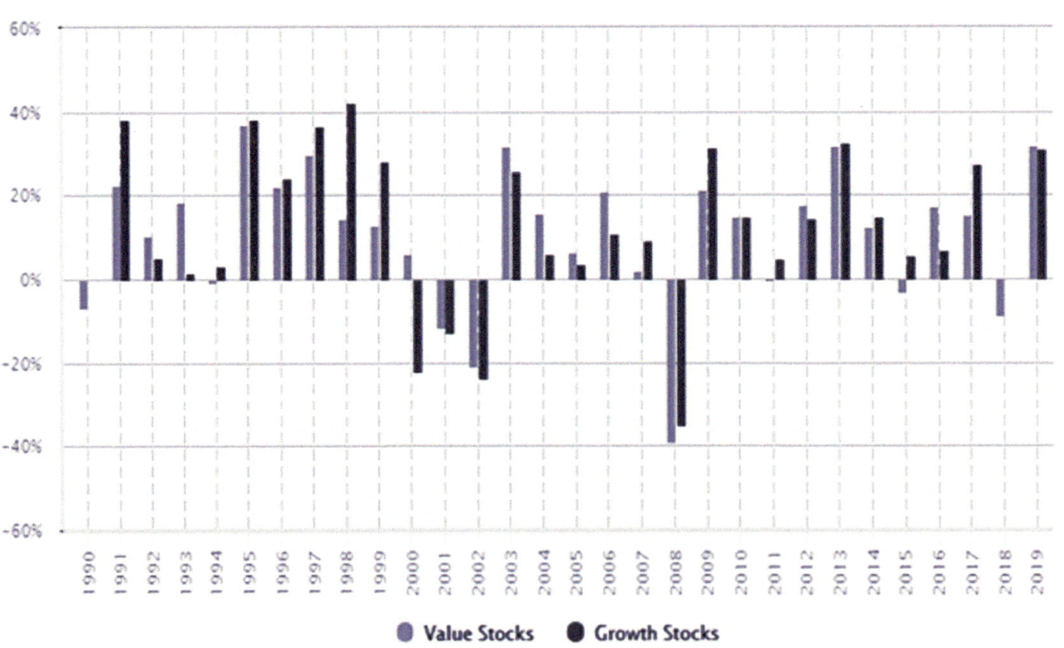

8) 가치투자의 대가인 벤자민 그래햄(Benjamin Graham)이 제시한 가치투자전략의 주식종목선택기준은 다음과 같다: ① 평균 이상 등급평가(예를 들어 S&P rating), ② 총부채/유동자산 비율 1.10 미만, ③ 유동자산/유동부채 비율 1.5 이상, ④ 지난 5년간 적자없이 순이익이 성장함, ⑤ PER 9.0 미만, ⑥ PBR 1.2 미만, ⑦ 배당지급기업. 이 기준은 1949년에 출간된 "The Intelligent Investor"에 제시되었다.

주요결과 10-5

가치주는 과소평가된 주식이고, 성장주는 고성장하는 주식이다. 가치주는 대체로 PER과 PBR이 낮고 변동성이 낮으며 배당수익률은 높다.

2.4 PSR모형

PSR(price to sales ratio)은 주가를 주당 매출액으로 나눈 비율로 주가매출액비율로 불린다. PSR은 PER와 PBR이 모두 음수가 되는 경우 이용할 수 있으며 벤처기업의 경우 특히 많이 활용된다. 안정성장모형을 이용하면 PSR은 다음과 같이 추정된다(여기서 $Sales$는 주당 매출액임).

$$PSR = \frac{P_0}{Sales_0} = \frac{ROS \cdot (1-b) \cdot (1+g)}{r-g} = ROS \cdot PER \tag{10.9}$$

여기서 ROS(return on sales)는 매출액순이익률 또는 순이익마진(profit margin)으로 불리며 $ROS = \dfrac{EPS_0}{Sales_0}$로 정의된다.

PER, PBR, PSR 사이에는 [그림 10-8]의 관계가 성립한다.

그림 10-8 PER, PBR, PSR간의 관계

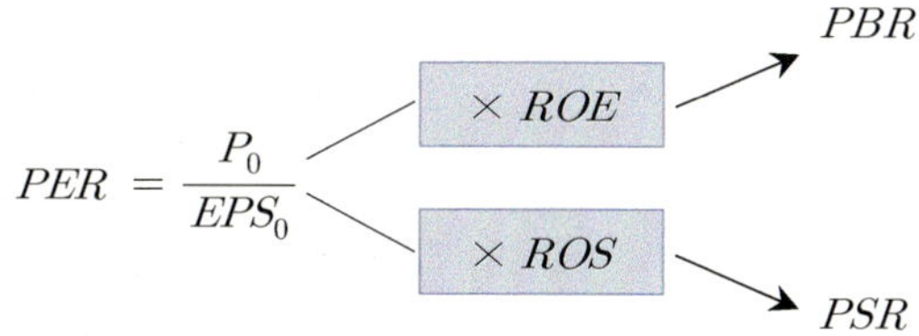

주요결과 10-6

PSR은 주가를 주당 매출액으로 나눈 주가매출액비율이다. PSR은 항상 양수로 계산되며 벤처기업의 가치평가에 주로 이용된다.

예시 10-4 삼성전자의 애널리스트 보고서 예시(2020년 12월 11일자)

이 애널리스트 보고서는 2020년 12월 11일에 KB증권이 발표한 보고서 1쪽의 일부이다(애널리스트 이름은 삭제함). 목표주가를 12개월 선행 장부가치에 목표 PBR 2.1배를 적용하여 계산한다.

KB증권

더 많은 리포트 보기

삼성전자 (005930)

내년 1분기 DRAM 가격 상승 전망

2020년 12월 11일

목표주가 92,000원으로 상향, 내년 반도체 영업이익 10조원 증가

KB증권은 삼성전자 12개월 목표주가를 92,000원 (12M forward BVPS X Target P/B 2.1배)으로 5% 상향하고 투자의견 Buy를 유지한다. 목표주가 상향은 ① DRAM ASP 반등이 당초 예상보다 빠른 내년 1분기부터 시작이 예상되고, ② 파운드리 성장 본격화에 따른 비메모리 이익비중 확대 (반도체 부문 영업이익 비중: 2020E 8% → 2021E 11%)로 2021년, 2022년 지배주주 순이익을 각각 3%, 5% 상향했기 때문이다. 특히 2021년 삼성전자 영업이익은 48.5조원 (+36% YoY)으로 예상되어 전년대비 약 13조원 증가가 추정되는 가운데 내년 반도체 부문 (영업이익 28.5조원, +50% YoY)에서 약 10조원 증익이 예상된다.

2.5 EV/EBITDA모형

앞에서 설명한 비율 PER, PBR, PSR은 모두 자기자본의 가치를 계산하는 배수(multiple)이다. 반면에 EV/EBITDA는 기업가치를 계산하는 배수이다. EBITDA(earnings before interest, tax, depreciation and amortization)는 "이자, 법인세, 유형자산에 대한 감가상각비 및 무형고정자산에 대한 감모상각비 차감전 이익"이다. 이는 매출액에서 영업비용(감가상각비 제외)을 차감하여 계산하거나 또는 영업이익($EBIT$)에 감가상각비(dep)와 감모상각비($amort$)를 가산하여 계산한다.

$$EBITDA = EBIT + dep + amort \tag{10.10}$$

일부 분석가들은 EBITDA를 이용하기를 선호하는데 이유는 첫째 EBITDA는 거의 대부분의 경우 양수이고, 둘째 EBITDA는 감가상각하는 방법에 의해 영향을 받지 않으며, 셋째 부채비율이 상이한 경우에도 쉽게 적용이 가능하기 때문이다.

EV/EBITDA 비율은 다음과 같이 계산된다. EV(enterprise value)는 매수자가 기업을 매수할 때 지불해야 하는 금액으로, 자기자본의 시가총액에 이자지급부채(interest-bearing liabilities)를 가산하고 현금성 자산을 차감하여 구한다. 이자지급부채에서 현금과 현금성자산을 차감한 값이 순부채(net debt)이므로, EV는 시가총액에 순부채를 가산한 값이다.

$$\frac{EV}{EBITDA} = \frac{\text{자기자본시장가치} + \text{이자지급부채} - \text{현금성 자산}}{EBITDA} \tag{10.11}$$

주요결과 10-7

EV/EBITDA모형은 기업가치를 계산하는 배수이다. EV는 매수자가 기업을 매수할 때 지불하는 금액으로, 자기자본의 시가총액에 순부채를 가산하여 구한다.

2.6 가치평가배수의 실제 적용 예시

가치평가배수를 적용하는 방법은 비교기업의 배수를 적용하여 가치평가 대상기업의 주가를 계산하는 방법이다. 즉, 특정기업의 PER의 대용치로 산업평균의 PER를 이용하거나 또는 동일산업에서 선정된 소수의 비교기업(comparable firm)의 PER를 이용하는 방법이다. 최초공모주(initial public offering stock)의 가치를 평가할 때 특히 유용하게 이용된다. 여기서는 2020년 가을에 상장된 빅히트엔터테인먼트의 공모주가격 계산방법을 소개하기로 한다.

방탄소년단(BTS) 소속사 빅히트엔터테인먼트(이하 빅히트)의 공모가가 2020년 10월 5~6일 공모주 청약을 앞두고 희망밴드 상단인 주당 135,000원으로 확정됐다. 희망밴드는 9월 24~25일 기관투자자를 대상으로 실시된 1117.25대 1의 수요예측 결과이다. 한편, 주식을 우선적으로 배정받기 위해 특정기간 매도를 하지 않기로 '의무보유확약'을 한 기관투자자의 비중은 44%이다.

주당 13만5천원의 공모가가 높게 평가됐다는 논란이 있다. 빅히트는 PER 대신에 EV/EBITDA 방식으로 시가총액을 극대화한 것으로 알려졌다. 왜냐하면 PER 50을 적용해도 시가총액은 3조원 수준이고(제이와이피엔터테인먼트의 PER는 42배 수준임), 또한 2020년 들어 주가가 10배 넘게 뛴 YG Plus를 유사기업으로 선정하였기 때문이다.

빅히트 투자설명서를 참고하여 공모가액 산출과정을 살펴보자. 먼저 비교기업으로 제이와이피엔터테인먼트, 와이지엔터테인먼트, YG Plus, NAVER, 카카오가 선정되었으며 비교기업의 평균 EV/EBITDA 비율은 [표 10-3]과 같이 42.36이다(2020년 상반기 EBITDA에 2를 곱하여 연간으로 환산함).[9]

9) EV는 시가총액에 순부채를 가산한다. 여기서 순부채는 이자지급부채에서 현금성 자산을 차감하여 구한다. 현금성 자산이 이자지급부채를 초과하면 순부채는 음수가 된다.

▌표 10-3 비교기업의 EV/EBITDA 비율 산출

단위: 백만원, 원, 주, 배

구 분	제이와이피 엔터테인먼트	와이지 엔터테인먼트	YG PLUS	NAVER	카카오
발행주식수	35,494,992	18,329,259	58,464,821	164,263,395	88,013,995
기준주가	33,956	45,795	4,154	313,340	367,000
기준시가총액	1,205,268	839,388	242,863	51,470,292	32,301,136
순부채	(83,765)	(77,737)	(19,847)	(1,790,055)	(1,805,141)
EV	1,121,503	761,651	223,016	49,680,237	30,495,995
2020년 반기 EBITDA	24,377	8,870	1,763	746,766	308,828
연환산 EBITDA	48,754	17,739	3,526	1,493,532	617,656
EV/EBITDA	23.00	42.94	63.25	33.26	49.37
평균 EV/EBITDA	42.36				

그리고 빅히트의 6개월 기준 EBITDA는 영업이익 49,755백만원에서 감가상각비와 감모상각비 11,172백만원을 가산한 60,927백만원이므로 연환산액은 121,854백만원이다. [표 10-4]에 의하면 연환산 EBITDA에 배수 42.36을 적용하고 순부채를 차감하여 구한 주당 평가액은 160,092원이다.[10)11)]

▌표 10-4 EV/EBITDA 비율을 적용한 상대가치 산출 결과

구 분	내 용	비 고
적용 EBITDA	121,854백만원	2020년 반기 EBITDA 연환산
적용 EV/EBITDA 배수	42.36배	–
평가 EV	5,162,257백만원	(A)
순부채	(594,608백만원)	(B)
평가총액	5,756,865백만원	(A) – (B)
적용주식수	35,959,760주	–
주당 평가가액	160,092원	–

10) 순부채는 유동리스부채(20,420) + 유동성장기부채(988) + 비유동리스부채(130,065) + 장기차입금(200,193) – 현금및현금성자산(197,626) – 공모자금유입액(748,650) = – 594,608(단위 백만원)이다.

11) 적용주식수 산출: 상장예정 보통주식수 33,846,192주 + 상환전환우선주 1,777,568주 + 미행사 스톡옵션 336,000주 = 35,959,760주.

최종적으로 희망공모가격밴드와 확정 공모가액은 [표 10-5]와 같다. 확정 공모가액은 수요예측 결과를 반영하여 주당 평가액이 15.67% 할인된, 공모희망가액 상단인 135,000원으로 결정되었다.

표 10-5 빅히트엔터테인먼트 희망공모가액 산출내역

구 분	내 용
상대가치 주당 평가가액	160,092원
평가액 대비 할인율	34.41% ~ 15.67%
공모희망가액	105,000원 ~ 135,000원
확정 공모가액	135,000원

3 초과이익모형

초과이익(residual income)은 당기순이익에서 당기순이익을 창출하는데 필요한 주주의 기회비용을 차감하고 남은 잔여이익이다.[12] 초과이익은 경제이익(economic profit), 경제적 부가가치(economic value added) 등으로도 불린다. 당기순이익이 타인자본에 대한 비용은 반영하는 반면에 자기자본에 대한 비용은 고려하지 않기 때문에, 양의 당기순이익을 실현하더라도 주주 입장에서 부가가치를 창출하지 못할 수 있다. 따라서 초과이익이 음(−)인 기업의 주식은 주당 장부가치보다 낮은 가격으로 시장에서 거래되는 것이 일반적이다.

안정성장률에 기초한 "초과이익모형(Residual Income Model: RIM)"은 다음과 같다. 이 식에 의하면 주식의 시장가치는 장부가치 BV_0에 기대초과이익인 $(ROE-r)\times BV_0$, $(ROE-r)\times BV_1, \ldots$의 현재가치를 가산한 값이다. 이 모형에서 연간 초과이익은 ROE가 자기자본비용을 초과하는 정도에 자기자본을 곱하여 계산된다.

주식 시장가치 = 주식 장부가치 + 초과이익의 현재가치

$$P_0 = BV_0 + \sum_{t=1}^{\infty} \frac{(ROE-r)\times BV_{t-1}}{(1+r)^t} \tag{10.12}$$

$(ROE-r)\times BV_0$이 $g\%$로 안정적으로 성장한다고 가정하면 초과이익의 현재가치는 $\frac{(ROE-r)\times BV_0}{r-g}$로 계산된다.

12) 초과이익의 개념은 경제학자인 Marshall이 19세기 말에 처음 제시한 것으로 알려져 있다. 1990년대에 들어와서 Stern Stewart Co가 EVA의 개념으로 그리고 McKinsey가 Economic Profit의 개념으로 실무에 적용하면서 널리 사용되기 시작하였다.

$$P_0 = BV_0 + \frac{ROE - r}{r - g} \times BV_0 \tag{10.13}$$

그리고 $ROE = r$이면(즉, 자기자본순이익률이 자기자본비용과 동일하면) $P_0 = BV_0$이다.

주요결과 10-8

초과이익은 주주의 기회비용을 차감하고 남은 잔여이익을 의미한다. 초과이익모형은 주식 장부가치에 초과이익의 현가를 가산하여 주가를 계산하는데 연간 초과이익은 장부가치에 $(ROE - r)$을 곱한 값이다.

예시 10-5 초과이익모형의 적용

호남기업 자기자본 장부가치는 주당 1,000원이고, ROE는 15%, 자기자본비용은 10%로 예상된다. 순이익성장률이 3%로 예상되면 주가는 1,714원으로 추정된다.

$$P_0 = 1{,}000 + \frac{0.15 - 0.1}{0.1 - 0.03} \times 1{,}000 = 1{,}714$$

예시 10-6 초과이익모형을 이용한 목표주가 계산

다음은 우리투자증권이 2014년 1월 27일에 발표한 삼성전자 애널리스트 보고서 1쪽의 일부분이다. 이 보고서에서 애널리스트는 초과이익모형(RIM)을 이용하여 목표주가를 계산하고 있다.

2014. 1. 27
Company Comment

삼성전자 (005930.KS)

Buy (유지)

목표주가	1,800,000원 (유지)
현재가 ('14/1/24)	1,307,000원
업종	반도체
KOSPI	1,940.56
KOSDAQ	520.31
시가총액(보통주)	192,520.2십억원
발행주식수(보통주)	147.3백만주
52주 최고가('13/03/06)	1,560,000원
최저가('13/08/08)	1,217,000원
평균거래대금(60일)	323.4십억원
배당수익률(2012)	0.53%
외국인지분율	49.7%

Price Trend

4Q13 실적 Review: 1분기 소폭 개선 전망

삼성전자 4분기 영업이익은 IM 및 Display 실적 약세 및 일회성 비용증가로 8.31조원 시현. 14년 1분기에는 비수기임에도 불구 일회성 비용 제거로 소폭 개선 전망. 투자의견 Buy 및 목표주가 1,800,000원 유지

투자의견 Buy 및 목표주가 1,800,000원 유지

- 삼성전자에 대해 투자의견 Buy 유지. 목표주가는 1,800,000원
- 목표주가 1,800,000원은 RIM을 통해 산출. 목표 주가는 2014년 PBR 1.8배, PER 8.5배에 해당
- 실적둔화는 주가에 기반영 된 것으로 판단

1Q14 영업이익은 일회성 비용 제거로 8.76조원 전망

- 4분기 실적은 매출액 59.28조원, 영업이익 8.31조원으로 이익 감소. 반도체 부문은 메모리 호조에도 불구하고 시스템 LSI 실적 약세로 이익 둔화
- IM/Display 실적 약세로 이익 모멘텀 둔화. 특별보너스 등 일회성 비용 발생도 실적약세 원인

핵심용어 해설

- 주주잉여현금흐름(free cash flow to equity: FCFE): 주주귀속현금흐름으로 기업의 배당지급능력을 측정함
- 주가순이익비율(price-earnings ratio: PER): 주식의 시장가치를 주당순이익으로 나눈 비율
- 이익수익률(earnings-price ratio): PER의 역수
- PEG비율(price-earnings to growth ratio): PER를 기대성장률로 나눈 비율
- 버핏비율(Buffett ratio): 주식의 시가총액을 GDP로 나눈 비율
- 주가순자산비율(price-book ratio: PBR): 주식의 시장가치를 장부가치로 나눈 비율
- EV/EBITDA: 매수자가 기업을 매수할 때 지불하는 금액을 의미하는 EV(시가총액과 순부채의 합)를 EBITDA로 나눈 비율
- 초과이익(residual income): 당기순이익에서 주주의 기회비용을 차감하고 남은 잔여이익

개념 체크

1. 어떤 기업에 배당할인모형이 적절하지 않는가?

2. FCFE는 어떻게 추정하는가? 언제 FCFE모형이 적절한가?

3. 상대가치평가모형은 절대가치평가모형에 비하여 상대적으로 어떤 점이 유리한가?

4. PER은 어떻게 계산하며 PER에 영향을 미치는 변수는 무엇인가? 어떤 방향으로 영향을 미치는가?

5. EPR은 무엇이며 왜 계산하는가?

6. PEG비율은 무엇이며 어떻게 이용하는가?

7. PBR은 어떻게 계산하며 어떤 조건에서 PBR이 1보다 크게 계산되는가?

8. EV/EBITDA는 어떻게 계산하며 이를 이용하여 어떻게 주가를 계산할 수 있는가?

9. 가치평가배수를 실제로 어떻게 이용하는가?

10. 초과이익이란 무엇이며 회계이익과 어떤 점에서 상이한가?

11. 버핏비율이란 무엇인가?

연 습 문 제

01 다음의 가치평가배수에 대한 설명 중 가장 적절하지 않은 것은?

① PBR이 1보다 큰 기업은 시장가치가 장부가치보다 큰 기업이다.
② 다른 모든 조건이 동일할 때 성장기회가 많을수록 또는 할인율이 낮을수록 PER는 커진다.
③ PSR은 매출액순이익률과 정(+)의 관계를 갖는다.
④ PER에 자기자본순이익률을 곱하면 PBR이 계산된다.
⑤ ROE는 높지만 PBR이 낮은 주식은 과대평가된 주식으로 간주된다.

02 삼정주식은 기대 주당순이익 200원의 75%를 배당으로 지급하며 자기자본순이익률은 12%로 기대된다. 적정 할인율은 10.5%이다. PER는 얼마로 예상되는가? EPS_0를 이용하여 계산하라.

① 10.7 ② 11.0 ③ 10.5
④ 10.8 ⑤ 10.3

03 다음 중 PBR이 1보다 크기 위한 조건으로 가장 적절한 것은?

① 자기자본순이익률이 자기자본비용보다 큼
② 총자산순이익률이 자기자본비용보다 큼
③ 자기자본순이익률이 가중평균자본비용보다 큼
④ 총자산영업이익률이 가중평균자본비용보다 큼
⑤ 정답 없음

04 다음 중 주가를 직접 계산할 수 없는 변수는?

① PER ② PSR ③ PBR
④ EV/EBITDA ⑤ FCFE

05 PER에 영향을 미치는 변수 중 PER와 정(+)의 관계를 갖는 변수는?

① NPVGO ② 주주의 요구수익률
③ 무위험이자율 ④ 베타
⑤ 정답 없음

06 다음의 자료를 이용하여 주당 FCFE를 계산하라. 모든 수치는 1주 기준이다.

순이익: 3,150원, 자본적 지출: 3,000원, 감가상각비: 2,800원,
추가운전자본: 400원, 추가부채조달금액: 없음

① 2,950원 ② 2,550원 ③ 3,350원
④ FCFE < 0 ⑤ 정답 없음

07 영북기업은 자기자본순이익률 20%와 배당성향 70%를 계속 유지할 것으로 예상한다. 주주의 요구수익률이 10%이면 선행PBR은 얼마인가?

① 3.7 ② 3.5 ③ 3.3
④ 3.4 ⑤ 정답 없음

08 초과이익모형(RIM)에서 연도별 초과이익은 어떻게 계산되는가?

① 주당순이익 $\times (ROE - r)$
② 주당순이익 $\times (r - ROE)$
③ 주식의 장부가치 $\times (ROE - r)$
④ 주식의 장부가치 $\times (r - ROE)$
⑤ 정답 없음

09 영남기업의 주당 장부가치가 1,700원이다. 그리고 자기자본순이익은 20%, 주주의 요구수익률은 10%로 예상된다. 순이익성장률이 4%로 영원히 예상된다고 가정하면 주가는 얼마인가?

① 4,820원 ② 3,500원 ③ 4,350원
④ 4,533원 ⑤ 정답 없음

10 다음 중 옳게 계산된 비율은?

① 버핏비율 = 시가총액 / GDP

② PBR = PER × ROS

③ $PER = \frac{1}{r} + \frac{EPS_1}{NPVGO}$

④ $PEG = \frac{1}{PER}$

⑤ 정답 없음

연습문제 해설

01 ⑤

PBR과 ROE는 정의 관계를 가져야 한다. 그런데 ROE가 높지만 PBR이 낮다는 것은 기업의 수익성에 비하여 가격이 낮은 것이므로 과소평가된 주식으로 간주된다.

02 ⑤

성장률이 $g = 0.12 \times 0.25 = 0.03$이므로 PER는 10.3이다.

$$\frac{(1-b)\cdot(1+g)}{r-g} = \frac{0.75 \times 1.03}{0.105 - 0.03} = 10.3$$

03 ①

$ROE > r$이므로 자기자본순이익률이 자기자본비용보다 커야 한다.

04 ④

EV/EBITDA는 기업가치를 계산하는데 이용하는 변수이다. FCFE는 다른 변수와 같은 비율이 아니지만 이를 이용하여 주가를 계산할 수 있으므로 ④번이 답으로 더 적절하다.

05 ①

요구수익률, 무위험이자율, 베타가 증가하면 PER는 감소하므로 부(－)의 관계를 갖는다.

06 ②

FCFE = 3,150 + 2,800 － 3,000 － 400 = 2,550원

07 ②

성장률이 20%와 유보율 30%의 곱인 6%이므로 선행PBR은 $\frac{0.2 - 0.06}{0.1 - 0.06} = 3.5$이다.

08 ③

09 ④

$$P_0 = 1{,}700 + \frac{0.2 - 0.1}{0.1 - 0.04} \times 1{,}700 = 4{,}533\text{원}$$

10 ①

Retail sales levels

Jan
Feb
Mar
Apr
May
Jun
Jul
Aug
Sep
Oct
Nov
Dec
50
100
150
250
300
250
200
150
100
50
0
Rental for storage
Leeds

성과평가

Table of Contents

학습 주안점

투자 목표를 설정하고 자산배분결정과 종목선택결정을 통하여 투자포트폴리오를 구성하고 일정 기간 동안 투자가 이루어지면 다음 절차는 투자의 성과를 측정하고 분석하는 것이다. 투자의 성과를 측정하는 것은 생각하는 것보다 다소 복잡하다. 이 장에서는 투자의 수익률을 측정하는 방법과 그 수익률을 분해하는 방법을 소개하기로 한다.

이 장에서 여러분이 구체적으로 숙지해야 할 내용은 다음과 같다.

1. 금액가중수익률과 시간가중수익률은 어떻게 계산하는가?
2. 내부수익률, 산술평균수익률, 기하평균수익률은 어떻게 계산하며 어떤 경우에 이용하는가?
3. 샤프지수, 트레이너지수, 젠센지수, 정보비율은 각각 어떻게 계산하는가?
4. 성과요인분석에서 자산배분결정과 종목선택결정의 공헌도를 어떻게 측정하는가?

1 투자 수익률의 측정

1.1 시간가중수익률과 금액가중수익률

오늘 PV를 투자하여 n년 후 FV_n를 환수하면 연간 투자수익률 r은 다음과 같이 간단히 계산된다.

$$r=\left(\frac{FV_n}{PV}\right)^{\frac{1}{n}}-1 \tag{11.1}$$

예를 들어, 오늘 100만원을 투자하고 5년 후 150만원을 환수하면 수익률은 $\left(\frac{150}{100}\right)^{0.2}-1$ $=8.45\%$이다.

식 (11.1)을 다음과 같이 쓸 수 있다. 이는 투자수익률이 미래 투자가치(FV_n)의 현재가치를 오늘 투자금액과 일치시키는 이자율임을 의미한다. 여기서 구한 수익률이 내부수익률(internal rate of return: IRR)의 개념이다.

$$\frac{FV_n}{(1+r)^n}=PV \tag{11.2}$$

투자기간 동안 현금유입과 현금유출이 여러 번 발생하는 경우 수익률 계산은 조금 까다로워진다. 예를 들어 다음의 현금흐름을 고려해 보자.

시 점	현금흐름
0	주식 1주 매입(가격 1,000원)
1	100원의 배당 수령 주식 1주 추가 매입(가격 1,300원)
2	150원의 배당 수령(주당 75원) 주식 2주 매도하고 2,500원 받음(주당 1,250원)

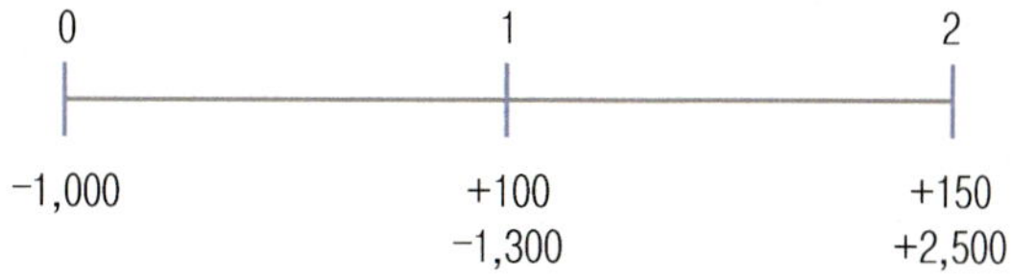

이 경우 식 (11.2)에서의 내부수익률 계산처럼, 내부수익률을 현금유입의 현재가치와 현

금유출의 현재가치를 일치시키는 할인율로 하면 다음과 같이 계산할 수 있다. 이처럼 현금유출 · 입이 여러 번 발생하면 투자수익률은 항상 내부수익률로 계산해야 한다.

$$\text{PV(현금유출)} = \text{PV(현금유입)}$$

$$1{,}000 + \frac{1{,}300}{1+r} = \frac{100}{1+r} + \frac{150 + 2{,}500}{(1+r)^2} \tag{11.3}$$

내부수익률은 13.49%이다. 내부수익률은 금액가중수익률(dollar-weighted return)이라고도 한다. 2주를 보유하는 2차연도의 수익률이 1주만을 보유하는 1차연도의 수익률보다 전체 수익률에 더 큰 영향을 미치므로 "금액가중"이다.

내부수익률에 대한 대안은 연도별로 수익률을 계산하고 평균을 계산하는 것이다. 즉, 1차연도의 수익률이 $\frac{(100 + 1{,}300) - 1{,}000}{1{,}000} = 40\%$이고 2차연도의 수익률이 $\frac{(75 + 1{,}250) - 1{,}300}{1{,}300} = 1.92\%$이면 산술평균은 $\frac{40 + 1.92}{2} = 20.96\%$이고 기하평균은 $\sqrt{1.4 \times 1.0192} - 1 = 19.45\%$이다. 이렇게 계산한 평균수익률(산술평균 또는 기하평균)을 시간가중수익률(time-weighted return)이라고 한다. 그러나 어떤 평균을 이용하든 이는 투자자가 실제로 얻은 수익률인 13.49%와 크게 차이가 난다.[1)]

일반투자자가 펀드에 투자하여 펀드매니저에게 투자를 위임하는 경우 일반투자자는 자신이 투자한 금액의 실제 수익률에 관심이 있으므로 일반투자자는 금액가중수익률을 이용하기를 원할 것이다. 그러나 펀드매니저 간의 성과를 비교하는 경우 시간가중수익률이 보다 적절하다. 왜냐하면 펀드매니저는 자기가 관리하는 펀드의 자금유입과 유출에 대한 통제권을 갖고 있지 않기 때문이다.

예시 11-1 내부수익률의 계산

앞의 예시를 다음과 같이 수정해 보자.

시 점	현금흐름
0	주식 1주 매입(가격 1,000원)
6개월 후	100원의 배당 수령 주식 1주 추가 매입(가격 1,300원)
15개월 후	150원의 배당 수령(주당 75원) 주식 2주 매도하고 2,500원 받음(주당 1,250원)

1) 중간에 현금의 유출입이 없는 경우 내부수익률은 기하평균수익률과 동일하다.

내부수익률은 다음의 식을 만족시키는 20.85%이다.

$$1{,}000 + \frac{1{,}300}{(1+r)^{0.5}} = \frac{100}{(1+r)^{0.5}} + \frac{150 + 2{,}500}{(1+r)^{1.25}}$$

만약 0시점이 2013년 1월 3일이고 100원의 배당을 수령하는 시점이 2013년 9월 6일이고 투자를 종료하는 시점이 2014년 3월 10일이라고 가정하여, 보다 복잡하지만 실제로 발생 가능한 상황을 고려해 보자. 1월 3일부터 9월 6일까지의 일수가 245일이고 1월 3일부터 다음 해 3월 10일까지의 일수가 432일(1년 67일)이므로 내부수익률은 다음 식을 만족시키는 25.13%이다.

$$1{,}000 + \frac{1{,}300}{(1+r)^{\frac{245}{365}}} = \frac{100}{(1+r)^{\frac{245}{365}}} + \frac{150 + 2{,}500}{(1+r)^{1+\frac{67}{365}}} \quad (11.4)$$

주요결과 11-1

투자의 내부수익률은 금액가중수익률이다. 투자기간 중간에 현금의 유출입이 발생하는 경우 투자의 수익률을 정확하게 계산하려면 내부수익률을 계산해야 한다.

1.2 산술평균수익률과 기하평균수익률

앞에서 산술평균(arithmetic average)과 함께 소개한 기하평균을 보다 자세히 설명하기로 한다. 기하평균(geometric average)은 복리의 원리로부터 도출된다. 1차연도에 40%의 수익률을 얻고 2차연도에 1.92%의 수익률을 얻는다면 2년 동안의 기하평균수익률 $r_{geometric}$ 19.45%는 다음의 식을 만족시켜야 한다.

$$(1 + r_{geometric})^2 = 1.4 \times 1.0192 \quad (11.5)$$

n개의 개별수익률로부터 기하평균수익률을 구하는 일반식은 다음과 같다.

$$r_{geometric} = [(1+r_1)(1+r_2) \ \cdots \ (1+r_n)]^{\frac{1}{n}} - 1 \quad (11.6)$$

기하평균수익률은 항상 산술평균수익률보다 클 수 없다(즉 동일하거나 작다). 예를 들어, 100원의 투자가 1년 후 200원이 되고 다시 1년 후 100원이 된다고 하자. 개별수익률이 각각 100%와 −50%이므로, 산술평균수익률은 25%이고 기하평균수익률은 0%이다. 2차연도의 −50%의 수익률은 1차연도의 100%의 수익률을 완전히 상쇄시킨다. 이처럼 기하평균에서 마이너스 수익률이 미치는 영향이 크므로 기하평균수익률은 산술평균수익률보다 항상 작다(모든 개별수익률의 값이 동일한 경우에만 기하평균과 산술평균은 동일함).[2)]

일반적으로 기하평균수익률은 과거의 실적을 평가하는데 유용하다. 그러나 포트폴리오의 기대수익률을 예측하고자 하는 경우에는 기하평균보다 산술평균이 보다 적절하다. 과거의 개별수익률이 100%와 −50%인 경우 과거의 두 사건이 발생할 확률이 동일하므로 산술평균인 25%가 기하평균인 0%보다 포트폴리오 수익률의 기댓값으로 적절하다.

예시 11-2 산술평균, 기하평균, 내부수익률의 계산

편드의 연도별 수익률이 다음과 같다고 하자(단위는 억원임). 현금유입과 유출은 항상 연초에 발생한다고 가정한다.

연 도	1차연도	2차연도	3차연도	4차연도	5차연도
전년도말 잔액	0.00	34.50	42.75	22.00	28.75
현금 유출입	30.00	10.50	−22.75	3.00	6.25
기초 잔액	30.00	45.00	20.00	25.00	35.00
투자수익률	15%	−5%	10%	15%	3%
기말 잔액	34.50	42.75	22.00	28.75	36.05

산술평균과 기하평균은 각각 7.60%와 7.32%이다.

$$r_{arithmetic} = \frac{15\% - 5\% + 10\% + 15\% + 3\%}{5} = 7.60\%$$

$$r_{geometric} = [1.15 \times 0.95 \times 1.1 \times 1.15 \times 1.03]^{\frac{1}{5}} - 1 = 7.32\%$$

펀드에의 현금유입과 유출이 다음과 같으므로(현금유입은 +로, 현금유출은 −로 표기)

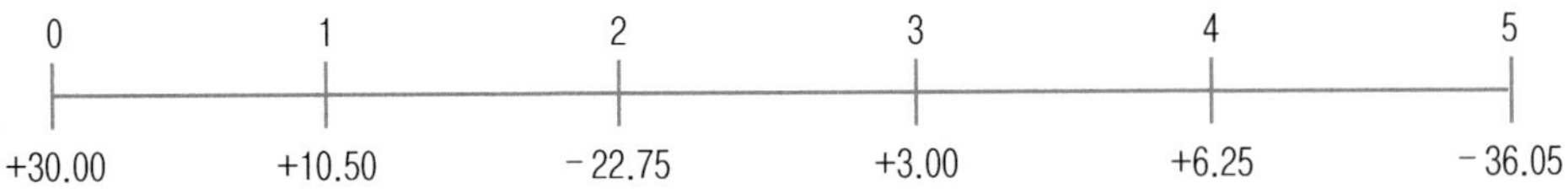

내부수익률은 다음 식을 만족시키는 5.86%이다.

$$30 + \frac{10.5}{1+r} + \frac{3}{(1+r)^3} + \frac{6.25}{(1+r)^4} = \frac{22.75}{(1+r)^2} + \frac{36.05}{(1+r)^5}$$

2) 기하평균수익률 $r_{geometric}$는 산술평균수익률 $r_{arithmetic}$과 다음의 관계를 갖는다(σ^2는 수익률의 분산임).

$$r_{geometric} = r_{arithmetic} - 0.5\sigma^2$$

주요결과 11-2

산술평균 또는 기하평균 수익률은 시간가중수익률이다. 산술평균은 기대수익률로 적절하고 기하평균은 투자의 실제 성과를 측정한다. 그러나 중간에 현금 유출입이 있으면 기하평균은 투자의 정확한 성과를 측정하지 못한다.

2 성과 지표

포트폴리오의 성과를 측정하기 위해서는 투자자가 부담한 위험을 측정하여 성과평가에서 반영하여야 한다. 위험조정 성과지표로 많이 사용하는 측정치는 샤프지수, 트레이너지수, 젠센지수, 정보비율 등이다. 이런 지표들은 자본자산가격결정모형(CAPM)이 개발되면서 함께 고안되었다.

(1) 샤프지수

샤프지수(Sharpe's measure) $Sharpe$는 포트폴리오의 평균 초과수익률을 수익률의 표준편차인 총위험으로 나눈 비율이다. 이는 총위험 대비 보상 비율을 나타낸다. 이 비율은 5장에서 변동보상률(reward-to-variability ratio)로 정의한 비율이다.

$$Sharpe = \frac{\overline{r_P} - \overline{r_f}}{\sigma_P} \tag{11.7}$$

여기서 $\overline{r_P}$는 포트폴리오 운용기간 평균수익률이고 $\overline{r_f}$는 평균 무위험이자율이다.

(2) 트레이너지수

트레이너지수(Treynor's measure) $Treynor$는 포트폴리오의 평균 초과수익률을 체계적 위험의 척도인 베타로 나눈 비율이다. 이 비율은 6장에서 위험보상률(reward-to-risk ratio)로 정의한 비율이다.

$$Treynor = \frac{\overline{r_P} - \overline{r_f}}{\beta_P} \tag{11.8}$$

(3) 젠센지수

젠센지수(Jensen's measure) $Jensen$는 6장에서 설명한 알파(alpha: α) 값으로 포트폴리

오의 수익률이 SML의 균형수익률을 초과한 값으로 측정된다.

$$Jensen = \alpha_P = \overline{r_P} - [\overline{r_f} + \beta_P(\overline{r_m} - \overline{r_f})] \tag{11.9}$$

(4) 정보비율

정보비율(information ratio) IR은 포트폴리오의 알파인 젠센지수를 비체계적 위험으로 나눈 값이다. 이 비율은 시장포트폴리오를 보유함으로써 제거할 수 있는 비체계적 위험에 대한 초과수익률을 측정하는 것으로 평가비율(appraisal ratio)이라고도 한다.

$$IR = \frac{\alpha_P}{\sigma(e_P)} \tag{11.10}$$

예시 11-3 성과지표의 계산

무위험이자율이 4%이고 시장포트폴리오의 수익률이 18%이며 운용 중인 두 포트폴리오에 대한 자료가 다음과 같다.

	A포트폴리오	B포트폴리오
수익률 r_P	37%	20%
베타 β_P	1.15	0.95
표준편차(총위험) σ_P	48%	35%
비체계적 위험 $\sigma(e_P)$	25%	18%

샤프지수, 트레이너지수, 젠센지수, 정보비율이 각각 [표 11-1]과 같다. A포트폴리오가 모든 성과지표에서 일관성있게 B포트폴리오보다 우수하다([그림 11-1] 참조).

표 11-1 포트폴리오의 성과 분석

	A포트폴리오	B포트폴리오
$Sharpe$	$\frac{37-4}{48} = 0.69$	$\frac{20-4}{35} = 0.46$
$Treynor$	$\frac{37-4}{1.15} = 28.7$	$\frac{20-4}{0.95} = 16.8$
$Jensen$	$37 - [4 + 1.15 \times (18-4)] = 16.9$	$20 - [4 + 0.95 \times (18-4)] = 2.7$
IR	$\frac{16.9}{25} = 0.68$	$\frac{2.7}{18} = 0.15$

그림 11-1 포트폴리오 성과와 SML

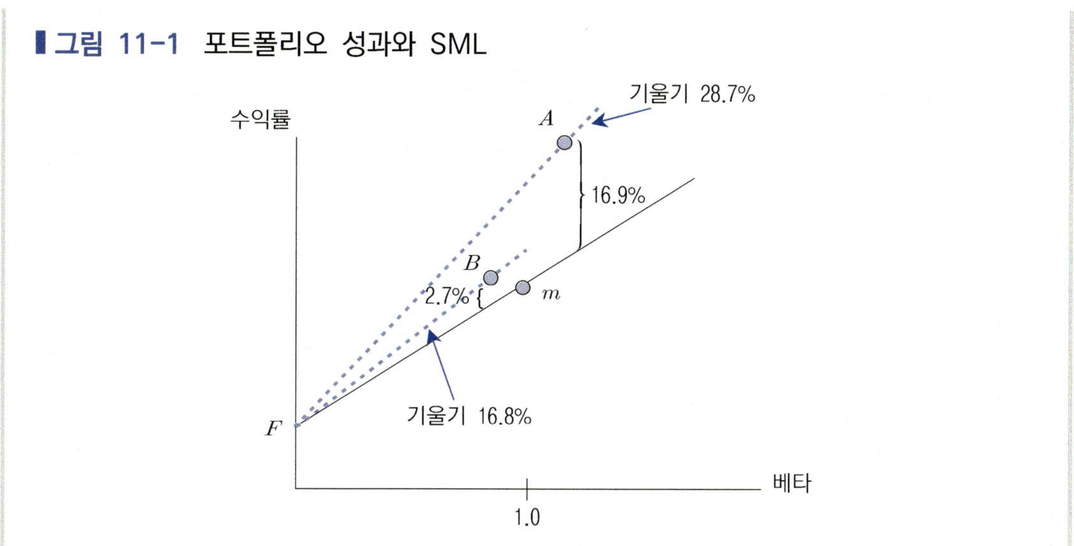

주요결과 11-3

위험조정 성과지표에는 샤프지수, 트레이너지수, 젠센지수, 정보비율 등이 있다. 샤프지수는 초과수익률을 총위험(표준편차)으로 나눈 비율이고, 트레이너지수는 초과수익률을 체계적 위험(베타)로 나눈 비율이다. 젠센지수는 수익률에서 균형수익률을 차감한 값이고, 정보비율은 젠센지수를 비체계적 위험으로 나눈 값이다.

3 성과요인분석 *

투자자는 평균수익률과 성과지표에 관심이 있지만 또한 어떤 의사결정에 의해 성과가 나왔는지도 확인하고자 한다. 투자자의 의사결정은 크게 자산배분결정과 종목선택결정으로 구성된다. 자산배분결정(asset allocation decision)은 어떤 유형의 자산(즉 주식, 채권, 현금성자산 등과 같은 자산군(asset class))에 어떻게 자본을 배분할 것인가에 대한 의사결정이다. 그리고 종목선택결정(security selection decision) 또는 증권선택결정은 특정 자산군 내에서 어떤 개별종목에 투자할 것인가에 대한 의사결정이다. 투자자는 먼저 자산배분결정을 하고 다음에 종목선택결정을 하게 되는데, 성과요인분석(performance attribution analysis)은 두 의사결정이 성과에 미친 공헌도를 측정하는 분석이다.

성과요인분석은 운용포트폴리오(managed portfolio)와 벤치마크포트폴리오(benchmark

portfolio)간의 수익률 차이를 설명하고자 하는 분석이다. 먼저 벤치마크포트폴리오 B의 수익률 r_B는 다음과 같이 표현된다(자산군의 수는 n개임).

$$r_B = \sum_{j=1}^{n} w_{Bj} r_{Bj} \tag{11.11}$$

여기서 w_{Bj}는 벤치마크포트폴리오에 포함된 j자산군의 투자비율이고 r_{Bj}는 평가기간 동안의 j자산군의 수익률이다.

투자자는 수익률 예측과 자본시장의 전망 등의 분석을 거쳐 각 자산군에 대한 투자비율을 결정하고 각 자산군 내에서 개별종목을 선택하게 되는데 이때 투자자가 운용하는 운용포트폴리오 P의 수익률 r_P는 다음과 같이 표현된다.

$$r_P = \sum_{j=1}^{n} w_{Pj} r_{Pj} \tag{11.12}$$

여기서 w_{Pj}는 운용포트폴리오에 포함된 j자산군의 투자비율이고 r_{Pj}는 평가기간 동안의 j자산군의 수익률이다.

두 포트폴리오의 성과차이는 다음과 같다.

$$r_P - r_B = \sum_{j=1}^{n} w_{Pj} r_{Pj} - \sum_{j=1}^{n} w_{Bj} r_{Bj} = \sum_{j=1}^{n} (w_{Pj} r_{Pj} - w_{Bj} r_{Bj}) \tag{11.13}$$

이 식을 분해하면 j자산군의 자산배분과 종목선택이 전체 포트폴리오의 성과에 공헌한 부분을 구할 수 있다. 즉 $w_{Pj} r_{Pj} - w_{Bj} r_{Bj}$이 다음과 같이 표현된다.

$$w_{Pj} r_{Pj} - w_{Bj} r_{Bj} = (w_{Pj} - w_{Bj}) r_{Bj} + w_{Pj} (r_{Pj} - r_{Bj}) \tag{11.14}$$

j자산군의 총공헌(total contribution)은 다음과 같이 분해된다.

자산배분의 공헌	$(w_{Pj} - w_{Bj}) \times r_{Bj}$
+ 종목선택의 공헌	$w_{Pj} \times (r_{Pj} - r_{Bj})$
= 총공헌	$w_{Pj} r_{Pj} - w_{Bj} r_{Bj}$

$(w_{Pj} - w_{Bj}) \times r_{Bj}$은 운용포트폴리오와 벤치마크포트폴리오 간의 자산군 투자비율 차이에 벤치마크 수익률을 곱한 값으로 자산배분결정이 공헌한 부분이다. 그리고 $w_{Pj} \times (r_{Pj} - r_{Bj})$은 운용포트폴리오의 수익률이 벤치마크포트폴리오의 수익률을 초과하는 값에 운용포트폴리오의 자산군의 투자비율을 곱한 값으로 종목선택결정이 공헌한 부분이다.

j자산군 성과의 분해방법을 그림으로 구현하면 [그림 11-2]와 같다.

▌그림 11-2 $_j$자산군의 성과요인분석

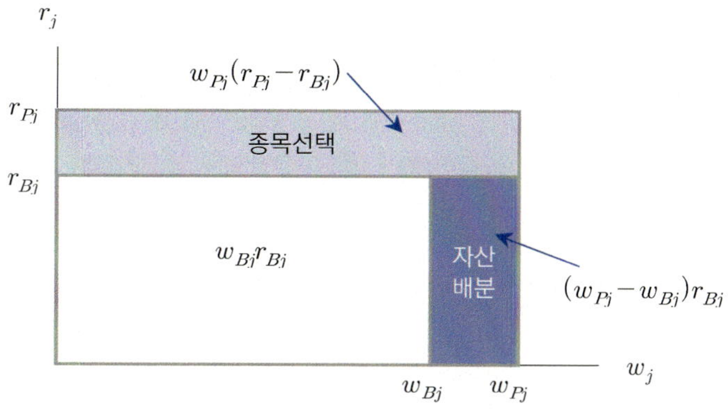

예를 들어 운용포트폴리오와 벤치마크포트폴리오의 투자비율과 수익률이 다음과 같다고 하자.

자산군	운용포트폴리오		벤치마크포트폴리오	
	투자비율	수익률	투자비율	수익률
주 식	70%	4.75%	50%	2.75%
채 권	25%	1.56%	40%	1.12%
현금성자산	5%	0.32%	10%	0.38%

운용포트폴리오 전체의 수익률이 3.731%이고 벤치마크포트폴리오의 수익률이 1.861%이므로 초과성과는 1.87%이다.

$$r_P = 0.70 \times 4.75\% + 0.25 \times 1.56\% + 0.05 \times 0.32\% = 3.731\%$$

$$r_B = 0.5 \times 2.75\% + 0.4 \times 1.12\% + 0.1 \times 0.38\% = 1.861\%$$

[표 11-2]는 성과요인을 분석한 표이다. 초과성과 1.87% 중에서 자산배분이 공헌하는 부분이 0.363%포인트이고 종목선택이 공헌하는 부분이 1.507%포인트이다. 즉 초과성과의 $\frac{0.363}{1.87} = 19\%$가 자산배분에 의해 발생하였고 나머지 $\frac{1.507}{1.87} = 81\%$가 종목선택에 의해 발생한 것이다. 초과성과는 자산군별로 분석이 가능하다. 주식에서 1.95% 포인트의 초과성과가 발생하였으나 채권과 현금성자산에서의 성과가 벤치마크보다 낮아 전체 성과가 1.87%로 하락하였다.

표 11-2 성과요인분석

A패널: 자산배분공헌

자산군	w_{Pj}	w_{Bj}	$w_{Pj}-w_{Bj}$	r_{Bj}	$(w_{Pj}-w_{Bj})\times r_{Bj}$
주 식	0.70	0.50	0.20	2.75%	0.550%
채 권	0.25	0.40	−0.15	1.12%	−0.168%
현금성자산	0.05	0.10	−0.05	0.38%	−0.019%
자산배분공헌(합계)					0.363%

B패널: 종목선택공헌

자산군	r_{Pj}	r_{Bj}	$r_{Pj}-r_{Bj}$	w_{Pj}	$w_{Pj}\times(r_{Pj}-r_{Bj})$
주 식	4.75%	2.75%	2.00%	0.70	1.400%
채 권	1.56%	1.12%	0.44%	0.25	0.110%
현금성자산	0.32%	0.38%	−0.06%	0.05	−0.003%
종목선택공헌(합계)					1.507%

C패널: 자산군별 공헌

자산군	자산배분공헌	종목선택공헌	공헌 합계
주 식	0.550%	1.400%	1.950%
채 권	−0.168%	0.110%	−0.058%
현금성자산	−0.019%	−0.003%	−0.022%
합 계	0.363%	1.507%	1.870%

식 (11.13)과 식 (11.14)에 의해 운용포트폴리오의 수익률은 다음 세 부분으로 구성된다.

$$r_P=\sum_{j=1}^{n}w_{Pj}r_{Pj}=\sum_{j=1}^{n}w_{Bj}r_{Bj}+\sum_{j=1}^{n}(w_{Pj}-w_{Bj})r_{Bj}+\sum_{j=1}^{n}w_{Pj}(r_{Pj}-r_{Bj}) \qquad (11.15)$$

= 벤치마크 수익률 + 자산배분 공헌 + 종목선택 공헌

우리의 예시에서 3.731%는 벤치마크 수익률 1.861%, 자산배분 수익률 0.363%, 그리고 종목선택 수익률 1.507%의 합으로 구성된다.

주요결과 11-4

성과요인분석은 자산배분결정과 종목선택결정이 포트폴리오의 성과에 미친 공헌도를 측정하는 분석이다. 자산배분결정의 공헌도는 $(w_{Pj}-w_{Bj})\times r_{Bj}$로 측정하고 종목선택결정의 공헌도는 $w_{Pj}\times(r_{Pj}-r_{Bj})$로 측정한다.

예시 11-4 성과요인분석

본문의 예시에서 주식, 채권, 현금성자산의 투자 비중을 각각 20%, 65%, 15%로 변경하고 성과요인분석을 다시 하라.

운용포트폴리오의 수익률이 2.012%이고 벤치마크포트폴리오의 수익률이 1.861%이므로 초과성과는 0.151%이다. 초과성과는 [표 11-3]과 같이 분해된다.

$$r_P = 0.20 \times 4.75\% + 0.65 \times 1.56\% + 0.15 \times 0.32\% = 2.012\%$$

▌표 11-3 성과요인분석

A패널: 자산배분공헌

자산군	w_{Pj}	w_{Bj}	$w_{Pj} - w_{Bj}$	r_{Bj}	$(w_{Pj} - w_{Bj}) \times r_{Bj}$
주 식	0.20	0.50	− 0.30	2.75%	− 0.825%
채 권	0.65	0.40	0.25	1.12%	0.280%
현금성자산	0.15	0.10	0.05	0.38%	0.019%
자산배분공헌(합계)					− 0.526%

B패널: 종목선택공헌

자산군	r_{Pj}	r_{Bj}	$r_{Pj} - r_{Bj}$	w_{Pj}	$w_{Pj} \times (r_{Pj} - r_{Bj})$
주식	4.75%	2.75%	2.00%	0.20	0.400%
채권	1.56%	1.12%	0.44%	0.65	0.286%
현금성자산	0.32%	0.38%	− 0.06%	0.15	− 0.009%
종목선택공헌(합계)					0.677%

C패널: 자산군별 공헌

자산군	자산배분공헌	종목선택공헌	공헌 합계
주 식	− 0.825%	0.400%	− 0.425%
채 권	0.280%	0.286%	0.566%
현금성자산	0.019%	− 0.009%	0.010%
합 계	− 0.526%	0.677%	0.151%

핵심용어 해설

- 금액가중수익률(won-weighted return): 투자의 내부수익률
- 시간가중수익률(time-weighted return): 기간별 수익률들의 평균
- 샤프지수(Sharpe's measure): 초과수익률을 총위험(표준편차)로 나눈 비율
- 트레이너지수(Treynor's measure): 초과수익률을 체계적 위험(베타)로 나눈 비율
- 젠센지수(Jensen's measure): 기대수익률에서 균형수익률을 차감한 값
- 정보비율(information ratio): 젠센지수를 비체계적 위험으로 나눈 비율
- 성과요인분석(performance attribution analysis): 자산배분결정과 종목선택결정이 포트폴리오의 성과에 미친 공헌도를 측정하는 분석

개념 체크

1. 내부수익률을 금액가중수익률이라고 하는 이유는 무엇인가?
2. 시간가중수익률은 어떻게 계산되는가?
3. "펀드매니저 간의 성과를 비교하는 경우 시간가중수익률이 금액가중수익률보다 적절하다." 설명하라.
4. 일반 투자자가 시간가중수익률보다 금액가중수익률을 선호하는 이유는 무엇인가?
5. 기대수익률을 구하고자 하는 경우 산술평균이 기하평균보다 더 적절한 이유는 무엇인가?
6. 샤프지수, 트레이너지수, 젠센지수, 정보비율을 각각 계산할 수 있는가?
7. 성과요인분석에서 자산배분결정의 공헌도와 종목선택결정의 공헌도는 어떻게 측정되는가?

연 습 문 제

01 투자자는 100만원을 투자하였으며 투자금의 연도말 가치는 다음과 같다. 중간에 현금 유·출입이 없다고 가정한다. 산술평균 수익률은 기하평균 수익률보다 얼마나 큰가?

시 점	1년 후	2년 후	3년 후	4년 후
가 치	137	150	110	180

① 5.04% ② 3.65% ③ 4.28%
④ 5.65% ⑤ 정답 없음

02 1번 문항에서 내부수익률은 얼마인가?

① 14.28% ② 17.35% ③ 15.83%
④ 16.20% ⑤ 정답 없음

03 운용포트폴리오와 벤치마크포트폴리오의 수익률이 다음과 같다. 자산배분공헌은 얼마인가?

자산군	운용포트폴리오		벤치마크포트폴리오	
	투자비율	수익률	투자비율	수익률
주 식	60%	6.25%	40%	9.75%
채 권	30%	3.28%	50%	3.10%
현금성자산	10%	1.50%	10%	1.25%

① －0.69% ② 1.33% ③ 0.89%
④ 1.53% ⑤ 정답 없음

04 3번 문항에서 종목선택공헌은 얼마인가?

① 1.250% ② －1.538% ③ －1.875%
④ －2.021% ⑤ 정답 없음

공인회계사 기출문제

05 주식시장이 A주식과 B주식만으로 이루어져 있다고 가정한다. A주식 45%와 B주식 55%로 구성된 시장포트폴리오의 샤프비율(Sharpe ratio)이 0.2라고 할 때, 무위험이자율(risk free rate) 값으로 가장 가까운 것은? CPA

	주식 A의 수익률	주식 B의 수익률
평 균	6.50%	8.50%
분 산	0.10	0.15
공분산	0.06	

① 1.39% ② 1.43% ③ 1.47%
④ 1.51% ⑤ 1.55%

06 지난 24개월 동안 A펀드와 B펀드 및 한국종합주가지수(KOSPI)의 평균수익률, 표준편차, 그리고 베타는 다음과 같다. CPA

구 분	평균수익률	표준편차	베 타
A펀드	12%	10%	0.5
B펀드	20%	25%	1.5
KOSPI	15%	12%	1.0

이 기간 동안 무위험수익률이 4%로 변동이 없다고 가정할 때 가장 적절하지 않은 것은?

① A펀드의 트레이너지수는 KOSPI의 트레이너지수보다 높다.
② A펀드의 샤프지수는 KOSPI의 샤프지수보다 높다.
③ 젠센의 알파 기준으로 A펀드의 성과가 B펀드의 성과보다 우월하다.
④ 샤프지수 기준으로 A펀드의 성과가 B펀드의 성과보다 우월하다.
⑤ 젠센의 알파 기준으로 KOSPI의 성과가 B펀드의 성과보다 우월하다.

연습문제 해설

01 ①

연도별 수익률이 각각 37.00%, 9.49%, －26.67%, 63.64%이다. 산술평균수익률은 20.87%이고 기하평균수익률은 15.83%이다. 따라서 두 수익률의 차이는 5.04%이다.

$$r_{arithmetic} = \frac{37.00 + 9.49 + (-26.67) + 63.64}{4} = 20.87\%$$

$$r_{geometric} = [1.37 \times 1.0949 \times 0.7333 \times 1.6364]^{\frac{1}{4}} - 1 = 15.83\%$$ 또는

$$\left(\frac{180}{100}\right)^{\frac{1}{4}} - 1 = 15.83\%$$

02 ③

$100 = \frac{180}{(1+r)^4}$을 만족시키는 내부수익률은 15.83%이다.

03 ②

운용포트폴리오의 수익률이 4.884%이고 벤치마크포트폴리오의 수익률이 5.575%이므로 초과성과는 －0.691%이다.

$$r_P = 0.6 \times 6.25\% + 0.3 \times 3.28\% + 0.1 \times 1.50\% = 4.884\%$$

$$r_B = 0.4 \times 9.75\% + 0.5 \times 3.10\% + 0.1 \times 1.25\% = 5.575\%$$

자산배분공헌은 다음과 같이 1.33%이다.

자산군	w_{Pj}	w_{Bj}	$w_{Pj} - w_{Bj}$	r_{Bj}	$(w_{Pj} - w_{Bj}) \times r_{Bj}$
주 식	0.60	0.40	0.20	9.75%	1.950%
채 권	0.30	0.50	－0.20	3.10%	－0.620%
현금성자산	0.10	0.10	0.00	1.25%	0.000%
자산배분공헌(합계)					1.330%

04 ④

종목선택공헌은 다음과 같이 －2.021%이다.

자산군	r_{Pj}	r_{Bj}	$r_{Pj}-r_{Bj}$	w_{Pj}	$w_{Pj}\times(r_{Pj}-r_{Bj})$
주 식	6.25%	9.75%	−3.50%	0.60	−2.100%
채 권	3.28%	3.10%	0.18%	0.30	0.054%
현금성자산	1.50%	1.25%	0.25%	0.10	0.025%
종목선택공헌(합계)					−2.021%

05 ②

A주식 45%와 B주식 55%로 구성된 시장포트폴리오의 기대수익률이 7.6%이고 표준편차가 30.87%이다.

$$0.45\times 0.065+0.55\times 0.085=0.076$$

$$\sqrt{0.45^2\times 0.1+0.55^2\times 0.15+2\times 0.45\times 0.55\times 0.06}=0.3087$$

무위험이자율은 $\dfrac{0.076-r_f}{0.3087}=0.2$로부터 구한 1.43%이다.

06 ②

샤프지수의 경우 A의 지수가 코스피의 지수보다 작다.

$$Treynor_A=\frac{12-4}{0.5}=16>Treynor_{KOSPI}=\frac{15-4}{1}=11$$

$$Sharpe_A=\frac{12-4}{10}=0.8<Sharpe_{KOSPI}=\frac{15-4}{12}=0.92$$

$$Jensen_A=12-(4+(15-4)\times 0.5)=2.5>Jensen_B=20-(4+11\times 1.5)=-0.5$$

$$Sharpe_A=\frac{12-4}{10}=0.8>Sharpe_B=\frac{20-4}{25}=0.64$$

$$Jensen_{KOSPI}=15-(4+11\times 1)=0>Jensen_B=20-(4+11\times 1.5)=-0.5$$

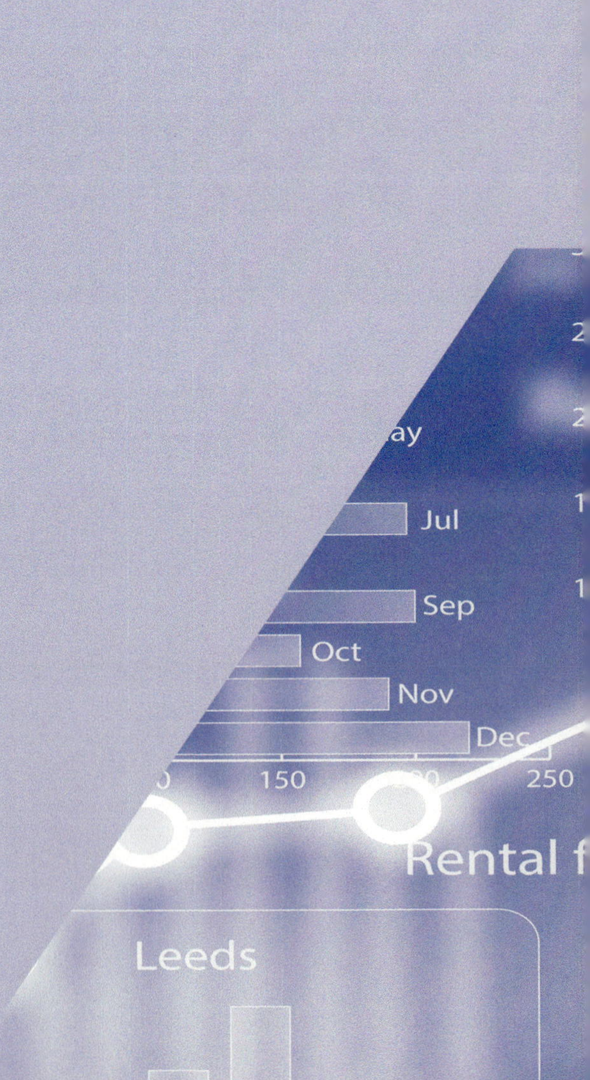
Jul
Sep
Oct
Nov
Dec
150
250
Rental
Leeds
80
60

제 4 부

채권 투자

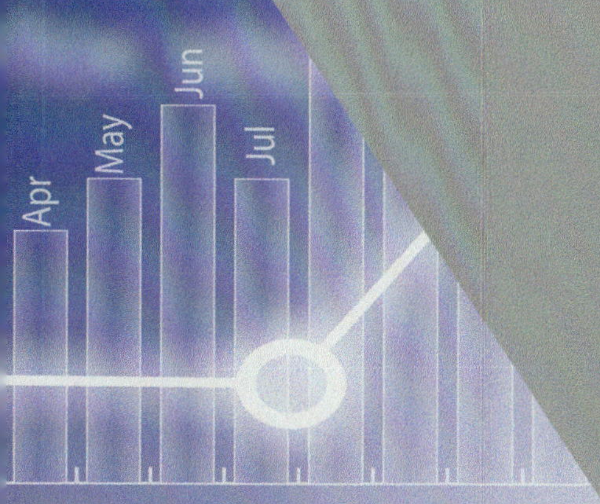

Rental for storage

Leeds

채권가치평가와 수익률곡선

Table of Contents

학습 주안점

제9장과 10장에서 우리는 다양한 주식가치평가모형에 대하여 공부하였다. 채권은 주식과 달리 만기가 있고 현금흐름도 확정되어 있으므로 가치평가가 비교적 단순하다. 먼저 채권 가치평가모형, 만기수익률, 그리고 채권의 분류를 설명하기로 한다. 대부분의 금융상품이 이자율에 의해 가치가 결정되므로 수익률곡선을 정확히 추정하는 것이 대단히 중요하다. 수익률곡선을 추정하는 방법을 소개하고 이자율의 기간구조와 연관하여 중요한 가설 두 가지도 소개하기로 한다.

이 장에서는 채권가치평가와 수익률 및 기간구조이론에 대해 살펴보기로 한다. 여러분이 구체적으로 숙지해야 할 내용은 다음과 같다.

1. 채권의 가치평가모형을 이해하고 채권가치를 정확히 평가할 수 있는가?
2. 할인채권, 할증채권, 액면가채권이란 무엇인가? 시간이 지남에 따라 채권가격은 어떻게 변하는가?
3. 만기수익률과 이자수익률이란 각각 무엇이며 계산할 수 있는가?
4. 발행주체와 이자지급방식에 의해 채권은 어떻게 분류되는가?
5. 선도이자율이란 무엇이며 현물이자율로부터 어떻게 추정되는가?
6. 수익률곡선을 추정할 수 있는가?
7. 불편기대가설과 유동성프리미엄가설의 차이를 정확히 이해할 수 있는가? 유동성프리미엄이 수익률곡선과 채권가치에 미치는 영향은 무엇인가?
8. 다양한 유형의 특수한 채권을 이해하는가?
9. 고정금리채권이 변동금리채권과 역변동금리채권으로 분해되는 논리를 이해하는가?
10. CB, BW, EB는 각각 무엇인가?
11. 물가연동국채에서 액면이자를 재조정하는 방법을 이해하는가?

1 채 권

채권(bond, 債券)은 발행자(또는 차입자, 채무자)가 투자자(채권자)에게 원금과 일정 기간 동안의 이자를 정해진 일자에 상환하기로 약속한 증서이다. 다시 말해서, 채권은 발행자가 자금을 조달하기 위한 목적으로 발행하는 일종의 차용증서로 채권보유자에게 정해진 일자(이자지급일과 상환일)에 정해진 금액(이자와 원금)을 지급할 것을 약속하는 증서이다. 채권은 비교적 장기로 거액의 자금을 조달하기 위하여 정부와 기업에 의해 발행된다. 그리고 국가가 발행한 채권을 국채(government bond), 그리고 기업이 발행한 채권을 회사채 또는 사채(corporate bond, 社債)라고 한다.

채권은 차입자와 대출자간의 차입증서이므로 채권발행에 대한 모든 조건 및 내용은 법적 구속력이 있는 채권관리계약서(indenture)에 기록된다. 즉, 전형적인 관리계약서에는 이자지급일과 이자금액, 원금, 만기일, 기한의 이익 상실 사유, 수탁인(trustee)의 이름, 채무상환기금조항(sinking fund provision), 수의상환조항(call provision), 의무조항(affirmative covenant)과 금지조항(negative covenant) 등이 상세히 명시된다.[1] 현재, 우리나라에서 발행되는 대부분의 채권은 실물없이 한국예탁결제원에 등록되어 발행되고 전산에 보유자가 기록되므로 기명채권과 다름이 없다. 미국의 경우 1983년 이후 발행되는 모든 채권은 기명채권이다.

원금(principal)은 액면가(face value 또는 par value)로도 불리며 발행자가 만기일에 상환하는 금액으로서 이자계산의 기준이 되는 금액이다.[2] 원금을 상환하기로 약정한 날을 만기일(maturity date)이라고 하며 현재시점부터 만기일까지의 기간을 만기 또는 잔존만기라고 한다.[3] 원금에 액면이자율 또는 표면금리(coupon rate)를 곱하면 발행자가 지급해야 하는 연간 이자금액이 계산된다.[4] 액면이자율은 발행과 동시에 확정되며 만기일까지 그대로 유지된다.

이자금액을 지급하는 방법은 국가별로 상이하다. 미국의 경우 연 2회 분할 지급하고, 우리나라의 경우 전환사채는 연 1회, 국고채는 연 2회, 회사채는 연 4회 분할 지급하고, 유럽

---

1) 기한이익이란 '채무자가 빌린 돈을 갚아야 될 날짜(기한)가 되기 전에는 채권자가 미리 돈을 갚으라고 해도 갚지 않아도 될 권리'를 의미한다. 따라서 기한이익의 상실은 이런 채무자의 권리가 더 이상 보호받지 못한다는 것을 뜻한다.

2) 채권을 발행하는 것은 자금을 차입하는 것과 동등하다. 자금을 차입하는 경우 원금은 현재 차입한 금액인 반면 채권을 발행하는 경우 원금은 만기일에 상환하는 금액이다.

3) 이 책에서 만기는 현재 시점부터 채권의 만기일까지 남은 기간을 의미한다. 따라서 발행 후 시간이 지남에 따라 만기는 짧아진다. 실무에서는 잔존만기라는 용어를 선호한다.

4) 실무에서는 액면이자율 대신에 표면이율, 표면금리, 발행이율이라는 표현을 사용한다.

의 경우 대부분 연 1회 지급한다.[5] 매회 지급되는 이자를 액면이자 또는 이표(coupon)라고 한다.

채권의 발행시 액면이자율, 액면가, 만기일, 모든 이자지급일이 확정되므로 채권의 미래 현금흐름이 사전적으로 확정된다는 점에서 다른 증권과 차이가 있다. 이처럼 현금흐름이 사전에 확정되었다는 점에서(금액이 확정되거나 결정공식이 확정됨) 채권을 고정수익증권(fixed income security)으로도 부른다. 채권은 원래 무보증채무(unsecured obligation)를 의미하였으나 현재는 보증채무를 포함하여 모든 채무증권(debt security)을 포함하는 폭 넓은 의미로 사용된다.

2010년 기준으로 전세계 채권발행잔액은 95조 달러이며 이는 주식의 시가총액인 48조 달러의 2배에 이르는 금액이다. 채권은 예측 가능한 현금흐름을 제공하고 원금의 보존 확률이 높으며 포트폴리오 분산투자에 필요한 증권이다. 채권은 부동산에 비하여 유동성이 높지만, 주식에 비해 유동성이 낮으며 선순위이다. 그리고 주식이 지분증권이고 만기가 없는데 반하여 채권은 채무증권이고 기한부증권이다. 채권의 만기는 짧게는 몇 개월부터 길게는 영구채까지 다양하다. 우리나라 국채에서 가장 발행액이 큰 국고채의 경우 만기는 3, 5, 10, 20, 30, 50년이고 회사채의 경우 2018년 기준으로 평균 만기는 5.2년이다.

채권의 역사는 베네치아 정부가 베네치안 프레스티티(Venetian Prestiti)를 발행한 13세기로 거슬러 올라간다. 이 채권은 1년에 2회 5%의 이자를 지급하는 영구채권이었다. 이 채권이 성공을 거두자 영국과 프랑스도 콘솔(consols)과 란트(rentes)라는 영구채권을 발행하였다.[6]

주요결과 12-1

채권은 채무자가 채권자에게 원금과 이자를 정해진 일자에 상환하기로 약속한 증서이다. 채권의 조건 및 내용은 채권관리계약서에 명시된다. 채권의 원금, 만기, 액면이자는 발행과 동시에 확정된다. 우리나라에서 사채는 연 4회 이자를 지급한다.

5) 국고채는 외평채, 국민주택채권, 재정증권과 함께 국채의 한 유형이다.
6) 채권과 주식 시장의 규모 및 채권역사는 채권투자 기본개념(마크 모비우스 지음, 이건 옮김) 13~15쪽에서 인용함.

2 채권의 현금흐름과 가치평가

원금이 10,000원이고 만기가 5년이고 액면이자율이 10%이며 연 1회 이자를 지급하는 채권을 고려해 보자. 연 1회 이자를 지급하므로 연간 이자금액 $10,000 \times 0.1 = 1,000$원이 액면이자이고 현금흐름은 [그림 12-1]과 같다. 액면이자는 후급으로 지급되므로 1년후, 2년후, 3년후, 4년후, 5년후에 각각 1,000원씩 지급된다. 그리고 5년후인 만기일에 원금도 함께 지급된다.

그림 12-1 채권의 현금흐름(원금 10,000원, 만기 5년, 액면이자율 10%, 연 1회 이자지급)

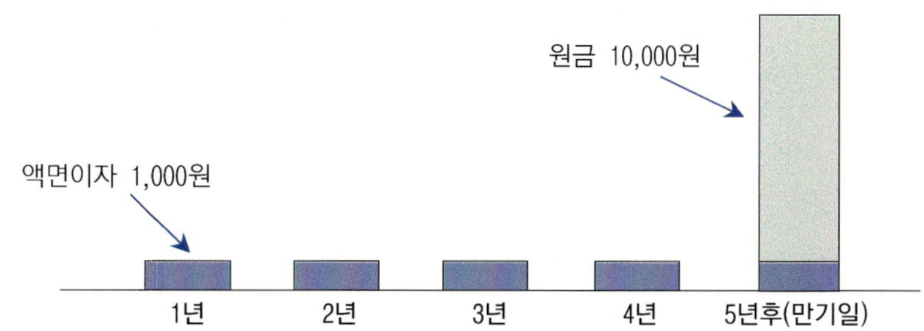

채권의 가치는 미래현금흐름(원금과 액면이자)의 현재가치이다. 현가 계산에 사용되는 이자율을 할인율(discount rate)이라고 하는데 채권에 가치평가에 사용되는 할인율을 수익률(yield)이라고 부른다. 당연히 채권의 가치평가에 사용되는 수익률은 채권 현금흐름의 위험을 반영하는 이자율이므로 무위험이자율에 위험프리미엄(risk premium)이 가산되어 결정된다.

$$\text{위험채권의 수익률} = \text{무위험이자율} + \text{위험프리미엄} \tag{12.1}$$

채권의 가치가 원금과 액면이자의 현재가치의 합이므로 다음 관계가 성립한다. 여기서 coupon은 액면이자, Par는 원금, y는 수익률, T는 만기이다.

$$\begin{aligned}\text{채권의 가치} &= \text{액면이자의 현가} + \text{원금의 현가} \\ &= \sum_{t=1}^{T} \frac{coupon}{(1+y)^t} + \frac{Par}{(1+y)^T}\end{aligned} \tag{12.2}$$

만기일까지 정기적으로 지급되는 액면이자가 연금(annuity)의 형태를 가지므로 연금의 현가공식을 적용하면 채권가치평가 공식은 다음과 같다.7) 여기서 P_0는 채권가격이다.

$$P_0 = coupon \times \left[\frac{1-(1+y)^{-T}}{y} \right] + \frac{Par}{(1+y)^T} \tag{12.3}$$

만기가 T이고 미래 현금흐름이 1개인 무이표채(zero-coupon bond)의 경우 가치평가공식은 다음과 같다.

$$P_0^{zero} = \frac{Par}{(1+y)^T} \tag{12.4}$$

모든 채권은 여러 무이표채가 결합된 형태로 간주될 수 있으므로 무이표채의 가치평가가 채권가치평가의 기본이 된다.

채권가격이 미래현금흐름의 현재가치이므로 채권가격과 수익률은 부(−)의 관계를 갖는다. [그림 12-2]는 액면이자율 10%, 만기 30년 채권의 가격과 수익률간의 관계를 보여준다(연 1회 이자지급 가정). 가격-수익률 곡선이 하향함은 두 변수간 관계가 마이너스임을 보여준다. 그리고 곡선이 볼록(convex)하므로 수익률이 상승함에 따라 채권가격의 하락 속도가 감소한다. 예를 들어, 수익률이 8%에서 10%로 상승하면 가격은 2,252원 하락하지만 수익률이 10%에서 12%로 상승하면 가격은 1,611원 하락한다. 이러한 속성을 채권의 컨벡시티 또는 볼록성(convexity)이라고 한다.

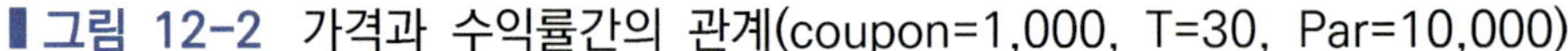
그림 12-2 가격과 수익률간의 관계(coupon=1,000, T=30, Par=10,000)

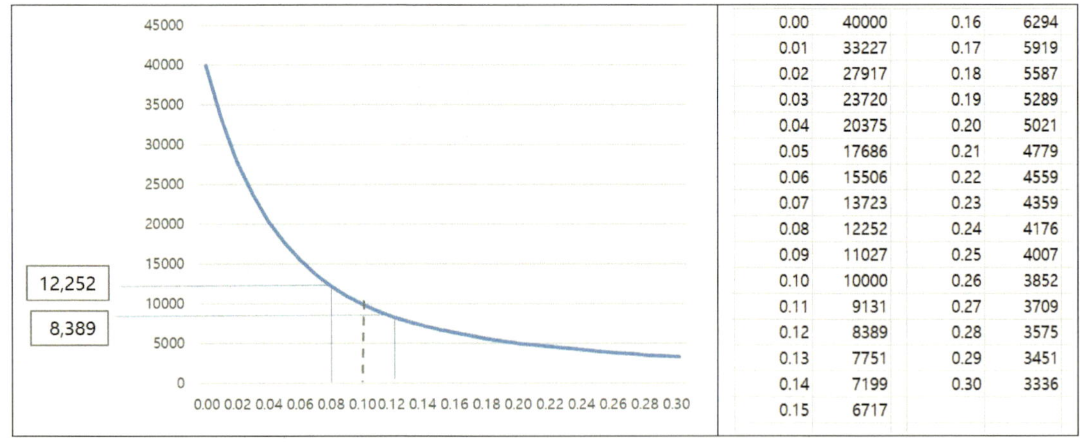

0.00	40000	0.16	6294
0.01	33227	0.17	5919
0.02	27917	0.18	5587
0.03	23720	0.19	5289
0.04	20375	0.20	5021
0.05	17686	0.21	4779
0.06	15506	0.22	4559
0.07	13723	0.23	4359
0.08	12252	0.24	4176
0.09	11027	0.25	4007
0.10	10000	0.26	3852
0.11	9131	0.27	3709
0.12	8389	0.28	3575
0.13	7751	0.29	3451
0.14	7199	0.30	3336
0.15	6717		

연간 이자금액을 2회 또는 4회 분할 지급하는 경우 채권가격결정 공식에 대입할 변수는 기준기간 기준으로 조정되어야 한다(연 2회(4회) 지급하면 기준기간은 6개월(3개월)임). 예

7) 특별히 명시하지 않으면 채권은 연 1회 이자를 지급하고 원금은 10,000원이라고 가정한다.

를 들어, 액면이자율 10%, 원금 10,000원, 만기 10년, 수익률 8%의 경우 연 1회 이자를 지급하면 $coupon = 1{,}000$, $y = 0.08$, $T = 10$이다. 연 2회 이자를 지급하면 기준기간은 6개월이고 $coupon = 500$, $y = 0.04$, $T = 20$으로 조정되고, 연 4회 이자를 지급하면 기준기간은 3개월이고 $coupon = 250$, $y = 0.02$, $T = 40$으로 조정되어야 한다.

주요결과 12-2

채권가격은 미래현금흐름(즉, 액면이자와 원금)을 수익률로 할인한 현재가치이다. 채권가격과 수익률은 부(-)의 관계를 갖는다. 채권가격 계산시 연간 이자지급횟수를 반영해야 한다.

예시 12-1 채권의 가치평가

원금이 10,000원이고 만기가 10년이고 액면이자율이 3%이며 연 1회 이자를 지급하는 채권의 가격은 수익률이 4%이면 9,188.91원이다.

$$P_0 = 300 \times \left[\frac{1-(1.04)^{-10}}{0.04}\right] + \frac{10{,}000}{1.04^{10}} = 9{,}188.91$$

즉, 투자자가 9,188.91원에 채권을 매입하여 만기일까지 채권을 보유하면 투자자는 10년 동안 매년 300원씩 그리고 만기일에 원금 10,000원을 수령하며 투자자가 얻는 수익률은 연 4%가 된다.

만약 채권이 연 4회 이자를 지급하면 채권가격은 9,179.13원으로 계산된다.

$$P_0 = 75 \times \left[\frac{1-(1.01)^{-40}}{0.01}\right] + \frac{10{,}000}{1.01^{40}} = 9{,}179.13$$

액면이자율이 수익률과 동일하면 채권의 가격은 항상 액면가와 동일하다. 이를 액면가채권(par value bond)이라고 한다. 만약 액면이자율이 수익률보다 높으면(낮으면) 채권가격은 액면가보다 높은데(낮은데) 이를 할증채권(할인채권)이라고 한다.

일반적으로 채권이 처음 발행될 때 채권가격이 최대한 액면가와 일치되도록 액면이자율을 설정한다(즉, 액면이자율을 시장에서의 수익률과 최대한 동일하도록 설정함). 그리고 채권가격은 만기일에 액면가와 동일하다. 이로 인해 채권가격은 만기일에 접근함에 따라 액면가에 접근하는데 이를 원금접근현상(pull-to-par effect)이라고 한다. 만기일에 현금흐름은 마지막 액면이자와 원금이지만 만기일에 채권을 매입하면 마지막 액면이자를 수령할 권리가 없으므로 만기일의 채권가치는 원금과 동일하다.

[그림 12-3]은 시간이 지남에 따라(즉, 만기일에 접근함에 따라) 액면가채권, 할증채권, 할인채권의 가격이 어떻게 변하는지 보여준다. 왼쪽은 만기일까지 수익률이 변하지 않는 경우이고 오른쪽은 수익률이 계속 변하는 것을 가정한 경우이다. 수익률이 변하지 않는 경우 할인채권과 할증채권의 가격변화율은 만기일에 접근함에 따라 커진다(그림에서 곡선에 접하는 기울기의 절댓값이 커짐).

그림 12-3 만기일에 접근함에 따른 할증채권, 액면가채권, 할인채권의 가격변화

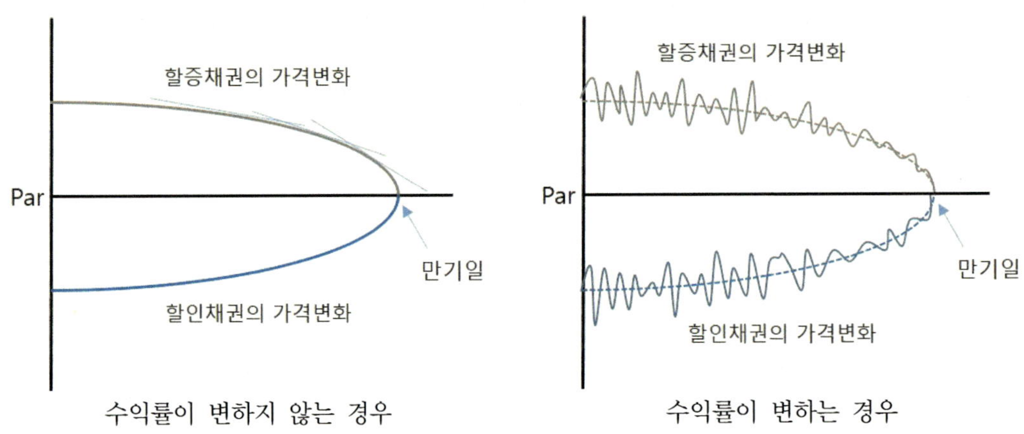

주요결과 12-3

채권가격은 수익률이 변하면 변하기도 하지만 시간이 지남에 따라 변하기도 한다. 채권가격은 만기일에 원금과 같아야 하므로 시간이 지남에 따라 채권가격은 원금에 접근하며 이를 원금 접근현상이라고 한다. 수익률이 액면이자율과 동일하면 채권가격은 항상 액면가이다.

3 수익률

3.1 만기수익률

채권이 시장에서 거래되는 경우, 현재의 가격에 내재된 채권의 수익률을 구할 수 있는데 이를 만기수익률(yield to maturity)이라고 한다. 만기수익률은 유통수익률, 내부수익률(internal rate of return), 시장수익률, 또는 단순히 수익률로 표현되기도 한다. 만기수익률(yield to maturity(ytm) 또는 redemption yield)은 투자자가 채권을 현재가격에 매입해서

만기일까지 보유하는 경우 얻게 되는 수익률이다.

만기수익률은 미래 현금흐름의 현재가치와 현재 채권가격을 일치시키는 할인율이다. 예를 들어, 만기 3년, 액면이자율 8%, 원금 10,000원인 채권의 가격이 9,502.63원인 경우, 만기수익률은 다음의 식을 만족시키는 y이다(1년에 이자 1회 지급 가정). 좌변 항이 채권가격이고 우변 항이 미래 현금흐름의 현가이다. 이 식을 만족시키는 y는 10%이다.

$$9{,}502.63 = \frac{800}{1+y} + \frac{800}{(1+y)^2} + \frac{10{,}800}{(1+y)^3} \tag{12.5}$$

만기수익률이 현재가격에 매입해서 만기일까지 보유하는 경우 얻게 되는 수익률로 정의되지만, 실제로 투자자가 만기수익률을 정확히 실현하기 위해서는 다음 세 가지 조건이 모두 충족되어야 한다.

① 채무불이행이 없음(모든 액면이자와 원금을 정해진 일정에 정확히 수령함)
② 만기일까지 보유함
③ 모든 액면이자는 만기수익률과 동일한 수익률로 재투자되어야 함

그런데 세 번째 조건을 실현하는 것이 사실상 불가능하므로 투자자가 얻는 실제 수익률은 만기수익률과 다소 차이가 난다. 예를 들어, 채권을 매입한 후 이자율이 상승하면 액면이자의 재투자수익률이 만기수익률을 초과하게 되므로 투자자는 만기수익률보다 다소 높은 수익률을 얻게 된다. 반대로 매입 후 이자율이 하락하면 투자자는 만기수익률보다 다소 낮은 수익률을 얻게 된다.

주식의 경우 수익률이 배당수익률(dividend yield)과 자본이득률(capital gains yield)의 합인 것처럼, 채권의 경우에도 수익률은 이자수익률과 자본이득률의 합이다. 여기서 이자수익률(current yield, coupon yield)은 연간 액면이자를 채권가격으로 나누어 구한다.

$$\text{이자수익률} = \frac{Par \times coupon\ rate}{P_0} \tag{12.6}$$

주요결과 12-4

만기수익률은 채권의 현재 가격에 내재된 수익률로, 채권을 현재 가격에 매입하여 만기일까지 보유하고 약정된 현금흐름을 모두 수령하고 모든 액면이자가 만기수익률로 재투자되는 경우 투자자가 얻는 수익률이다. 이자수익률은 연간 액면이자를 채권가격으로 나눈 값이다.

예시 12-2 엑셀을 이용한 만기수익률의 계산

만기가 10년이고 액면이자율이 10%이고 원금이 10,000원인 채권이 현재 10,642원에 거래되고 있다. 엑셀의 함수 YIELD를 이용하면 이 채권의 만기수익률은 9%로 계산된다. 입력변수 7개는 순서대로 "기준일, 만기일, 액면이자율, 채권가격, 원금, 연간 이자지급횟수, 일수계산방법"이다. 일수계산방법이 '실제일수/실제일수'이면 1을 선택하고 원금을 100으로 정하면 가격을 106.42로 입력한다. 계산된 값은 0.089996504이다.

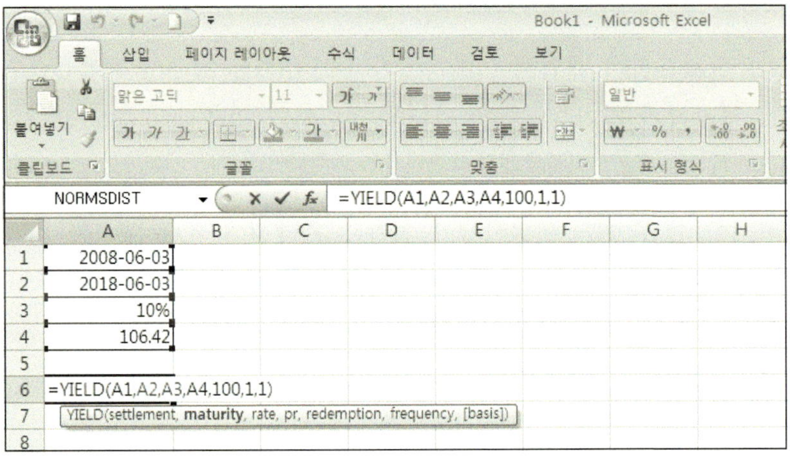

=YIELD(A1,A2,A3,A4,100,1,1)

	A	B	C	D	E	F	G	H
1	2008-06-03							
2	2018-06-03							
3	10%							
4	106.42							
5								
6	=YIELD(A1,A2,A3,A4,100,1,1)							
7	YIELD(settlement, **maturity**, rate, pr, redemption, frequency, [basis])							
8								

3.2 실질수익률

피셔의 항등식(Fisher identity)에 의하면 명목수익률(nominal rate) y는 실질수익률(real rate) y^*와 물가상승률(inflation rate) h에 의해 다음과 같이 표현된다.

$$(1+y)=(1+y^*)(1+h) \quad \rightarrow \quad y=y^*+h+y^*\cdot h \tag{12.7}$$

여기서 실질수익률은 실질적인 구매력(purchasing power)의 변화를 의미하며 명목수익률로부터 다음과 같이 계산된다.

$$y^*=\frac{1+y}{1+h}-1 \tag{12.8}$$

그런데 식 (12.7)에서 $y^*\times h$이 대단히 작으므로 시장에서의 실무자들은 이를 무시하고 명목수익률을 실질수익률과 물가상승률의 합으로 산출한다.

$$y\approx y^*+h \tag{12.9}$$

대략적으로 "실질이자율 = 명목이자율 – 물가상승률"이므로 인플레이션이 심하면 실질이자율이 마이너스가 되기도 한다. [그림 12-4]는 1996년부터 2011년까지 우리나라 실질금리의 변화를 보여준다. 2011년에 실질금리는 –0.05%였다.

그림 12-4 명목이자율, 물가상승률, 실질이자율의 변화(1996년부터 2011년까지)

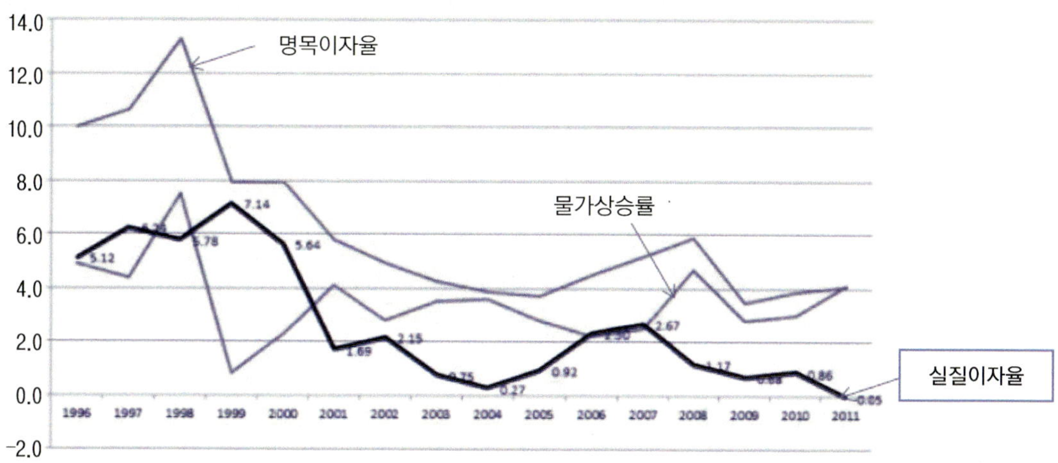

참고: 명목이자율은 1년 정기예금 금리, 물가상승률은 소비자물가상승률

주요결과 12-5

실질수익률은 실질적인 구매력의 변화를 의미하며 명목수익률(y)과 물가상승률(h)로부터 $y^* = \dfrac{1+y}{1+h} - 1$로 계산된다. 대략적으로 "실질수익률 = 명목수익률 – 물가상승률"의 관계가 성립한다.

예시 12-3 실질수익률의 계산

영희가 현재 10만원으로 프리미엄피자 5판을 살 수 있다고 하자. 또한 영희는 10만원을 27.2%의 수익률로 1년 투자할 수 있다고 하자. 1년 후 피자가격은 21,200원으로 상승할 것으로 예상된다. 피자를 기준으로 영희의 실질구매력은 얼마나 증가하는가? 영희의 실질수익률은 얼마인가?

영희의 구매력은 오늘의 피자 5판에서 1년 후의 $\dfrac{100{,}000(1.272)}{20{,}000(1.06)} = 6$판으로 20% 증가한다. 이는 피셔의 항등식으로 구한 실질수익률 20%와 동일하다.

$$y^* = \frac{1.272}{1.06} - 1 = 20\%$$

 채권의 유형

우리나라에서 관행적으로 가장 많이 사용하는 채권분류방법은 발행주체, 액면이자 확정여부, 이자지급방법 또는 현금흐름, 상환기간 등을 기준으로 [표 12-1]과 같이 분류하는 것이다.[8)]

표 12-1 채권의 분류

구 분	종 류
발행 주체	국채, 지방채, 특수채, 회사채
이자지급방법	할인채, 복리채, 이표채, 원금분할상환채권
액면이자 확정여부	고정금리채권, 변동금리채권, 역변동금리채권
상환기간	단기채(1년 미만), 중기채(1년 이상 10년 미만), 장기채(10년 이상)

4.1 발행주체에 의한 채권의 분류

① 국채

국가가 공공 목적에 필요한 자금을 확보하거나 기 발행된 국채의 상환을 위해 국채법에 따라 발행하는 채권이다. 국채의 효시는 1949년에 발행된 건국채권으로, 국채는 정부수립 후 계속된 재정적자를 보전하기 위하여 발행되었다.

국채에는 국고채권, 외화표시 외국환평형기금채권(외평채), 국민주택채권(1종), 재정증권 등 4종이 있으며 현재는 국고채권이 국채의 거의 대부분을 점유하고 있다.[9)] 국고채권은 국가의 재정정책 수행에 필요한 자금을 조달하기 위하여 공공자금관리기금의 부담으로 발행하는 국채로, 발행되는 만기는 3, 5, 10, 20, 30, 50년이다.[10)]

정부가 국채시장 선진화를 위하여 국채전문딜러제도와 국채통합발행제도의 도입, 국채전문유통시장과 국채선물시장의 개설 등으로 국채시장이 많이 활성화되었으며, 3년 만기 국고채 금리가 시장의 실세금리로 사용된다. 특히 2009년 이후 10년 만기 채권의 발행잔액이 가장 많아짐에 따라 정부는 2013년 장기 지표채권(다른 기관에서 채권을 발행할 때 금리 책정의 기준이 되는 채권)의 만기를 5년에서 10년으로 변경하였다.

8) 분류 기준은 다를 수 있다. 이 책에서 특수채는 통화안정증권, 금융특수채, 비금융특수채로 다시 구분된다. 그런데 금융특수채를 금융채로, 비금융특수채를 특수채로 부르기도 하고, 통화안정증권을 금융채에 포함시키기도 한다.

9) 1종 국민주택채권은 거의 대부분 5년 만기로 발행된다. 2종과 3종 국민주택채권은 현재 발행되지 않고 있다.

10) 30년 만기 국고채는 2012년 9월에 도입되었고 50년 만기 국고채는 2016년 10월에 도입되었다. 국채에 대한 자세한 통계는 기획재정부가 운영하는 국채시장 홈페이지 http://ktb.mosf.go.kr을 참고할 것.

국채시장은 어느 나라든지 채권시장의 가장 중요한 부분을 형성한다. 각국의 국채는 고유한 이름으로 표기되는데 미국의 국채는 T-bill(1년 미만), T-note(1년부터 10년 미만), T-bond(10년 이상), 영국의 국채는 Gilt, 독일의 국채는 Bund, 프랑스의 국채는 OAT(만기 10년 이상)와 BTAN(만기 1년부터 7년), 일본의 국채는 JGB, 우리나라의 국채는 KTB로 불린다.

② 지방채

지방자치단체가 지방재정법의 규정에 따라 특수한 사업에 필요한 자금을 조달하기 위해 발행하는 채권으로, 지역개발채권과 도시철도채권이 대표적인 지방채이다. 액면으로 발행되며 대부분 1.5%의 금리가 적용된다. 지방채 발행은 중앙정부에 의해 엄격히 규제된다.

③ 특수채

특수채는 특별법에 의하여 설립된 법인이 발행하는 채권을 의미하며, 통화안정증권(한국은행이 통화조절 목적으로 발행), 산업금융채권, 중소기업금융채권, 주택금융채권 등의 금융특수채, 한국토지개발공사, 한국전력, 한국도로공사 등이 발행하는 비금융특수채로 구분된다.[11)]

④ 회사채

상법상 주식회사가 일반대중으로부터 자금을 조달하고 회사가 채무자임을 표시해 발행하는 유가증권으로 줄여서 사채(社債)라고도 한다. 이자는 3개월마다 지급되며, 예전에는 통상 3년 미만의 만기로 발행되었으나 최근 만기가 많이 늘어났다(2018년 발행 회사채의 만기는 평균 5.2년임). 기업이 발행할 수 있는 회사채 총액이 해당 기업 순자산(총자산에서 총부채를 차감한 금액)의 4배를 초과하지 못한다는 한도 규정은 2012년에 폐지되었다.

2018년말 발행주체별 상장현황은 [표 12-2]와 같다.[12)]

표 12-2 발행주체별 상장 현황(2018년말 기준)

구 분	발행기관수	종목수	상장잔액	상장잔액 비중
국 채	1	150	640.2	37.2%
지방채	19	1,350	20.5	1.2%
특수채	51	3,894	643.2	37.4%
회사채	538	8,000	417.1	24.2%
합 계	609	13,394	1,721.0	100.0%

11) 한국은행이 발행하는 통화안정증권도 금융채로 분류되기도 하지만, 한국거래소에서는 통화안정증권을 다른 금융채와는 별도로 구분한다.

12) 자료: 한국의 채권시장, 한국거래소, 2019, 22쪽.

4.2 현금흐름에 의한 분류

① 무이표채

무이표채(zero coupon bond)는 만기일 전에 이자를 지급하지 않는, 즉 액면이자율이 0%인 채권으로 순수할인채권(pure discount bond)이라고도 한다. 예를 들어, 만기가 1년이고 원금이 10,000원인 무이표채의 가격은 수익률이 10%이면 9,090.91원이다.

$$P = \frac{10,000}{1.1} = 9,090.91$$

액면이자율이 0%이므로 형식상 액면이자가 지급되지 않으나 이자금액은 할인된 가격에 반영되어 있다. 즉, 투자자는 오늘 9,090.91원을 투자하고 1년 후 10%의 이자 909.09원이 가산된 10,000원을 수령한다. 무이표채는 가장 단순한 구조를 가지므로 채권의 가치평가, 투자전략, 위험관리에서 매우 유용하게 이용된다. 우리나라에서 무이표채는 할인채라고 불린다.

② 복리채

복리채(accrual bond)는 이자지급기간 동안 이자가 복리로 재투자되어 만기일에 원금과 이자를 동시에 지급하는 채권이다. 액면금액 10,000원을 기준으로 1년, 3개월, 6개월 단위 등으로 재투자된다. 예를 들어, 만기가 5년이고 액면이자율이 1.75%인 국민주택채권 1종의 경우 만기상환금액은 10,906원이다.[13)]

$$10,000 \times 1.0175^5 = 10,906\text{원} \qquad (12.10)$$

③ 이표채

이표채(coupon-bearing bond)는 채권에 이표(coupon)가 붙어 있어 이자지급일에 이표를 떼어 이자지급을 받을 수 있는 채권이다. 매 3개월, 6개월, 12개월마다 액면이자를 지급한다.

④ 원금분할상환채권

원금분할상환채권은 원금이 일정기간에 걸쳐 균등상환되는 채권이다. 예를 들어, 액면이자율 6%, 5년 거치 5년 균등상환 서울시 도시철도채권의 경우, 5년의 거치기간 후 연간 상환금액은 원금 20%에 미상환원금에 대한 이자가 가산된 금액이다.

---

13) 우리나라의 관행에 의하면 만기상환금액 계산시 원 미만은 절사한다.

[그림 12-5]는 무이표채(할인채), 복리채, 이표채의 현금흐름패턴을 보여준다. 그림에서 □은 원금이고 ■은 이자금액이다. 복리채의 현금흐름 패턴은 할인채의 현금흐름 패턴과 동일하므로 복리채를 특수한 경우의 할인채로 간주하여도 무방하다. 앞의 예시에서 만기상환금액이 10,906원인 5년 만기 복리채는 원금이 10,906원인 5년 만기 무이표채로 간주되는 셈이다.

그림 12-5 무이표채, 복리채, 이표채의 현금흐름 패턴

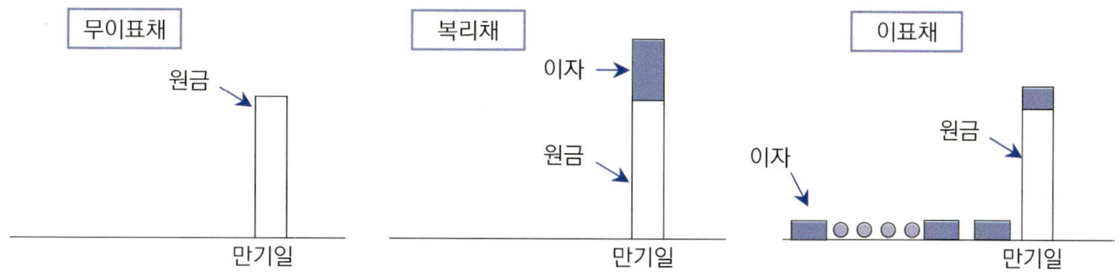

주요결과 12-6

채권은 발행주체에 따라 국채, 지방채, 특수채, 회사채로 구분되고, 현금흐름에 따라 무이표채, 복리채, 이표채, 원금분할상환채로 구분된다. 가장 활발하게 거래되는 국고채의 경우 만기는 3, 5, 10, 20, 30, 50년이다.

5 수익률곡선

5.1 현물이자율과 선도이자율

수익률곡선(yield curve)은 채권의 만기와 수익률간의 관계를 나타내는 그래프로서 수익률 곡선에 대한 이론은 이자율의 기간구조(term structure of interest rate)라고 한다. 즉, 수익률곡선은 채권의 만기에 따라 수익률이 어떻게 변하는가를 나타내주는 그래프인데 이 그래프는 금융시장이 앞으로의 경기전망을 어떻게 보고 있는가를 암시해준다.

수익률곡선은 정확하게 표현하면 만기와 현물이자율(spot rate)간의 관계이다. 현물이자율은 무이표채의 수익률을 의미한다.[14] 즉, 1년 만기 무이표채 가격으로부터 1년 만기 현

14) 무이표채가 존재하지 않는 경우 현물이자율은 액면가채권의 가격을 이용하여 추정하는데 이 책에서는 이 추정방법을 다루지 않기로 한다. 이 추정방법을 bootstrapping방법이라고 한다.

물이자율을 계산하고 2년 만기 무이표채 가격으로부터 2년 만기 현물이자율을 계산하고, 그리고 같은 방식으로 다른 만기의 현물이자율을 계산한다.[15)]

먼저 다양한 만기의 무이표채(zero-coupon bond)가 존재한다고 가정하자. 즉, 1년, 2년, 3년 만기의 무이표채 가격이 각각 9,433.96원, 8,734.39원, 7,938.32원이라고 하자(원금은 10,000원). 만기가 T년인 무이표채 가격이 $P_0^{zero} = \frac{Par}{(1+y)^T}$로 계산되므로 수익률은 다음과 같이 계산된다.

$$y = \left(\frac{Par}{P_0^{zero}}\right)^{\frac{1}{T}} - 1 \tag{12.11}$$

즉, 무이표채의 가격으로부터 추정된 1년, 2년, 3년 만기 수익률은 각각 $\frac{10,000}{9,433.96} - 1 = 6\%$, $\left(\frac{10,000}{8,734.39}\right)^{\frac{1}{2}} - 1 = 7\%$, $\left(\frac{10,000}{7,938.32}\right)^{\frac{1}{3}} - 1 = 8\%$이고 이를 $y_1 = 6\%$, $y_2 = 7\%$, $y_3 = 8\%$로 표기한다. 이 수익률을 현물이자율(spot interest rate) 또는 무이표수익률(zero-coupon rate)이라고 한다. 무이표채의 가격으로부터 현물이자율을 추정하므로 현물이자율은 무이표채의 가격을 구하기 위하여 사용해야 하는 이자율이다. 만기가 길수록 수익률이 6%, 7%, 8%로 증가하므로 이는 상향수익률곡선의 형태를 갖는다. 반대로 채권의 가격이 각각 9,259.26원, 8,734.39원, 8,396.19원이면 1년, 2년, 3년 만기 현물이자율이 각각 $y_1 = 8\%$, $y_2 = 7\%$, $y_3 = 6\%$이며 이는 하향수익률곡선의 형태를 갖는다.

수익률곡선이 추정되면 현물이자율에 내재된 미래 기간별(예를 들어, 1년 기준) 이자율을 계산할 수 있는데 이를 선도이자율(forward rate)이라고 한다. 선도이자율은 각각 ${}_0f_1$, ${}_1f_2$, ${}_2f_3$, ${}_3f_4$ 등으로 표시되며(${}_0f_1$은 y_1과 같음) 현물이자율로부터 현재 시점에서 계산될 수 있는 이자율이다. [그림 12-6]은 현물이자율과 선도이자율의 해당 기간을 비교하여 보여 준다.

15) 만기별 무이표채는 원금이자분리제도에 의해 생성된다. 2006년 3월에 도입된 원금이자분리제도(STRIPS: Separate Trading of Registered Interest and Principal of Securities)는 이표채의 원금과 이자를 분리하여 각각 별도의 무이표채로 만드는 제도로서, 지표채권의 유동성 제고, 수익률곡선 구축, 장기 무이표채에 대한 수요 대응 및 채권시장 국제화를 위해 도입되었다. 대상은 당초 2006년 이후 발행되는 5년물 이상의 국고채로 지정되었으나 2015년부터 3년물 이상으로 대상이 확대되었다.

▌그림 12-6 현물이자율과 선도이자율의 해당 기간

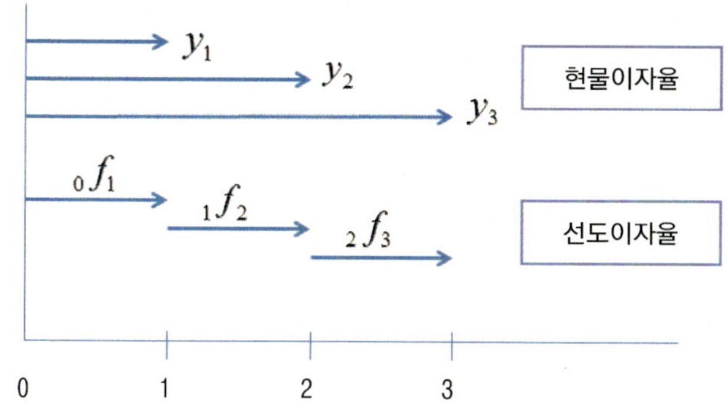

현물이자율은 현재 시점에서 산출된, 미래 일정 기간 동안의 연평균수익률의 의미를 갖는다. 따라서 y_2는 1차연도의 수익률 y_1과 2차연도 수익률 ${}_1f_2$의 기하평균(geometric average) 수익률로 산출된다.[16] 즉, 다음의 관계가 성립한다.

$$(1+y_1)(1+{}_1f_2)=(1+y_2)^2 \tag{12.12}$$

따라서 2차연도 선도이자율은 1년과 2년 만기 현물이자율로부터 다음과 같이 계산된다.

$${}_1f_2=\frac{(1+y_2)^2}{1+y_1}-1 \tag{12.13}$$

이 식을 일반화시키면 현물이자율로부터 선도이자율을 계산하는 일반식이 유도된다.

$${}_{n-1}f_n=\frac{(1+y_n)^n}{(1+y_{n-1})^{n-1}}-1 \tag{12.14}$$

현물이자율이 연평균수익률의 의미를 갖는다면, 선도이자율은 한계수익률(marginal rate of return)의 의미를 갖는다. $y_1=8\%$, $y_2=10\%$의 경우, 처음 1년 동안에 1원을 8%로 투자한 투자자가 2년 동안의 수익률이 10%가 되기 위해서 2차연도에 얻어야 하는 수익률은 얼마인가? 1원 × 1.08 × 1.1204 = 1원 × 1.1^2의 관계가 성립하므로 2차연도에 얻어야 하는 수익률은 12.04%이다. 이 12.04%가 2차연도의 선도이자율이다.

---

16) 산술평균(arithmetic average) 수익률이면 $y_2=\frac{y_1+{}_1f_2}{2}$의 관계를 갖고 기하평균 수익률이면 $y_2=[(1+y_1)(1+{}_1f_2)]^{\frac{1}{2}}-1$의 관계를 갖는다.

주요결과 12-7

현물이자율은 무이표채의 가격에 내재된 수익률이다. 선도이자율은 현물이자율에 내재된 미래 기간별 이자율이다. 현물이자율은 평균 수익률의 개념이고 선도이자율은 한계 수익률의 개념이다.

예시 12-4 선도이자율의 계산

1년, 2년, 3년, 4년 만기 현물이자율이 각각 5%, 6%, 7%, 6%이면 1년 기준의 선도이자율은 각각 얼마인가?

1년 기준의 선도이자율은 각각 5.00%, 7.01%, 9.03%, 3.06%로 계산된다.

$$ {}_0f_1 = 5.00\%, \quad {}_1f_2 = \frac{1.06^2}{1.05} - 1 = 7.01\% $$

$$ {}_2f_3 = \frac{1.07^3}{1.06^2} - 1 = 9.03\%, \quad {}_3f_4 = \frac{1.06^4}{1.07^3} - 1 = 3.06\% $$

예시 12-5 수익률곡선을 반영한 채권의 가치평가

[예시 12-4]의 수익률곡선 하에서 만기가 4년이고 액면이자율이 3%인 채권의 가치는 얼마인가? 원금은 10,000원이고 채권은 연 1회 이자를 지급한다.

무이표채의 가격으로부터 현물이자율을 추정하므로 현물이자율을 이용하여 무이표채의 가격을 구한다. 그리고 4년 만기 이표채는 4개의 무이표채로 분해되므로 채권의 가치는 다음과 같이 8,956.17원이다.

$$ P_0 = \frac{300}{1.05} + \frac{300}{1.06^2} + \frac{300}{1.07^3} + \frac{10,300}{1.06^4} = 8,956.17 $$

5.2 불편기대가설과 유동성프리미엄가설

[그림 12-7]에서 수익률곡선은 상향, 하향, 수평, 혹모양 등 다양한 형태를 가질 수 있으나 가장 대표적인 형태가 상향, 하향, 수평 수익률곡선이다. 상향 수익률곡선이 일반적으로 관찰되므로 이를 정상 수익률곡선(normal yield curve)이라고 하고 하향 수익률곡선을 역조수익률곡선(inverted yield curve)이라고 한다.

▌그림 12-7 다양한 형태의 수익률곡선

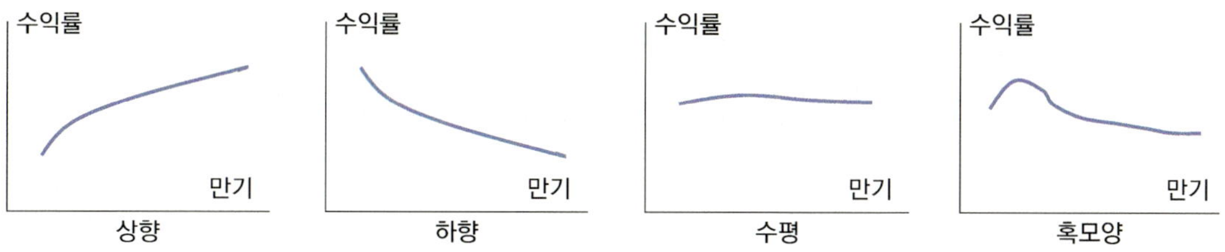

수익률곡선의 형태와 움직임에 대하여 관찰된 사실은 다음과 같다.

① 가장 자주 관찰되는 수익률곡선은 상향이다.
② 현재의 이자율이 매우 높으면 하향 수익률곡선이 관찰된다.
③ 단기이자율의 변동성이 장기이자율의 변동성보다 크다.[17)]
④ 만기가 6개월 또는 그 이하에서 수익률곡선은 대부분의 경우 상향이다.
⑤ 만기가 다르더라도 이자율은 함께 상승하거나 하락하는 경향이 있다.

수익률곡선에 대한 어떤 이론도 여기서 언급한 다섯 가지 사실을 모두 예측하지는 못한다. 여기서는 가장 중요한 두 가지 가설인 불편기대가설과 유동성프리미엄가설을 설명하기로 한다. 두 가설에서 수익률곡선은 미래 단기이자율에 대한 정보를 반영하여 결정된다(유동성프리미엄가설의 경우 유동성프리미엄도 반영함). 여기서 단기이자율(short interest rate)은 1년 단위의 현물이자율을 의미한다.

불편기대가설(unbiased expectation hypothesis)에 의하면 경제주체들이 미래의 단기이자율이 상승(하락)할 것이라고 예상한다면 수익률곡선은 상향(하향)이 되고, 현재와 같을 것이라고 예상한다면 수익률곡선은 수평이 된다. 이 이론에서 장기이자율은 단기이자율의 평균이다.

$$n\text{년 장기이자율} = \frac{\sum \text{단기이자율}}{n} \tag{12.15}$$

예를 들어, [그림 12-8]처럼 1년 만기 채권의 수익률이 2%이고 1년 후 예상되는 1년 만기 채권의 기대수익률(2차연도 단기이자율)이 4%이면 2년 만기 채권의 수익률은 평균인 3%이다:[18)] $3\% = \frac{2\% + 4\%}{2}$.

17) 단기이자율의 변동성이 장기이자율의 변동성보다 크더라도 장기채권의 가격변동성은 단기채권의 가격변동성보다 크다.

18) 정확하게 얘기하면 산술평균(arithmetic average)이 아니고 기하평균(geometric average)이지만 큰 차이가 나지 않으므로 여기서는 산술평균으로 계산하기로 한다. 예를 들어, 단기이자율이 2%와 4%인 경우 기하평균으로 계산한 2년 만기 수익률은 $(1.02 \times 1.04)^{0.5} - 1 = 2.995\%$이다(산술평균은 3%임). 그리고 1년과 2년 만기 수익률이 2%와 3%인 경우 2차연도 선도이자율은 $\frac{1.03^2}{1.02} - 1 = 4.01\%$이다(산술평균은 4%임).

다른 각도에서 바라보자. 1년 만기 수익률이 2%이고 2년 만기 수익률이 3%인 경우 산술평균으로 계산한 2차연도 단기이자율은 동일한 기간의 선도이자율인 ${}_1f_2 = 4\%$이다. 즉, 불편기대가설에서 미래의 단기이자율은 그 기간의 선도이자율과 동일하다. "불편"은 편의(bias)가 없다는 표현으로 불편기대가설 지지자들은 선도이자율을 그대로 단기이자율의 추정치로 사용할 수 있다고 주장한다.

그림 12-8 불편기대가설에서의 2년 만기 수익률

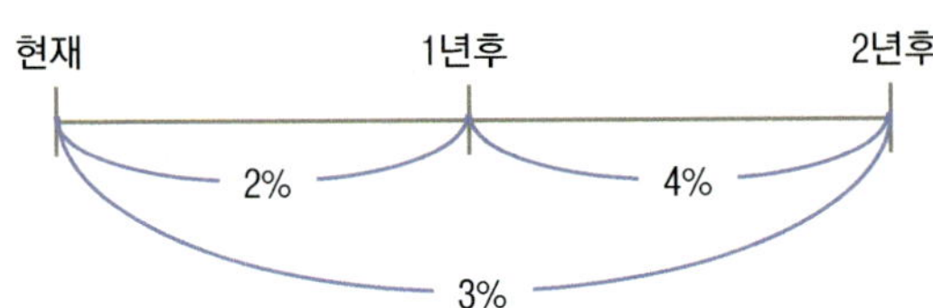

불편기대가설은 장기채권을 만기까지 보유하는 것과 단기채권을 롤오버(rollover)하는 것이 동일한 수익률을 제공한다고 예측한다. 이는 투자기간이 1년인 투자자가 2년 만기 A채권을 매입하여 1년후 매도하나 1년 만기 B채권에 투자하나 수익률이 동일하다는 것을 의미한다. 여기서 B채권 투자는 투자기간과 채권만기가 일치하므로 위험이 없는 투자이지만 A채권 투자는 만기전 매도로 인한 가격위험을 부담해야 하는 위험투자이다. 결국 불편기대가설은 위험투자와 무위험투자의 수익률이 동일하다고 예측하므로 위험중립형(risk neutral) 투자자를 가정하는 셈이다. 그리고 불편기대가설은 수익률곡선의 기울기를 설명하지만 상향수익률곡선이 가장 많이 나타나는 현상을 설명하지 못한다.

주요결과 12-8

불편기대가설은 선도이자율이 기대 단기이자율의 불편 추정치이므로 "선도이자율 = 단기이자율"이다. 위험중립형 투자자를 가정하며 위험투자의 수익률이 무위험투자의 수익률과 같다고 예측한다. 단기이자율은 1년 기준의 기대 현물이자율이다.

반면에 유동성프리미엄가설(liquidity premium hypothesis)은 단기이자율이 변하지 않거나 또는 하락할 것으로 예상하더라도 유동성 선호현상(또는 위험회피현상)으로 인해 투자자들이 유동성프리미엄을 요구하므로 수익률곡선이 상향이 될 수 있다고 주장한다. 여기서 유동성프리미엄은 투자자가 단기채권 대신 장기채권을 보유함으로써 발생하는 위험에 대한 보상이다. 유동성프리미엄가설 하에서 장기이자율은 단기이자율 평균에 유동성프리미엄을

가산한 값이다.

$$n\text{년 장기이자율} = \frac{\sum \text{단기이자율}}{n} + \text{유동성프리미엄} \tag{12.16}$$

예를 들어 2년 만기 채권의 유동성프리미엄(liquidity premium: LP)이 0.2%라고 가정하자. [그림 12-9]의 (a)에서 단기이자율이 2%로 변함이 없지만 2년 만기 채권의 수익률은 $\frac{2\% + 2\%}{2} + 0.2\% = 2.2\%$이고 이는 상향수익률곡선이다. 마찬가지로 (b)에서 단기이자율이 2%에서 1.7%로 하락하지만 2년 만기 채권의 수익률은 $\frac{2\% + 1.7\%}{2} + 0.2\% = 2.05\%$로 상향수익률곡선이다. 여기서 단기이자율이 2%에서 1.6%로 하락하면 2년 만기 채권의 수익률은 $\frac{2\% + 1.6\%}{2} + 0.2\% = 2\%$로 수평수익률곡선이다.[19)]

그림 12-9 단기이자율이 동일하거나 하락한 경우의 상향수익률곡선(유동성프리미엄가설)

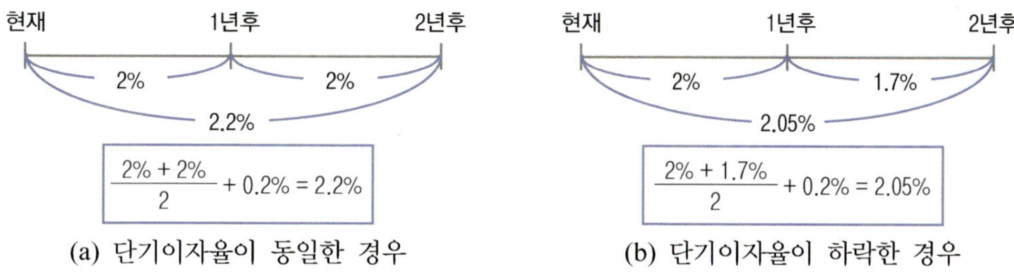

(a) 단기이자율이 동일한 경우 (b) 단기이자율이 하락한 경우

여기서 유동성프리미엄은 단기투자를 선호하는 투자자가 단기채권 대신에 장기채권에 투자하는 경우 부담하는 위험에 대한 보상을 의미한다. 유동성프리미엄은 만기가 길수록 커진다. 불편기대가설과 달리, 유동성프리미엄가설은 2년 만기 A채권을 1년후 매도하는 경우의 수익률이 1년 만기 B채권에 투자하는 경우의 수익률보다 크다고 예상하는데, 이 가설은 위험회피형(risk averse) 투자자를 가정한다. 그리고 유동성 선호현상으로 상향수익률곡선이 보다 빈번히 발생하는데 이는 시장에서 우리가 관찰하는 현상이다.

불편기대가설이 성립하는 경우 단기이자율이 선도이자율과 동일하다고 설명하였다. 즉, 1년과 2년 만기 수익률이 각각 2%와 3%이면 선도이자율은 4%이고, 2차연도 단기이자율은 선도이자율과 동일한 4%이므로 "단기이자율 = 선도이자율"의 관계가 성립한다. 그러나 유동성프리미엄가설에서는 유동성프리미엄으로 인해 "단기이자율 < 선도이자율"의 관계가

19) 만약 단기이자율이 2%에서 1.9%로 하락하면 2년 만기 수익률이 $\frac{2\% + 1.9\%}{2} + 0.2\% = 2.15\%$이므로 상향 수익률곡선이 된다. 이처럼 유동성프리미엄가설 하에서 단기이자율이 하락하면 하락하는 크기에 따라 상향, 수평, 하향 수익률곡선이 모두 가능하다.

성립한다. 예를 들어 2년 만기 채권의 유동성프리미엄이 0.1%라고 가정하면 $\frac{2+r}{2}+0.1=3$ 의 관계로부터 2차연도 단기이자율은 $r=3.8\%$로 계산되는데 이는 선도이자율보다 작다.

주요결과 12-9

유동성프리미엄가설은 장기채권 투자자가 부담하는 유동성위험에 대한 대가로 유동성프리미엄을 요구하므로 "단기이자율 $<$ 선도이자율"이라고 예측한다. 위험회피형 투자자를 가정하며 위험투자의 수익률이 무위험 투자의 수익률보다 커야 한다고 생각한다. 이 가설은 단기이자율이 하락하더라도 상향, 하향, 수평 수익률곡선이 모두 가능하다고 주장하므로 상향수익률곡선이 가장 많이 관찰된다고 예측한다.

예시 12-6 미래 단기이자율의 예측

1년, 2년, 3년 만기 수익률이 각각 1.5%, 1.8%, 2.0%라고 가정하자. 불편기대가설과 유동성프리미엄가설이 예측하는 미래의 단기이자율은 각각 얼마인가? 만기가 2년이고 원금이 10,000원인 무이표채의 가치를 현재와 1년후 기준으로 평가하라. 유동성프리미엄은 2년 만기 채권의 경우 0.05%이고 3년 만기 채권의 경우 0.1%이다.

불편기대가설에 의하면 1년 단기이자율은 각각 1.5%, 2.1%, 2.4%로 예측된다.

$$1.8\% = \frac{1.5\% + r\%}{2} \rightarrow r = 2.1\%$$

$$2.0\% = \frac{1.5\% + 2.1\% + r\%}{3} \rightarrow r = 2.4\%$$

그리고 무이표채의 가격은 현재 $\frac{10,000}{1.018^2} = 9,649.49$원이고 1년 후 $\frac{10,000}{1.021} = 9,794.32$로 예상된다.

반면에 유동성프리미엄가설은 1년 단기이자율이 각각 1.5%, 2.0%, 2.2%이라고 예측한다.

$$1.8\% = \frac{1.5\% + r\%}{2} + 0.05\% \rightarrow r = 2.0\%$$

$$2.0\% = \frac{1.5\% + 2.0\% + r\%}{3} + 0.1\% \rightarrow r = 2.2\%$$

유동성프리미엄가설 하에서 무이표채의 가격은 9,649.49원에서 1년 후 $\frac{10,000}{1.02} = 9,803.92$원으로 상승할 것이다.

예시 12-7 유동성프리미엄의 다른 해석*

[예시 12-6]의 수익률곡선을 2년으로 제한하여 설명에 이용하기로 한다. 즉, 1년과 2년 만기 수익률이 각각 1.5%와 1.8%이며 2년 만기 채권의 유동성프리미엄은 0.05%이다. 본문의 설명에 의하면 유동성프리미엄가설 하에서 2차연도의 단기이자율이 2.0%로 예측된다. 여기서 유동성프리미엄 0.05%는 2년 동안에 적용되는 연간 보상으로 이해된다.

$$1.8\% = \frac{1.5\% + r\%}{2} + 0.05\% \rightarrow r = 2.0\%$$

또 다른 해석은 유동성프리미엄이 1년 추가적으로 보유한 것에 대한 보상으로 2차연도에만 적용된다고 해석하는 것이다. 이 경우 단기이자율은 2.05%로 예측된다. 이는 선도이자율 2.1%에서 유동성프리미엄 0.05%를 직접 차감한 값과 동일하다.

$$1.8\% = \frac{1.5\% + (r\% + 0.05\%)}{2} \rightarrow r = 2.05\%$$

우리나라에서 발행되는 대부분의 교재는 두 번째 해석에 기초하여 단기이자율을 계산한다.

5.3 수익률곡선과 경기전망

만약 실질이자율의 변동이 매우 작다고 가정하면 미래 단기이자율은 미래 인플레이션에 대한 기대를 반영한다(피셔효과에 의하면 대략적으로 명목이자율은 실질이자율과 인플레이션의 합임). 따라서 상향수익률곡선은 미래에 인플레이션이 상승할 것이라는 기대가 반영되어 있다.

수익률곡선이 수평이 된다는 것은 장 · 단기 금리 차이가 줄어든다는 것을 의미하며 단기금리가 상대적으로 더 많이 오르거나 장기금리가 상대적으로 더 낮아질 경우에 이런 수익률 구조를 보이게 된다. 정책금리 인상기에는 단기금리 상승폭이 장기금리 상승폭을 상회함으로써 수익률곡선이 완만해지는 것이 일반적이다. 수익률곡선의 기울기가 완만해지면 이는 역사적으로 경제성장이 둔화될 수 있다는 신호로 해석되었다.

이자율과 경기는 같은 방향으로 움직이기 때문에 수익률곡선이 상향이면 시장참가자들이 이자율의 상승 즉 경기의 확장을 예상하고 있으며, 반대로 수익률곡선이 하향이면 경기가 수축할 것으로 예상한다는 것을 의미한다.

학자들과 실무자들은 경기침체의 가능성을 예측하기 위하여 수익률곡선을 기울기를 분석한다. 특히 주의하는 것은 미국의 경우 10년 만기 국채수익률과 3개월 만기 국채수익률 간의 차이이다.[20] [그림 12-10]은 미국 장단기 금리차와 경기변동을 보여준다. 회색으로 처리된 기간은 NBER(National Bureau of Economic Research)이 경기침체기로 정의한 기간이다.[21]

▌그림 12-10 미국 장단기 금리차와 경기변동

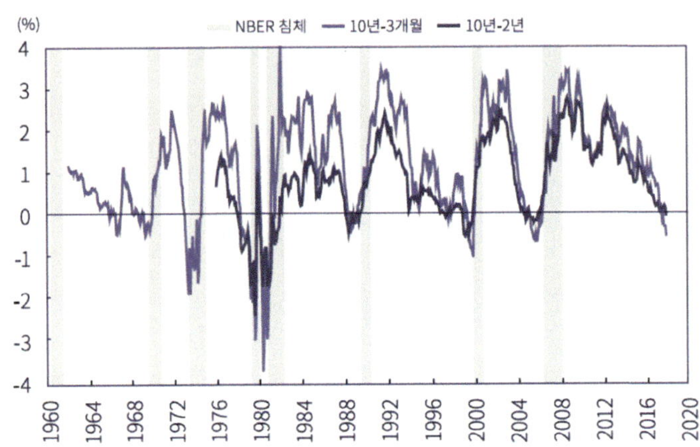

미국 연방은행의 Wheelock and Wohar(2009)는 1953년 이후 경기침체 때마다 이 차이가 감소하였으며, 나아가 수익률곡선이 역전된 경우(즉, 3개월 수익률이 10년 수익률보다 높은 경우) 단 한 번의 예외가 있기는 하지만 1년 이내에 경기침체가 발생함을 발견함으로써 수익률곡선의 기울기가 경기침체를 예측하는 유용한 도구임을 입증하였다.[22][23]

6 회사채 발행과 신용등급

회사채는 모집 방법에 따라 공모발행(public offering)과 사모발행(private placement)으로 구분된다. 공모발행은 불특정다수(50인 이상)의 투자자를 대상으로 발행하며 인수기관

20) 중앙은행이 10년 만기 국채수익률과 3개월 만기 국채수익률간의 차이를 모니터링하는 반면에, 금융시장에서는 10년 만기 국채수익률과 2년 만기 국채수익률간 차이에 초점을 맞춘다.

21) 백인석, 2019, 최근 미국 장단기 금리 역전 현상 평가 및 시사점, 자본시장포커스, 자본시장연구원.

22) Wheelock and Wohar의 연구결과는 허바드의 화폐와 금융시스템, 116쪽에서 인용함.

23) Bauer and Mertens(2018)에 의하면 1950년 이후 총 9차례의 모든 경기침체기에 장단기 금리(10년 금리-1년 금리) 역전이 6개월에서 24개월가량 선행한 것으로 분석되었다. Bauer, M.D., Mertens, T.M., 2018, Economic forecasts with the yield curve, *FRB San Francisco Economic Letter* 2018-7.

이 총액(또는 일부)을 인수하여 발행위험을 부담하는 간접발행 방식으로 주로 발행된다.[24) 사모발행의 경우 발행기업이 최종 매수자와 발행조건을 직접 협상하여 발행하며 소규모의 단기운영자금을 신속하게 조달하기 위해 주로 이용된다(감독기관에 증권신고서 등의 제출이 면제됨).

2012년 상법 개정으로 회사채는 정관에서 정하는 경우 이사회의 결의가 없어도 발행이 가능하며, 순자산액의 4배까지 발행이 가능했던 발행한도는 폐지되었다. 공모발행의 경우 증권신고서를 금융위원회에 제출해야 한다.

만기는 1, 2, 3, 5, 10년 등으로 발행되는데, 3년물이 주종을 이루고 있으며, 표면금리는 유통수익률보다 0.5%포인트 이내로 낮거나 또는 유통수익률에 맞춰 발행되는 경향이 있다(표면금리가 유통수익률과 동일하면 채권은 액면가에 발행됨). 과거에는 관행적으로 표면금리가 유통수익률보다 1 ~ 2%포인트 낮은 수준에서 결정되었는데 이유는 이자소득세가 표면금리에 의해 부과됨에 따라 투자자들이 낮은 표면금리의 채권을 선호하였기 때문이다.

무보증회사채를 발행하고자 하는 기업은 신용평가회사로부터 기업의 사업성, 수익성, 현금흐름, 재무안정성 등을 기초로 회사채 상환능력을 평가받아야 한다. 회사채의 평가등급은 AAA, AA, A, BBB, BB, B, CCC, CC, C, D의 10개 등급으로 분류된다. 2014 ~ 2018년 기준으로 한국신용평가 자료(표본 수 1,036개) [표 12-3]에 의하면, 우리나라의 등급별 회사채 발행비중은 AAA등급 1.6%, AA등급 27.5%, A등급 41.3%, BBB등급 16.4%로 투자적격등급이 86.9%에 이르고 있다(투자적격등급은 AAA부터 BBB까지, 투기등급 또는 투자부적격등급은 BB부터 C까지, D는 상환불능을 의미함).

▌표 12-3 회사채 신용등급 현황(2014 ~ 2018년, 한신평)

구 분	등 급	정 의	해당 기업수
투자등급	AAA	원리금지급 확실성이 최고 수준	17 (1.6%)
	AA	원리금지급 확실성이 매우 높지만 AAA등급에 비해 다소 낮음	285 (27.5%)
	A	원리금지급 확실성이 있지만 장래의 환경변화에 대하여 다소 영향을 받을 가능성이 있음	428 (41.3%)
	BBB	원리금지급 확실성이 있지만 장래의 환경변화에 따라 저하될 가능성이 내포되어 있음	170 (16.4%)

24) 총액인수가 가장 많이 이용되며, 이외에도 잔액인수와 모집주선 방식이 있다.

구 분	등 급	정 의	해당 기업수
투기등급	BB	원리금지급능력에 당면문제는 없으나 장래의 안정성에는 투기적 요소가 내포되어 있음	87 (8.4%)
	B	원리금지급능력이 부족하여 투기적임	49 (4.7%)
	CCC	원리금의 채무불이행이 발생할 위험요소가 내포되어 있음	
	CC	원리금의 채무불이행이 발생할 가능성이 높음	
	C	원리금의 채무불이행이 발생할 가능성이 극히 높음	
	D	현재 채무불이행 상태	

전통적으로 채권거래는 장외시장 위주로 체결되었으나, 장내시장의 가격발견기능, 거래의 편리성, 거래투명성 등의 이점으로 인해 거래소시장내 채권거래 비중이 지속적으로 증가하고 있다. [표 12-4]에 의하면, 장내거래는 2011년까지는 전체거래의 20%대에 불과하지만 2012년부터 상승하여 2014년에는 약 35%를 점유하고 있다(장내거래량은 1,373.2조원이고 장외거래량은 2,595.9조원임).

▌표 12-4 채권거래량 추이

단위: 조원

구 분		2006	2007	2008	2009	2010	2011	2012	2013	2014
거래량	장 내	295.5	355.9	376.4	504.4	584.5	815.2	1,351.3	1,312.8	1,373.2
	장 외	1,341.6	1,185.5	1,417.2	2,073.6	2,779.0	2,879.0	2,937.5	3,035.8	2,595.9
	계	1,637.1	1,541.4	1,793.6	2,578.0	3,363.5	3,694.2	4,288.8	4,348.6	3,969.1
장내거래 비중		18.1%	23.1%	21.0%	19.6%	17.4%	22.1%	31.5%	30.2%	34.6%
상장잔액		777.9	828.6	864.1	1,014.2	1,115.2	1,201.6	1,290.0	1,396.1	1,456.2
회전율		211%	186%	208%	254%	302%	307%	332%	312%	273%

주요결과 12-10

회사채는 공모(50인 이상) 또는 사모로 발행되며, 만기는 1년~10년이다. 회사채의 등급은 크게 투자등급(BBB 이상)과 투기등급(BB 이하)으로 구분된다. 전통적으로 채권은 장외시장에서 거래되었으나 정부의 지속적인 노력으로 현재 장내 거래가 1/3 정도를 점유한다.

7 특수한 유형의 채권

기업은 자금조달을 용이하게 할 목적으로 다양한 종류의 옵션을 채권에 결합하여 발행하기도 한다. 우리나라의 경우 전환사채는 1963년 쌍용양회에 의해, 신주인수권부사채는 1978년 신풍제지에 의해, 교환사채는 1989년 (주)선경에 의해, 상환전환요구사채는 1997년 코오롱상사에 의해 최초로 발행되었다. 변동금리채권은 1994년에 처음 발행되었고 물가연동국채는 아시아에서 두 번째로 2007년에 발행되었다. 전환사채, 신주인수권부사채, 교환사채 등을 메자닌채권(mezzanine bond)이라고 한다. 메자닌채권은 특정 조건에 따라 채권이 주식으로 전환되거나 주식을 매입할 수 있는 권리가 부여된 구조를 가진 혼성증권을 말한다.

7.1 무이표채

무이표채(zero coupon bond)는 만기 동안에 이자를 지급하지 않는, 즉 액면이자율이 0%인 채권으로서 순수할인채권(pure discount bond)이라고도 한다. 무이표채의 연간 가격변화(자본이득)가 무이표채의 내재이자(implicit interest) 또는 귀속이자(imputed interest)이다.

예시 12-8 무이표채의 가격변화

원금이 10,000원이고 만기가 5년인 무이표채의 가격은 수익률이 10%이면 각 연도말 기준으로 각각 다음과 같다. 5년간의 총 내재이자는 10,000 − 6,209 = 3,791원이다.

$$P_0 = \frac{10,000}{1.1^5} = 6,209, \quad P_1 = \frac{10,000}{1.1^4} = 6,830, \quad P_2 = \frac{10,000}{1.1^3} = 7,513$$

$$P_3 = \frac{10,000}{1.1^2} = 8,264, \quad P_4 = \frac{10,000}{1.1} = 9,091, \quad P_5 = 10,000$$

무이표채의 연간 귀속이자(자본이득)는 각각 621, 683, 751, 827, 909원으로 증가한다. 즉 만기일에 접근함에 따라 연간 자본이득이 커진다. 그러나 기간별 수익률은 항상 10%로 일정하다.

$$\frac{621}{6,209} = \frac{683}{6,830} = \frac{751}{7513} = \frac{827}{8,264} = \frac{909}{9,091} = 10\%$$

7.2 변동금리채권과 역변동금리채권

변동금리채권(floating-rate note(FRN), floater)은 매 기간의 액면이자율이 기준금리에 연동되어 기간 초마다 새로이 정해지는 채권이다. 기준금리에 가산금리(또는 스프레드)를 더해서 이자율이 결정되므로 시장이자율이 증가하면 현금흐름도 증가한다.

이자율이 결정되는 순간마다 변동금리채권의 가격이 액면가와 같아지므로(신용위험이 변하지 않는다고 가정함) 변동금리채권의 가격위험은 그리 크지 않다.

역변동금리채권(inverse floater)은 변동금리채권처럼 액면이자율이 기준금리에 연동되기는 하나 변동금리채권과는 반대로 시장이자율이 증가하면 현금흐름이 감소하도록 설계되어 있는 채권이다. 예를 들어, 액면이자율이 (14% – 기준금리)로 정해지는 채권이다.

이자율이 상승하면 역변동금리채권의 현금흐름이 감소함과 동시에 할인율(수익률)이 증가하므로 역변동금리채권의 소유자는 이중으로 손해를 보게 된다. 반면에 이자율이 하락하면 현금흐름이 증가함과 동시에 할인율이 감소하므로 투자자는 이중으로 이익을 보게 된다. 즉, 역변동금리채권의 가격위험이 매우 크다. 다음 예시가 보여주듯이 이표채는 변동금리채권과 역변동금리채권으로 분해된다.

예시 12-9 변동금리채권과 역변동금리채권

변동금리채권의 액면이자율이 Libor이고 역변동금리채권의 액면이자율이 14% – Libor라고 가정하자. 만일 Libor가 6%이면 변동금리채권의 액면이자율은 6%이고 역변동금리채권의 액면이자율은 8%이다. 만일 Libor가 10%이면 변동금리채권의 액면이자율은 10%이고 역변동금리채권의 액면이자율은 4%이다. 만약 투자자가 변동금리채권과 역변동금리채권을 동일 비중으로 소유하면 투자자는 Libor의 움직임과 무관하게 항상 0.5 × Libor + 0.5 × (14% – Libor) = 7%의 액면이자율을 얻게 된다. 이는 액면이자율 7%인 채권을 분해하면 변동금리채권과 역변동금리채권을 만들 수 있음을 의미한다.

주요결과 12-11

고정금리채권을 분해하면 변동금리채권과 역변동금리채권이 만들어진다. 역변동금리채권은 변동금리채권에 비하여 가격변동위험이 훨씬 크다.

7.3 전환사채

전환사채(convertible bond: CB)는 소유자에게 일정한 기간 내에 일정한 조건으로 전환사채를 발행기업의 보통주로 전환할 수 있는 권리를 부여한 채권이다. 전환권은 채권의 소유자가 소유하며 일반적으로 채권의 모집을 용이하도록 하기 위하여 첨가된다. 즉, 투자자는 회사의 실적이 좋지 않아 주가가 낮은 경우에는 채권의 형태로 보유하고, 회사의 실적이 좋아져 주가가 많이 상승하게 되면 전환권을 행사하여 채권을 소멸시키고 주식으로 전환할 수 있다. 국내에서는 1963년 쌍용양회가 액면이자율 10% 만기 6년의 조건으로 전환사채를 최초로 발행하였다.

예시 12-10 리픽싱조항

전환사채, 신주인수권부사채, 교환사채는 일반적으로 리픽싱조항(또는 리픽싱옵션)을 포함하고 있다. 리픽싱조항(refixing provision, refixing option)은 발행후 시장가격이 하락하면 전환가격, 행사가격, 교환가격을 하향조정하는 조항이다(시장가격이 상승하는 경우에는 조정이 이루어지지 않음).

이 조항은 주가하락에 따른 투자자의 손실을 최소화하기 위한 취지로 도입되었다. 일반적으로 가격조정은 원래 가격의 70%까지 가능한데 정관에 명시된 경우 액면가까지 가능하다. 리픽싱조항이 첨가되어 발행된 메자닌채권의 2/3에서 70%까지 조정되고 1/3에서 액면가까지 조정되는 것으로 알려져 있다. 리픽싱 횟수에 제한이 없으므로 주가가 하락하면 발행후부터 만기일까지의 기간 동안 1개월~3개월 간격으로 리픽싱이 지속적으로 이루어진다.

그리고 리픽싱으로 전환가격이 하락하면 발행주식수는 증가한다. 즉, 전환가격이 원래 전환가격의 70%로 하락하면 전환주식수는 1/0.7 = 1.43배 증가한다. 예를 들어 전환가격 20,000원으로 100억원을 발행한 이후 주가하락으로 전환가격이 액면가인 5,000원까지 하락하면 전환되는 주식수는 50만주에서 200만주로 1/0.25 = 4배 증가하여 주식가치와 기존 주주의 지분율이 하락하게 된다.

7.4 신주인수권부사채

신주인수권부사채(bond with warrants: BW)는 소유권자에게 발행회사의 주식을 일정한 가격으로 일정한 수량만큼 살 수 있는 권리(즉, 신주인수권)를 부여한 채권이다. 우리나라에서는 1978년 신풍제지에 의해 연 이자율 22.5%, 만기 3년, 신주인수권 행사비율 100%의 발행조건으로 9억원 발행된 것이 신주인수권부사채의 효시이다.

전환사채의 경우 전환권이 행사되면 사채는 소멸되는데 반하여, 신주인수권부사채의 경우 신주인수권(warrant)을 행사하더라도 채권은 계속 존속하게 된다. 신주인수권부사채에는 현금납입형과 대용납입형이 있다. 현금납입형의 경우 신주인수권을 행사하면 투자자는 주식매입대금을 현금으로 납입하여야만 하므로 현금유입이 발생한다. 그러나 대용납입형의 경우 사채의 발행가격으로 신주의 발행가격 전액의 납입에 충당하므로 사실상 사채의 주식으로의 전환이 인정되는 셈이다(즉, 비분리형 대용납입형 신주인수권부사채는 전환사채와 사실상 동일함).

신주인수권은 채권과 분리되어 매매가 가능한 분리형과 분리될 수 없는 비분리형으로 구분된다. 과거에는 상법에서 비분리형만 발행하도록 정하였으나, 현재는 개정되어 비분리형뿐만 아니라 분리형도 발행이 가능하다(비분리형은 시장에서 인기가 낮음). 1999년 1월 30일부터 분리형 신주인수권부사채의 발행이 허용됨에 따라 신주인수권증권(warrant)의 상장 및 매매가 2000년 7월 30일부터 시작되었다.[25][26] 그리고 전환사채와 마찬가지로 신주인수권부사채의 경우에도 대체로 리픽싱(행사가격조정)이 가능하다.

일부 기업들은 사실상 자금조달이 필요하지 않음에도 불구하고 분리형 사모 BW를 발행하여 여러 문제점(대주주 지분 확대, 특정인을 위한 재산상속, 대주주의 이익추구, 시세조정, 기존주주 지분율 희석 등)을 야기하였으며 이로 인해 2013년 8월 29일부로 사모BW(분리형과 비분리형)의 발행이 전면 금지되었다. 그러나 한계기업의 자금조달이 용이하도록 상장법인이 공모로 발행하는 경우에 한해 2015년 7월부로 분리형이 허용되었다(사모의 경우에는 비분리형(통합형)만 허용됨).

투자자 입장에서 신주인수권은 주식옵션과 동일하다. 그러나 기업 입장에서는 매우 다르다. 주식옵션은 투자자에 의해 발행되는데 반하여 신주인수권은 기업이 발행한다. 따라서

---

25) 신주인수권의 거래는 주식파생상품(equity derivative)인 특성을 고려하여 기본적으로 주권매매제도를 준용한다. 다만, 지정가호가만 허용한다는 점과 가격제한폭이 없다는 점에서 주권매매와 차이가 있다.

26) 신주인수권부사채에 부가된 신주인수권(warrant)이 상장되어 거래되면 이를 신주인수권증권이라고 한다. 반면에 회사의 신주발행(유상증자)시 기존주주에게 신주의 청약을 우선적으로 청구할 수 있는 권리가 부여될 수 있는데 이 권리가 상장되어 거래되면 이를 신주인수권증서(preemptive right certificate)라고 한다.

신주인수권이 행사되면 기업은 신주를 발행해야 하므로 총발행주식수가 증가하면서 주가가 하락하는 희석효과(dilution effect)가 발생한다. 그러나 주식옵션의 행사는 발행주식수에 영향을 미치지 않는다.

전환사채와 신주인수권부사채는 일반채권보다 낮은 이자율로 발행되며, 사채로서의 안정성과 주식으로서의 수익성을 제공하며, 주식취득가격(행사가격 또는 전환가격)이 발행시점의 주가를 기준으로 미리 확정되며, 권리가 행사되면 발행기업의 주식수가 증가한다는 점에서 동일하다. 그러나 전환사채의 경우 전환권이 행사되면 사채는 소멸되는데 반하여, 신주인수권부사채의 경우 신주인수권 행사 후에도 채권은 계속 존속한다는 점에서 차이가 있다.

주요결과 12-12

CB와 BW는 주식관련사채로서 채권자가 전환권과 신주인수권을 보유한다. 대체로 CB와 BW에는 발행후 주가가 하락하면 전환가격과 행사가격을 하향조정할 수 있는 리픽싱옵션이 포함된다. 일반채권과 비교하여 낮은 이자율로 발행되지만 주주는 차후에 희석효과로 인한 손실을 볼 수 있다.

7.5 수의상환사채

수의상환사채(callable bond)는 일정한 조건이 충족되면 발행자가 만기일 전에 채권을 상환할 수 있는 수의상환권(콜옵션)을 갖는 채권이다.[27] 채권 발행후 시장이자율이 하락하면 채권가격은 상승하게 된다. 만일 이자율의 하락폭이 크면 발행기업은 수의상환권을 행사하여 기 발행한 액면이자율이 높은 채권을 매입하고 현재의 낮은 이자율로 채권을 다시 발행하여 자본조달비용을 절약할 수 있다.

상환가격인 콜가격(call price)은 처음에는 보통 액면가 이상이나(대체로 최초의 콜가격은 액면가에 연간 액면이자를 더한 금액임) 만기일에 접근함에 따라 콜가격이 원금에 접근하도록 감소시킨다. 수의상환권은 채권자에게 불리한 조항이므로, 다른 모든 조건이 동일하면 수의상환사채는 일반채권보다 높은 액면이자율로 발행된다.

수의상환권은 발행기업이 소유한다. 따라서 수의상환사채의 가치는 일반사채의 가치에서 콜옵션의 가치를 차감한 값이다.

---

27) 콜옵션(call option)은 일정한 가격에 매입할 수 있는 권리이고 풋옵션(put option)은 일정한 가격에 매도할 수 있는 권리이다. 옵션에 대한 보다 자세한 내용은 14장을 참조할 것.

$$\text{수의상환사채} = \text{일반사채} - \text{콜옵션} \tag{12.17}$$

수의상환권은 발행기업에게는 가치가 있지만 투자자에게는 불리한 조항이다. 이유는 수익률이 하락하면 채권가격은 상승하는데, [그림 12-11]이 보여 주듯이 수의상환사채의 경우 채권가격이 콜가격으로 이상으로 상승할 수 없어 채권자의 수익률이 제한되기 때문이다.

그림 12-11 수의상환사채의 가격-수익률 관계

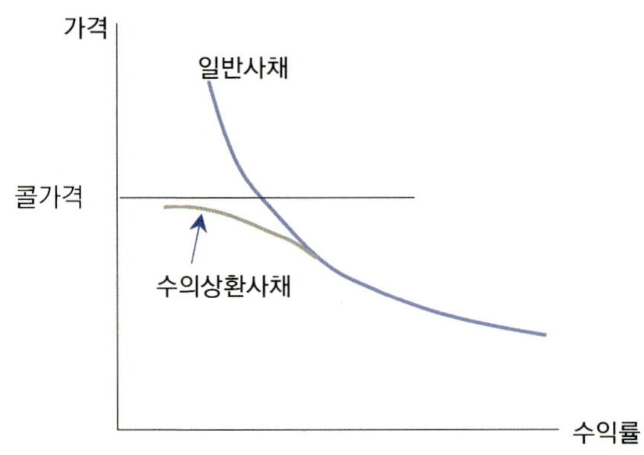

7.6 상환요구사채

상환요구사채(putable bond)는 일정한 조건이 충족되면 채권자가 만기일 전에 채권의 상환을 발행자에게 요구할 수 있는 상환청구권(풋옵션)이 주어진 채권이다. 수의상환사채와 반대의 경우로, 채권발행 후 시장이자율의 상승폭이 크면 채권가격은 풋가격(대체로 액면가) 이하로 하락하므로 채권자는 상환을 청구하여 가치보전을 받을 수 있다. 상환청구권은 채권자에게 유리하므로 상환요구사채의 투자자는 일반채권의 투자자에 비하여 불리한 발행조건(예를 들어, 낮은 액면이자율)을 수용하게 된다.

상환청구권은 투자자가 소유한다. 따라서 상환요구사채의 가치는 일반사채의 가치에 풋옵션의 가치를 가산한 값이므로 다음 식이 성립한다.

$$\text{상환요구사채} = \text{일반사채} + \text{풋옵션} \tag{12.18}$$

상환요구사채의 가격은 이론적으로 풋가격 이하로 하락할 수 없으므로 이는 투자자에게 유리한 조항이다. 이로 인해 상환요구사채는 일반사채보다 더 볼록한 가격-수익률 곡선을 갖는다.

그림 12-12 상환요구사채의 가격-수익률 관계

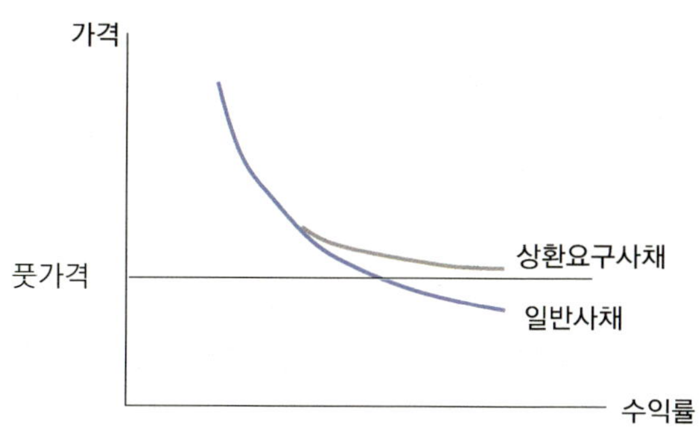

7.7 교환사채와 이익참가부사채

교환사채(exchangeable bond : EB)는 소유권자에게 사채를 발행회사가 보유하고 있는 상장유가증권(예를 들어, 대기업의 보통주)으로 정해진 교환조건에 의해 교환해 줄 것을 청구할 수 있는 권리를 부여한 채권이다. 우리나라에서는 1988년에 개정된 자본시장육성에 관한 법률에서 처음으로 명문화되었다. 교환사채는 발행기업의 주식과 교환되지 않으므로 권리가 행사되더라도 자본금이 증가되지 않는다는 점에서 전환사채 또는 신주인수권부사채와 상이하다. 최초의 교환사채는 1989년 (주)선경이 (주)유공의 주식을 교환대상으로 하여 발행하였다.[28)]

교환대상 유가증권은 처음에는 발행기업이 보유하고 있는 유가증권시장과 코스닥시장 상장주식으로 제한되었으나, 2001년 법 개정을 통해 자사주를 기초로 한 교환사채의 발행이 허용되었다. 교환대상 자기주식은 증권거래법에 의한 자기주식 취득 후 6개월이 경과한 주식으로 제한된다.

메자닌채권에는 CB, BW, EB 이외에도 이익참가부채권이 있다. 이익참가부채권(participating bond)은 약정된 확정이자를 지급받을 뿐만 아니라 기업의 이익배당에도 참여할 수 있는 권리가 부여된 사채로서, 회사채의 특성과 주식의 특성을 모두 포함하며 주로 미국에서 발행된다.

7.8 물가연동국채

물가연동국채 또는 물가지수연계채권(inflation-indexed bond)은 채권의 원금과 이자가

---

28) EB의 교환대상은 보통은 한 종류의 주식인데 두 종류 이상인 EB를 오페라본드(opera bond)라고 한다. 이탈리아의 '텔레콤 이탈리아 캐피탈'이 2000년 1월 유로시장에서 발행한 것이 오페라본드의 시초이다.

물가지수(즉, 인플레이션)에 의해 조정되는 채권으로 미국에서는 Treasury Inflation Protected Security(TIPS)로 불린다(우리나라를 비롯하여 대부분의 국가에서 국채로 발행됨). 원금과 이자가 물가상승률에 의해 조정되므로 투자자는 실질수익률을 액면이자율로 확정할 수 있다. 국내에서 발행되는 물가연동국채는 자본지수연동국채(capital indexed bond)로 물가상승률에 연동하여 원금을 조정하고, 이자는 조정된 원금에 사전에 확정된 액면이자율을 곱하여 계산한다.

t시점의 조정된 원금을 Par_t^{adj}라고 하면 t시점에서 지급해야 할 액면이자 $coupon_t$는 다음과 같이 계산된다.

$$Par_t^{adj} = Par_0 \times \frac{CPI_t}{CPI_0} \tag{12.19}$$

$$coupon_t = Par_t^{adj} \times coupon\ \ rate \tag{12.20}$$

여기서 $coupon\ \ rate$는 액면이자율, Par_0는 발행시의 채권원금, CPI_t는 t시점의 소비자물가지수(consumer price index), CPI_0는 발행시점의 소비자물가지수이다. 그리고 $\frac{CPI_t}{CPI_0}$는 물가상승률을 의미한다.[29)]

투자자는 물가연동국채를 보유함으로써 인플레이션위험을 헤지할 수 있다. 우리나라의 경우 2007년 3월에 처음 발행하였으며 통상 5년부터 30년까지의 만기로 발행된다. 2018년 말 기준 물가연동국채는 5종목 9.9조원이 상장되어 있다.

예시 12-11 물가연동국채의 액면이자 계산

원금 10,000원, 액면이자율 4% 만기 3년인 물가연동국채가 액면 발행되었다(연 1회 이자 지급 가정). 1차연도와 2차연도의 물가상승률이 각각 5%와 1%이면 두 해의 액면이자는 각각 420원과 424.2원이다.

$$coupon_1 = (10{,}000 \times 1.05) \times 0.04 = 420\text{원}$$

$$coupon_2 = (10{,}000 \times 1.05 \times 1.01) \times 0.04 = 424.2\text{원}$$

첫 해에 투자자는 $\frac{10{,}500 + 420}{10{,}000} - 1 = 9.20\%$의 명목수익률과 $\frac{1.092}{1.05} - 1 = 4\%$의 실질수익률을 얻는다(피셔 항등식에 의해 (1 + 명목수익률) = (1 + 실질수익률)(1 + 물가상승률)이다).

---

29) 우리나라의 물가연동국채는 조정된 원금이 액면가 이하로 하락하지 않는다.

주요결과 12-13

시장의 다양한 요구를 만족시키기 위하여 새로운 유형의 채권이 계속 개발되고 있다. 시장의 다양한 참여자는 무이표채, 변동금리채권, 역변동금리채권, 전환사채, 신주인수권부사채, 수의상환사채, 상환요구사채, 물가연동국채 등의 구조와 특성을 파악하는 것이 중요하다.

핵심용어 해설

- 무이표채(zero coupon bond): 액면이자를 지급하지 않는 순수할인채권(pure discount bond)
- 액면가채권(par value bond): 채권가격이 액면가와 일치하는 채권
- 할인채권(discount bond): 채권가격이 액면가보다 작은 채권
- 할증채권(premium bond): 채권가격이 액면가보다 큰 채권
- 만기수익률(yield to maturity): 채권을 현재 가격에 매입하여 만기일까지 보유하고 약정된 현금흐름을 모두 수령하는 경우 투자자가 얻는 수익률
- 이자수익률(current yield): 연간 액면이자를 채권가격으로 나눈 수익률
- 이자율의 기간구조(term structure of interest rate): 만기별 현금흐름을 할인하는데 적절한 이자율의 패턴
- 수익률곡선(yield curve): 만기와 수익률간의 관계를 보여주는 그래프
- 현물이자율(spot rate): 주어진 만기의 현금흐름을 할인하는데 사용되는 이자율
- 선도이자율(forward rate): 현물이자율에 내재된 미래 일정 기간의 이자율
- 단기이자율(short interest rate): 1년 기준의 미래 기대 현물이자율
- 불편기대가설(unbiased expectation hypothesis): 선도이자율이 미래 현물이자율의 불편 대용치로 사용될 수 있다는 가설
- 유동성프리미엄가설(liquidity premium hypothesis): 유동성프리미엄으로 인해 선도이자율이 미래 현물이자율보다 크다는 가설
- 변동금리채권(floating rate note: FRN): 기준금리에 의해 정기적으로 액면이자율이 조정되는 채권
- 역변동금리채권(inverse floater): 기준금리의 움직임과 반대 방향으로 액면이자율을 재조정하는 채권
- 전환사채(convertible bond: CB): 채권자가 일정한 조건에서 발행기업의 보통주로 전환할 수 있는 권리를 소유하는 채권
- 수의상환사채(callable bond): 발행기업이 일정한 조건에서 채권을 상환할 수 있는 권리를 소유하는 채권

- 신주인수권부사채(bond with warrant: BW): 채권자가 일정한 조건에서 신주를 인수할 수 있는 권리를 소유하는 채권
- 상환요구사채(putable bond): 채권자가 일정한 조건에서 채권의 상환을 요구할 수 있는 권리를 소유하는 채권
- 교환사채(exchangeable bond: EB): 일정한 조건에서 발행회사가 보유하는 다른 유가증권 또는 자기주식으로 교환을 청구할 수 있는 권리를 채권자에게 부여하는 채권
- 물가연동국채(inflation-indexed bond): 인플레이션위험을 헤지하는 수단으로 정부가 발행한 채권
- 리픽싱(refixing): 전환사채, 신주인수권부사채, 교환사채에서 발행후 주가가 하락하면 전환가격, 행사가격, 교환가격을 하향 조정하는 것

개념 체크

1. 연간 액면이자의 지급횟수가 변하면 채권가격공식에 사용되는 변수는 어떻게 조정하는가?
2. 채권가격이 수익률과 부(-)의 관계를 갖는 이유는?
3. 액면이자율이 수익률보다 작은 경우 채권이 할인되어 거래될 수밖에 없는 이유는?
4. 투자자가 실제로 만기수익률을 얻을 수 없는 이유는 무엇인가? 어떤 조건이 충족되지 않는가?
5. 이자수익률이란 무엇인가?
6. "수익률이 변하지 않더라도 시간이 경과하면 채권가격은 변한다." 맞는가?
7. 만기일에 접근함에 따라 할인채권의 가격은 상승하는 경향이 있고 할증채권의 가격은 하락하는 경향이 있다. 이유는?
8. 할인채권과 할증채권의 가격변화율이 만기일에 접근함에 따라 커지는 이유는?
9. "현물이자율은 평균 수익률이고 선도이자율은 한계 수익률이다." 의미는?
10. 현물이자율을 계산하는 방법을 이해하는가? 설명해 보라.
11. 현물이자율, 선도이자율, 단기이자율은 시간적으로 그리고 개념적으로 어떻게 연관되어 있는가?
12. "불편기대가설에서 위험투자의 수익률과 무위험투자의 수익률이 같다." 설명하라.
13. 유동성프리미엄가설은 위험투자의 수익률이 무위험투자의 수익률보다 왜 커야 한다고 생각하는가?
14. 선도이자율이 미래 현물이자율의 대용치가 될 수 없는 이유는 무엇인가?
15. "불편기대가설은 미래 현물이자율이 상승(하락)하면 상향(하향) 수익률곡선이 된다"고 설명한다. 이유를 설명하라.
16. 유동성프리미엄가설에서 미래 현물이자율이 하락하더라도 상향 수익률곡선이 나올 수 있는 이유는 무엇인가?
17. "무이표채의 가격변화율이 연도별로 동일하지만 가격변화는 동일하지 않다." 맞는가?

18. 고정금리채권을 어떻게 변동금리채권과 역변동금리채권으로 분해할 수 있는가?

19. 역변동금리채권의 위험이 변동금리채권보다 크다는 점을 설명할 수 있는가?

20. "수의상환사채(상환요구사채)의 가치는 일반사채의 가치에서 콜옵션(풋옵션)의 가치를 차감(가산)한 값이다." 설명하라.

21. 물가연동국채의 실질수익률을 확보하기 위하여 원금과 액면이자를 어떻게 조정하는가?

22. 우리나라에서 발행주체에 따라 채권은 어떻게 분류되는가?

23. 현금흐름에 따라 채권은 어떻게 분류되는가?

24. 리픽싱조항은 무엇인가? 어떤 효과가 발생하는가? 이로 인한 문제점은 무엇인가?

25. 메자닌채권이란 무엇인가? 국내에서 활발하게 발행되는 메자닌채권은 무엇인가?

연 습 문 제

01 채권의 만기가 3년이고 액면이자율이 3%이고 원금이 10,000원이다. 채권이 연1회 이자를 지급하면 채권의 적정 가격은 얼마인가? 수익률은 2%이며 반올림하여 정수로 답할 것.

① 10,000원 ② 9,850원 ③ 10,288원
④ 10,156원 ⑤ 정답 없음

02 채권의 만기가 5년이고 액면이자율이 7%이고 원금이 10,000원이다. 채권이 연 4회 이자를 지급하면 채권의 적정 가격은 얼마인가? 수익률은 9%로 가정한다.

① 10,000원 ② 9,430원 ③ 9,202원
④ 9,350원 ⑤ 정답 없음

03 2번 문제의 채권을 2년이 지난 시점에서(액면이자 지급 직후) 다시 고려해 보자. 채권의 잔존만기는 3년이다. 수익률이 9%에서 갑자기 7%로 하락하면 채권가격은 수익률이 변하는 순간에 몇 퍼센트 상승하는가?

① 7.00% ② 5.49% ③ 4.27%
④ 5.85% ⑤ 정답 없음

04 채권의 만기가 20년이고 액면이자율이 5%이고 원금이 10,000원이다. 채권이 연 2회 이자를 지급하면 채권의 적정 가격은 얼마인가? 수익률은 4%로 가정한다.

① 11,368원 ② 10,000원 ③ 11,050원
④ 10,852원 ⑤ 정답 없음

05 만기가 10년이고 원금이 10,000원인 무이표채의 가격은 얼마인가? 수익률이 5%이며 가치평가의 기준기간이 6개월이라고 가정한다.

① 6,139원 ② 6,125원 ③ 6,195원
④ 6,179원 ⑤ 6,103원

06 다음 중 틀린 설명은?

① 만기일에 채권가격은 원금과 같다.
② 액면이자율과 수익률이 동일하면 채권은 항상 액면가채권이다.
③ 수익률이 상승하면 채권가격은 하락한다.
④ 수익률이 변하지 않으면 시간이 경과하더라도 채권가격은 변하지 않는다.
⑤ 1기간 액면이자는 원금에 액면이자율을 곱하고 이를 연간 이자지급횟수로 나누어 구한다.

07 채권의 만기가 9년이고 액면이자율이 3%이고 원금이 10,000원이고 채권이 연 4회 이자를 지급한다. 채권의 이자수익률은 얼마인가? 수익률은 3%이다.

① 2% ② 1.5% ③ 0.75%
④ 3% ⑤ 정답 없음

08 만기가 5년이고 액면이자율이 1.5%인 연간 복리채의 만기상환금액은 얼마인가? 단, 원금은 10,000원이고 우리나라 채권가격 계산 관행을 따를 것.

① 10,772원 ② 10,773원 ③ 10,775원
④ 10,800원 ⑤ 정답 없음

09 1년, 2년, 3년 만기 무이표채의 가격이 각각 원금의 96%, 89%, 80%에 거래되고 있다. 3년 만기 현물이자율은 얼마인가?

① 6.59% ② 7.25% ③ 7.72%
④ 7.98% ⑤ 정답 없음

10 1년, 2년, 3년 만기 무이표채의 가격이 각각 원금의 96%, 89%, 80%에 거래되고 있다. 3차연도 선도이자율은 얼마인가?

① 11.24% ② 9.47% ③ 10.53%
④ 12.39% ⑤ 정답 없음

11 1차연도, 2차연도, 3차연도의 선도이자율이 각각 5%, 9%, 16%이다. 3년 만기 현물이자율은 얼마인가?

① 10.00% ② 10.55% ③ 12.75%
④ 9.91% ⑤ 정답 없음

12 1년과 2년 만기 수익률이 각각 2.3%와 2.5%이다. 유동성프리미엄가설이 성립하는 경우 2차연도의 단기이자율은 얼마로 추정되는가? 유동성프리미엄은 0.05%로 가정한다.

① 2.6% ② 2.7% ③ 2.5%
④ 2.8% ⑤ 정답 없음

13 다음 중 투기등급은?

① BBB ② BB ③ A
④ AA ⑤ 정답 없음

14 원금이 10,000원이고 만기가 10년인 무이표채의 2차연도 귀속이자는 얼마인가? 수익률은 5%로 가정한다.

① 386원 ② 339원 ③ 307원
④ 322원 ⑤ 정답 없음

15 원금이 10,000원이고 액면이자율 3%이고 만기가 5년인 물가연동국채가 액면가에 발행되었다. 채권은 연 1회 이자를 지급한다. 처음 2년 동안의 물가상승률이 각각 1.2%와 0.9%이면 2차연도의 액면이자는 얼마인가? 반올림하여 소수 한 자리로 구할 것.

① 300.0원 ② 306.3원 ③ 303.6원
④ 305.5원 ⑤ 정답 없음

16 명목이자율이 5%이고 물가상승률이 2%이면 실질이자율은 정확히 얼마인가?

① 3.00% ② 2.94% ③ 3.03%
④ 2.96% ⑤ 정답 없음

17 1년, 2년, 3년 만기 수익률이 각각 3%, 3.5%, 4.1%이다. 만기가 3년이고 액면이자율이 3.6%인 채권의 가치는 정수로 얼마인가? 원금은 10,000원이고 연 1회 이자를 지급한다.

① 10,000원 ② 9,895원 ③ 9,957원
④ 9,869원 ⑤ 정답 없음

18 다음 중 메자닌채권에 속하지 않는 것은?

① CB ② floater ③ BW
④ EB ⑤ 정답 없음

19 전환사채에 리픽싱조항이 설정된 경우 전환가격이 원래 전환가격의 70%로 하락하면 전환주식수는 몇 퍼센트 증가하는가?

① 30% ② 70% ③ 43%
④ 38% ⑤ 정답 없음

20 다음 중 채권 발행자가 옵션을 소유하는 채권은?

① 상환요구사채 ② 신주인수권부사채
③ 전환사채 ④ 수의상환사채
⑤ 교환사채

연습문제 해설

01 ③

채권가격은 10288원이다.

$$\frac{300}{1.02}+\frac{300}{1.02^2}+\frac{10,300}{1.02^3}=10,288 \text{ 또는 } 300\times\left(\frac{1-1.02^{-3}}{0.02}\right)+\frac{10,000}{1.02^3}=10,288$$

02 ③

$$C=10,000\times 0.07\times\frac{1}{4}=175,\ \ y=0.09/4=0.0225,\ \ T=5\times 4=20$$

$$175\times\left(\frac{1-1.0225^{-20}}{0.0225}\right)+\frac{10,000}{1.0225^{20}}=9,201.81$$

03 ②

2년이 지났으므로 채권의 만기는 3년이다. 수익률이 변하기 전의 가격은 $175\times\left(\frac{1-1.0225^{-12}}{0.0225}\right)+\frac{10,000}{1.0225^{12}}=9,479.26$원이고 수익률이 7%로 하락하면 채권가격은 액면가와 동일하다(액면이자율과 수익률이 동일하므로 액면가채권임). 따라서 채권가격은 $\frac{10,000}{9,479.26}-1=5.49\%$ 상승한다.

04 ①

$$C=10,000\times 0.05\times\frac{1}{2}=250,\ \ y=0.04/2=0.02,\ \ T=20\times 2=40$$

$$250\times\left(\frac{1-1.02^{-40}}{0.02}\right)+\frac{10,000}{1.02^{40}}=11,368$$

05 ⑤

기준기간이 6개월이므로 $y=0.05/2=0.025$, $T=10\times 2=20$이다.

$$P_0^{zero} = \frac{10,000}{1.025^{20}} = 6,102.71$$

06 ④

수익률이 변하지 않더라도 시간이 경과하면 채권가격은 변한다.

07 ④

액면이자율이 수익률과 동일하므로 이 채권은 액면가채권이다. 이자수익률은 연간 액면이자를 채권가격으로 나눈 값이므로 $\frac{10,000 \times 0.03}{10,000} = 3\%$이다.

08 ①

만기상환금액은 $10,000 \times 1.015^5 = 10,772$원이다(원 미만은 절사함).

09 ③

$$y_3 = \left(\frac{100}{80}\right)^{\frac{1}{3}} - 1 = 7.72\%$$

10 ①

$$y_3 = \left(\frac{100}{80}\right)^{\frac{1}{3}} - 1 = 7.72\%, \ y_2 = \left(\frac{100}{89}\right)^{0.5} - 1 = 6.00\%,$$

$$_2f_3 = \frac{1.0772^3}{1.06^2} - 1 = 11.24\%$$

11 ④

$$y_3 = (1.05 \times 1.09 \times 1.16)^{\frac{1}{3}} - 1 = 9.91\%$$

12 ①

$2.5\% = \frac{2.3\% + r\%}{2} + 0.05\%$로부터 단기이자율은 2.6%로 계산된다.

13 ②

14 ④

2차연도의 귀속이자는 $P_2 - P_1$이다. $P_1 = \frac{10,000}{1.05^9} = 6,446$원이고 $P_2 = \frac{10,000}{1.05^8} =$ 6,768원이므로 귀속이자는 322원이다.

15 ②

$(10,000 \times 1.012 \times 1.009) \times 0.03 = 306.3324$원이므로 소수 한 자리로 구하면 306.3원이다.

16 ②

실질이자율은 $\frac{1.05}{1.02} - 1 = 0.0294$이다.

17 ④

$$P_0 = \frac{360}{1.03} + \frac{360}{1.035^2} + \frac{10,360}{1.041^3} = 9,869.06$$

18 ②

19 ③

70%로 하락하면 $1/0.7 = 1.43$배 증가하므로 43%이다.

20 ④

수의상환사채는 발행기업이 채권을 매입할 수 있는 수의상환권을 소유한다.

채권투자전략

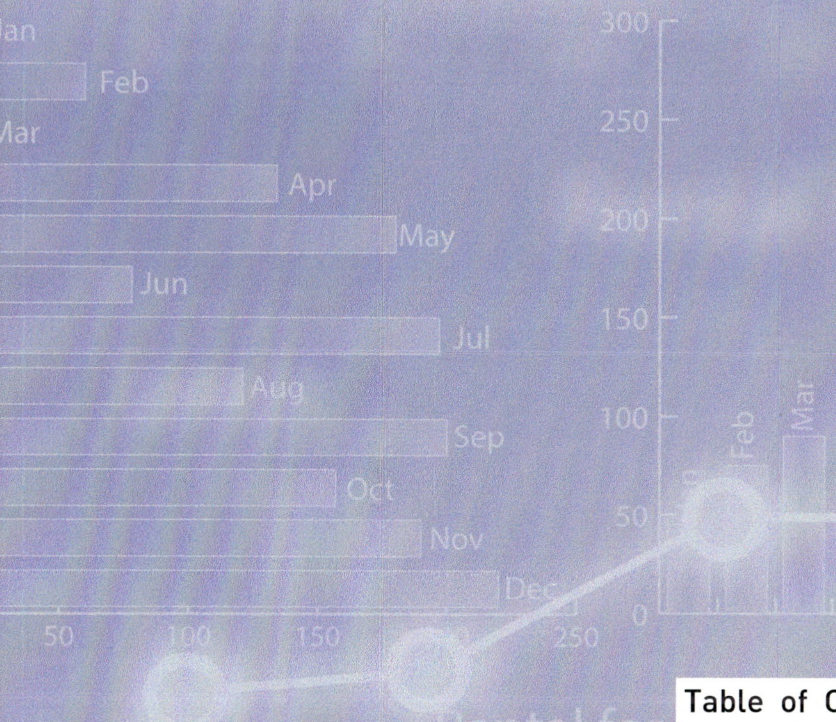

Table of Contents

학습 주안점

채권투자자, 차익거래자, 펀드매니저, 리스크관리자는 거래전략, 헤지와 면역전략, 리스크관리 등을 위하여 채권가격의 변동성을 측정해야 한다. 듀레이션은 채권의 가격변동성 추정치로 가장 많이 사용되는 위험측정치이다. 듀레이션은 1938년 맥콜레이가 개발한 이후 여러 분야에서 광범위하게 이용되고 있다.

이 장에서는 듀레이션, 면역전략, 채권투자전략 등에 대해 살펴보기로 한다. 여러분이 숙지해야 할 내용은 다음과 같다.

1. 이자율변동위험에 대하여 정리한 말키엘-호머-리보위츠의 정리를 이해하는가? 이자율변동위험에 영향을 미치는 변수는 무엇인가?
2. 듀레이션은 어떻게 계산되는가? 듀레이션을 유효만기라 부르는 이유는 무엇인가?
3. 듀레이션의 정의와 속성을 이해하는가?
4. 채권가격변화율과 듀레이션간의 관계는? 듀레이션은 어떤 가정에 근거하는가?
5. 컨벡시티가 필요한 이유는 무엇인가?
6. 면역전략의 기본 개념은 무엇이며 어떻게 시행할 수 있는가?
7. 수익률곡선타기는 무엇인가?
8. 수익률곡선의 평행이동, 기울기의 변화, 곡률의 변화에 따른 채권투자전략은 각각 무엇인가?
9. 상황대응면역전략이란 무엇인가?

1 듀레이션

1.1 이자율위험에 관한 정리

이자율이 변하면 채권가격은 이자율과 반대 방향으로 변한다. 채권 투자자는 이자율 변동에 대한 채권가격의 민감도에 관심을 갖는다. 이런 이자율변동위험에 대해 말키엘(Malkiel, 1962), 호머와 리보위츠(Homer and Liebowitz, 1972)에 의해 정리된 결과 여섯 가지는 다음과 같다.[1)]

① 채권가격이 미래 현금흐름의 현재가치이므로 채권가격과 수익률은 부(－)의 관계를 갖는다. 즉, 수익률이 상승하면 채권가격은 하락하고 수익률이 하락하면 채권가격은 상승한다.

② 수익률 상승에 의한 채권가격의 하락폭이 동일 크기의 수익률 하락에 의한 채권가격의 상승폭보다 작다. [그림 13-1]에서 0을 중심으로 오른쪽의 가격변화가 왼쪽의 가격변화보다 작다. 이 속성을 채권의 볼록성(또는 컨벡시티(convexity))이라고 한다.

③ 장기채권의 가격은 단기채권의 가격보다 이자율변동에 대해 더 민감하다(즉, 가격변화율이 크다). 예를 들어, B채권의 민감도가 A채권의 민감도보다 크다.

④ 만기가 길어짐에 따라 이자율변동에 대한 채권가격의 민감도는 체감적으로 증가한다. 예를 들어, B채권의 만기는 A채권의 6배이지만 가격민감도는 6배보다 작다.[2)]

⑤ 채권가격의 변화율은 채권의 액면이자율과 부(－)의 관계를 갖는다. 즉, 액면이자율이 낮은 채권의 가격민감도가 액면이자율이 높은 채권보다 크다(즉, C채권의 가격민감도가 B채권보다 큼).

⑥ 이자율변동에 대한 채권가격의 민감도는 현재 채권가격에 내재된 만기수익률과 부(－)의 관계를 갖는다(즉, D채권의 가격민감도가 C채권보다 큼).

---

1) Bodie, Kane, Marcus, Investments, 6th ed. pp520-21.

2) 예를 들어, 액면이자율 10%, 원금 10,000원, 수익률 10%인 채권은 만기와 무관하게 액면가채권이다. 만일 수익률이 9%로 하락하면 5년, 10년, 15년 만기 채권의 가격은 각각 10,388.97원, 10,641.77원, 10,806.07원으로 상승한다. 각 채권의 가격변화율이 각각 3.89%, 6.42%, 8.06%이므로 체감적으로 증가한다(즉, 변화율 차이가 2.53%와 1.64%로 줄어듦). 변동폭의 경우에도 동일한 논리가 적용된다.

그림 13-1 수익률변화에 대한 채권가격의 변화율

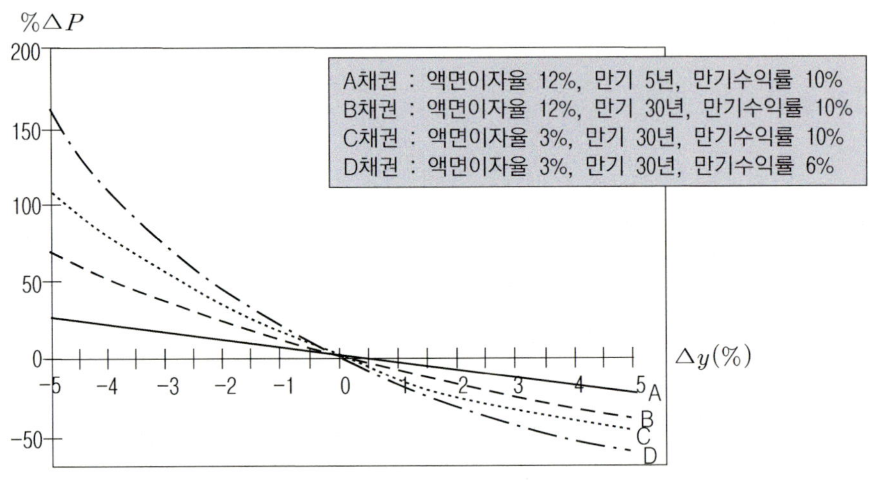

(자료: Bodie, Kane, Marcus, Investments, 6th ed. p.521, Figure 16.1)

주요결과 13-1

채권가격-수익률간의 관계는 볼록하다. 채권가격 변화율은 만기와 정(+)의 관계를, 그리고 액면이자율 및 만기수익률과 부(-)의 관계를 갖는다.

이상의 결과는 만기가 길수록, 액면이자율이 낮을수록, 그리고 만기수익률이 낮을수록 이자율 변동에 대한 채권가격의 민감도가 크다는 것을 보여준다. 또한 만기가 이자율위험의 중요한 요인이 되는 것은 사실이지만 이자율위험(interest rate risk)을 측정하는데 만기만으로는 충분하지 않다는 것도 알려 준다.3) 즉, 액면이자율과 만기수익률도 이자율위험에 대한 중요한 정보를 제공한다. 따라서 이자율위험의 크기에 영향을 미치는 만기, 액면이자율, 만기수익률 등을 하나의 숫자로 종합하면 좋은 위험측정치(risk measure)가 될 수 있는데 듀레이션이 그렇게 탄생된 위험측정치이다.4)

주요결과 13-2

듀레이션은 만기, 원금, 액면이자의 크기와 지급시점, 만기수익률 등을 종합하여 요약한 위험측정치이다.

3) 이자율이 변하면 채권가격이 변하므로 이자율위험(interest rate risk)을 가격위험(price risk)이라고도 한다. 가격위험은 미래 채권가격의 불확실성을 의미하기도 한다.

4) 정확히 얘기하면, 듀레이션은 만기, 원금, 액면이자의 크기, 액면이자의 지급시점, 그리고 만기수익률 등 총 5개의 자료를 요약한 수치이다.

1.2 듀레이션의 계산

프레데릭 맥콜레이(Frederick Macaulay)는 1938년 채권투자에서 채권만기의 대용치(proxy)로 사용할 수 있는 새로운 측정치를 구성하고 이를 듀레이션(duration)이라고 명명하였다. 채권의 듀레이션은 현금흐름(cash flow: CF)의 현재가치가 현금흐름 현재가치의 합(즉 채권가격)에서 차지하는 비중에 현금흐름 발생시점을 곱한 값들의 합으로 계산된다. 따라서 듀레이션은 가중평균만기(weighted average maturity), 유효만기 또는 실질만기(effective maturity)의 의미를 갖는다. 듀레이션(duration) $Duration$은 다음의 식으로 산출된다.

$$Duration = \frac{\sum_{t=1}^{n} PV(CF_t) \times t}{\sum_{t=1}^{n} PV(CF_t)} \tag{13.1}$$

채권가격 P_0가 $\sum_{t=1}^{n} PV(CF_t)$이므로 듀레이션 식을 다음과 같이 다시 쓸 수 있다.

$$Duration = \sum_{t=1}^{T} \left[\frac{PV(CF_t)}{P_0} \times t \right] \tag{13.2}$$

여기서 T는 채권의 만기, $PV(CF_t)$는 t시점 현금흐름의 현재가치, $\frac{PV(CF_t)}{P_0} = \frac{\frac{CF_t}{(1+y)^t}}{P_0}$는 t시점 현금흐름의 가중치(weight)이다.

예시 13-1 듀레이션의 계산(연 1회 이자지급 가정)

수익률이 10%일 때 액면이자율 8% 만기 3년 원금 10,000원인 채권의 가격은 9,502.44원이고 듀레이션은 2.78년이다.

▌표 13-1 듀레이션의 계산

듀레이션 계산					
시점(t)	현금흐름	1원의 현재가치	현금흐름현가	현금흐름현가 × 시점	가중치
1	800	0.9091	727.28	727.28	0.07654
2	800	0.8264	661.12	1,322.24	0.06957
3	10,800	0.7513	8,114.04	24,342.12	0.85389
합 계			9,502.44	26,391.64	

식 (13.1) 이용 $Duration = \frac{26,391.64}{9,502.44} = 2.78$년

또는

식 (13.2) 이용 $Duration = 0.07654 \times 1 + 0.06957 \times 2 + 0.85389 \times 3 = 2.78$년

1.3 듀레이션의 정의

듀레이션은 다음과 같은 여러 정의를 갖는다.

① 듀레이션은 채권현금흐름의 가중평균만기로서(가중치는 현금흐름의 현재가치가 채권가격에서 차지하는 비율임) 채권의 현금흐름을 회수하는데 소요되는 평균 기간을 의미한다. 평균기간은 현가 기준 채권현금흐름의 균형점(fulcrum point)이다. 그림에서 투명한 용기는 현금흐름이고 진한 부분은 용기를 채운 물로 현금흐름의 현가를 의미한다. 듀레이션은 시소(seesaw)의 균형을 잡을 수 있는 삼각대까지의 거리이다.

▌그림 13-2 듀레이션과 시소

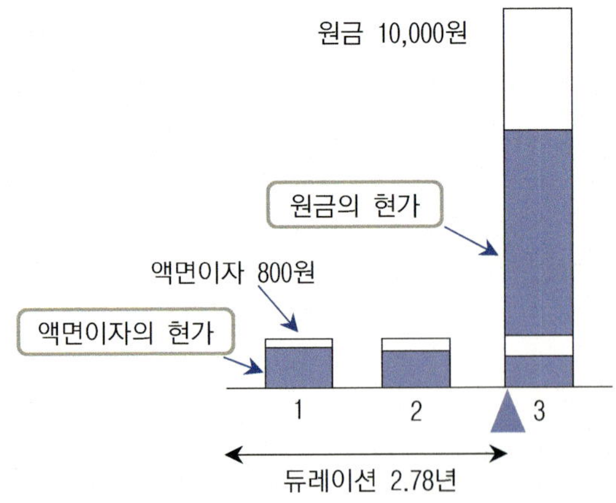

② 듀레이션은 이자율의 변화가 재투자수익과 채권가격에 미치는 상반된 영향을 서로

상쇄시키는데 필요한 기간이다. 즉 듀레이션 기간 동안 채권을 보유하면 이자율의 변화가 재투자수익에 미치는 효과와 채권가격에 미치는 효과가 서로 상쇄되어 순효과(net effect)가 0이 된다.

③ 듀레이션은 수익률의 변화 $\frac{dy}{1+y}$에 대한 채권가격의 변화율 $\frac{dP_0}{P_0}$을 측정하는 채권가격의 민감도(sensitivity)이다.

그림 13-3 가격 민감도로서의 듀레이션

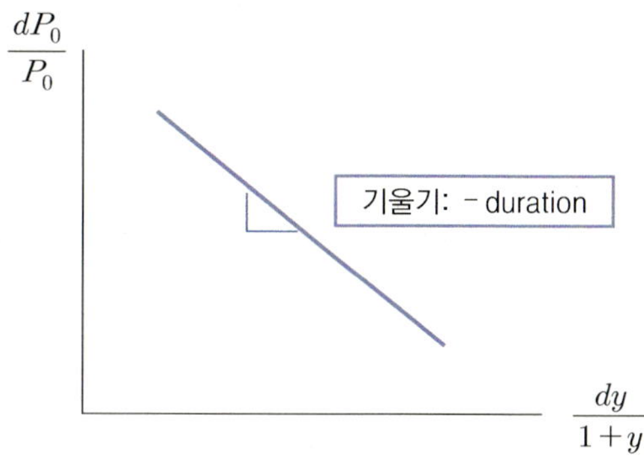

주요결과 13-3

듀레이션은 현금흐름의 현재가치가 채권가격에서 차지하는 비율을 가중치로 하여 계산한 가중평균만기로 유효만기의 의미를 갖는다. 듀레이션은 이자율 변화의 순효과를 0으로 만드는 투자기간이고, 수익률의 변화에 대한 채권가격의 변화율을 의미하는 가격민감도이기도 하다.

듀레이션의 속성 일곱 가지를 요약하면 다음과 같다.

① 무이표채(zero-coupon bond)와 같이 현금흐름이 1개인 증권의 듀레이션은 만기와 동일하다. 따라서 만기가 1년 미만인 단기금융상품은 대체로 만기와 듀레이션이 동일하다.

② 채권포트폴리오의 듀레이션은 개별 채권 듀레이션의 가중평균이다(가중치는 채권포트폴리오의 가치에서 개별 채권의 가치가 차지하는 비율임). 따라서 이표채(coupon-bearing bond)의 듀레이션은 무이표채 듀레이션의 가중평균이므로 이는 항상 만기보다 짧다.

③ 일반적으로 만기가 길수록 듀레이션은 증가한다.[5)]

5) "일반적으로"라는 말은 항상 성립하지 않는다는 것을 의미한다. 액면이자율이 0보다 크지만 만기수익률(y)보다 낮은 일부 할인채권의 경우 만기가 길어짐에 따라 듀레이션은 처음에는 증가하나 최고점에 도달한 후 계속적으로 감소한다.

④ 액면이자율이 낮을수록 듀레이션은 커진다.

⑤ 시장이자율(만기수익률)이 높을수록 듀레이션은 작아진다.

⑥ 영구채권 또는 영구연금의 듀레이션은 $1+\frac{1}{y}$이다.

⑦ 변동금리채권의 듀레이션은 만기와 관계없이 재조정기간(reset period)이다. 즉, 만기와 무관하게 3개월(6개월)마다 이자율이 재조정되면 듀레이션은 0.25년(0.5년)이다.

주요결과 13-4

무이표채의 듀레이션은 만기와 같고, 이표채의 듀레이션은 무이표채 듀레이션의 가중평균이다. 영구채권의 듀레이션은 1에 수익률의 역수를 가산한 값이다. 듀레이션은 만기와 정(+)의 관계를, 그리고 액면이자율 및 수익률과 부(−)의 관계를 갖는다. 변동금리채권의 듀레이션은 재조정기간이다.

1.4 위험측정치로서의 듀레이션

채권가격을 수익률에 대해 미분하고 이를 정리하면 다음 관계가 유도된다.

$$\frac{dP_0}{P_0} = -Duration \cdot \frac{dy}{1+y} \tag{13.3}$$

채권가격의 변화율 $\frac{dP_0}{P_0}$은 듀레이션, 현재의 수익률, 수익률변화에 의해 결정된다. 여기서 마이너스 부호는 수익률과 채권가격이 부(−)의 관계임을 의미한다. 만약 $\frac{dy}{1+y}$이 모든 채권에 동일하다면 결국 듀레이션이 크면 채권의 가격변화율도 크게 되므로 듀레이션은 채권의 위험을 측정하는 훌륭한 지표가 된다(듀레이션의 세 번째 정의 참조). 여기서 수익률 변화와 가격변화는 아주 작은 변화를 의미하므로 현실적으로 이 관계는 근사치로 성립한다.

양변에 P_0를 곱하면 채권가격의 변화금액이 산출된다.

$$dP_0 = -Duration \cdot \frac{dy}{1+y} \cdot P_0 \tag{13.4}$$

그리고 $\frac{Duration}{1+y}$를 수정듀레이션(modified duration: $Duration^*$)으로 정의하면 보다 간결한 다음 식이 성립한다.

$$\frac{dP_0}{P_0} = -Duration^* \cdot dy \tag{13.5}$$

이 식에 의하면, 이자율 1%포인트 변화에 따른($dy = 1\%$) 채권가격의 변화율이 수정듀레이션과 동일하므로 수정듀레이션이 듀레이션보다 사용하기가 편리한 점이 있다.

듀레이션 또는 수정듀레이션은 다음과 같은 세 가지 가정에 기초한다.

① 수익률곡선은 수평이다.
② 수익률곡선은 항상 평행이동한다.
③ 수익률의 변화는 크지 않다.

이 세 가지 가정이 모두 성립하면 듀레이션은 채권의 위험측정치로서 완벽하게 성립하지만 현실적으로 세 가지 가정은 모두 성립하지 않는다. 따라서 듀레이션을 이용하여 추정한 채권가격의 변화율은 실제의 가격변화율과 상당한 차이가 날 수도 있다.

예시 13-2 듀레이션과 채권가격변화

수익률이 10%일 때 액면이자율 8%, 원금 10,000원, 만기 3년인 채권의 듀레이션은 2.78년이고 수정듀레이션은 2.53년이다. 현재 채권의 가격은 9,502.44원이다.

그림 13-4 수익률변화와 채권가격변화

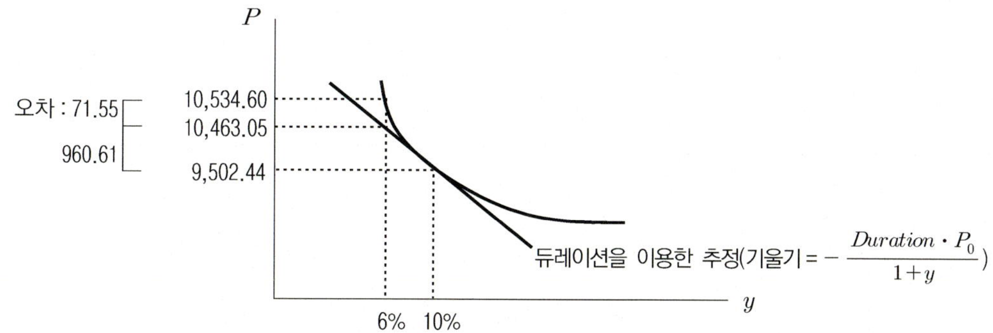

채권의 수익률이 10.1%로 상승하면 채권가격은 9,478.68 원으로 23.76 원 하락한다. 듀레이션을 이용하면 채권가격은 $dP_0 = \frac{2.78}{1.1} \times 9{,}502.44 \times 0.001 = 24.02$ 원 하락하는 것으로 추정된다. 이 경우 오차는 0.26 원으로 크지 않다.

만약 수익률이 10%에서 6%로 4%포인트 하락하면 채권가격은 10,534.60원으로 1,032.16원 상승한다. 듀레이션을 이용하면 채권가격은 $dP_0 = -\frac{2.78}{1.1} \times 9{,}502.44 \times (-0.04) = 960.61$원 상승하여 10,463.05원이 되는 것으로 추정된다. 이 경우 오차는 71.55원으로 변화 전 채권가격의 $\frac{71.55}{9{,}502.44} = 0.75\%$에 이를 정도로 크게 된다.

주요결과 13-5

채권가격의 변화율은 $\frac{dP_0}{P_0} = -Duration \cdot \frac{dy}{1+y}$로 추정된다. 채권가격의 볼록성으로 인해 컨벡시티를 함께 이용하여 추정하면 정확성이 향상된다.

예시 13-3 엑셀을 이용한 듀레이션의 계산

듀레이션 또는 수정듀레이션을 계산하는 가장 간단한 방법은 엑셀의 함수를 이용하는 것이다. 이를 소개하면 다음과 같다. 엑셀함수 DURATION의 입력변수는 기준일, 만기일, 액면이자율, 수익률, 연간 이자지급횟수, 일수계산방법이다. 일수계산방법이 '실제일수/실제일수'이면 1을 선택한다. 바로 앞에서 고려한 3년 만기 채권의 경우, 기준일과 만기일을 임의로 각각 2018년 6월 3일과 2021년 6월 3일로 선택하였다. 계산된 값은 2.7774이다.

A7 =DURATION(B1,B2,B3,B4,B5,B6)

	A	B	C	D	E	F	G
1	기준일	2018-06-03					
2	만기일	2021-06-03					
3	액면이자율	8%					
4	수익률	10%					
5	연간 이자지급횟수	1					
6	일수계산방법	1					
7	2.7774						
8							

수정듀레이션을 구하고자 하면 엑셀함수 MDURATION을 이용한다. 입력변수는 DURATION의 경우와 정확히 동일하다. 계산된 값은 2.5249이다.

A7 =MDURATION(B1,B2,B3,B4,B5,B6)

	A	B	C	D	E	F
1	기준일	2018-06-03				
2	만기일	2021-06-03				
3	액면이자율	8%				
4	수익률	10%				
5	연간 이자지급횟수	1				
6	일수계산방법	1				
7	2.5249					
8						

1.5 선형추정의 오류와 컨벡시티

채권가격과 수익률은 볼록한(convex) 관계를 갖는다. 그러나 채권가격변화를 듀레이션을 이용하여 추정하는 것은 선형관계를 가정하고 근사치로 구하는 것이다. [그림 13-5]에서 이자율이 현재의 y_0에서 $y^{'}$으로 하락하면 채권의 실제가격은 P_0에서 $P_0^{'}$으로 상승한다. 그러나 듀레이션을 이용하면 채권의 가격은 $P_D^{'}$로 상승한 것으로 추정되므로 선형추정은 실제의 변화를 과소평가하게 된다. 반면에 이자율이 현재의 y_0에서 $y^{''}$으로 상승하면 채권의 실제가격은 P_0에서 $P_0^{''}$으로 하락한다. 그러나 듀레이션을 이용하면 채권의 가격은 $P_D^{''}$로 하락한 것으로 추정되므로 선형추정은 실제의 위험을 과대평가하게 된다. 따라서 수익률과 가격 관계가 볼록한 경우 가격변화를 비교적 정확하게 추정하기 위해서는 컨벡시티(convexity) 또는 볼록성을 함께 고려해야 한다.

그림 13-5 선형추정치의 평가 오류

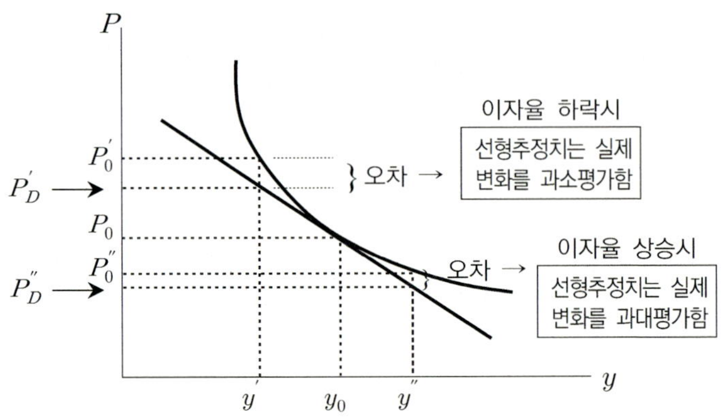

채권가격의 변화율은 듀레이션과 컨벡시티를 이용하면 보다 정확하게 추정된다.[6] 즉 컨벡시티는 가격곡선의 기울기 변화를 측정하므로 기울기 변화를 반영하지 않을 때의 오차를 크게 줄일 수 있다([그림 13-6]의 왼쪽 그림 참조).[7]

주요결과 13-6

듀레이션을 이용하여 추정한 가격변화는 이자율이 상승하는 경우 실제의 가격변화를 과대평가하고, 이자율이 하락하는 경우 실제의 가격변화를 과소평가한다.

듀레이션이 동일하나 컨벡시티가 상이한 두 채권의 경우, 컨벡시티가 큰 채권은 컨벡시티가 작은 채권에 비하여 상대적으로 높은 프리미엄(premium)이 형성되어 거래된다.[8] 왜냐하면, [그림 13-6]의 오른쪽 그림이 보여주듯이, 수익률이 상승하면 컨벡시티가 큰 채권의 가격은 컨벡시티가 작은 채권의 가격보다 덜 하락하나, 수익률이 하락하면 컨벡시티가 큰 채권의 가격은 컨벡시티가 작은 채권의 가격에 비하여 더 많이 상승하기 때문이다. 그리고 시장이 불안하여 수익률의 변동성이 커지면 컨벡시티의 프리미엄은 증가한다. 반대로 수익률이 안정적이면 컨벡시티 프리미엄은 감소하게 된다.

6) 가격곡선의 1차 미분값은 기울기를 의미하고 2차 미분값은 기울기의 변화를 의미한다.
7) 컨벡시티의 계산과 이를 이용하는 것은 이 책에서 다루지 않기로 한다. 보다 자세한 내용은 채권의 가치평가와 투자전략(윤평식, 탐진출판사) 제6장을 참고할 것.
8) 뒤에 설명되어 있듯이, 바벨포트폴리오의 컨벡시티가 가장 크고 불렛포트폴리오의 컨벡시티가 가장 작다.

▌그림 13-6 컨벡시티의 이용

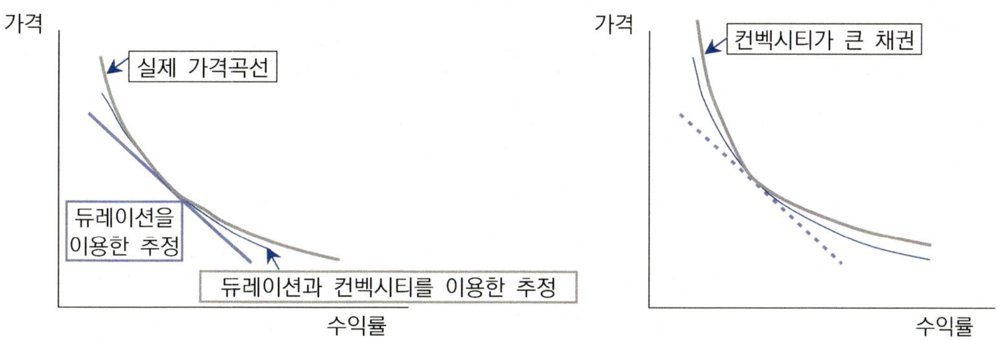

채권포트폴리오는 현금흐름 형태에 따라 불렛포트폴리오, 바벨포트폴리오, 래더포트폴리오로 구분된다. 불렛포트폴리오(bullet portfolio)는 중간 만기에 집중된 포트폴리오이고, 바벨포트폴리오(barbell portfolio)는 짧은 만기와 긴 만기에 나누어 투자하는 포트폴리오이다. 그리고 래더포트폴리오(ladder portfolio)는 여러 만기에 균등하게 나누어 투자하는 포트폴리오이다. [그림 13-7]은 세 포트폴리오의 구성을 시각적으로 보여준다. 세 포트폴리오가 듀레이션이 같도록 구성되면 바벨포트폴리오의 컨벡시티가 가장 크고, 불렛포트폴리오의 컨벡시티가 가장 작다.

▌그림 13-7 불렛포트폴리오, 바벨포트폴리오, 래더포트폴리오

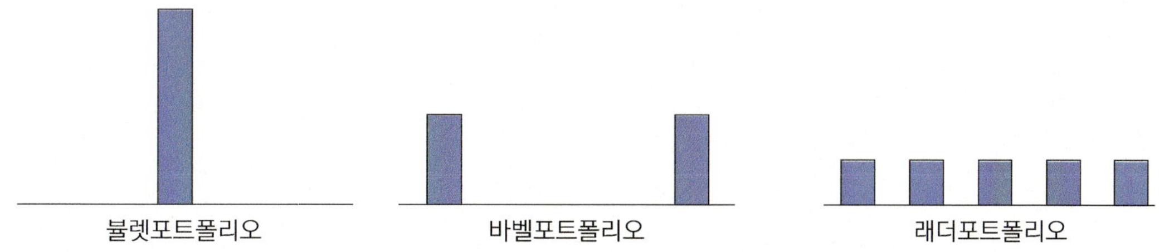

2 소극적 투자전략: 면역전략

2.1 면역전략 개념

미래 일정시점 t에서의 투자자의 부(wealth) W_t는 액면이자의 미래가치 $FV(Coupons)$와 t시점에서의 채권가치 P_t의 합으로 계산된다.

$$W_t = FV(Coupons) + P_t = (Coupons + Int) + P_t \tag{13.6}$$

액면이자의 미래가치 $(Coupons + Int)$는 액면이자의 재투자수익(이자수익)을 액면이자에 가산한 금액으로 이자의 재투자수익률(reinvestment rate)에 의해 결정된다. 그리고 P_t는 t 시점에서의 수익률에 의해 결정된다.

투자자가 채권을 매입한 후에 시장이자율(즉, 채권수익률)이 증가하면 재투자수익률도 증가하게 되어, 재투자수익은 시장이자율이 변하지 않는 경우에 비하여 상대적으로 증가하지만 미래채권가격 P_t은 상대적으로 감소한다. 반대로 시장이자율이 감소하면 상대적으로 재투자수익은 감소하고 P_t은 증가하게 된다. 이처럼 시장이자율의 변화는 이자수익과 채권가격에 상반된 영향을 미치게 된다. 이 상황은 [그림 13-8]과 같다(C는 액면이자이고 F는 원금임).

그림 13-8 시장이자율의 변화가 재투자수익과 미래채권가격에 미치는 영향

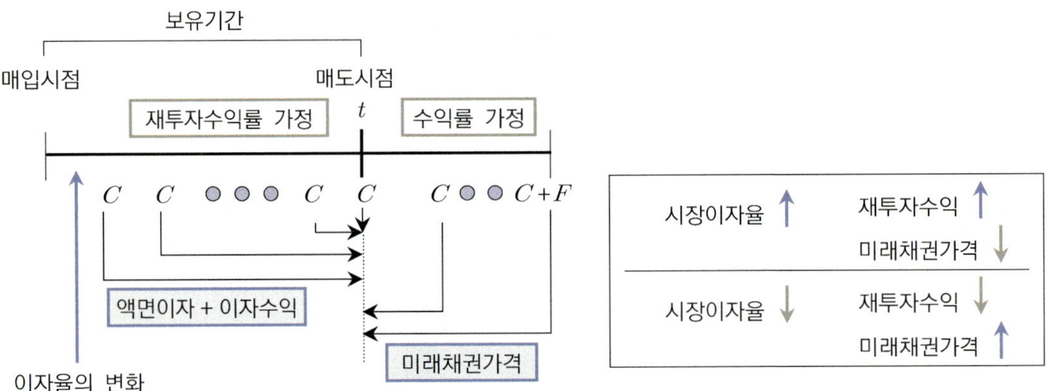

앞에서 듀레이션을 "금리변화가 재투자수익과 채권가격에 미치는 상반된 영향을 서로 상쇄시키는데 필요한 기간"으로 정의하였다. 즉 채권을 정확히 듀레이션 기간 동안 보유하면 재투자수익의 증가(감소)는 채권가격의 감소(증가)로 정확히 상쇄되어 투자자의 부는 변하지 않게 된다. 즉,

$$\Delta W_t = \Delta FV(Coupons) + \Delta P_t = 0 \tag{13.7}$$

$\Delta W_t = 0$이라는 것은 $t = Duration$이면(즉 듀레이션 기간 동안 투자하면) t시점에서의 가치를 $P_0(1+y)^t$로 확정시킬 수 있음을 의미한다(y는 투자시점에서의 채권의 수익률임). 뒤에 자세히 설명되어 있듯이, 듀레이션(2.78년) 기간 동안 채권을 보유하면 이자율이 변하더

라도 2.78년 후에 투자자가 $9{,}502.44 \times 1.1^{2.78} = 12{,}385$원을 확보할 수 있다. 이것이 면역전략(immunization strategy)의 기본 개념이다. 미래의 부를 확정하려면 다음 세 가지 가정이 성립해야 한다.

① 수익률곡선은 수평(horizontal)이다.
② 수익률곡선은 항상 평행이동(parallel shift)만 한다.
③ 금리변화는 첫 번째 현금흐름 이전에 발생한다.

2.2 면역전략 예시

면역전략의 기본 개념을 설명하기 위하여 3년 만기, 8% 액면이자율의 채권을 이용해 보자. 채권의 가격은 950.26원이고(원금은 1,000원이고, 수익률 10%) 듀레이션은 2.777년이다.[9] ① 수익률이 10%에서 변하지 않는 경우, ② 6%로 하락한 경우, ③ 14%로 상승한 경우, 2.777년 후의 투자자의 부는 다음과 같이 동일하다(액면이자의 재투자수익률이 새 수익률과 동일하며, 수익률이 첫 번째 액면이자가 지급되기 전에 변한다고 가정함).

$$[80(1.10)^{1.777} + 80(1.10)^{0.777}] + \frac{1{,}080}{1.10^{0.223}} = 180.91 + 1{,}057.29 = 1{,}238.20$$

$$[80(1.06)^{1.777} + 80(1.06)^{0.777}] + \frac{1{,}080}{1.06^{0.223}} = 172.43 + 1{,}066.06 = 1{,}238.49$$

$$[80(1.14)^{1.777} + 80(1.14)^{0.777}] + \frac{1{,}080}{1.14^{0.223}} = 189.55 + 1{,}048.90 = 1{,}238.45$$

면역전략으로 투자자는 2.777년 후의 부를 $950.26 \times 1.1^{2.777} = 1{,}238$원으로 확정시킬 수 있다. [그림 13-9]는 수익률이 10%에서 변하지 않는 경우, 그리고 수익률이 상승 또는 하락하는 경우, 투자가치가 어떤 경로를 따라 1,238원이 되는지 보여준다. 투자 후 수익률이 하락하면 채권가격은 상승하지만 재투자수익률은 하락하므로 증가속도가 상대적으로 완만해진다. 반면에 수익률이 상승하면 채권가격은 하락하지만 재투자수익률이 상승하므로 증가속도가 상대적으로 빨라진다.

9) [예시 13-1]에서 고려한 채권으로 여기서 원금은 1,000원으로 가정한다. 듀레이션으로 2.78년 대신 2.777년을 이용한다.

▌그림 13-9 수익률의 변화와 투자의 미래가치

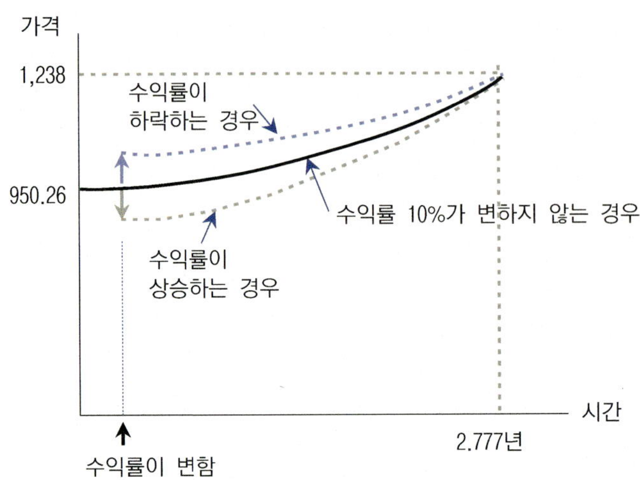

950.26원을 투자하여 2.777년 후에 1,238.20원을 확보하면 이는 $\left(\frac{1,238.20}{950.26}\right)^{\frac{1}{2.777}} - 1 =$ 10%의 총투자수익률을 의미한다. 이는 투자자가 면역전략을 시행하면 처음 포지션을 취하는 시점에서의 만기수익률로 투자수익률을 확정시킬 수 있음을 의미한다. 이자율이 변할 때의 $\Delta FV(Coupons)$와 ΔP_t는 [표 13-2]와 같다. 여기서 투자자의 부의 변화 ΔW_t는 결코 0보다 작지 않다(표에서 차이는 10%인 경우와 비교한 값임).[10)]

듀레이션이 2.777년인 채권에 2.777년 동안 포지션을 취하면 2.777년 후에 포지션의 가치가 확정된다. 따라서 2.777년 후에 1,238원을 지급해야 하는 의무가 있는 금융회사는 $Duration = 2.777$인 채권(투자금액은 1,238원의 현가)을 이용하여 면역전략을 시행할 수 있다(금융회사 부채의 듀레이션은 2.777년임). 따라서 면역전략의 성립조건은 다음과 같다.

자산의 현재가치 = 부채의 현재가치
자산의 듀레이션 = 부채의 듀레이션

---

10) 부채는 2.777년의 단일현금흐름인데 반하여 자산포트폴리오의 현금흐름은 800원, 800원, 10,800원으로 부채에 비하여 상대적으로 넓게 퍼져 있다. 이는 자산포트폴리오의 컨벡시티가 부채포트폴리오보다 크다는 것을 의미한다. 이로 인해 ΔW_t는 결코 0보다 작지 않게 된다.

표 13-2 면역전략의 성과(기준시점: 2.777년 후)

$$W_t = FV_t(Coupons) + P_t,\ \Delta W_t = \Delta FV_t + \Delta P_t,\ t = 2.777$$

	액면이자의 미래가치		미래 채권가격		합 계	
	$FV_t(Coupons)$	ΔFV_t	P_t	ΔP_t	W_t	ΔW_t
6%로 하락	172.43	−8.48	1,066.06	8.77	1,238.49	0.29
7%로 하락	174.54	−6.37	1,063.83	6.54	1,238.37	0.17
8%로 하락	176.65	−4.26	1,061.62	4.33	1,238.27	0.07
9%로 하락	178.78	−2.13	1,059.44	2.15	1,238.22	0.02
10%	180.91		1,057.29		1,238.20	
11%로 상승	183.06	2.15	1,055.16	−2.13	1,238.22	0.02
12%로 상승	185.21	4.30	1,053.05	−4.24	1,238.26	0.06
13%로 상승	187.37	6.46	1,050.96	−6.33	1,238.33	0.13
14%로 상승	189.55	8.64	1,048.90	−8.39	1,238.45	0.25

면역전략은 수익률곡선의 평행이동에 대해서만 면역된다. 또한 이자율이 변하여 듀레이션이 변하기도 하지만 단지 시간이 지남으로 인해 듀레이션이 변하기도 한다. 따라서 포트폴리오가 항상 면역상태를 유지하기 위해서는 포트폴리오를 일정한 간격으로 재조정(rebalancing)해야 한다.

주요결과 13-7

자산과 부채의 듀레이션을 일치시키면 이자율의 변동으로부터 영향을 받지 않는다. 즉, 면역전략을 시행하면 처음 포지션을 취하는 시점에서의 만기수익률로 투자수익률을 확정할 수 있다.

예시 13-4 복수채무의 면역전략

4년과 8년 후에 각각 10,000만원을 지급해야 하는 복수채무를 가지고 있는 보험회사가 면역전략을 수립하고자 한다. 현재의 시장이자율은 10%이다. 보험회사는 3년 만기 무이표채와 영구채권(연 1회 이자 지급)을 이용할 예정이다.

먼저 아래와 같이 채무의 현재가치 11,495.20만원과 듀레이션 5.6232년을 계산한다.

시 점	현금흐름	현금흐름의 현가	가중치	시점×가중치
4	10,000	6,830.13	0.5942	2.3768
8	10,000	4,665.07	0.4058	3.2464
합 계		11,495.20		5.6232

부채의 듀레이션이 5.6232년이므로 3년 만기 무이표채와 영구채권에 투자해야 할 비중은 각각 67.21%와 32.79%이다.

$$w \times 3 + (1 - w) \times \left(1 + \frac{1}{0.1}\right) = 5.6232 \rightarrow w = 0.6721$$

따라서 면역포트폴리오의 구성은 다음과 같다.

채 권	투자금액	계 산
3년 만기 무이표채	7,725.92	11,495.20 × 0.6721
영구채권	3,769.28	11,495.20 × 0.3279

3 적극적 투자전략

3.1 수익률곡선타기

수익률곡선타기(riding yield curve)는 현재의 상향수익률곡선이 변하지 않을 것으로 예상되는 경우 행하는 적극적 투자전략이다. 시간이 흐름에 따라 채권의 만기는 짧아지는데 현재의 상향수익률곡선이 그대로 유지된다고 가정하므로 수익률은 하락하고 채권의 가격은 상승하게 되어 자본이득이 발생하게 된다. 수익률곡선타기는 이런 자본이득을 적극적으로 추구하는 투자전략이지만 현재의 상향수익률곡선이 변하지 않는다는 가정이 성립되어야 한다.

그림 13-10 수익률곡선타기

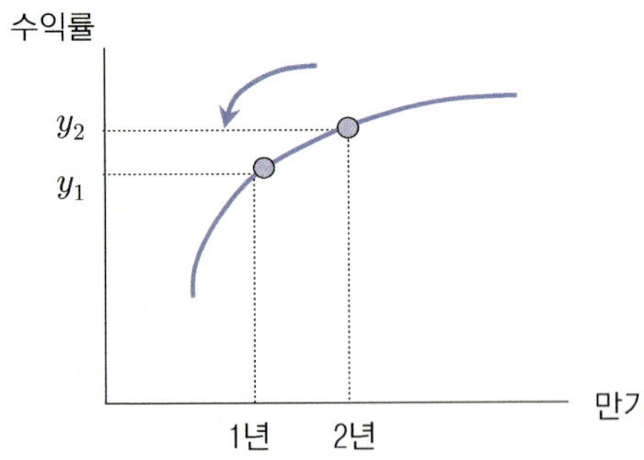

예시 13-5 수익률곡선타기

1년 만기 무이표채의 수익률이 8%이고 2년 만기 무이표채의 수익률이 9%라고 가정하자. 즉, $y_1 = 8\%$, $y_2 = 9\%$, ${}_1f_2 = 10.01\%$이다. 그리고 현재의 상향수익률곡선이 2년 동안 변하지 않는다고 가정하자. 10,000원 액면의 2년 만기 무이표채의 매입가격은 $\frac{10,000}{1.09^2} =$ 8,416.80원이다. 그리고 투자자는 1년 후에 $y_1 = 8\%$이므로 이 채권을 $\frac{10,000}{1.08} = 9,259.26$원에 매도할 수 있다. 투자자는 수익률곡선타기를 이용하여 $\frac{9,259.26 - 8,416.80}{8,416.80} =$ 10.01%의 수익률을 얻게 된다. 즉 수익률곡선타기의 가정이 그대로 성립하면 투자자는 선도이자율에 해당되는 수익률을 얻을 수 있다.

3.2 수익률곡선의 변화에 따른 투자전략 *

수익률곡선의 움직임이 이자율 수준의 변화, 기울기의 변화, 곡률의 변화에 의해 대부분 설명되므로 수익률곡선의 변화를 이용한 채권투자전략도 수준, 기울기, 그리고 곡률의 변화에 기초해야 한다.

① 수익률곡선이 평행이동할 것으로 예상되는 경우에 취하는 전략에는 강세거래전략과 약세거래전략이 있다. 이 전략은 시장방향에 대한 베팅(market directional betting)이다.

미래에 이자율이 하락할 것으로 예측되면 듀레이션이 긴 채권을 매입하고 듀레이션이 짧은 채권을 매도하는 강세거래전략(bullish trade strategy)을 이행한다. 반면에 이자율이 상승할 것으로 예측되면 듀레이션이 짧은 채권을 매입하고 듀레이션이 긴 채권을 매도하는 약세거래전략(bearish trade strategy)을 이행한다.

그림 13-11 수익률곡선의 평행이동과 투자전략

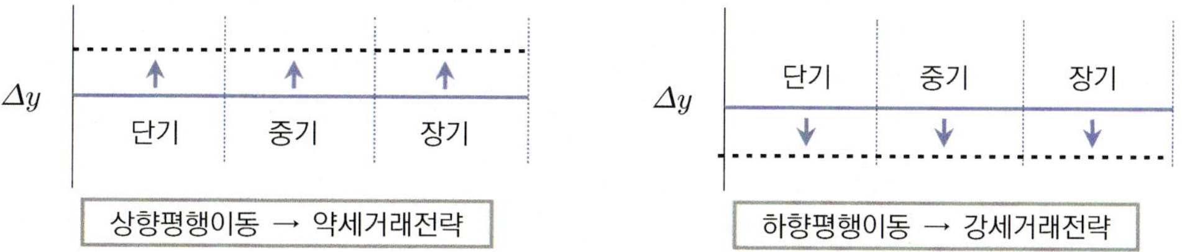

② 수익률곡선의 기울기가 변할 것으로 예상되는 경우에 취하는 전략으로 만기단축거

래와 만기연장거래가 있다. 이 전략은 수익률곡선 기울기에 대한 베팅(yield curve slope betting)이다. 아래 그림은 상향수익률곡선을 기준으로 기울기의 변화를 표시한 것이다.

상향수익률곡선의 경우 기울기가 더 가파르게 될 것으로 예상되면 긴 만기의 채권을 매도하고 짧은 만기의 채권을 매입하는 만기단축거래(maturity shortening trade)를 실시한다. 반면에 기울기가 완만해질 것으로 예상되면 긴 만기의 채권을 매입하고 짧은 만기의 채권을 매입하는 만기연장거래(maturity extension trade)를 실시한다.

그림 13-12 수익률곡선 기울기의 변화와 투자전략

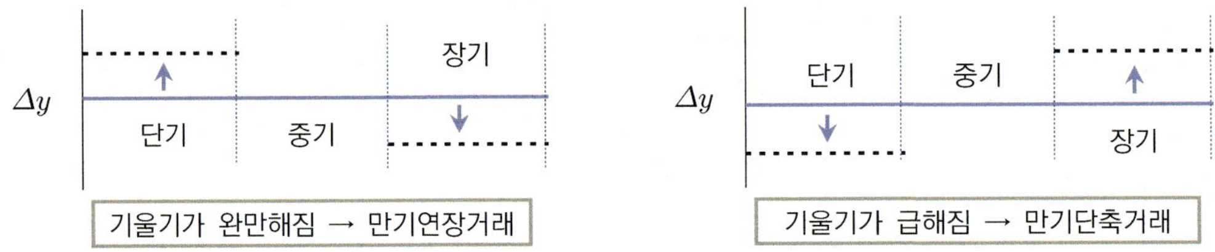

③ 수익률곡선의 곡률(curvature)이 변할 것으로 예상되는 경우에 취하는 전략으로 나비형거래와 역나비형거래가 있다. 이 전략은 수익률곡선 곡률에 대한 베팅(yield curve curvature betting)으로 보통 3개의 채권을 이용한다(오목한 상향수익률곡선 가정). 중간 만기의 수익률이 긴 만기와 짧은 만기에 비하여 상대적으로 많이 증가할 것으로 예상하면 불렛매도-바벨매입 전략(bullet-to-barbell strategy)인 나비형거래(butterfly trade)를 시행하고, 반대의 경우에는 바벨매도-불렛매입 전략(barbell-to-bullet strategy)인 역나비형거래(converse trade)를 시행한다. 수익률곡선의 변화에 따른 자세한 투자전략은 이 책의 범위를 벗어나므로 더 이상 다루지 않기로 한다.[11)]

그림 13-13 수익률곡선 곡률의 변화와 투자전략

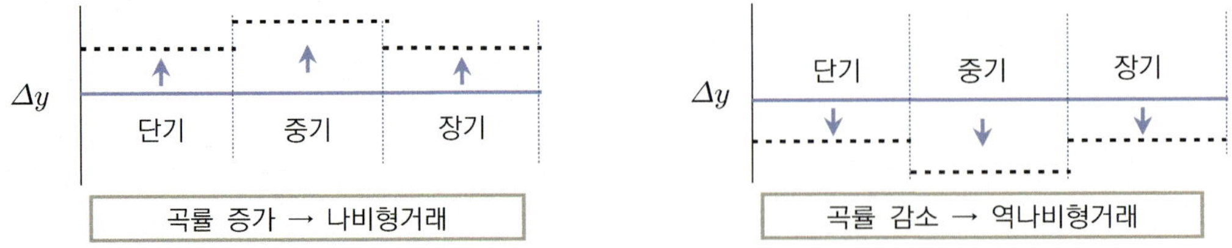

11) 관심있는 독자는 "채권의 가치평가와 투자전략"(2019년, 윤평식 저, 도서출판 탐진) 14장을 참조하라.

주요결과 13-8

적극적인 투자전략은 수익률곡선의 수준변화, 기울기변화, 곡률변화에 기초한다. 투자전략은 수익률이 하락할 것으로 예상되는 채권은 매입하고, 수익률이 상승할 것으로 예상되는 채권은 매도하는 것이다.

3.3 상황대응면역전략

상황대응면역전략(contingent immunization)은 유리한 상황에서는 적극적인 투자전략을 구사하다가 상황이 불리해지면 듀레이션을 이용한 면역전략으로 전환하는 투자전략이다.

예를 들어, 투자자는 현재 10억을 보유하고 있으며 2년 후 목표금액은 11억원이다. 현재의 수익률이 15%이므로 2년 후의 11억원은 오늘의 $\frac{11}{1.15^2} = 8.3$억원과 동일하다. 일단 10억으로 적극적인 투자전략을 구사한다. 만일 [그림 13-14]의 A패널처럼 투자성과가 좋아 시점별 목표달성을 위한 최저가치수준 또는 면역전략으로 전환해야 하는 가치(trigger point)를 상회하는 경우 계속 적극적인 투자전략으로 최대한의 가치상승을 추구하게 된다. 그러나 B패널처럼 중도에(즉, t^*시점에서) 최저가치수준으로 하락하게 되면 적극적인 투자전략을 포기하고 2년 후 기준으로 11억원을 달성하기 위하여 즉각 면역전략으로 전환한다.

그림 13-14 상황대응면역전략

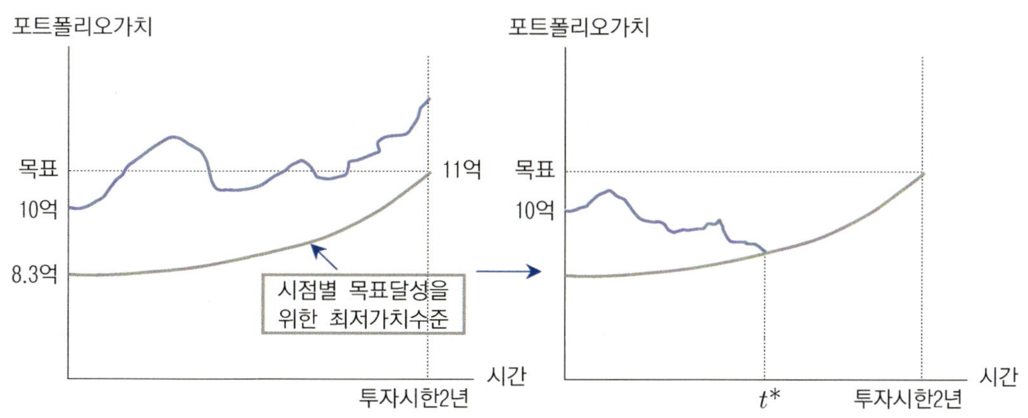

핵심용어 해설

- 듀레이션(duration): 현금흐름의 현재가치가 채권가격에서 차지하는 비율을 가중치로 하여 계산한 가중평균만기
- 컨벡시티(convexity): 채권가격-수익률간의 관계를 보여주는 곡선의 곡률
- 불렛포트폴리오(bullet portfolio): 중간 만기에 집중된 포트폴리오
- 바벨포트폴리오(barbell portfolio): 짧은 만기와 긴 만기에 나누어 투자하는 포트폴리오
- 래더포트폴리오(ladder portfolio): 여러 만기에 균등하게 나누어 투자하는 포트폴리오
- 면역전략(immunization): 이자율의 변동으로부터 영향을 받지 않기 위하여 자산과 부채의 듀레이션을 일치시키는 전략
- 수익률곡선타기(riding yield curve): 채권의 만기가 짧아짐에 따라 수익률이 하락하여 채권가격이 상승할 것으로 기대하고 만기가 긴 채권을 매입하는 전략
- 강세거래전략(bullish trade strategy): 이자율 하락 예상시 취하는 "장기채권 매입, 단기채권 매도"의 거래
- 약세거래전략(bearish trade strategy): 이자율 상승 예상시 취하는 "단기채권 매입, 장기채권 매도"의 거래
- 만기단축거래(maturity shortening trade): 상향수익률곡선의 기울기 증가 예상시 취하는 "장기채권 매도, 단기채권 매입"의 거래
- 만기연장거래(maturity extension trade): 상향수익률곡선의 기울기 감소 예상시 취하는 "장기채권 매입, 단기채권 매도"의 거래
- 나비형거래(butterfly trade): 상향수익률곡선의 곡률 증가 예상시 취하는 "단기채권과 장기채권 매입, 중기채권 매도"의 거래
- 역나비형거래(converse trade): 상향수익률곡선의 곡률 감소 예상시 취하는 "중기채권 매입, 단기채권과 장기채권 매도"의 거래
- 상황대응면역전략(contingent immunization): 상황이 유리하면 적극적인 투자전략을 구사하지만 상황이 불리하면 면역전략으로 전환하는 복합전략

개념 체크

1. 채권의 만기가 길어짐에 따라 가격변화율이 체감적으로 증가하는가? 아니면 체증적으로 증가하는가?

2. 이자율의 변화에 따른 채권가격의 변화율이 비대칭적인 이유는 무엇인가?

3. 듀레이션의 계산에 구체적으로 어떤 자료가 이용되는가? 듀레이션을 계산할 수 있는가?

4. 듀레이션이 유효만기 또는 실질만기라는 의미는 무엇인가?

5. "듀레이션과 투자기간이 일치하면 이자율의 변화가 재투자수익과 채권가격에 미치는 상반된 효과를 서로 상쇄할 수 있다." 이 말의 의미를 자세히 설명할 수 있는가?

6. 만기가 30년인 변동금리채권이 3개월마다 이자율이 재조정되면 듀레이션이 0.25년이다. 맞는가?

7. 액면이자율이 낮을수록 듀레이션이 크다는 속성을 설명할 수 있는가?

8. 듀레이션을 이용하여 추정한 가격변화와 실제 가격변화 중 어떤 값이 더 큰가?

9. 컨벡시티가 필요한 이유는 무엇인가?

10. 듀레이션과 컨벡시티를 함께 이용하면 추정오차가 크게 감소하는 이유는 무엇인가?

11. 불렛포트폴리오, 바벨포트폴리오, 래더포트폴리오는 각각 무엇인가? 어떤 포트폴리오의 컨벡시티가 가장 큰가?

12. 면역전략의 기본 개념은 무엇인가? 면역전략이 성립하기 위한 기본 가정 세 가지는 무엇인가?

13. 3년 후에 300만원을 상환해야 하는 투자자가 면역전략을 추구한다면 어떻게 해야 하는가?

14. 면역전략을 실행하는 경우 성립조건 두 가지는 무엇인가?

15. 면역전략을 위한 포지션이 취해지면 이 포지션은 계속적으로 유효한가? 어떤 경우에 포지션을 재조정해야 하는가?

16. 수익률곡선타기는 무엇이며 언제 유효한 투자전략인가?

17. 수익률곡선이 평행이동할 것으로 예상되는 경우 적절한 전략은?

18. 현재의 상향수익률곡선의 기울기가 변할 것으로 예상되는 경우 적절한 전략은?

20. 수익률곡선의 곡률이 변할 것으로 예상되는 경우 적절한 전략은?

21. 상황대응면역전략이란 무엇이며 언제 추구하는가?

연 습 문 제

01 다음 채권의 듀레이션은 얼마인가?
만기 3년, 액면이자율 4%, 원금 10,000원, 수익률 3%, 연1회 이자지급
① 2.86년 ② 2.91년 ③ 2.89년
④ 2.83년 ⑤ 정답 없음

02 다음 5개 채권의 듀레이션이 가장 큰 것부터 작은 순서대로 나열된 것으로 옳은 것은?

채 권	액면이자율	만 기	만기수익률
A	15%	20년	10%
B	15%	15년	10%
C	0%	20년	10%
D	8%	20년	10%
E	15%	15년	15%

① A, D, C, B, E
② C, D, A, E, B
③ A, D, C, E, B
④ C, D, A, B, E
⑤ A, B, C, D, E

03 원금이 10,000원이고 매년 5%의 이자를 영구적으로 지급하는 영구채권의 듀레이션은 정수로 얼마인가? 현재 수익률은 6%이다.
① 21 ② 18 ③ 19
④ 20 ⑤ ∞

04 다음 중 수익률곡선의 기울기에 대한 베팅 전략만을 모두 모은 것은?

① 강세거래전략, 약세거래전략
② 만기단축거래, 만기연장거래
③ 강세거래전략, 만기단축거래
④ 나비형거래, 역나비형거래
⑤ 만기단축거래, 만기연장거래, 나비형거래

05 면역전략에 이용하는 채권은 액면이자율이 4%이고 만기가 3년인 채권이다. 수익률은 3%이고 채권은 연 1회 이자를 지급한다(문제 1번 채권). 만약 투자자가 이 채권을 듀레이션 기간 동안 보유하면 기간말 투자자의 부는 얼마인가? 듀레이션은 소수 두 자리로 구하며 면역전략의 조건이 성립한다고 가정한다.

① 11,073원 ② 10,892원 ③ 11,199원
④ 11,265원 ⑤ 정답 없음

06 채권가격변화율과 수정듀레이션($Duarion^*$)간의 관계는?

① $\dfrac{dP_0}{P_0} = Duration^* \times dy$

② $\dfrac{dP_0}{P_0} = -Duration^* \times \dfrac{dy}{1+y}$

③ $\dfrac{dP_0}{P_0} = Duration^* \times \dfrac{dy}{1+y}$

④ $\dfrac{dP_0}{P_0} = -Duration^* \times dy$

⑤ 정답 없음

07 듀레이션을 이용하여 추정한 가격변화는 이자율이 상승하는 경우 실제 가격변화를 ________하고 이자율이 하락하는 경우 실제 가격변화를 ______한다.

① 과대평가, 과소평가 ② 과소평가, 과대평가
③ 과대평가, 과대평가 ④ 과소평가, 과소평가
⑤ 정답 없음

08 다음 중 컨벡시티가 가장 큰 포트폴리오는?

① 불렛포트폴리오 ② 래더포트폴리오
③ 바벨포트폴리오 ④ 무위험포트폴리오
⑤ 정답 없음

09 4년과 8년 후에 각각 10,000만원을 지급해야 하는 복수채무를 가지고 있는 금융회사가 면역전략에 2년 만기 무이표채와 영구채권(연1회 이자 지급)을 이용하고자 한다. 현재의 시장이자율은 5%이다. 부채의 듀레이션은 얼마인가? 반올림하여 소수 두 자리로 구할 것.

① 4.89년 ② 5.81년 ③ 5.36년
④ 5.68년 ⑤ 정답 없음

10 9번 문제에서 영구채권에 투자할 비중은 얼마인가? 반올림하여 정수로 답할 것.

① 20% ② 18% ③ 23%
④ 26% ⑤ 정답 없음

공인회계사 기출문제

11 액면가 10,000원, 액면이자율 15%, 만기가 2년인 채권을 고려하고 있다. 1년간의 현물이자율이 10%이고 그 후 1년간의 선도이자율도 10%로 가정하자. 채권투자의 위험을 줄이기 위하여 투자기간을 얼마로 결정해야 하는가? 채권은 연 1회 이자를 지급하고 채권의 볼록성을 고려하지 않는다. CPA

① 1.87 ② 1.84 ③ 1.65
④ 2.00 ⑤ 1.75

12 이표이자를 1년마다 한 번씩 지급하는 채권이 있다. 이 채권의 만기수익률은 연 10%이며, 이 채권의 듀레이션을 구한 결과 4.5년으로 나타났다. 이 채권의 만기수익률이 0.1% 포인트 상승한다면, 채권가격 변화율은 근사치로 얼마이겠는가? 단, 채권가격의 비례적인 변화율과 만기수익률의 변화와의 관계식을 이용해야 한다. CPA

① －0.4286% ② －0.4091% ③ －0.2953%

④ －0.2143% ⑤ －0.2045%

13 채권가치평가와 채권포트폴리오 관리에 관련된 다음 설명 중 가장 적절하지 않은 것은? CPA

① 다른 조건은 동일하고 만기만 다른 채권 A(1년), B(3년), C(5년)가 있다. 시장이자율이 상승할 때, 채권 A와 채권 B의 가격하락폭의 차이는 채권 B와 채권 C의 가격하락폭의 차이보다 작다.

② 다른 조건이 일정할 경우 시장이자율이 하락하면 채권의 듀레이션은 길어진다.

③ 시장이자율이 하락할 때 채권가격이 상승하는 정도는 시장이자율이 같은 크기만큼 상승할 때 채권가격이 하락하는 정도보다 더 크다.

④ 채권포트폴리오의 이자율위험을 면역화하기 위해서는 시간이 경과함에 따라 채권포트폴리오를 지속적으로 재조정해야 한다.

⑤ 채권포트폴리오의 이자율위험을 면역화하기 위해서는 시장이자율이 변동할 때마다 채권포트폴리오를 재조정해야 한다.

14 채권에 대한 다음 설명 중 가장 옳지 않은 것은? 단, 다른 조건은 일정하다. CPA

① 일반채권의 경우 볼록성(convexity)이 심한 채권의 가격이 볼록성이 약한 채권의 가격보다 항상 비싸다.

② 일반채권의 볼록성은 투자자에게 불리하다.

③ 이자율이 하락하면 수의상환채권(callable bond)의 발행자에게는 유리할 수 있고 투자자에게는 불리할 수 있다.

④ 이자율이 상승하면 상환청구권부채권(puttable bond)의 투자자에게는 유리할 수 있고 발행자에게는 불리할 수 있다.

⑤ 우상향 수익률곡선의 기울기가 심하게(steeper) 변한다면, 단기채를 매입하고 장기채를 공매하는 투자전략이 그 반대전략보다 투자자에게 유리하다. (단, 기울기는 항상 양의 값을 가진다.)

15 채권에 관한 다음 설명 중 가장 적절하지 않은 것은? CPA

① 다른 모든 조건이 동일할 때, 만기수익률이 높은 채권일수록 금리의 변화에 덜 민감하게 반응한다.

② 무이표채의 매컬리듀레이션(Macaulay duration)은 채권의 잔존만기와 같다.

③ 영구채(perpetuity)의 매컬리듀레이션은 $\frac{1+y}{y}$이다. (단, y는 양수의 만기수익률이다.)

④ 다른 모든 조건이 동일할 때, 잔존만기가 길수록 할인채권(discount bond)과 액면가채권(par bond)의 매컬리듀레이션은 증가한다.

⑤ 다른 모든 조건이 동일할 때, 수의상환조항(call provision)이 있는 채권의 경우 조항이 없는 일반채권에 비해 매컬리듀레이션이 작다.

16 만기 5년, 액면가 1,000원, 액면이자율 7%인 이표채가 있다. 만기수익률이 현재 11%에서 9%로 하락할 때, 채권가격의 변화율을 다음의 두 가지 방법으로 구하려고 한다. 첫째, 이표채로부터 발생하는 현금흐름(CF)의 현재가치(PV)를 구한 아래의 표를 이용하여 실제 채권가격변화율을 구하고 그 값을 채권가격변화율$_A$라고 한다. 둘째, 이표채의 매컬리(Macaulay) 듀레이션을 아래의 표를 이용하여 구하고, 계산된 듀레이션을 이용하여 채권가격변화율을 구하고 그 값을 채권가격변화율$_B$라고 한다. 이때 (채권가격변화율$_A$ − 채권가격변화율$_B$)의 값으로 가장 가까운 것은? CPA

연도	CF	수익률 11%인 경우		수익률 9%인 경우	
		PV(CF)	PV(CF)×연도	PV(CF)	PV(CF)×연도
1	70	63.06	63.06	64.22	64.22
2	70	56.81	113.63	58.92	117.84
3	70	51.18	153.55	54.05	162.16
4	70	46.11	184.44	49.59	198.36
5	1,070	634.99	3,174.96	695.43	3,477.13

① 0.37%
② 0.42%
③ 0.47%
④ 0.52%
⑤ 0.57%

17 채권의 평가 및 투자전략에 관한 설명으로 가장 적절하지 않은 항목만으로 구성된 것은? CPA

a. 채권평가에서 만기수익률 상승으로 인한 가격 하락폭보다 같은 크기의 만기수익률 하락으로 인한 가격 상승폭이 더 크다.
b. 채권에 3년간 투자하려고 할 때, 채권수익률 기간구조이론 중 불편기대가설이 성립하는 경우 정부발행 3년 만기 할인채에 투자 및 보유하는 전략과 정부발행 1년 만기 할인채에 3년 동안 선도계약을 활용하지 않고 반복투자하는 롤오버(roll-over) 전략의 사후적인 투자성과는 같다.
c. 다른 조건이 동일하다면 수의상환조건이 있는 채권의 만기수익률은 수의상환조건이 없는 채권의 만기수익률보다 낮다.
d. 수익률곡선타기(riding yield curve)는 수익률곡선이 우상향할 때 효과적인 채권투자전략이다.
e. 이표채의 듀레이션(duration)은 만기에 정비례하고 만기가 같은 경우에는 액면이자율이 높은 채권의 듀레이션이 짧다.

① a, c, e ② a, d, e ③ b, c, d
④ b, c, e ⑤ c, d, e

18 채권A, 채권B, 채권C에 대한 정보가 다음의 .표와 같다. 시장이자율의 변동이 각 채권의 만기수익률에 동일한 크기의 영향을 미친다고 가정할 때 채권A, 채권B, 채권C에 대한 설명으로 가장 적절하지 않은 것은? CPA

분 류	채권A	채권B	채권C
채권 유형	무이표채	이표채	이표채
액면금액	1억원	1억원	1억원
액면이자율	–	연 5%	연 10%
잔존만기	5년	5년	5년
액면이자 지급시기	–	매년 12월 31일	매년 12월 31일
만기수익률	연 8%	연 8%	연 8%

① 현재시점에서 채권A의 가격이 가장 낮다.
② 시장이자율이 변동하면 채권A의 가격변동률이 가장 크다.
③ 채권A의 듀레이션(duration)은 5년이다.
④ 채권B와 채권C의 듀레이션은 5년 보다 작다.
⑤ 현재시점에서 채권B의 듀레이션 및 가격은 채권C의 듀레이션 및 가격보다 작다.

19 이자율과 채권가격에 대한 설명으로 가장 적절하지 않은 것은? 

① 이자율이 상승하면 채권가격은 하락한다.
② 만기가 길어질수록 동일한 이자율변동에 대한 채권가격 변동폭이 커진다.
③ 만기가 길어질수록 동일한 이자율변동에 대한 채권가격 변동폭은 체감적으로 증가한다.
④ 이자율 상승시 채권가격 하락보다 동일 이자율 하락시 채권가격 상승이 더 크다.
⑤ 액면이자율이 높을수록 동일한 이자율변동에 대한 채권가격 변동률이 더 크다.

20 듀레이션에 관한 설명으로 가장 적절하지 않은 것은? CPA

① 무이표채의 경우 만기가 길어지면 듀레이션은 증가한다.
② 액면이자율이 높아지면 듀레이션은 감소한다.
③ 만기수익률이 높아지면 듀레이션은 감소한다.
④ 시간이 경과함에 따라 듀레이션은 감소한다.
⑤ 상환요구청구권(put provision)은 듀레이션을 증가시킨다.

21 옵션적 특성이 없는 채권(일반사채)과 관련된 다음의 설명 중 가장 올바른 것은? CPA
단, 이자수익률은 연간 액면이자를 채권가격으로 나눈 값이다.

① 만기에 가까워질수록 할증채권과 할인채권 모두 할증폭과 할인폭이 작아지며, 가격변화율도 작아진다.
② 만기에 가까워질수록 액면가채권은 이자수익률이 커지며 자본이득률이 작아진다.
③ 시장분할가설은 만기에 따라 분할된 하위시장 자체 내에서 기대이자율과 유동성프리미엄에 의해 이자율이 결정된다는 가설이다.
④ 순수할인채권과 이자부채권이 영구채에 비해 이자율변동위험이 더 크게 노출된다.
⑤ 순수할인채권의 재투자위험은 없으며 이자수익률(current yield)이 0이다.

22 채권에 관한 다음 설명 중 가장 적절하지 않은 것은? CPA

① 수익률곡선이 우상향일때 무이표채권의 만기수익률은 동일 조건인 이표채권의 만기수익률보다 작다.

② 수익률곡선이 우상향일때 선도이자율은 현물이자율보다 높게 나타난다.

③ 액면이자율이 낮은 채권의 가격변화율은 액면이자율이 높은 동일 조건의 채권보다 이자율변화에 더 민감하게 반응한다.

④ 무이표채의 듀레이션(duration)은 채권의 잔존만기와 동일하다.

⑤ 수의상환채권(callable bond)의 가격은 동일 조건인 일반채권의 가격보다 낮다.

23 다음 여러 가지 채권의 볼록성(convexity)에 대한 설명 중 가장 옳지 않은 것은? CPA

① 일반사채(straight bond)의 경우 볼록성이 심할수록 이자율 상승시 채권가격이 적게 하락하고, 이자율 하락시 채권가격이 많이 상승한다.

② 이자율이 상승하거나 하락하거나 일반사채의 볼록성은 항상 양(+)의 값을 가진다.

③ 이자율이 상승하면 일반사채에 비하여 상환청구권부사채(puttable bond)의 볼록성이 약하다.

④ 이자율이 하락하면 수의상환사채(callable bond)의 볼록성은 음(−)의 값을 가진다.

⑤ 이자율이 상승하면 수의상환사채의 볼록성은 일반사채와 같게 된다.

연습문제 해설

01 ③

듀레이션 계산				
시 점(t)	현금흐름	1원의 현재가치	현금흐름현가	현금흐름현가 × 시점
1	400	0.9709	388.36	388.36
2	400	0.9426	377.04	754.08
3	10,400	0.9151	9,517.04	28,551.12
합 계			10,282.44	29,693.56

$$Duration = \frac{29{,}693.56}{10{,}282.44} = 2.89\text{년}$$

02 ④

먼저 A, C, D중에서 액면이자율이 낮을수록 듀레이션이 크므로 C, D, A의 순서이다. A는 B보다 만기가 길므로 듀레이션이 크다. 그리고 B는 E보다 만기수익률이 작으므로 듀레이션이 크다. 결국, 순서는 C, D, A, B, E이다.

03 ②

영구채권의 듀레이션은 $\frac{1+y}{y} = \frac{1.06}{0.06} = 17.7$년이다.

04 ②

강세거래전략과 약세거래전략은 시장방향에 대한 베팅이고, 나비형거래와 역나비형거래는 곡률에 대한 베팅이고, 만기단축거래와 만기연장거래는 기울기에 대한 베팅이다.

05 ③

듀레이션이 2.89년이고 채권가격은 10,282.44원이고 수익률이 3%이므로 투자자의 부는 $10{,}282.44 \times 1.03^{2.89} = 11{,}199{,}43$원이다.

06 ④

07 ①

08 ③

09 ②

부채의 듀레이션이 5.81년이다.

시 점	현금흐름	현금흐름의 현가	가중치	시점×가중치
4	10,000	8,227.02	0.5486	2.1944
8	10,000	6,768.39	0.4514	3.6112
합 계		14,995.41		5.8056

10 ①

부채의 듀레이션이 5.81년이므로 영구채권에 투자해야 할 비중은 20%이다.

$$(1-w)\times 2 + w\times\left(1+\frac{1}{0.05}\right) = 5.81 \ \rightarrow \ w = 0.2005$$

11 ①

$y_1 = 0.1$, ${}_1f_2 = 0.1$이므로 $y_2 = 0.1$이다. 채권가격이 $\frac{1{,}500}{1.1} + \frac{11{,}500}{1.1^2} = 10{,}867.77$원이므로 듀레이션은 1.87년이다.

$$Duration = \frac{\frac{1{,}500}{1.1}}{10{,}876.77}\times 1 + \frac{\frac{11{,}500}{1.1^2}}{10{,}867.77}\times 2 = 1.87$$

듀레이션의 두 번째 정의에 의해 투자기간이 듀레이션과 일치하면 면역이 된다(즉, 포트폴리오의 가치가 이자율의 움직임으로부터 보호된다).

12 ②

$$\frac{dP_0}{P_0} = -Duration \times \frac{dy}{1+y} = -4.5\times\frac{0.001}{1.1} = -0.004091$$

13 ①

각주 2에서 설명했듯이, 만기가 길어짐에 따라 채권의 가격변화율이 체감적으로 증가하므로 ①이 틀린 설명이다.

14 ②

볼록성(컨벡시티)은 투자자에게 유리하게 작용하므로 컨벡시티 프리미엄이 존재한다.

15 ④

만기가 길수록 모든 채권의 듀레이션이 항상 증가하는 것은 아니다.

16 ②

수익률이 11%이면 채권가격이 852.15원이고 수익률이 9%이면 채권가격은 922.21원이다. 따라서 실제 가격변화율은 $\frac{922.21}{852.15} - 1 = 8.22\%$이다. 수익률이 11%일 때 듀레이션이 $\frac{3,689.64}{852.15} = 4.33$이므로 듀레이션을 이용한 추정 가격변화율은 $-4.33 \times \frac{-0.02}{1.11} = 7.80\%$이다. 따라서 가격변화율 차이는 $8.22\% - 7.80\% = 0.42\%$이다.

17 ④

b의 경우 사전적으로 투자성과는 같지만 사후적으로 동일하지는 않다. 수의상환사채의 경우 발행기업이 옵션을 보유하므로 투자자는 이에 대한 보상을 요구한다. 듀레이션은 만기에 정비례하지 않는다.

18 ⑤

A채권이 무이표채이므로 동일 조건의 이표채에 비하여 가격이 작고 가격변동률이 크다. 무이표채의 듀레이션은 만기와 동일하고 이표채의 듀레이션은 만기보다 짧다. B채권의 가격은 C채권의 가격보다 작지만, 듀레이션은 더 크다.

19 ⑤

액면이자율과 가격변동률은 부(−)의 관계이다.

20 ⑤

상환요구청구권이 행사되면 채권이 상환됨으로 이 조항은 듀레이션을 감소시킨다.

21 ⑤

① 만기일에 접근함에 따라 할인금액과 할증금액이 작아지나(왜냐하면 가격이 원

금에 접근하므로) 가격변화율은 커진다. ② 액면가 채권의 경우 이자수익률은 일정하다. ③ 시장분할가설에서 이자율은 하위시장 내에서의 수요와 공급에 의해 결정된다. ④ 영구채의 듀레이션은 $1+\frac{1}{y}$이다. 순수할인채 또는 이자부채권이 영구채보다 듀레이션이 작으면 이자율변동위험도 작다. ⑤ 순수할인채의 경우 액면이자가 없으므로 재투자위험이 없고 이자수익률은 0이다.

22 ①

상향수익률곡선에서 위에서 순서대로 현물이자율곡선, 선도이자율곡선, 액면수익률곡선이다. 액면수익률(par yield)은 액면가채권의 만기수익률을 말한다(액면수익률은 본문에 설명되어 있지 않음).

23 ③

이자율이 상승하면 상환청구권부사채의 볼록성은 일반사채의 볼록성보다 커진다.

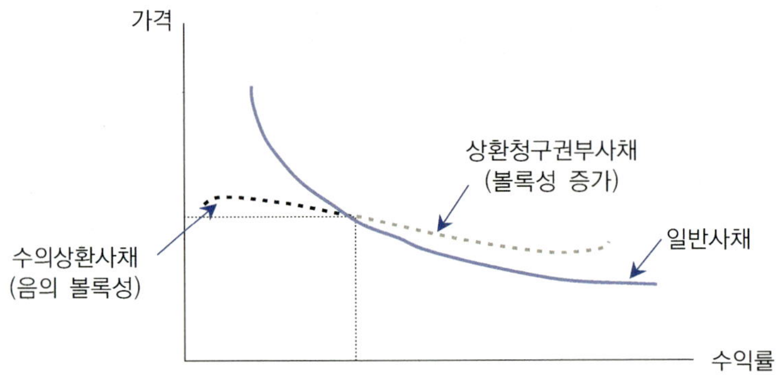

제 5 부

파생상품

Retail sales levels

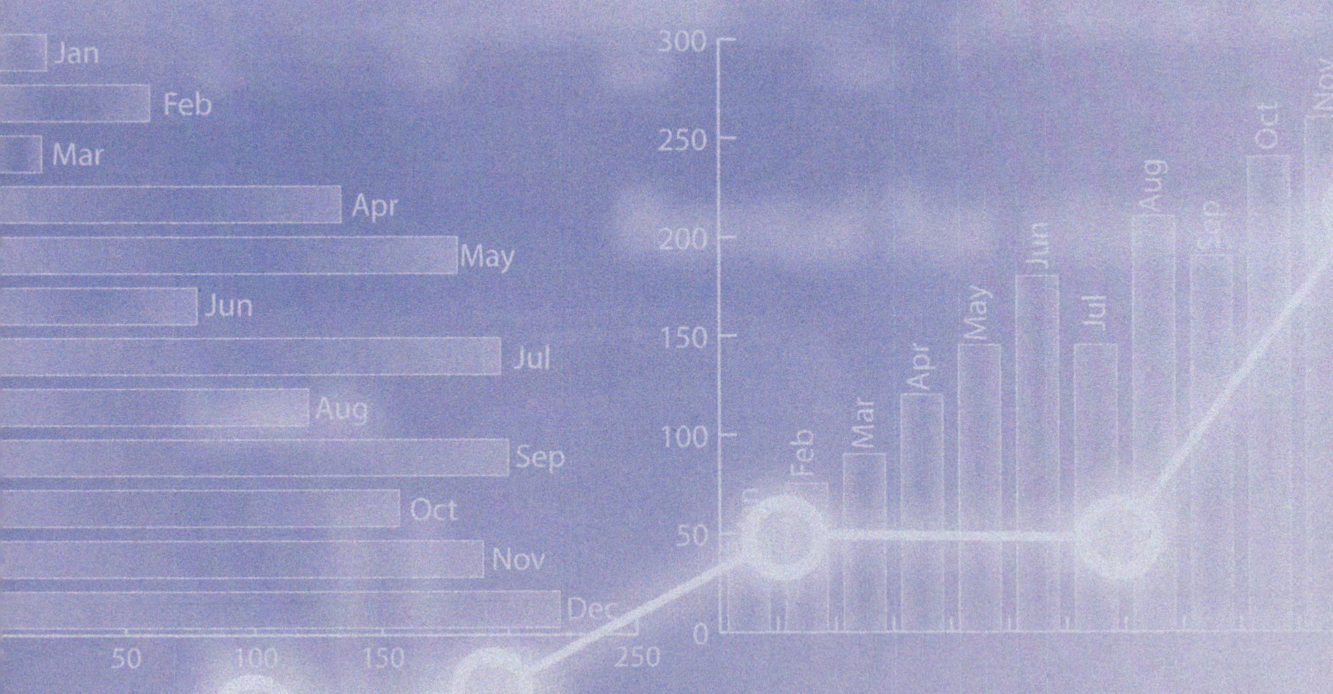
Jan
Feb
Mar
Apr
May
Jun
Jul
Aug
Sep
Oct
Nov
Dec
50
100
150
250
300
250
200
150
100
50
0
Feb
Mar
Apr
May
Jun
Jul
Aug
Sep
Oct
Nov
Rental for storage
Leeds

옵션 기초

Table of Contents

학습 주안점

옵션가격결정이론이 1973년에 발표된 이후 옵션은 여러 분야에서 폭 넓게 활용되고 있다. 기업과 금융회사는 옵션과 같은 파생상품을 이용하여 위험을 관리하고 새로운 금융기법을 활용하여 저렴하게 자금을 조달함으로써 기업가치를 극대화하고 있다. 이 장에서는 옵션의 기초개념, 이득패턴 및 이익패턴, 풋-콜 패리티 등에 대하여 살펴보기로 한다.

이 장에서 여러분이 숙지해야 할 내용은 다음과 같다.

1. 옵션의 용어를 이해하는가?
2. 콜옵션과 풋옵션의 이득과 이익은 어떤 패턴과 특성을 갖는가?
3. 옵션프리미엄에 영향을 미치는 요인 여섯 가지는 무엇이고 어떤 방향으로 영향을 미치는가?
4. 풋-콜 패리티는 무엇이며 어떤 의미를 갖는가? 증명할 수 있는가? 어떤 용도로 사용되는가? 성립하지 않으면 어떤 차익거래가 가능한가?

1 파생상품 소개

파생상품(derivatives)은 그것의 가치가 다른 자산(즉, 기초자산)의 가치에 의해서 결정되는 금융상품이다.[1] 즉, 파생상품은 기초자산으로부터 파생되었으므로 파생상품의 가치가 기초자산의 가치에 의해 결정되고 파생상품 가격결정공식을 도출할(derive) 수 있다는 의미이다.

예를 들어, 당신이 당신 친구와 다음과 같은 계약을 한다고 하자. 만일 1년 후 사과 1개의 가격이 3,000원을 초과하면 당신이 친구에게 1,000원을 지급하고, 만일 가격이 3,000원 아래로 내려가면 당신이 1,000원을 친구로부터 수취한다. 당신이 친구와 체결한 계약은 가치가 사과의 가격에 의해 결정되므로 일종의 파생상품이다. 만약 당신이 사과농장을 가지고 있고 친구가 사과쥬스를 만드는 사업을 한다고 하면 두 사람은 모두 계약을 통하여 불리한 결과에 대해 보호받을 수 있다(이를 헤지한다고 함). 예를 들어, 사과가격이 2,000원이면 당신은 1,000원을 받아 3,000원에 매도한 셈이고, 가격이 5,000원이면 1,000원을 지급하고 4,000원에 매도한 셈이 된다. 이 경우 당신은 가격하락 위험을 감소시킬 수 있고 친구는 가격상승 위험을 감소시킬 수 있다. 반면에 사과농장을 소유하지도 않고 사과주스를 만들지도 않는 투자자는 이런 계약을 이용하여 사과가격에 대하여 투기를 할 수 있다. 사과농장주인과 가공업자의 손익구조는 [표 14-1]과 같다.

표 14-1 사과농장주인과 사과가공업자의 손익구조

사과 가격	매매가격	파생상품 손익	
		사과농장주인	사과가공업자
1,000원	2,000원	+1,000원	−1,000원
2,000원	3,000원	+1,000원	−1,000원
3,000원	3,000원	0	0
4,000원	3,000원	−1,000원	+1,000원
5,000원	4,000원	−1,000원	+1,000원
노출된 위험의 속성		가격하락위험	가격상승위험
헤지 결과		가격하락시 이익 → 가격하락위험 헤지	가격상승시 이익 → 가격상승위험 헤지

1) derivatives는 derive에서 유래되었는데 derive A from B 또는 A derives from B는 A가 B에서 유래하다 또는 파생하다는 뜻이다. 즉 파생상품의 가치가 기초자산의 가치에서 나온다는 의미이다. 파생(派生)의 사전적 정의는 "사물이나 현상이 본체로부터 갈려나와 생기는 것"을 말한다.

위의 예시는 위험을 줄이거나 투기하는 것이 계약 자체에 의해 결정되는 것이 아니라 계약을 어떻게 이용하는가에 의해 결정된다는 것을 보여준다. 파생상품 이용자는 통상적으로 헤저(hedger), 차익거래자(arbitrageur), 투기자(speculator)로 구분된다.

- 헤저: 파생상품을 이용하여 위험을 제거하거나 또는 감소시키고자 하는 거래자
- 차익거래자: 가격 불균형이 발생할 시 포지션을 취하여 위험이 없는 이익을 얻고자 하는 거래자
- 투기자: 파생상품을 이용하여 이익을 극대화하고자 하는 거래자

시장에 헤저, 투기자, 차익거래자 등이 활동함에 따라 파생상품은 여러 유용한 기능을 수행한다. 먼저, 헤지에 의해 리스크 헤지 수단을 제공하고, 투기에 의한 투자수익률 극대화 수단을 제공한다. 또한 파생상품을 활용하여 새로운 상품을 개발할 수 있고, 미래 기초자산의 가격을 발견하여(예를 들어, 1개월 만기 파생상품 가격으로부터 1개월 후 기초자산 가격에 대한 정보를 추론할 수 있음) 투자자가 합리적인 의사결정을 하도록 도와준다.

파생상품은 크게 선형파생상품(linear derivative)과 비선형파생상품(non-linear derivative)으로 구분된다. 선형파생상품에는 선물과 같은 거래소상품과 선도 및 스왑과 같은 장외상품 등이 있으며, 비선형파생상품에는 주식옵션, 주가지수옵션, 통화옵션 등의 거래소 표준옵션과 아시안옵션, 장애물옵션 등의 장외 이색옵션이 있다.

그림 14-1 파생상품의 분류

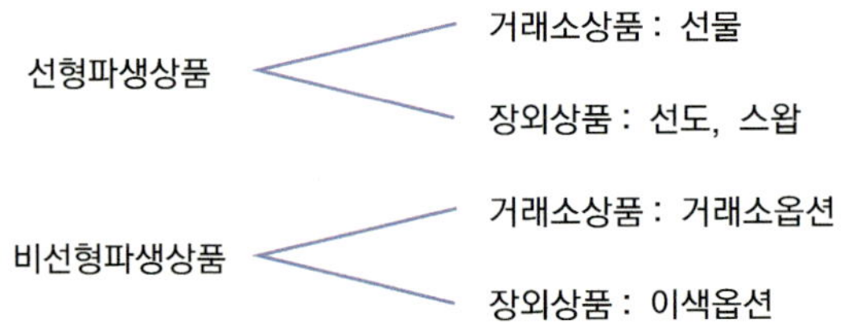

선도, 선물, 스왑 계약에서 두 당사자(매입자와 매도자)는 모두 의무를 갖기 때문에 이득이 선형패턴을 갖는다(즉 일정한 대응관계(예를 들어 1:1)가 항상 성립하며 이익과 손실이 모두 가능함). 그러나 옵션계약에서 매입자는 프리미엄을 지불하고 권리를 획득하므로 이득이 비선형패턴을 갖는다(즉 일정한 대응관계가 항상 성립하지 않고 권리행사시 이득이 0보다 작을 수 없음). [그림 14-2]는 선형패턴과 2가지 유형의 비선형패턴을 보여준다.

그림 14-2 선형패턴과 비선형패턴

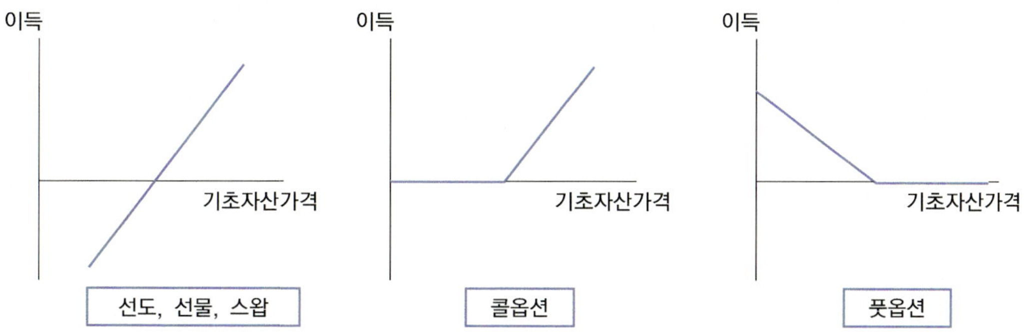

주요결과 14-1

파생상품은 가치가 기초자산의 가치에 의해 결정되는 금융상품으로, 선형과 비선형 또는 거래소상품과 장외상품으로 구분된다.

2 옵션 정의 및 용어

옵션(option)은 특정 기초자산을 약정된 기일에 미리 약정된 가격으로 일정량을 사거나 팔 수 있는 권리를 부여하는 계약이다. 옵션의 기본적인 용어는 다음과 같이 정리된다.

- 콜옵션(call option): 기초자산을 살 수 있는 권리
- 풋옵션(put option): 기초자산을 팔 수 있는 권리
- 행사가격(strike price, exercise price): 사거나 파는 가격으로 미리 약정된 가격
- 기초자산(underlying asset): 사거나 팔게 되는 대상(보통주, 주가지수, 국채, 통화, 선물 등)
- 만기일(expiration date): 계약의 만료일
- 유로피언옵션(European option) 또는 유럽형 옵션: 만기일에만 권리를 행사할 수 있는 옵션
- 아메리칸옵션(American option) 또는 미국형 옵션: 만기일을 포함하여 만기일 전에 언제라도 권리를 행사할 수 있는 옵션[2)]
- 매도자(seller) 또는 발행자(writer): 옵션을 발행한 사람으로 옵션발행자의 포지션

2) 유로피언옵션과 아메리칸옵션 이외에 일정 기간 동안만 권리를 행사할 수 있는 버뮤다옵션(Bermudan option)이 있다.

을 매도포지션(short position)이라고 함

- 매입자 또는 매수자(buyer): 옵션을 매입한 사람으로 옵션매입자의 포지션을 매입 포지션(long position)이라고 함
- 행사(exercise): 옵션소유자가 옵션의 권리를 실행하는 것을 옵션을 행사한다고 함. 주식옵션의 경우 옵션은 기초자산의 발행기업과 무관하며(단지 옵션의 이득이 기초자산 가격에 의해 결정되는 것뿐임) 옵션의 행사는 발행주식수에 영향을 미치지 않음.
- 옵션프리미엄(option premium): 옵션가격을 의미함. 프리미엄은 발행자가 만기일에 불리해질 수 있는 것에 대한 일종의 보상임.
- 내가격옵션(in-the-money(ITM) option): 소유자가 현재 권리를 행사하는 것이 유리한 옵션으로, 기초자산의 가격이 행사가격보다 높은 콜옵션과 기초자산의 가격이 행사가격보다 낮은 풋옵션을 말함([그림 14-3] 참조).
- 외가격옵션(out-of-the-money(OTM) option): 소유자가 현재 권리를 행사하는 것이 불리한 옵션으로, 기초자산의 가격이 행사가격보다 낮은 콜옵션과 기초자산의 가격이 행사가격보다 높은 풋옵션을 말함. 내가격과 외가격에 있는 정도가 심한 상태를 심내가격(deep-in-the-money)과 심외가격(deep-out-of-the-money)으로 표현하기도 한다.
- 등가격옵션(at-the-money(ATM) option): 기초자산의 가격과 행사가격이 일치하는 옵션임.

그림 14-3 콜옵션과 풋옵션의 내가격과 외가격 구간

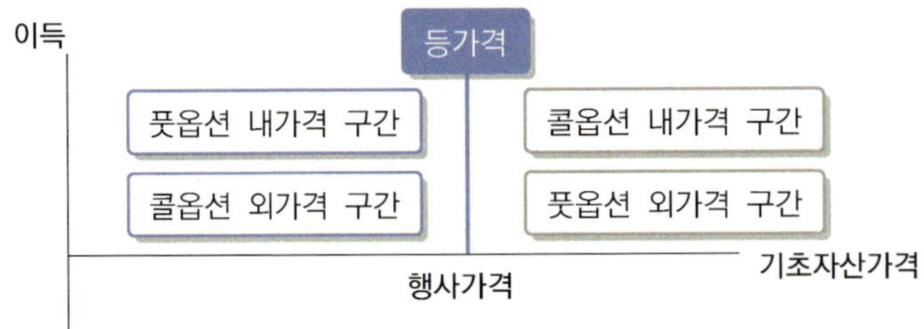

주요결과 14-2

내가격 옵션은 권리를 행사하는 것이 유리한 옵션이고, 외가격 옵션은 권리를 행사하는 것이 불리한 옵션이다. 그리고 등가격 옵션은 기초자산가격과 행사가격이 동일한 옵션이다. 내가격 옵션은 기초자산가격이 행사가격보다 높은 콜옵션과 기초자산가격이 행사가격보다 낮은 풋옵션으로, 투자자는 내가격 옵션만을 행사해야 한다.

3 콜옵션

먼저 기호를 다음과 같이 정의하자. 설명을 간결하게 하기 위하여, 특별히 명시하지 않는 한 기초자산이 무배당 주식인 유로피언옵션을 가정하기로 한다.

- C 유로피언 콜옵션 프리미엄
- P 유로피언 풋옵션 프리미엄
- T 옵션의 만기일 또는 만기(만기일까지의 기간)
- K 행사가격
- S_0 현재시점에서의 기초자산가격(주가)
- S_T 만기일에서의 기초자산가격(주가)
- r 무위험이자율(연간)

유로피언 콜옵션은 만기일에 기초자산을 행사가격에 살 수 있는 권리이므로 콜옵션 소유자는 만기일의 기초자산가격(S_T)이 행사가격(K)을 초과하면 권리를 행사하여(즉 행사가격을 지불하고 주식 S_T를 수령함) 기초자산가격이 행사가격을 초과한 만큼의 이득인 $S_T - K$을 얻는다. 반면에 기초자산가격이 행사가격보다 낮으면 콜옵션 소유자는 권리를 포기하고, 이 때 콜옵션의 가치는 0이다. 따라서 콜옵션 소유자의 이득(payoff)은 다음과 같이 표현된다.[3] 여기서 이득이란 옵션을 행사하는 시점에서의 현금흐름만을 반영하며 내재가치(intrinsic value)라고도 한다. $S_T - K$는 S_T를 받고 K를 지불한다는 것을 의미한다.

$$Call_{payoff}^{long} = \max(S_T - K,\ 0) \tag{14.1}$$

이 이득패턴은 $S_T > K$이면 옵션을 행사하고, $S_T < K$이면 옵션을 행사하지 않는다는 사실을 반영한 것이다. [그림 14-4]는 콜옵션 소유자의 이득패턴이다. $S_T - K$선은 x축을 K의 값에서 통과하는 우상향 45도 직선이다. 45도 직선은 기초자산 가격과 이득 간에 1:1 대응관계가 성립함을 의미한다.

---

3) $\max(S_T - K,\ 0)$를 $(S_T - K)^+$로 표현하기도 한다.

그림 14-4 콜옵션 소유자의 이득패턴

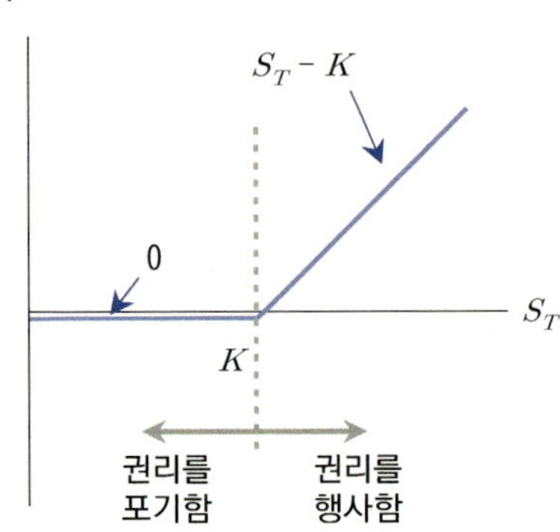

옵션은 제로섬게임(zero-sum game)이므로 콜옵션 소유자의 이득을 $\max(S_T - K,\ 0)$로 표현할 수 있다면 콜옵션 발행자의 이득은 $-\max(S_T - K,\ 0)$으로 표현할 수 있다. 콜옵션 소유자가 기초자산을 K의 가격으로 매입할 권리를 가지므로 콜옵션 소유자의 이득패턴은 0과 $S_T - K$ 중에서 최댓값을 선택할 수 있어 $\max(S_T - K,\ 0)$로 표현된다. 반면에 콜옵션 발행자는 소유자가 원하면 기초자산을 손해 보면서 K의 가격에 매도해야 할 의무를 가지므로 0과 $K - S_T$ 중에서 최솟값을 선택하게 되어 $\min(K - S_T,\ 0)$로 표현된다.[4)]

$$Call_{payoff}^{short} = -\max(S_T - K,\ 0) = \min(K - S_T,\ 0) \qquad (14.2)$$

그림 14-5 콜옵션 발행자의 이득패턴

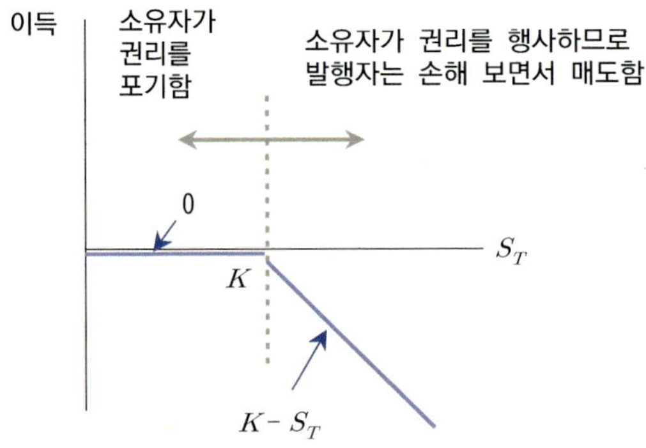

콜옵션 매입자와 발행자의 이익(profit)은 이득에 옵션프리미엄을 반영한 값이므로 각각

---

4) 투자자가 기초자산을 매입하는 포지션이면 이득은 $S_T - K$로 표현되고, 반면에 기초자산을 매도하는 포지션이면 이득은 $K - S_T$로 표현된다. 이는 주식 매입포지션의 이익이 'S_T - 매입가격'으로 표현되고, 공매도 포지션의 이익이 '매도가격 - S_T'로 표현되는 것과 같은 셈이다.

다음과 같이 계산된다. 콜 매입의 경우 C를 차감하고 콜 발행의 경우 C를 가산한다.[5)]

$$Call_{profit}^{long} = \max[S_T - K,\ 0] - C \tag{14.3}$$

$$Call_{profit}^{short} = -\max[S_T - K,\ 0] + C = \min[K - S_T,\ 0] + C$$

그리고 이익을 투자금액(콜가격)으로 나누면 수익률이 계산된다.

[그림 14-6]은 콜옵션 매입자와 발행자의 이득과 이익패턴을 보여준다. 발행자의 이득 및 이익패턴은 매입자의 그것을 x축을 중심으로 회전하여 구한다. S_T가 1원 증가할 때마다 $S_T - K$도 1원씩 증가하는 1:1 대응관계가 내가격 옵션의 경우 성립하므로 손익분기점(BEP)은 $K + C$이다.

▌그림 14-6 콜옵션 매입자와 발행자의 이득패턴과 이익패턴

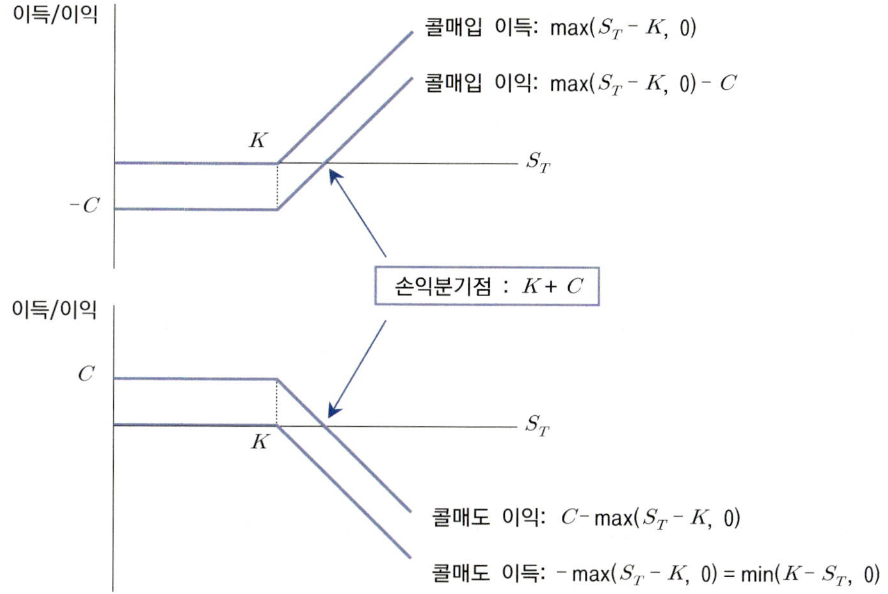

예시 14-1 콜옵션의 이득과 이익

현재 주가가 3,000원인 주식에 대한 6개월 만기 행사가격 2,800원인 유로피언 콜옵션의 가격이 500원이라고 하자. 콜옵션 매입자의 이득은 max(S_T − 2,800, 0)이고 이익은 이득에서 500원을 차감한 값이다. 이익이 0이 되는 가격인 손익분기점은 3,300원(=행사가격 + 콜옵션 가격)이다. 그리고 수익률은 이익을 투자금액 500원으로 나눈 값이다.

5) 옵션프리미엄의 만기일까지의 이자는 계산에 반영하지 않는다.

콜옵션 발행자의 이득을 계산하고자 하는 경우 먼저 소유자의 이득을 계산한 후 0을 제외한 숫자의 부호를 바꿔주는(또는 소유자의 이득에 －1을 곱하는) 방법을 추천한다. 이익은 이득에 500원을 가산한 값이다.

▌표 14-2 콜옵션 매입포지션과 발행포지션의 이득과 이익

만기일 주가	매입포지션					발행포지션	
	이 득	행사여부	이 익	손익여부	수익률	이 득	이 익
2,000	0		－500		－100%	0	500
2,500	0	권리포기	－500	손실	－100%	0	500
2,800	0		－500		－100%	0	500
3,000	200		－300		－60%	－200	300
3,300	500		0	손익분기점	0%	－500	0
3,500	700	권리행사	200		40%	－700	－200
4,000	1,200		700	이익	140%	－1,200	－700
4,500	1,700		1,200		240%	－1,700	－1,200

예시 14-2 콜옵션의 이해

투자자가 만기가 3개월이고 행사가격이 20,000원인 유로피언 콜옵션을 3,000원에 매입하였다. 다음 질문에 답하라.

① 어떤 조건 하에서 콜옵션을 행사해야 하는가?
② 콜옵션이 외가격에 있기 위한 조건은 무엇인가?
③ 만기일의 주가가 15,000, 21,000, 30,000원일 때의 수익률을 계산하라.
④ 투자자의 최대 이익과 최대 손실은 각각 얼마인가?
⑤ 투자자의 손익분기점은 얼마인가?
⑥ 투자자가 옵션을 행사하지만 손실을 보는 주가범위는 얼마인가?
⑦ 이 콜옵션을 발행한 투자자의 최대 이익과 최대 손실은 각각 얼마인가?
⑧ 콜옵션 발행자가 기대하는 것은 무엇인가?
⑨ 콜옵션 소유자의 이득패턴과 이익패턴을 그래프에 그리시오.

① 만기일의 주가가 행사가격을 초과하면 콜옵션을 행사한다; ② 주가가 행사가격보다 작으면 콜옵션이 외가격에 있다; ③ 만기일의 주가가 15,000원, 21,000원, 30,000원일 때의 이익이 각각 －3,000원, －2,000원, 7,000원이므로 수익률은 −100%, －67%, 233%이

다; ④ 최대 이익은 무제한이고 최대 손실은 옵션가격인 3,000원이다; ⑤ 투자자의 손익분기점은 행사가격에 옵션가격을 가산한 23,000원이다; ⑥ 투자자가 옵션을 행사하지만 손실을 보는 주가범위는 20,000원 < S_T < 23,000원이다; ⑦ 발행자의 최대 이익은 콜옵션가격인 3,000원이고, 최대 손실은 무제한이다; ⑧ 콜옵션 발행자는 콜옵션 매도 후 주가가 상승하지 않아 받은 프리미엄을 보전하기를 기대한다. ⑨ 이득패턴과 이익패턴은 다음과 같다.

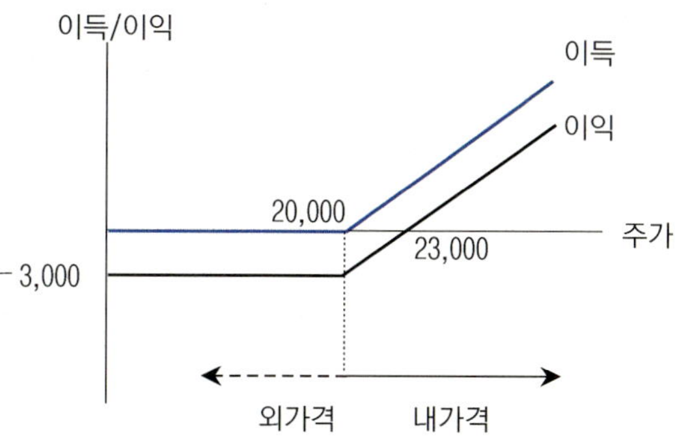

주요결과 14-3

콜옵션 소유자의 이득은 max(S_T - K, 0)이고, 이는 $S_T > K$이면 권리를 행사하여 기초자산을 수취하고 행사가격을 지불함을 의미한다. 콜옵션 발행자의 이득은 min(K - S_T, 0)이고 이익은 이득에서 콜옵션 가격을 가산한 값이다. 콜옵션의 손익분기점은 $K + C$이며 $K < S_T < K + C$이면 옵션을 행사하지만 손실이 발생한다.

4 풋옵션

유로피언 풋옵션은 만기일에 기초자산을 행사가격에 팔 수 있는 권리이므로 풋옵션 소유자는 만기일에 기초자산가격이 행사가격보다 낮으면 옵션을 행사하여(즉 기초자산을 인도하고 행사가격을 수령함) 행사가격이 기초자산가격을 초과하는 만큼의 이득을 얻는다(만약 기초자산을 보유하고 있지 않으면 시장에서 매입하여 인도함). 반대로 기초자산 가격이 행사가격보다 높으면 풋옵션 소유자의 이득은 0이다. 따라서 풋옵션 소유자의 이득은 다음과 같이 표현된다.

$$Put_{payoff}^{long} = \max(K - S_T,\ 0) \tag{14.4}$$

이 이득패턴은 $S_T > K$이면 옵션을 행사하지 않고, $S_T < K$이면 옵션을 행사하여 S_T를 인도하고 K를 수령한다는 사실을 반영한 것이다. [그림 14-7]은 풋옵션 소유자의 이득패턴이다. $K - S_T$선은 x축을 K의 값에서 통과하는 좌상향 45도 직선이다.

▌그림 14-7 풋옵션 소유자의 이득패턴

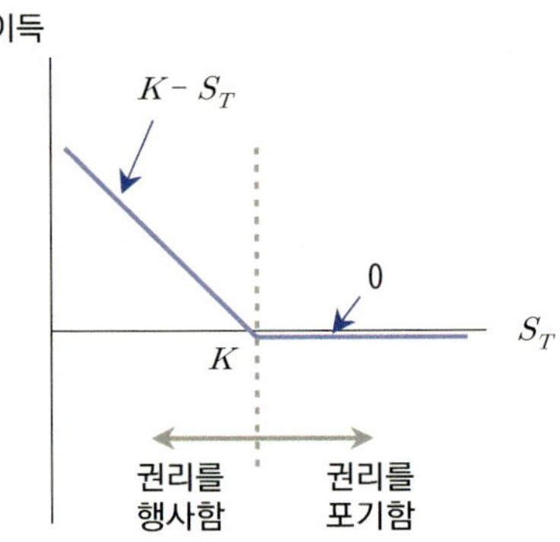

풋옵션 매입자는 원하는 경우 기초자산을 매도할 수 있고, 풋옵션 발행자는 상대방이 원하는 경우 기초자산을 강제로 매입하는 자임을 기억하자. 풋옵션 발행자의 이득은 풋옵션 소유자의 이득과 정반대이므로, 풋옵션 발행자의 이득은 다음과 같이 표현된다.

$$Put_{payoff}^{short} = -\max(K - S_T,\ 0) = \min(S_T - K,\ 0) \tag{14.5}$$

▌그림 14-8 풋옵션 발행자의 이득패턴

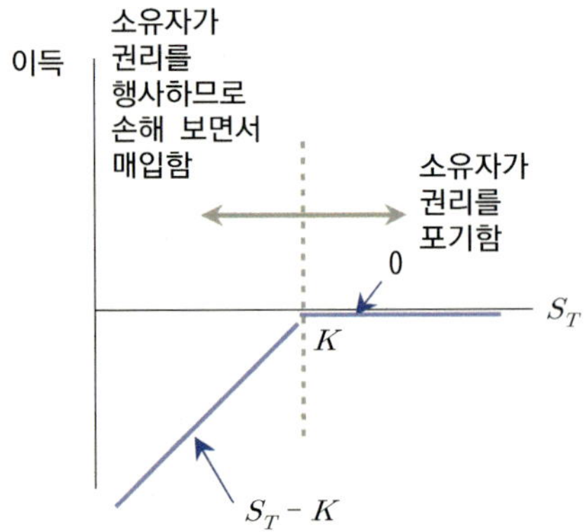

풋옵션 매입포지션과 발행포지션의 이익은 이득으로부터 다음과 같이 계산된다.

$$Put_{profit}^{long} = \max[K - S_T,\ 0] - P \tag{14.6}$$

$$Put_{profit}^{short} = P - \max[K - S_T,\ 0] = \min[S_T - K,\ 0] + P$$

그리고 이익을 투자금액(풋가격)으로 나누면 수익률이 계산된다.

[그림 14-9]는 풋옵션 매입자와 발행자의 이득과 이득패턴을 보여준다. 손익분기점은 $K - P$이다.

▌그림 14-9 풋옵션 매입자와 발행자의 이득패턴과 이익패턴

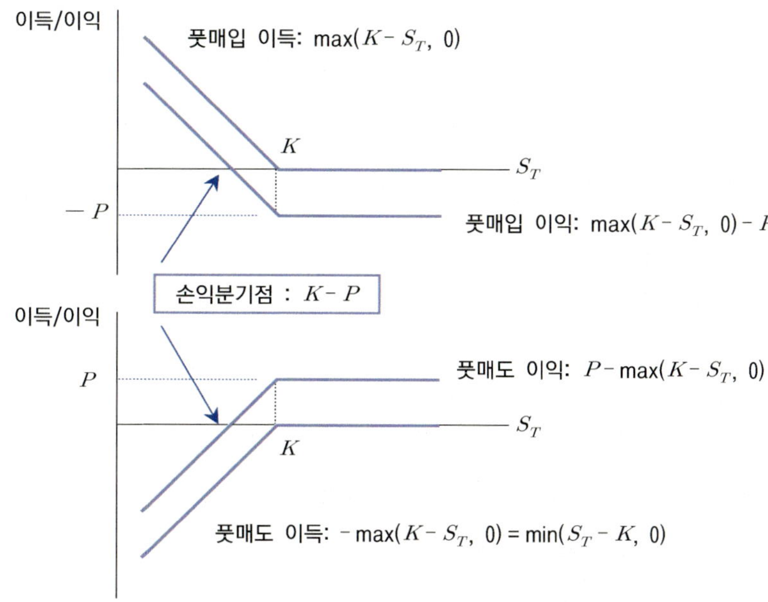

예시 14-3 풋옵션의 이득과 이익

현재 주가가 3,000원인 주식에 대한 6개월 만기 행사가격 2,800원인 유로피언 풋옵션의 가격이 200원이다. 풋옵션 매입자의 이득은 max(2,800 − S_T, 0)이고 이익은 이득에서 200원을 차감한 값이다. 이익이 0이 되는 가격, 즉 손익분기점은 2,600원(=행사가격 − 풋옵션 가격)이다. 그리고 수익률은 이익을 투자금액 200원으로 나눈 값이다.

풋옵션 발행자의 이득과 이익은 표의 마지막 두 열에 계산되어 있다. 이익은 이득에 200원을 가산한 값이다.

표 14-3 풋옵션 매입포지션과 발행포지션의 이득과 이익

만기일 주가	매입포지션					발행포지션	
	이 득	행사여부	이 익	손익여부	수익률	이 득	이 익
1,000	1,800	권리행사	1,600	이익	800%	−1,800	−1,600
1,500	1,300		1,100		550%	−1,300	−1,100
2,000	800		600		300%	−800	−600
2,500	300		100		50%	−300	−100
2,600	200		0	손익분기점	0%	−200	0
2,800	0	권리포기	−200	손실	−100%	0	200
3,000	0		−200		−100%	0	200
3,500	0		−200		−100%	0	200

예시 14-4 풋옵션의 이해

투자자가 만기가 2개월이고 행사가격이 15,000원인 유로피언 풋옵션을 2,000원에 매입하였다. 다음 질문에 답하라.

① 만기일에 어떤 조건 하에서 풋옵션의 가치가 0인가?
② 풋옵션이 내가격에 있기 위한 조건은 무엇인가?
③ 만기일의 주가가 10,000, 14,000, 20,000원일 때의 수익률을 계산하라.
④ 투자자의 최대 이익과 최대 손실은 각각 얼마인가?
⑤ 투자자의 손익분기점은 얼마인가?
⑥ 투자자가 옵션을 행사하지만 손실을 보는 주가범위는 얼마인가?
⑦ 이 풋옵션을 발행한 투자자의 최대 이익과 최대 손실은 각각 얼마인가?
⑧ 풋옵션 발행자가 기대하는 것은 무엇인가?
⑨ 풋옵션 소유자의 이득패턴과 이익패턴을 그래프에 그리시오.

① 만기일의 주가가 행사가격보다 크거나 같으면 풋옵션의 가치가 0이다; ② 만기일의 주가가 행사가격보다 작으면 풋옵션이 내가격에 있다; ③ 만기일의 주가가 10,000원, 14,000원, 20,000원이면 이익이 각각 3,000원, −1,000원, −2,000원이므로 수익률은 각각 150%, −50%, −100%이다; ④ 투자자의 최대 이익은 13,000원이고 최대 손실은 2,000원이다; ⑤ 투자자의 손익분기점은 행사가격에서 풋옵션 가격을 차감한 13,000원이다; ⑥ 투자자가 옵션을 행사하지만 손실을 보는 주가범위는 13,000원 $< S_T <$ 15,000원이다;

⑦ 이 풋옵션을 발행한 투자자의 최대 이익은 2,000원이고, 최대손실은 13,000원이다; ⑧ 풋옵션 발행자가 기대하는 것은 옵션 발행 후 주가가 상승하여 수령한 풋옵션 프리미엄을 보존하는 것이다; ⑨ 풋옵션 소유자의 이득패턴과 이익패턴은 다음과 같다.

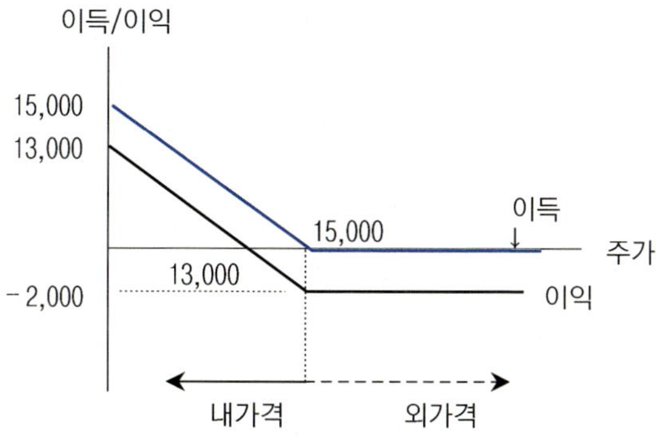

주요결과 14-4

풋옵션 소유자의 이득은 $\max(K - S_T, 0)$이고, 이는 $K > S_T$이면 권리를 행사하여 기초자산을 주고 행사가격을 수취함을 의미한다. 풋옵션 발행자의 이득은 $\min(S_T - K, 0)$이다. 풋옵션의 손익분기점은 $K - P$이고 $K-P < S_T < K$이면 옵션을 행사하지만 손실이 발생한다.

옵션포지션별 만기일의 이득패턴은 다음과 같이 요약된다. 콜옵션 매입과 풋옵션 매도의 경우 기초자산을 매입하게 되므로 이득패턴은 $S_T - K$로 표현된다. 반면에 풋옵션 매입과 콜옵션 매도의 경우 기초자산을 매도하게 되므로 이득패턴은 $K - S_T$로 표현된다. 옵션이 비선형 이득패턴을 가지므로 만기일의 주가가 행사가격보다 작은 경우와 큰 경우로 구분하여 분석해야 한다.

표 14-4 옵션 기본포지션의 이득패턴

포지션	$S_T < K$	$S_T > K$
콜옵션 매입포지션	0	$S_T - K$
콜옵션 매도포지션	0	$-(S_T - K) = K - S_T$
풋옵션 매입포지션	$K - S_T$	0
풋옵션 매도포지션	$-(K - S_T) = S_T - K$	0

주요결과 14-5

옵션소유자는 권리를 소유하므로 이득이 max로 표현되고, 옵션발행자는 의무를 가지므로 이득이 min으로 표현된다. 콜매입과 풋발행은 기초자산을 매입하게 되므로 이득이 $S_T - K$로 표현된다. 반면에 풋매입과 콜발행은 기초자산을 매도하게 되므로 이득이 $K - S_T$로 표현된다.

5 풋-콜 패리티

기초자산(무배당 주식), 만기, 행사가격이 동일한 유로피언 콜옵션과 풋옵션 프리미엄 사이에 일정한 균형관계가 성립하는데 이를 풋-콜 패리티(put-call parity) 또는 풋-콜 등가식이라고 한다. 풋옵션을 매입하고 콜옵션을 발행하면 만기일에 주식의 가격과 무관하게 주식을 매도하게 된다(만일 기초자산의 가격이 행사가격보다 낮으면 풋옵션을 행사하여 주식을 매도하고, 기초자산의 가격이 행사가격보다 높으면 발행한 콜옵션이 행사되므로 주식을 매도해야 함). 즉, $P - C$는 $-S_0$(주식 공매도 포지션)와 동일한 이득패턴을 가지므로 $S_0 + (P - C)$는 헤지포지션(hedge position)이 된다(기초자산은 만기일까지 현금소득을 제공하지 않음에 주의할 것). [표 14-5]가 보여 주듯이, 이 헤지포지션은 만기일에서 일정한 가치 K를 갖는다.

표 14-5 무위험포트폴리오의 구성

포트폴리오 구성	현재 가치	만기일의 현금흐름	
		$S_T < K$	$S_T > K$
주식 1주 매입	S_0	S_T	S_T
풋옵션 1개 매입	P	$K-S_T$	0
콜옵션 1개 매도	$-C$	0	$-(S_T-K)$
무위험포트폴리오	S_0+P-C	K	K

만기일에서 일정한 가치 K를 갖는 포트폴리오는 무위험포트폴리오(riskless portfolio)이고 이 포트폴리오는 당연히 무위험이자율을 얻어야 하므로 다음의 균형관계가 성립한다.

$$S_0 + P - C = \frac{K}{(1+r)^T} \tag{14.7}$$

만일 이 균형관계가 성립하지 않으면 차익거래기회가 발생하므로 결국 균형관계가 성립하게 된다.

예시 14-5 풋-콜 패리티의 이용

(1) 가치평가: 무배당 주식에 대한 유로피언 콜옵션의 가격을 알면 동일 조건의 유로피언 풋옵션의 가격을 구할 수 있다. 예를 들어, 무배당 기초자산 가격이 10,000원이고 무위험이자율이 5%일 때 만기가 1년인 등가격 유로피언 콜옵션 가격이 1,200원이면 유로피언 풋옵션 가격은 723.81원이다.

$$P = C + PV(K) - S_0 = 1{,}200 + \frac{10{,}000}{1.05} - 10{,}000 = 723.81$$

(2) 차익거래: $P + S_0 > C + PV(K)$의 경우 상대적으로 과대평가된 풋옵션과 주식을 매도하고 상대적으로 과소평가된 콜옵션을 매입한다(남은 금액은 대출함). 반대로 만일 $P + S_0 < C + PV(K)$이면 상대적으로 과소평가된 풋옵션과 주식을 매입하고 상대적으로 과대평가된 콜옵션을 매도한다(부족한 금액은 차입함).

(3) 합성포지션의 구성: 풋-콜 패리티를 이용하면 주식, 채권, 옵션의 매입 및 매도 포지션을 합성 또는 복제할 수 있다. 예를 들어, $PV(K) = P + S_0 - C$이므로 풋옵션과 주식을 매입하고 콜옵션을 발행하면 채권 매입포지션(가격 $PV(K)$)이 합성된다. 이 경우 풋옵션 매입, 주식매입, 콜옵션 발행을 채권의 합성포트폴리오 또는 복제포트폴리오라고 한다. 그리고 주식 매입포지션은 $S_0 = C - P + PV(K)$에 의해 콜옵션을 매입하고 풋옵션을 발행하고 채권을 매입하면 합성된다.

주요결과 14-6

풋-콜 패리티 또는 풋-콜 등가식은 기초자산(무배당), 만기, 행사가격이 동일한 유로피언 콜옵션과 풋옵션 프리미엄 사이에 성립해야 하는 일정한 균형관계이다.

$$S_0 + P - C = \frac{K}{(1+r)^T} \quad \text{또는} \quad P + S_0 = C + \frac{K}{(1+r)^T}$$

6 국내 옵션시장

국내에서 거래되는 옵션은 모두 유로피언 옵션이며 2020년 3월말 현재, 코스피200 주가지수옵션, 미니코스피200 주가지수옵션, 코스닥150주가지수옵션, 개별주식옵션, 미국달러옵션 등 다섯 가지이다. 거래소옵션의 경우 만기월, 행사가격, 기초자산의 크기 등은 표준화된다. 코스피200옵션은 1997년 7월 7일에 처음 거래되었으며 이후 거래가 활성화되어 세계에서 가장 거래가 활발한 옵션상품이 되었으나 2012년 실시된 규제 이후 거래량이 크게 감소하였다.

코스피200옵션 1계약의 금액은 옵션가격에 거래승수 250,000원을 곱한 값이다.[6] 행사가격이 280포인트인 코스피200지수 콜옵션 1계약을 매입한 투자자를 고려해 보자. 만기일에 코스피200지수가 287포인트이면 콜옵션 소유자는 옵션을 행사하고 발행자로부터 (287 − 280) × 250,000 = 1,750,000원을 수령한다. 만약 매수시 콜옵션 프리미엄이 2.03포인트이었다면 이익은 (287 − 280 − 2.03) × 250,000 = 1,242,500원이다. 최종거래일은 각 결제월의 두 번째 목요일이다.

2011년 4월 8일(금요일)의 옵션시세표로부터 구한 2011년 4월물(최종거래일은 4월 14일) 코스피200옵션의 가격과 거래량은 [표 14-6]과 같다(코스피200지수의 종가는 281.06임). 옵션이 외가격에 있는 경우, 보다 자세하게 심외가격보다 약간 외가격에 있는 경우, 거래량이 가장 많음을 확인할 수 있다(외가격 옵션은 박스로 처리함). 참고로 표에서 가격이 0.02포인트이면 실제 가격은 0.02 × 100,000 = 2,000원이다(2011년에 거래승수는 100,000원임).

코스피200 지수옵션의 결제월은 분기월 7개와 그 밖의 월 4개이다(특정 계약을 지칭할 때 결제월을 기준으로 3월물, 6월물 등으로 표현함). 거래기간은 3월물과 9월물은 1년, 6월물은 2년, 12월물은 3년이고 그 밖의 결제월은 6개월이다. 예를 들어, 2017년 5월말 기준으로 상장된 결제월은 2017년 6월물, 7월물, 8월물, 9월물, 10월물, 11월물, 12월물, 2018년 3월물, 6월물, 12월물, 그리고 2019년 12월물 등 총 11개이다.

개별주식옵션은 2002년 1월 28일에 처음 상장되었으며 2023년 7월말 현재 47개 주식(유가증권 시장 45개, 코스닥시장 2개)에 대한 개별주식옵션이 한국거래소에 상장되어 있다. 주식옵션 1계약은 기초주식 10주를 매입 또는 매도할 권리를 갖는다. 달러통화옵션은 1999년 4월 23일에 처음 상장되었으며 1계약은 10,000달러를 거래대상으로 한다. 개별주식옵션과 달러통화옵션의 거래량은 매우 미미한 실정이다.

---

6) 거래승수는 최초에 100,000원이었으나, 2012년 3월 500,000원으로 인상된 후 2017년 3월 250,000원으로 재조정되었다.

표 14-6 코스피200옵션 시세표(2011.4.8.)

행사가격	콜옵션			풋옵션		
	종 가	전일종가 대비	거래량	종 가	전일종가 대비	거래량
297.5	0.02	0.01	303,939	17.25	-0.80	125
295.0	0.03	0.01	362,460	14.60	-0.10	340
292.5	0.04	0.03	529,557	12.15	-0.15	235
290.0	0.07	0.08	1,793,601	9.50	-0.10	4,270
287.5	0.23	0.11	2,505,439	7.20	-0.05	13,217
285.0	0.67	0.13	2,643,561	5.10	-0.15	112,573
282.5	1.40	0.26	1,721,571	3.30	-0.25	536,198
280.0	2.60	0.35	484,060	2.13	-0.13	1,514,164
277.5	4.25	0.30	79,599	1.20	-0.20	1,829,605
275.0	6.10	0.20	16,712	0.69	-0.11	2,240,110
272.5	8.35	0.20	4,760	0.37	-0.08	1,218,401
270.0	10.75	0.15	3,582	0.22	-0.06	685,280
267.5	13.30	0.10	793	0.13	-0.05	569,099
265.0	15.70	0.20	874	0.10	-0.02	460,691
262.5	18.10	0.20	430	0.08	-0.01	317,237
260.0	20.85	0.05	362	0.05	-0.01	98,887

자료: 한국거래소 통합시장지

한국거래소는 아시아에서 대만과 일본에 이어 세 번째로 2019년 9월 코스피200 위클리옵션을 도입하였다[7]. 위클리옵션(weekly option)은 기존 월별 만기 정규 옵션과 달리 만기가 매주 돌아오는 옵션 상품으로, 위클리옵션은 단기성 이벤트에 대응하는 등 짧은 만기 옵션을 거래하려는 수요를 충족하기 위해 고안된 파생상품이다.[8] 위클리옵션은 만기가 짧은 만큼 정규옵션에 비해 가격변동 위험이 크나.

옵션거래를 결제하는 방법은 권리행사, 권리포기, 반대주문의 세 가지이다. 우리나라 한국거래소에 상장된 옵션은 모두 유로피언옵션이므로 만기일에만 권리행사가 가능하다. 만기일에 옵션이 내가격에 있으면 투자자는 권리를 행사한다. 우리나라의 경우 거래소에 상

7) 최초의 위클리옵션은 2009년 CBOE(Chicago Board Option Exchange)에 상장되었다.

8) 매주 목요일에 다음주 목요일 만기 위클리옵션이 상장되며, 두 번째 목요일에 만기가 되는 위클리옵션은 상장되지 않는다.

장된 모든 옵션이 현금결제되므로 기초자산을 직접 매입 또는 매도하지는 않는다.[9]

옵션 소유자가 만기일에 권리를 행사하지 않으면 이는 권리포기에 해당된다. 소유자가 권리를 포기하는 것은 권리를 행사하는 것이 자신에게 불리하기 때문이다. 따라서 거래소는 소유자의 특별한 지시가 없더라도 옵션행사가 소유자에게 유리하면(즉 옵션이 내가격에 있으면) 자동적으로 만기일에 권리를 행사하는 것이 관례이다.

옵션 만기일 전에 투자자는 반대주문을 통해 자신의 포지션을 청산할 수 있다(즉 옵션소유자는 동일한 옵션을 발행하는 반대주문을 하고 옵션발행자는 동일한 옵션을 매입하는 반대주문을 함).

2007년부터 2010년까지 한국거래소에서 거래된 코스피200 지수옵션의 행사가격대별 거래량 비중은 [표 14-7]과 같다. 외가격 옵션의 거래량이 압도적임을 확인할 수 있다. 여기서 등가격은 전일 코스피200 지수 종가와 비교하여 ±1포인트이다.

▌표 14-7 외가격, 등가격, 내가격 옵션의 거래량 비교

연 도	외가격	등가격	내가격
2007년	77.0%	22.3%	0.7%
2008년	83.2%	15.8%	1.0%
2009년	77.5%	21.5%	1.0%
2010년	67.8%	31.1%	1.2%

연도별 권리행사 비율은 [표 14-8]과 같다. 권리행사비율은 권리행사수량을 최종미결제약정수량으로 나눈 비율이다. 권리행사비율은 옵션이 만기일에 내가격으로 마감하는 비율을 의미한다. 2008년 금융위기로 인해 풋옵션의 권리행사비율이 평년에 비해 월등하게 높게 나타났다.

▌표 14-8 연도별 콜옵션과 풋옵션의 권리행사 비율

연 도	콜옵션	풋옵션	전 체
2007년	13.9%	4.3%	8.4%
2008년	7.1%	18.5%	11.7%
2009년	14.1%	6.1%	9.7%
2010년	14.0%	8.9%	11.2%

9) 실물인수도 결제의 경우 권리행사요구가 있으면 거래소는 발행자 중에서 특정인을 미리 정한 절차에 의해 무작위로 선정하고 (이를 배정한다고 함), 선정된 발행자는 현물매매에 응해야 한다.

예시 14-6 2001년 9 · 11테러와 풋옵션의 수익률

9 · 11 테러가 발생한 2001년 9월 11일 코스피200 지수는 66.55포인트에서 58.59포인트로 11.96% 하락하였으며 코스피200지수선물의 가격은 66.75포인트에서 60.10포인트로 9.96% 하락하였다. 선물매도포지션을 취한 투자자는 1/0.15 = 6.7배의 레버리지로 9.96% × 6.7 = 66.73%의 수익률을 얻었다(당시의 위탁증거금은 15%이고 선물계약의 레버리지는 16장을 참고할 것). 행사가격이 62.5포인트인 풋옵션 가격은 0.01포인트인데 이는 시장가격이 665.5만원(66.55포인트 × 10만원)에 해당하는 지수를 625만원에 매도할 수 있는 권리를 1,000원에 매입한 것이다(그 당시 거래승수는 10만원임). 그런데 코스피200지수가 58.59포인트로 하락함에 따라 투자자는 585.9만원 상당의 지수를 625만원에 매도할 수 있게 되었다. 옵션의 내재가치(옵션 행사시점의 이득)가 625 − 585.9 = 39.1만원이지만, 시장의 불확실성이 반영되어 옵션프리미엄은 하루만에 0.01포인트에서 5.05포인트로 무려 50,400% 상승하였으며 이는 종가 기준으로 우리나라 파생상품 역사상 가장 높은 수익률이다.

표 14-9 2001년 9 · 11사태를 전후한 코스피200 9월물 콜옵션과 풋옵션의 수익률

행사가격	콜옵션			풋옵션		
	11일 종가	12일 종가	수익률	11일 종가	12일 종가	수익률
85.0				18.40	25.50	39%
80.0				13.55	22.75	68%
75.0	0.01	0.01	0%	8.55	18.25	113%
70.0	0.04	0.01	−75%	3.60	12.50	247%
67.5	0.34	0.01	−97%	1.40	10.20	629%
65.0	1.55	0.04	−97%	0.19	7.50	3,847%
62.5	3.90	0.17	−96%	0.01	5.05	50,400%
60.0	6.30	0.52	−92%	0.01	3.00	29,900%
57.5	8.80	1.35	−85%	0.01	1.73	17,200%
55.0	11.30	3.70	−67%			

핵심용어 해설

- 헤저(hedger): 파생상품을 이용하여 위험을 제거하거나 또는 감소시키고자 하는 거래자
- 차익거래자(arbitrageur): 가격 불균형이 발생할 시 포지션을 취하여 위험이 없는 이익을 얻고자 하는 거래자
- 투기자(speculator): 파생상품을 이용하여 이익을 극대화하고자 하는 거래자
- 콜옵션(call option): 약정된 기일에 미리 정한 가격으로 기초자산을 매입할 수 있는 권리
- 풋옵션(put option): 약정된 기일에 미리 정한 가격으로 기초자산을 매도할 수 있는 권리
- 행사가격(exercise price): 기초자산을 매입 또는 매도하는 가격
- 유로피언옵션(European option): 만기일에만 권리행사가 가능한 옵션
- 아메리칸옵션(American option): 만기일을 포함하여 항상 권리행사가 가능한 옵션
- 옵션프리미엄(option premium): 옵션의 가격
- 내가격(in-the-money): 권리행사가 유리한 옵션
- 등가격(at-the-money): 기초자산가격과 행사가격이 동일한 옵션
- 외가격(out-of-the-money) 옵션: 권리행사가 불리한 옵션
- 이득(payoff): 만기일에서의 현금흐름만을 반영하는 내재가치(intrinsic value)
- 이익(profit): 이득에 옵션의 가격을 반영한 손익
- 풋-콜 패리티(put-call parity): 기초자산(무배당 주식), 행사가격, 만기가 동일한 유로피언 콜옵션과 풋옵션 가격 사이에 성립해야 하는 등가식.

개념 체크

1. 선형과 비선형 이득패턴은 각각 어떤 패턴을 의미하는가?
2. 내가격, 등가격, 외가격 옵션이 각각 무엇을 의미하는가?
3. 콜옵션의 이득이 $S_T - K$가 되고 풋옵션 이득이 $K - S_T$가 되는 이유는 무엇인가?
4. 옵션을 언제 행사하는가? 옵션을 행사하면 항상 이익이 0보다 큰가? 어떤 경우에 옵션을 행사하지만 손실이 발생하는가?
5. 매입포지션의 이득이 max로 표현되고 발행포지션의 이득이 min으로 표시되는 이유는 무엇인가?
6. 이득으로부터 이익을 어떻게 계산하는가?
7. "$S_0 + P - C$는 헤지포지션이다." 이 주장에 동의하는가?
8. "풋-콜 패리티는 어떤 용도로 활용이 가능한가?
9. 국내에서 거래되는 옵션의 유형은?
10. 오늘 기준으로, 거래되는 코스피200 지수옵션의 결제월은?
11. 옵션거래를 결제하는 방법 세 가지는 무엇인가?

연 습 문 제

01 콜옵션과 풋옵션의 손익분기점 식으로 가장 적절한 것은?

① $K+C$, $K+P$ ② $K-C$, $K+P$
③ $K-C$, $K-P$ ④ $K+C$, $K-P$
⑤ 정답 없음

02 투자자가 만기가 2개월이고 행사가격이 10,000원인 유럽형 풋옵션을 1,300원에 매입하였다. 만약 만기일의 주가가 8,000원이면 풋옵션 발행자의 이익은 얼마인가(-는 손실임)?

① 이익 > 0 ② －2,000원 ③ －700원
④ －1,300원 ⑤ 정답 없음

03 옵션에 대한 설명으로 옳은 것은?

① 옵션은 제로섬게임이 아니다.
② 개별주식옵션이 행사되면 기초주식의 발행주식수가 증가한다.
③ 등가격 옵션을 행사하는 것이 유리하다.
④ 옵션은 거래소에서 거래되기도 하지만 장외시장에서 거래되기도 한다.
⑤ 정답 없음

04 주식 매입포지션의 합성포트폴리오로 가장 적절한 것은?

① 채권매입, 콜옵션발행, 풋옵션매입
② 채권매입, 콜옵션매입, 풋옵션발행
③ 채권공매도, 콜옵션매입, 풋옵션발행
④ 채권매입, 콜옵션매입, 풋옵션매입
⑤ 정답 없음

05 행사가격이 300포인트인 코스피200지수 콜옵션 10계약을 매입한 투자자의 이익으로 가장 적절한 것은? 만기일에 지수가 312포인트이고 콜옵션 프리미엄은 5포인트이다.

① 1,750만원 ② 3,000만원 ③ 70포인트
④ 2,500만원 ⑤ 정답 없음

06 국내 옵션시장에 대한 설명으로 옳은 것은?

① 국내에서 거래되는 옵션 중에 미국형 옵션도 있다.
② 코스피200 지수의 거래승수는 100,000원이다.
③ 국내에서 상장된 모든 옵션은 권리행사시 현금결제된다.
④ 주가지수옵션이 개별주식옵션보다 거래량이 작다.
⑤ 정답 없음

07 풋-콜 패리티의 식으로 정확한 것은?

① $S_0 + C - P = PV(K)$ ② $S_0 + C = P + PV(K)$
③ $S_0 - C + P = PV(K)$ ④ $C - P - S_0 = PV(K)$
⑤ 정답 없음

08 기초자산의 가격이 50,000원이다. 행사가격이 48,000원이고 만기가 1년인 콜옵션의 가격이 5,000원이다. 내재가치는 얼마인가?

① 5,000원 ② 2,000원 ③ 3,000원
④ 0원 ⑤ 정답 없음

09 투자자가 만기가 6개월이고 행사가격이 3,000원인 유로피언 풋옵션을 200원에 매입하였다. 만기일의 주가가 1,800원이면 투자자의 수익률은 얼마인가?

① 100% ② 400% ③ 600%
④ 1,200% ⑤ 정답 없음

10 행사가격이 50,000원인 콜옵션을 3,000원에 매입하였다. 만기일에서의 이익을 표시한 식으로 가장 적절한 식은?

① $S_T - 50{,}000 - 3{,}000$

② $\max(50{,}000 - S_T,\ 0) - 3{,}000$

③ $\max(S_T - 50{,}000,\ 0)$

④ $\max(S_T - 50{,}000,\ 0) - 3{,}000$

⑤ 정답 없음

공인회계사 기출문제

11 어느 투자자가 행사가격이 25,000원인 콜옵션을 개당 4,000원에 2개 매입하였고, 행사가격이 40,000원인 콜옵션을 2,500원에 1개 발행하였다. 옵션만기일에 기초주식가격이 50,000원이라고 할 때, 이러한 투자전략의 만기가치와 투자자의 만기손익을 각각 구하라. (단, 옵션의 기초주식과 만기는 동일하며 거래비용은 무시하라) CPA

	투자전략의 만기가치	투자자의 만기손익
①	15,000원	13,500원
②	25,000원	23,500원
③	30,000원	27,000원
④	35,000원	30,000원
⑤	40,000원	34,500원

12 C기업의 주가가 10,000원이고 이를 기초자산으로 하는 만기 1년 행사가격 10,000원의 유로피언 콜옵션 가격이 2,000원이다. 동일 조건의 풋옵션 가격은 얼마인가? 액면이 1,000원인 1년 만기 무위험채권의 가격은 900원이다. CPA

① 1,000원 ② 2,000원 ③ 900원

④ 1,500원 ⑤ 2,400원

13 다음 자료에 기초하여 차익거래이익을 얻기 위해 투자자가 취할 수 있는 거래전략으로 가장 적절한 것은? 단 거래비용은 없으며 무위험이자율은 5%로 가정한다. CPA

> 기초자산: 무배당주식, 주가 11,000원
> 유로피언 콜옵션: 행사가격 10,500원, 만기 1년, 프리미엄 1,700원
> 유로피언 풋옵션: 행사가격 10,500원, 만기 1년, 프리미엄 500원

① 주식 1주 매입, 콜옵션 1개 매도, 풋옵션 1개 매입, 10,000원 차입
② 주식 1주 공매, 콜옵션 1개 매입, 풋옵션 1개 매도, 10,000원 예금
③ 주식 1주 매입, 콜옵션 1개 매입, 풋옵션 1개 매도, 10,000원 차입
④ 주식 1주 공매, 콜옵션 1개 매도, 풋옵션 1개 매입, 10,000원 예금
⑤ 차익거래기회가 존재하지 않음

14 다음 표는 어느 특정일의 코스피200 주가지수 옵션시세표 중 일부이다. 다음의 설명 중 가장 적절하지 않은 것은? (단, 만기 전 배당, 거래비용, 세금은 없다고 가정한다. 1포인트는 10만원이다.) CPA

단위: 포인트, 계약

종 목	종 가	전일 대비	고 가	저 가	거래량	미결제 약정수량
코스피200	213.44	3.71	213.56	212.09	–	–
C 1003 217.5	1.99	0.78	2.17	1.43	597,323	73,427
C 1003 215.0	3.05	1.15	3.25	2.31	265,900	63,076
C 1003 212.5	4.55	1.70	4.55	3.40	57,825	44,939
C 1003 210.5	5.85	1.85	6.15	4.80	34,650	30,597
P 1003 215.0	4.55	−2.95	6.10	4.35	24,324	26,032
P 1003 212.5	3.30	−2.55	4.85	3.20	39,636	21,824
P 1003 210.5	2.40	−2.15	3.50	2.34	253,298	49,416
P 1003 207.5	1.73	−1.67	2.60	1.69	329,762	33,767

① 등가격(ATM)에 가장 가까운 종목 중 행사가격이 동일한 콜과 풋옵션의 경우 콜옵션 가격이 풋옵션 가격보다 비싸다.
② 행사가격이 210.5인 풋옵션 10계약을 장중 최저가에 매입한 후 최고가에 매도하였다면 116만원의 매매차익을 얻었을 것이다.
③ 외가격(OTM)이 심한 종목일수록 거래량이 많았다.
④ 콜옵션의 경우 내가격(ITM)이 심한 종목일수록 청산되지 않고 남아있는 수량이 적었다.
⑤ 풋콜패리티(put-call parity)를 통한 계산결과, 행사가격이 212.5인 풋옵션은 과소평가되어 있다. 단, $(1+\text{무위험이자율})^{\text{잔존기간}} = 1.002$이다.

연습문제 해설

01 ④

02 ③

매입자의 이익이 10,000 − 8,000 − 1,300 = 700원이므로 발행자의 이익은 −700원이다.

03 ④

옵션은 제로섬게임이며 옵션의 행사가 기초주식의 발행주식수를 증가시키지 않는다. 권리행사가 유리한 옵션은 내가격 옵션이다. 옵션은 거래소와 장외시장에서 모두 거래된다.

04 ②

05 ①

이익은 (312 − 300 − 5) × 250,000 × 10 = 17,500,000원이다.

06 ③

국내 옵션은 모두 유럽형이고 권리행사시 현금결제된다. 코스피200지수의 거래승수는 현재 250,000원이다.

07 ③

08 ②

콜옵션의 내재가치는 $S_0 - K$이다.

09 ⑤

이익이 3,000 − 1,800 − 200 = 1,000이므로 수익률은 500%이다.

10 ④

콜옵션의 이득은 $\max(S_T - K, 0)$이고 이득에서 옵션프리미엄을 차감하면 이익이 계산된다.

11 ⑤

만기가치는 40,000원이고 만기손익은 40,000 − 5,500 = 34,500원이다.

포지션	CF_0	CF_T
콜옵션(K = 25,000) 2개 매입	− 8,000	(50,000 − 25,000) × 2 = 50,000
콜옵션(K = 40,000) 1개 발행	2,500	− (50,000 − 40,000) × 1 = − 10,000
합 계	− 5,500	40,000

12 ①

무위험이자율이 $\frac{1,000}{900} - 1 = 0.1111$이므로 $PV(K) = 9,000$원이다. 풋-콜 패리티에 의해 $P = C + PV(K) - S_0 = 2,000 + 9,000 - 10,000 = 1,000$원이다.

13 ①

$C + PV(K) = 1,700 + \frac{10,500}{1.05} = 11,700$원이고 $P + S_0 = 500 + 11,000 = 11,500$원이므로 적절한 차익거래전략은 콜옵션을 매도하고 주식과 풋옵션을 매입하는 것이다. 이를 위해 11,000 + 500 − 1,700 = 9,800원을 차입한다. 차익거래자는 만기일의 주가와 무관하게 보유하고 있는 주식을 10,500원에 매도하게 되고 9,800 × 1.05 = 10,290원을 상환하므로 이익은 210원이다. 또는 현재시점에서 10,000원을 차입하면 만기일에서의 현금흐름이 0이 되고 현재시점에서 무위험이익 200원을 실현한다.

14 ⑤

(3.50 − 2.34) × 10 × 100,000 = 1,160,000원. 외가격이 심할수록 거래량이 많다(즉, 콜옵션의 경우 위로 올라갈수록 풋옵션의 경우 아래로 내려갈수록 거래량이 많다). 콜옵션의 경우 내가격이 심할수록(즉, 아래로 내려갈수록) 미결제약정수량이 적다. 풋-콜 패리티를 적용해 콜옵션 가격으로부터 계산한 풋옵션 가격은 3.19이므로 현재 과대평가되어 있다.

$$P = C + PV(K) - S_0 = 4.55 + \frac{212.5}{1.002} - 213.44 = 3.19$$

Retail sales levels

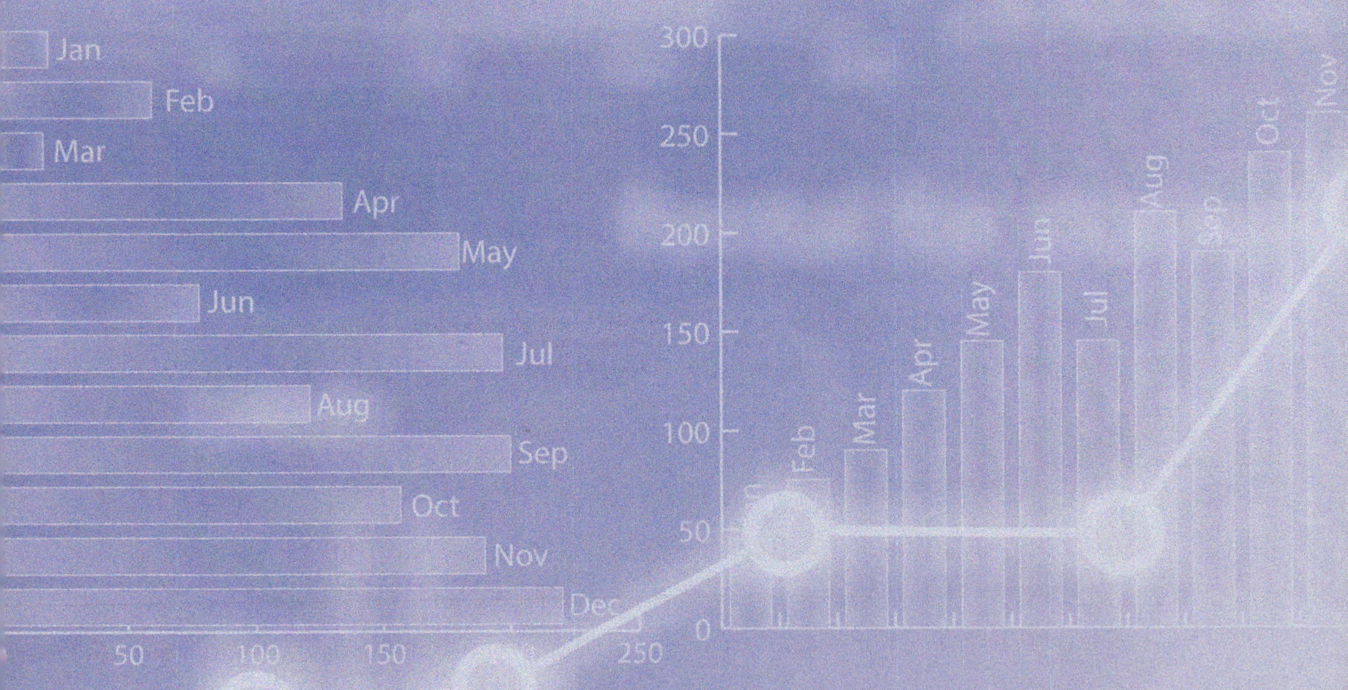
Jan
Feb
Mar
Apr
May
Jun
Jul
Aug
Sep
Oct
Nov
Dec
50
100
150
250
300
250
200
150
100
50
0
Feb
Mar
Apr
May
Jun
Jul
Aug
Sep
Oct
Nov
Rental for storage
Leeds

옵션의 투자전략과 가격결정

Table of Contents

학습 주안점

제14장에 이어 옵션의 가격범위 및 투자전략, 가격결정 등에 대하여 살펴보기로 한다. 이 장에서 여러분이 숙지해야 할 내용은 다음과 같다.

1. 옵션프리미엄 결정요인 여섯 가지는 무엇이며 옵션가격과 어떤 관계를 갖는가?
2. 콜옵션 프리미엄과 풋옵션 프리미엄의 상한선과 하한선은 각각 무엇인가?
3. 아메리칸 콜옵션과 풋옵션의 조기행사가 최적인가?
4. 주식과 옵션을 결합하는 투자전략, 채권과 옵션을 결합하는 전략, 강세스프레드, 약세스프레드, 나비스프레드, 스트래들은 어떻게 구성되며 언제 적절한가?
5. 이항모형에 의한 옵션가격결정의 기본원리 세 가지(무위험포트폴리오 구성 방법, 옵션복제포트폴리오 구성 방법, 위험중립가치평가법)를 이해하는가?
6. 블랙-숄즈 모형의 기본 원리를 이해하고 모형을 실제로 적용하여 옵션가격을 계산할 수 있는가?

1 옵션프리미엄 결정요인

옵션의 프리미엄은 기초자산 가격, 행사가격, 무위험이자율, 배당금, 기초자산의 변동성, 만기에 의해 영향을 받는다. 콜옵션의 이득이 $S_T - K$이므로 콜옵션 프리미엄은 주가와 정(+)의 관계를 그리고 행사가격과 부(−)의 관계를 갖는다. 반면에 풋옵션의 이득이 $K - S_T$이므로 풋옵션 프리미엄은 행사가격과 정의 관계를 그리고 주가와 부의 관계를 갖는다. 그리고 배당금의 지급은 주가를 하락시키므로 콜옵션 가격과 부의 관계를, 풋옵션 가격과 정의 관계를 갖는다.

만기가 긴 옵션의 소유자는 만기가 짧은 옵션의 소유자가 가질 수 있는 모든 권리행사 기회 이외에도 추가적으로 옵션을 행사할 기회를 가지므로 만기가 길수록 콜옵션과 풋옵션의 가치는 증가한다.1)

이자율이 상승하면 콜옵션 소유자가 지불할 행사가격의 현재가치가 감소하므로 콜옵션의 가치는 증가하지만, 풋옵션 소유자가 받게 될 행사가격의 현재가치가 감소하므로 풋옵션의 가치는 하락한다.

변동성이 커짐에 따라 주가가 큰 폭으로 상승하거나 또는 하락할 가능성이 증가한다. 주가의 상승폭이 커지면 콜옵션 소유자의 이득은 증가하는 반면 주가의 하락에서 오는 손실은 제한되어 있다. 콜옵션 소유자의 경우 주가가 행사가격을 초과하는 영역만이 중요하므로 A자산에 대한 콜옵션의 가치가 B자산에 대한 콜옵션의 가치보다 크다.

그림 15-1 기초자산 변동성 증가가 옵션가격에 미치는 영향

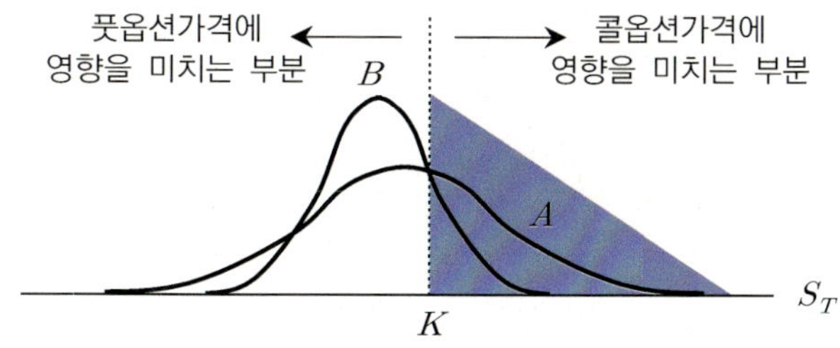

풋옵션의 경우 주가가 행사가격보다 낮은 영역만이 중요하므로 A자산에 대한 풋옵션의 가치가 B자산에 대한 풋옵션의 가치보다 크다. 따라서 변동성이 증가하면 콜옵션과 풋옵션의 가치는 모두 증가한다.

---

1) 유로피언 풋옵션의 경우 조기행사가 최적일 수 있으므로 만기가 길다는 것이 오히려 불리할 수 있다.

가격결정요인과 옵션프리미엄간의 관계를 요약하면 [표 15-1]과 같다(아메리칸옵션을 C^A와 P^A로 표기함).

▮표 15-1 결정요인과 프리미엄간의 관계

변 수	유로피언옵션		아메리칸옵션	
	콜옵션(C)	풋옵션(P)	콜옵션(C^A)	풋옵션(P^A)
주식의 가격: S_0	+	−	+	−
행사가격: K	−	+	−	+
만기일까지의 기간(만기): T	+	?	+	+
기초자산의 변동성(표준편차): σ	+	+	+	+
무위험이자율: r	+	−	+	−
현금배당금: Div	−	+	−	+

예시 15-1 옵션프리미엄과 행사가격

행사가격이 K_1인 콜옵션과 풋옵션이 C_1, P_1이고, 행사가격이 K_2인 콜옵션과 풋옵션이 C_2, P_2이다(단, $K_1 < K_2$). 행사가격은 콜옵션 가격과 부(−)의 관계를, 풋옵션 가격과 정(+)의 관계를 가지므로 $C_1 > C_2$과 $P_1 < P_2$이 성립한다. 즉, 낮은 행사가격을 지불하고 동일한 주식을 사는 것이 유리하므로 $C_1 > C_2$이고, 동일한 주식을 높은 행사가격으로 매도하는 것이 유리하므로 $P_1 < P_2$이다. 이는 [그림 15-2]와 같다.

▮그림 15-2 행사가격과 옵션프리미엄

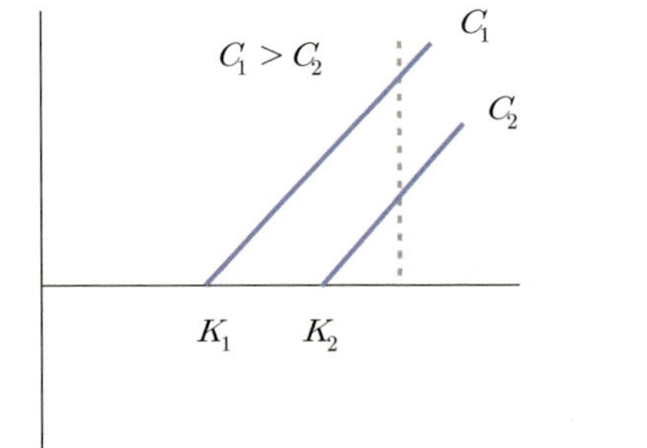

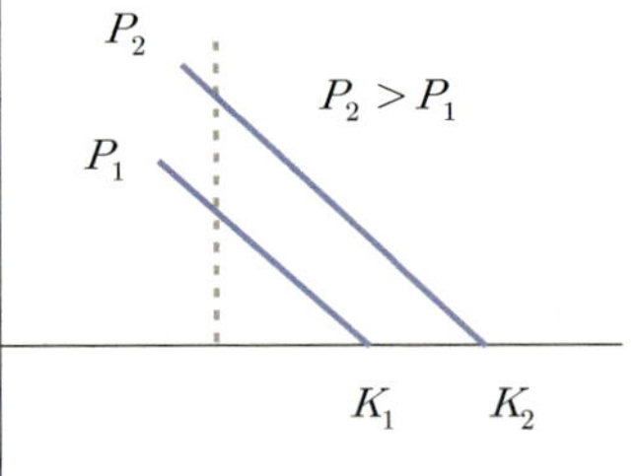

옵션프리미엄은 옵션의 내재가치(intrinsic value)와 시간프리미엄(time premium)의 합이다.

$$옵션프리미엄 = 옵션\ 내재가치 + 시간프리미엄 \tag{15.1}$$

옵션의 내재가치는 옵션의 이득을 말한다. 콜옵션의 내재가치는 $\max(S_0 - K, 0)$이고 풋옵션의 내재가치는 $\max(K - S_0, 0)$이다. 현재 옵션이 외가격에 있더라도 만기일까지의 잔존기간 동안 주가가 유리하게 변하여 만기일에 이득을 얻을 수 있는 가능성이 있으므로 옵션은 시간프리미엄을 갖는다. 시간프리미엄은 등가격 옵션의 경우 가장 크고, 등가격에서 멀어질수록 시간프리미엄은 감소한다([표 15-2] 참조).

주요결과 15-1

옵션프리미엄은 기초자산가격, 행사가격, 무위험이자율, 배당금, 기초자산의 변동성, 만기에 의해 다음과 같이 영향을 받는다.

콜옵션: $S_0(+),\ K(-),\ r(+),\ Div(-),\ \sigma(+),\ T(+)$

풋옵션: $S_0(-),\ K(+),\ r(-),\ Div(+),\ \sigma(+),\ T(+)$

옵션프리미엄은 내재가치(이득)와 시간프리미엄의 합이고 시간프리미엄은 등가격에서 가장 크다.

2 옵션가격범위와 조기행사

2.1 콜옵션

콜옵션은 행사가격에 기초자산을 매입할 권리를 가지므로 권리의 가치가 매입 대상의 가치보다 클 수 없다. 즉 콜옵션의 가치가 기초자산의 가치보다 클 수 없다.

$$C \le S_0 \tag{15.2}$$

$C + PV(K) = P + S_0$에서 $P \ge 0$ 이므로 $C \ge S_0 - PV(K)$이어야 한다. 그런데 옵션의 가치가 0보다 작을 수 없으므로 다음과 같은 콜옵션의 하한가가 성립한다.

$$C \ \ge\ \max(S_0 - PV(K),\ 0) \tag{15.3}$$

만일 콜옵션 프리미엄이 하한가보다 작으면 $C < S_0 - PV(K)$이므로 과소평가된 콜옵션을 매입하고 과대평가된 주식을 공매도하는 차익거래 전략을 시행한다(남은 금액은 대출함).

아메리칸 콜옵션(C^A)의 경우 만기일 전 권리행사가 최적인가? $C \geq S_0 - PV(K) > S_0 - K$이고 $C^A \geq C$이므로 $C^A > S_0 - K$이다. 권리를 행사하면 $S_0 - K$를 얻지만 아메리칸 콜옵션을 매도하면 $S_0 - K$보다 큰 C^A를 수령하므로 권리행사가 항상 최적이 아니다('항상' 최적이 아님을 기억할 것). 무배당 주식에 대한 아메리칸 콜옵션의 조기행사(early exercise)가 항상 최적이 아니므로 $C^A = C$이다(만약 기초자산이 배당을 지급하면 조기행사가 최적일 수 있음).

2.2 풋옵션

유로피언 풋옵션은 행사가격으로 주식을 매도할 권리를 가지므로 만기일에서 풋옵션의 가치는 행사가격보다 클 수 없고 따라서 현재 시점에서 $PV(K)$보다 클 수 없다.

$$P \leq PV(K) \tag{15.4}$$

$C + PV(K) = P + S_0$에서 $C \geq 0$이므로 $P \geq PV(K) - S_0$이어야 한다. 그런데 옵션의 가치가 0보다 작을 수 없으므로 다음과 같은 풋옵션의 하한가가 성립한다.

$$P \geq \max(PV(K) - S_0,\ 0) \tag{15.5}$$

만일 풋옵션 프리미엄이 하한가보다 작으면(즉 $P < PV(K) - S_0$) $P + S_0 < PV(K)$이므로 과소평가된 풋옵션과 주식을 매입하는 차익거래 전략을 시행한다(필요한 금액은 차입함).

주가가 충분히 하락하여 풋옵션이 심내가격에 있으면 권리를 행사한 후 얻을 수 있는 이자소득이 풋옵션의 잠재적 추가 가치상승보다 클 수 있으므로 조기행사가 최적일 수 있다. 따라서 유로피언 풋옵션의 가치가 풋옵션 내재가치인 $K - S_0$보다 작을 수 있으므로(즉 시간프리미엄이 0보다 작을 수 있으므로) $P^A > P$이다. [표 15-2]는 풋옵션의 경우 주가가 많이 하락하면 시간프리미엄이 음수일 수 있음을 보여 준다.[2)]

표 15-2 콜옵션과 풋옵션의 시간프리미엄 계산

		주 가					
		8,000	9,000	10,000	11,000	12,000	13,000
콜옵션	가 격	47	225	646	1,322	2,177	3,123
	내재가치	0	0	0	1,000	2,000	3,000
	시간프리미엄	47	225	646	322	177	123

2) 옵션가격은 $K = 10{,}000$, $\sigma = 0.3$, $r = 0.04$, $T = 0.25$를 이용하여 블랙-숄즈 모형으로 계산함

		주 가					
		8,000	9,000	10,000	11,000	12,000	13,000
풋옵션	가 격	1,947	1,125	546	223	77	23
	내재가치	2,000	1,000	0	0	0	0
	시간프리미엄	−53	125	546	223	77	23

주요결과 15-2

무배당 주식에 대한 유로피언 콜옵션의 가격범위는 $\max(S_0 - PV(K),\ 0) \le C \le S_0$이고, 유로피언 풋옵션의 가격범위는 $\max(PV(K) - S_0,\ 0) \le P \le PV(K)$이다. 옵션가격이 주어진 가격범위를 벗어나면 무위험 차익거래가 가능하다.

주요결과 15-3

무배당 주식에 대한 아메리칸 콜옵션의 경우 조기행사가 최적이 아니지만 아메리칸 풋옵션의 경우 조기행사가 최적일 수 있다. 즉 $C^A = C,\ P^A > P$.

3 투자전략

3.1 주식과 옵션을 결합하는 전략

주식과 옵션을 결합하는 포지션은 $S_0 + P$, $-S_0 + C$, $S_0 - C$, $-S_0 - P$ 등 네 가지이다(+는 매입포지션, −는 매도포지션을 의미함). $S_0 + P$, $-S_0 + C$의 경우 옵션을 매입하므로 하향손실이 제한되고 $S_0 - C$, $-S_0 - P$의 경우 옵션을 발행하므로 상향이익이 제한된다.

3.1.1 프로텍티브풋

주식 매입포지션과 풋옵션 매입포지션이 결합되면 포트폴리오 가치의 하한선이 설정된다. 주가 하락시 주식포지션의 손실을 풋옵션 포지션에서의 이익으로 상쇄하므로 하향손실이 제한되지만 주가 상승시의 상향이익에는 제한이 없는 매우 매력적인 포지션이다. 이 포지션을 방어적 풋옵션 또는 프로텍티브풋(protective put)이라고 한다. 이 포지션의 이익패턴은 [그림 15-3]과 같다. 이 그림은 현재 주가가 10,000원일 때 등가격 풋옵션을 500원에 매입한 프로텍티브풋의 이익패턴이다.

그림 15-3 프로텍티브풋 이익패턴

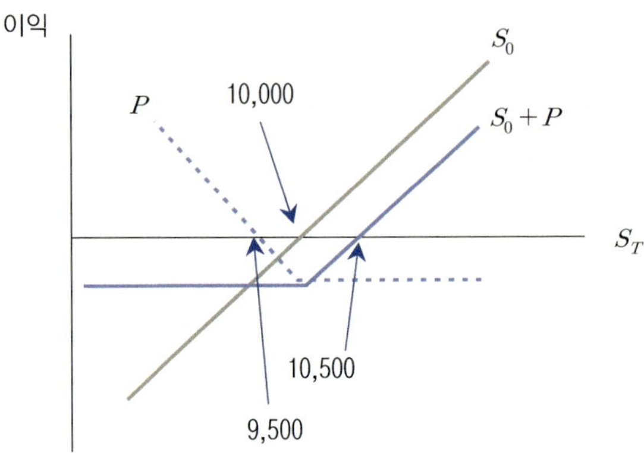

실무자들은 풋옵션을 실제로 매입하지 않고 주식 또는 주가지수선물을 이용하여 풋옵션을 복제하는 방법을 많이 사용하는데 이를 포트폴리오보험(portfolio insurance) 전략이라고 한다. 방어적 풋옵션의 이득패턴은 풋-콜 패리티 $P+S_0=C+PV(K)$에 의해 콜옵션 매입포지션과 동일하다.

예를 들어, 현재 주가가 10,000원일 때 행사가격이 10,000원인 풋옵션을 500원에 매입한 프로텍티브풋의 이익구조는 다음과 같다.

표 15-3 프로텍티브풋의 이익구조

만기일 주가	이 익			$P+S_0$ 이익	비 고
	주 식	풋옵션 매입			
8,000	−2,000	+1,500	옵션행사	−500	손실구간 (최대손실은 옵션가격으로 제한됨)
9,000	−1,000	+500		−500	
9,500	−500	0		−500	
10,000	0	−500	옵션 권리행사 포기	−500	
10,100	+100	−500		−400	
10,300	+300	−500		−200	
10,500	+500	−500		0	손익분기점
11,000	+1,000	−500		+500	이익 구간
12,000	+2,000	−500		+1,500	
13,000	+3,000	−500		+2,500	
14,000	+4,000	−500		+3,500	

3.1.2 커버드콜

커버드콜(covered call)은 주식을 보유하고 있는 투자자가 콜옵션을 매도하여 구성한다.[3] 풋-콜 패리티에 의해, 커버드콜의 이득패턴은 풋옵션 발행포지션의 이득패턴과 동일하다: $S_0 - C = -P + PV(K)$. [그림 15-4]는 커버드콜의 이익패턴과 커버드콜이 주식매입과 비교하여 상대적으로 유리한 주가범위를 보여준다.

그림 15-4 커버드콜($S_0 - C$)의 이익패턴

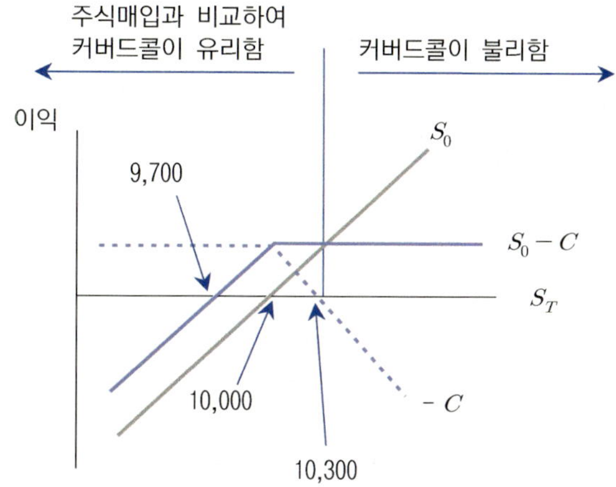

커버드콜은 변동성이 크지 않을 것으로 예상할 때 취하는 포지션이다. 예를 들어, 투자자가 주식을 소유하고 있으며, 현재 주가가 10,000원이고 향후 1개월 동안 주가변동이 크지 않을 것으로 예상하여 투자자는 가격이 300원인 등가격 콜옵션을 발행한다고 하자. 만일 주가가 콜옵션 프리미엄인 300원보다 작게 변동하면 투자자는 상대적으로 유리한 위치에 있게 된다. 즉, 주가상승이 300원보다 작으면 콜옵션 행사에 따른 손실을 옵션프리미엄으로 커버할 수 있다. 그리고 주가하락이 300원보다 작으면 주가하락에 따른 손실을 옵션프리미엄으로 커버할 수 있다.

변동성이 크더라도 주가가 하락하면 콜옵션 프리미엄으로 주가하락에 따른 손실의 일부를 커버할 수 있으므로 투자자의 손실이 줄어든다. 그러나 주가상승이 300원을 초과하면 콜옵션 발행은 주가상승의 이익을 제거하므로 투자자는 손해를 보게 된다. 주식매입과 커버드콜을 비교하면 다음과 같다(등가격 콜옵션을 발행한 것으로 가정함). 우리의 예시에서 주가가 10,300원 이상으로 상승하면 커버드콜은 주식매입에 비하여 상대적으로 불리하다.

3) 콜옵션을 매도한 포지션의 위험(주식매도의무)을 주식을 보유함으로써 감소시킨다는 의미로 covered call이라고 한다. 만약 주식포지션 없이 콜옵션만을 발행하면 이를 naked position(노출된 포지션)이라고 한다.

이상의 내용을 정리하면 [표 15-4]와 같다(표에서 '유리/불리'는 커버드콜이 주식매입과 비교하여 상대적으로 유리한지 아니면 불리한지를 의미함).

▌표 15-4 커버드콜($S_0 - C$) 이익구조

만기일 주가	이 익			$S_0 - C$ 이익	비 고	유리/불리
	주 식	콜옵션 발행				
8,000	−2,000	+300	상대방 권리포기 (의무소멸)	−1700	손실구간	유 리
9,000	−1,000	+300		−700		
9,500	−500	+300		−200		
9,700	−300	+300		0	손익분기점	
9,800	−200	+300		+100	이익구간 (상향이익은 옵션가격으로 제한)	
9,900	−100	+300		+200		
10,000	0	+300		+300		
10,100	+100	+200	상대방 권리행사 (의무이행)	+300		
10,200	+200	+100		+300		
10,300	+300	0		+300		동일함
10,400	+400	−100		+300		불 리
11,000	+1,000	−700		+300		
12,000	+2,000	−1,700		+300		

투자자는 주식을 행사가격에 매도해야 하므로 포트폴리오의 상향이익이 제한되는데, 주식에서의 목표수익률을 감안하여 행사가격을 설정하면 주가가 행사가격 이상으로 상승시 자동적으로 주식포지션을 청산시키는 효과가 있게 된다(그러나 행사가격을 높게 설정하면 콜옵션을 발행하여 수령하는 프리미엄이 감소함).

요약하면, 투자자가 커버드콜 포지션을 취하는 이유는 다음과 같다.

① 목표수익률을 달성하면 무조건 포지션을 마감하고자 하는 투자자가 하향손실을 관리하고자 하는 경우
② 콜옵션이 과대평가되어 있다고 판단되는 경우
③ 보합이나 약세장에서 주식매입포지션보다 더 높은 수익률을 얻고 강세장에서 더 낮은 수익률이 발생하도록 위험-수익의 구조를 변경하고자 하는 경우

3.2 채권과 옵션을 결합하는 전략

주가연계증권(equity-linked security: ELS)은 연동된 주가 움직임에 의해 수익률이 결정되는 증권이다. 원금보장형 ELS의 경우 만기일에 원금을 확실하게 상환할 수 있도록 원금

의 현재가치를 채권에 투자하고 남은 금액을 옵션에 투자하는 방식을 채택한다. 예를 들어, 코스피200 주가지수가 상승하면 지수가 1%포인트 상승할 때마다 0.5%포인트의 보너스를 제공하지만(주가 상승분의 절반을 보너스로 제공하므로 참여율이 50%라고 함) 주가지수가 하락해도 원금이 보장된다면 이는 원금보장형 주가연계증권이다.

다음의 예시를 고려해 보자. 충남기업 무배당 주식의 가격이 7,000원이고 이 주식을 기초자산으로 하는 1년 만기 등가격 콜옵션의 가격이 1,000원이라고 하자. 700,000원을 소유한 투자자의 다음 세 전략을 고려해 보자. 무위험이자율은 4.0119%이다.

전략1: 주식 100주 매입

전략2: 콜옵션 700개 매입

전략3: 채권에 673,000원을 투자하고 콜옵션 27개를 매입함

만기일의 주가를 S_T라고 하면 세 전략의 이익은 다음과 같이 계산된다.

- 전략1의 이익: $100 \times (S_T - 7{,}000)$
- 전략2의 이익: $[\max(S_T - 7{,}000,\ 0) - 1{,}000] \times 700$
- 전략3의 이익: $[\max(S_T - 7{,}000,\ 0) - 1{,}000] \times 27 + 673{,}000 \times 0.040119$

표 15-5 전략별 이익과 수익률

전 략	만기일의 주가				
	6,500원	7,000원	7,500원	8,000원	9,000원
전략 1 (주식투자)	−50,000 (−7.1%)	0 (0.0%)	50,000 (7.1%)	100,000 (14.3%)	200,000 (28.6%)
전략 2 (옵션투자)	−700,000 (−100%)	−700,000 (−100%)	−350,000 (−50%)	0 (0.0%)	700,000 (100%)
전략 3 (옵션과 채권 투자)	0 (0%)	0 (0%)	13,500 (1.93%)	27,000 (3.86%)	54,000 (7.71%)

옵션투자전략이 매우 높은 레버리지를 제공함을 쉽게 확인할 수 있다. 최악의 경우 수익률이 −100%이지만(즉 투자원금을 전혀 회수하지 못함) 주가가 상승하면 수익률은 빠르게 상승한다. 예를 들어, 주가가 현재의 7,000원에서 10,500원으로 50% 상승하면 옵션투자의 수익률은 250%이다. 전략3에서 채권투자금액 673,000원은 만기일에 정확히 700,000원이 되므로 원금보장형 투자전략이다. 원금보장형 ELS는 원금손실 위험을 부담하지 않으면서 주가 상승으로부터 이익을 얻을 수 있다는 점에서 매력적이다(물론 주가상승시 ELS의 수익률이 주식투자의 수익률보다 낮다는 점이 비용임).

주요결과 15-4

옵션은 주식, 채권, 또는 다른 옵션과 결합하여 다양한 유형의 새로운 이익패턴을 만들 수 있다. 주식과 풋옵션을 동시에 보유하면 프로텍티브풋이 구성되고 주식을 보유하면서 콜옵션을 발행하면 커버드콜이 구성된다.

3.3 스프레드

3.3.1 강세스프레드

강세스프레드(bull spread)는 행사가격이 낮은 콜옵션 C_1을 매입한 투자자가 행사가격이 높은 콜옵션 C_2을 매도함으로써 주가상승에서 기대할 수 있는 이익의 일부를 포기한 전략이다. 포지션을 취할시 $C_1 - C_2$의 투자금액이 필요하다(즉 낮은 행사가격으로 기초자산을 매입할 수 있는 콜옵션이 더 비싸므로 $C_1 > C_2$임). [표 15-6]의 이득패턴을 $C_1 - C_2$만큼 하향이동하면 [그림 15-5]의 이익패턴이 구해진다. 콜옵션 강세스프레드의 손익분기점은 $K_1 + (C_1 - C_2)$이다. 만기일의 현금흐름은 K_1과 K_2를 기준으로 세 영역으로 구분하여 분석해야 함에 주의하자.

그림 15-5 콜옵션 강세스프레드의 이익패턴

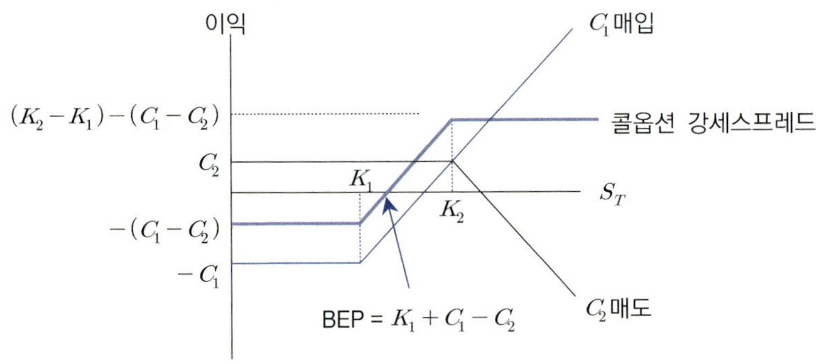

표 15-6 콜옵션 강세스프레드의 이득패턴

포지션	현재 현금흐름	만기일 현금흐름		
		$S_T \le K_1$	$K_1 < S_T < K_2$	$S_T \ge K_2$
C_1매입	$-C_1$	0	$S_T - K_1$	$S_T - K_1$
C_2매도	C_2	0	0	$-(S_T - K_2)$
강세스프레드의 이득	$C_2 - C_1 < 0$	0	$S_T - K_1$	$K_2 - K_1$

예시 15-2 강세스프레드의 손익구조

현재 주가는 10,000원이고 만기는 1개월인 콜옵션과 풋옵션의 가격이 각각 다음과 같다.

행사가격	콜옵션 가격	풋옵션 가격
9,500	629	89
10,000	309	267
10,500	121	577

콜강세스프레드를 구성하기 위하여 행사가격이 10,000원인 콜옵션을 매입하고 행사가격이 10,500원인 콜옵션을 발행한다. 이 경우 최대손실은 309 − 121 = 188원이고, 손익분기점은 10,000 + 188 = 10,188원이고, 최대이익은 (10,500 − 10,000) − 188 = 312원이다.

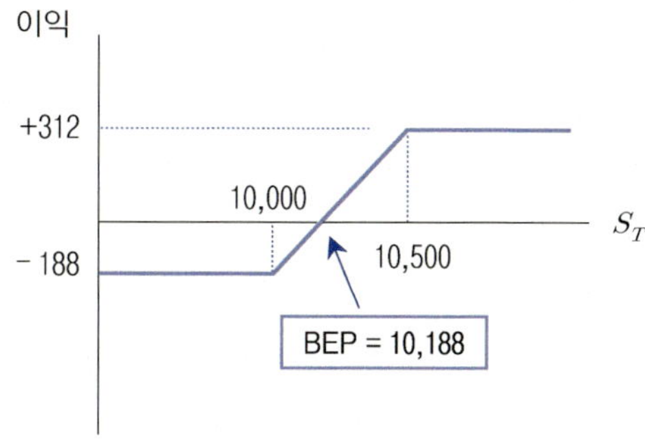

▌표 15-7 콜옵션 강세스프레드($C_1 - C_2$) 이익구조

C_1 매입 이익: $\max(S_T - 10{,}000,\ 0) - 309$

C_2 매도 이익: $\min(10{,}500 - S_T,\ 0) + 121$

만기일 주가	이 익				$C_1 - C_2$ 이익	비 고
	C_1 매입		C_2 매도			
9,000	− 309	권리 포기	121	의무 소멸	− 188	최대손실구간
9,500	− 309		121		− 188	
10,000	− 309		121		− 188	
10,100	− 209	권리 행사	121		− 88	손실구간
10,188	− 121		121		0	손익분기점
10,300	− 9		121		+112	이익구간
10,500	191		121		+312	최대이익구간
11,000	691		− 379	의무 이행	+312	
12,000	1,691		− 1,379		+312	

3.3.2 약세스프레드

약세스프레드(bear spread)는 강세스프레드와 반대로 포지션을 취한다. 즉 낮은 행사가격 콜옵션 C_1을 매도하고 높은 행사가격 콜옵션 C_2을 매입한다. 포지션을 취할 시 $(C_1 - C_2)$ 금액이 유입되므로 [표 15-8]의 이득패턴을 상향이동하여 [그림 15-6]의 이익패턴을 구한다.

표 15-8 콜옵션 약세스프레드의 이득패턴

포지션	현재 현금흐름	만기일 현금흐름		
		$S_T \le K_1$	$K_1 < S_T < K_2$	$S_T \ge K_2$
C_1매도	C_1	0	$-(S_T - K_1)$	$-(S_T - K_1)$
C_2매입	$-C_2$	0	0	$S_T - K_2$
약세스프레드의 이득	$C_1 - C_2 > 0$	0	$K_1 - S_T$	$K_1 - K_2$

그림 15-6 콜옵션 약세스프레드의 이익패턴

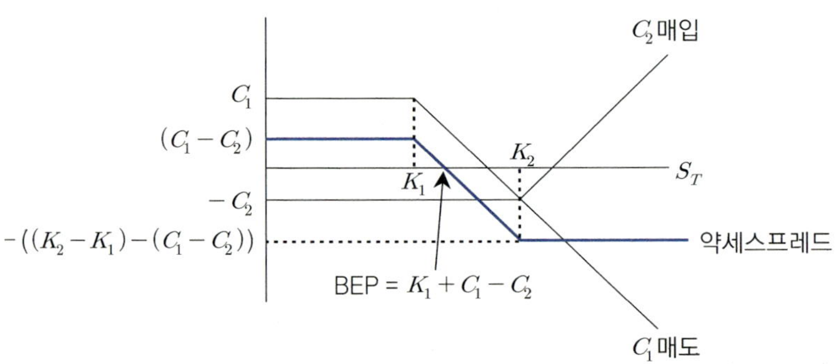

약세스프레드는 강세스프레드와 반대로 포지션을 취한다. 즉, 약세스프레드는 강세스프레드의 매도포지션이므로, 강세스프레드의 이득패턴과 이익패턴을 x축을 기준으로 회전하면 약세스프레드의 이득과 이익패턴이 구해진다(손익분기점은 동일함). 따라서 콜강세스프레드의 최대이익(최대손실)은 콜약세스프레드의 최대손실(최대이익)이다. 그리고 강세스프레드와 마찬가지로, 약세스프레드의 상향이익과 하향손실도 모두 일정 수준으로 제한된다.

예시 15-3 약세스프레드의 손익구조

[예시 15-2]의 옵션가격을 다시 이용하자. 콜약세스프레드를 구성하기 위하여 행사가격이 9,500원인 콜옵션을 발행하고 행사가격이 10,000원인 콜옵션을 매입한다고 하자. 이 경우 최대이익은 629 − 309 = 320원이고, 손익분기점은 9,500 + 320 = 9,820원이고, 최대손실은 (10,000 − 9,500) − (629 − 309) = 180원이다.

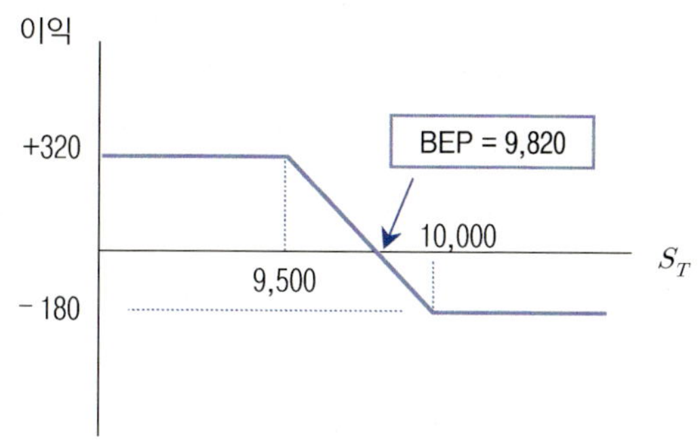

▮표 15-9 콜옵션 약세스프레드($C_2 - C_1$) 이익구조

C_1 매도 이익: min(9,500 − S_T, 0) + 629

C_2 매입 이익: max(S_T − 10,000, 0) − 309

만기일 주가	이 익				$C_2 - C_1$ 이익	비 고
	C_1 매도		C_2 매입			
8,500	+629	의무 소멸	− 309	권리 포기	+320	최대이익구간
9,000	+629		− 309		+320	
9,500	+629		− 309		+320	
9,700	+429	의무 이행	− 309		+120	이익구간
9,820	+309		− 309		0	손익분기점
9,900	+229		− 309		− 80	손실구간
10,000	+129		− 309		− 180	최대손실구간
10,500	− 371		+191	권리 행사	− 180	
11,000	− 871		+691		− 180	

3.3.3 나비스프레드

나비스프레드(butterfly spread)는 주가가 큰 폭으로 변하지 않을 것을 기대하는 투자자가 취하는 전략이다. 나비스프레드는 행사가격이 낮은 콜옵션 1개를 매입하고 행사가격이 높은 콜옵션 1개를 매입하고 행사가격이 중간인 콜옵션 2개를 발행하여 구성한다. 나비스프레드의 이익패턴은 [그림 15-7]과 같다.

그림 15-7 나비스프레드의 이익패턴

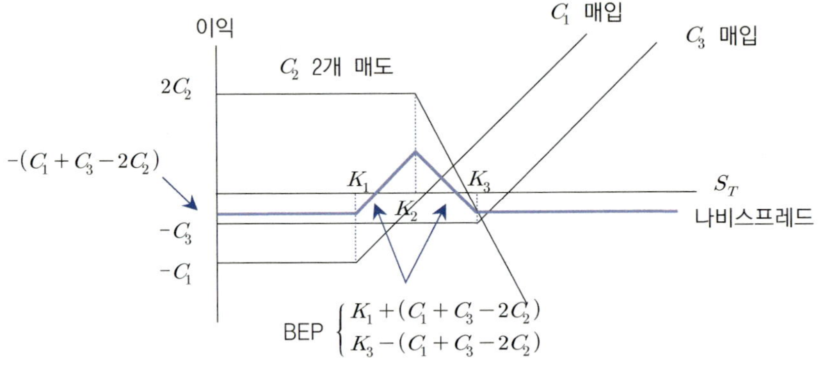

예시 15-4 나비스프레드의 이익구조

[예시 15-2]의 옵션을 다시 이용하자. C_1과 C_3를 각각 1개씩 매입하고 C_2 2개를 발행한다. 이를 위해 $629+121-2\times309=132$원을 투자해야 한다. 투자자는 만기일의 주가가 $9{,}500+132=9{,}632$원과 $10{,}500-132=10{,}368$원 사이이면 이익을 얻는다. 최대이익은 $500-132=368$원이고 최대손실은 132원이다.

풋옵션을 이용하는 경우 P_1과 P_3를 각각 1개씩 매입하고 P_2 2개를 발행한다. 이 경우 투자금액, 손익분기점, 최대이익, 최대손실이 모두 콜옵션을 이용한 경우와 동일하다.

▌표 15-10 나비스프레드($C_1 + C_3 - 2C_2$) 이익구조

C_1 매입 이익: $\max(S_T - 9{,}500,\ 0) - 629$

$2C_2$ 발행 이익: $2 \times [\min(10{,}000 - S_T,\ 0) + 309]$

C_3 매입 이익: $\max(S_T - 10{,}500,\ 0) - 121$

만기일 주가	이 익						총이익	비 고
	C_1 매입		$2C_2$ 발행		C_3 매입			
8,500	−629	권리 포기	+618	의무 소멸	−121	권리 포기	−132	최대손실구간
9,000	−629		+618		−121		−132	
9,500	−629		+618		−121		−132	
9,632	−497	권리 행사	+618		−121		0	손익분기점
9,800	−329		+618		−121		+168	이익구간 (최대이익 368원)
10,000	−129		+618		−121		+368	
10,129	0		+360	의무 이행	−121		+239	
10,200	+71		+218		−121		+168	
10,309	+180		0		−121		+59	
10,368	+239		−118		−121		0	손익분기점
10,500	+371		−382		−121		−132	최대손실구간
10,621	+492		−624		0	권리 행사	−132	
11,000	+871		−1,382		+379		−132	
12,000	+1,871		−3,382		+1,379		−132	

강세스프레드, 약세스프레드, 나비스프레드는 풋옵션을 이용해서도 구성이 가능하다. 강세 및 약세스프레드 이외에 박스스프레드, 캘린더스프레드, 대각선스프레드 등이 있다.

3.4 스트래들

스트래들(straddle)은 행사가격과 만기가 동일한 콜옵션과 풋옵션을 동시에 매입하는 포지션이다. 이 포지션은 미래에 주가가 큰 폭으로 변할 것을 예상하나 그 방향을 예측할 수 없는 경우에 취하는 전략으로, 최대손실은 옵션매입비용으로 제한된다. 투자자는 만기일의 주가가 $K-(C+P)$과 $K+(C+P)$ 사이에 있을 때 손해를 본다.

스트래들과 반대로, 콜옵션과 풋옵션을 동시에 발행하면 이를 스트래들매도(short straddle)하고 한다. 스트래들매도의 이익패턴은 스트래들의 이익패턴을 x축에 대하여 회전하여 구한다.

표 15-11 스트래들의 이득패턴

포지션	$S_T \leq K$	$S_T > K$
C 매입	0	$S_T - K$
P 매입	$K - S_T$	0
스트래들의 이득	$K - S_T$	$S_T - K$

그림 15-8 스트래들의 이익패턴

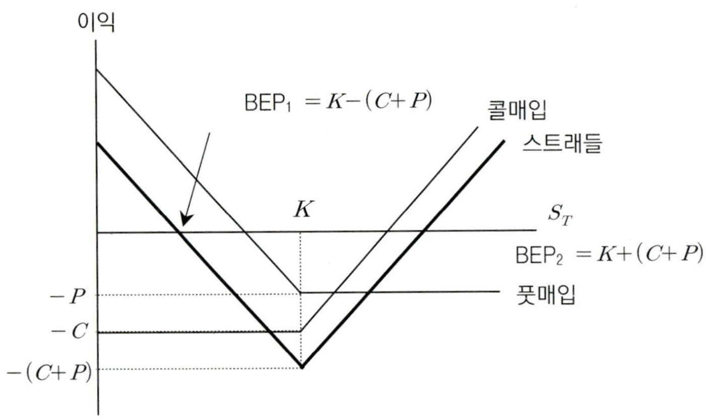

스트래들처럼 콜옵션과 풋옵션을 동시에 이용하는 포지션을 콤비네이션(combination)이라고 한다. 콤비네이션에는 스트래들 이외에 스트랭글(strangle), 스트립(strip), 스트랩(strap) 등이 있다.

예시 15-5 스트래들의 이익

행사가격이 10,000원인 콜옵션의 가격이 1,200원이고 풋옵션의 가격이 724원이다. 만기일의 주가가 10,000원이면 1,924원의 최대손실이 발생한다. 투자자는 주가가 8,076원 아래로 하락하거나 또는 11,924원 이상으로 상승하면 이익을 얻는다. 즉, $8{,}076 < S_T < 11{,}924$이면 투자자는 손실을 본다. 만약 만기일의 주가가 10,950원이면 손실은 974원이다.

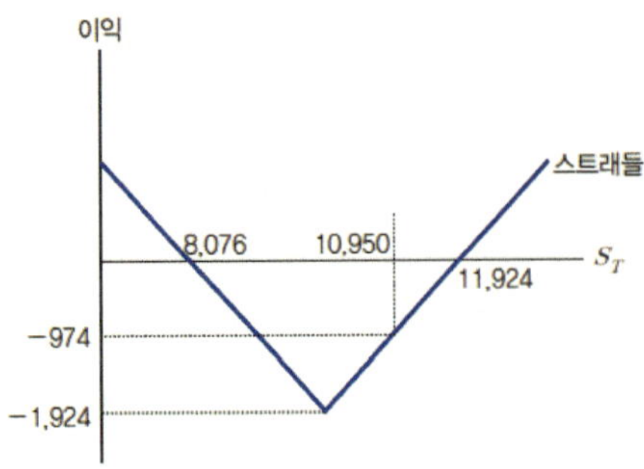

표 15-12 스트래들의 이익구조

만기일 주가	이 익				$C+P$ 이익	비 고
	콜매입		풋매입			
7,000	− 1,200		+2,276		+1,076	이익구간
7,500	− 1,200		+1,776		+576	
8,076	− 1,200		+1,200	권리 행사	0	손익분기점
8,500	− 1,200	권리 포기	+776		− 424	
9,276	− 1,200		0		− 1,200	
9,500	− 1,200		− 224		− 1,424	손실구간
10,000	− 1,200		− 724		− 1,924	
10,500	− 700		− 724		− 1,424	
11,200	0		− 724	권리 포기	− 724	
11,924	+724	권리 행사	− 724		0	손익분기점
12,500	+1,300		− 724		+576	이익구간
13,000	+1,800		− 724		+1,076	

주요결과 15-5

강세스프레드는 낮은 행사가격의 콜옵션을 매입하고 높은 행사가격의 콜옵션을 매도한다($C_1 - C_2$). 약세스프레드는 낮은 행사가격의 콜옵션을 매도하고 높은 행사가격의 콜옵션을 매입하여 구성하며($C_2 - C_1$) 이는 강세스프레드의 매도포지션이다. 나비스프레드는 주가가 큰 폭으로 변하지 않을 것으로 기대하는 투자자가 취하는 포지션으로 행사가격이 낮은 콜옵션 1개를 매입하고 행사가격이 높은 콜옵션 1개를 매입하고 행사가격이 중간인 콜옵션 2개를 발행하여 구성한다($C_1 + C_3 - 2C_2$). 그리고 스트래들은 행사가격과 만기가 동일한 콜옵션과 풋옵션을 동시에 매입하는 포지션이다.

4 옵션가격결정: 이항모형

옵션의 가격을 결정하는 가장 보편적인 모형이 이항모형과 블랙-숄즈의 옵션가격결정모형이다. 옵션의 가치를 결정하는 주요 요인 중의 하나가 변동성(volatility)이므로 옵션가격을 결정하기 위해서는 기초자산의 가격이 어떻게 변하는지 모형화해야 한다. 이항모형

(binomial model)은 미래 시점에서 단 두 가격(현재 가격보다 높은 가격과 현재 가격보다 낮은 가격)만이 허용되는데 반하여, 블랙-숄즈 모형은 주가가 기하적 브라운 운동을 따른다고 가정한다.

옵션가격결정의 기본적인 아이디어는 “복제(replication)와 차익거래(arbitrage)”이다. 즉 기초자산과 채권을 이용하여 옵션과 동일한 현금흐름을 제공하는 복제포트폴리오를 구성하고 무차익논리를 이용하여 옵션의 가격을 구하는 방법이다. 여기서는 이항모형과 블랙-숄즈 모형을 간단히 소개하기로 한다.

현재 충남주식의 주가는 $S_0 = 10{,}000$원이고 1년 후에 상승과 하락하는 두 경우만 존재한다고 가정하자. 즉 주가는 $S_T^{Up} = 20{,}000$원으로 상승하거나 또는 $S_T^{Down} = 5{,}000$원으로 하락한다. 충남주식을 기초자산으로 하는 유로피언 옵션의 만기는 1년이고 행사가격은 12,500원이다. 1년 만기 무위험이자율(r)은 10%이다. 충남주식은 향후 1년 동안 배당을 지급하지 않는다.

그림 15-9 주가의 이항과정

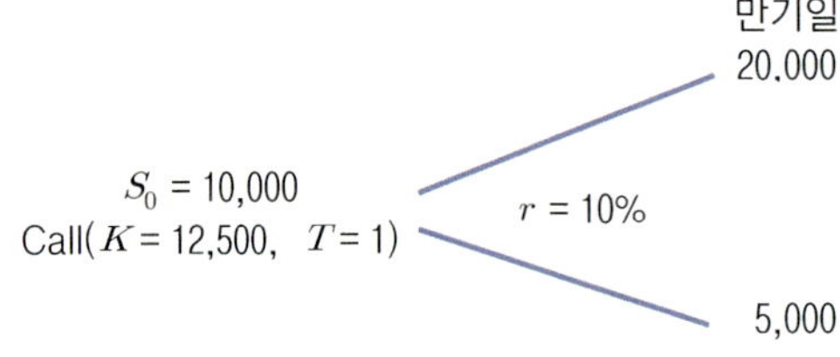

4.1 콜옵션 가격결정

① 주식과 콜옵션으로 무위험포트폴리오를 구성하여 콜옵션 가격을 구하는 방법

만기일에서의 콜옵션의 이득은 주가가 20,000원이면 $\max(S_T - K, 0) = 20{,}000 - 12{,}500 = 7{,}500$원이고 주가가 5,000원이면 0이다. 즉, $C_{Up} = 7{,}500$과 $C_{Down} = 0$이다. 반대로 콜옵션을 발행한 투자자의 입장에서 이득은 주가가 20,000원이면 −7,500원이고 주가가 5,000원이면 0이다. 주가가 상승하면 콜옵션의 가치도 상승하므로 주식과 콜옵션을 이용하여 무위험포트폴리오를 구성하려면 반대 포지션을 취해야 한다. 따라서 투자자가 무위험포트폴리오를 주식 1주 매입과 콜옵션 m개 발행으로 구성할 수 있는데 이 경우 m을 구하는 식은 다음과 같다.[4)]

4) 무위험포트폴리오를 구성하는 방법은 여러 가지이다. 여기서는 주식 1주 매입을 기준으로 무위험포트폴리오를 구성하기로 한다.

$$m = \frac{\text{상승시 주가 - 하락시주가}}{\text{상승시 콜이득 - 하락시 콜이득}} = \frac{S_T^{Up} - S_T^{Down}}{C_{Up} - C_{Down}} = \frac{20{,}000 - 5{,}000}{7{,}500 - 0} = 2 \qquad (15.6)$$

주식 1주 매입과 콜옵션 2개 발행으로 구성한 무위험포트폴리오의 가치는 주가의 움직임과 무관하게 5,000원으로 동일하다. (즉, 주가가 20,000원이면 포트폴리오 가치는 20,000 − 2 × 7,500 = 5,000원이고 주가가 5,000원이면 포트폴리오 가치는 5,000 − 2 × 0 = 5,000원이다.)

주가가 상승하든 하락하든 포트폴리오의 가치가 일정하므로 이 포트폴리오는 무위험 포트폴리오이고 당연히 수익률은 무위험이자율이어야 한다. 만기일에 5,000원의 가치를 가지면 현재시점에서 당연히 $\frac{5{,}000}{1.1} = 4{,}545.45$원의 가치를 가져야 한다. 주식 1주를 매입하고 콜옵션 2개를 발행하는데 소요되는 비용이 4,545.45원이어야 하므로 콜옵션의 가치는 2,727.27원이다.

$$S_0 - 2C = \frac{5{,}000}{1.1} \rightarrow C = 2{,}727.27 \qquad (15.7)$$

② 콜옵션 복제포트폴리오를 구성하여 콜옵션 가격을 구하는 방법

이번에는 콜옵션과 동일한 현금흐름을 제공하는 복제포트폴리오를 구성하여 콜옵션의 가치를 평가해 보자. 앞에서 주식 1주를 매입하고 콜옵션 2개를 발행하면 무위험포트폴리오(만기일 가치 5,000원)가 구성된다고 하였으므로 이는 $S_0 - 2C = B_0(Par = 5{,}000)$로 표현된다. 이 식의 양변을 2로 나누면 콜옵션 복제포트폴리오 구성식이 도출된다.

$$C = 0.5S_0 - B_0(Par = 2{,}500) \qquad (15.8)$$

이 식은 콜옵션 복제포트폴리오가 주식 0.5주 매입과 $\frac{2{,}500}{1.1} = 2{,}272.73$원 차입(borrowing)으로 구성됨을 보여준다(차입 대신에 무위험 채권(원금 2,500원, 만기 1년, 수익률 10%, 현재 가치 2,272.73원) 공매도 포지션을 이용할 수 있음).

주식 0.5주를 매입하고 2,272.73원을 연 10%로 차입하면 이 포트폴리오는 만기일에서 콜옵션과 동일한 현금흐름을 제공한다(0.5는 앞에서 구한 2의 역수인데 이를 콜옵션의 델타(delta)라고 함). 만기일에 동일한 현금흐름(또는 가치)을 갖는다면 일물일가의 법칙(law of one price)에 의해 현재 시점에서도 동일한 가치를 가져야 하므로 콜옵션의 가치는 2,727.27원이어야 한다.

표 15-13 콜옵션 복제포트폴리오를 이용한 콜옵션 가격결정

포지션		현재시점의 현금흐름	만기일에서의 현금흐름(K = 12,500)	
			S_T = 20,000	S_T = 5,000
콜옵션 매입		?	7,500	0
콜옵션 복제포트폴리오	주식 0.5주 매입	− 5,000.00	10,000	2,500
	차입	+ 2,272.73	− 2,500	− 2,500
	합 계	− 2,727.27	7,500	0

참고: 20,000 × 0.5 = 10,000, 5,000 × 0.5 = 2,500, 2,272.73 × 1.1 = 2,500

③ 위험중립가치평가법

가장 간단한 방법은 위험중립상승확률을 계산하고 이 확률을 이용하여 옵션의 기대현금흐름을 계산한 후 이를 무위험이자율로 할인하는 방법이다. 위험중립상승확률 π은 다음과 같이 40%이다.

$$\pi = \frac{(1+r)-d}{u-d} = \frac{1.1-0.5}{2.0-0.5} = 0.4 \tag{15.9}$$

여기서 $u = \dfrac{S_T^{Up}}{S_0}$, $d = \dfrac{S_T^{Down}}{S_0}$이다.

콜옵션의 기대현금흐름이 3,000원이고 콜옵션 프리미엄은 기대현금흐름의 현재가치인 2,727.27원이다.

$$E(CF) = 0.4 \times 7{,}500 + (1-0.4) \times 0 = 3{,}000$$

$$C = \frac{3{,}000}{1.1} = 2{,}727.27$$

위험중립확률(risk neutral probability)의 매력은 모든 위험증권의 기대수익률을 무위험이자율로 전환시키는 점이다. 즉 위험중립확률을 이용하면 "모든 투자자가 위험중립형인 가상의 위험중립세상"으로 전환되어, 위험증권의 기대수익률을 CAPM과 APT 등을 이용하여 계산할 필요가 없고 단순히 무위험이자율로 기대현금흐름을 할인할 수 있다. 이 방법을 위험중립가치평가법(risk neutral valuation method)이라고 한다. 여기서 위험중립확률은 가상의 확률이고, 위험중립상승확률은 실제의 상승확률보다 항상 작아야 한다.

4.2 풋옵션 가격결정

동일한 방법으로 유로피언 풋옵션의 가치를 평가해 보자. 주가가 상승하면 풋옵션의 이득은 0이고 주가가 하락하면 이득은 $\max[K - S_T,\ 0] = 7{,}500$원이다. 투자자가 무위험포트폴리오를 주식 1주 매입과 풋옵션 h개 발행으로 구성하는데 이 경우 h를 구하는 식은 다음과 같다.

$$h = \frac{\text{상승시 주가} - \text{하락시 주가}}{\text{상승시 풋이득} - \text{하락시 풋이득}} = \frac{S_T^{Up} - S_T^{Down}}{P_{Up} - P_{Down}} = \frac{20{,}000 - 5{,}000}{0 - 7{,}500} = -2 \qquad (15.10)$$

무위험포트폴리오는 주식 1주 매입과 풋옵션 2개 매입으로 구성된다(풋옵션 −2개를 발행하는 것은 2개를 매입함을 의미함).[5] 이 무위험포트폴리오는 만기일에서 주가와 무관하게 항상 20,000원의 가치를 갖는다($20{,}000 + 2 \times 0$ 또는 $5{,}000 + 2 \times 7{,}500$). 따라서 $10{,}000 + 2P = \frac{20{,}000}{1.1}$의 관계로부터 풋옵션 프리미엄 4,090.91원을 구할 수 있다.

$S_0 + 2P = B_0(par = 20{,}000)$을 2로 나누고 정리하면 다음과 같이 풋옵션 복제포트폴리오 구성식이 유도된다.

$$P = -0.5S_0 + B_0(par = 10{,}000) \qquad (15.11)$$

이는 풋옵션이 0.5주 공매도와 $\frac{10{,}000}{1.1} = 9{,}090.91$ 원의 대출(lending)로 복제됨을 의미한다(−0.5는 −2의 역수인데 이를 풋옵션의 델타라고 함). 복제포트폴리오는 풋옵션과 만기일에서 동일한 현금흐름을 제공하므로 풋옵션의 가치는 4,090.91원이다.

표 15-14 풋옵션 복제포트폴리오를 이용한 풋옵션 가격결정

포지션		현재시점의 현금흐름	만기일에서의 현금흐름(K = 12,500)	
			S_T = 20,000	S_T = 5,000
풋옵션 매입		?	0	7,500
풋옵션 복제포트폴리오	주식 0.5주 공매도	+5,000.00	− 10,000	− 2,500
	대출	− 9,090.91	+10,000	+10,000
	합 계	− 4,090.91	0	7,500

참고: $20{,}000 \times 0.5 = 10{,}000$, $5{,}000 \times 0.5 = 2{,}500$, $9.090.91 \times 1.1 = 10{,}000$

5) 주식과 콜옵션의 가치는 동일 방향으로 움직이므로 무위험포트폴리오를 구성할 시 주식과 콜옵션 포지션의 방향은 반대이다(즉 주식을 매입하고 콜옵션을 매도함). 그러나 주식과 풋옵션의 가치는 반대 방향으로 움직이므로 무위험포트폴리오를 구성할 시 주식과 풋옵션 포지션의 방향은 동일하다(즉 주식과 풋옵션을 모두 매입함).

이번에는 위험중립가치평가법을 적용해 보자. 상승확률이 40%이고 기대현금흐름이 4,500원이므로 풋옵션 프리미엄은 기대현금흐름의 현재가치인 4,090.91원이다.

$$E(CF) = 0.4 \times 0 + (1 - 0.4) \times 7{,}500 = 4{,}500$$

$$P = \frac{4{,}500}{1.1} = 4{,}090.91$$

그리고 콜옵션 가격과 풋옵션 가격간에 풋-콜 패리티가 성립함을 확인할 수 있다.

$$P + S_0 = 4{,}090.91 + 10{,}000 = 14{,}090.91$$

$$C + PV(K) = 2{,}727.27 + \frac{12{,}500}{1.1} = 14{,}090.91$$

주요결과 15-6

주식을 매입하고 콜옵션을 발행하면 무위험포트폴리오가 구성되고 주식을 매입하고 차입하면 콜옵션이 복제된다. 그리고 주식과 풋옵션을 매입하면 무위험포트폴리오가 구성되고 주식을 공매도하고 대출하면 풋옵션이 복제된다.

주요결과 15-7

위험중립확률을 이용하여 기대현금흐름을 계산하고 이를 무위험이자율로 할인하면 옵션가격이 결정되는데 이 간단한 방법을 위험중립가치평가법이라고 한다.

5 옵션가격결정: 블랙-숄즈 모형 *

블랙-숄즈 모형(Black-Scholes model)은 이항모형과 매우 유사하다. 이항모형에서 기초자산과 옵션으로 무위험포트폴리오를 구성하고 차익거래기회를 배제하기 위해서는 무위험포트폴리오가 무위험이자율의 수익률을 얻어야 한다고 설명하였다. 무위험포트폴리오를 항상 구성할 수 있는 이유는 기초자산과 옵션이 모두 같은 불확실성, 즉 기초자산의 가격변화에 의하여 영향을 받기 때문이다.

매우 짧은 기간 동안 기초자산의 가격과 콜옵션 가격은 완전 정(+)의 관계를, 기초자산의 가격과 풋옵션 가격은 완전 부(−)의 관계를 갖는다. 따라서 기초자산과 옵션을 이용하여 적절히 포트폴리오를 구성하면, 기초자산의 가격이 조금 변할 때 기초자산포지션에서의 이익(손실)이 옵션포지션에서의 손실(이익)을 정확히 상쇄하여 포트폴리오의 전체 가치는 변하지 않게 된다.

무배당 주식에 대한 유로피언 콜옵션과 풋옵션의 가치를 구하는 블랙-숄즈 모형(BS모형)의 공식은 다음과 같다(여기서 r는 연속복리 기준의 무위험이자율임).[6)]

$$C = S_0 \cdot N(d_1) - PV(K) \cdot N(d_2) \tag{15.12}$$

$$P = PV(K) \cdot N(-d_2) - S_0 \cdot N(-d_1)$$

단,

$$PV(K) = Ke^{-rT}$$

$$d_1 = \frac{\ln\left(\frac{S_0}{K}\right) + \left(r + \frac{\sigma^2}{2}\right)T}{\sigma\sqrt{T}}$$

$$d_2 = \frac{\ln\left(\frac{S_0}{K}\right) + \left(r - \frac{\sigma^2}{2}\right)T}{\sigma\sqrt{T}} = d_1 - \sigma\sqrt{T}$$

함수 $N(x)$는 표준정규분포(standard normal distribution)의 누적분포함수이다. 다시 말해서 $N(x)$는 표준정규분포 $\Phi(0,\ 1)$을 따르는 변수 z가 x보다 작을 확률이다. 그리고 ln은 자연대수함수(natural log function)이다.

블랙-숄즈 공식은 옵션가격이 현재 주가, 행사가격, 만기, 무위험이자율, 그리고 변동성에 의해 결정됨을 보여준다. 여기서 행사가격과 만기는 옵션계약변수이고, 무위험이자율과 주가는 시장변수이므로 직접 관찰 및 확인이 가능하다. 그러나 변동성은 직접 관찰이 불가능한 변수이다(과거의 변동성은 관찰이 가능하지만 공식에 이용되는 변동성은 미래의 변동성임). 여기서 무위험이자율과 변동성은 연 기준의 값이다.

블랙-숄즈 콜옵션 공식의 첫 번째 항인 $S_0 \times N(d_1)$은 옵션행사시 수령할 것으로 예상되는 기대주식의 현재가치(즉, 콜옵션에 현재 내재된(embedded) 주식의 가치)이다.[7)] 두 번째 항인 $PV(K) \times N(d_2)$는 행사가격의 현가에 옵션이 행사될 확률 $N(d_2)$을 곱한 값으로, 옵션행사시 지급할 기대금액의 현재가치이다.

$N(d_1)$은 콜옵션의 델타(delta)로 기초자산(주식)의 가격변화에 대한 옵션가격의 변화이다.

---

6) 블랙-숄즈 모형에서는 연속복리수익률을 이용하여 현재가치를 Ke^{-rT}로 계산한다. 이산복리수익률 10%는 연속복리수익률 9.531%와 동일하므로 $\frac{100}{1.1^2} = 100e^{-0.09531\times 2} = 82.645$이다.

7) $N(d_1)$은 콜옵션의 델타로 기초자산의 가격변화에 대한 옵션가격의 변화이다. 델타가 내가격 정도를 나타내기도 하므로 옵션이 행사될 확률의 대용치로 사용될 수 있다.

풋옵션의 델타는 $-N(-d_1) = N(d_1) - 1$이다. 콜옵션의 델타는 양수로서 0과 1 사이의 값을 갖고, 풋옵션의 델타는 음수로서 0과 -1 사이의 값을 갖는다. 델타는 이항모형에서 식 (15.6)과 (15.10)에 의해 계산된 값의 역수로서 옵션의 복제포트폴리오 구성시 매입해야 하는 주식의 수이다.

그림 15-10 콜옵션의 델타

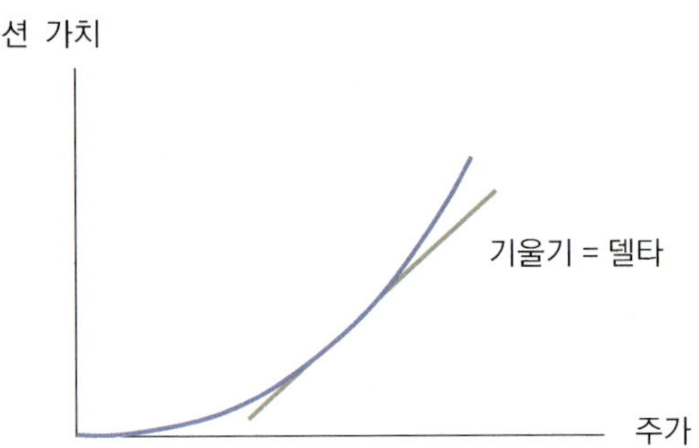

앞의 이항모형에서 콜옵션 복제포트폴리오는 일정 수의 주식을 매입하고 채권을 공매도함으로써(또는 차입함으로써) 구성된다고 설명하였다. 주식매입은 $S_0 \times N(d_1)$에 해당되고, 채권의 현재가치를 $PV(K)N(d_2)$로 하면 $C = S_0 \cdot N(d_1) - PV(K) \cdot N(d_2)$의 관계가 성립한다. 이는 블랙-숄즈 모형이 이항모형처럼 복제포트폴리오 접근방법을 이용하고 있음을 보여준다. 풋옵션의 경우에도 같은 논리가 적용된다.

예시 15-6 블랙-숄즈 모형의 적용

현재 무배당 주식의 가격이 10,000원이고 연간 무위험이자율(연속복리)이 10%이다. 행사가격이 9,500원이고 만기가 3개월인 유로피언 콜옵션과 풋옵션의 가격을 블랙-숄즈 공식으로 구하라. 주식수익률의 표준편차는 연 50%이다.

$S_0 = 10{,}000$, $K = 9{,}500$, $r = 0.1$, $T = 0.25$, $\sigma = 0.5$이므로 d_1과 d_2는 각각 0.43와 0.18이다.[8)]

$$d_1 = \frac{\ln\left(\frac{10{,}000}{9{,}500}\right) + \left(0.1 + \frac{0.5^2}{2}\right) \times 0.25}{0.5\sqrt{0.25}} = 0.43$$

$$d_2 = 0.4302 - 0.5\sqrt{0.25} = 0.18$$

8) 관례적으로 d_1과 d_2는 소수 네 자리로 구하지만 여기서는 계산을 간단히 하기 위하여 소수 두자리로 구하기로 한다.

누적표준정규확률분포표 [표 15-15]로부터 $N(0.43) = 0.6664$와 $N(0.18) = 0.5714$이다. 엑셀에서 NORMSDIST 함수를 이용하면 NORMSDIST(0.43) = 0.6664, NORMS DIST(0.18) = 0.5714를 직접 구할 수 있다. $N(0.43)$는 표준정규분포를 따르는 변수 z가 0.43보다 작을 확률이므로 이는 [그림 15-11]과 같다.

그림 15-11 표준정규분포의 누적확률

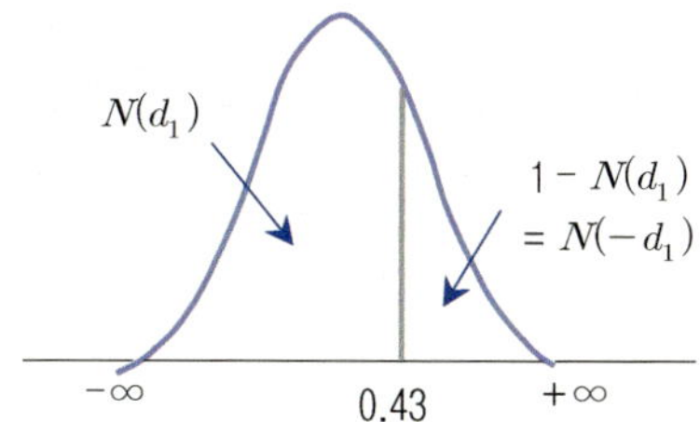

표 15-15 누적표준정규확률분포표

x	.00	.01	.02	.03	.04	.05	.06	.07	.08	.09
0.0	0.5000	0.5040	0.5080	0.5120	0.5160	0.5199	0.5239	0.5279	0.5319	0.5359
0.1	0.5398	0.5438	0.5478	0.5517	0.5557	0.5596	0.5636	0.5675	0.5714	0.5753
0.2	0.5793	0.5832	0.5871	0.5910	0.5948	0.5987	0.6026	0.6064	0.6103	0.6141
0.3	0.6179	0.6217	0.6255	0.6293	0.6331	0.6368	0.6406	0.6443	0.6480	0.6517
0.4	0.6554	0.6591	0.6628	0.6664	0.6700	0.6736	0.6772	0.6808	0.6844	0.6879
0.5	0.6915	0.6950	0.6985	0.7019	0.7054	0.7088	0.7123	0.7157	0.7190	0.7224
0.6	0.7257	0.7291	0.7324	0.7357	0.7389	0.7422	0.7454	0.7486	0.7517	0.7549
0.7	0.7580	0.7611	0.7642	0.7673	0.7704	0.7734	0.7764	0.7794	0.7823	0.7852
0.8	0.7881	0.7910	0.7939	0.7967	0.7995	0.8023	0.8051	0.8078	0.8106	0.8133
0.9	0.8159	0.8186	0.8212	0.8238	0.8264	0.8289	0.8315	0.8340	0.8365	0.8389
1.0	0.8413	0.8438	0.8461	0.8485	0.8508	0.8531	0.8554	0.8577	0.8599	0.8621
1.1	0.8643	0.8665	0.8686	0.8708	0.8729	0.8749	0.8770	0.8790	0.8810	0.8830
1.2	0.8849	0.8869	0.8888	0.8907	0.8925	0.8944	0.8962	0.8980	0.8997	0.9015
1.3	0.9032	0.9049	0.9066	0.9082	0.9099	0.9115	0.9131	0.9147	0.9162	0.9177
1.4	0.9192	0.9207	0.9222	0.9236	0.9251	0.9265	0.9279	0.9292	0.9306	0.9319
1.5	0.9332	0.9345	0.9357	0.9370	0.9382	0.9394	0.9406	0.9418	0.9429	0.9441
1.6	0.9452	0.9463	0.9474	0.9484	0.9495	0.9505	0.9515	0.9525	0.9535	0.9545
1.7	0.9554	0.9564	0.9573	0.9582	0.9591	0.9599	0.9608	0.9616	0.9625	0.9633
1.8	0.9641	0.9649	0.9656	0.9664	0.9671	0.9678	0.9686	0.9693	0.9699	0.9706
1.9	0.9713	0.9719	0.9726	0.9732	0.9738	0.9744	0.9750	0.9756	0.9761	0.9767
2.0	0.9772	0.9778	0.9783	0.9788	0.9793	0.9798	0.9803	0.9808	0.9812	0.9817
2.1	0.9821	0.9826	0.9830	0.9834	0.9838	0.9842	0.9846	0.9850	0.9854	0.9857
2.2	0.9861	0.9864	0.9868	0.9871	0.9875	0.9878	0.9881	0.9884	0.9887	0.9890
2.3	0.9893	0.9896	0.9898	0.9901	0.9904	0.9906	0.9909	0.9911	0.9913	0.9916
2.4	0.9918	0.9920	0.9922	0.9925	0.9927	0.9929	0.9931	0.9932	0.9934	0.9936

블랙-숄즈 가격공식에 의해 콜옵션 가격은 1,370원이다.

$$C = 10{,}000 \times 0.6664 - 9{,}500e^{-0.1 \times 0.25} \times 0.5714 = 1{,}370$$

그리고 $N(-0.43) = 1 - N(0.43) = 0.3336$이고 $N(-0.18) = 0.4286$이므로 풋옵션 가격은 635원이다.

$$P = 9{,}500e^{-0.1 \times 0.25} \times 0.4286 - 10{,}000 \times 0.3336 = 635$$

콜옵션과 풋옵션 가격은 당연히 풋-콜 패리티를 만족시킨다.

$$P + S_0 = 635 + 10{,}000 = C + Ke^{-rT} = 1{,}370 + 9{,}500e^{-0.1 \times 0.25} = 10{,}635$$

주요결과 15-8

블랙-숄즈 모형의 기본원리는 복제와 차익거래이다. 옵션의 복제포트폴리오를 기초자산과 무위험채권으로 구성하고 그 복제포트폴리오의 가치를 평가한다. 옵션과 복제포트폴리오의 미래현금흐름이 동일하므로 콜옵션의 가치가 복제포트폴리오의 가치와 동일해야 차익거래를 피할 수 있다.

핵심용어 해설

- 시간프리미엄(time premium): 만기일까지 기간이 남아 있음으로부터 발생하는 가치로서 옵션프리미엄에서 내재가치를 차감한 값
- 내재가치(intrinsic value): 옵션의 이득을 말하며 콜옵션의 경우 max(S_0 − K, 0)이고 풋옵션의 경우 max(K − S_0, 0)임
- 프로텍티브풋(protective put): 주식매입과 풋옵션 매입이 결합된 포지션으로 하향 손실이 제한되지만 상향이익을 추구할 수 있는 포지션
- 커버드콜(covered call): 주식매입과 콜옵션 발행이 결합된 포지션
- 강세스프레드(bull spread): 낮은 행사가격의 옵션을 매입하고 높은 행사가격의 옵션을 매도하여 구성한 포지션
- 약세스프레드(bear spread): 낮은 행사가격의 옵션을 매도하고 높은 행사가격의 옵션을 매입하여 구성한 포지션
- 나비형스프레드(butterfly spread): 행사가격이 낮은 콜옵션 1개를 매입하고 행사가격이 높은 콜옵션 1개를 매입하고 행사가격이 중간인 콜옵션 2개를 발행하여 구성한 포지션
- 스트래들(straddle): 만기와 행사가격이 동일한 콜옵션과 풋옵션을 동시에 매입한 포지션
- 블랙-숄즈 모형(Black-Scholes model): 피셔 블랙과 마이론 숄즈가 개발한 옵션가격결정모형으로, 주가, 행사가격, 만기, 무위험이자율, 변동성의 자료를 이용함
- 이항모형(binomial model): 주식의 가격이 짧은 기간 후에 오직 두 가격만으로 변한다는 가정 하에서 옵션가격을 계산한 옵션가격결정모형
- 델타(delta): 기초자산 가격변화에 대한 옵션가격의 변화

개념 체크

1. 옵션프리미엄에 영향을 미치는 여섯 가지 요인은 무엇인가? 여섯 가지 요인은 옵션가격과 어떤 관계를 갖는가?

2. "옵션프리미엄은 콜옵션이든 풋옵션이든 관계없이 기초자산의 변동성과 항상 정(+)의 관계를 갖는다." 이 주장에 동의하는가?

3. 옵션 내재가치란 무엇인가? 옵션프리미엄은 두 가지 요소로 분해되는데 두 가지 요소는 무엇인가?

4. 시간프리미엄은 언제 가장 큰가?

5. "유로피언 풋옵션의 경우 시간프리미엄이 0보다 작을 수 있다." 동의하는가? 동의한다면 언제 가능한가?

6. 무배당 주식에 대한 유로피언 콜옵션의 상한가와 하한가는 각각 무엇인가? 만약 풋옵션 가격이 하한가보다 작으면 어떤 차익거래가 가능한가?

7. 무배당 주식에 대한 유로피언 풋옵션의 상한가와 하한가는 각각 무엇인가? 만약 콜옵션 가격이 하한가보다 작으면 어떤 차익거래가 가능한가?

8. 주식과 풋옵션이 결합되면 주가하락으로부터의 손실은 제한되지만 상향이익이 제한되지 않는 이유는 무엇인가?

9. 커버드콜은 어떤 이익구조를 갖는가? 커버드콜을 취하는 이유는 무엇인가? 커버드콜이 주식매입과 비교하여 상대적으로 유리한 경우는 언제인가?

10. 옵션을 이용하여 무위험포트폴리오를 구성하는 경우 주식 1주를 소유하고 있는 투자자가 콜옵션은 발행하지만 풋옵션을 매입하는 이유는 무엇인가?

11. "콜옵션 복제포트폴리오는 주식 매입과 차입으로 구성되지만 풋옵션 복제포트폴리오는 주식 공매도와 대출로 구성된다." 이 주장이 옳은가? 설명하라.

12. 콜옵션과 풋옵션의 델타는 각각 무엇인가?

13. 위험중립가치평가법에서 현금흐름을 무위험이자율로 할인할 수 있는 이유는 무엇인가?

14. "블랙-숄즈의 옵션가격결정모형과 이항모형의 기본적인 아이디어는 복제와 차익거래이다." 이 논리를 이해하기 쉽게 설명하라.

15. 블랙-숄즈 모형에서 콜옵션 가격은 $S_0 \times N(d_1) - PV(K) \times N(d_2)$로 계산된다. 이 식은 어떤 의미를 갖는가?

16. 무배당 주식에 대한 아메리칸 콜옵션의 경우 조기행사가 항상 최적이 아닌 이유는 무엇인가?

17. 원금보장형 주가연계증권은 어떻게 설계되는가?

18. 강세스프레드와 약세스프레드는 어떻게 구성할 수 있는가?

19. "약세스프레드는 강세스프레드의 매도포지션이다"라는 말의 의미는?

20. 나비스프레드는 어떻게 구성되며 어떤 경우에 적절한 포지션인가?

21. 스트래들은 어떻게 구성되며 어떤 경우에 적절한 포지션인가?

연 습 문 제

01 행사가격이 10,000원인 콜옵션 가격이 300원이고 행사가격이 10,500원인 콜옵션 가격이 100원이다. 두 콜옵션을 이용하여 강세스프레드를 구성하면 손익분기점은 얼마인가?

① 10,300원 ② 10,200원 ③ 10,100원
④ 10,400원 ⑤ 정답 없음

02 1번 문제에서 최대이익은 얼마인가?

① 300원 ② 100원 ③ 400원
④ 200원 ⑤ 정답 없음

03 행사가격이 9,500인 풋옵션의 가격이 90원이고 행사가격이 10,000원인 풋옵션의 가격이 250원이다. 두 풋옵션을 이용하여 약세스프레드를 구성하는 경우 옳은 설명은?

① 주가가 상승하는 경우 이익이 발생하는 구조이다.
② 손익분기점은 9,650원이다.
③ 최대손실은 160원이다.
④ 최대이익은 250원이다.
⑤ 정답 없음

04 나비스프레드에 대한 설명으로 적절한 것은? 단, $K_2 - K_1 = K_3 - K_2$ 이다.

① 행사가격이 낮은 콜옵션과 행사가격이 높은 콜옵션을 각각 1개씩 매입하고 행사가격이 중간인 콜옵션을 1개 발행하는 구조이다.
② 콜옵션을 이용하여 나비스프레드를 구성하면 현금유출이 발생한다.
③ 변동성 증가를 기대하며 베팅하는 포지션이다.
④ 풋옵션을 이용하면 콜옵션을 이용하는 경우와 비교하여 손익분기점, 최대이익, 최대손실이 모두 상이하다.
⑤ 정답 없음

05 행사가격이 10,000원인 콜옵션 가격이 1,500원이고 풋옵션 가격이 820원이다. 만기일의 주가가 11,300원이면 스트래들의 손실은 얼마인가?

① 1,320원 ② 850원 ③ 1,120원
④ 1,020원 ⑤ 정답 없음

06 이항모형에서 옵션의 가치와 무관한 변수는?

① 만기 ② 행사가격
③ 무위험이자율 ④ 실제로 주가가 상승할 확률
⑤ 정답 없음

07 콜옵션을 복제하려면 주식 ______포지션이 필요하고, 풋옵션을 복제하려면 주식 ______ 포지션이 필요하다.

① 매입, 매입 ② 매입, 공매도
③ 공매도, 매입 ④ 공매도, 공매도
⑤ 정답 없음

08 현재 주가는 100달러이고 1년 후에 주가는 200달러로 상승하거나 또는 50달러로 하락할 예정이다. 무위험이자율은 10%이다. 행사가격이 100달러이고 만기가 1년인 유로피언 콜옵션의 가격은 얼마인가? 1기간 이항모형을 이용할 것.

① 27.27달러 ② 40.91달러 ③ 50.00달러
④ 39.39달러 ⑤ 정답 없음

09 문제 8번의 상황에서 동일 조건의 유로피언 풋옵션 가격은 얼마인가?

① 27.27달러 ② 40.91달러 ③ 50.00달러
④ 35.00달러 ⑤ 정답 없음

※ 다음 자료를 이용하여 10번~13번의 질문에 답하라.
현재 주가가 10,000원이고 1년 후에 주가는 15,000원으로 상승하거나 또는 6,000원으로 하락할 것으로 예상된다. 무위험이자율은 5%이다. 등가격 유럽형 콜옵션의 만기는 1년이다.

10 위험중립 상승확률은 얼마인가?

① 0.5 ② 0.4 ③ 0.3
④ 0.6 ⑤ 정답 없음

11 1년 만기 등가격 유럽형 콜옵션의 무위험포트폴리오를 구성하는 경우 무위험포트폴리오는 주식 1주 매입과 콜옵션 몇 개 발행으로 구성되는가?

① 2.0개 ② 1.5개 ③ 1.8개
④ 1.7개 ⑤ 정답 없음

12 구성한 무위험포트폴리오의 만기일에서의 가치는 얼마인가?

① 10,000원 ② 6,000원 ③ 15,000원
④ 9,000원 ⑤ 정답 없음

13 콜옵션 복제포트폴리오는 주식 ______매입과 ______차입으로 구성된다. (주식 수는 반올림하여 소수 네 자리로 구하고 차입금액은 정수로 구할 것.)

① 1.8000주, 5,714원 ② 0.4444주, 3,175원
③ 0.5556주, 3,333원 ④ 0.4444주, 3,333원
⑤ 0.5556주, 3,175원

14 콜옵션의 델타와 연관된 설명으로 적절한 것은?

① 콜옵션의 델타는 $-N(d_1)$이다.
② 델타가 0.5인 경우 기초자산의 가격이 1원 상승하면 콜옵션 가격은 0.5원 상승한다.
③ 델타는 옵션가격 변화에 대한 기초자산의 가격변화이다.
④ 만기는 콜옵션 델타에 영향을 미치지 않는다.
⑤ 정답 없음

15 다음의 포지션에서 이익이 발생하는 범위에 대한 설명 중 가장 적절하지 않은 것은? 단, C_1과 C_2는 K_1과 K_2를 행사가격으로 하는 콜옵션이다($K_1 < K_2$).

① 콜옵션을 이용한 강세스프레드: $S_T > K_1 + C_1 - C_2$

② 스트래들 매도: $K - (C + P) < S_T < K + (C + P)$

③ 콜옵션 매입: $S_T > K + C$

④ 풋옵션 매도: $S_T > K - P$

⑤ 콜옵션을 이용한 약세스프레드: $S_T < K_1 - C_1 + C_2$

16 다음 중 차익거래전략에 대한 설명 중 가장 적절하지 않은 것은? 옵션은 모두 유로피언 옵션이고 기초자산과 만기가 동일하다.

① 콜옵션 프리미엄이 하한가보다 작으면 과소평가된 콜옵션을 매입하고 과대평가된 주식을 공매도한다.

② 행사가격이 낮은 콜옵션의 가격이 행사가격이 높은 콜옵션 가격보다 작으면 행사가격이 낮은 콜옵션을 매입하고 행사가격이 높은 콜옵션을 매도한다.

③ 풋옵션 프리미엄과 주가의 합이 콜옵션 프리미엄과 행사가격의 현가의 합보다 크면 과대평가된 풋옵션과 주식을 매도하고 과소평가된 콜옵션을 매입한다.

④ 풋옵션 프리미엄이 하한가보다 작으면 과소평가된 풋옵션을 매입하고 과대평가된 주식을 공매도한다.

⑤ 풋옵션 프리미엄이 행사가격의 현재가치보다 크면 풋옵션을 발행한다.

17 현재 주가는 20,000원이고 3개월 후에 주가는 22,000원으로 상승하거나 또는 18,000원으로 하락할 것으로 가정하자. 만기는 3개월이고 무위험이자율은 12%이다. 행사가격이 21,000원인 풋옵션을 복제하는 방법은? (3개월의 이자율은 3%로 적용할 것)

① 주식 3/4주를 공매도하고 16,019원을 대출한다.

② 주식 1/4주를 공매도하고 16,500원을 대출한다.

③ 주식 3/4주를 매입하고 16,019원을 차입한다.

④ 주식 1/2주를 매도하고 16,019원을 대출한다.

⑤ 정답 없음.

18 현재 무배당 주식의 가격이 10,000원이고 연간 무위험이자율(연속복리)이 10%이다. 행사가격이 9,000원이고 만기가 6개월인 유로피언 콜옵션의 가격을 BS 공식으로 구하라. 주식수익률의 표준편차는 연 45%이다. d_1과 d_2는 소수 두 자리로 구할 것.

① 2,034원 ② 2,417원 ③ 1,739원
④ 1,950원 ⑤ 정답 없음

공인회계사 기출문제

19 시장은 완전하며 차익거래의 기회가 없다고 가정할 경우, 주식을 기초자산으로 하는 유럽식옵션에 관한 다음 설명 중 가장 적절하지 않은 것은? 단, 문항에서 제시한 조건이외에 다른 조건은 모두 동일하다. CPA

① 주식의 가격이 증가하면 풋옵션의 가격은 하락한다.
② 행사가격이 클수록 콜옵션의 가격은 낮게 형성된다.
③ 잔존만기가 길수록 풋옵션의 가격은 높게 형성된다.
④ 무위험이자율이 증가하면 콜옵션의 가격은 증가한다.
⑤ 예상배당이 클수록 풋옵션의 가격은 높게 형성된다.

20 현재 주가는 10,000원이고, 무위험이자율은 연 3%이다. 1년 후 주가는 15,000원으로 상승하거나 7,000원으로 하락할 것으로 예상된다. 이 주식을 기초자산으로 하는 유럽형 옵션의 만기는 1년이고 행사가격은 10,000원이며 주식은 배당을 지급하지 않는다. 1기간 이항모형을 이용하는 경우, 주식과 옵션으로 구성된 헤지포트폴리오(hedge portfolio)로 적절한 항목만을 모두 고르면? (단, 주식과 옵션은 소수 단위로 분할하여 거래가 가능하다.) CPA

(가) 주식 1주 매입, 콜옵션 $\frac{8}{5}$개 매도
(나) 주식 $\frac{5}{8}$주 매도, 콜옵션 1개 매입
(다) 주식 1주 매입, 풋옵션 $\frac{8}{3}$개 매입
(라) 주식 $\frac{3}{8}$주 매도, 풋옵션 1개 매도

① (가), (다) ② (나), (라)
③ (가), (나), (다) ④ (가), (나), (라)
⑤ (가), (나), (다), (라)

21 현재 주식의 가격은 10,000원이고 주가는 1년 후 80%의 확률로 20% 상승하거나 20%의 확률로 40% 하락하는 이항모형을 따른다. 이 주식을 기초자산으로 하는 만기 1년, 행사가격 9,000원의 유로피언 콜옵션이 현재 시장에서 거래되고 있다. 무위험이자율이 연 5%이면 모든 조건이 이 콜옵션과 동일한 풋옵션의 현재 가격에 가장 가까운 것은? CPA

① 715원 ② 750원 ③ 2,143원
④ 2,250원 ⑤ 3,000원

22 기초자산의 가격이 10,000원이고 이에 대한 콜옵션의 가격은 2,000원이다. 콜옵션의 델타가 0.8일 때 기초자산의 가격이 9,000원이 되면 콜옵션의 가격은 얼마가 되겠는가? CPA

① 300원 ② 800원 ③ 1,200원
④ 1,700원 ⑤ 2,800원

23 옵션투자전략에 관한 설명으로 가장 적절하지 않은 것은? CPA

① 순수포지션(naked position) 전략은 한 가지 상품에만 투자한 경우로 헤지가 되어 있지 않은 전략이다.
② 보호풋(protective put) 전략은 기초자산을 보유한 투자자가 향후 자산가격이 하락할 경우를 대비하여 풋옵션을 매입하는 전략이다.
③ 방비콜(covered call) 전략을 기초자산을 보유한 투자자가 향후 자산가격이 하락하거나 상승하지 않을 경우를 대비하여 콜옵션을 매입하는 전략이다.
④ 기초자산을 1개 매입하고 풋옵션을 1개 매입하며 콜옵션을 1개 매도하는 풋-콜 패리티 전략을 이용하면 만기 시점의 기초자산 가격과 관계없이 항상 행사가격만큼 얻게 되어 가격변동위험을 완전히 없앨 수 있다.
⑤ 강세스프레드 전략은 행사가격이 낮은 옵션을 매입하고 행사가격이 높은 옵션을 매도하는 전략으로 기초자산의 가격이 상승할 때 이득을 얻는 전략이다

24 배당을 지급하지 않는 주식을 기초자산으로 하는 선물과 옵션에 관한 다음 설명 중 가장 적절하지 않은 것은? (단, 시장이자율은 양수이다.) CPA

① 다른 모든 조건이 같다고 할 때, 행사가격이 주식가격과 같은 등가격 유럽형 콜옵션의 이론가격은 등가격 유럽형 풋옵션의 이론가격과 같다.

② 선물의 이론가격을 계산할 때 주식의 변동성은 고려할 필요가 없다.

③ 블랙-숄즈-머튼 모형에서 $N(d_1)$은 콜옵션의 델타이다.

④ 블랙-숄즈-머튼 모형에서 $N(d_2)$는 옵션의 만기시 콜옵션이 내가격(in-the-money)이 될 위험중립확률이다.

⑤ 주식의 가격이 아무리 상승하더라도 미국형 콜옵션을 만기 전에 조기행사하는 것은 합리적인 행위가 아니다.

25 배당지급이 없는 주식에 대한 옵션가격에 관한 설명으로 가장 적절하지 않은 것은? 단, C는 콜옵션의 가격, S_0는 주식의 현재가치, K는 옵션행사가격이고, $PV(K)$는 행사가격의 현재가치이다. CPA

① 유럽식 콜옵션은 권리이므로 행사의 의무를 가지지 않으며, 만기일에 영(0) 아니면 양(+)의 수익을 얻는다.

② $C \geq \max[S_0 - PV(K),\ 0]$이다. 이 조건이 충족되지 않는 경우, 투자자는 콜옵션을 매입하고 주식을 공매도하여 얻은 자금을 무위험이자율로 투자하여 차익을 얻을 수 있다.

③ 이자율이 양(+)이면, 만기 전 미국식 콜옵션의 매도가격은 행사로부터의 이득보다 크다.

④ 외가격(out of the money)이나 등가격(at the money) 옵션의 내재가치는 0이다.

⑤ 콜옵션가격의 상한선은 주식의 현재가치에서 콜옵션의 행사가격을 차감한 값이다(즉, $C \leq S_0 - K$). 이 조건이 충족되지 않는 경우, 투자자는 콜옵션을 매도하고 주식을 매입하는 전략으로 차익을 얻을 수 있다.

26 투자자 갑은 3개월 만기 콜옵션 1계약과 3개월 만기 풋옵션 1계약을 이용하여 주가지수 옵션에 대한 스트랭글 매도(short strangle) 투자전략을 구사하려 한다. 현재 형성된 옵션시세는 다음과 같다. 만기 주가지수가 1,120포인트일 때, 투자자의 만기손익과 최대손익을 구하시오. CPA
(참고: 스트랭글 매도는 낮은 행사가격의 풋옵션과 높은 행사가격의 콜옵션을 모두 매도하는 포지션임)

a. 3개월 만기 주가지수 콜옵션(행사가격 = 1,100포인트, 콜옵션 프리미엄 = 35원)
b. 3개월 만기 주가지수 풋옵션(행사가격 = 1,100포인트, 풋옵션 프리미엄 = 21원)
c. 3개월 만기 주가지수 콜옵션(행사가격 = 1,200포인트, 콜옵션 프리미엄 = 32원)
d. 3개월 만기 주가지수 풋옵션(행사가격 = 1,200포인트, 풋옵션 프리미엄 = 27원)

	만기손익	최대손익
①	53	53
②	56	56
③	59	59
④	− 60	60
⑤	− 62	− 62

27 유로피언 옵션의 가격변동에 관한 설명 중 가장 적절하지 않은 것은? CPA
① 기초자산의 가격이 상승하면 풋옵션의 가격은 하락한다.
② 기초자산의 가격이 상승하면 콜옵션의 가격은 상승한다.
③ 기초자산 수익률의 분산이 증가하면 콜옵션의 가격은 상승한다.
④ 기초자산 수익률의 분산이 증가하면 풋옵션의 가격은 하락한다.
⑤ 무위험이자율이 상승하면 콜옵션의 가격은 상승한다.

28 파생상품 투자주식회사의 옵션운용부에서 근무하는 A부터 E까지의 5명의 매니저가 다음과 같은 옵션거래전략을 구성하였다. 옵션을 발행한 기초자산의 주가가 향후 대폭 상승할 경우에 가장 불리한 투자결과를 가져올 것으로 예상되는 매니저는 누구인가? 단, 모든 옵션의 기초자산은 동일하고 옵션의 행사가격은 현재 주가에 근접하고 있다고 가정한다. CPA

A: 주식을 매입함과 동시에 콜옵션을 발행함 B: 행사가격이 동일한 콜옵션을 매입함과 동시에 풋옵션을 발행함 C: 행사가격이 다른 콜옵션과 풋옵션을 동시에 매입함 D: 행사가격이 높은 콜옵션을 매입함과 동시에 행사가격이 낮은 콜옵션을 발행함 E: 주식을 매입함과 동시에 풋옵션을 매입함

① A매니저　② B매니저　③ C매니저
④ D매니저　⑤ E매니저

연습문제 해설

01 ②

손익분기점은 10,000 + (300 − 100) = 10,200원이다.

02 ①

최대이익은 (10,500 − 10,000) − 200 = 300원이다.

03 ③

손익분기점은 10,000 − (250 − 90) = 9,840원이고, 최대손실은 (250 − 90) = 160원이고 최대이익은 500 − 160 = 340원이다. 약세스프레드는 주가 하락시 이익이 발생한다.

04 ②

중간 행사가격 콜옵션 2개를 발행해야 한다. 변동성이 감소할 것으로 예상하고 취하는 포지션이며, 풋옵션을 이용하나 콜옵션을 이용하나 손익분기점, 최대이익, 최대손실이 모두 동일하다.

05 ④

손익분기점은 12,320원과 7,680원이다. 최대손실은 2,320원이다. 주가가 11,300원이면 손실은 12,320 − 11,300 = 1,020원이다.

06 ④

주가가 실제로 상승하고 하락할 확률은 이항모형의 가치평가 과정에 등장하지 않는다.

07 ②

콜옵션 복제포트폴리오는 주식매입과 차입이고, 풋옵션 복제포트폴리오는 주식공매도와 대출이다.

08 ⑤

주가 상승과 하락시의 콜옵션 이득이 각각 100달러와 0이다. 주식 1주를 매입하고 콜옵션 $\frac{200-50}{100-0}=1.5$개를 발행하면 포트폴리오의 가치가 항상 50달러이므로 $\frac{50}{1.1}=100-1.5C$로부터 콜옵션의 가치는 36.36달러이다.

09 ①

주가 상승과 하락시의 풋옵션 이득이 각각 0과 50달러이다. 주식 1주를 매입하고 풋옵션 3개를 매입하면($\frac{200-50}{0-50}=-3$개를 발행한다는 것은 3개를 매입한다는 의미임) 포트폴리오의 가치가 항상 200달러이므로 $\frac{200}{1.1}=100+3P$로부터 풋옵션의 가치는 27.27달러이다.

10 ①

$$\pi=\frac{1.05-0.6}{1.5-0.6}=0.5$$

11 ③

$$m=\frac{15{,}000-6{,}000}{5{,}000-0}=1.8$$

12 ②

주식 1주 매입과 콜옵션 1.8개 발행으로 구성된 무위험포트폴리오의 가치는 항상 6,000원이다. 주가가 상승하는 경우 $15{,}000-1.8\times5{,}000=6{,}000$원이고 주가가 하락하는 경우도 6,000원이다.

13 ⑤

$S_0-1.8C=\frac{6{,}000}{1.05}$로부터 $C=0.5556S_0-B_0(Par=3{,}333.33)$이다. 따라서 차입금액은 $\frac{3{,}333.33}{1.05}=3{,}175$ 원이다.

14 ②

콜옵션의 델타는 $N(d_1)$이고 기초자산가격, 행사가격, 이자율, 변동성, 만기에 의해 영향을 받는다. 델타는 기초자산의 가격변화에 대한 옵션가격 변화이다.

15 ⑤

콜옵션을 이용한 강세스프레드와 약세스프레드의 손익분기점은 $BEP = K_1 + C_1 - C_2$로 동일하다. 따라서 강세스프레드의 이익범위는 $S_T > BEP$이고 약세스프레드의 이익범위는 $S_T < BEP$이다.

16 ④

$P < PV(K) - S_0$이면 $P + S_0 < PV(K)$이므로 적절한 전략은 풋옵션과 주식을 모두 매입하는 것이다.

17 ①

무위험포트폴리오는 주식 1주 매입과 풋옵션 $\frac{4}{3}$개 매입으로 구성된되며 이 포트폴리오의 만기일에서의 가치는 22,000원이다. 참고로 $\frac{22,000 - 18,000}{0 - 3,000} = -\frac{4}{3}$이다. 따라서 $S_0 + \frac{4}{3}P = B_0\ (par = 22,000)$으로부터 $P = -\frac{3}{4}S_0 + B_0(par = 16,500)$이므로 복제포트폴리오는 주식 3/4주 공매도와 $\frac{16,500}{1.03} = 16,019$ 원 대출로 구성된다.

18 ①

$S_0 = 10,000,\ K = 9,000,\ r = 0.1,\ T = 0.5,\ \sigma = 0.45$이므로 d_1과 d_2는 각각 0.65와 0.33이다.

$$d_1 = \frac{\ln\left(\frac{10,000}{9,00}\right) + \left(0.1 + \frac{0.45^2}{2}\right) \times 0.5}{0.45\sqrt{0.5}} = 0.65,\ \ d_2 = 0.65 - 0.45\sqrt{0.5} = 0.33$$

$N(0.65) = 0.7422$와 $N(0.33) = 0.6293$이므로 콜옵션 가격은 2,034원이다.

$$C = 10,000 \times 0.7422 - 9,000e^{-0.1 \times 0.5} \times 0.6293 = 2,034.52$$

19 ③

유로피언 풋옵션의 경우 조기행사가 최적일 수 있으므로 만기가 길수록 풋옵션의 가격이 항상 높게 형성되는 것은 아니다.

20 ⑤

무위험포트폴리오(또는 헤지포트폴리오)는 주식 1주 매입과 콜옵션 $\frac{15,000 - 7,000}{5,000 - 0} = \frac{8}{5}$개 매도로 구성되거나 주식 1주 매입과 풋옵션 $\frac{8}{3}$개 매입으로 구성된다(단, $\frac{8,000}{0-3,000} = -\frac{8}{3}$). 이는 옵션 1개 기준으로, 주식 $\frac{5}{8}$주 매입과 콜옵션 1개 매도 또는 주식 $\frac{3}{8}$주 매입과 풋옵션 1개 매입으로 구성된다. 또는 주식과 옵션간의 비율을 유지하면서 매입/매도를 반대로 구성하는 것도 가능하다. 즉, 콜옵션 1개 매입과 주식 $\frac{5}{8}$주 매도 또는 풋옵션 1개 매도와 주식 $\frac{3}{8}$주 매도.

21 ①

콜옵션 가격이 2,143원이므로 풋-콜 패리티에 의해 풋옵션 가격은 714원이다.

$$\pi = \frac{1.05 - 0.6}{1.2 - 0.6} = 0.75, \quad C = \frac{0.75 \times 3,000}{1.05} = 2,143$$

$$P = C + PV(K) - S_0 = 2,143 + \frac{9,000}{1.05} - 10,000 = 714$$

22 ③

델타가 콜옵션 가격변화를 주가변화로 나눈 값이므로 콜옵션 가격변화는 델타에 주가변화를 곱한 값이다. 따라서 콜옵션 가격은 $0.8 \times 1,000 = 800$원 하락하여 1,200원이 된다.

23 ③

방비콜 전략은 기초자산을 보유한 투자자가 콜옵션을 발행하는 전략이다.

24 ①

풋-콜 패리티에 의해 등가격 옵션의 경우 콜옵션 가격이 풋옵션 가격보다 크다.

25 ⑤

콜옵션 가격의 상한선은 $C \leq S_0$이다.

26 ①

행사가격이 1,100인 풋옵션과 행사가격이 1,200인 콜옵션을 모두 매도하는 전략이다. 두 행사가격 사이에서 최대이익 $21 + 32 = 53$원이 발생하고 현재 주가 1,120원은 두 행사가격 사이이다.

27 ④

수익률의 분산이 증가하면 콜옵션과 풋옵션의 가격이 모두 상승한다.

28 ④

A: 보호된 콜옵션 포지션으로 주가가 상승하면 투자자는 콜옵션 프리미엄을 얻는다. B: 합성선물매입포지션(16장 참고). C: 스트랭글. D: 약세스프레드가 구성되므로 주가가 상승하면 손실이 발생한다. E: 방어적 풋옵션.

Retail sales levels
Jan
Feb
Mar
Apr
May
Jun
Jul
Aug
Sep
Oct
Nov
Dec
50
100
150
250
300
250
200
150
100
50
0
Feb
Mar
Apr
May
Jun
Jul
Aug
Sep
Oct
Nov
Rental for storage
Leeds

선도·선물·스왑

Table of Contents

학습 주안점

옵션과 더불어 선형파생상품인 선도, 선물, 스왑도 여러 분야에서 광범위하게 활용되고 있다. 파생상품은 위험을 관리하기 위하여, 투기를 통하여 이익을 극대화하기 위하여, 차익거래 이익을 얻기 위하여, 거래비용을 줄이기 위하여, 감독당국의 규제를 피하기 위하여, 그리고 이외의 여러 다양한 목적으로 활용된다. 이 장에서는 선도와 선물의 기본 구조와 거래 메커니즘, 이득 및 이익패턴 등에 대하여 살펴보기로 한다. 그리고 스왑은 기본 구조를 중심으로 간략하게 공부하기로 한다.

이 장에서 여러분이 숙지해야 할 내용은 다음과 같다.

1. 선도와 선물의 기본 구조와 차이를 이해하는가? 선물계약으로 발전한 이유는?
2. 선도계약은 현물계약 및 옵션계약과 어떤 관계를 갖는가?
3. 옵션을 이용하여 선도계약을 복제할 수 있는가?
4. 선물계약의 표준화 내용을 이해하는가?
5. 증거금제도는 어떻게 운영되는가?
6. 매수차익거래와 매도차익거래란?
7. 현물-선물 패리티란 무엇인가?
8. 주가지수선물, 통화선물, 금선물의 가격을 구하는 식은?
9. 베이시스란 무엇인가?
10. 금리스왑은 어떤 구조를 갖는가? 어떤 용도로 이용되는가?
11. 통화스왑은 어떤 계약인가? 이자율통화스왑은 무엇인가?
12. 외환스왑이란? 통화스왑과 어떻게 다른가?
13. 신용부도스왑이란?

1 선도계약

1.1 선도계약의 정의

선도(先渡)계약(forward contract)은 미래 일정일(만기일)에 미리 정한 가격(선도가격)으로 기초자산을 사거나 팔아야 하는 의무가 부여된 계약이다. 즉 선도거래는 오늘 가격을 결정하여 계약을 체결하고 일정 시간이 경과한 후에 기초자산의 인수도(즉, 인수와 인도)와 대금결제가 이루어지는 거래이다. 이는 오늘 계약체결과 인수도 및 대금결제가 동시에 이루어지는 현물거래(cash transaction 또는 spot transaction)와는 상이하다.

인수도의 대상이 되는 자산을 기초자산(underlying asset)이라고 하고 기초자산을 인수도하기로 약정한 시점을 만기일(expiration date)이라고 한다. 대표적인 선도계약으로 통화선도계약(외국통화를 기초자산으로 하는 선도계약으로 시장에서 선물환으로 불림)과 선도금리계약(forward rate agreement: FRA)이 있다.

선도계약의 특성은 다음과 같다.

- 쌍방계약(bilateral contract): 매입자와 매도자간에 직접적으로 이루어지는 계약
- 고객맞춤형(customized) 계약: 두 당사자가 계약의 모든 조건을 협의하여 결정함
- 부도리스크(default risk): 상대방 부도로 손실 발생시 직접 부담함
- 낮은 유동성(liquidity): 일방적으로 계약을 해지하거나 제3자에게 양도할 수 없음

선도계약은 두 당사자간의 사적인 계약인데 이를 표준화하여 거래소에서 거래하면 선물(先物)계약(futures contract)이 된다. 선도계약과 선물계약은 근본적으로 동일하므로 특별히 따로 명시하지 않는 한 선도가격과 선물가격을 혼용하기로 한다.

선도거래 매입자와 매도자는 다음과 같은 의무를 갖는다.

- 매입포지션(long position): 선도계약에서 기초자산을 매입하기로 약속한 당사자로서 선도가격을 지불하고 기초자산을 인수할 의무를 갖는다.
- 매도포지션(short position): 선도계약에서 기초자산을 매도하기로 약속한 당사자로서 선도가격을 받고 기초자산을 인도할 의무를 갖는다.

선도계약은 두 당사자에게 동등한 수준의 의무를 부여하므로 두 당사자는 선도계약을 체결할 시 어떤 비용도 지불하지 않는다.

선도계약은 두 당사자간의 사적인 쌍방계약이고 두 당사자에 의해 모든 조건이 결정되는 고객맞춤형 계약이다. 계약의 당사자는 상대방의 부도리스크를 직접 부담하게 되며 일방적

으로 계약을 해지하거나 제3자에게 양도할 수 없다.

1.2 선도계약의 이득과 이익

선도계약의 이득(payoff)은 만기일에서의 계약의 가치로 다음과 같이 계산된다.

$$\text{선도매입포지션의 이득} = \text{만기일의 현물가격} - \text{선도가격}$$

$$Forward_{payoff}^{long} = S_T - F_0 \tag{16.1}$$

이는 [그림 16-1]의 A패널이 보여 주듯이 x축을 F_0의 값에서 통과하는 45도의 우상향 직선이다. 45도 각도를 가지므로 기초자산가격과 이득 간에 1:1 대응관계가 항상 성립한다.

반면에 선도계약 매도포지션의 이득은 다음과 같이 반대로 정의된다(B패널 참조).

$$\text{선도매도포지션의 이득} = \text{선도가격} - \text{만기일의 현물가격}$$

$$Forward_{payoff}^{short} = F_0 - S_T \tag{16.2}$$

그림 16-1 선도계약 매입포지션과 매도포지션의 이득패턴

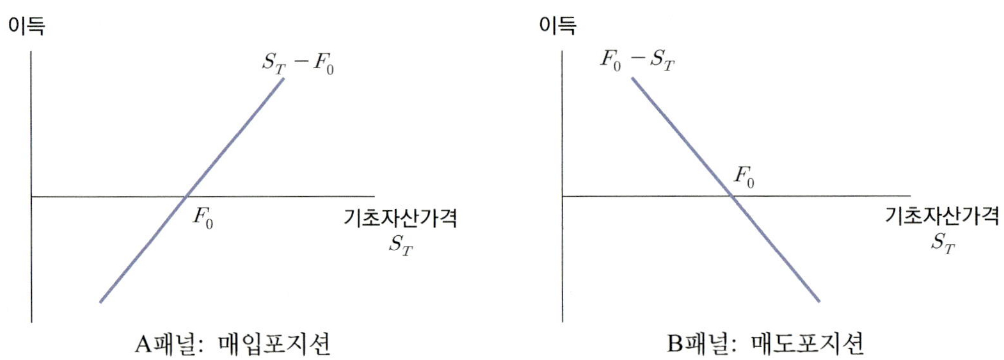

주식 1주를 기초자산으로 하는 선도계약을 고려해 보자(계약을 체결하는 시점의 선도가격인 인도가격은 $F_0 = 500$원으로 가정함). 만기일의 현물가격을 S_T라고 하자. 매입포지션은 만기일에 기초주식을 500원에 매입해야 할 의무가 있으므로 500원을 지급하고 기초주식을 수령하므로 이득은 $S_T - 500$로 표현된다. 따라서 $S_T > 500$이면 이익을 얻고, $S_T < 500$이면 손해를 본다. 반면에 매도포지션을 취한 투자자의 경우 만기일에 이득은 $500 - S_T$이며, $S_T < 500$이면 이익을 얻고, $S_T > 500$이면 손해를 본다.

[표 16-1]이 보여 주듯이, 선도계약과 선물계약은 매입포지션의 이익(손실)이 매도포지션의 손실(이익)이 되는 제로섬게임(zero-sum game)이다(물론 옵션계약도 제로섬게임임).

▌표 16-1 선도계약 매입포지션과 매도포지션의 이익

만기일에서의 주가 S_T	매입포지션 이익: $S_T - 500$		매도포지션 이익: $500 - S_T$	
...	...	손실구간	...	이익구간
400	− 100		+100	
450	− 50		+50	
500	0	이익구간	0	손실구간
550	+50		− 50	
600	+100		− 100	
...	...		...	

14장에서 설명했듯이, 이득(payoff)은 만기일에서의 계약의 가치이고, 이익(profit)은 포지션을 취하는데 소요되는 비용을 이득에 가감하여(더하거나 빼서) 산출한다. 옵션 매수포지션을 취하기 위하여 옵션프리미엄을 대가로 지불하는 것과는 달리, 거래당사자가 모두 의무를 갖는 선도계약을 체결하는데 (거래비용을 제외한) 어떤 비용도 발생하지 않으므로 이득과 이익은 동일하다.

주요결과 16-1

선도계약은 만기일에 미리 정한 가격으로 기초자산을 사거나 팔아야 할 의무가 부여된 계약이다. 선도계약 매입포지션의 이익은 S_T-F_0이고 매도포지션의 이익은 F_0-S_T이다.

예시 16-1 선도계약의 이익

삼성전자의 주가는 80만원이고, 무위험이자율은 연4%(6개월에 2%)이며 주식은 향후 6개월 동안 배당을 지급하지 않는다고 하자, 그리고 6개월 선도가격은 81.6만원이다(F_0 = 81.6).

선도계약에 매입포지션을 취한 투자자는 6개월 후 81.6만원을 지불하고 삼성전자 주식 1주를 인수한다. 6개월 후 주가별 선도매입 포지션의 이익(= S_T − 81.6)과 선도매도 포지션의 이익(= 81.6 − S_T)은 다음 표와 같다(단위는 만원). 참고로 현물계약(80만원 기준)의 이익은 선도계약의 이익과 1.6만원의 차이가 날뿐 근본적인 패턴은 동일하다. 여기서 1.6만원은 80만원에 대한 6개월 이자금액이다.

6개월 후 주가	선도계약		현물계약	
	매 입	매 도	매 입	매 도
50	−31.6	31.6	−30	30
60	−21.6	21.6	−20	20
70	−11.6	11.6	−10	10
80	−1.6	1.6	0	0
90	8.4	−8.4	10	−10
100	18.4	−18.4	20	−20
110	28.4	−28.4	30	−30

1.3 선도매입과 현물매입의 비교

[예시 16-1]을 다시 고려해 보자. 6개월 선도계약에 매입포지션을 취하면 6개월 후 81.6만원의 가격으로 삼성전자 주식 1주를 매입할 수 있다. 반면에 지금 주식 1주를 매입하면 80만원을 지불해야 한다. 지금 매입하는 것이 유리한가? 아니면 선도계약을 이용하여 6개월 후에 매입하는 것이 유리한가? 단, 삼성전자 주식은 6개월 동안 배당을 지급하지 않는다고 가정한다.

두 포지션의 차이는 초기투자에 있다. 현물매입의 경우 초기에 80만원을 지불하지만 선도매입의 경우 초기에 투자금액은 0이다(대신 6개월 동안의 이자인 1.6만원을 가산하여 81.6만원을 6개월 후에 지불함). 즉 두 포지션의 자금지불시점이 다르지만 6개월 후에 주식 1주를 보유하는 점은 동일하다.

선도매입과 현물매입은 현금흐름의 발생시점을 제외하면 동일한 전략이므로(80만원은 81.6만원을 2%로 할인한 현재가치임) 어떤 전략도 다른 전략보다 우월하다고 할 수 없다. 그러나 선도가격이 적정가격이 아니면(즉 선도가격이 81.6만원이 아니면) 두 전략은 동일하지 않다. 예를 들어, 선도가격이 81.6만원보다 작으면 선도가격이 과소평가되었으므로 선도매입이 현물매입보다 유리하다. 반면에 선도가격이 81.6만원보다 크면 선도가격이 과대평가되었으므로 선도매입이 현물매입보다 불리하다.

선도가격과 현물가격 간의 정확한 관계를 도출하기 위하여 다음 두 전략을 비교해 보자(무배당 주식 가정).

① 전략1: 선도계약에 매입포지션을 취함(선도가격 F_0)

② 전략2: 원금이 F_0이고 만기가 T인 무이표채를 공매도하고(채권의 가격은 $\frac{F_0}{(1+r)^T}$임) 삼성전자 주식(현재 가격은 S_0)을 매입함

전략1은 만기일에서 F_0를 지불하고 삼성전자 주식을 인수하므로 가치는 $S_T - F_0$이다. 전략2는 만기일에서 F_0의 가격으로 무이표채를 매입하여 공매도포지션을 마감하고 주식은 계속 보유하고 있으므로 가치는 $S_T - F_0$이다. 즉 두 전략이 만기일에서 $S_T - F_0$의 동일한 가치를 가지므로 현재 시점에서도 동일한 가치를 가져야 한다. 이를 식으로 표현하면 다음과 같다.

$$\text{Forward} = \text{Stock} - \text{Bond} \tag{16.3}$$

Forward는 선도계약 매입포지션, −Bond는 채권 공매도포지션(또는 차입), Stock은 기초자산 매입포지션을 각각 의미한다.

전략2에서의 비용이 $S_0 - \frac{F_0}{(1+r)^T}$이고 전략1의 비용이 0인데 현재시점에서 동일한 가치를 가져야 하므로 $S_0 - \frac{F_0}{(1+r)^T} = 0$의 관계가 성립한다. 이를 F_0에 대하여 전개하면 현물가격으로부터 선도가격을 계산하는 공식이 유도된다(기초자산은 현금소득을 제공하지 않는 자산임).

$$F_0 = S_0 \times (1+r)^T \tag{16.4}$$

주요결과 16-2

선도계약은 기초자산을 매입하고 무위험채권을 공매도함으로써 복제되므로 "Forward = Stock − Bond"의 관계가 성립한다.

2 선도계약과 옵션계약

선도매입, 선도매도, 콜매입, 콜매도, 풋매입, 풋매도의 6가지 기본포지션을 비교해 보자. 이 중에서 기초자산의 가격상승이 유리하게 작용하는 포지션은 다음 세 포지션이다. 세 포지션은 기초자산을 원해서 매입하거나 또는 강제적으로 매입하게 되는 경우이다.

- 선도매입(유리하든 불리하든 기초자산 매입)
- 콜매입(유리한 경우 기초자산 매입)
- 풋발행(불리할 때 강제로 매입)

[그림 16-2]는 선도매입, 콜매입, 풋매도의 이득패턴을 그린 것이다. $F_0 = K$이면 선도매입이 콜매입 및 풋매도의 결합과 동일함을 보여준다. 이를 식으로 표현하면 다음과 같다.[1)]

$$\text{Forward} = \text{Call} - \text{Put} \tag{16.5}$$

그림 16-2 선도매입, 콜매입, 풋매도의 이득패턴

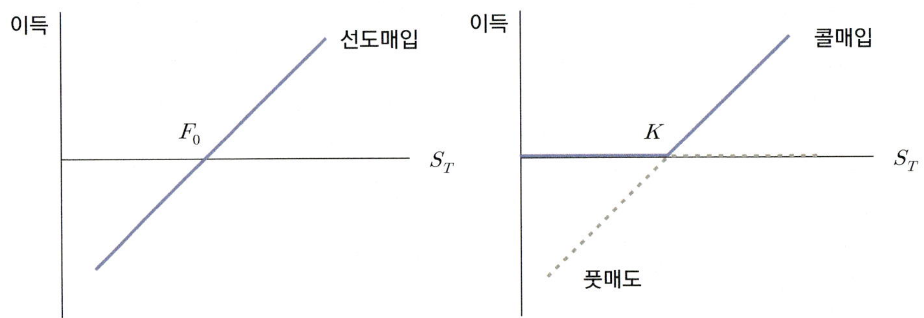

기초자산과 만기 및 행사가격이 동일한 콜옵션을 매입함과 동시에 풋옵션을 발행한 포지션을 분석해 보자(옵션은 모두 유로피언옵션임). 만약 만기일에 주가가 행사가격보다 높으면 콜옵션을 행사하여 주식을 매입한다. 반면에 만기일의 주가가 행사가격보다 낮으면 매도한 풋옵션을 상대방이 행사할 것이므로 손해 보면서 주식을 매입해야 한다. 결국 만기일의 주가와 무관하게 항상 행사가격에 주식을 매입하게 된다. 이는 만기일에 선도가격으로 주식을 의무적으로 매입하는 선도매입포지션과 동일하다. 따라서 콜옵션 매입과 풋옵션 발행을 "합성선도매입포지션(synthetic forward long position)"이라고 한다.

선도매입과 합성선도매입은 다음 두 가지 측면에서 상이하다.

① 선도매입에서는 선도가격을 지불하지만 합성선도매입에서는 행사가격을 지불한다.
② 선도매입에서 프리미엄은 0이지만(즉 포지션을 취할 시 비용이 발생하지 않지만) 합성선도매입에서는 순프리미엄(net premium)을 지불해야 한다(순프리미엄은 콜옵션 가격에서 풋옵션 가격을 차감한 값임).

1) 이미 설명했듯이 "Forward = Stock - Bond"이다. 풋-콜 패리티에 의하면 "Stock-Bond=Call-Put"이다. 두 식을 이용하면 "Forward = Call - Put"의 식이 유도된다.

그런데 $F_0 = K$이면 순프리미엄이 0이므로 두 포지션은 완전히 동일하게 된다.[2)]

반면에 기초자산의 가격하락이 유리하게 작용하는(또는 가격상승이 불리하게 작용하는) 포지션은 다음 세 포지션이다. 세 포지션은 기초자산을 원해서 매도하거나 또는 강제적으로 매도하게 되는 경우이다.

- 선도매도(유리하든 불리하든 기초자산 매도)
- 풋매입(유리한 경우 기초자산 매도)
- 콜발행(불리할 때 강제로 매도)

[그림 16-3]은 선도매도, 콜매도, 풋매입의 이득패턴을 그린 것이다. $F_0 = K$이면 선도매도가 풋매입과 콜매도의 결합과 동일함을 보여준다. 풋옵션 매입과 콜옵션 발행을 "합성선도매도포지션(synthetic forward short position)"이라고 한다.

$$-\text{Forward} = \text{Put} - \text{Call} \tag{16.6}$$

▌그림 16-3 선도매도, 풋매입, 콜매도의 이득패턴

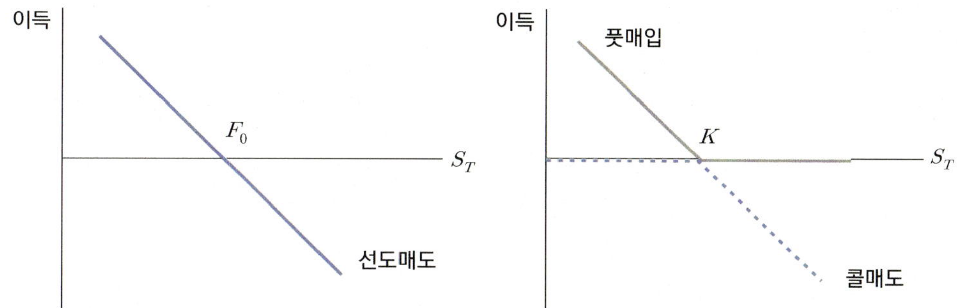

주요결과 16-3

"Forward = Call − Put"이다. 즉 콜옵션을 매입하고 풋옵션을 매도하면 선도매입포지션이 합성된다. 같은 논리로, "−Forward = Put − Call"이다. 즉 풋옵션을 매입하고 콜옵션을 매도하면 선도매도포지션이 합성된다.

[표 16-2]와 [그림 16-4]는 6가지 기본포지션의 손실과 이익의 최댓값을 요약한 것이다. 선도매입과 콜매입의 경우 최대이익은 무제한(unlimited)이지만 풋매입의 경우 행사가격에서 풋옵션가격을 차감한 값이다. 선도매입의 최대손실은 기초자산가격이 0인 경우로 F_0이

---

2) $F_0 = S_0(1+r)^T$이고 $K = F_0$이면 $PV(K) = S_0$이므로 풋-콜 패리티에 의해 $C = P$이다.

다. 콜옵션과 풋옵션 매입의 최대손실은 옵션프리미엄으로 각각 C와 P이다. 매입포지션의 최대이익(손실)은 매도포지션의 최대손실(이익)과 동일하다.

표 16-2 6가지 기본포지션의 최대손실과 최대이익

포지션		최대손실	최대이익
기초자산을 매입하는 포지션	선도매입	F_0	무제한
	콜매입	C	무제한
	풋발행	$K-P$	P
기초자산을 매도하는 포지션	선도매도	무제한	F_0
	풋매입	P	$K-P$
	콜발행	무제한	C

그림 16-4 기본포지션의 최대이익과 최대손실

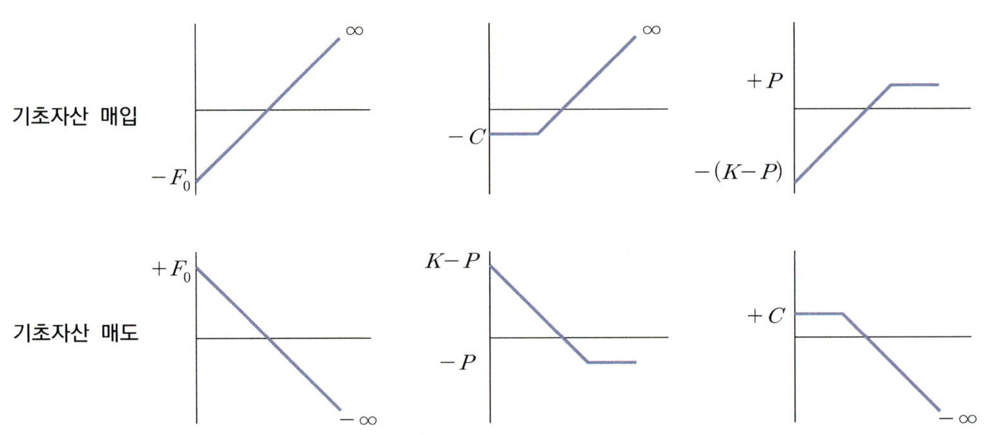

주요결과 16-4

선도매입, 콜매입, 풋매입의 최대손실은 각각 F_0, C, P이고 최대이익은 각각 무제한, 무제한, $K-P$이다. 선도매도, 콜매도, 풋매도의 최대손실과 최대이익은 이와 반대로 설정된다.

3 선물계약

3.1 선물계약의 필요성

선물(先物)계약(futures contract)은 만기일에 미리 정한 가격으로 기초자산을 사거나 팔아야 할 의무가 부여된 계약이다. 선물계약은 선도계약을 표준화하여 거래소에서 거래되도록 한 계약이므로 선물계약의 정의는 선도계약의 정의와 정확히 동일하다. 선도계약에서는 거래 당사자들이 자유스럽게 계약의 조건과 내용을 결정하고 장소와 무관하게 거래할 수 있다. 반면에 선물계약은 계약내용이 표준화되어 있고 공식적인 거래소에서 거래가 이루어진다.

파생상품은 헤지(hedge), 투기(speculation), 차익거래(arbitrage) 목적으로 거래된다. 헤지는 위험에 노출된 당사자가 위험을 제거하거나 줄이기 위하여 파생상품에 포지션을 취하는 행위이다. 투기는 파생상품의 높은 레버리지를 이용하여 투자수익률을 극대화하는 행위이다. 그리고 차익거래는 기초자산가격, 선물가격, 옵션가격 간에 성립해야 하는 균형관계가 성립하지 않은 경우 상대적으로 과소평가된 자산을 매입함과 동시에 상대적으로 과대평가된 자산을 매도하여 무위험 차익을 얻는 행위이다.

선도계약이 어떻게 헤지 용도로 사용되는지 통화선도계약(즉 선물환)을 이용하여 설명해보자. 미래에 달러를 지급할 또는 수령할 예정인 기업은 환율변동의 위험으로부터 벗어나고자 지급 또는 수령하는 달러의 원화금액을 확정하고자 할 것이다. 기업의 재무담당자는 미래의 적용 환율을 확정시키는 선물환 거래를 은행과 체결하여 환리스크를 제거할 수 있다. 선물환 계약을 체결할 때 기업은 금액과 만기일을 원하는 조건으로 결정한다.

선도계약이 헤지, 투기, 차익거래 목적으로 이용될 수 있는데, 일부 선도계약이 선물계약으로 발전한 이유는 무엇인가? 선도계약은 고객 맞춤형 상품이므로 고객이 원하는 조건을 다 충족시킬 수 있어 유연성이 높은 계약이지만 계약체결에 따른 비용이 매우 큰 단점을 갖는다. 또한 일단 금융회사와 계약을 체결하면 노출된 위험의 본질이 변경되더라도(예를 들어, 금액 또는 시점이 차후에 수정될 수 있음) 기업은 계약체결에 따른 의무를 완수해야 한다. 그리고 선도계약은 사적인 계약이므로 자신의 포지션을 맡아 줄 제3의 당사자를 찾기가 어렵다. 다시 말해서 선도계약 체결 이후 미래의 상황변화에 따른 대응하기가 어렵다. 따라서 거래비용을 줄이고 유동성을 높여 거래를 활발하게 만들 필요성이 대두되었으며 이를 해결하기 위하여 선도계약을 표준화하는 선물계약의 형태로 발전되었다.

선도계약과 선물계약을 비교하면 두 계약의 차이는 [표 16-3]과 같이 요약된다.

표 16-3 선물계약과 선도계약의 비교

구 분	선물계약	선도계약
거래의 표준화 여부	표준화됨	비표준화됨(당사자간의 합의)
거래장소	거래소	장외시장
결제 시점	일일정산	만기일에 결제
결제 형식	대부분 만기일 이전에 반대매매로 마감함	당사자간의 현물 인수도
유동성	유동성이 높음	사적인 계약이므로 유동성이 낮음
상대방 신용 리스크 노출	없음(거래소가 부담함)	직접 노출됨

선도계약을 표준화하여 거래소에 상장시킨 계약이 선물계약이므로 앞에서 설명한 선도계약의 이득과 이익, "Forward = stock-bond", "Forward = call-put"의 관계는 선물계약의 경우에도 동일하게 성립한다.

주요결과 16-5

선물계약은 선도계약을 표준화하여 거래소에서 거래되도록 한 계약이다. 선물계약은 거래비용을 줄이고 상대방 신용리스크를 제거하고 유동성을 높여 거래를 활발하게 만들 필요성에 의해 탄생되었다.

3.2 선물 거래제도

3.2.1 한국거래소 상장 현황

2020년 3월말 현재, 한국거래소에서 거래되는 선물상품은 [표 16-4]와 같다. 상장된 선물상품은 33개(섹터지수선물은 10개, 배당지수선물은 2개임)이다.

■ 표 16-4 한국거래소에 상장된 선물 현황(2020년 3월말 현재)

기초자산 유형	상 품	비 고
주가지수상품	코스피200선물 미니코스피200선물 코스피200섹터지수선물 (10개 섹터) 유로스톡스50선물 배당지수선물(2개) 코스닥150선물 KRX300선물	코스닥50지수선물(2005.11.7 상장폐지) 스타지수선물(2015.11.13. 상장폐지)
변동성지수상품	코스피200변동성지수선물	
개별주식상품	주식선물	
ETF상품	ARIRANG고배당주선물 KODEX삼성그룹주선물 TIGER헬스케어선물 TIGER차이나CSI300선물	
금리상품	3년국채선물 5년국채선물 10년국채선물 국채선물상품간스프레드	CD금리선물(2007.12.26 상장폐지) 통안증권금리선물(2011.02.14 상장폐지)
통화상품	미국달러선물 엔선물 위안선물 유로선물	
Commodity상품	금선물 돈육선물	

3.2.2 표준화

선물계약에서는 기초자산의 종류, 수량 및 품질, 1계약의 크기, 만기일 등이 표준화되어 있다. 만기일은 결제월(선물과 옵션거래의 최종거래일이 속한 월)로 구분하며 선물계약별로 수요자의 필요를 고려하여 거래소가 따로 정한다.

우리나라 코스피200 주가지수선물의 경우 결제월은 3년 이내의 7개 결제월이다(3월물 1개, 9월물 1개, 6월물 2개, 12월물 3개). 예를 들어, 2017년 5월말 기준으로 상장된 결제월은 2017년 6월물, 9월물, 12월물, 2018년 3월물, 6월물, 12월물, 그리고 2019년 12월물이다([그림 16-5] 참고). 최종거래일은 각 결제월의 두 번째 목요일이다. 거래단위는 KOSPI200 지수×250,000원이고 호가가격 단위는 0.05포인트이다. 가격제한폭은 기준가격의 20%이고 매매시간은 09:00-15:45(6시간 45분 거래)이다.

▎그림 16-5 코스피200선물 결제월(2017년 5월 31일 기준)

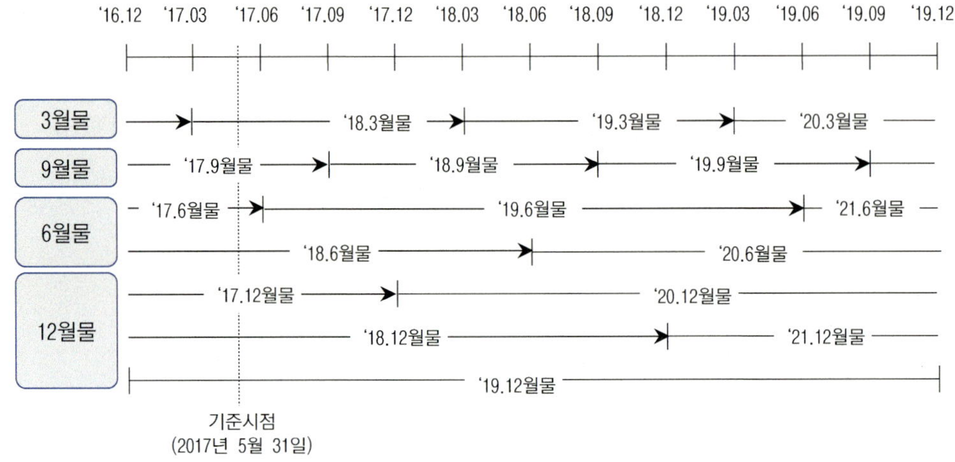

(자료: 한국거래소 발간 파생상품시장(2017), 75쪽)

거래되는 선물계약의 결제월이 여러 개인 경우, 최종 결제일이 가까운 계약을 "근월물(nearby month contract)"이라 하고 먼 계약을 "원월물(distant month contract)"이라고 한다. 그리고 가장 가까운 계약인 것을 강조하기 위해 최근월물이라는 표현을 사용하기도 한다.

선물 1계약의 금액은 가격에 일정한 금액 또는 수량을 곱하여 계산하는데 곱하는 숫자를 거래승수(multiplier)라고 한다. 포지션을 취하는 시점에서 계약의 시장가치는 대체로 0이며 이후 시장가치는 1계약 기준으로 "Δ가격 × 거래승수"로 계산된다. 거래승수는 코스피200 지수선물의 경우 250,000원, 주식선물의 경우 10주, 통화선물의 경우 10,000 통화, 채권선물의 경우 1,000,000원이다. 예를 들어, 250포인트의 가격으로 코스피200 지수선물 10계약에 매입포지션을 취한 투자자의 포지션은 금액 기준으로 250 × 250,000 × 10 = 625,000,000원이다(6.25억원). 그리고 만약 선물가격이 1.5포인트 상승하면 투자자의 이익은 1.5 × 250,000 × 10 = 3,750,000원이다(호가가격 단위인 0.05포인트는 12,500원에 해당됨).

대부분의 선물거래소는 일일 가격변동 제한폭(daily price movement limit)을 명시한다. 일단 선물가격이 상한폭 또는 하한폭까지 변동하면 당일의 선물거래는 중단된다. 가격변동 제한폭을 두는 목적은 투기로 인한 심한 가격변동을 방지하는데 있다. 그러나 이 제도는 기초자산의 가격이 급격히 변할 때 발생하는 선물거래까지도 인위적으로 막아 가격발견을 지연시킨다는 단점을 갖는다. 주가지수선물의 가격제한폭은 ±20%이다.[3)]

3) 주가지수선물의 경우 최초 가격제한폭은 5%이었으나 98년에 7%로 상향되었으며 현재의 20%는 2017년 3월 27일부터 적용되고 있다.

또한 대부분의 선물거래소는 포지션한도(position limit)를 명시한다. 포지션한도란 투기자가 취할 수 있는 최대의 선물계약수를 의미하는데 이는 투기자가 지나친 영향력을 행사하지 못하도록 하기 위함이다. 코스피200 지수선물의 경우 회원과 적격 기관투자자에게 적용되는 미결제계약수 보유한도는 7,500계약이다(2006년 12월 적용).

주요결과 16-6

선물계약은 결제월, 거래시간, 호가단위, 최종거래일, 결제방법, 거래승수, 가격변동 제한폭, 포지션한도 등이 구체적으로 규정되어야 한다.

3.2.3 결제 방법

선물계약을 결제하는 방법에는 다음 세 가지 방법이 있다. 대부분의 국가에서 선물계약의 95% 이상이 반대매매로 마감된다.

① 실물인수도(physical delivery): 기초자산을 직접 인수도하는 방법

② 현금결제: 주가지수처럼 기초자산을 직접 인수도하는 것이 불가능하면 현금결제(cash settlement)함

③ 반대매매(offsetting trade): 동일계약(즉 기초자산과 만기일이 동일한 계약)에 대하여 반대포지션(offsetting position)을 취함으로써 최초의 포지션을 청산하는 방법이다. 최초의 매입포지션을 매도포지션으로 마감하는 것을 "전매(long liquidation)"라고 하고, 최초의 매도포지션을 매입포지션으로 마감하는 것을 "환매(short covering)"라고 한다.

최초의 선물포지션이 매입포지션이든 매도포지션이든, 반대매매로 포지션을 마감하는 경우의 이익은 다음과 같다.[4)]

$$\text{이익} = \text{선물매도가격} - \text{선물매입가격} \tag{16.7}$$

4) 포지션을 마감하는 시점에서의 선물가격을 F_t, 계약을 처음 체결하는 시점에서의 선물가격을 F_0라고 하자. 최초의 매입포지션을 매도포지션으로 마감하는 경우의 이익은 $F_t - F_0$이고, 최초의 매도포지션을 매입포지션으로 마감하는 경우의 이익은 $F_0 - F_t$이다. 즉, 포지션의 방향과 무관하게 선물계약에서의 이익은 선물매도가격에서 선물매입가격을 차감하여 구한다.

예시 16-2 선물포지션의 청산과 이익/손실

$t=0$에서의 현물가격이 800원, 선물가격이 850원이라고 가정하자. $t=0$에서 A거래자가 1계약을 매입하고 B거래자가 1계약을 매도하였다. $t=1$에서 현물가격이 900원이고 선물가격이 930원일 때 A거래자가 1계약을 매도하는 반대매매를 하였고 C거래자가 1계약을 매입하였다고 하자. A거래자의 이익은 얼마인가?

A거래자는 반대매매를 취하여 930 − 850 = 80원의 이익을 실현하고 최초의 포지션을 청산하였다. 반면에 B거래자는 아직 포지션을 마감하지는 않았으나 $t=1$시점 기준으로 80원의 손실이 발생하였다. 따라서 B거래자의 증거금계정의 잔액은 80원만큼 감소하였을 것이다(증거금계정에 대한 설명을 참조할 것).

주요결과 16-7

선도계약은 만기일에 실물 인수도 또는 현금결제로 마감되지만, 선물계약의 경우 대부분은 만기일 전에 반대매매로 마감된다. 반대매매로 포지션을 마감하는 경우 이익은 선물매도가격에서 선물매입가격을 차감한 값이다.

3.2.4 미결제계약수

미결제계약수(open interest) 또는 미결제약정수는 청산되지 않고 현재 남아있는 계약의 수(즉, 매입포지션의 수 또는 매도포지션의 수)를 의미한다. 거래가 처음 시작되는 초기에는 거래량도 적고 미결제계약수도 미미하다. 시간이 지나 근월물이 되면서 미결제계약수가 점점 증가하여 최고점에 도달했다가, 만기일에 접근하면서 반대매매로 청산되는 계약이 늘어나 미결제계약수는 급격히 감소하게 된다. 예를 들어, 12월물이 1월부터 거래되기 시작한다면 대체로 11월 중순 경에 미결제계약수가 최고점에 도달하고 이후 급격히 하락하게 된다.

예를 들어, [그림 16-6]에 의하면 2011년 3월물 코스피200 지수선물의 경우(최초거래일은 2010년 3월 12일이고 최종거래일은 2011년 3월 10일임) 최종거래일 3개월 전인 2010년 12월초에 미결제약정수량이 급격히 증가하고(이는 대략적으로 3월물이 최근월물이 되기 직전 시점임), 최종거래일 직전에 반대매매를 통해 거의 대부분 마감된다. 미결제약정수량의 최고점은 2011년 2월 24일의 115,848계약이다.

거래량(volume)이 거래된 계약의 수로 시장유동성(market liquidity)의 지표인 반면, 미결제계약수는 미결제된 매입포지션 또는 매도포지션의 수로 측정되며 시장에서의 수요(demand)를 반영한다. 계약의 두 당사자가 모두 신규매매를 하는 경우 미결제약정수는 증가하고, 두 당사자가 모두 반대매매를 하는 경우 미결제약정수는 감소한다. 그리고 한 쪽은 신규매매이고 다른 한쪽은 반대매매이면 미결제계약수는 변하지 않는다.

▌그림 16-6 미결제약정수량의 변화(2011년 3월물 코스피200 지수선물)

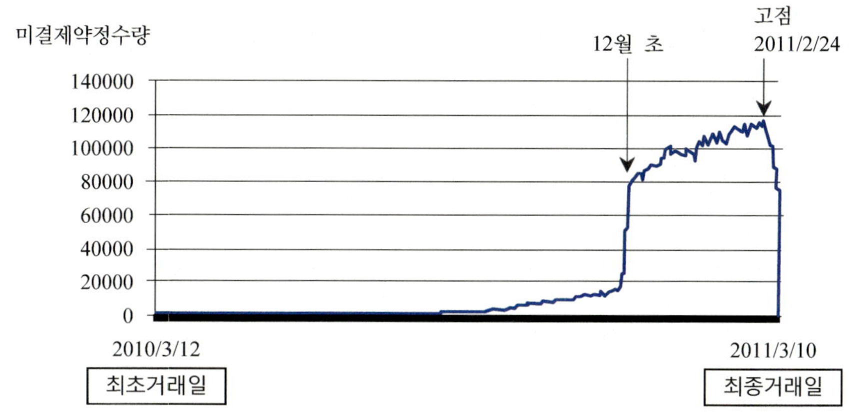

예시 16-3 미결제계약수와 거래량의 계산

다음은 특정 선물계약이 거래되기 시작한 후 투자자 A, B, C, D, E간의 거래에 의해 거래량과 미결제계약수가 어떻게 계산되는지 보여준다.

일 자	매 입	매 도	미결제 매입포지션	미결제 매도포지션	거래량	미결제계약수
1					0	0
2	A(2)	B(2)	A(2)	B(2)	2	2
3	C(1)	D(1)	A(2), C(1)	B(2), D(1)	1	3
4	B(1)	E(1)	A(2), C(1)	B(1), D(1), E(1)	1	3
5	D(1)	C(1)	A(2)	B(1), E(1)	1	2
6	E(1)	A(1)	A(1)	B(1)	1	1
7	B(1)	A(1)			1	0

4일자 거래의 경우처럼 B(1)의 반대매매가 E(1)의 신규매매와 매칭되면 미결제약정수는 변하지 않는다. 그러나 5일자의 경우처럼 D(1)의 반대매매가 C(1)의 또 다른 반대매매와 매칭되면 미결제약정수는 1계약 감소한다.

3.2.5 청산소의 역할

선도계약은 두 당사자간의 사적인 계약이므로 매입자와 매도자는 서로 상대방의 신용리스크에 직접 노출된다([그림 16-7]의 A패널 참조).

그림 16-7 선도계약과 선물계약의 구조 비교

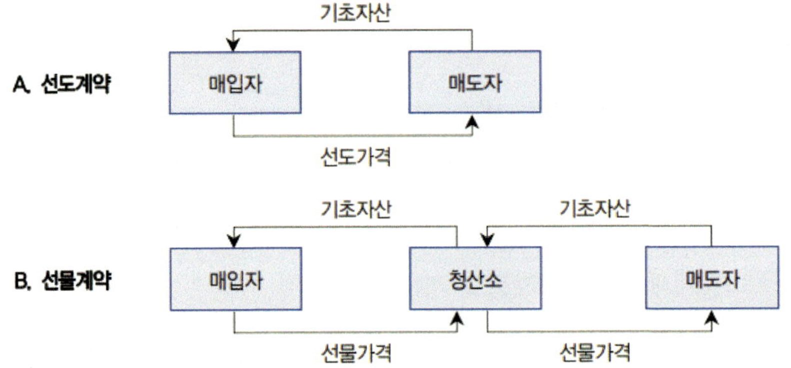

선물계약에서 청산소(clearing house)는 거래참여자에게 계약이행을 보장하여 거래가 원활하게 이루어지도록 하는 역할을 수행한다. 청산소는 [그림 16-7]의 B패널에서와 같이 모든 거래자의 상대방 역할(즉 매입자에게는 매도자의 역할 그리고 매도자에게는 매입자의 역할)을 담당함으로써 매매당사자들이 상대방의 신용리스크에 대한 염려 없이 안심하고 거래할 수 있도록 도와준다.

청산소의 순포지션은 0이므로 청산소는 선물시장의 가격변동에 따른 위험에 노출되지 않는다(즉 선물가격이 상승하면 매입포지션에서는 이익이 발생하지만 매도포지션에서는 손실이 발생하여 손익이 정확히 상쇄됨). 그러나 청산소가 매매당사자의 신용리스크에 직접 노출되므로 이를 줄이기 위하여 증거금제도와 일일정산제도를 운용한다.

3.3 증거금의 운용

증거금의 손익계산이 이루어지는 계정을 증거금계정(margin account)이라고 하며 선물가격이 매일 변함에 따라 발생하는 손익을 반영하는 정산을 일일정산(marking-to-market)이라고 한다. 일일정산은 결제금액이 커져 부도위험이 무한정 확대되는 것을 방지하기 위하여 선물가격 변동으로 발생하는 손익을 매일 결제하는 선물거래제도이다.

증거금은 크게 위탁증거금(customer margin)과 거래증거금(member margin)으로 구분된다. 위탁증거금은 투자자가 거래소 회원사에 납부하는 증거금으로 개시증거금, 유지증거금, 추가증거금 등이 여기에 속한다. 거래증거금은 회원사가 거래소에 예탁해야 하는 위탁증거금의 일부를 말한다.

- 개시증거금(initial margin): 거래의 시작시 요구되는 증거금
- 유지증거금(maintenance margin): 증거금계정의 잔액이 유지해야 하는 최소한의 수준으로 대체로 개시증거금의 2/3 수준임
- 마진콜(margin call): 잔액이 유지증거금 아래로 하락하면 개시증거금 수준으로 회복시키도록 거래자에게 보내는 요청으로 증거금납입요청이라고도 함
- 추가증거금(variation margin): 거래자가 마진콜을 받으면 납입해야 하는 금액으로 변동증거금이라고도 함

[그림 16-8]은 증거금계정의 잔액이 변함에 따라 언제 마진콜이 발생하는지 보여 준다(마진콜은 t_1과 t_2 시점에서 발생함). 마진콜을 받으면 거래자는 증거금계정의 잔액을 개시증거금 수준으로 회복시켜야 한다. 만약 마진콜을 받은 거래자가 추가증거금을 납부하지 않으면 거래소는 그 포지션을 청산하고 남은 금액을 돌려준다.

그림 16-8 증거금계정 잔액과 마진콜

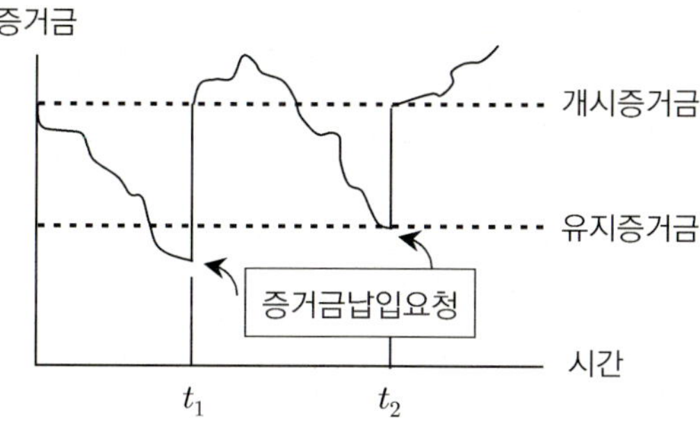

매입포지션과 매도포지션에 대해 요구되는 증거금은 동일하다. 왜냐하면 매입포지션을 취하는 것만큼 매도포지션을 취하는 것이 용이할 뿐만 아니라 매입포지션과 매도포지션의 위험이 동일하기 때문이다(방향만 반대임).

선물계약에 포지션을 취할 시 필요한 금액은 개시증거금으로 제한된다. 선물거래가 증거금 거래이므로 선물계약의 레버리지는 개시증거금 비율의 역수로 계산된다. 주가지수선물의 경우 개시증거금이 2024년 2월 기준 개시증거금이 8.70%이므로 레버리지는 1/0.087=11.49배이다.

$$\text{선물계약의 레버리지 비율} = \frac{1}{\text{개시증거금비율}} \tag{16.8}$$

현재(2024년 2월 기준), 코스피200선물의 개시증거금은 8.70%이고 유지증거금은 5.80%이다(유지증거금은 항상 개시증거금의 2/3 수준임). 한국거래소는 기초자산 가격변동성을 기초로 적정 수준의 위험관리를 위해 일부 품목의 증거금율을 비정기적으로 필요시 조정한다.

일일정산은 선물계약이 만기일에 한꺼번에 결제되지 않고 매일 결제되는 효과를 제공한다. 매일의 거래가 종료되면 투자자의 손익은 증거금계정에서 가감된다. 다시 말해서, 일일정산은 선물계약의 가치를 다시 0으로 되돌리는 효과가 있다. 결국 거래자는 매일 선물계약을 마감하고 새로운 가격으로 재계약을 체결하는 셈이다. 반면에, 선도계약의 경우 총손익이 만기일에 한꺼번에 실현된다.

예시 16-4 일일정산

[그림 16-9]는 일일정산이 이루어지는 구조를 보여준다. 투자자가 코스피200선물 1계약(선물가격 300포인트)에 매입포지션을 취한다고 하자. 개시증거금은 300× 25만원 × 0.0945 = 708.75만원이고 유지증거금은 472.5만원이다. 코스피200지수가 1포인트 상승하면 매도자가 매입자에게 1포인트 × 25만원을 지급하고 반대로 1포인트 하락하면 매입자가 매도자에게 1포인트 × 25만원을 지급한다. 그림에서 6일 동안 매입자는 매도자에게 6포인트에 해당되는 금액을 수령하고 9포인트에 해당되는 금액을 지급하므로 매입포지션 증거금계정의 잔액은 3포인트 × 25만원 = 75만원 하락한다. 참고로, 코스피200지수가 300포인트에서 9.45포인트($=\frac{708.75-472.5}{25}$) 하락하면 매입포지션 증거금계정의 잔액이 472.5만원으로 하락하여 마진콜이 발동된다.

그림 16-9 일일정산의 구조

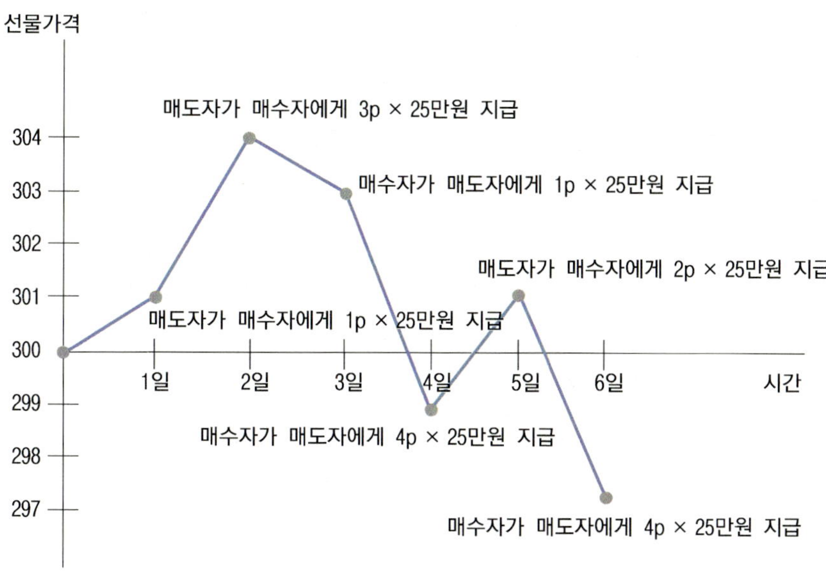

주요결과 16-8

미결제계약수는 청산되지 않고 남아있는 계약의 수로 시장의 수요를 반영한다. 청산소는 시장리스크에 노출되지 않지만 신용리스크에 직접 노출되므로 증거금제도를 운용한다. 증거금계정에서 가격변동에 따른 손익을 매일 정산하는 것을 일일정산이라고 한다. 일일정산으로 거래자는 선물계약을 매일 마감하고 새로운 가격으로 재계약을 체결하는 효과를 얻는다. 선물계약의 레버리지는 개시증거금 비율의 역수이다.

4 선물가격 결정

4.1 무차익거래 논리와 선물가격

선물가격을 결정하는데 있어 다음과 같이 가정한다.

① 거래비용(거래수수료와 매매호가차이), 증거금, 세금이 없다.

② 차입이자율과 대출이자율이 무위험이자율과 동일하다.

③ 차익거래 기회가 존재하면 거래자들은 이를 즉각적으로 이용한다.

④ 공매도 포지션을 취하는데 제약조건이 없으며 공매도한 금액은 즉각 이용 가능하다.
⑤ 신용리스크가 없다.

일반적으로 무위험이자율은 정부가 발행한 국채의 이자율을 의미한다. 그러나 외국의 파생상품시장에서의 거래자들은 무위험이자율로 Libor/swap rate를 이용한다. Libor는 런던은행간 대출금리(London Interbank Offer Rate)로서 특정 은행이 공시한 Libor는 그 은행이 다른 은행에 대규모 예금을 할 때 수용할 수 있는 이자율이다. 대형 은행들은 1개월, 3개월, 6개월, 그리고 12개월 Libor 등을 공시한다. 그리고 swap rate(스왑이자율)는 금리스왑에서 Libor와 교환되는 고정금리이다.

주식 1주를 기초자산으로 하는 1년 만기 주식선물계약(또는 선도계약)을 고려해 보자. 주식은 1년 동안 배당을 지급하지 않을 것으로 예상되며, 주가는 현재 50만원이고 무위험이자율은 연 6%이다. 적정 선물가격은 얼마인가? 적정 선물가격은 53만원인데 먼저 선물가격이 균형가격보다 높거나 낮은 경우 어떤 일이 발생하는지 살펴보자.

(1) $F_0 = 55$만원의 경우

선물가격이 너무 높으므로 선물계약을 매도하고 동시에 50만원을 차입하여 기초자산을 매입한다. 만기일에 기초자산을 인도하고 55만원을 수령하여 원리금 $50 \times 1.06 = 53$만원을 상환하면 2만원의 이익이 발생한다. 차익거래자는 기초자산을 미리 매입하였고 매도가격이 확정되었기 때문에 위험에 전혀 노출되지 않는다. 선물가격은 차익이 0이 되는 53만원까지 하락해야 한다. 선물가격이 너무 높은 경우의 차익거래를 "매수차익거래(cash-and-carry arbitrage)"라고 한다.

(2) $F_0 = 51$만원의 경우

선물가격이 너무 낮으므로 선물계약을 매입하고 동시에 기초자산을 매도한다(주식을 공매도하여 50만원을 6%로 투자함). 만기일에 51만원을 지급하고 기초자산을 인수하여 매도포지션을 마감하면 $50 \times 1.06 - 51 = 2$만원의 이익을 얻게 된다. 주식을 공매도하여 받은 금액을 무위험자산에 투자하였고 주식의 매입가격이 확정되었고 또한 매입한 주식을 매도하지 않고 공매도 포지션을 마감하는데 사용하므로 차익거래자는 위험에 전혀 노출되지 않는다. 선물가격은 차익이 0이 되는 53만원까지 상승해야 한다. 선물가격이 너무 낮은 경우의 차익거래를 "매도차익거래(reverse cash-and-carry arbitrage)"라고 한다.

이상의 차익거래 논리로부터 선물가격은 53만원이어야 함을 알 수 있다(즉 53만원이 아니면 차익거래기회가 발생함). 균형선물가격은 현물가격에 만기일까지의 이자비용(또는 자금조달비용)을 가산한 $F_0 = 50 \times 1.06 = 53$만원이다. 앞에서 공식적으로 도출했듯이, 무배당 주식에 대한 선물계약(만기 T)의 균형선물가격은 다음과 같이 산출된다(현물가격이 S_0이고 r은 무위험이자율임). 선물가격은 옵션가격과 달리 기초자산의 변동성에 의해 영향을 받지 않는다.

$$F_0 = S_0(1+r)^T \tag{16.9}$$

거래소에서 거래되는 선물계약의 경우 만기가 대체로 1년 미만이므로 가격계산에 복리(compound interest) 대신에 단리(simple interest)가 적용된다. 단리가 적용되는 경우 식(16.9)는 다음과 같이 전환된다. $\#days$는 만기일까지의 일수(number of days)이다.

$$F_0 = S_0 \times \left(1 + r \times \frac{\#days}{365}\right) \tag{16.10}$$

주요결과 16-9

선물가격이 균형선물가격보다 높으면 선물계약을 매도함과 동시에 기초자산을 매입하는 매수차익거래를 시행하고, 선물가격이 균형선물가격보다 낮으면 선물계약을 매입함과 동시에 기초자산을 공매도하는 매도차익거래를 시행함으로써, 선물가격은 균형선물가격과 같아지게 된다.

예시 16-5 주식매입과 선물매도

본문의 예시에서 주식을 소유하고 있는 투자자가 균형가격 53만원에 선물계약 매도포지션을 취하면 어떻게 되는가?

만기일에 소유하고 있는 주식을 인도하고 53만원을 수령한다. 투자자가 처음 포지션을 취하는 시점에서의 주가가 50만원이었으므로 투자자는 만기일의 주가와 상관없이 항상 3만원의 이익을 얻을 수 있다. 주식을 소유하고 있는 투자자가 선물을 매도하면 투자자의 포지션은 위험이 없는 헤지포지션이 되고 이 경우 투자자는 무위험이자율에 해당되는 6%의 이익, 즉 30,000원의 이익을 얻게 된다. 이 상황은 [그림 16-10]과 같다.

그림 16-10 주식매입과 선물매도

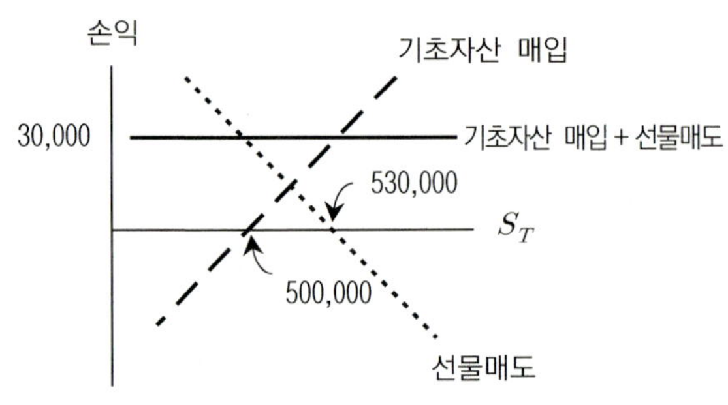

4.2 현물 - 선물 패리티

"선물가격 = 현물가격 + 이자비용"의 관계를 일반화하면 "선물가격 = 현물가격 + 보유비용"의 관계가 성립한다. 우리가 앞에서 고려한 예시는 보관비용과 현금소득이 발생하는 않는 아주 단순한 경우이다. 보유비용(cost of carry: CC)이란 현물을 보유하는데서 발생하는 비용으로 금융비용(이자비용 또는 자금조달비용), 보관비용, 현금소득 등을 의미한다.

$$\text{보유비용} = \text{이자비용} + \text{보관비용} - \text{현금소득} \tag{16.11}$$

여기서 기초자산이 제공하는 현금소득은 사실상 현물보유에 따른 수익이므로 앞에 마이너스를 붙여준다. 결국, 선물가격(또는 선도가격)과 현물가격 사이에 다음과 같은 현물-선물 패리티(spot-futures parity)가 성립하게 된다.

$$\text{선물가격} = \text{현물가격} + \text{보유비용}(\text{또는 } F_0 = S_0 + CC) \tag{16.12}$$
$$\text{선물가격} = \text{현물가격} + (\text{이자비용} + \text{보관비용} - \text{현금소득})$$

그리고 이처럼 현물가격에 보유비용을 조정하여 선물가격을 결정하는 모형을 보유비용모형(cost of carry model)이라고 한다. 만일 이 관계가 성립하지 않으면 차익거래기회가 발생한다.

주요결과 16-10

선물가격과 현물가격 사이에 성립해야 하는 관계를 현물-선물 패리티라고 한다. 이는 "선물가격 = 현물가격 + 보유비용"의 관계이다(보유비용 = 이자비용 + 보관비용 − 현금소득).

4.3 주가지수선물과 통화선물

주식선물, 주가지수선물, 채권선물, 통화선물의 경우 기초자산이 현금소득을 제공하므로 보유비용은 이자비용에서 현금소득을 차감한 값이다. 현금소득은 주식선물과 주가지수선물의 경우 배당수입이고, 채권선물의 경우 이자수입이고, 통화선물의 경우 외국통화의 이자수입이다. 현금소득이 금액으로 표현되면 선물가격은 다음과 같이 계산된다.

$$F_0 = (S_0 - I) \times \left(1 + r \times \frac{\#days}{365}\right) \tag{16.13}$$

여기서 I는 현금소득의 현재가치이다.

주가지수선물의 경우 현금배당을 기초자산 가격으로 나눈 비율인 배당수익률(dividend yield) q를 이용하여 선물가격을 다음과 같이 계산한다.

$$F_0 = S_0 \times \left[1 + (r - q) \times \frac{\#days}{365}\right] \tag{16.14}$$

주가지수가 배당수익률을 제공하는 것처럼 외국통화도 외국의 무위험이자율을 제공한다. 따라서 배당수익률을 이용한 주가지수선물 가격공식과 통화선물의 가격공식이 동일하다. 통상적으로, 통화선물의 경우 이자율패리티(interest rate parity)로부터 유도된 다음의 식이 보편적으로 이용된다.[5)]

$$F_0 = S_0 \times \left(\frac{1 + r \times \frac{\#days}{365}}{1 + r_f \times \frac{\#days}{365}}\right) \tag{16.15}$$

여기서 r_f는 외국의 무위험이자율이고 r는 자국의 무위험이자율이다.

주요결과 16-11

현금소득과 보관비용이 없으면 균형선물가격은 $F_0 = S_0(1 + r)^T$이다. 주가지수선물의 경우 선물가격은 $F_0 = S_0 \times \left[1 + (r - q) \times \frac{\#days}{365}\right]$ 으로 계산된다(q는 배당수익률).

---

5) 통화선물의 경우 $F_0 = S_0 \times \left[1 + (r - r_f) \cdot \frac{\#days}{365}\right]$를 이용하여 선물가격을 구할 수 있다. 두 식을 이용하여 구한 선물가격 차이는 아주 미미하다. 예를 들어, $S_0 = 1,000$, $r = 0.03$, $r_f = 0.01$, $\#days = 90$의 경우 두 선물가격은 각각 1,004.93과 1,004.92이다.

4.4 상품선물

보관비용이 발생하는 상품선물의 경우 보유비용은 이자비용과 보관비용의 합이므로 선물가격은 다음과 같이 계산된다.

$$F_0 = (S_0 + U) \times \left(1 + r \times \frac{\#days}{365}\right) \tag{16.16}$$

여기서 U는 보관비용의 현재가치이다. 만일 보관비용(u)이 현물가격에 대한 비율로 표시되면 선물가격은 $F_0 = S_0 \times \left[1 + (r + u) \times \frac{\#days}{365}\right]$ 로 계산된다.

예시 16-6 선물가격의 계산

(1) KOSPI200 지수 200포인트, 무위험이자율 4%, 배당수익률 1.5%, 만기 52일

$$\text{주가지수선물가격} \quad F_0 = 200\left(1 + (0.04 - 0.015) \times \frac{52}{365}\right) = 200.71$$

(2) 개별주식 가격 500,000, 무위험이자율 6%, 만기 1년, 배당금 2,000원(6개월 후)

$$\text{주식선물가격} \quad F_0 = \left(500{,}000 - \frac{2{,}000}{1 + 0.06 \times 0.5}\right)(1 + 0.06) = 527{,}942$$

(3) 미국의 이자율 5%, 자국의 이자율 4%, 현재 환율 \$1 = ₩1,200, 만기 6개월

$$\text{통화선물가격} \quad F_0 = 1{,}200 \times \left(\frac{1 + 0.04 \times 0.5}{1 + 0.05 \times 0.5}\right) = 1{,}194.15$$

(4) 금가격 1그램에 50,000원, 이자율 6%, 만기 1년, 보관비용의 현재가치 1,000원(1그램 기준)

$$\text{금 선물가격} \quad F_0 = (50{,}000 + 1{,}000)(1 + 0.06) = 54{,}060$$

4.5 베이시스

베이시스(basis)는 선물가격에서 현물가격을 차감한 값으로 정의된다. 이는 보유비용과 동일하다.[6]

$$basis = F_0 - S_0 \tag{16.17}$$

일반적으로 만기가 짧아질수록 베이시스는 감소하는 경향이 있다. 선물의 만기일에 베이시스는 반드시 0이어야 한다. 만일 만기일에서 베이시스가 0이 아니면 차익거래가 발생한다. 예를 들어, 만기일에 선물가격이 현물가격보다 크면 현물을 매입하고 선물을 매도함과 동시에 현물을 인도하여 선물가격을 수령하면 무위험 이익을 두 가격의 차이로 확정할 수 있다.

만기일 전의 베이시스는 양(+) 또는 음(−)의 값을 갖는다. 선물가격이 현물가격보다 상대적으로 크게 증가하면 베이시스는 커지는데 이를 강세베이시스라고 한다. 반대로, 선물가격이 현물가격보다 상대적으로 작게 증가하면 베이시스는 작아지는데 이를 약세베이시스라고 한다. 선물가격과 현물가격이 밀접한 관계를 갖는다고 앞에서 설명했지만, 두 가격은 계속 변동하고 시장의 상황에 따라 변동폭이 반드시 일정하지 않기 때문에 베이시스도 일정하게 움직이지 않는다.

실무에서는 선물가격이 현재의 현물가격보다 높으면 이를 콘탱고(contango)라고 하고, 반대로 선물가격이 현재의 현물가격보다 낮으면 이를 백워데이션(backwardation)이라고 한다. 주가지수선물의 경우 선물가격과 현물가격간의 차이인 베이시스가 금융비용과 현금배당의 차이와 동일하므로 이론적으로 선물가격이 현물가격보다 높은 콘탱고가 일반적이다.

우리나라에서 백워데이션이 종종 발생하는데 이유는 대규모 선물 매도거래가 발생하였으나 차익거래(선물매입, 현물매도)를 실행하기가 어렵거나 또는 현물 매수가 꾸준히 이루어지는 등의 수급 사정으로 현물-선물간 가격 균형관계가 성립하지 못하기 때문이다.

[그림 16-11]은 2013년 9월물 코스피200 지수선물의 2013년 5월 31일부터 9월 12일(최종거래일)까지의 베이시스 변화를 보여준다. 주가지수선물의 경우 보유비용이 대체로 양(+)이므로 선물가격이 현물가격보다 높은 양의 베이시스가 일반적이지만 여러 가지 이유로 인해 국내에서는 음의 베이시스가 자주 발생한다. 특히, 2013년 6월 20일에 선물가격이 현물가격보다 2.66포인트 낮아짐에 따라 현물을 매도하고 선물을 매수하는 프로그램 매도차익거래가 활발했을 것으로 추정된다. 그리고 만기일에 접근함에 따라 베이시스가 감소하는

6) 베이시스는 반대로 '현물가격 − 선물가격'으로 정의되기도 한다.

경향이 있다(만기일에서 실제로 베이시스는 0.08포인트였음).

그림 16-11 2013년 9월물 코스피200 주가지수선물의 베이시스 변화

기간: 2013년 5월 31일부터 9월 12일까지

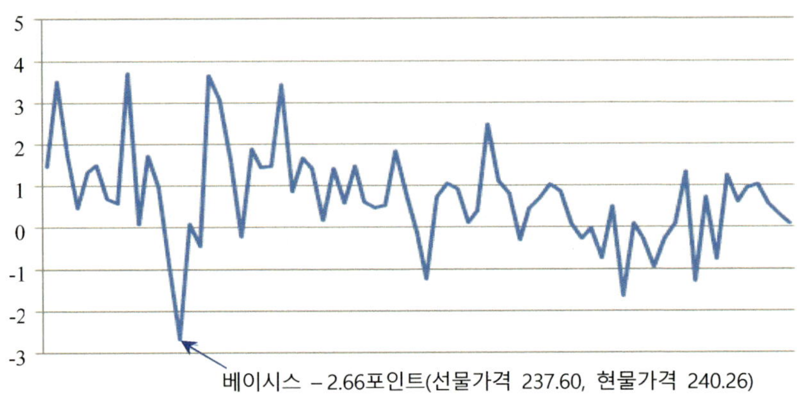

> **주요결과 16-12**
>
> 베이시스는 선물가격에서 현물가격을 차감한 값으로 정의된다. 만기가 짧아질수록 베이시스는 감소하는 경향이 있으며, 베이시스는 이론적으로 선물의 만기일에 반드시 0이어야 한다.

5 스 왑*

5.1 금리스왑

금리스왑(interest rate swap)은 일정기간 동안 정해진 원금에 대해 한 당사자는 고정금리이자를 지급하고 다른 당사자는 변동금리이자를 지급함으로써 미래에 정기적으로 현금흐름을 교환하는 계약이다. 금리스왑에서 변동금리와 고정금리는 동일한 통화로 결제된다.

다음의 예시를 이용하여 표준금리스왑(plain-vanilla interest rate swap)의 일반적인 조건 및 구조에 대하여 살펴보자. A기업과 B기업이 정기적으로 6개월 SOFR와 고정금리 9.8%(연2회)를 교환하는 금리스왑을 체결한다고 하자(기준기간은 6개월임). 스왑의 만기는 5년이고 원금은 100억원이다. B기업은 금리스왑의 조건에 따라 다음과 같은 10번의 거래를 수행한다.

- 매 6개월마다, 기간 초에 결정된 6개월 SOFR가 원금 100억원에 적용되어 계산된 이자를 A기업으로부터 수취한다.
- 매 6개월마다, 연 9.8%의 고정금리를 원금 100억원에 적용하여 계산한 이자를 A기업에 지급한다.

그림 16-12 금리스왑의 현금흐름

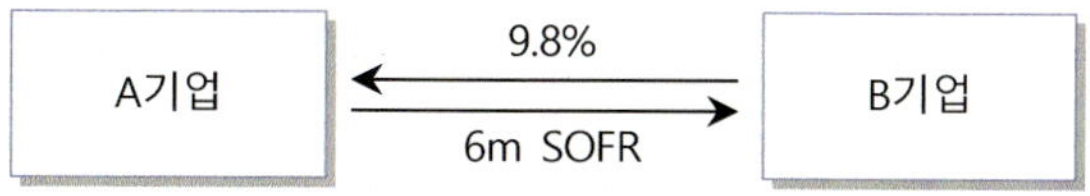

금리스왑에서 B기업처럼 고정금리를 지급하고 변동금리를 수령하는 포지션을 스왑매입포지션(swap long position) 또는 페이어스왑(payer swap)이라고 한다. 반대로 A기업처럼 고정금리를 수령하고 변동금리를 지급하는 포지션을 스왑매도포지션(swap short position) 또는 리시버스왑(receiver swap)이라고 한다.

금리스왑에서 원금은 실제로 교환되는 것이 아니고 단지 이자계산의 기준으로 사용되므로 명목원금(notional principal)이라고 한다. 금리스왑에서 사용하는 변동금리는 주로 3개월 SOFR와 6개월 SOFR이다. 3개월 SOFR가 이용되면 변동금리 이자지급은 매 3개월마다 이루어지고, 6개월 SOFR가 이용되면 변동금리 이자지급은 매 6개월마다 이루어진다. 원화는 국제통화가 아니므로 원화에 대한 SOFR가 없어, 국내 91일물 CD금리와 KOFR가 원화 금리스왑의 기준금리로 이용된다.

기준금리로 LIBOR가 사용되었으나 2023년 7월 이후 산출이 완전 중단됨에 따라 주요국은 기준금리로 실거래 기반 무위험지표금리(risk-free reference rate)를 사용한다. 달러의 경우 SOFR(secured overnight financing rate)로, 원화의 경우 KOFR(Korea overnight financing repo rate)로 불린다.

금리스왑에서 고정금리이자와 변동금리이자의 교환은 일반적으로 차이만을 결제하는 차액결제(payment netting) 방식을 따른다. 만약 변동금리는 3개월마다 지급하고 고정금리는 연 1회 수취하는 경우 처음 3회에서는 변동금리만을 지급하고 차액결제는 연 1회 이루어진다.

스왑시장의 발전에 은행의 역할이 매우 컸다. 초기에 은행은 두 당사자를 연결시켜주는 브로커(broker)의 역할을 수행하였으나, 지금은 스왑을 직접 매매하는 딜러(dealer)로서의 역할을 수행하여 시장에 유동성을 제공한다. 은행이 딜러의 역할을 수행하면서 스왑의 거래규모는 폭발적으로 성장하였다. 자체 포지션을 운용하며 시장조성자(market maker)의 역할을 수행하는 은행을 웨어하우스뱅크(warehouse bank)라고 하며 우리나라의 원화 스왑시장에서는 산업은행이 이 역할을 수행한다.

금리스왑은 자금조달비용을 절약하기 위하여, 자산과 부채의 성격을 전환하기 위하여, 이자율 변동에 따른 위험을 제거하기 위하여, 그리고 금융회사의 자산과 부채간 만기불일치를 관리하기 위하여 사용된다. 금리스왑이 이처럼 광범위하게 사용될 수 있으므로 금리스왑의 거래규모가 전체 장외파생상품 거래규모의 절반에 해당된다는 사실은 그리 놀랄 일이 아니다.

주요결과 16-13

금리스왑은 일정기간 동안 정해진 원금에 대해 한 당사자는 고정금리이자를 지급하고 다른 당사자는 변동금리이자를 지급함으로써 미래에 정기적으로 현금흐름을 교환하는 계약이다. 금리스왑의 다양한 용도로 인해 금리스왑은 거래규모가 가장 큰 상품이다.

5.2 통화스왑

통화스왑(currency swap)은 한 나라 통화기준의 차입원금 및 이자금액과 다른 나라 통화기준의 차입원금 및 이자금액을 교환하는 스왑이다. 금리스왑과 달리, 원금은 스왑계약이 시작되는 시점과 만료되는 시점에서 교환된다.

한 통화의 고정금리와 다른 통화의 변동금리를 교환하는 통화스왑을 이자율통화스왑(cross currency interest rate swap)이라고 한다. 우리나라에서 가장 보편적인 통화스왑은 달러화 SOFR와 원화 고정금리를 교환하는 이자율통화스왑이다.7)

예를 들어 한국기업이 미국의 시티은행으로부터 2억 달러를 SOFR +1%로 3년 만기 차입하여 우리은행과 통화스왑을 체결한다고 하자. 통화스왑은 달러화 SOFR + 1%와 원화 5.2%를 교환하며 현재의 환율은 1달러에 1,300원이라고 하자. 통화스왑을 체결한 우리은행과 한국기업간의 원금 및 이자교환 구조는 [그림 16-13]과 같다(연 1회 이자교환 가정). 만기원금 교환에 적용되는 환율은 만기일의 환율과 무관하게 초기 거래시점의 환율(즉 1달러에 1,300원)이 동일하게 적용된다. 한국기업은 통화스왑을 통하여 달러화 SOFR + 1% 변동금리 차입을 원화 5.2% 고정금리 차입으로 전환시키는 효과를 얻는다.

---

7) 변동금리와 변동금리를 주고받으면 cross currency basis swap이라고 하고, 고정금리와 고정금리를 주고받으면 cross currency swap이라고 한다.

그림 16-13 이자율통화스왑의 현금흐름(실선은 원금교환, 점선은 이자교환을 의미함)

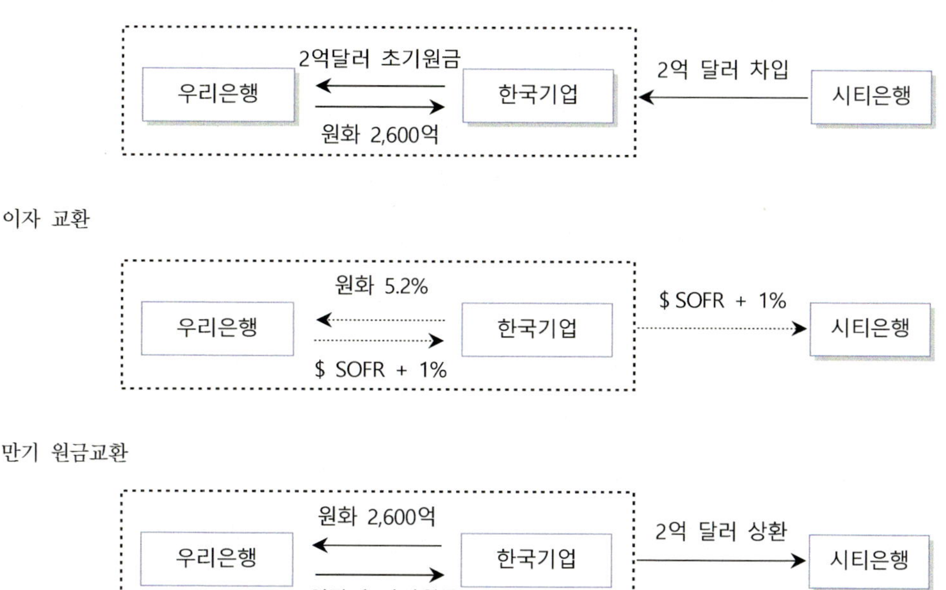

통화스왑의 특성을 요약하면 다음과 같다.

- 서로 다른 통화에 대한 원금과 이자를 교환하는 계약이다.
- 금리스왑과 달리 초기원금과 만기원금의 교환이 발생한다.
- 만기일의 원금교환시 적용되는 환율은 초기 거래시점의 환율이다.

2008년 글로벌 금융위기, 2020년 코로나19 사태와 같은 위기상황이 발생하면 국가간 외환거래의 안정을 위해 두 국가의 중앙은행이 계약의 주체가 되어 통화스왑을 체결한다. 통화스왑은 자국의 통화를 맡겨두고, 달러와 같이 상대적으로 안정적인 통화를 사용하는 국가의 통화를 빌려와서 외환시세의 안정을 도모하는 외환거래이다. 우리나라가 미국과 체결한 통화스왑은 원화를 맡기고 달러를 빌리는 것으로 만일의 위기에 대비한 외화 유동성을 확보하기 위한 조치이다.

주요결과 16-14

통화스왑은 한 나라 통화기준의 차입원금 및 이자금액과 다른 나라 통화기준의 차입원금 및 이자금액을 교환하는 스왑이다. 금리스왑과 달리, 원금은 스왑계약이 시작되는 시점과 만료되는 시점에서 교환된다. 만기일의 원금교환시 적용되는 환율은 초기 거래시점의 환율이다.

5.3 외환스왑

외환스왑(forward exchange swap)은 거래 당사자 간에 "현물환과 현물환", "현물환과 선물환", "선물환과 선물환"을 서로 반대방향으로 동시에 매매하는 거래를 말한다. 외환스왑은 이자교환이 이루어지지 않는 단기 계약(주로 1년 미만)이며, 이는 원금과 이자를 모두 교환하는 장기 통화스왑과는 다르다. 또한 통화간 이자율 차이가 반영되어 선물환율이 결정되며, 일반적으로 일정 외환을 현물환시장에서 매입(또는 매도)하는 동시에 선물환시장에서 매도(또는 매입)하는 형태로 이루어진다. 외환스왑 거래는 환리스크의 헤지, 결제일의 조정, 금리차익거래 등을 위해 이용된다.

예를 들어, A은행이 B은행과 현물환율 1,120원, 1개월 선물환율 1,130원에 100만 달러를 "현물환 매입/선물환 매도"의 외환스왑을 체결할 수 있다. 외환스왑을 체결한 A은행은 다음과 같은 거래를 한다.

- 거래시점에서 A은행은 B은행으로부터 100만 달러를 매입하고 11.20억원을 지급함
- 1개월 후에 A은행은 100만 달러를 매도하고 원화 11.30억원을 수령함

그렇다면 A은행이 이와 같은 외환스왑을 하는 이유는 무엇인가? 현재 100만 달러가 필요하지만 1개월 후에 수령할 예정인 A은행은 이와 같은 외환스왑을 통하여 환위험을 부담하지 않으면서 원화를 이용하여 필요한 외화자금을 조달할 수 있다.

일반적으로, 국내은행은 외화자금이 상대적으로 부족하고 외국은행 국내지점은 원화자금이 상대적으로 부족하다. 즉, 국내은행은 외화가 부족하고 원화 유동성이 좋으므로 위의 A은행과 같이, 원화를 대가로 상대방으로부터 외화를 빌려와 이를 계약기간 동안 사용하고 만기일에는 외화를 갚고 원화를 돌려 받아 계약을 종료한다. [그림 16-14]와 같이, 외화가 부족한 금융기관(A은행)은 buy&sell 외환스왑거래(현물환 매입/선물환 매도)를 수행하고, 반대로 외화유동성이 여유가 있는 금융기관은 sell&buy 외환스왑거래(현물환 매도/선물환 매입)를 수행한다.

그림 16-14 외환스왑거래의 흐름

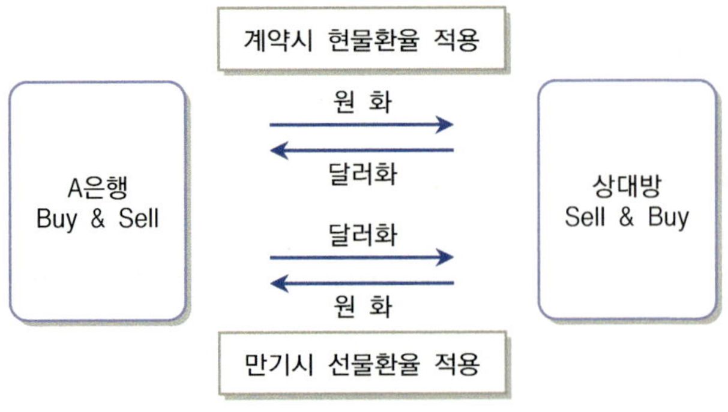

[표 16-5]는 우리나라의 유형별 일별 평균 외환거래규모 추이를 보여준다. 대다수 선진국과 마찬가지로 우리나라의 경우에도 2009년부터 외환스왑의 포지션이 가장 크다. 그리고 통화스왑의 규모는 외환스왑의 4%대에 그쳐 아직까지 통화스왑의 거래규모나 유동성이 크지 않음을 알 수 있다. 이는 주로 단기로 거래되는 외환스왑이 환헤지 및 차익거래에 널리 활용되고 있음을 의미한다. 또한 국내 금융기관은 외환스왑의 만기가 도래하면 이를 자동으로 롤오버(만기연장)함으로써 장기로 거래되는 통화스왑을 대체하는 효과를 제공하는 경우가 많다.8)

[표 16-5]에 의하면 외환스왑의 규모는 2013년 기준 일평균 194.4억 달러로 총외환거래의 44%에 해당된다. 이는 글로벌 금융위기 이전인 2005년과 비교하면 3배 정도로 성장한 금액이다.

표 16-5 유형별 일별 평균 외환거래규모 추이

단위: 억 달러

	2005	2008	2009	2010	2011	2012	2013
외환스왑	64.7	166.9	176.2	179.2	192.3	195.4	194.4
현물환	96.8	196.9	139.1	165.8	190.9	181.8	169.9
선물환	36.0	95.1	56.8	65.2	74.6	71.3	73.5
통화스왑	4.9	16.7	6.6	6.3	7.5	7.1	8.4
합 계	202.4	475.6	378.7	416.5	465.3	455.6	446.2

주요결과 16-15

외환스왑은 현물환과 선물환을 서로 반대방향으로 동시에 매매하는 거래로 외환거래중 가장 거래규모가 크다. 주로 단기계약이며 통화스왑과 달리 이자교환이 이루어지지 않는다. 외환이 필요한 금융기관은 "현물환 매입/선물환 매도"를 하고, 외환이 남는 금융기관은 "현물환 매도/선물환 매입"을 한다.

5.4 신용부도스왑

신용파생상품(credit derivative)은 장외시장에서 거래되는 파생상품으로서 특정 자산의 신용도에 의해 현금흐름이 결정되는 계약이다. 금융회사는 재무상태표(대차대조표)에 특정 자산을 유지하면서 신용파생상품을 이용하여 특정 자산의 신용리스크(신용위험)를 상대방

8) 이승호, 2014, 우리나라 외환스왑시장의 불균형 및 환율과의 관계에 관한 연구, 연구보고서, 자본시장연구원.

에게 쉽게 이전시킬 수 있다. 신용파생상품 중에서 가장 거래규모가 큰 상품이 신용부도스왑(credit default swap: CDS)이다.9)

신용부도스왑은 두 당사자가 보험료 성격의 일정한 수수료와 부도시의 손실보전금액(default payment)을 교환하는 계약이다. 신용부도스왑에는 수수료(스왑프리미엄 또는 CDS스프레드)를 지불하고 신용리스크를 전가시키고자 하는 보호매입자(protection buyer) 또는 위험매도자(risk seller)와 수수료를 수령하고 부도시 손실보전금액을 지불해야 하는 보호매도자(protection seller) 또는 위험매입자(risk buyer)가 있다.

부도 등의 신용사건(credit event)이 발생하지 않으면 보호매도자는 보호매입자에게 어떤 금액도 지급하지 않으며 스왑프리미엄의 이익을 얻는다. 신용리스크를 제거하고자 하는 자산으로 계약의 기준이 되는 자산을 준거자산(reference asset)이라고 한다. 신용부도스왑의 기본구조는 [그림 16-15]와 같다(그림에서 점선은 신용사건이 발생하는 경우에 한해 지급되는 현금흐름을 의미함).

▌그림 16-15 신용부도스왑(CDS)의 구조

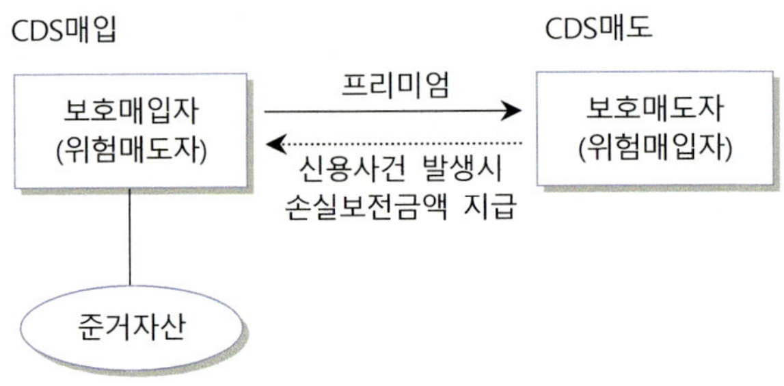

신용부도스왑은 자동차보험과 동일한 구조를 갖는 보험계약으로 간주될 수 있다. 차이점은 자동차보험의 경우 보험에 가입하려면 반드시 자동차를 보유해야 하는데 반하여, 신용부도스왑의 경우 반드시 준거자산을 보유할 필요가 없다는 점이다.

보호매입자가 신용부도스왑에 포지션을 취하여 스왑프리미엄을 지급하고 준거자산의 신용리스크를 상대방에게 전가시키므로 보호매입자가 신용부도스왑 매입포지션을 취한다고 말한다. 보호매입자는 신용사건 발생시 손실을 보전받으므로 보호매입자는 완벽하게 신용리스크를 보호매도자에게 전가시킬 수 있다. 즉 다음의 관계가 성립한다.

9) 신용파생상품은 1992년 Bankers Trust가 자사 신용포트폴리오의 집중리스크를 관리하기 위하여 CDS를 처음 거래하기 시작한 이후 활성화 된 것으로 알려져 있다. 이후 거래량이 폭발적으로 성장하여 2007년말 기준으로 CDS의 미청산된 계약규모가 62조 달러에 이르렀다. 2008년말 글로벌 금융위기 당시 AIG가 손실보전과정에서 부도 위기에 몰린 이후 CDS의 상대방리스크(counterparty risk)에 대한 인식이 강화되어 CDS 약정 잔액이 2009년말 23조 달러로 급격히 감소하였다.

위험채권 매입 + 신용부도스왑 매입 = 무위험채권 매입 (16.18)

신용사건이 발생하면 보호매도자는 신용부도스왑 계약에 명시된 손실보전금액을 지급해야 한다. 주로 사용하는 손실보전금액 지급 방법에는 실물결제(physical settlement)와 현금결제(cash settlement)가 있다. 실물결제방법은 가장 많이 사용했던 결제방법으로, 보호매입자가 준거자산을 보호매도자에게 인도하고 액면가(또는 계약체결시의 가격)를 수령하는 방법이다(준거자산을 보유하고 있지 않으면 시장에서 매입하여 인도함). 현금결제방법은 신용사건 발생 후 시장가치를 추정하여 손실금액을 계산하고 보호매입자가 보호매도자로부터 이 손실금액을 현금으로 수령하는 방법이다. 2006년말 기준으로 실물결제방법이 약 70%를 차지하였으나 준거자산 매입에 따른 문제점이 발생하게 되어 최근에는 감독당국이 현금결제방법을 선택하도록 유도하고 있다.[10)]

주요결과 16-16

신용부도스왑은 보험료 성격의 일정한 수수료와 부도시 손실보전금액을 교환하는 계약이다. 수수료를 지급하는 위험매도자는 신용리스크를 상대방(위험매입자)에게 전가할 수 있다.

10) 특정 자산에 대한 발행규모보다 그 자산을 준거자산으로 하는 CDS의 계약규모가 훨씬 커지는 상황이 발생함에 따라 신용사건 발생시 그 자산을 매입하는데 많은 문제점이 발생하였으며 또한 이로 인한 시장의 혼란을 피하고자 2009년부터 감독당국은 현금결제방법을 택하도록 권장하고 있다.

핵심용어 해설

- 선도계약(forward contract): 미리 정한 가격으로 기초자산의 미래 인수도를 약정하는 계약
- 선물계약(futures contract): 미리 정한 가격으로 미래 일정일에 특정 자산을 매입하거나 매도할 의무를 부여하는 계약으로 선도계약을 표준화한 계약
- 합성선도매입포지션(synthetic forward long position): 콜매입과 풋매도
- 합성선도매도포지션(synthetic forward short position): 풋매입과 콜매도
- 미결제계약수(open interest): 청산되지 않고 현재 남아있는 계약의 수
- 반대매매(offsetting trade): 기초자산과 만기일이 동일한 계약에 대하여 최초의 포지션과 반대 포지션을 취하는 거래
- 증거금계정(margin account): 증거금의 손익이 매일 반영되는 계정
- 개시증거금(initial margin): 거래의 시작시 요구되는 증거금
- 유지증거금(maintenance margin): 잔액이 유지해야 하는 최소한의 수준
- 마진콜(margin call): 잔액이 유지증거금보다 작게 되면 거래자에게 보내지는 추가증거금 납입 요청
- 추가증거금(variation margin): 마진콜을 받은 거래자가 추가로 납부해야 하는 금액
- 일일정산(mark-to-market): 선물가격의 일별 변화에 따라 손익을 매일 반영하는 정산
- 현물-선물 패리티(spot-futures parity): 현물가격과 선물가격 간에 성립해야 하는 등가식으로 “선물가격= 현물가격 + 보유비용”의 관계
- 베이시스(basis): 선물가격에서 현물가격을 차감한 값
- 콘탱고(contango): 선물가격이 현물가격보다 높은 상황
- 백워데이션(backwardation): 선물가격이 현물가격보다 낮은 상황
- 금리스왑(interest rate swap): 일정 기간 동안 고정금리 현금흐름과 변동금리 현금흐름을 교환하는 계약
- 이자율통화스왑(cross currency interest rate swap): 한 통화의 고정금리와 다른 통화의 변동금리를 교환하는 통화스왑
- 외환스왑(forward exchange swap): 현물환과 선물환을 서로 반대 방향으로 동시에 매매하는 단기 거래

- **신용부도스왑(credit default swap)**: 두 당사자가 보험료 성격의 수수료와 부도시의 손실보전금액을 교환하는 계약

개념 체크

1. 선도매입포지션의 이득이 $S_T - F_0$인 이유는 무엇인가? 이득과 이익이 동일한 이유는 무엇인가?

2. "Forward=Stock-Bond"의 의미는?

3. "Forward=Call-Put"과 "-Forward=Put-Call"의 의미는?

4. "선도매도의 최대이익은 선도가격이다." 옳은가?

5. 헤지, 차익거래, 투기는 각각 무엇이며 어떤 점에서 다른가?

6. 선도계약이 선물계약으로 발전한 이유는 무엇인가? 선물계약의 장점과 단점을 선도계약과 비교하여 설명할 수 있는가?

7. 미결제계약수는 무엇이며 이는 거래량과 어떻게 상이한가? "거래량은 시장유동성의 지표이고 미결제계약수는 시장수요의 지표이다."의 의미는?

8. 선물계약의 95% 이상이 반대매매로 마감되는 이유는?

9. "청산소는 선물가격의 가격변동위험에 노출되지 않는다." 이 주장의 의미를 설명하라.

10. 청산소는 거래당사자의 신용리스크를 줄이기 위해 어떤 제도를 도입하는가?

11. "일일정산은 선물계약의 가치를 0으로 돌리는 효과가 있다"라는 말의 의미는?

12. 선물계약의 레버리지가 개시증거금 비율의 역수가 되는 이유는?

13. 선물가격이 균형 선물가격보다 높으면 어떤 차익거래가 가능한가? 반대로 선물가격이 균형 선물가격보다 낮으면 어떤 차익거래가 가능한가?

14. 현물을 보유하고 있는 투자자가 선물계약을 이용하여 가격변동위험을 피하는 방법은?

15. "선물가격 = 현물가격 + 보유비용"의 관계가 성립하는 이유는?

16. 베이시스가 만기일에 0이 되어야 하는 이유는? 베이시스가 만기일에 접근함에 따라 감소하는 경향을 갖는 이유는?

17. 금리스왑은 무엇인가? 어떤 용도로 활용되는가?

18. 통화스왑의 현금흐름은 금리스왑의 현금흐름과 어떤 점에서 상이한가?

19. 이자율통화스왑이란 무엇인가?

20. 외환스왑이란 무엇인가? 외환이 부족한 금융기관과 외환이 남는 금융기관은 어떤 외환스왑을 체결하는가?

21. 신용파생상품이란 무엇인가? 신용부도스왑의 기본 구조를 이해하는가?

22. "위험채권을 보유하고 있는 투자자가 신용부도스왑을 매입하면 무위험채권을 보유하는 셈이다." 이 주장의 의미는?

연 습 문 제

01 삼성전자의 주가는 100만원이고, 무위험이자율은 연 3%이며 주식은 향후 1년 동안 배당을 지급하지 않으며 1년 만기 선도가격은 103만원이다. 만기일에 주가가 120만원이면 선도계약 매도포지션의 가치는 얼마인가?

① 17만원 ② 20만원 ③ 0원
④ −20만원 ⑤ −17만원

02 선도매입포지션의 최대이익과 최대손실로 가장 적절한 것은?

① 무제한, 무제한 ② F_0, 무제한
③ 무제한, F_0 ④ 무제한, $F_0 - S_T$
⑤ 정답 없음

03 5일자의 미결제계약수는 얼마인가?

일 자	매 입	매 도	미결제 계약수
1			0
2	A3,B2	C1,D1,E1,F2	
3	G2,H1	A1,I1,J1	
4	F1	A1	
5	K1,D1,I1	G1,L2	
6	E1,F1	B2	
7	C1,L1	A1,G1	
8	J1,L1	H1,K1	

① 4 ② 5 ③ 6
④ 7 ⑤ 정답 없음

04 증거금에 관한 설명 중 가장 적절하지 않은 것은?

① 유지증거금은 증거금계정의 잔액이 유지해야 하는 최소한의 수준이다.
② 선물계약의 레버리지는 개시증거금 비율의 역수이다.
③ 선물계약 매입포지션과 매도포지션 모두 증거금제도의 적용을 받는다.
④ 마진콜을 받고 납입해야 하는 금액은 잔액을 개시증거금 수준으로 회복시키기에 충분해야 한다.
⑤ 옵션 매입포지션도 증거금제도의 적용을 받는다.

05 현물 - 선물 패리티 식으로 옳은 것은?

① 선물가격 = 현물가격 + 자금조달비용 - 보관비용 - 현금소득
② 현물가격 = 선물가격 + 자금조달비용 - 보관비용 + 현금소득
③ 현물가격 = 선물가격 + 자금조달비용 + 보관비용 - 현금소득
④ 선물가격 = 현물가격 + 자금조달비용 + 보관비용 - 현금소득
⑤ 선물가격 = 현물가격 - 자금조달비용 - 보관비용 + 현금소득

06 매수차익거래는 언제 발생하는가?

① 선물가격이 현물가격보다 큰 경우
② 선물가격이 균형 선물가격보다 작은 경우
③ 선물가격이 균형 선물가격보다 큰 경우
④ 선물가격이 현물가격보다 작은 경우
⑤ 정답 없음

07 개별주식선물 매입의 복제포지션으로 가장 적절한 것은?

① 주식매입, 채권공매도
② 주식공매도, 채권매입
③ 주식공매도, 채권공매도
④ 주식매입, 채권매입
⑤ 정답 없음

08 선물계약의 경우 가장 많이 이용되는 결제 방법은?

① 실물인수도 ② 반대매매 ③ 현금결제
④ 기초자산 인수도 ⑤ 정답 없음

09 선물계약에서 개시증거금이 10%이면 레버리지는 얼마인가?

① 5배 ② 15배 ③ 10배
④ 20배 ⑤ 정답 없음

10 코스피200선물 1계약에 매도포지션을 취한 투자자의 경우 선물가격이 얼마로 변하면 증거금납입요청을 받게 되는가? 거래승수는 25만원이고 현재 선물가격은 300포인트이고 개시증거금은 9.45%이고 유지증거금은 6.3%이다.

① 303.56포인트 ② 290.55포인트 ③ 306.30포인트
④ 309.45포인트 ⑤ 정답 없음

11 거래자가 3월 1일에 300포인트에 선물을 매도하고 9월 1일에 동일 계약에 대하여 320포인트에 선물을 매입하면 거래자의 이익은 몇 포인트인가? (-는 손실임)

① 20포인트 ② －20포인트 ③ 0포인트
④ －10포인트 ⑤ 정답 없음

12 코스피200 주가지수선물의 최종거래일은 언제인가?

① 결제월의 두 번째 목요일
② 결제월의 세 번째 목요일
③ 결제월의 두 번째 금요일
④ 결제월의 두 번째 수요일
⑤ 정답 없음

13 코스피200 지수가 현재 300포인트이고 무위험이자율은 4%이며 배당수익률은 1.5%로 예상된다. 만기가 95일인 코스피200 지수선물의 적정 가격은 얼마인가? 단, 단리계산을 적용할 것.

① 301.17포인트
② 301.93포인트
③ 301.95포인트
④ 303.12포인트
⑤ 정답 없음

공인회계사 기출문제

14 현재 KOSPI 200 지수는 75.00포인트이고, 만기 3개월물 KOSPI 200 선물지수는 76.00포인트에 거래되고 있다. KOSPI 200 지수를 구성하는 주식들의 평균 배당수익률은 연 4%이고 무위험이자율은 8%이다. 이런 상황에서 지수차익거래가 가능한가? 가능하다면 차익거래의 결과 어떤 변화가 예상되는가? 거래비용은 고려하지 않는다. CPA

① 차익거래가 불가능하다.
② 차익거래에 의해 KOSPI 200 지수와 3개월물 KOSPI 200 선물가격이 상승한다.
③ 차익거래에 의해 KOSPI 200 지수가 상승하고 3개월물 KOSPI 200 선물가격이 하락한다.
④ 차익거래에 의해 KOSPI 200 지수와 3개월물 KOSPI 200 선물가격이 하락한다.
⑤ 차익거래에 의해 KOSPI 200 지수가 하락하고 3개월물 KOSPI 200 선물가격이 상승한다.

15 (주)베타의 현재 주가는 10,000원이다. 이 주식을 기초자산으로 하며 만기가 6개월인 선물이 선물시장에서 11,000원에 거래되고 있다. 이 기업은 앞으로 6개월간 배당을 지급하지 않으며 현물 및 선물의 거래에 따른 거래비용은 없다고 가정한다. 무위험이자율인 연 10%로 대출과 차입이 가능할 때 차익거래에 관한 다음의 설명 중 옳은 것은? CPA

① [주식 공매 + 대출 + 선물 매입] 전략을 이용해 차익거래이익을 얻을 수 있다.
② [주식 공매 + 차입 + 선물 매입] 전략을 이용해 차익거래이익을 얻을 수 있다.
③ [주식 매입 + 대출 + 선물 매도] 전략을 이용해 차익거래이익을 얻을 수 있다.
④ [주식 매입 + 차입 + 선물 매도] 전략을 이용해 차익거래이익을 얻을 수 있다.
⑤ 차익거래 기회가 없다.

16 우리나라 주가지수선물에 관한 설명 중 가장 적절하지 않은 것은? CPA

① 주가지수선물을 매입하면 만기일에 주식을 현물로 인도받지 않고 현금결제한다.

② 매입자에게 발생하는 손익과 매도자에게 발생하는 손익의 합은 정확히 0이다.

③ 투자자는 주가지수선물을 이용하여 보유주식의 체계적 위험을 증가시킬 수 있다.

④ 주가지수선물 1계약을 매도한 투자자가 주가지수선물 1계약을 매입하면 미결제약정수(open interest)는 변하지 않으나 거래량(trading volume)은 1계약 증가한다.

⑤ 주가지수선물은 만기일에 일괄 정산하지 않고 일일정산한다.

17 베타가 0.6인 기초자산의 1년 후 기대가격이 1,000원이다. 이 자산을 기초자산으로 하는 1년 만기 선물계약의 균형가격은 얼마인가? 시장포트폴리오의 기대수익률은 14%이고 무위험이자율은 10%이다. CPA

① 896원 ② 952원 ③ 979원

④ 1,000원 ⑤ 847원

연습문제 해설

01 ⑤

매도포지션의 가치는 $F_0 - S_T = 103 - 120 = -17$만원이다.

02 ③

최대이익은 무제한이고 최대손실은 F_0이다.

03 ③

일 자	매 입	매 도	미결제 매입포지션	미결제 매도포지션	거래량	미결제 계약수
1					0	0
2	A3,B2	C1,D1,E1,F2	A3,B2	C1,D1,E1,F2	5	5
3	G2,H1	A1,I1,J1	A2,B2,G2,H1	C1,D1,E1,F2,I1,J1	3	7
4	F1	A1	A1,B2,G2,H1	C1,D1,E1,F1,I1,J1	1	6
5	K1,D1,I1	G1,L2	A1,B2,G1,H1,K1	C1,E1,F1,J1,L2	3	6

04 ⑤

옵션매입자는 권리를 가지므로 증거금제도의 적용을 받지 않는다.

05 ④

선물가격은 현물가격과 보유비용의 합이고 보유비용은 자금조달비용과 보관비용에서 현금소득을 차감하여 구한다.

06 ③

매수차익거래(cash-and-carry arbitrage)는 선물가격이 균형선물가격보다 큰 경우에 선물을 매도하고 현물을 매입하여 무위험이익을 실현하는 거래이다.

07 ①

“Futures = Stock – Bond”이다.

08 ②

09 ③

레버리지는 개시증거금 비율의 역수이므로 1/0.1 = 10배이다.

10 ④

개시증거금은 300 × 250,000 × 0.0945 = 7,087,500원이고 유지증거금은 300 × 250,000 × 0.063 = 4,725,000원이다. 개시증거금과 유지증거금의 차이인 2,362,500원을 거래승수 25만원으로 나누면 9.45포인트이다. 투자자가 매도포지션을 취하고 있으므로 가격이 상승하면 손실이 발생한다. 따라서 증거금납입요청을 유발하는 가격은 309.45포인트이다. 즉, 300 × 250,000 × (0.0945 − 0.063) = 250,000 × (F − 300)으로부터 F = 309.45포인트이다.

11 ②

이익은 순서와 무관하게 매도가격에서 매입가격을 차감한 −20포인트이다.

12 ①

13 ③

$$F_0 = 300 \times \left(1 + (0.04 - 0.015) \times \frac{95}{365}\right) = 301.95$$

14 ③

균형선물지수는 $F_0 = 75 \times \left(1 + (0.08 - 0.04) \times \frac{3}{12}\right) = 75.75$이고 현재 선물지수가 76이므로 차익거래전략은 선물을 매도하고 차입하여 현물을 매입하는 것이다. 차익거래로 인해 선물지수는 하락하고 현물지수는 상승하게 된다.

15 ④

선물가격이 현재 과대평가되어 있으므로(균형선물가격은 10,500원임) 선물을 매도하고 차입하여 현물을 매입하는 포지션을 취해야 한다.

16 ④

1계약을 반대매매하면 거래량은 1계약 증가하고 미결제약정수는 1계약 감소할 수도 있고(상대방도 반대매매인 경우) 변하지 않을 수도 있다(상대방은 신규거래인 경우)([예시 16-3]의 4일차와 5일차의 경우임). 투자자는 주가지수선물을 매도하여 주식포지션의 체계적 위험을 감소시킬 수 있고 반대로 주가지수선물을 매입하여 주식포지션의 체계적 위험을 증가시킬 수 있다. 주가지수선물은 제로섬게임이고 현금결제하며 매일 손익을 정산하는 일일정산을 실시한다.

17 ③

베타가 0.6이면 기대수익률이 $0.1 + 0.6(0.14 - 0.4) = 0.124$이므로 자산의 가격은 $\frac{1,000}{1.124} = 889.68$ 원이다. 따라서 적정 선물가격은 $889.68 \times 1.1 = 978.65$원이다.

찾 아 보 기

ㄹ

ㅁ

ㅂ

ㅅ

참 고 문 헌

권수영, 김문철, 손성규, 최관, 한봉희, 자본시장에서의 회계정보 유용성, 제2판, 신영사, 2010.

김권중, 재무제표분석과 가치평가, 제4판, 창민사, 2014.

김철중, 박경욱, 윤평식, 선물옵션투자의 이론과 전략, 퍼스트북, 2012.

산업은행 트레이딩센터, 알면 신나는 파생상품 이야기, 산업은행, 2006.

윤평식, 금융시장론, 도서출판 탐진, 2021.

______, 리스크관리, 도서출판 탐진, 2010.

______, 차익거래, 충남대학교출판부, 2009.

______, 재무관리의 개념원리와 연습, 도서출판 탐진, 2008.

______, 채권의 가치평가와 투자전략, 도서출판 탐진, 2019.

______, 파생상품의 원리, 도서출판 탐진, 2014.

______, 김철중, 파생상품의 평가와 헷징전략, 퍼스트북, 2014.

______, 김철중, 재무관리, 도서출판 탐진, 2010.

______, 김철중, 가치평가론, 도서출판 탐진, 1998.

______, 김철중, 정태영, 선물·옵션·외환, 도서출판 탐진, 1998.

한국거래소, 시장전문가들이 함께 만든 ELW 시장의 이해, 한국거래소, 2009.

한국거래소, 시장전문가들이 함께 만든 ETF 시장의 이해, 한국거래소, 2009.

한국거래소, 알기 쉬운 증권·파생상품시장 지표 해설, 한국거래소, 2010.

한국거래소, KRX Market 증권 파생상품, 2009-2011.

한국거래소, 2019, 한국의 채권시장, 지식과 감성.

한국거래소, www.krx.co.kr 홈페이지 자료.

한국은행, 한국의 금융시장, 한국은행, 2016.

Black, Fischer and Scholes, Myron, 1973, The Pricing of Options and Corporate Liabilities, *Journal of Political Economy* 81, 637-654.

Bodie, Zvi, Kane, Alex, and Marcus, Alan, Essentials of Investments, McGraw-Hill, 2004.

Bodie, Zvi, Kane, Alex, and Marcus, Alan, Investments, 6th edition, McGraw-Hill, 2005.

Brealey, Richard, Myers, Stewart, and Allen, Franklin, Corporate Finance, 8th edition, McGraw-Hill, 2006.

Carhart, Mark, On Persistence in Mutual Fund Performance, *Journal of Finance* 52, 1997, 57-82.

Damodaran, Aswath, Investment Valuation, 2nd edition, Wiley, 2002.

Fama, Eugene and French, Kenneth, Multifactor Explanations of Asset Pricing Anomalies, *Journal of Finance* 51, 55-84.

Fama, Eugene and French, Kenneth, The Cross Section of Expected Stock Returns, *Journal of Finance* 47, 1992.

Foster, George, Olsen, Chris, and Shevlin, Terry, Earnings Releases, Anomalies, and the Behavior of Security Returns, *Accounting Review* 59, 1984.

Graham, Benjamin, The Intelligent Investor, 1949.

Grinblatt, Mark and Titman, Sheridan, Financial Markets and Corporate Strategy, 2nd edition, McGraw-Hill, 2002.

Jarrow, Robert and Turnbull, Stuart, Derivative Securities, 2nd edition, South-Western, 2000.

Hull, John, Fundamentals of Futures and Options Markets, Prentice Hall, 7th edition, 2011.

Kolb, Robert and Overdahl, James, Futures, Options, and Swaps, Blackwell Publishing, 5th edition, 2007.

McDonald, Robert, Fundamentals of Derivatives Markets, Prentice Hall, 2009.

Ross, Stephen, Return, Risk and Arbitrage, In *Risk and Return in Finance*, eds. I. Friend and J. Bicksler. Cambridge, MA: Ballinger, 1976.

Sharpe, William, A Simplified Model for Portfolio Analysis, *Management Science* IX, 1963, 277-93.

Sundaram, Rangarajan and Das, Sanjiv, Derivatives: Principles and Practice, McGraw-Hill, 2011.

저자소개

저자 | 윤 평 식

연세대학교 정법대학 정치외교학과 졸업
캐나다 York University (MBA)
미국 University of Texas at Austin (경영학박사)
현재, 충남대학교 경영학부 명예교수

저서

고정수익증권론(2001)
재무관리의 개념원리와 연습(2008)
차익거래(2009)
파생상품의 이해(2018)
투자론(2020, 제2판)
핵심투자론(2021)
재무관리(2023, 제3판)
파생상품의 원리(2023, 제3판)
금융시장론(2023, 제2판)
채권의 가치평가와 투자전략(2023, 제3판)
금융기관론(2024, 제2판)
리스크관리(2025, 제3판)

주요논문(2015년 이후)

분리형 사모 신주인수권부사채 발행제도의 문제점, 한국증권학회지, 2015.
분리형 사모 신주인수권부사채 발행의 장단기 공시효과에 관한 연구, 한국증권학회지, 2015.
애널리스트 커버리지 중단과 기업가치의 관련성에 관한 연구, 재무관리연구, 2015.
자사주 취득과 내부자 거래의 정보신호 효과, 재무연구, 2015.
유상증자의 공시효과에 관한 재고찰, 한국증권학회지, 2016.
일반공모 방식 유상증자의 수익률과 할인율에 관한 연구, 한국증권학회지, 2016.
애널리스트의 정보력과 투자자별 거래행태: IPO 기업을 대상으로, 한국증권학회지, 2016.
유상증자 공시 전 정보거래에 관한 연구, 한국증권학회지, 2017.
경영자가 나쁜 뉴스를 장후에 공시하는 것이 유리한가?, 재무관리연구, 2017.
신주인수권부사채 발행기업의 이익조정, 회계정보연구, 2018.
유상증자 전후의 공매도 거래가 발행가격에 미치는 영향, 재무관리연구, 2018.
제3자 배정 유상증자의 공시효과에 관한 연구, 재무관리연구, 2019.
신주인수권증서의 상장과 차익거래 기회, 한국증권학회지, 2019.
리픽싱옵션과 사모분리형 BW 신주인수권 수익률의 추정, 한국증권학회지, 2019.
지배주주 지분율이 의결권 가치에 미치는 영향, 경영학연구, 2019.
전환사채발행과 리픽싱의 공시효과에 관한 연구, 한국증권학회지, 2020.
제3자에게 콜옵션을 부여하는 전환사채의 문제점에 관한 연구, 한국증권학회지, 2020.
주주배정방식 유상증자의 권리락일 주가조정에 관한 연구, 한국증권학회지, 2020.
주주배정방식 유상증자의 할인율과 발행가격 및 청약률에 관한 연구, 한국증권학회지, 2022.
신주인수권증권의 가격과 거래량 및 차익거래에 관한 실증연구, 한국증권학회지, 2022.
근로자가 기업의 미래성과에 대한 정보를 보유하는가? 한국증권학회지, 2023.
Corporate Governance and Price Differences between Dual-class Shares in Korea
(*International Review of Economics and Finance*, 2023)
유상증자 전 내부자거래 부재가 시장에 정보를 전달하는가?, 한국증권학회지, 2023.
공매도가 내부자거래를 규율하는가?, 한국증권학회지, 2024.

핵심투자론

지 은 이 ▌ 윤 평 식
펴 낸 이 ▌ 최 재 범
펴 낸 곳 ▌ 도서출판 탐진

등록 1-996호(倫). 1990. 1. 12.
서울시 마포구 신수로 27-1
Tel. 02) 715-1092 ~ 3
Fax. 02) 701-6391
E-mail. tamjin1990@hanmail.net / Homepage. www.tamjin.co.kr

2021. 3. 10. 초판 발행
2025. 3. 10. 초판 2쇄 발행

ISBN 978-89-5540-673-3 93320 정가 29,000원